NEWSPAPER
RUDE
ne small st
THE
DAILY
says
GOLDFINGER

PLEBE RUDE
PLEBE
ne small st
DAILY
says
GOLDFINGER
YES,
OND 007
ACTION!

Belas Letras

MÚSICA CULTURA POP CINEMA

PHILIPPE SEABRA

O CARA DA PLEBE

Belas Letras

Publisher
Gustavo Guertler

Coordenador editorial
Germano Weirich

Supervisora comercial
Jéssica Ribeiro

Gerente de marketing
Jociele Muller

Supervisora de operações logísticas
Daniele Rodrigues

Supervisora de operações financeiras
Jéssica Alves

Edição
Belas Letras

Texto final
Marcélo Ferla

Revisão
Lúcia Brito

Capa e projeto gráfico
Celso Orlandin Jr.

Todas as fotos são cortesia do autor, salvo indicação em contrário.
Fotos de capa e contracapa: Helena Resende.
Congressinho: Ricky Seabra.
Foram feitos todos os esforços possíveis para identificar a autoria de cada imagem, porém isso não foi possível em alguns casos. Ficaremos felizes em creditar na próxima edição os autores que se manifestarem.

Editora Belas Letras Ltda.
Rua Visconde de Mauá, 473/301 – Bairro São Pelegrino
CEP 95010-070 – Caxias do Sul – RS
www.belasletras.com.br

Dados Internacionais de Catalogação na Fonte (CIP)
Biblioteca Pública Municipal Dr. Demetrio Niederauer
Caxias do Sul, RS

S438c Seabra, Philippe
O cara da Plebe / Philippe Seabra. - Caxias do Sul, RS: Belas Letras, 2024.
624 p.: il.

Contém fotografias.
ISBN: 978-65-5537-450-6 Brochura
ISBN: 978-65-5537-455-1 Capa dura

1. Seabra, Philippe, 1966-. 2. Biografia. 3. Rock (Música) – Brasil. 4. Plebe Rude (Conjunto musical). I. Título.

24/59 CDU 929Seabra

Catalogação elaborada por Vanessa Pinent, CRB-10/1297

A todos que inspiraram, instigaram e
participaram dessa história louca que
é a minha vida.

À mão guiadora dos nossos pais,
que sempre incentivaram a
curiosidade intelectual.

Ao André X, que me apresentou ao punk.

À nação plebeia, aos meus
companheiros de banda e à santíssima
trindade do Rock de Brasília.

À família Seabra e a Fernanda e
Philippe, a luz da minha vida.

SUMÁRIO

PREFÁCIO

Conheci Philippe Seabra nos anos 1980. Desde este momento, sempre o acompanhei. Às vezes proximamente (quando produzi discos) e às vezes de longe, observando seus passos.

Eu já ouvira falar da atitude "punk" da Plebe Rude, mas vê-los ao vivo me fez dar muito mais valor ao seu trabalho, já que a força das canções era reforçada por sua atitude incisiva no palco, com melodias e gritos "punk" que justificavam a fama e respeito a eles no submundo brasiliense.

Tudo isso me deixou muito interessado em tentar abrir portas e me envolver na produção de força tão contagiante de suas atitudes e canções.

São, definitivamente, uma grande influência em minha busca!

"Vou mudar meu nome para Herbert Vianna!"

Herbert Vianna
Setembro/2024

1º ATO

1º ATO

"Bando de vagabundos", disse minha mãe jogando a capa do *Jornal de Brasília* em cima da cama, na minha frente. "É de matar qualquer pai de desgosto... Maconheiros..." A década de 1980 ainda estava no seu segundo semestre, e minha mãe estava horrorizada com a manchete: "Polícia acaba com 'embalo' e prende 500".

Dentro do jornal, na capa do caderno de Cidade, vinha a matéria inteira com fotos e a manchete: "Polícia prende 500 na 'Rockonha'". Não tinha como não rir, o nome da festa era engraçado. Zangada, minha mãe interrompeu as risadas: "Eu aceito tudo, tudo nessa família, mas isso nunca!".

Eu tinha 13 anos, e mal sabia ela que, em alguns meses, estaria andando com algumas daquelas pessoas e que juntos mudaríamos a cara da música popular brasileira. Bandas icônicas seriam formadas; milhões de discos seriam vendidos; todos viraríamos personagens de cinema; livros, teses e doutorados seriam escritos a nosso respeito; documentários seriam filmados; o governo local decretaria o rock de Brasília como patrimônio cultural; ganharíamos títulos de cidadão honorário; uma rota turística seria demarcada com placas por onde passamos; três dessas bandas estariam na capa da revista *Rolling Stone*, duas delas entrariam na lista dos 100 maiores discos da história da MPB pela *Rolling Stone*, e de uma delas sairia o maior ídolo do rock brasileiro. Isso tudo a partir de um pequeno bando de inconformados que viviam num entreposto burocrático recém-inaugurado, isolados no meio do cerrado brasileiro durante uma ditadura. E de uma tomada elétrica.

"They live in a suburb... that consists of three thousand
dream houses for three thousand families with
presumably identical dreams."
— Kurt Vonnegut, *Player Piano*

No papel, parecia uma ótima ideia. Prédios uniformes em quadras padronizadas de uma cidade setorizada para pessoas supostamente confináveis; uma cidade que poderia ser sitiada em poucos minutos com um telefonema da autoridade competente, claramente feita para sediar e proteger o poder vigente. Espaços abertos, sem trincheira nem esconderijo. Stalinista na sua mais pura definição. Brasília tinha sido projetada por idealistas que visavam forjar uma utopia, um Plano Piloto literalmente, onde o patrão poderia residir no mesmo prédio que o empregado sem sinal de ostentação ou diferenciação de classe, acabando com os contrastes sociais como num passe de maquete. Seria uma solução para resolver urbanisticamente toda a desigualdade econômica e social que assombrava o sono de Lúcio Costa e Oscar Niemeyer. Uma utopia na mente de alguns. Uma utopia *só* na mente de alguns.

Embora a intenção fosse boa, colocar isso em prática seria outra história. Será que todos os moradores se acomodariam nas facilidades da logística proporcionada pelo projeto inicial de habitação, trabalho e lazer em locais preestabelecidos? Um funcionário de determinada autarquia, habitando na quadra da determinada autarquia e frequentando aos finais de semana o clube da igualmente determinada autarquia, se aventuraria a ir nas horas de folga da SQS, a Super Quadra Sul, para o SDS, o Setor de Diversões Sul?

Infelizmente o que se criou foi um dos piores exemplos de apartheid social do mundo, com os moradores isolados em nichos de realidade e contraste social com o resto do país, com o "cinturão verde" e o custo de vida servindo de muralha. O metro quadrado de construção em Brasília se tornou um dos mais caros do planeta, e as classes sociais eventualmente seriam separadas não por bairros, mas por cidades.

Do fracasso da engenharia social se formaria uma cidade com sotaque único, multifacetado, que penou muito para encontrar a sua identidade cultural, com as cidades-satélites criando sustentação para as asas inchadas do Plano Piloto. Isso não estava nos planos e nem teria como estar. O sonho de Dom Bosco não poderia prever o que aconteceria quando jogassem pessoas do Brasil inteiro numa terra desbravada. Os cálculos de Lúcio Costa nunca poderiam prever a explosão demográfica que houve. Os monumentos de Niemeyer não sabiam que seriam testemunhos da megaurbanização; com o país andando no mesmo passo, não seria diferente em Brasília.

Só que foi.

O ano de 1975 estava por acabar e eu, com 9 anos de idade, até então era um garoto norte-americano que só conhecia o Brasil pelas histórias da minha mãe paraense, por uma breve passagem pelo país ainda muito criança, da qual mal me lembro, e um disco de Sergio Mendes, *Brasil 66*. Nasci em Washington DC no dia 4 de novembro de 1966, no meio da Guerra do Vietnã. Meu pai, Alexandre José Jorge De Seabra II, era diplomata americano e neto de Ricardo de Almeida Jorge, médico, professor, humanista e higienista português renomado, introdutor das modernas técnicas e conceitos de saúde pública em Portugal, que revolucionaram a higienização na medicina. Conhecido como o "Pasteur da Península Ibérica", ele é celebrado com uma estátua *art déco* na frente da entrada principal de um suntuoso prédio, o Instituto Nacional de Saúde Ricardo Jorge, e um nome de rua em Lisboa, onde faleceu em 1939.

Meu bisavô nasceu na cidade do Porto em 1858 e com apenas 16 anos se formou em medicina na Escola Médico Cirúrgica do Porto, tendo como mantra "sou médico, nada me é estranho". Creio que a linhagem punk na família Seabra começou com ele, bastante controverso.

Na virada do século 20, como médico municipal do Porto, ele ordenou o isolamento, a evacuação e a desinfecção de domicílios visando eliminar a peste bubônica. Medidas extremas como essas, mais o confinamento de navios que carregavam passageiros com cólera, foram vistas pela população como desapropriação de propriedade e infringimento do direito de ir e vir. Ameaçado, meu bisavô foi obrigado a se mudar para Lisboa, onde atacou de frente a gripe espanhola de 1918, recomendando o fim dos beijos e apertos de mão para tentar minimizar os efeitos da pandemia que em meses matou mais pessoas do que os quatro anos da Primeira Guerra Mundial.

Ao mesmo tempo em que revolucionava a higienização da saúde na Península Ibérica, Ricardo Jorge era crítico do presidente da recém-proclamada república portuguesa, Teófilo Braga, acusado de "pedantocrata" no manifesto *Contra um Plágio do Professor Teófilo Braga*, que publicou em 1917, ano de nascimento do seu primeiro neto, Alexandre José Jorge De Seabra II, meu pai. Foi dali que a primeira lei portuguesa criminalizando a "ofensa a chefe de Estado" surgiu. Ele também criticava as práticas fraudulentas do governo incipiente e os vícios da monarquia durante a transição democrática para a república.

O ato mais punk do meu bisavô, porém, ainda estava por vir. Em 1927, quando assumiu o cargo de diretor-geral de Saúde, cargo equivalente a ministro da Saúde hoje, ele proibiu a Coca-Cola de entrar em Portugal, exigindo que o primeiro lote fosse despejado no oceano. Ricardo Jorge considerou o slogan publicitário "Primeiro estranha-se, depois entranha-se", criado por encomenda pelo poeta Fernando Pessoa, seu contemporâneo e colega, uma clara justificativa da toxicidade da bebida, que se entranhava como um narcótico. Essa proibição só foi revogada 50 anos depois, em 1977. Se isso não foi punk, então não sei o que é.

Contrariado pelo fato de sua filha, Leonor Jorge, ter se apaixonado pelo meu futuro avô, Alexandre José De Seabra, Ricardo Jorge a internou num convento por dez anos para ver se mudava de ideia. Como na obra-prima de Gabriel Garcia Márquez, *O Amor nos Tempos do Cólera*, em que um romance de igual intensidade é proibido pelo pai da moça, Alexandre José esperou (não tanto como no livro), e eles se casaram.

Em 1935, meus avós emigraram para os Estados Unidos com seus dois filhos, Alexandre José Jorge De Seabra II (meu pai) e Marisol Jorge de Seabra, no *Normandie*, o navio de passageiros mais veloz do mundo na época – o *Titanic* já estava no fundo do mar. Dos últimos imigrantes aceitos na Ellis Island, num tempo que imigrantes eram mais bem-vindos na América, eles se instalaram na Filadélfia, onde meu pai se formou.

Durante a Segunda Guerra meu pai trabalhou na inteligência Aliada, em solo norte-americano, longe da linha de frente, para alívio dos seus futuros herdeiros. Ele vivia para os livros e, como era quase um *savant* em línguas, seus dotes seriam muito mais proveitosos dessa maneira do que no campo de batalha. Certamente foi por causa do seu conhecimento de alemão e russo que ele foi convocado para uma missão secreta na Alemanha após a queda e suicídio de Hitler – mas nunca soubemos exatamente o que ele fez por lá.

Mais tarde meu pai trabalhou no Departamento de Estado do governo Kennedy (1960) e no governo Johnson, substituto de Nixon depois da renúncia, e no governo de Gerald Ford (1976), no qual chefiou o departamento de Romance Languages, as línguas neolatinas. Todos os chefes de Estado internacionais, de presidentes e primeiros-ministros ao papa, inclusive João Goulart e Juscelino Kubitscheck, tiveram meu pai como tradutor pessoal nos encontros com o presidente norte- -americano nos Estados Unidos ou em seus respectivos países.

Numa das fotos mais famosas de Juscelino, o encontro dos JKs, com John Kennedy na Casa Branca, em 1962, meu pai está entre eles. Durante a visita de Pio XI aos Estados Unidos, ele está entre o papa e Lyndon Johnson e até apareceu na capa da revista *Paris Match*. Nas *Paris Talks* para as negociações do fim da Guerra do Vietnã, ele estava junto de Nixon e Henry Kissinger, que carinhosamente o chamava de "Sasha". Muito querido no meio, meu pai ficou particularmente abalado quando seu amigo Aldo Moro, primeiro-ministro da Itália, foi sequestrado e assassinado pelo grupo guerrilheiro Brigadas Vermelhas em 1978. Minha família guarda com o maior carinho uma cigarreira de prata assinada que Moro deu para ele.

A história de Alexandre José Jorge De Seabra II no Brasil começou na segunda metade dos anos 1950, quando ele assumiu o posto de cônsul norte-americano no país. Com a revolução cubana e o auge da Guerra Fria, a preocupação da ameaça comunista na América Latina tirava o sono dos Estados Unidos – apesar do deputado Joseph McCarthy, "o anticomunista", ter morrido desacreditado em 1957, ele tinha conseguido enraizar o medo da ameaça vermelha.

Meu pai se tornou cônsul de um dos maiores territórios consulares do mundo em 1958, e, com as futuras intervenções norte-americanas nos processos democráticos da Argentina, Chile e Brasil, a escolha de Belém para a sede do consulado, na boca do rio Amazonas e mais próximo de Cuba, era estratégica. Foi nessa época que ele conheceu minha mãe, com quem se casou em Belém e depois se mudou para os Estados Unidos, onde nasceram seus filhos, Alex, Ricky e eu, o caçula.

Eu cresci num período tenso nos Estados Unidos. Ainda criança lembro das passeatas contra a Guerra do Vietnã e Nixon, às quais minha mãe, muito a contragosto do meu pai, me levava. Lembra do discurso *mudo* de Forrest Gump em Washington, quando o personagem de Tom Hanks teve o microfone sabotado por um militar que desconectou todos os cabos de som sem que ele percebesse? Era assim mesmo, uma multidão em uníssono protestando contra um governo surdo, entoando canções do musical *Hair* e de Simon & Garfunkel, intercaladas com um grito, literalmente de guerra, que ensinou meu primeiro palavrão. *"1-2-3-4! We don't want this fucking war!"*

Minha primeira lembrança por lá é em nosso quintal de Washington, ao lado de um carvalho gigante perto da garagem, tão comum em casas norte-americanas. Eu estava de camisa azul e calça branca, olhava para cima e via a silhueta de minha mãe através de uma névoa, com ela de costas para o sol. Celestial? Não, a névoa era de um produto em spray que ela desesperadamente passava no meu cabelo para mantê-lo claro, pois o loiro de nascença estava escurecendo para castanho. Com uma rejeição dessas tão cedo, não é à toa que eu viraria punk.

No final da década de 1960 eu e meus irmãos passamos pelo jardim de infância Montessori e depois entramos no seminal colégio católico Blessed

Sacrament, com seu sistema educacional rígido e austero desde 1923. Não posso falar bem da minha experiência católica, pois era forçado a ir à igreja, como quase toda criança da minha idade. Uma vez minha mãe me arrastou de cuecas na neve até o carro, pelo longo quintal atrás da nossa casa. Isso por si só, sem mencionar toda a culpa cristã impressa nas crianças, seria o suficiente para um trauma duradouro.

Éramos conduzidos mensalmente para nos confessarmos na opressora catedral neogótica da paróquia, e eu sempre me sentia culpado, vendo o cara crucificado na cruz e achando que poderia ter o mesmo fim. Eu já sabia que ele tinha morrido pelos meus pecados, mas estranhamente não lembrava de nenhum pecado.

Nem tudo foi traumático, porém. Sempre que alguma data religiosa se aproximava, eu me animava com a transferência da missa da igreja para o ginásio do colégio, onde havia espaço para toda a congregação da paróquia e uma animada banda. Eu ficava particularmente impressionado pelo baixista com seu volumoso contrabaixo acústico. Imaginava ser o membro mais importante da banda devido ao tamanho do instrumento.

Da 2ª série do colégio, lembro das *reguadas* que levava nas costas da minha mão, que as freiras chamavam de *love tap*, tapinha do amor, por conta das travessuras que eu aprontava, e do quanto eu sofria nas mãos das crianças maiores durante o recreio, à sombra da imponente catedral. Elas arrancavam minha gravata falsa, prendida com um engate na camisa social abotoada, e saíam correndo com ela. Eu clamava para minha mãe me deixar usar uma gravata de verdade, mas para ela a falsa era mais cômoda. Só pra ela.

Na minha primeira comunhão eu vesti um terno branco, ao contrário de todas as outras crianças de ternos azul-escuro. Para piorar, com uma gravata borboleta, que nenhuma criança usava. Eu argumentava com minha mãe que não queria me sobressair e nenhuma das crianças estava usando gravata borboleta. E o terno branco? Eu era o único de branco. Ainda por cima o terno pertencia a outra criança, um tal de Pierre. Minha mãe indagou: "Que Pierre?". Respondi: "Está escrito aqui dentro, Pierre Cardin".

Fora o terno branco com gravata borboleta e algumas vezes que meus irmãos me trancaram no porão escuro de casa, tive uma infância maravilhosa, sobretudo por minha vida fora do colégio, em que os amigos da rua compensavam os traumas. Morávamos no meio de uma floresta no Rock Creek Park, na capital mais arborizada do mundo, e foi pelos becos do bairro e caminhos no mato, nos primeiros anos da década de 1970, que comecei a cultivar amizades.

A música começou a entrar na minha vida dentro de casa, primeiro pelos desenhos animados, que na época tinham trilhas gravadas com instrumentos de verdade, como as guitarras do *Papa-léguas* e as orquestrações de *Tom & Jerry*. Os temas de abertura dos seriados também me intrigavam, como o dos *Waltons*, *Missão Impossível* e, especialmente, do *Cyborg – O Homem de Seis Milhões de Dólares*, com uma linha de baixo forte e a orquestração como contraponto. À noite eu me embalava com essas músicas na cama, enquanto balançava a cabeça no travesseiro.

O rock eu conheci pela programação de rádio de altíssimo nível do começo da década de 1970: Elton John, The Who, com o recém-lançado filme *Tommy*, Elvis Presley na sua fase final "ao vivo no Havaí", Paul McCartney em carreira solo. Em 1973 eu escutava *Band on the Run* a todo volume, pulando na cama e usando uma raquete de tênis como guitarra, junto com uma amiguinha vizinha. Inspirado nisso, até fiz aulas de violão no ano seguinte, quando estava com 8 anos, mas logo parei. Não via muita graça.

Os discos infantis também eram espetaculares, e minha mãe nos levava para ver a reprise do lisérgico *Yellow Submarine*, dos Beatles, no cinema, e ao teatro para ver *Godspell*, no auge do movimento hippie, com meus olhos sendo devidamente cobertos nas cenas de nudez. Eu também gostava de ler *Peanuts* (a turma do Amendoim), o que foi uma incrível iniciação à leitura. A linguagem que Charles Shultz usava era sofisticada, mas acessível para crianças da minha idade. Charlie Brown ia ao psiquiatra (quero dizer, a Lucy, que sempre cobrava cinco centavos no final da sessão), seu filme predileto era *Cidadão Kane*, Schroeder era viciado em Beethoven, Linus era existencialista, e Snoopy, quando não estava tentando escrever o próximo grande romance norte-americano, imaginava ser um piloto na Primeira Guerra Mundial.

Minha imaginação florescia também pela vasta coleção da revista *National Geographic*, que nos fazia viajar para qualquer lugar do planeta, e todos os nossos sonhos de aventura estavam se materializando na TV, com os seriados *Ultramen*, *Perdidos no Espaço*, *Terra de Gigantes* e *Jornada nas Estrelas*, além das transmissões ao vivo das missões Apollo à lua – como eu usava aparelho dentário e à noite um sistema envolvia minha cabeça inteira, algo bastante traumatizante, minha mãe me consolava dizendo que se tratava de um capacete espacial. Os contos de ficção científica de Ray Bradbury, H.G. Wells, Isaac Asimov e meu mestre, Arthur C. Clarke, e as ilustrações futuristas das capas desses livros, feitas por Richard M. Powers, também preenchiam as lacunas da minha imaginação.

Os horários das exibições dos desenhos animados e seriados eram bem específicos, e não existiam videogames, então a rua era a nossa segunda casa. Eu andava de bicicleta e brincava de pique-esconde, pique-pega, queimada, tudo o que uma criança tem por direito, com a devida cota de arruaça. Às vezes empilhávamos as bicicletas na calçada da esquina da Military Road e nos espalhávamos no chão em volta, como se houvesse um acidente ciclístico enorme. Quando os carros começavam a parar para ver o que tinha acontecido, saíamos correndo, nem sempre com as bicicletas, emaranhadas umas nas outras.

Na década de 1970 era normal passar o dia inteiro na rua, descer os córregos de Rock Creek Park por entre as pedras e a água, e só voltar para o jantar. E como sobremesa nos reencontrávamos em seguida, no beco detrás de toda casa norte-americana, jogando pedrinhas no ar e enganando os morcegos, enquanto esperávamos o caminhão do sorveteiro passar embaixo das árvores iluminadas pelo caos aleatório dos vagalumes. Era tão poético quanto soa. Kurt Vonnegut, um dos meus escritores prediletos na adolescência, escreveu: “Aprecie as pequenas coisas da vida, pois um dia você olhará para trás e se dará conta de que elas eram as coisas grandes”. Ele tinha razão.

Depois de um sequestro *high profile*, conhecido como “o sequestro das irmãs Lyon”, em 1975, tudo mudou. Raptadas de um shopping que frequentávamos, o sumiço de Katherine Mary, de 10 anos, e Sheila Mary Lyon, de 12, causou um grande alvoroço na mídia. Seus corpos jamais foram encontrados, e somente 40 anos depois um homem confessaria o crime. Todos os pais começaram a monitorar os afazeres dos filhos enquanto a campanha de utilidade pública ganhava fôlego no rádio e na TV: “São 10 da noite, você sabe onde estão seus filhos?”.

Nesses poucos anos o clima mudou bastante em Washington, com a luta dos direitos civis, a renúncia de Nixon, os resquícios da desastrosa Guerra do Vietnã e a ameaça nuclear. Vivíamos sob a sombra da Guerra Fria e desde pequenos sabíamos que nossa cidade seria o primeiro alvo. Havia placas de *fallout shelter* espalhadas em locais onde ingenuamente achávamos que poderíamos nos proteger da radiação, inclusive no meu colégio. À medida que eu crescia, mais a realidade tomava foco... Adeus, crianças, nunca mais.

Estrangeiros têm algo com o Brasil difícil de explicar. É o destino certo e derradeiro de inúmeros casais do Velho Continente, diplomatas que passaram a vida em vários países e optaram pela aposentadoria no Brasil. Não à toa saudade é difícil de traduzir com apenas uma palavra. Em 1976, quando estava, como se diz nos Estados Unidos, *at the top of his game*, Alexandre José Jorge De Seabra II se aposentou, durante a gestão do presidente Ford, depois de 33 anos de serviços prestados ao governo.

Meu pai era *um dos*, se não *o* tradutor simultâneo mais importante de sua era. Minha mãe, por sua vez, queria voltar ao Brasil. Vinda de uma família com raízes profundas na Amazônia, estava cansada de morar numa terra que não era a dela e, certa de que a convivência com os tios faria bem para seus filhos, especialmente para o meu irmão do meio, Ricky, já que meu pai tinha passado mais tempo no Força Aérea 1, o avião Boeing 707 presidencial, do que conosco.

Lembro de esperar na porta de casa aquele vulto enorme chegando de sobretudo preto e pasta na mão, me entregando moedas dos países que acabara de visitar para minha coleção e passando a mão na minha cabeça. Nem sempre eu via meu pai chegar, mas, quando escutava um barulho que vinha do outro lado da casa pelas manhãs, sempre três *toc-toc-toc* distantes, sabia que se tratava dele. Metal sobre porcelana? Não sabia exatamente o que era, mas significava que papai estava em casa e tudo estaria bem.

Toc-toc-toc...

Eu tinha ido apenas uma vez ao Brasil, com 5 anos. O país era um grande mistério para mim, que até fiz uma aula rápida de espanhol na escola, já que português não estava no currículo. Com exceção de cantar "Feliz Navidad" pelos corredores no Natal de 1975, não lembrava de mais nada. Seguindo o cavalo do destino, que sabia o caminho através da neve até a casa do meu avô, como no poema da abolicionista Lydia Maria Child, nos primeiros dias de 1976, no meio de um inverno rigoroso e no começo do bicentenário da independência norte-americana, me mudei para o Brasil, com 9 anos. Fomos direto para a casa do meu avô, mas não na Bacia Amazônica, e sim na nova capital do país, recém-inaugurada, apenas seis anos mais velha do que eu.

Alexandre José Jorge De Seabra II conheceu minha mãe por acaso. Meu pai foi redesignado para Belém de última hora, após um surto de cólera na embaixada norte-americana do México. Foi só quando me mudei para o Brasil, quase 20 anos depois, que o passado conturbado e violento do Pará veio à tona para mim, da ocupação portuguesa no palco da colonização da Amazônia, do extermínio e escravização de índios, da guerra dos cabanos ao ciclo da borracha no começo do século 20. Um drama sem fim.

Ser filho de paraense não é fácil, especialmente para quem estava acostumado a hambúrguer e pizza. Tacacá e maniçoba conseguiam ser a comida mais oposta a praticamente qualquer culinária ocidental, já que a culinária paraense, a verdadeira cozinha brasileira, não tem influência dos pampas, nem africana, nem portuguesa. Não tive muita escolha, pois meu avô era dono do primeiro restaurante paraense de Brasília, A Pororoca. E lá estava eu, um norte-americano numa cidade recém-inaugurada, um entreposto burocrático chamado Brasília.

Tudo era estranho. O leite azedo, o clima árido, os carros que pareciam velhos e a língua irreconhecível. Para piorar, meus tios disputavam entre si se minhas primeiras palavras em português seriam Clube do Remo ou Flamengo. Vindo do país do technicolor, a TV preto-e-branco também não fazia sentido. Como nossa casa no Lago Norte, bairro praticamente deserto, estava sendo construída, durante oito meses vivemos com meu avô no apartamento padronizado 501, no Setor de Superquadra Sul, a SQS 105, Bloco B, de onde eu via uma amarga vista do Plano Piloto em desenvolvimento, com a poeira vermelha tingindo o céu de desolação.

Todos da minha geração que cresceram em Brasília não haviam nascido ali. Eram filhos de militares, de funcionários públicos, de acadêmicos ou de engenheiros que acompanhavam os pais, nunca por vontade própria. Ter quase a mesma idade da cidade onde eu residia era o mais estranho, e teria um profundo impacto em todos nós. Com 15 anos, Brasília tentava encontrar sua cara, enquanto eu entrava na pré-adolescência.

Apesar da pouca idade, a cidade já tinha história para contar. Na Itália do século 19, Dom Bosco, um sacerdote católico santificado em 1934, teve um sonho em que se via percorrendo a América do Sul e profetizou: "Entre os graus 15 e 20, havia uma enseada bastante extensa e bastante larga, que partia de um ponto onde se formava um lago. Nesse momento disse uma voz repetidamente: Quando se vierem a escavar as minas escondidas em meio a estes montes, aparecerá aqui a terra prometida, onde correrá leite e mel. Será uma riqueza inconcebível".

A latitude de Brasília é grau 15, e o lago artificial Paranoá foi parcialmente escavado, mas, se esse sonho se realizaria, ainda teríamos que ver. Seria muito fácil dizer que a riqueza inconcebível, o "leite e mel", seriam a corrupção e a falta de licitações tão inerentes na construção da nova capital, com desvios enraizados até hoje na gestão pública. Mas essa riqueza foi a miscigenação de culturas diversas, forjada num espaço de tempo muito curto.

Talvez eu fosse mais um pequeno exemplo das junções ímpares que a peregrinação a Brasília proporcionaria nas subsequentes gerações, já que pessoas do Brasil inteiro e do mundo, em virtude das embaixadas, resolveram apostar nas promessas dessa terra desbravada, se misturando e formando, nas palavras de Carlos Drummond de Andrade, um "terceiro tom", que viria a ser o *braziliense*.

Era o meio da década de 1970, lembro bem dos comerciais patriotas na TV enaltecendo o povo do país "que vai pra frente", um desenho animado com um indígena, um branco, um asiático e um preto terrivelmente caricatos, todos empinando pipa juntos. Ernesto Geisel era o presidente. Como eu era neto de um deputado federal da Arena, muitos políticos frequentavam o apartamento em que eu morava, e eu sentia mais de perto, mesmo com a pouca idade, o clima político da cidade, sua razão de ser. Pior, alguns ali tinham apoiado o AI-5.

Ricky se mudou alguns meses antes de mim para o Brasil, em 1975. Como ele não se adaptou ao ensino brasileiro, meus pais me colocaram direto na Escola Americana. Não fosse isso, minha vida teria sido completamente diferente – e parte do futuro rock de Brasília também.

Fui matriculado no meio do ano letivo da quarta série, e logo me enturmei porque desenhava muito bem. Como eu usava óculos e aparelho, fiz amizade com dois *outcasts nerds* como eu, Alex, um holandês, e Hank, um judeu norte-americano. Pensávamos em montar uma banda chamada, pasmem, Concrete, e tocaríamos, ou melhor, pretendíamos tocar em cima de uma plataforma montada em alguns skates, descendo rua abaixo. Cheguei até a desenhá-la, só não consegui bolar um sistema eficiente de frenagem. Eu seria o baterista, pois já tocava um pouco aos 10 anos de idade.

Como meu irmão mais velho, Alex, tocava bateria nos Estados Unidos, meus pais, visando estimular sua futura participação em bandas, incluíram na mudança três amplificadores Fender, um Bassman, um imponente Super Six Reverb, com seis falantes (que depois eu herdaria), e um raro P.A. de voz valvulado Fender, o 160 PS. Mas a menina dos olhos era uma bateria Ludwig Octoplus enorme, com dois bumbos, sendo um de 20 e um outro gigantesco de 26 polegadas, com um curioso sistema que interligava os dois pedais, não para tocar dois bumbos alternados, como no *speed metal* atual, mas para tocá-los ao mesmo tempo, com um só pedal.

No final de 1976 nossa casa no então distante Lago Norte ficou pronta, e toda tarde quando chegava do colégio eu colocava o som bem alto e tocava bateria junto com Aerosmith, Cheap Trick e Foreigner. De vez em quando eu incluía um Emerson, Lake & Palmer ou o disco *Fragile*, do Yes, e tentava acompanhar respectivamente Carl Palmer e Bill Brufford nas baquetas. Fomos pioneiros na nossa rua, então podia tocar bem alto com a janela aberta, ou melhor, na varanda. Foi aí que sedimentaria minha noção de arranjo e minha insistência nos tambores, tão presentes nos futuros arranjos de bateria que eu faria nos próximos anos.

Posso dizer que vivi a vida de quadra em Brasília enquanto morava com meu avô na SQS 105 e depois alguns meses na SHIGS 705 (Setor de Habitações Individuais Geminadas Sul), onde a criançada andava de bicicleta e brincava debaixo dos pilotis e no estacionamento, além de correr atrás de uma curiosa esfera, bastante diferente da bola oval de futebol americano. Apesar de uma briga de rua aqui e acolá, foi ótimo.

Brasília tinha uma população pequena e, com o trânsito bastante esparso, era tranquilo atravessá-la de bicicleta. As quadras, com suas calçadas longas e arborizadas, pareciam avenidas, e andávamos debaixo do constante som ensurdecedor das cigarras, que por sua vez estranhavam a invasão daqueles curiosos seres bípedes numa geografia originalmente destinada ao cerrado e sua fauna. Para elas, éramos uma inconveniência.

Onde eu morava, no Lago Norte, parecia outro planeta. Era a apenas 15 minutos de carro do centro, mas, devido à desolação e abandono da nascente Asa Norte, que ficava no meio do caminho, com seus poucos apartamentos rodeados por terrenos baldios e poeirentos, parecia uma eternidade. Nossa rua não tinha asfalto, vizinho, comércio local. A pista principal que cruzava a Península Norte nem iluminação tinha.

Eu andava de bicicleta nos caminhos no meio do mato, delineados pelos atalhos dos peões de obra, verdadeiras artérias que nutriam o desenvolvimento do bairro. Brincava muito com meu irmão do meio, dois anos mais velho, mas também passava muito tempo devorando almanaques em português da Disney e livros e gibis em inglês, como Charlie Brown, que eu adorava. Eu também comprava as revistas *Skateboarder* e *MAD*, com suas críticas políticas de desenhistas como Dave Berg e do minimalista Sergio Aragonês, lia os livros de Captain Klutz, do Don Martin, também publicados pelo *MAD*, e adorava as sátiras da revista a filmes recém-lançados nos Estados Unidos – era assim que descobria o que estava passando nos cinemas de Rio e São Paulo, já que os filmes demoravam meses para chegar a Brasília, quando chegavam.

O isolamento foi fundamental para mim, e o isolamento cultural da capital teria um impacto profundo em todos nós, forçados a usar a criatividade para forjar algo com o semblante de uma adolescência interessante. Não foi o tédio que me instigou, foi a inquietação, com um "I" maiúsculo.

Meu irmão mais velho acabou tocando bateria numa banda chamada Brisa, com alguns brasileiros que conheceu fora do colégio. O ensaio era em nossa casa, eu tinha 11 anos e me colocava entre os imensos amplificadores Fender para assistir. Gostava de ver o guitarrista tocar, embora fosse mais ligado no meu irmão baterista. Das músicas eu não gostava muito, mais para o progressivo do que para o hard rock – e como eu já ouvia o rock progressivo de Emerson Lake & Palmer, Genesis, Rick Wakeman, era difícil comparar com o som da Brisa...

Com 12 anos eu já era um bom baterista autodidata, mas um dia, saindo da escola, vi um cabeludo bem mais velho do que eu tocando "Stairway to Heaven" no violão. Não sei se foi o som que emanava dos seus dedos ou a pequena multidão em volta que me instigou. Seu nome era Iko Ouro Preto.

"I'd been granted a glimpse of heaven, then dumped
on the sidewalk of Rue d'Assas"
– Roman Polanski, Bitter Moon

Não se pode esquecer da importância da Escola Americana dentro da história do rock de Brasília. Afinal, membros do Aborto Elétrico, Plebe Rude, Escola de Escândalo e Capital Inicial passariam por seus corredores, estudando nos prédios baixos de construção simples de uma das instituições de ensino mais caras do país. Éramos globalizados antes mesmo de existir esse termo, e essa imersão na diversidade cultural que só uma escola internacional podia proporcionar me marcou para sempre.

Na minha turma tinha árabe, kuwaitiano, egípcio, sul-africano, paraguaio, japonês, sul-coreano, indiano, nigeriano, francês-canadense, bengalês, alemão, norte-americano, paquistanês, surinamês, chileno e até uma menina de Zimbábue. Meus melhores amigos e futuros membros da minha primeira banda eram iugoslavos. A troca diária de ideias e experiências era incrível. Mas se pagava um preço por isso. No final do ano letivo norte-americano (no inverno brasileiro), eu sentia um aperto no coração, pois se repetia a rotina anual de ver os amigos indo embora quando seus pais eram transferidos. De uma maneira inconsciente, aprendi a lidar com as perdas.

Um consolo que encontrei para lidar com isso foi a música. Desde que vi o Iko, com seu vasto cabelo afro descabelado, fiquei intrigado e resolvi retomar as aulas de violão que tinha abandonado aos 8 anos. Ele não dava aula, então fui ser aluno de um professor da mesma idade que ele, com um talento excepcional.

Scott Moore era filho de um pesquisador cientista norte-americano no Brasil. Tenor, ele cantava com um belíssimo vibrato, tocava piano e violão e tinha uma destreza impecável de mão direita no banjo. Pouco tempo antes de conhecê-lo, entrei numa escola de música brasileira, mas depois da segunda aula desisti porque não me interessavam os acordes de bossa nova, queria aprender os fundamentos do folk e do rock norte-americanos. Bem mais simples, bem mais resolutos.

Duas vezes por semana, depois da escola, cujo currículo se estendia até as 15 horas, no próprio campus, ao lado do campo de futebol, o Scott me ensinava a tocar de John Denver a Bob Dylan, com raízes fortes no folk da Joni Mitchell e o onipresente Led Zeppelin – "Stairway to Heaven", claro. Aprendi "Blackbird", dos Beatles, "Horse with No Name", do America, "House of the Rising Sun", dos Animals, "Sounds of Silence", de Simon and Garfunkel. Aprendi dedilhado alternado do country e a mão direita do violão flamenco. Com meu ouvido melhorando exponencialmente, me ensinei a tocar a intrínseca peça clássica "Mood for a Day", de Steve Howe, do Yes, do disco *Fragile*.

Eu andava para todo lado com meu recém-comprado violão Di Giorgio, de cordas de nylon, o mesmo de onde, anos mais tarde, sairiam alguns dos maiores sucessos do rock de Brasília. Ficava tocando durante o recreio e o almoço, do tema de *Star Wars* até "More than a Feeling", do Boston, para os amigos. Como não fazia esportes extracurricularmente, esperava até as 17h para meus irmãos terminarem seus treinos de vôlei, basquete e ginástica e irmos junto para casa, num bairro distante 20 minutos de carro. Foi aí que aprimorei minha técnica, pois, enquanto aguardava, eu tocava na saída do colégio ou nos banheiros quando queria mais som, por causa da reverberação que ampliava o volume.

De 1978 a 1980 Alex era *o* baterista da escola e, depois da dissolução da Brisa, tocava no ginásio na hora do almoço, numa jam session com dois colegas. Um deles era um guitarrista chamado Doug Lupo, meu herói – ainda mais que namorava uma colega da minha classe, *bem* mais nova do que ele. Coisa de rockstar, eu pensava. Foi a primeira vez que ouvi alguém tocando o riff da parte pesada de "Bohemian Rhapsody", do Queen. Eu não entendia como alguém conseguia emular Brian May!

Quando Alex montou a banda chamada D.A.R.E, nome formado com a inicial de cada integrante, me ofereci para tocar baixo, mas ter um irmãozinho de 12 anos na sua própria banda de rock não é exatamente o que um irmão mais velho quer, e ele não topou – pior é que entrou o irmão mais novo do vocalista, poucos anos mais velho do que eu. Fazer o quê? Ele tocava mal, e fiquei muito chateado, pois, mesmo nunca tendo tocado baixo, sabia que eu poderia fazer melhor.

Quase que por vingança, *me ensinei* a tocar baixo, com as cordas mais grossas do violão e pegando a inflexão de baixistas como Chris Squire, do Yes, com sua pegada robusta e saturada, quase como quem tocava guitarra no instrumento, e de John Paul Jones, do Led Zeppelin, com sua sutileza e elegância preenchendo todos os espaços. No futuro, isso me ajudaria bastante como compositor.

Embora na minha casa tivéssemos todo o equipamento necessário para se tocar guitarra, inclusive pedais de fuzz e wah-wah da Fender, que vieram na mudança dos Estados Unidos, eu ficava sem graça em pedir para tocar a guitarra do guitarrista do D.A.R.E. por ser moleque; em vez disso colocava um headphone volumoso no corpo do violão e ligava nos pedais e no amplificador para obter efeitos. Depois aprimorei a gambiarra, colando o bocal de um telefone no corpo do violão com fita. O som era horrível e microfonava o tempo todo, mas *who cares*? Era alto!

A banda D.A.R.E. tocava nas festas na escola e na embaixada norte-americana, e volta e meia eu ajudava a montar a bateria. Eles tinham um guitarrista mexicano muito bom, o Enrique, que usava uma Gibson Les Paul Deluxe dourada e instigou a minha cobiça pelo modelo. Todo mundo que importava para mim no rock'n'roll usava uma Les Paul, Joe Perry e Brad Whitford, do Aerosmith, Mick Jones, do Foreigner (não confunda com o Mick Jones do The Clash, que eu nem conhecia, mas que também usava Les Paul), Tom Scholz, do Boston, Davey Johnstone, que tocava com Elton John, e, claro, Peter Frampton, que ostentava uma guitarra quase que em tamanho real na capa desdobrada de *Frampton Comes Alive,* seu disco ao vivo de estrondoso sucesso.

Pete Townshend, do The Who, que considero o maior guitarrista da história, com seus saltos e braçadas moinho de vento, usava várias Les Paul Deluxe customizadas, todas numeradas. Mas ninguém, *ninguém* empunhava tão emblematicamente uma Les Paul como Jimmy Page, com a guitarra pendurada quase que até os joelhos e o braço para cima, como se clamasse o martelo dos deuses. Eu tinha 12 anos e olhava as fotos do encarte de *The Song Remains the Same,* o disco ao vivo do Led Zeppelin, com os olhos arregalados.

Praticamente todo menino da minha geração escutava rock setentista norte-americano. Os ingleses Led Zeppelin, The Who, Genesis e Jethro Tull rondavam a área, e no começo de 1978 Van Halen causou um alvoroço nos Estados Unidos com seu disco de estreia. Mesmo assim, para mim, ninguém ameaçava o reinado do Aerosmith. Eu tinha todos os seus discos e, sempre que podia, desenhava seu logotipo cursivo no quadro negro, antes da aula. O Foreigner com seus primeiros álbuns e o clássico *Dirty White Boy* até chegava perto, mas foi com Brad Whitford, do Aerosmith, que aprendi a tocar guitarra base. Ele era a alma da banda, embora sempre fosse ofuscado por Joe Perry.

Com Pete Townshend aprendi o sentido da palavra riff, o que carrega uma banda de rock, sua carreira e seu legado. Bandas como Kansas, Kiss, Styx, AC/DC, Sweet (com o incrível álbum *Desolation Boulevard*) e artistas como Peter Frampton e Elton John faziam parte do meu vocabulário, mas, quando o Boston lançou seu fulminante disco de estreia, comecei a prestar atenção em timbre. *Ninguém* gravava guitarra como o Boston.

Eu passei a ter adoração pelas guitarras, meu *locker* era repleto de fotos do instrumento, que eu recortava da revista *Guitar Player*; mesmo assim nunca havia tocado numa até o dia em que, durante o almoço na escola, ouvi um barulho vindo da sala da professora que tinha o Clube do Violão, do qual eu participava. Era um dos guitarristas do D.A.R.E, o Maurício, tocando e testando um amplificador, com o som reverberando pela vasta sala. Ele me viu e disse: "Seabra, venha até aqui", e me entregou a guitarra.

Com uma cópia japonesa de uma Gibson SG na mão e uma pequena multidão não tão maior quanto aquela do Iko quando o vi pela primeira vez, resolvi tocar o riff de "Dreams I'll Never See", da banda sulista Molly Hatchet. Nunca esquecerei a sensação, a dinâmica do instrumento e seu poder de fogo, com as pessoas batendo palmas envoltas no eco da sala.

Passei a implorar aos meus pais para me comprarem uma guitarra e, quando finalmente consegui uma, meio de brinquedo e emprestada por pouco tempo, era da Giannini, com a inscrição Mini Músico no braço. Laranja, ela tinha o escudo pintado de branco e um captador único com seis pequenos cilindros de ímãs embaixo das cordas, que saltavam para fora irregularmente, como a arcada dentária de um parisiense. Nem botão de volume a guitarra tinha, mas, ao ligar nos meus pedais fuzz e wah-wah e no amplificador Fender Super Six Reverb, ela soava como um instrumento de um milhão de dólares.

Tive que devolver logo a Giannini Mini Músico e, como meus pais ainda não tinham me dado uma guitarra, voltei ao violão com o bocal de telefone preso com fita. Como em *Lua de Fel*, o filme do Roman Polanski que narrava os devaneios de um escritor medíocre vivido por Peter Coyote, "me foi permitida uma espiadinha no paraíso, para depois ser largado na calçada da Rue d'Assas".

A turma do violão fora convidada a se apresentar no ginásio da escola, numa programação natalina, em 1979. Elizabeth, uma norte-americana cinco anos mais velha do que eu, me convidou para tocar "Day by Day", do musical *Godspell*, que eu tinha visto quando criança. Como o Scott tinha me ensinado a música, mais complexa do que eu estava acostumado, pois continha acordes de 7ª e 9ª, topei na hora. Embora nervoso e pouco à vontade, vestindo um colete de papelão com o adorno natalino na lapela que fomos obrigados a usar, quando colocaram um microfone na frente do violão e ouvi seu som reverberando pelo ginásio todo, me acalmei.

Nunca tive a chance de dizer isso, mas Elizabeth, uma típica estudante norte--americana que se escondia atrás dos longos cabelos loiros, dos óculos e da timidez, me marcou bastante. Uma vez ela me convidou para ver a apresentação de seu grupo teatral no Teatro Galpãozinho, na 508 Sul, que nos anos seguintes seria palco dos primeiros shows da Plebe Rude e do Aborto Elétrico – e que hoje integra o Espaço Cultural Renato Russo. Eu não sabia de sua vida paralela fora do campus, mas, ao vê-la na peça um tanto quanto hippie, correndo pelo palco circular sem os óculos e de collant branco, segurando um véu que a seguia tremulando no ar, por mais que soe piegas, fiquei muito mexido.

Ali também percebi como o ambiente da escola era opressivo. A presença de pessoas de fora era praticamente proibida. Claro que eu tinha muitas amizades lá, mas, como não fazia esportes, algo tão importante na cultura escolar norte--americana, eu era o eterno *outsider*. Não sofri muito *bullying*, mas nunca consegui me inteirar completamente. Tinha alguma coisa faltando, e, ao ver a imagem daquele véu voando, pensei: como seria a vida fora dos muros da escola? E essa timidez que me paralisava? Quem era essa outra Elizabeth? Será que eu poderia ser outra pessoa e me livrar da timidez como ela?

Fora a breve passagem do Alex pela banda Brisa, o resto da vida dos meus dois irmãos era completamente na escola. Alex praticamente mandava no colégio, e, se já é difícil ser o irmãozinho em quem ninguém presta atenção, imagina ser o irmão da pessoa mais popular da escola. Quando ele concorreu para presidente do corpo discente, ninguém ousou levantar oposição, e Alex se elegeu sem concorrentes. Inspirado nele, me inscrevi para ser representante da minha classe na 7ª série e fui eleito.

Ingenuamente pensei que teríamos poder de decisão sobre a escolha de livros para a biblioteca e de opinar no currículo, mas na verdade era simbólico, a única coisa que o conselho fazia era marcar festas e *bake sale*, para vender os bolinhos e biscoitos que financiassem as próprias festas. Acho que a única dica que Alex me deu ao se formar, em 1980, e ir embora para a faculdade nos Estados Unidos, foi: "O conselho de estudantes é perda de tempo". Nunca mais me candidatei.

Mesmo imaginando como seria a vida *lá fora*, eu tentava me enturmar com os norte-americanos, mas ficava mesmo com os brasileiros e estrangeiros. Como era péssimo jogador de futebol, na hora da escolha dos times, na aula de educação física, os capitães sempre me deixavam por último. Para piorar, a cada ano a escola realizava o Presidential Physical Fitness Awards, uma premiação que honrava alunos e alunas entre 10 e 17 anos que conseguissem pontuar acima de 85% em sete categorias, como corrida de 500 metros, abdominais e puxadas de braço. Claro que eu não conseguia entrar nesse seleto grupo. Também havia o NHS, o National Honor Society, com premiação no ginásio para os melhores alunos, e que lembrava os outros o quão ruins eram suas notas. É claro que nesse grupo seleto eu também não tinha vaga.

Para os desportistas, o torneio Big 4 era realizado todo ano, juntando membros dos times de basquete, futebol, handebol, vôlei e *cheerleading* das escolas norte- -americanas de São Paulo, Rio e Belo Horizonte, que se revezam como sede do evento. Quando era em Brasília, eu me recolhia às arquibancadas para torcer com o resto da *plebe* e, quando era em outras cidades, eu ficava imaginando como deveria ser a farra nos ônibus interestaduais carregando os atletas. Meio traumatizante, pensando bem.

Para piorar, eu simpatizava com o Fluminense e não com o Clube do Remo, como meus tios queriam, e, na tentativa de me enturmar com a galera do esporte, o filho de um fazendeiro passou a exigir que eu relatasse as partidas no dia seguinte, senão levaria porrada. Como os jornais da manhã não continham um resumo dos jogos por causa do horário do fechamento das edições, eu ficava vendo os jogos quase dormindo, lembrando placar e escalações, só para não apanhar no dia seguinte. Logo vi que essa turma também não era pra mim.

Pré-adolescência é uma merda, ainda mais de óculos e aparelho. Ainda bem que eu era um menino criativo e tinha meu violão. Como eu desenhava bem, sempre ganhava prêmios na aula de artes, inclusive com esculturas de barro, e, de uma maneira inusitada, aproveitava as de literatura para um verdadeiro exercício imaginativo.

Tínhamos um professor que pedia toda semana uma redação sobre um livro de livre escolha da biblioteca. Como eu já lia o suficiente – mas não os filósofos suicidas que inspirariam e fundiriam a cabeça de Renato Manfredini (mais tarde conhecido como Renato Russo) –, em vez de ler um livro para a aula, eu pegava um livro obscuro e, em cima do título e do desenho da capa, inventava uma história complexa cheia de trama e personagens. Isso funcionou durante meses, até eu ter feito o mesmo com um livro obscuro que o professor conhecia. Fiquei de castigo por uma semana.

Mas nem tudo estava perdido para esse jovem *outsider*. Acabei demarcando meu território de amizade com os iugoslavos e, já precoce no instrumento, passei a lhes dar aulas de violão, sempre frequentando a embaixada. Fazíamos tudo juntos e aparecíamos em bando nas festas da escola, com a timidez ainda me assombrando.

Minha família tinha um som Pioneer bastante potente, que também veio na mudança, e em muitas ocasiões eu e meus irmãos o levávamos para festas no Lago Sul ou no Clube das Nações, o clube dos diplomatas. Onde mais? No SCES TR 4, Setor de Clubes Esportivos Sul Trecho 4, oras... Em muitas delas eu acabava sendo o DJ, com uma pausa de dez segundos para trocar o disco na vitrola solitária. Prestes a fazer 13 anos, eu achava mais fácil ficar no som do que desbravar o campo minado da paquera.

A timidez me paralisava. Sempre que me sentia atraído por uma menina, eu sabia que não conseguiria falar com ela. Fiz a besteira de mencionar aos iugoslavos meu interesse por uma uruguaia mais nova do que eu e ganhei o apelido de *Philanski*, em *homenagem* ao diretor Roman Polanski, que em 1977 foi preso por estupro de uma menor de 13 anos. Peraí, seus *iogurtes*! Tinha duas pequenas diferenças: 1) Polanksi tinha 44 anos, eu tinha 13 e, pior, era paralisado pela timidez; 2) nunca cheguei a falar com ela. Melhor não confidenciar mais nada aos iugoslavos...

Estar numa festa quando o DJ tocava músicas como "The Closer I Get to You", da Roberta Flack, e "How Deep Is Your Love", dos Bee Gees, era o fim dos tempos. Até hoje sinto esse – nas palavras de Thoreau –, "leve desespero" ao ouvi-las, porque remetem a uma época de gosto amargo, daquela sensação de que ninguém está te chamando para dançar, e *todos* estão te vendo sozinho contra a parede, rejeitado. Simplesmente aterrorizante.

Tinha uma canadense chamada Lori que eu perseguia desde a 6ª série, mas longe de precisar de uma medida restritiva de aproximação. Tudo começou quando eu tinha 12 anos e pensei que a melhor maneira de lidar com aquele sentimento fora de controle era escrever nos tijolos vermelhos da escola "Philippe loves Lori", circundado por um coração. Mesmo mal conseguindo falar com ela, cheguei a pedir a moça em namoro pelo telefone, e ela disse sim (!), mas nem nos olhamos nos dias seguintes. Até dançamos uma música lenta numa festa da Escola Americana, mas afastados quase meio metro um do outro. Quando acabou a música, no silêncio longo entre as faixas que estavam sendo trocados pelo DJ, cada um foi para o seu lado. Simplesmente aterrorizante.

Numa festa na nossa casa, cheguei a preparar uma encenação para Lori com a música "The Song Remains the Same", do Led Zeppelin – ela era baixinha, então eu cantaria o verso "everything that's small has to grow". Eu usaria uma mesinha dobrada que meus pais trouxeram dos Estados Unidos, dessas com os pés em "X", como guitarra, pois quando fechada parecia a majestosa Gibson EDS-1275 de dois braços de Jimmy Page.

Meus planos foram brutalmente interrompidos quando a melhor amiga dela veio até mim enquanto eu era o DJ e estava trocando um disco do Styx por um do Boston, e disse: "Ela quer terminar com você". Cancelei a performance e escrevi um poema a respeito, inaugurando uma nova era na poesia de Brasília:

> "Love is like a dove, flying through the door / Hate is like a plate, broken on the floor".

Tentei me vingar dela com uma amiga. Já imaginava a cara de espanto da canadense ao me ver com outra, dessa vez uma brasileira, no jogo de basquete de sexta-feira à noite, e até peguei cinco cruzeiros dos meus pais para financiar a vingança e comprar dois refrigerantes e dois hot-dogs. Liguei para a moça e a pedi, do nada, em namoro. "Não." A pré-adolescência estava me matando. Se ao menos eu soubesse que algo estava dobrando a esquina para me salvar... Algo que se chamava punk.

O som Pioneer passaria a embalar as festas que meus irmãos mais velhos faziam na nossa casa. Numa delas, em 1979, foi a primeira vez que vi os punks de Brasília, mas com 12 anos não era o ambiente dos mais salubres. Tinha um cara loiro, magro e alto no fundo do terreno, queimando o braço com um cigarro – para o desespero de sua irmã mais nova, aos prantos pela festa –, pessoas descabeladas e muita roupa rasgada, contrastando com o visual mais comportado dos alunos da escola, que vestiam camisetas do Queen, Kiss e Nazareth. Eu andava pela festa como quem passeia pelo local de um desastre de trem, por entre os destroços, observando em câmera lenta. Eu sentia que os penetras estavam em algum estado alterado, mas não me impressionava. Aliás, *muito* pelo contrário. Isso seria determinante na minha vida.

Tínhamos um disco do Cheech and Chong em casa, *Los Cochinos*, e, apesar de achar meio engraçada a obsessão com maconha que permeava o vinil, toda a cultura de drogas herdada das décadas anteriores não dizia nada pra mim. A roupa e a postura dos penetras é que tinham chamado minha atenção, e, quando eles tomaram conta do som, meu Deus, que choque. Eles vinham com trilha sonora!

Era uma festa da Escola Americana, então as baladas de hard rock e músicas obrigatórias do rock setentista pasteurizado estavam lá – muitas perpetuadas por mim como DJ. Mas foi a partir dali que umas anomalias começavam a sair dos alto-falantes: "My Sharona", do The Knack, B-52's, Go-Go's, Devo e Blondie, com o *crossover* disco/punk "Heart of Glass". Começava a aparecer uma frente nova. Ou melhor, uma onda nova.

Eu olhava intrigado o mesmo sujeito loiro de braço queimado que vi na minha casa andando pela escola. Ele era excepcionalmente alto e magro, com cabelos espetados para cima, incomuns na época, calças rasgadas e camiseta pintada a mão. Será que aquela música tão alienígena tinha algo a ver com isso? André Pretorius, filho do embaixador da África do Sul, tornara-se um dos melhores amigos do meu irmão mais velho e passou a frequentar nossa casa, onde eu era o irmãozinho para que ninguém dava bola, assistindo ao *Sítio do Picapau Amarelo* quietinho no seu canto.

Lembro do dia em que outros colegas do meu irmão, que tinham passado lá em casa a fim de buscá-lo para uma noitada, me perguntaram o que estava passando na TV, e expliquei, feliz da vida com a atenção que ninguém me dava, que era o episódio em que o Minotauro desceu ao Sítio da Dona Benta e o Teseu, vivido pelo ator Gracindo Junior, apareceu para salvar o dia. Naquela época a programação da TV aberta era de altíssimo nível. Imagine só, passava mitologia grega na TV infantil... Claro que isso foi bem antes do seu declínio absoluto na década de 1980, com a invasão das loiras e seus produtos e discos empurrados goela abaixo. Se você se pergunta por que é tão raro aparecer algum letrista decente hoje em dia, pode ter certeza de que a imbecilização da programação infantil tem *muito* a ver com isso.

Incontestavelmente, Pretorius foi o primeiro punk de Brasília. Ele chegou ao Brasil em 1976 e se formaria em 1979, quando foi obrigado a servir no exército sul-africano. Era um cara amável, um meninão preso no corpo de um rapaz de quase dois metros de altura. Punk que só, mas um punk que tinha medo de atravessar a rua e, em vez de fumar maconha, aquela droga de hippie, preferia cola e benzina, mas isso é outra história.

Certo dia, em 1978, ele apareceu misteriosamente lá em casa à noite com um amigo. Era André Mueller, outro aluno da Escola Americana, curitibano de descendência alemã, amigo do meu irmão Alex e nosso vizinho. Era tarde e ambos pediram ovos, "para fazer um bolo", emendaram em uníssono, quase se atropelando. Achei estranho, ainda mais àquela hora, mas fui até a cozinha e entreguei os ovos para eles, que pareciam estar segurando o riso. Bolo àquela hora da noite? Como eram quase cinco anos mais velhos que eu, imaginei que sabiam o que estavam fazendo, sem imaginar que o destino daqueles ovos seriam os vidros dos carros passantes, que não sairiam incólumes do Lago Norte.

Os dois eram *terríveis* juntos. Nossa casa era rodeada de mato, pois não tinha nenhuma outra casa na rua esburacada de terra. Uma tarde ouvi o que parecia tiros lá fora e fui ver o quer era da varanda. Algo se mexia no meio do mato, de onde voavam bombinhas em nossa direção. Fiquei assustado e falei alto para o meu irmão do meio: "Rápido, pegue a arma". Minha mãe tinha arma em casa, mas nenhum de nós ousava chegar perto, era só para intimidar seja lá quem estivesse fazendo aquilo. Foi aí que mais bombinhas voaram em nossa direção. Demorou para eu perceber que eram Mueller e Pretorius. Por ser o caçula, eu era um alvo fácil. "Vamos sacanear o irmãozinho do Alex?". "Vamo!"

Já mencionei que os dois eram terríveis juntos? Uma vez eles rechearam umas roupas de jornais e fizeram um boneco, com tênis e tudo, que colocaram deitado no meio da pista do Lago Norte, só para rir da reação dos motoristas, até um deles descer do carro e, ao perceber a chacota, sacar uma arma e dar tiros para o alto, xingando em voz alta. Outro parou, dessa vez com a chacota sendo realizada no Setor de Embaixadas, mas, em vez de dar tiros, levou os tênis All Star para casa. Quem mandou?

Em alguns meses, os dois seriam separados: um foi para a Inglaterra, o outro, para a África do Sul. Talvez tenha sido para o bem de todos, mas, sem saber, ambos estavam construindo, cada um à sua maneira, um dos alicerces da história do rock de Brasília.

No final de 1978, André Mueller se mudou para Sheffield, cidade operária do norte da Inglaterra, onde seu pai faria doutorado em economia. Para a formação do rock de Brasília, essa viagem seria fundamental, pois em Sheffield havia o Top Rank Club, em que artistas do punk e pós-punk se apresentavam. Além disso, a cidade estava a apenas três horas de Londres, coração do movimento. De lá André passou a enviar fitas gravadas de sua vasta coleção de discos para os futuros artífices do rock de Brasília e se tornou extraoficialmente a bússola musical de todos nós.

Em 1979 chegou uma fita pelo correio destinada ao meu irmão mais velho, mas que mudaria tudo pra mim. *Tudo.* Na época era comum o envio de fitas cassete pelo correio. As papelarias brasileiras inclusive vendiam uma caixinha de plástico preta em que cabia perfeitamente um cassete, com o adesivo de destinatário e remetente de borda verde-amarela, incutida no imaginário brasileiro por conta da música "Meu Caro Amigo", de Francis Hime e Chico Buarque.

Entre os relatos gravados em fita sobre sua vida na Inglaterra e as peripécias por Londres, onde assistia a uma infinidade de grupos de que nunca tinha ouvido falar, André pediu para prestarmos atenção numa parte de uma música. Com o gravadorzinho colado no meu ouvido, que aumentava o grave do alto-falante magro, escutei ele enfatizando a força com que o vocalista gritava "revolution" antes do solo de guitarra. Era o que definia aquele explosivo movimento chamado punk.

A música era "78 Revolutions per Minute". A banda se chamava Stiff Little Fingers e vinha de um país tão inóspito quanto Brasília, a Irlanda. Eu tinha acabado de fazer 13 anos, e minha vida mudou *naquele* momento. Curiosamente, no final da fita, que tinha sido gravada por cima de um disco do The Who, apareceu do nada a música "Armenia City in the Sky", num claro erro de manuseio dos botões de *fast foward* e *record*. Fazia sentido, pois estava ali para fechar o ciclo de onde veio e para onde ia aquele estilo musical revolucionário.

Nessa mesma época, as placas tectônicas da música popular brasileira sofreriam um abalo sísmico, só que deste lado do Atlântico: uma *jam session* inocente, num quarto ao lado da piscina da casa do embaixador da África do Sul, germinaria a banda Aborto Elétrico. Pretorius conhecera um cara meio desengonçado e descabelado, de óculos, por meio de sua namorada, Ginny, e convidou meu irmão, Alex, para tocarem com ele. O cara se chamava Renato Manfredini e deixou meu irmão impressionado com seu inglês perfeito.

Com Pretorius na guitarra, Alex na bateria e Renato no baixo, o trio tocou, ou ao menos tentou tocar, "Frankenstein", de Edgard Winter, Bachman Turner Overdrive, e algumas músicas do novo movimento que estava acontecendo lá fora, na forma dos Ramones. Foi a única vez que tocaram juntos.

E quem um dia irá dizer que não existiu razão naquele encontro casual no bar Taberna, na 103 Sul, poucos anos antes desta *jam* histórica, numa noite em que Pretorius e Ginny estavam *hanging out*, encostados num carro, e Renato passou, parou, olhou para Pretorius e disse: "Você parece o Sid Vicious". "Sex Pistols?", respondeu Pretorius. "Joia, cara!" E o resto é história.

Alex se formou na Escola Americana em 1980 e foi fazer faculdade nos Estados Unidos. Seria o destino de todos os irmãos Seabra, mas parecia muito distante para mim, que me formaria somente em 1984. Logo 1984... Antes de ir embora, meu irmão vendeu a bateria Ludwig gigantesca, para meu desgosto, e o amplificador de baixo Fender Bassman. Mas o irmãozinho para quem ninguém dava bola conseguiu convencê-lo a deixar os outros dois Fender, o amplificador de voz e o (agora clássico e raro) amplificador de guitarra Fender Super Six Reverb, mesmo que eu não tivesse nenhuma perspectiva de ter uma banda ou ser dono de uma guitarra. Mas por que não? Ficaria bonito no meu quarto. Aliás, pela primeira vez na vida eu teria um quarto só meu.

A música seria o centro do meu quarto, onde construí um aparato engenhoso. Como o toca-discos era distante da cama, instalei um botão na mesinha de cabeceira para ligar e desligar a eletricidade à distância. À noite eu deixava a agulha descansando numa faixa escolhida para animar meu despertar e que eu ouvia pela manhã antes mesmo de me levantar. Instalei também um par de alto-falantes pequenos no banheiro e, alternando a saída deles, eu conseguia ouvir música tomando banho. Brilhante! Com os discos setentistas herdados do meu irmão, meu quarto era o meu templo. Nos anos seguintes, meu quarto também se tornaria o templo de boa parte da nata do rock oitentista de Brasília, que muito se encontrou e ensaiou por lá. Foi naquele quarto, mostrado algumas vezes na capa do *Correio Braziliense*, por sinal, que incontestavelmente a cena mais inusitada de Renato Russo seria filmada.

"Listen to Tommy with a candle burning
and you'll see your entire future."
– Cameron Crowe, Almost Famous

É engraçado como os discos escolhem a gente. Qualquer garoto norte-americano da década de 1970 tinha em casa os LPs de Steely Dan, Eagles, Ted Nugent, Nazareth... mas nenhum deles era pra mim. Eu sempre preferi Kansas, Styx, Boston, Fleetwood Mac, *tudo* do Aerosmith, o clássico do Kiss *Love Gun* e, é claro, tudo de Led Zeppelin. Black Sabbath e Rolling Stones nunca fizeram parte do meu vocabulário. Paul McCartney eu gostava desde criança, adorava Wings e achava lindo o casal Paul/Linda, apesar de não entender direito o que ela fazia na banda.

Mas algo me intrigava. No meio do rock setentista que eu tanto ouvia, comecei a perceber elementos semelhantes aos sons daquela fita com bandas novas que veio da Inglaterra. A primeira vez que senti alguma coisa punk, antes mesmo de ouvir a fita, foi na música "Women", do Foreigner. Tinha algo na guitarra torta da introdução ou na maneira de cantar do fantástico e subestimado Lou Graham, um dos grandes vocalistas da história do rock. Não sei explicar, mas aquilo me cativou de uma maneira diferente. Eles também tinham um som grosso na faixa "Dirty White Boy", com um solo de guitarra cheio, diferente de tudo que eu até então escutara.

Algo estava acontecendo dos dois lados do Atlântico, com os dois polos se atraindo, Nova York e Londres. Os Rolling Stones apareceram com "Shattered" no disco *Some Girls*, com uma levada bem punk nova-iorquino; o álbum, por sinal, foi gravado justamente na Grande Maçã. O Queen gravou "Sheer Heart Attack" e "Stone Cold Crazy". The Police, pop que só, apareceu com uma pegada simplista e mais *pra frente* do que as bandas da época. Mas tudo passou a fazer sentido mesmo quando o maior guitarrista de todos os tempos, Pete Townshend, em seu álbum solo *Rough Boys*, dedicou a canção homônima, que abria o disco, a um tal de Sex Pistols.

Em 1980, André Mueller e seu irmão, Bernardo, voltaram ao Brasil. Como éramos vizinhos, André me chamou para ver sua banda, os Metralhaz, que se apresentaria na lanchonete Food's, na 111 Sul. Fui lá com meus amigos iugoslavos e, já amaciado por ter conhecido Pretorius (que estava na África do Sul servindo no exército), não me impressionei com os cabelos espetados ou as camisetas rasgadas do público. Me impressionei com a *quantidade* de cabelos espetados e camisetas rasgadas. Era outro mundo.

As bandas que tocaram naquele dia foram a Blitx 64, os Metralhaz e um tal de Aborto Elétrico. O equipamento era tosco. O que eu tinha no meu quarto, sem uso, era melhor. A bateria nacional estava anos-luz atrás da que fora vendida pelo meu irmão. Soava como tonéis sendo tocados como tambores. A pegada do baterista dos Metralhaz também não ajudava. Eu não o conhecia, mas era o único ruivo da galera.

Era uma zoeira só. As letras então... Se estivessem recitando o catálogo telefônico não faria diferença. O vocalista do Aborto era um cara doido que mais parecia um gato molhado e urrava no microfone, mas sabe-se lá o que cantava. Só depois fui descobrir que era o mesmo cara que tinha ensaiado na embaixada da África do Sul com o Pretorius e meu irmão dois anos antes.

No final da década de 1970, praticamente não existia equipamento de áudio de médio ou pequeno porte para plateias menores e o que havia era terrível. Hoje podemos até romantizar a respeito. Talvez tenha sido essa precariedade que solidificou as performances e a postura daquela turma. Mas a verdade é que éramos vítimas do mal protecionista do governo Geisel. As taxas de importação eram absurdas, e, em vez de se capacitar para competir com o mercado estrangeiro, a indústria nacional de áudio e instrumentos simplesmente cruzava os braços e se acomodava, já que não tinha concorrência, lançando equipamentos ultrapassados e caros, muito caros.

Os shows do Food's eram a prova viva disso. Não se entendia absolutamente nada porque ninguém tinha um equipamento adequado para a voz. No meio da maçaroca, porém, algo estava acontecendo. Foi a postura, a atitude daquela turma que me cativou, mais do que as próprias canções, se é que alguém podia chamar alguma delas de canção. Eu olhava em volta e via as pessoas muito atentas. E no meio delas um loiro que acabara de sair da bateria da Blitx 64, acompanhado por uma ruiva linda, recém-chegada de Nova York, com uma calça quadriculada e camisa *bondage*. Eram Gutje Woortmann e sua namorada, Helena Resende.

Depois do show, já no finalzinho da tarde, voltei com André para o Lago Norte, e da esquina da minha rua fomos caminhando até a casa dele. Ao entrar no seu quarto, vi pôsteres de bandas punk na parede e uma coleção de discos gigante, cuidadosamente protegida por grossas capas de plástico, que ele tinha trazido da Inglaterra. Eu nunca tinha visto uma foto do Stiff Little Fingers, mas lá estava a banda num pôster pregado na parede. Então esses eram os caras que gritavam “revolution” naquela fita?

Nos esparsos programas de TV de sábado à tarde, volta e meia víamos um show ao vivo de Led Zeppelin ou Rolling Stones ou um vídeo do Genesis no estúdio, mas não existiam videoclipes, muito menos de artistas mais alternativos. Com poucas revistas de música especializadas no Brasil, com exceção da capa e dos encartes dos LPs, não tínhamos como conhecer os novos artistas. Ficávamos no escuro, quase que literalmente, pois em discos conceituais nem foto deles havia.

Ao me aproximar do pôster do Stiff Little Fingers que anunciava o disco *Nobody's Heroes*, me espantei ao ver que o vocalista não era um cara necessariamente bonito, tinha cabelos curtos e usava óculos. Óculos? *Wait a second*... Eu não era um cara necessariamente bonito, tinha cabelos curtos e usava óculos! Sim, óculos! Isso mudou *tudo*... Conforme a promessa do “revolution” que urravam na fita que eu escutara dois anos antes, encontrei meu nicho. Creio que, se cada um de nós tem um momento *holy fuck* na vida, aquele foi o meu. “*Holy fuck!*”

“Bando de vagabundos”, disse minha mãe, jogando a capa do *Jornal de Brasília* em cima da cama. “É de matar qualquer pai de desgosto... Maconheiros...” A década de 1980 ainda estava no seu segundo semestre, e minha mãe estava horrorizada com a manchete do jornal: “Polícia acaba com ‘embalo’ e prende 500”.

Embalo? Qual? O de sábado à noite? Terei que ler mais a fundo para entender a ira da minha mãe. Dentro do jornal, na capa do caderno “Cidade”, vinha a matéria inteira com a manchete: “Polícia prende 500 na ‘Rockonha’”. Não tinha como não rir, o nome era engraçado. Rockonha? Minha mãe, zangada, interrompeu as risadas. “Eu aceito tudo, *tudo* nessa família, mas isso nunca!”.

Zangada? Mas o que é que eu fiz? Eu tinha 13 anos e, mesmo que fosse andar nos próximos meses com algumas das pessoas que foram presas, eu era um bom menino. Quem poderia prever que essa festa entraria para a história? Na matéria extensa vinha uma foto do convite, impresso numa folha de enrolar tabaco, ou melhor, a *alface do diabo*:

> "Para matar as saudades, os delírios e os fisuros, a Rockonha vem convidar você para mais um som viajante baseado no bosque a partir de 21 horas de 30/08/80.
>
> Agradecemos a Fuking Sound e contamos mais uma vez com a sua presença.
>
> Atenciosamente, Rockonha"

Reparem que fuking e fisuro vinham escritas erradas. Só não se sabe se, quando datilografaram, se perderam na tradução, na letra miúda ou na *névoa* de guerra – e põe névoa nisso. Junto com o convite havia um mapa do local, também estampado na matéria do *Jornal de Brasília*. Foi numa chácara na Quadra 1, da cidade-satélite de Sobradinho. Na verdade foi a II Rockonha, já que a primeira tinha sido realizada informalmente, atraído bastante gente e apelidada de Rockonha.

A Polícia Federal, a PM e a Civil foram as primeiras a chegar, com seis ônibus reservados para levar os *vagabundos* para a Escola da Polícia nas proximidades de Sobradinho. Uma blitz na estrada já antecipava a operação. Alguns da *Tchurma* – termo carinhoso que Renato Russo criaria para se referir a membros da galera que comporiam as bandas oitentistas de Brasília – imaginaram, ao chegar na festa com forte presença da polícia, que eram os seguranças do evento e ficaram espantados com o nível de organização, coisa rara nos eventos da época. Santa inocência...

A trilha sonora não poderia ter sido mais adequada quando a polícia invadiu. Das oito caixas espalhadas pelo bosque saía o som progressivo do Emerson, Lake and Palmer, o tema de *Peter Gunn*, seriado de TV policial norte-americano com trilha composta pelo mestre Henry Mancini. Para quem gosta de detalhes técnicos, cada caixa tinha um par de tweeters Selenium T-50 e um par de woofers Selenium, empurrados por um amplificador Sansui AU 11000 e um Gradiente Pro 1200. O som vinha de dois toca-fitas Teac A-170, passando por um mixer Quasar QM884. Foi até bom não ter toca-discos, pois a chegada em peso da polícia faria os vinis pularem...

Mesmo não sendo um apreciador da *alface do diabo*, seria a típica festa que eu passaria a frequentar, ou melhor, invadir com a *Tchurma*, se tivesse sido realizada um ou dois anos mais tarde. Ufa, foi por pouco! Mas o negócio foi meio sério e chegou a ser protocolado no SNI, o Serviço Nacional de Inteligência, órgão de espionagem da ditadura criado em 1964. Nos relatórios do SNI e do Exército constavam nomes de filhos de funcionários da Presidência da República, da Vice-Presidência da República, do Ministério da Fazenda e do Senado Federal. Até 1986, alguns desses jovens ainda sofriam pela prisão porque, com uma condenação na Justiça, foram impedidos de exercer cargos públicos. Já ser eleito é *outra* história, especialmente em Brasília.

Num dos relatórios, a festa foi categorizada como "um encontro de viciados e traficantes de tóxicos", cujo nome "dizia tudo": "O termo Rockonha é uma fusão de Rock com Maconha". O texto também salienta que o nome da empresa de sonorização (na verdade uma equipe que fazia de playbacks da Gretchen a festas de formatura por Brasília) "fazia parte da ilicitude". Ao menos tomaram o cuidado de escrever *fucking* corretamente: "A expressão inglesa 'fucking sound', que aparece no convite (xerox), não tem correlata em português, porém, pode-se traduzir por 'ato sexual com som (ou música)'. Isso define claramente o objetivo da reunião. É interessante ressaltar que o próprio papel empregado na confecção do convite era o usado na fabricação de 'baseado' (tipo de cigarro de maconha)".

Na análise do SNI, pelo menos um quesito estava errado. *Fucking sound* na verdade quer dizer *som fodido* ou *fodão* – e foi mesmo, pois tocou Ramones, Bachman-Turner Overdrive e Billy Thorpe. No começo da invasão, um policial civil à paisana balançou sua arma em direção a Chico Boia, futuro membro da *Tchurma* e DJ da festa, de apenas 15 anos, dizendo: "Desliga o som, menino".

Todos foram presos, inclusive quem tentou fugir pelo mato. Depois de perguntar quem era filho de militar, a polícia fez a primeira triagem, com grupos de quem era maior e quem era menor de idade. A segunda triagem foi de quem estava com droga (e/ou quem desacatou alguma autoridade) e quem estava sem droga. Enquanto isso, os policiais tiraram os alto-falantes das árvores e os rasgaram, procurando evidências no interior deles.

Todos foram levados nos ônibus até Sobradinho. Os menores de idade foram encaminhados para um auditório. Quem foi pego em flagrante e um ou outro que cometeu desacato foi direto para a carceragem do Juizado de Menores. Eles não estavam de brincadeira.

Os maiores de idade ficaram no pátio da Escola de Polícia, sentados no chão com as mãos na cabeça. Quem foi pego em flagrante foi preso, quem não tinha nada foi liberado de madrugada. Os mais de cem menores sem flagrante foram amontoados no auditório e só seriam liberados com a autorização dos pais. Ninguém ali foi fichado, a polícia apenas pegou os dados para contactar as famílias.

No fim da madrugada, somente seis menores permaneciam no local, quando o pai de Chico Boia chegou para buscá-lo, nada contente com a situação. Pioneiro de Brasília, ele tinha montado o Ministério Público e foi um dos fundadores da OAB, tendo a carteira de número 002 da OAB de Brasília – quando a Ordem dos Advogados do Brasil foi fundada, os números foram sorteados e excluíram o 001 para ninguém ser o primeiro. Como os pais dos poucos menores que ali sobravam não haviam sido localizados durante a madrugada, ele se responsabilizou pelos garotos e levou um a um para casa.

"Jeremias maconheiro sem-vergonha" virou personagem notório, e essa festa virou folclore por causa da música "Faroeste Caboclo", que não apenas chegou ao SNI, mas às paradas de sucesso nacionais oito anos mais tarde. A semente estava plantada. De um jeito ou de outro, o rock de Brasília conquistaria o país.

> "Well, I'm hot blooded / Check it and see / I got a fever of a hundred and three / Come on baby, do you do more than dance? / I'm hot blooded, I'm hot blooded"
> – "Hot Blooded", Foreigner

O rock setentista era um clube exclusivo. A entrada era permitida somente para astros com cabelos longos ou para músicos progressivos saídos do conservatório, também com longos cabelos. Com poucas exceções, como Suzi Quatro e The Runaways, mulheres não eram permitidas a não ser nos camarins depois das apresentações e nos quartos de hotel. As letras descreviam isso em detalhes e só serviam para aumentar a libido dos pré-adolescentes. Quem não sabia tocar, sequer era convidado.

Mas e o punk? O punk o desafiava a fazer parte do movimento e não ser apenas um mero espectador. Não sabe tocar? Não tem problema. Não sabe cantar? Não tem problema. Era a prática da lição que aprendi com meu pai, de não deixar suas limitações o definirem como pessoa. Apesar de ser fluente em todas as línguas neolatinas, ele não se considerava fluente em alemão e russo, mas não o impediu de ajudar os Aliados na Alemanha do pós-guerra.

Eu tinha 13 anos e, lá no quarto do André, fiquei em pé meio pasmo. Como é que eu não sabia desse universo? Em parte por causa da coleção do meu irmão mais velho, onde não existia essa vertente. Foi naquele momento, ainda com os ouvidos zumbindo pela zoeira dos shows no Food's, que comecei a entender as origens, os primórdios. The Who, T. Rex, David Bowie, The

Stooges, Iggy Pop, MC5... Mas calma, não estou cuspindo em cima dos *hors d'oeuvres* setentistas que tanto saboreei, como Kansas e Boston... só que era diferente. Não era apenas música, era um manual para a vida, com letras densas e políticas, como as do The Jam e The Clash, ou de romance abstrato, como as do Psychedelic Furs e The Cure, ou de distopia, como as do Killing Joke e PIL. Elas tinham cunho social, postura e mensagens. Pareciam ter sido todas escritas para mim. Eu estava recém conhecendo todas essas bandas – mas elas já me conheciam.

O pós-punk se consolidaria como a vertente do rock mais importante da história. Sobreviveria ao *disco*, brega, rock setentista, heavy metal, hair metal, música eletrônica e se tornaria a principal fonte de inspiração para quase todos os artistas impactantes dos últimos trinta anos, de Nirvana a Arcade Fire, de Foster the People a Massive Attack, de Nine Inch Nails a Guns and Roses, de U2 a Muse, de Coldplay a Radiohead. Cineastas como Jim Jarmusch, Tim Burton, Stephen Frears, Sofia Coppola, Ridley Scott e Martin Scorsese se inspirariam na sua estética. Estilistas, de Vivian Westwood (a matriarca) a Alexander McQueen, Jean Paul Gaultier e no Brasil o Herchcovitch as carimbariam nas passarelas e vitrines. Autores como Nick Hornby, William Gibson, Douglas Coupland e até o nosso Marcelo Rubens Paiva com seu pós-apocalíptico *Blecaute*, escreveriam com aquela pegada. *You name it*, o punk está ali de alguma maneira.

Com 18 anos, André estava de coração partido por causa de uma das *punkecas*, termo para a ala feminina dos punks de Brasília, quando falei de uma argentina em que eu estava de olho na escola, mas que nem sabia da minha existência. Pelo visto o futuro não seria muito promissor para mim – se André, cinco anos mais velho, ainda não tinha conseguido resolver o maior enigma de todos, as garotas, imagine eu, um moleque que nem era tão boa-pinta e, pior, usava óculos. Ele me disse que tinha um disco que poderia ajudar – aliás, discos me ajudariam muito na ausência dos meus irmãos, o que já estava nos Estados Unidos e o que partiria em dois anos.

Para me consolar, André me deu o encarte amarelo do disco *A Different Kind of Tension*, dos Buzzcocks. Lembro de ter pegado da mão dele rapidamente, brincando como quem estivesse desesperado, e do jeito como ele me olhou, bravo, tipo "tenha cuidado, pô!", como quem me entregara um pergaminho sagrado. Realmente, todos os discos da coleção estavam zerados, protegidos pelas grossas capas de plástico, imaculados como nasceram. O plástico, completamente transparente, dava um aspecto sólido e régio àquelas obras de arte.

Eu ouvia e lia boquiaberto as letras das músicas dos Buzzcocks, como "You Say You Don't Love Me", "You Know You Can't Help It", a existencialista "I Believe" e a mais do que apropriada "Hollow Inside", que repetia infinitamente, como um mantra, o verso: "Hollow inside, I was hollow inside/ But I couldn't find out what the reason was". Elas estavam falando comigo. Nunca consegui me identificar com as letras que até então ouvia. Eu não era garanhão o suficiente para acompanhar o AC/DC, era tímido demais para me relacionar com as letras do Aerosmith e não era lisérgico o suficiente para sintonizar com o Yes, muito menos um viking para o entender o Led Zeppelin.

Já era quase noite, num final de domingo, quando voltei andando para casa, intrigado com aquilo tudo que tinha acabado de ver e ouvir. E ainda tinha os ouvidos zumbindo pela pancada que presenciara no Food's. Quem eram aquelas pessoas? E essa música que o André me apresentara? O que eu estava sentindo? Não sei se consigo traduzir em palavras a experiência pela qual eu estava passando.

Dias depois o irmão do André, Bernardo Mueller (futuro Vigaristas de Istanbul, XXX e Escola de Escândalo), me preparou uma fita SAX 90 da TDK – coisa séria, de cromo –, com um apanhado daquela coleção de discos. Nela, com o chiado inerente da mídia, vinham The Clash com "Tommy Gun" e "English Civil War", Siouxsie and the Banshees com "Happy House" e "Christine", Psychedelic Furs com "India" e "Sister Europe", Tom Robinson Band com "Up against the Wall" e "Right on Sister", Spizz Energi com "Where's Captain Kirk"?, a fulminante "Public Image" e uma estranha música etérea feita em cima do *Lago dos Cisnes* chamada "Swan Lake", ambas do PIL, outra banda com um pôster na parede do André – curiosamente, apesar de estarem tocando ao vivo, o baixista Jah Wobble estava sentado (eu descobriria décadas depois que a imagem na verdade foi tirada do vídeo de "Public Image"). Sentado? Pelo visto nesse tal de punk valia tudo.

Tinha também The Specials, Echo and the Bunnymen e Killing Joke, que passaria a ser uma das bandas mais importantes para mim até hoje. Era tudo tão variado, tão ímpar. E tão bom. A fita abria com uma música estranha do XTC, com os timbres de guitarras propositadamente agudos e irritantes, "I am the Audience", dos versos "I am the audience/ Breakdown the pretence/ No longer be silent/ Let's turn to violence". Era como se a plateia, cansada de ficar silenciosa, interferisse para derrubar toda a pretensão. Exato! Era *isso* que eu estava sentindo!

Quando The Clash urrava em "English Civil War", estava antecipando o meu temor autocrata: "Nobody understands it can happen again/ The sun is shining and the kids are shouting loud/ but you gotta know it's shining through a crack in the cloud". E tinha os Sex Pistols, claro, com suas letras sem precedentes e guitarras grossas – que eu já tinha ouvido no solo claramente inspirado neles de "Dirty White Boy", do Foreigner, como se o punk estivesse querendo chamar minha atenção há anos: "I am an anti-Christ, I am an anarchist/ Don't know what I want but I know how to get it/ I want to destroy the passerby". Então foi para *esses* caras que Pete Townshend escreveu "Rough Boys"?

Acabei me rendendo à falta de opção e resolvi montar minha primeira banda, que teria prazo de validade, até eu conquistar a argentina que nem sabia da minha existência, pois achava que o punk chamaria sua atenção. Bernardo seria o empresário, meu irmão Ricky a batizou com o nome de Constructive Chaos, e usaríamos as cores da bandeira da Polônia, inspirados no movimento social Solidariedade, que tomava conta do país do leste europeu. Até logotipo tínhamos! E, sabe-se lá como, ela acabaria com a minha timidez paralisante.

Como teríamos eventualmente uma *carreira* fora da escola, pelo menos até eu conquistar a argentina, e abriríamos em breve para o Aborto Elétrico, aportuguesamos o nome para Caos Construtivo. Convidei meus amigos iugoslavos, que eu chamava de *iogurtes*, e mais um passo na consolidação do rock de Brasília foi dado numa embaixada, desta vez da Iugoslávia, pois passamos a ensaiar na residência deles – como no caso da sul-africana, a casa onde moravam era no mesmo terreno da embaixada.

Embora fãs incondicionais de Status Quo, Jethro Tull e Queen, eles também tinham sido infectados pelo vírus punk com a banda Stranglers, numa clara constatação de que o inconsciente coletivo do estilo não respeitava fronteiras. Aliás, eles aumentaram meu espectro punk mostrando o som de duas bandas iugoslavas das quais eu não entendia uma palavra sequer, a Sarlo Akrobata e a Pekinska Patkanuma, que tocavam em um sofisticado toca-discos JVC, certamente coisa de europeu.

No Caos Construtivo, os irmãos Sava e Jovan seriam o baixista e o baterista, Robert, o vocalista, e eu, o guitarrista. Só que tinha um detalhe: apesar de eu ter um baita amplificador e dois pedais, não tinha guitarra. Mas o que importava a guitarra, se com a banda a argentina passaria a me notar? Deixei bem claro aos iugoslavos que, depois que conquistá-la, eu deixaria a banda. Afinal, por que alguém monta uma banda?

Uma coisa que Brasília nos proporcionava quase que exclusivamente era o acesso aos malotes diplomáticos dos amigos. Talvez equivalente à internet de hoje, tínhamos acesso quase em *real-time* ao que estava acontecendo no mundo. Estávamos antenados e, juntando os hormônios de adolescente, a curiosidade intelectual e, claro, a busca pelo novo, aproveitamos a *imunidade* diplomática da maneira menos ética possível, porém tecnicamente dentro da legalidade.

Pela legislação vigente na época, membros do corpo diplomático tinham uma isenção aos absurdos tributos. De produtos de higiene pessoal a automóveis, os diplomatas podiam importar basicamente o que quisessem para manter o *padrão* a que estavam acostumados fora do Brasil. Nós, meros plebeus, pelo menos conseguíamos nos manter atualizados. Volta e meia alguns discos do pós-punk eram lançados no Brasil, às vezes até com encartes originais. Quando víamos o selo “Disco é cultura” (símbolo da lei de incentivo fiscal a produções nacionais), porém, sabíamos que o vinil seria de péssima qualidade, e era uma incógnita se haveria encarte, pois o disco vinha lacrado.

Nossa bíblia era a revista inglesa de música moderna *NME*, citada em “Anarchy in the UK”, dos Sex Pistols, num trocadilho sonoro com a palavra enemy. Usar o *inimigo* a seu favor não era de hoje, o estrategista militar Sun Tzu, que escreveu *Arte da Guerra* cinco séculos antes de Cristo, que o diga. O punk também mostrava esse caminho, mas a música era sua arma. Dá pra entender o que eu quis dizer sobre o impacto das letras num menino de 13 anos e a disparidade de tudo que ouvira até então?

Nas últimas páginas de uma edição da notória revista musical, impressa em papel de jornal, havia um pequeno anúncio de uma loja que exportava discos para *qualquer lugar*. Acreditamos que Brasília se encaixasse nessa descrição e passamos a encomendar os discos daquela modesta loja, que depois virou o selo que lançaria os primeiros trabalhos de Bauhaus, Crass, The Cure, Cockney Rejects, The Carpettes e Angelic Upstarts. Se chamava Small Wonder, e talvez por meio dela tenhamos ajudado, a nossa maneira, a financiar bandas que pavimentariam nossa adolescência – The Clash eternizou a loja no disco *Sandinista*, na faixa “Hitsville in UK”: “When lightning strikes small wonder”. Sempre que os discos chegavam, era uma peregrinação da turma até a embaixada. Na verdade, sempre que um disco chegava na casa de qualquer membro da *Tchurma*, era uma debandada para uma audição. Quando André conseguiu *Closer*, do Joy Division, Renato foi até a sua casa ouvir.

Na embaixada da Iugoslávia, junto com as encomendas, eu acompanhava a lista dos novos lançamentos. Muitas vezes escolhíamos os discos pelo nome, pois era simplesmente impossível saber do que se tratava, apesar do selo de qualidade da Small Wonder. Bandas como Afghan Wigs, Eyeless in Gaza e Theater of Hate foram gratas surpresas. Já de bandas com resenhas na *NME*, como The Fall e The Cure, que já conhecíamos, e The Scars, pelo hype em cima de *“Author, Author”*, imaginávamos o potencial. A primeira cópia de *Speak and Spell*, do Depeche Mode, no Brasil, provavelmente foi a minha. Eu a consegui dez dias após o lançamento no Reino Unido, sem atraso de alfândega, direto da fonte!

Na época o Aborto Elétrico cantava “Tédio com um T”, mas nosso contato direto com o resto do mundo, pelas importações ou pelas mostras de cinema das embaixadas, deixava a vida tudo, menos tediosa. Quando romantizam a respeito daquele tempo, parece que todos iam para a casa do Renato ler e debater Camões. Nada disso. A *Tchurma* era bem informada, com sede pelo novo, e as mostras nas embaixadas preenchiam a lacuna da falta de uma programação interessante nos cinemas locais. Truffaut na embaixada francesa? *Fantastique!* Pasolini e Fellini na embaixada italiana? *Meraviglioso!* Buñuel na embaixada da Espanha? *Hermoso!* E era de graça!

Mas não eram só nas embaixadas que nos nutríamos. As mostras internacionais no Cine Brasília, sede do tradicional Festival de Cinema de Brasília, onde víamos Sergio Leone, os irmãos Taviani, Bertolucci e por aí vai, eram ótimas. Até dormir no meio de *Solaris*, de Andrei Tarkovsky, a resposta russa de quase três horas a *2001 – Uma Odisseia no Espaço*, dormíamos. Se há dúvidas sobre a origem da lucidez das letras de Renato Russo e da Plebe Rude, esse acesso que Brasília nos oferecia é a resposta.

Como filhos de pais acadêmicos, nossa curiosidade intelectual estava mais do que estimulada, mas nem todos estavam antenados com a gente. A maioria estava no esquema escola-cinema-clube-televisão. E nós sabíamos algo que eles não sabiam.

Com as aulas de violão que eu dava para os *iogurtes* e para Luiz Montoro – hoje escritor de sucesso na Europa com o pseudônimo Chris Carter, ex-guitarrista da Gestapo, primeira banda de Renato "Negrete" Rocha –, consegui juntar dinheiro para comprar minha primeira guitarra. Como eu não podia pensar num modelo Gibson *top de linha*, como a Les Paul Custom que eu via nos encartes dos discos, comprei uma The Paul bem mais acessível, toda feita em noz, que os iugoslavos importaram para mim dos Estados Unidos. De construção simples, com um lustre leve como acabamento, que vazava o grão escuro da madeira, era o modelo mais barato da Gibson. Certamente Peter Frampton não gostaria de ser visto com uma dessas, mas não interessava. Era uma Gibson. E era minha!

No repertório do Caos Construtivo, agora embalado pelo som grosso dos captadores humbuckers da Gibson, constavam músicas dos Undertones, Stiff Little Fingers, The Clash e Ramones. Também tocávamos um Specials aqui e acolá e uma ou outra da banda mais ímpar da época, Spizz, que trocava de nome a toda hora – Spizz Oil, Spizzenergi, Athletico Spizz 80... Não tocávamos muito bem e tínhamos um vocalista atonal, mas o Robert, que apelidei *hleb* (pão, em sérvio), era meio galã, então tudo bem.

O baterista Jovan, bem intencionado com sua Pearl azul perolada recém-comprada, compensava a falta de talento com entusiasmo, embora por vezes preferisse jogar futebol ou tênis em vez de ensaiar. O baixista Sava, que foi meu aluno, até que tocava bem. Ele tinha importado um amplificador combo de baixo Fender, que implorávamos para que deixasse no Brasil quando fosse embora, como todos os filhos de diplomata iriam dois anos mais tarde. Eu me garantia na guitarra, mas resolvi não ter um professor. Violão sim. Guitarra *nunca*. Sendo autodidata, moldei meu próprio estilo no decorrer dos anos. O punk era isso, não deixe suas limitações o definirem. *Do it yourself* na mais pura definição do termo. E eu já tinha meus mestres, uma lista interminável de todos os guitarristas do rock setentista norte-americano e os do pós-punk.

Nós estrearíamos no show de talentos da Escola Americana, e, como já estava começando andar com a *Tchurma,* vários dos seus membros apareceram, entre eles André e os futuros legionários Negrete, com o seu cabelo afro, e Marcelo Bonfá, com sua cabeleira ruiva. Todo mundo estava com roupas desbotadas e rasgadas para a estreia mundial do Caos Construtivo, ou melhor, Constructive Chaos naquele ambiente internacional. Como o acesso para não alunos era bastante restrito, foi um milagre eles terem conseguido entrar, ainda mais com aquela aparência.

Na Escola Americana daquela época, se debatia muito a influência da religião. Embora a catequese fosse proibida nas salas de aula, o tema era recorrente, sobretudo porque alguns missionários exerciam certa influência fora da escola, em encontros religiosos com alunos, seus filhos e curiosos. Alguns pregavam que o rock era "a música do demônio", fazia ovos cozinharem se aproximados a um alto-falante, levando alguns alunos a destruírem seus discos do estilo em casa e até no pátio central da escola.

O então diretor, que era batista, aproveitava para tentar impor sua teologia onde pudesse. Misteriosamente o episódio sobre evolução da série *Cosmos*, de Carl Sagan, a que assistíamos na biblioteca, tinha desaparecido, e havia boatos de que o criacionismo substituiria as aulas sobre a evolução das espécies. Por isso, o Caos Construtivo faria um *statement* no palco. Finalmente eu entendia que esse é o *outro* motivo pelo qual alguém monta uma banda de rock.

Faltando um minuto para o show, nosso empresário Bernardo colocou um ovo à beira do palco, à vista de todos na plateia. Desfilamos "Let's Talk about Girls", dos Undertones, "English Civil War", do The Clash, e "Alternative Ulster", do Stiff Little Fingers. No fim da apresentação, ele pegou o ovo e mostrou que não estava cozido. O recado foi dado, mas infelizmente não ganhamos o show de talentos.

Toquei em outra banda na mesma noite, dessa vez como baterista, junto com Ricky e duas meninas no vocal – a parte harmônica era sustentada apenas por um baixo. A banda se chamava Angra I, tinha músicas de Go-Go's e B-52's, o que valorizava os vocais femininos, e curiosamente foi incluída na árvore genealógica que Renato Russo fez da *Tchurma* como uma "banda que toca B-52's em festa". O instrumental era bastante precário, mas por conta da bateria forte e dançante ganhamos o prêmio de "melhor banda". Quer dizer, na estreia da minha banda, ela perdeu por minha causa em outra banda. Tem coisas que só acontecem comigo.

Pra piorar, de canto de olho eu vi a argentina na arquibancada, abraçada com um *jock*, um atleta como o dos filmes *teen* norte-americanos. Todo aquele trabalho não adiantou nada. Pensando bem, se tivesse funcionado eu teria acabado com a banda, como prometi. Esse era o plano. E quem um dia irá dizer que não existe razão?

A Constructive Chaos continuou fora do colégio com a alcunha de Caos Construtivo e com a missão de abrir para o Aborto Elétrico em festas. Com mais canções de Stiff Little Fingers, The Clash e Ramones no repertório, a banda parecia estar causando algum impacto, mas não o suficiente para me ajudar a conseguir uma namorada. Digo isso porque Renato, em suas declamações escritas sobre a *Tchurma*, se referia a mim quando citava o Caos Construtivo: "Onde Philippe Seabra começava a aprender e destruir *the electric guitar*". Pelo visto ele estava de olho em mim, mas não da maneira que você está pensando...

O primeiro bar punk de Brasília se chamava Adrenalina. Fundado pelo agitador cultural Marcos Antonio Teixeira, um dos anciões do rock local, mais para um hippie *rock na veia* do que para um punk, o bar se transformou no antro da vez. Pintado todo de rosa e com uma pequena foto de Iggy Pop na parede, o Adrenalina recebia os membros da *Tchurma* em peso, dos Metralhaz, da Blitx 64, do Aborto e também um pentelho de 14 anos recém-completados, integrante do Caos Construtivo. Todos se revezavam nas sugestões das músicas, e no final da noite o Marcão dava carona para quem estava a pé.

Foi na Adrenalina que ouvi U2 pela primeira vez, e parecia de outro planeta! Corri até o balcão e, pela posição da agulha no toca-discos, vi que era a primeira faixa do LP, que abria com um riff de guitarra simples, de quinta alternando para quarta, pontuado com o agudinho de um glockenspiel, um minixilofone. Era "I Will Follow". Na segunda-feira seguinte, depois da aula, fui até a casa do André, entrei no seu quarto, embora ele não estivesse em casa, peguei *todos* os discos da coleção dele e ouvi, uma a uma, a primeira faixa de cada LP. Eu precisava descobrir o que tinha ouvido, mas foi em vão, pois ele ainda não tinha o disco do U2.

Os fins de noite eram sempre no Adrenalina, mas o lugar não durou muito. E nem tinha como, pois já nasceu polêmico. No dia de inauguração, um jornalista de Brasília foi assaltado, e daí foi só ladeira abaixo, com matérias de jornal trucidando o lugar como "um local frequentado por homossexuais, prostitutas, traficantes e marginais de toda espécie". Mal abriu, a boate já estava na mira da 2ª Delegacia e da Delegacia de Tóxicos e Entorpecentes do Departamento da Polícia Federal. Em uma coluna de jornal, com o título "Péssima reputação", o texto terminava assim: "As autoridades temem que a Boate Adrenalina venha a se tornar antro de foras da lei, cuja finalidade seria o tráfico de drogas e assaltos".

Marcos, que passou a ser chamado de Marcão Adrenalina, teve que se explicar na polícia e na imprensa, reconheceu que a boate foi instalada numa área frequentada por maus elementos, mas afirmou que esperava estratificar os fregueses com o tempo. De um jeito ou de outro, não ia acabar bem...

Em mais uma matéria de jornal, Marcão deixou claro que a "casa é bem instalada e tem como objetivo possibilitar aos jovens curtir um som arrojado, que recebo direto dos Estados Unidos". O mais engraçado é que essa matéria terminava assim: "Ontem à noite, agentes da 2ª DP foram à Boate Adrenalina, mas não encontraram nada de anormal. Nenhum traficante, homossexual ou marginal conhecido foi reconhecido no local, embora os policiais acreditem que os assaltantes do jornalista tenham ido à boate no dia de sua inauguração, atraídos pelo nome da casa noturna. Marcos explicou que o nome Adrenalina significa agitação, som arrojado, movimentação, vida, curtição e embalo".

Mas que bar se sustentaria com uma reputação dessas? Creio que os punks caíam na categoria de "foras da lei e marginais de toda espécie", e não deu outra. Depois de poucos meses, a Adrenalina fechou. Não seria dessa vez que teríamos um lugar só nosso, mas ele marcou a cidade e a *Tchurma* de maneira irreparável. Ainda sentindo dor de cotovelo pela argentina, numa noitada no Adrenalina eu perguntei para Loro Jones, o guitarrista da Blitx 64, que era mais velho e supostamente mais experiente do que eu, o que ele faria se alguém roubasse a namorada dele: "Daria um tapa no sujeito". Respondi com um tapão na cara do Loro. "Assim?" Não se esqueça de que o local era frequentado por marginais de toda espécie e foras da lei. Alguns deles menores de idade.

"Tis the times' plague, when madmen lead the blind."
– William Shakespeare, King Lear

Vivíamos na capital federal, e a sombra militar era mais presente do que no resto do Brasil. Não é que fugíamos de tanques de guerra, ou éramos caçados em campos repletos de crânios, como no *Exterminador do Futuro,* mas o clima estava no ar. E trazia de volta a dissidência impressa em mim pelas passeatas contra a Guerra do Vietnã e contra Nixon, quando eu era criança. Então com 14 anos, toda contestação latente dentro de mim estava sendo convidada a sair e se manifestar na superfície através do punk. Eu sempre falava para o Renato que, se não fosse Brasília, nada disso teria acontecido, ao menos dessa maneira. Se alguém tem uma inclinação artística, vai se manifestar de um jeito ou de outro, mas por ter sido em Brasília, naquele momento no espaço/tempo, saiu como saiu. E ressoou como ressoou.

Na escola, eu passei a editar um jornal subversivo chamado de *The E.T. Eyewitness News*, denunciando as mazelas da sociedade pelas letras de bandas que eu ouvia e trechos de livros de que eu gostava, juntamente com criações minhas, antecipando meu futuro como letrista. E.T. Punk foi um personagem que bolei em cima do *E.T.* de Steven Spielberg, que ainda estava sendo filmado, com uma gargantilha punk cheia de tachinhas e cabelo moicano, que passou a ser meu alter ego na forma de desenho. No jornal eu publicava letras do The Jam, The Clash e Gang of Four entre os quadrinhos que desenhava, junto com citações de Kurt Vonnegut, George Orwell e Shakespeare. Distribuída pelo colégio, a publicação era muito bem aceita, até que publiquei um trecho da letra de "Religion", do PIL: "Where they hide and pray to the God of a bitch spelled backwards is dog/ Not for one race, one creed, one world, but for money, effective, absurd".

Dois alunos me confrontaram, filhos de membros do SIL, um instituto internacional de pesquisa linguística com missão evangelizadora. Missionários também mudavam de país frequentemente e encontravam na Escola Americana um local para a educação contínua dos seus filhos. "A gente gosta do seu jornal, e até concordamos com algumas coisas da influência do dinheiro na igreja, mas não gostamos do 'bitch spelled backwords as dog'. Não achamos muito apropriado falar de Deus assim." Cara, era difícil ser punk. Nunca fui tão radical assim, pois sempre tentava ver os dois lados da moeda. Mas, já que publiquei, tinha que aguentar. E *God*, soletrado de trás para frente, é *dog* e, se for cadela, é *bitch*. Pô, está no dicionário, quem era eu para discordar do Merriam Webster?

Meu amigo Alexei, que no futuro inspirou a letra de "A Ida", me ajudava a xerocar, mas não tinha como usar as máquinas de xerox da escola clandestinamente. Até os mais subversivos têm que se curvar perante o sistema, seja Che Guevara flagrado bebendo Coca-Cola ou eu pondo a mão no bolso para financiar meu jornal, aliás, o xerox. Mas tudo bem, era punk para as massas!

Em 1982, durante a visita de George H. W. Bush (o Bush *pai*) ao Brasil, sua mulher, Barbara Bush, foi falar aos alunos no ginásio da escola. Entrei no ginásio descendo a escada por entre os agentes de segurança norte-americanos, com minha mão escondida no peito do casaco e olhando para os dois lados, como se estivesse escondendo uma arma. Um professor de química me viu e ordenou: "Seabra! *Get your ass down here!*".

Fui forçado a sentar mais próximo dos professores, que podiam ficar de olho em mim enquanto ouvíamos Barbara Bush nos entediar explicando a função do vice-presidente, da vice-primeira-dama, e respondendo perguntas cuidadosamente pré-selecionadas, feitas por crianças igualmente pré-selecionadas: "Como é ser esposa do vice-presidente?", "É verdade que o Reagan gosta de jujuba"? e "De que cor são suas prediletas?".

Do nada, uma criança obviamente incentivada por um professor subversivo levantou-se e perguntou se Barbara achava que ketchup (com sua alta taxa de açúcares escondida no xarope de milho) era um vegetal – um programa vigente no governo Reagan que cortara em 25% os subsídios da alimentação escolar nos Estados Unidos sugeriu que condimentos poderiam ser creditados como vegetais, com o apoio de Reagan. Barbara inclinou-se para mais perto do microfone e respondeu: "Eu não acredito que ketchup seja um vegetal".

Mas o momento punk ainda estava por vir. Desde 1973, quando a Líbia declarou soberania sobre o Golfo de Sidra, trecho do Mar Mediterrâneo ao norte do país, a 6ª Frota dos Estados Unidos fazia exercícios periódicos por lá. Em 1981, dois caças F-14 norte-americanos foram atacados e derrubaram dois aviões de combate líbios, piorando a relação entre os países a ponto de haver a suspeita de um plano para assassinar o presidente norte-americano a mando de Muammar Gaddafi, líder supremo da Líbia. A administração Reagan expulsou os diplomatas líbios de Washington e fechou a embaixada. A ressonância disso chegou até Brasília, exemplificada pelo forte esquema de segurança, inclusive com barricadas em torno da Escola Americana.

Incentivado por um colega goiano da escola, Fabio Pina, uma criança, perguntou o que Barbara Bush achava de Muammar Gaddafi. Ela fechou a cara e declarou: "Sobre isso eu não tenho comentários", virou-se rapidamente para seus assessores e disse: "Vamos embora".

O pivô do encerramento da visita da vice-primeira-dama era um dos nossos. Conseguimos convertê-lo para o lado negro do punk, e o jornal subversivo que ele publicava já há algum tempo na escola, o *Jornal do Zeca*, servia de inspiração para o meu jornal, igualmente subversivo. Filho de um deputado federal de Goiás, dois anos depois Fabio foi protagonista de uma história divulgada por toda a imprensa nacional e até no exterior. Eu era bom de sacanagem, mas essa seria difícil de superar.

Em 1982, o presidente Ronald Reagan passou três dias no Brasil, na viagem em que notoriamente confundiu o país com a Bolívia. A Escola Americana levou alunos de etnias diversas para um dos eventos relacionados à visita oficial, na embaixada norte-americana, inclusive eu e Fabio, que carregava um chapéu de cowboy na mão. Quando Reagan entrou, uma submetralhadora estava discretamente apontada para nós do telhado da embaixada. Eu estava a oito metros do presidente, mas dessa vez achei mais prudente não brincar de terrorista – eu podia ser punk, mas não era burro.

Reagan discursou e, quando estava saindo, foi abordado por Fabio, que andou até sua direção. Antes que o serviço secreto pudesse alcançá-lo, ele parou para oferecer o chapéu e dois cartões-postais com fotos do Goiás ao presidente. Enquanto a submetralhadora do telhado mirava diretamente nele, sendo que eu estava ao seu lado (já ouviu falar em *danos colaterais*?), um agente lhe tomou o chapéu das mãos e analisou detalhadamente a peça. Fabio tranquilizou o segurança dizendo que "não ia machucar ninguém". Com o OK do agente, Reagan deu um sorriso enorme, apertou a mão do garoto e colocou o chapéu. Nós rolávamos de tanto rir. O staff da embaixada e os professores da escola batiam palmas nervosamente – mais tarde uma funcionária pegou Fabio pelo braço e disse: "Você colocou em risco a reputação da Escola Americana". Entrevistado pelo *Daily Post* e *Good Morning America*, Fabio virou uma celebridade instantânea e um herói para nós.

No outro dia, os jornais brasileiros estamparam a manchete "Lage na cabeça", com a foto de Reagan usando o chapéu em que estava escrito LAGE ao lado de um grande número 1, que era o número partidário do PDS. Otávio Lage, amigo do pai do Fábio, tinha acabado de perder para Iris Rezende a eleição para o governo de Goiás, e Fábio resolveu sacanear o governador recém-eleito usando a cabeça de Ronald Reagan. E funcionou. O Brasil inteiro queria saber quem era aquele LAGE na cabeça do *líder do mundo livre*". Iris Rezende não gostou nada...

Alguns alunos norte-americanos ficaram putos e rasgaram as bandeirinhas do Brasil que foram entregues na entrada da embaixada. Por outro lado, outro amigo meu, Inder, filho de um adido da embaixada da Índia, comeu a bandeirinha dos Estados Unidos que lhe foi entregue. O serviço secreto e Reagan não viram, mas a notícia se espalhou. No dia seguinte, quando os *jocks* norte-americanos da escola ficaram sabendo, me cercaram no meio da aula de educação física, como num clichê de filme oitentista, perguntando onde estava *aquele indiano* responsável pela profanação do símbolo máximo dos Estados Unidos. Tentei defendê-lo dizendo que era brincadeira, argumentei que o símbolo do país não era apenas a sua bandeira, mas seus cidadãos exercendo o direito de protestar ou... uh... comer... Mas por mais que minha *aula cívica* fizesse sentido, o ódio no olhar deles dizia tudo.

Apesar da infinidade de etnias na escola, com raríssimas exceções, o ambiente era de paz. Muitos dos alunos brincavam com as diferenças, e, apesar de não ser *politicamente correto,* termo que nem existia, volta e meia brincavam com "paraguaio sem-vergonha", "alemão chucrute", "japa safado", "francês fedorento"... Eram outros tempos. Eu mesmo chamava os iugoslavos de *iogurtes* e de *bando de comunistas miseráveis.* Depois eu apanhava deles, mas pelo menos não perdia a piada. Provavelmente essa era minha sina...

Constructive Chaos era *a* banda punk da escola, o que não era muito difícil, pois era a única banda da escola. Volta e meia tocávamos em festas e uma vez nos apresentamos na comemoração da independência norte-americana, levando nossa contestação pré-adolescente para o campo de futebol da escola, onde fizemos um concurso para ver quem conseguiria comer um hambúrguer mais rápido ouvindo punk. Mas a magia acontecia mesmo quando mudávamos de nome para Caos Construtivo e abríamos para o Aborto Elétrico. A *Tchurma* em peso aparecia, e eu, sendo o mais jovem da banda, carregava um senso de orgulho de poder participar de tudo aquilo, seja lá o que fosse.

Eu nunca vi nenhuma droga pesada sendo usada em nossos shows, no máximo sentia o cheiro da *alface do diabo,* que membros da *Tchurma* fumavam escondidos. Como não me interessava, não fazia muita diferença. Eu tinha virado o mascote, pois, na falta do meu irmão mais velho, André Mueller e Renato Manfredini *meio* que me adotaram. A música que tocávamos atingia a todos, e imaginei que era essa a função do punk, a de congregar. Mas havia outras coisas se manifestando na superfície, e mais fortes.

Eu tinha 14 anos quando estreou o drama psiquiátrico *Gente como a Gente,* de Robert Redford, no cinema. Resolvi encarar a timidez de frente, respirei fundo e convidei uma menina da minha classe de álgebra para assistir comigo, irmã de Vivi, um namorico do Renato, deusa e *cheerleader* da escola.

Nos encontramos no Conjunto Nacional, o grande centro comercial no meio da cidade, tomamos um sundae ao lado da Discodil – uma loja de discos onde eu encontrava os poucos lançamentos punks que chegavam ao Brasil, que ouvíamos espremidos em cabines com grandes headphones, como se fosse o *streaming* da época – e caminhamos por cima da plataforma da rodoviária, com o respectivo cheiro de gasolina e óleo diesel, até o Setor de Diversões Sul. Não dava para ter um visual mais *Brasília*: de um lado, a vista da torre da TV, do outro, do Congresso Nacional, com o pôr do sol atiçando as luzes neon da fachada do Conjunto Nacional.

Nervoso e vestindo uma camisa dos Buzzcocks com a capa de *Different Kind of Tension*, eu paguei a entrada do filme, como o cavalheiro que era. Entramos na sala do Cine Bristol, um local estreito com um vidro separando as últimas fileiras, pois era permitido fumar lá dentro, e logo no começo da exibição eu comecei a ouvir um burburinho algumas fileiras atrás. "Bando de arruaceiros, não me deixam assistir ao filme em paz", pensei. Já não bastava meu nervosismo? Pelo menos não pareciam violentos como aqueles que quebraram o cinema na exibição de *The Song Remains the Same (Rock É Rock Mesmo)*, do Led Zeppelin, anos antes (com André Pretorius e André Mueller presentes, mas não participando do quebra-quebra). Foi aí que eu lembrei... Meu Deus! Tinha feito a besteira de falar dos meus planos para os iugoslavos, logo eu, que tinha me prometido nunca mais confidenciar nada pessoal para os *iogurtes*... "Pega na mão dela! Beija ela!"

Já paralisado – enfatizo, *pa-ra-li-sa-do* – pela timidez, me encolhi na poltrona espumando de raiva, sussurrando a única expressão que sabia em sérvio: "Pička ti materina" (pronuncia-se *pitchka ti materina*). É o "filho da puta" deles...

Pitchka ti materina. Por favor, lembrem dessa pronúncia, pois vai aparecer mais vezes neste livro.

Assim como a obra-prima *Laranja Mecânica*, de Anthony Burgess, vinha com um dicionário para explicar o linguajar e as gírias próprias daqueles delinquentes juvenis ingleses, meu livro tem isso. Mas, na falta do "č" no português, vou me ater à escrita fonética *pitchka*, que tem vários sentidos, cujo respectivo contexto definirá sua condição. Você logo entenderá por quê. A definição ficará *mesmo* a seu critério:

Pitchka ti materina = Filho da puta! (xingamento)
Pitchka ti materina = Filho da puta... (espanto)
Pitchka ti materina = Fi-lho da pu-ta! (desgraçado)
Pitchka ti materina = Filho da puta? (que petulância)
Pitchka ti materina = F-i-l-h-o d-a p-u-t-a... (não é possível)
Pitchka ti materina = FILHO DA PUTA!!!!! (eu não acredito)
Pitchka ti materina = Filhinho de uma puta... (fala sério ou que coisa?)

Na segunda-feira encontrei os *iogurtes* na escola e, com ódio no olhar por eles terem estragado meu *date*, terminei com a banda. Ou seja, comecei minha primeira banda por causa de uma garota e terminei minha primeira banda por causa de uma garota. Afinal, por que mais uma banda começa? Por que uma banda se separa? Pergunte aos Beatles, ainda mais depois de assistir ao documentário *Get Back*, lançado em 2021.

O Lago Norte era como uma península, semelhante à *bota* da Itália, só tinha um acesso de entrada. Por isso, a linha de ônibus 136 era nossa ligação com a civilização. No meio da tarde de 7 de julho de 1981, poucos dias depois de acabar com minha primeira banda, quando voltava para casa de ônibus, encontrei André Mueller na mesma linha. Ele estava voltando da UNB, onde recém tinha começado o curso de arquitetura. Descemos juntos e fomos andando até a entrada da minha rua. Antes de virar para a esquerda, onde ficava a casa dele, André perguntou se eu queria montar uma banda.

"Decididamente eu sou gente bem, enquanto a plebe
rude na cidade dorme."
— "Café Soçaite", Miguel Gustavo

Stanislaw Ponte Preta era o pseudônimo de Sérgio Porto, boêmio, jornalista, cronista e compositor que criticava a ditadura e o moralismo entre as décadas de 1940 e 1960. Foi ele que compôs "Samba do Crioulo Doido". Sempre que podia, ele se referia a membros da sociedade com os quais não concordava como *plebe ignara*.

André, quando era um jovem pré-adolescente em Curitiba, na década de 1970, tinha um tio que chamava ele e seu irmão mais novo de plebe ignara. Às vezes, de plebe rude. Imortalizado na voz da Maria Bethânia em "Café Soçaite", música de Miguel Gustavo, um carioca contemporâneo de Sérgio Porto, o termo *plebe rude* caiu no gosto das rodas sociais mais altas.

O mesmo Miguel Gustavo, por sinal, compôs o primeiro rock gravado em português, "Rock em Copacabana", interpretado por Cauby Peixoto em 1957, e "Pra Frente Brasil", hino da Copa de 1970 e hino nacional oficioso durante a ditadura, com seu ufanismo subliminar – sem que os jogadores tivessem controle, o tricampeonato da Copa de 1970 serviria ao regime militar como um instrumento de estímulo ao patriotismo.

No nome Plebe Rude já estava enraizada a crítica, a contestação e a polêmica, mas quase nos decidimos por uma outra opção, Os Zulus. Inclusive havia uma tendência por ela, sobretudo quando os amigos diziam: "Plebe Rude? Além de pobre é burro?".

As palavras plebe e rude não eram tão corriqueiras na linguagem brasileira e talvez causassem problemas de pronúncia e de escrita. Dito e feito, porque sofremos nas décadas seguintes vendo impressas atrocidades como Plebe Rouge, Plebe Hude, Plebe Rudi, Plube Rude, Peble Rude e até um nome de dupla sertaneja que apareceu num cartaz – *e não estou brincando –*, Pleb e Rude.

A vantagem de Os Zulus era ter um artigo, como as bandas novas de que gostávamos, The Sex Pistols, The Clash, The Damned, The Ramones, ao contrário das bandas de outrora, como Led Zeppelin, Genesis, Yes e Jethro Tull. Além disso, já teríamos um logotipo e um mascote, devidamente emprestados de uma garrafa de álcool concorrente do famoso Zulu, o álcool Zumbi. Na década de 1940, caricaturas raciais eram onipresentes e, infelizmente, aceitas em anúncios. Certamente hoje a veiculação da imagem original do álcool Zulu, com um africano de lábios grossos e uma coroa, seria proibida, pois era demasiadamente caricatural. A imagem que usaríamos, do álcool Zumbi, era de um africano cheio de argolas no pescoço.

O apartheid estava no seu 33º ano e não era uma simples posição de alguns detratores. Assim como na Alemanha nazista, onde a perseguição aos judeus era lei, em 1948 o regime de segregação racial foi introduzido como política oficial e perpetuado pelos sucessivos governos da África do Sul com nenhum sinal de cansaço. Em 1981, André Pretorius tinha voltado ao Brasil depois de servir por dois anos, muito a contragosto, no exército sul-africano, no qual foi designado para a inteligência por influência de seu pai e trabalhava decupando e traduzindo fitas de máquinas de escrever, aquelas IBM Selectric, apreendidas do inimigo.

Feliz por rever os membros da *Tchurma*, ele trouxe na bagagem alguns discos de bandas punk sul-africanas que fariam a nossa cabeça e jamais teríamos ouvido em outra circunstância, como Asylum Kids, Corporal Punishment e Wild Youth. Minha turma de formatura usou como hino, em 1984, o single do Asylum Kids "School Boy" – via fita cassete, eu tinha conseguido contagiar quase todos da classe com esse tal de pós-punk. Na hora de receber o diploma, gritamos o refrão com os punhos no ar: *"Would you like to be a schoolboy again? No! No!"*, bem diferente da música escolhida pela turma do meu irmão mais velho em 1980, a previsível "Freebird", do Lynyrd Skynyrd. "Livre como um pássaro o cacete", é punk, porra! *Pitchka ti materina*!

Embora tão presente nos momentos cruciais da consolidação do rock de Brasília, Pretorius não presenciou o primeiro ensaio da Plebe nem chegou a se apresentar de novo com o Aborto Elétrico, com quem tinha ensaiado quando fizeram "Música Urbana" e "Baader-Meinhof Blues". Como a Blitx 64 e os Metralhaz, que ensaiavam no meu quarto de vez em quando, tinham acabado e André Mueller não estava querendo tocar com Marcelo Bonfá novamente, Gutje foi chamado. Seria a segunda vez que eu o veria.

Nós três nos encontramos na via central do Lago Norte e descemos a pé até a casa de Fê Lemos, onde o Aborto Elétrico ensaiava. No meio do caminho, Gutje virou-se para André e perguntou, "tá liberado?", referindo-se à minha pouca idade e aparente inexperiência. Então ele puxou uma caixa de fósforos do bolso e, ao menos parecia para mim, um cigarrinho de palha todo queimado. Colocou o cigarrinho num furo na caixa, tragou do outro lado. Prendeu o fôlego o máximo possível, com as bochechas cheias de ar, e tossiu com o dedo segurando o nariz, tentando extrair o máximo do trago. Foi a primeira vez que vi alguém fumando maconha, a *alface do diabo*. A primeira impressão é a que fica.

Fê nos recebeu sorridente. Estava feliz em ceder o espaço de ensaio, ainda mais para uma banda com o potencial de virar irmã do Aborto Elétrico, pois estávamos na mesma sintonia. A maioria das bandas locais da época eram resquícios da falência do sonho hippie, mais pareciam A Cor do Som numa noite ruim. O punk vinha em boa hora. E a Plebe Rude também.

A sala de 12 metros quadrados, com o cheiro de cigarro e bebida impregnados nas paredes, era o antro dos irmãos Fê e Flávio Lemos, que chamávamos de Lemos-Lyptos, em homenagem às balas Halls. Era lá que eles ouviam Led Zeppelin e o rock setentista e *levavam* um som longe do olhar dos pais, pois a sala ficava ao lado da churrasqueira, no ponto mais isolado da casa, que era grande.

Na entrada ao lado da porta, um cartaz original de um show do The Damned com The Dead Boys, no De Montfort Hall, em Leicester, dava as boas-vindas. No De Montfort Hall o Genesis gravou grande parte do *Genesis Live* em 1973. Pelo visto, o espaço para shows sucumbiu à força do punk e seus fiéis seguidores – entre eles os irmãos Lemos quando moraram na Inglaterra.

Do lado direito da sala estava a majestosa bateria amarela-dourada Premier que eles trouxeram da Inglaterra, igual à que Keith Moon usou no filme *Tommy* e que nos meses seguintes se juntaria à minha Fender Super Six Reverb e ao pesado Duovox 100B de baixo da Giannini com dois alto-falantes de 15" do Renato, com um grande AE pichado nele.

Esses equipamentos foram os pilares para os próximos shows ao vivo da *Tchurma*. Como meu Fender estava em casa, o *amp* de guitarra que usamos naquele dia foi um U65G, um combo de um falante só da Giannini, conhecido como *baguinho*, com um som bem precário. Nada mais adequado para o primeiro ensaio de uma banda punk.

"Pressão Social" saiu de primeira, em cima de um riff de baixo e letra que André já tinha com os Metralhaz. Mesmo sem vocalista, a primeira música do primeiro dia já determinava o tom da banda.

"Há uma espada sobre a minha cabeça/ É uma pressão social que não quer que eu me esqueça."
– "Pressão Social", Plebe rude

Se tivéssemos vocal, o baterista cantaria, mas, como Gutje não conseguia exercer as duas funções ao mesmo tempo, resolvemos ser um *power trio* instrumental. Apesar de termos músicas brotando com mensagens, na nossa cabeça a porrada do instrumental bastava, pois a postura dava conta do recado. Depois de alguns ensaios, porém, decidimos mudar de local. Notório pão-duro, imaginamos que o Fê estava pensando em começar a cobrar pelo uso, então partimos em boa hora. *Pitchka ti materina!*

Também é possível que o Aborto Elétrico estivesse cansado das sacanagens que fazíamos, como desligar a chave geral da casa no meio dos ensaios deles. Quando a energia cai num ensaio ou show de uma banda, só a bateria continua, e até o baterista perceber o que aconteceu demora mais uns compassos. A chave geral ficava do lado de fora da casa, e, quando a desligávamos, era comum ouvirmos o Fê gritando: "Porra, Renato!", sem entender por que ele tinha parado de tocar. Quando Renato tentava se explicar e tocava o baixo para mostrar que estava sem som, ligávamos a energia novamente, deixando o Fê mais zangado ainda por confirmar, na cabeça dele, que a culpa era mesmo do Renato. Desde o começo, a Plebe sacaneava quem podia, especialmente o Aborto e qualquer coisa que os Lemos-Lyptos fizessem, a começar pela conjugação do verbo ler: eu leio, tu lês, nós lemos...

Tentamos ensaiar na recém-construída casa dos pais do Gutje, perto do Lago Norte, mas fomos expulsos depois de termos sido flagrados pulando para cima e para baixo no colchão da avó dele. Lembro bem da bronca que Gutje recebeu do pai dele, antropólogo e professor da UNB, com sotaque alemão. "É o colchão da sua avó!!!"

Fixamos então residência na minha casa, às vezes no meu quarto, outras no gramado, acompanhados pelo Pretorius com suas longas pernas bem abertas e fazendo *air guitar*. Quando os ensaios eram no meu quarto, eu sofria com as sacanagens que viriam a ser marca registrada da Plebe. Eu tinha um pôster da Lady Di que tirei da revista *Manchete* – ela se casou justamente no mês de nascimento da nossa banda. Eu sei, eu sei... Mas ela era linda, e, desde que ouvi Helen Ready com seu hino contracultural "Delta Dawn" numa rádio dos Estados Unidos, sempre tive uma coisa com cabelos curtos. Só depois que todos foram embora eu vi que algum *pitchka ti materina* tinha desenhado uma série de suásticas e sacanagens no rosto dela. O traçado lembrava um pouco a letra do André...

Mas não foi só isso. Eu pegava dois ônibus ao voltar da escola, um para a rodoviária central, aquela com cheiro de gasolina e óleo diesel, e outra para o Lago Norte. O TCB, a sociedade de transportes coletivos do Distrito Federal, vendia uns pequenos carnês com um mês inteiro de bilhetes a preço bem mais acessível que as passagens individuais. Eu guardava o carnê na gaveta da mesinha de cabeceira, a mesma que seria minha companheira de inúmeros deveres de casa e composições da banda, já que eu fazia tudo deitado de lado na cama. Se ao menos o *pitchka ti materina* fosse esperto, tiraria um ou outro bilhete do fundo do carnê, eu nem perceberia. Mas o carnê todo tinha sumido!

Lady Di, tudo bem, levei na brincadeira, mas tinha um ladrãozinho na Plebe! Como eu não tinha como provar quem foi, fiquei quieto. Olhando para trás, o roubo do carnê de bilhetes de ônibus foi mais sério do que achei na época. Logo comigo, que, ainda moleque, via *Help!*, dos Beatles, e o seriado dos Monkees, ambos com bandas que pareciam fazer tudo junto, além de morarem sob o mesmo teto e andarem *sempre* no mesmo carro. A inocência e o romantismo de montar uma banda foram mandados para a *casa do cacete* logo nos primeiros ensaios. Se tem uma coisa que aprendi na hora é que, quando alguém lhe mostra quem é, acredite.

Nessa época eu ainda tocava minha Gibson The Paul com *power chords* (pestanas) e acompanhava à risca a mão do André no seu deslumbrante Fender Precision '78, na rara cor antígua, um verde-claro meio gelo *sunburst*, que trouxera da Inglaterra. Estávamos começando a forjar nossa identidade em músicas como "Voz do Brasil" e "Nada", ainda instrumentais, e uma que André apelidou de "Fifi Goes Arábico", em que eu solava numa escala atonal.

Como em toda banda iniciante, a melodia acompanhava o baixo, que acompanhava a guitarra. Primário, muito primário. Mas, mesmo a Plebe Rude sendo instrumental, as letras começaram a despontar, como a de "Pirataria", que antecipou em 20 anos o advento do Napster, uma das razões da aniquilação da indústria de música.

"Nós somos os piratas do século vinte e vamos gravar o seu show."

– "Pirataria", Plebe Rude

Para poder ensaiar no meu quarto, tínhamos que ficar quietos, esperando minha mãe acordar das sonecas da tarde, numa atitude nada punk. Então propus aos meus pais construir um estúdio de ensaio com paredes duplas na garagem, já que estacionávamos o carro na lateral da casa e só o cachorro, um simpático e enorme pastor-alemão chamado Bogart, usava a área desocupada à noite. Mas ouvi um rotundo não deles.

O Aborto Elétrico fechou uma apresentação no pequeno salão do Clube da Imprensa, que infelizmente não existe mais, e chamou a Plebe para tocar. Seria o nosso show de estreia. Apesar da presença de Pretorius na cidade, a formação do Aborto teria Iko na guitarra, Renato no baixo e voz, e Fê na bateria. Eles tocaram músicas como "Que País É Este", "Ficção Científica", "Veraneio Vascaína", "Geração Coca-Cola", "Conexão Amazônica" e "Tédio (Com um T Bem Grande pra Você)". A voz era indistinguível no meio da zoeira, e algumas das letras eram mais cruas do que as que o Renato passaria a compor na sua fase de Trovador Solitário. O Aborto não era muito bom ao vivo, mas seu impacto era inegável.

OK, agora era a nossa vez. Eu e André estávamos nervosíssimos e, na hora de afinar, como os afinadores eletrônicos ainda não tinham chegado a Brasília, o fizemos na oitava errada. As cordas do baixo ficaram completamente moles, e as da guitarra, esticadíssimas. Mesmo assim, o show fluiu bem, por incrível que pareça. Abrimos com uma versão de "Overture de Guilherme Tell", de Rossini (mais conhecida como a música tema do *Cavaleiro Solitário*), e emendamos com "Pressão Social" e "Nada". Seguimos com "Pirataria" e uma chacota ao momento político de então chamada "Voto em Branco".

As poucas pessoas presentes ficaram animadas e poderiam até dizer que estávamos pegando fogo literalmente, pois o cachecol que Iko tinha colocado num lustre que ninguém conseguia apagar começou a incendiar. Com o final do show e o cheiro de fumaça tomando conta do recinto, somado ao zumbido nos ouvidos da plateia, a Plebe havia despertado. Oficialmente, contribuímos com a nossa dissonância para o punk e nos tornávamos parte dele.

"Negative points: vocals, competitiveness, lack of interest, casual attitude."
— Renato Russo analisando a Plebe Rude

"Se você quebrar uma corda, vou te dar porrada", disse Iko ao me entregar sua guitarra. Seria a primeira vez que eu tocaria uma Fender Stratocaster, e não à toa nunca gostei muito desse modelo. A Rede Globo iria filmar a passagem de som de um show que faríamos junto com o Aborto na Sala Funarte. A Plebe tinha alguns meses de existência, e tive que pedir a guitarra emprestada porque tinha acabado de quebrar uma corda da minha Gibson. Nunca vi a tal matéria, mas seria no mínimo engraçado me ver tocando cautelosamente, temendo pela minha vida. Já mencionei que nunca gostei de Stratocaster?

Não sabíamos exatamente o que era uma passagem de som, pois sempre chegávamos, plugávamos, afinávamos de ouvido na hora e pronto. Mas como seria nosso primeiro show numa sala da Fundação Cultural de Brasília, a coisa era mais séria. No *lineup* da noite estavam a banda Rock Fusão, de hard rock, que acompanhava as bandas punk em alguns shows, a Plebe Rude, a Blitx 64 e o Aborto Elétrico.

Depois da passagem de som, entreguei aliviado a guitarra para o Iko, com as cordas intactas e a minha vida salva. Stratocasters não só têm o visual e o timbre quase opostos ao de Gibsons, o *feel* do instrumento é completamente diferente, com um braço aparafusado – o da Gibson é colado ou, num linguajar de *luthier*, inteiriço. Na Stratocaster as cordas são muito mais próximas ao corpo, o que sempre dificulta minha movimentação de palco, pois, no meio do frenesi, minha mão direita bate mais no corpo do que nas cordas. Mas não era só o *feel* do modelo que estranhava, eu não me identificava com quem o popularizou. Guitarristas já lendários como Jimi Hendrix, Eric Clapton, Jeff Beck e David Gilmour usavam Stratocasters. Meus heróis *todos* usavam Les Paul. Creio que a ameaça de morte do Iko também não ajudou muito...

Boa parte dos integrantes do que seria conhecido como rock de Brasília subiu ao palco da Sala Funarte naquela noite: Loro Jones (da Blitx 64, futuro Capital Inicial), Geraldo (da Blitx 64, futuro XXX e Escola de Escândalo), Marcelo Bonfá (da Blitx 64, futuro Legião Urbana), Fê e Flávio Lemos (do Aborto Elétrico, futuro Capital Inicial), Renato Russo (do Aborto Elétrico, futuro Legião Urbana).

Antes do show, fomos comer uma coisa no Venâncio 2000, o comércio mais próximo, e resolvi acompanhar a banda num garrafão de vinho. Seria a primeira e última vez que eu beberia antes de uma apresentação. Na execução de "Pressão Social", que começava com tambores e guitarra, eu ficava pisando no cabo do pedal, que desligava. O problema é que eu demorava para perceber, no meio da zoeira, a falha da guitarra. André vinha do meu lado e falava: "O pedal está desligado, cara!"; quando eu finalmente notava, me agachava e ligava o cabo só para pisar acidentalmente nele segundos depois. Eu tinha acabado de fazer 15 anos e logo vi que abuso de substância e palco não combinavam, apesar de romantizados em todas as histórias das lendas do rock que ouvíamos. Desde então, nunca mais bebi para subir num palco.

As cartas estavam sendo embaralhadas, e, dentro das relações incestuosas, as bandas que seriam responsáveis pela alcunha *Capital do Rock* alguns anos mais tarde estavam se formando. Para se vingar da minha saída abrupta do Caos Construtivo e provar que poderiam seguir sem mim, os iugoslavos formaram Os Vigaristas de Istanbul, com Bernardo no vocal. Foi a primeira banda de ska do Distrito Federal.

Renato Russo, que escrevia entusiasticamente sobre as bandas à mão, passou a escrever à máquina e se dando o trabalho de alinhar todos os textos à direita. Espera aí... Alinhar os textos à direita numa máquina de escrever manual? Quem é que faz isso? Esse Renato era doido mesmo! Mas era notável a análise e a atenção aos detalhes que ele mantinha, como se estivesse registrando tudo para a posteridade. Eu achava um pouco obsessivo, mas será que ele sabia de algo que nós não sabíamos?

A ocupação de Brasília pela Plebe, Aborto e Blitx continuava. Tocávamos onde desse, em lanchonetes, quebradas, pequenos festivais e em festas no ateliê da Arquitetura da UNB, onde André estudava. As bandas se apresentavam sempre juntas, e as análises de Renato continuavam, algumas ainda escritas à mão e em inglês.

AE
Technics Ideas Fullness of purpose Attack (dark/ serious/ self-conscious/ pretentious) Best vocals drums bass-lines
Need: Find direction, work on image, work on sound
Negative points: Guitar, monotony of song structure
Blitx
Energy Noise Lack of purpose Attack (no direction/ lost/ agressive) Best guitar
Need: Rehearsals
Negative points: non-musicianship; heavy drone; infrequent vocals; noise (no direction) no point of view
Plebe Rude
Fun Poptones Balance of purpose Attack (clever/ light/ shades of seriousness)
Best bass showmanship
Need: Balance
Negative points: Vocals: Competitiveness Lack of interest Casual attitude

Essas análises estavam perdidas no meio do catálogo do acervo dele, e só no meio da escrita deste livro, 35 anos depois, tive acesso a elas. Mesmo se eu tivesse lido isso na época, não faria muita diferença. Renato falava das bandas e sugeria coisas como qualquer pessoa, pois era fã, mas um tanto quanto obcecado. Mas, pense bem, se você fosse punk, ouviria conselhos de um maluco mais velho, magro, descabelado, de óculos, que falava de magia e meditação? Eu mandaria praquele lugar. *Pitchka ti materina!*

Renato via algo que nós não víamos, um movimento, e se preocupava com a função de cada banda e de como o conjunto afetava uns aos outros. Plebe e Blitx eram trios praticamente instrumentais. Digo praticamente pois, como ele mesmo atesta, os vocais eram casuais e interpretados com uma certa falta de interesse. Ele tinha razão, pois ainda não tínhamos acertado o passo em termos de interpretação das letras. Ele achava que a Plebe tinha um bom equilíbrio entre a proposta da banda e o seu ataque, com tons espertos e leves e seus momentos sérios. Em retrospecto, entendo o que Renato pensava. E saúdo o fato de saber que ele achava André o melhor baixista da *Tchurma*.

Já da Blitx 64 ele destacava as guitarras de Loro como as melhores e achava a banda pesada e energética, mas sem propósito e carente de ensaio. Como os irmãos Loro e Geraldo tocavam sem camisa, com as pernas abertas e os instrumentos nos joelhos, os iugoslavos chamavam a banda de "os irmãos Jesus pelados". Geraldo simbolizava como ninguém o *do it yourself* e, por que não, o *fuck you* do punk, com seus cabelos cheios e o baixo modelo Jaguar que ele mesmo construiu.

Sobre o Aborto, Renato escrevia que tinham os melhores vocais (na verdade era a única banda com um vocalista dedicado), e não era presunção, ele sempre teve a voz poderosa, que no meio da tosqueira estava sempre, *sempre* afinada. Ele achava que as guitarras poderiam ser melhores, apesar de ter as "melhores linhas de baixo e bateria", e que o tom das músicas era escuro e sério, levemente pretensioso, mas com propósito e ataque. Curiosamente, talvez como um eco distante da 42nd Street Band, sua banda imaginária da adolescência, Renato já tinha um tino para a percepção alheia – achava que a imagem da banda poderia ser melhor.

Mesmo com tantas análises e autocríticas, nada seria suficiente para parar o que estava acontecendo. Nem o momento político, nem a censura, nem a inexistência de mercado, nem a falta de perspectiva. Muito menos a polícia, o capitão, o traficante, o playboy ou o general. Nem a precariedade do equipamento. Nada nos parava.

Se não havia equipamento, nada nos impedia de ligar todos os instrumentos num amplificador só. Não tínhamos escolha. Com exceção de mim, do Renato e do Fê, nenhuma banda tinha qualquer equipamento decente de *backline* – e como o Fê, pão-duro que só, quase nunca emprestava sua Premier, o que restava era a Pinguim listrada-perolada do Bonfá ou a Gope preta, que depois viraria branca com papel *Contact*, do Gutje, ambas nacionais e terríveis.

Renato levava o poderoso Duovox 100B dele, e eu, meu Fender Super Six Reverb. E pronto. Olhando para trás, fora esses amplificadores, é risível como tudo era ruim. Mas, como Renato escreveria anos mais tarde, como ter "saudade que eu sinto de tudo que eu ainda não vi?", era a nossa realidade e a aceitávamos como absoluta, mesmo vendo em revistas importadas PAs de voz potentes e portáteis.

O engraçado é que eu tinha um amplificador de voz formidável em casa, só que não sabíamos como usar, então usávamos como amplificador de baixo, inclusive na estreia do Caos Construtivo. Era um raro e volumoso o Fender 160 PS de seis canais valvulados de 160 watts, com um gigantesco e quase cômico VU na frente. Foi o que sobrou da liquidação do meu irmão, junto com o amplificador de guitarra que herdei, quando ele partiu para os Estados Unidos.

Se realmente tivéssemos nos tocado do poderoso amplificador de voz que eu tinha, teria feito muita diferença para a difusão do rock de Brasília, sua postura e mensagem. E aí sim, se alguém aparecesse falando que as letras do Aborto mudaram sua vida, estaria falando a verdade.

Frustrado com o equipamento que ninguém sabia usar, troquei-o com Toninho Maya, do grupo Artimanha, o benfeitor da galera, e peguei um combo (amplificador com dois alto-falantes embutidos) Duovox da Giannini, que serrei em dois, transformando em um cabeçote, para ser mais portátil. Aproveitei os falantes para uma caixa separada, feita em casa, de compensado, sem o mínimo projeto acústico, presa com pregos e fita, mais solta e precária do que a antiga Iugoslávia depois da morte do marechal Tito, e que passou a acompanhar o Duovox nos shows. Era uma peça facilmente identificável nas fotos da época, pois não tinha frente, o que revelava suas entranhas de fios e válvulas. Foi um péssimo negócio, mas pelo menos o Duovox nós sabíamos usar. E usamos muito.

Eu carregava meus cabos e pedais em um estojo de bebidas *emprestado* do meu avô, com espaço e presilhas para garrafas e copos. Parecia um bar ambulante, com tudo pronto para quando a polícia aparecesse, o que seguidamente acontecia nos shows furtivos das lanchonetes, onde eu parecia um camelô na 25 de Março, temeroso da chegada do rapa. As pessoas romantizam esse época, mas era tudo muito, muito tosco, o que talvez tenha sedimentado a verve da *Tchurma*, pois, se conseguíamos causar esse impacto com absolutamente nenhuma estrutura, imagina o que conseguiríamos com um mínimo?

Talvez a Plebe tenha inconscientemente começado como uma banda instrumental porque ouvir os vocais era uma causa perdida. Continuávamos sem vocalista; mesmo assim, mais letras surgiam a cada ensaio, sempre puxadas pelo André. O problema era que nem eu nem ele queríamos cantar. Como não tínhamos pedestal de microfone, pendurávamos um microfone emprestado do Pretorius no teto; obviamente não ficava no lugar e acabava batendo no rosto do baterista. Pensando bem, não era de todo ruim, mesmo assim tive a ideia de pegar *emprestadas* presilhas de proveta do laboratório de química da escola, que eu colocava na ponta de um cabo de vassoura. O microfone ficava no lugar, mas o cabo de vassoura não...

Era tudo muito precário, mas era mágico – menos quando a segunda-feira chegava e eu tinha que sair da minha vida paralela para voltar aos livros na mochila. No colégio eu não falava muito da minha vida fora da escola, a não ser para o simpaticíssimo guarda Abelardo “Ceará”. Eu andava pelos corredores com um sorriso, como quem tinha um segredo e sabia algo que o resto não sabia. E sabia mesmo.

"Ameba! A-me-ba!!", eu gritava num claro tom de deboche ao vê-lo descendo a rua de barro com uns amigos, me contorcendo na janela do segundo andar de minha casa e imitando, pelo menos ao meu ver, os espasmos de uma ameba. Com o álibi de ser o caçula da *Tchurma*, eu sempre que podia sacaneava a todos, esporadicamente até quem eu não conhecia. Como o alvo das minhas sacanagens não gostava e a confusão se instalava, elas me renderam o apelido de Philippe Malvinas, que André me deu por causa da Guerra das Malvinas, que estava começando.

“Que porra de nome é esse?”, perguntei ao André uma semana antes, quando ele me falou que tinha alguém em mente para ser nosso cantor. Cansado como eu de ter músicas com letra sem ninguém para cantar, André soube que alguém da *Tchurma* estava à procura de uma banda. O nome dele era Jander, um nome bem menos punk que o apelido de Ameba. Filho de um fotógrafo e de uma professora de música, mineiro que tinha morado no Distrito Federal em 1974, quando criança, e retornado em 1980, ele pertencia à facção cowboy, adjacente à *Tchurma*, cujos integrantes frequentavam a Asa Norte e pareciam *skinheads*, mas sem a ideologia extremista por trás. Eu não o conhecia, mas, ao chegar no primeiro ensaio, Ameba já foi tomando o microfone.

De início eu achava que ele não combinava muito com a gente porque não falava inglês. Por mais esnobe que isso pareça, era um elo entre André, Gutje e eu. A estética e o manifesto do punk inglês serviam como liga para a banda. André e Gutje tinham morado na Inglaterra e trazido para a Plebe uma inflexão que a diferenciava de tudo o que até então havia aparecido em Brasília, com exceção do Aborto, cujos membros também falavam uma segunda língua e tinham morado no exterior. O punk era uma linguagem, e muito das letras, tão fundamentais para a compreensão do movimento, era perdido na tradução.

O primeiro ensaio foi bom, mas não pode ser considerado um teste, pois a vaga estava ali para quem aparecesse primeiro. Mas aí aconteceu algo que, em retrospecto, me arrependo *muito* de não ter me pronunciado a respeito. Enquanto tocávamos, senti aquele cheiro queimado estranho, igual ao do primeiro ensaio da Plebe, vindo de um canto do quarto. Do *meu* quarto, onde os amigos do candidato à vaga de vocalista se amontoavam. Era o cheiro da *alface do diabo*, e era horrível. O cheiro não impregnaria meu quarto apenas naquele dia. Alguns anos depois, com a entrada de vários daqueles amigos na equipe técnica, ele chegaria a níveis literalmente tóxicos e quase destruiria a banda. Para ser sincero, eu e Ameba não tínhamos absolutamente *nada* a ver. Nada. "You say tom-ay-to, I say tom-ah-to, you say pot-ay-to, I say pot-ah-to. You say alface, I say pitchka ti materina!" Mas não importava... Tínhamos um vocalista!

"João Trovão vai pra festa, João Trovão não cai nessa/
João Trovão não quer nada, João Trovão só quer porrada."
— "João Trovão", Philippe Seabra

Por favor, não me olhe assim. Eu tive de começar de algum lugar. Com músicas como "Voto em Branco", "Voz do Brasil", "Pirataria", "Nada", e "Não Tema" começando a tomar forma, eu até me arrisquei a escrever minha primeira música e letra, "João Trovão", certamente inspirado na eterna ameaça de apanhar dos playboys. Chegamos a ensaiá-la várias vezes, com o Ameba se divertindo com a letra um tanto quanto imatura, e Gutje mudando Trovão para Grandão – por causa do desenho animado sobre o gorila azul João

Grandão, de Hanna Barbera. Para o alívio do resto da banda e do rock brasileiro, a música nunca foi apresentada ao vivo.

Quando a primeira ciclovia de Brasília foi inaugurada, sob gestão da minha mãe, então prefeita comunitária do Lago Norte, surgiu um evento batizado como Rock Lazer, que mais tarde ficou conhecido como Rock na Ciclovia, imortalizado no filme *Somos Tão Jovens*, de 2013, numa cena que recria o momento em que Renato se apresenta na beira do lago, em sua fase Trovador Solitário.

Minha mãe tinha sido eleita pelo voto popular no bairro, por ampla maioria, e posso dizer que foi a primeira pessoa eleita na capital federal. Isso exerceria uma forte influência em mim, que com apenas 15 anos via todos os mandos e desmandos da política local, como o então governador Aimé Lamaison debochando da população que pedia uma ponte para o meio da Península Norte – "Será construída quando eu for para China. Quer dizer nunca" – e as tentativas do sucateamento das áreas públicas para a abertura de espaço para o comércio. Como a sede da prefeitura ficava no escritório de nossa casa, eu presenciava o quanto a política era nojenta e ficava imaginando como era no Congresso Nacional, que eu via da varanda onde ensaiávamos.

Os primeiros shows do Rock na Ciclovia eram bastante precários, com o nosso próprio equipamento fritando no sol escaldante do cerrado. Sem nenhuma hesitação, ligávamos a voz no segundo canal do meu Fender e o baixo naquela estranha caixa que construímos com os falantes do combo Duovox serrado em dois. Tocávamos para curiosos do bairro e alguns que ouviam o som do outro lado do lago, na Asa Norte. Espelhos d'água são excelentes condutores de som; como tinha pouca vegetação na cidade de apenas vinte e poucos anos, a música se propagava para todo lado.

Foram nesses shows dominicais que começamos a testar músicas novas diante de uma plateia cada vez mais intrigada, que estranhava o som e o entusiasmo dos membros da *Tchurma*. Depois do fracasso retumbante de "João Trovão", fiz uma música mais lenta, no clima de "Sister Europe", do Psychedelic Furs, chamada "Chorando por Ontem", descaradamente emprestada da letra de "10:15 Saturday Night", do The Cure.

"Ouça só o vidente, ele não sabe nada/ Chorando por ontem."

Se existe alguma importância na minha segunda e fracassada tentativa, é que o vocalista fui eu. Cantei timidamente, mas cantei – demoraria mais um ano para eu me tocar que não teria escolha.

Em outra música lenta, "Há Pessoas", feita em cima da harmonia de "Chorando por Ontem", usei pela primeira vez um acorde com 7ª desde o meu primeiro show tocando "Godspell" no recital de Natal da escola. Eu começava a sair da pestana, coisa que viraria uma praga no rock brasileiro, com os guitarristas acompanhando mais as tônicas do baixo do que costurando por fora, de uma maneira mais imaginativa. O dedilhado 3/4 a la "Twilight", do disco *Boy*, do U2, contrastava com o baixo sólido e glissando do André. O meu estilo de guitarra, de tocar aberto com as cordas soltas ressoando, inspirado em Pete Townshend, estava começando a se definir.

Mas o sucesso instantâneo da banda era a canção "Tá com Nada", em que André pegava o microfone e falava: "Essa música requer a participação do público. A gente vai falar o nome de alguns heróis nacionais, como Paulo Maluf e Delfim Netto, e vocês vão falar *tá com nada!*", numa clara homenagem a Johnny Thunders, do New York Dolls, e sua canção "Mystery Girls".

"Rita Lee tá com nada!/ Gilberto Gil tá com nada!/
Fábio Jr. tá com nada!/ Sidney Magal tá com nada!"
– "Tá Com Nada", Plebe Rude

Inicialmente também citávamos Janete Clair, renomada escritora das novelas da Globo, mas a partir de sua morte, em 1983, atualizamos o trecho para "essa já morreu". A banda Detrito Federal passou a tocar essa música anos mais tarde e a incluiu em seu primeiro LP, lançado em 1987, atualizando os personagens da letra. Com a entrada de canções mais complexas no nosso repertório, "Tá com Nada" nunca mais foi tocada. Era um hit instantâneo, mas deixamos de tocar. Não teria jeito. A Plebe sempre fez tudo ao contrário...

Com os shows cada vez mais cheios e o quarteto com mais *estrada*, nós simplesmente *destruíamos* qualquer banda que se apresentasse conosco. Ficávamos até com pena das bandas mais melosas que tocavam depois da Plebe ou mesmo de artistas reconhecidos nacionalmente, ao menos em termos de peso, como o jovem Oswaldo Montenegro, vencedor do Festival da Nova Música Popular Brasileira com a música "Agonia", escrita por Mongol, cujo título definia bem o que sentimos ao ver cantores *bichos-grilos* tocando em Brasília.

Embora Oswaldo já estivesse se estabelecendo nacionalmente como um exímio compositor, eu não achava muito correto alguém fazer sucesso em cima de uma música de outra pessoa. Já as hippiezinhas de cabelos escorridos que acompanhavam o menestrel não nos causavam nenhuma agonia, mesmo nos olhando com um certo desprezo, enquanto entoavam suas canções com os braços para cima. No fim das contas, a convivência entre hippies e punks era pacífica, mesmo com um hippie ou outro olhando torto para a camiseta do The Damned do André, que fazia chacota com o símbolo de Woodstock, com uma guitarra quebrada e um morcego no lugar do pombo da paz. Os hippies também tinham embates com a polícia e incomodavam tanto a vizinhança e os três poderes quanto a gente. Era duro aturá-los, mas pelo menos lutávamos contra o mesmo inimigo.

Aliás, a uma *superquadra* de distância do Teatro Galpão, o mesmo local onde vi Elizabeth correndo pelo palco com aquele véu voando, e onde tudo parecia possível e todos conviviam em paz, ficava o Beirute, bar tradicionalíssimo, praticamente fundado com Brasília, onde a *Tchurma* chegava em bando e contrastava com os integrantes do Liga Tripa, que também chegavam em bando, mas tocando instrumentos acústicos, como o curioso baixo feito com um caixote e um cabo de vassoura, e cantando sons como "Travessia do Eixão", com letra do poeta local Nicolas Behr, que a Legião Urbana gravaria no disco póstumo e derradeiro *Uma Outra Estação*, de 1997.

Com os festivais, a estrutura de shows tinha melhorado, mas para manter o clima punk nas tardes de domingo, sem ter que aturar os *hippies,* continuávamos tocando em qualquer lugar onde houvesse uma tomada. Um ponto fixo era a lanchonete Food's, onde um ano e meio antes eu tinha visto as bandas punk pela primeira vez. Além dos punks, várias tribos começaram aparecer por lá, inclusive os playboys, com seus Opalas de duas portas rebaixadas e carteiras recheadas. Arriscamos pedir alguns sanduíches de cortesia, já que lotávamos o lugar sem jamais ganhar de cachê; chegamos no caixa falando que o gerente tinha liberado sanduíches para a banda. O caixa levantou a cabeça e falou: "*Eu* sou o gerente, saiam daqui!".

Os shows de dia e ao ar livre são os que lembro com mais carinho. No Rock na Ciclovia, as bandas encontravam seu maior público. Foi lá que o Renato se consolidou como Trovador Solitário e algumas das fotos mais clássicas dos primórdios da Plebe Rude foram tiradas, além da única conhecida da primeira formação da Legião Urbana... E tudo isso a partir de uma tomada.

> "Já estou cansado de bandas que perguntam 'Que país é este?'/ Já estou cheio de bandas que me pedem pra dançar que nem uma pulga/ Com instrumentos mas sem talento."
>
> — "Bandas BSB", Plebe Rude

Quando eu falo que o som de voz era praticamente inexistente nos shows, não estou brincando. No dia em que André apareceu com a letra de "Bandas BSB", tive que perguntar: a quem ele estava se referindo com "Que país é este?". Ah... aquela do Aborto! Mais parecia *I don't care*, do Ramones, com alguma coisa urrada em cima. Eu tinha visto inúmeros shows do Aborto e ainda não entendia a letra. O som era sempre ruim. Mas e "dançar que nem uma pulga?". Era da Banda 69, uma banda ímpar, tangencial às da *Tchurma*. Apesar do que o nome malicioso sugere, ela se referia ao ano em que os Beatles terminaram, o que diz muito a respeito do seu som. Em mais uma demonstração de como o punk de Brasília era benigno, eles nos acompanhavam nos shows, na maior paz.

A coisa mais punk que a Banda 69 tinha era o incansável baterista e força motriz Militão, que conseguia dar uma cabeçada no prato no final das viradas. O contato do Militão com a *Tchurma* foi na UNB, quando ele foi colega do André. A banda estava começando, e eles passaram a acompanhar os grupos punks nos shows na universidade. No primeiro semestre de 1981, André já estava insatisfeito com a SLU e Os Metralhaz e falou para Militão sobre um "cara jovem que toca guitarra superbem" e ele estava pensando em chamar pra montar uma banda. Quem seria?

A Banda 69 começou a acompanhar as bandas punk em shows e, junto com o Aborto, tocou no Centro Acadêmico da Universidade Federal de Goiás, a UFG. Seria a primeira vez que ambas sairiam do Distrito Federal, antecipando todas as confusões em que as bandas de Brasília se meteriam longe de casa. Antes disso, as duas bandas também tocaram na abertura da Expoarte, na UNB.

Na UFG, uma multidão de estudantes e motociclistas estava esperando para entrar, e no final da passagem de som começou um quebra-quebra. Com Renato na guitarra (Iko tinha saído), Flávio no baixo e Fê na bateria, o Aborto Elétrico continuou passando o som mesmo com a chegada da polícia e o ronco de motores do lado de fora. Quando os portões foram abertos, já com a briga controlada, apenas dez pessoas entraram, inclusive um motociclista completamente bêbado, gritando para Renato tocar Led Zeppelin. Renato retrucou: "Nós somos o Aborto Elétrico, nós tocamos as nossas próprias composições. Não tocamos músicas dos outros". Não adiantou muito. "Toca Led Zeppelin, veado!" Foi mais uma ótima oportunidade para difundir o incipiente rock de Brasília desperdiçada por causa de uma *treta*, ou seja, a história da nossa vida.

Com instrumentos, mas sem talento... Boa essa. Era uma sacanagem que ajudaria a Plebe a definir seu estilo. Quem curtia a banda entendia nosso senso de humor bastante peculiar. "Bandas BSB" trazia nossa visão das outras bandas, e nem o Aborto escapava. O Aborto era mais punk visceral do que qualquer outra coisa. Era uma zoeira, mas, pela solidez do baixista acidental Flávio, as músicas fluíam.

Digo acidental porque o irmão mais novo de Fê acabou tocando baixo, já que o Renato queria passar para a guitarra depois da saída do Pretorius; não havia mais ninguém para tocar, assim como abriu uma vaga para o Ameba de vocalista na Plebe, já que ninguém queria cantar. Flávio se tornaria um dos melhores músicos do rock de Brasília e teve a chance de tocar com seu irmão baterista que me foi negada anos antes por meu próprio irmão! *Pitchka ti mat...* Opa, retiro o que disse, pois somos filhos da mesma mãe.

Para tocar uma música em público naquela época, tínhamos que aguardar o famigerado carimbo *Censura Federal Brasília – MJ – DPF – SCDP – "Aprovo"*, assinado pessoalmente. Fico imaginando se registramos "Bandas BSB" antes de o Renato registrar "Que País É Este". Será que o termo "que país é este?" é nosso legalmente? Isso seria engraçado. Terei que consultar meu advogado. Ah, mas imagina! A primeira coisa que eu faria seria proibir qualquer um de encerrar um show com "Que País É Este". Vá compor suas próprias músicas!

O clima não estava bom entre os integrantes do Aborto. Bateristas... sempre são os bateristas que dão problema... A banda não sobreviveu às divergências internas e terminou. Estou ouvindo na minha cabeça o famoso "STOP!" do Renato, com seu sotaque inglês quase perfeito. Mas como no punk nada se perdia, tudo se mesclava incestuosamente, e nossos shows enchiam cada vez mais, os órfãos do Aborto migraram para a Plebe Rude, que sempre foi a banda mais redonda da galera – as letras não eram tão desenvolvidas como "Conexão Amazônica" e "Que País É Este", mas eram igualmente incisivas.

Quando o Aborto acabou, Fê e Renato pararam de se falar, e não podíamos deixar isso passar em branco. Os Lemos-Lyptos e o Renato continuavam a ser alvo das nossas sacanagens. Não tínhamos escolha; era o que fazíamos. O que você faria no nosso lugar? Como a sede da Prefeitura Comunitária do Lago Norte ficava lá em casa, eu tinha duas linhas telefônicas, algo incomum em residências na época. Então ligávamos para o Renato de uma e para o Fê, da outra e alinhávamos os bocais com os alto-falantes:

– Alô?

– Alô? Fê?

– Renato?

– Que é que você quer?

– Como assim? O que é que *você* quer? Foi você quem me ligou!

– Tá doido? Foi *você* quem me ligou!

Aí os dois brigavam de novo, com a gente rolando no chão. Ah, como era divertido.

Com saudade das plateias, Renato não demorou a começar sua fase de Trovador Solitário, parecendo mais um John Cooper Clark do que um Bob Dylan, como ele se via. Alguns dos seus primeiros shows solo foram no Rock na Ciclovia e no Food's, abrindo para a Plebe Rude, que no primeiro semestre de 1982 já era *a* banda de rock da cidade. Ele era bastante corajoso, pois não só competia com o peso de uma banda sozinho, com sua craviola Giannini de 12 cordas, como cantava músicas de temática mais branda para uma plateia ensandecida querendo peso – embora qualquer temática fosse mais branda que o nosso repertório, que já incluía músicas como "Voz do Brasil": "Todos os dias eu ligo meu rádio para ouvir lavagem cerebral/ Todos os dias eu ligo meu rádio para ouvir hipnotismo nacional na Voz do Brasil".

As músicas mais brandas até funcionavam melhor com Renato, e ele segurava bem seu show, às vezes incluindo um improviso chamado "A Duh", em que tocava uns acordes e parava subitamente, falando "A duh", que a plateia repetia em uníssono. Foi só nessa fase voz e violão que comecei a ouvir com clareza e a entender as letras do Renato. O trabalho de contrastes e contrapontos, como na letra de "Baader-Meinhof Blues" – "Já estou cheio de me sentir vazio, meu corpo é quente e estou sentindo frio" –, era muito bom. Me lembrava o estilo de Chico Buarque em músicas como "Umas e Outras", com uma *mulher da vida* e uma religiosa, ambas infelizes e frustradas, se cruzando na rua e "se olhando com a mesma dor".

Eu gostava de "Faroeste Caboclo", "Que País é Este" e "Conexão Amazônica", mas letras como "Eduardo e Mônica", "Procura Sangue", "Dado Viciado" e o blues (arghhh... blues!) "Música Urbana 2" tinham um resquício hippie impregnado que eu não gostava. Renato era o mais velho da *Tchurma* e até pouco tempo antes andava com pessoas mais para o *pode crer* hippie do que qualquer outra coisa, mais ou menos como a sacerdotisa do punk Patti Smith, que serviu de ponte entre as duas gerações.

Depois de passar alguns meses tocando sozinho e inspirado na porrada da Plebe, que ele via nos shows que fazíamos juntos, Renato dava sinais de querer novamente estar uma banda. Ele chegou a convidar, em duas ocasiões diferentes, eu e André para integrar essa banda, mas gentilmente declinamos. Já tínhamos a Plebe Rude. Marcelo Bonfá era o baterista que estava sobrando da *Tchurma*, pois tocava com o André nos Metralhaz, que tinha sido implodida para a criação da Plebe, e acabou escolhido para a bateria.

É exagero eu afirmar que a Plebe tem um pouco de crédito como inspiradora para a nova banda de Renato? Foi o que ele escreveu num release, daquele jeito minucioso, com o lado direito alinhado, e na terceira pessoa: "Marcelo Bonfá com Renato Russo decidiram voltar à musica elétrica, dado o espetacular sucesso do Plebe Rude, banda que seria um modelo a ser seguido em termos de energia e talento".

Houve três momentos no século 20 em que ocorreram as piores decisões de *business* da história. O primeiro foi em 1976, quando o jovem diretor George Lucas pediu exclusividade nos direitos de merchandising e licenciamento dos personagens por ele criados para *Star Wars*, e a 20th Century Fox não se opôs, já que o grosso da bilheteria seria dela. O segundo foi em 1981, quando um jovem nerd chamado Bill Gates pediu exclusividade sobre os direitos do software do seu sistema operacional DOS, e a IBM não se opôs, acreditando que o futuro estava na maquinaria. O terceiro foi em 1982, quando recusamos o convite de Renato Russo para formar uma banda. *Pitchka ti materina!*

Estou brincando. Mas seria no mínimo curioso ver no que daria. Creio que teríamos puxado a banda mais para o lado punk contestatório, com as guitarras *bem* mais trabalhadas. Já o baixo, quem sabe? – Renato se revezava entre a guitarra e o baixo nas várias formações do Aborto, mas na Legião optou pelo baixo, que eu considerava seu melhor instrumento, no qual ele se mostrava mais sólido e seguro, tocando sempre sem palheta. Mas Renato respeitava muito o André, não só por ele ser um dos mais velhos da *Tchurma* e ambos terem praticamente a mesma idade, mas também pelo vasto conhecimento musical e porque ambos eram amigões do Pretorius. Diga-me com quem andas e te direi quem tu és...

Renato andava com o pessoal da UNB e com o poeta Nicolas Behr, figura importante na difusão da poesia candanga. Aliás, foi ele quem começou o *do it yourself* na literatura brasiliense. Dono de um mimeógrafo, Nicolas fazia e vendia suas poesias por toda a cidade e conseguiu colocar no papel, antes de qualquer um, a paixão que todos sentiam por Brasília, uma cidade tão jovem e ímpar. Mas era de outra geração. O punk foi a quebra de tudo, e Renato teve que decidir de que lado estava.

Fê deu uma baquetada nas costas de Renato no fim da vida do Aborto; eu, se tocasse com ele, lhe daria uma *guitarrada* na cabeça se aparecesse com aquela palhaçada de "fazer uma feijoada" ou "Cordeiro de Deus", que cantaria anos mais tarde. A Plebe já estava estabelecida e no seu devido caminho e, por mais altos e baixos que tivesse, era nosso. As cartas do rock de Brasília foram dadas, e cada um jogava com a mão que recebia. É até risível o quão aleatório quem acabou por tocar com quem, e espero que todos sejam agradecidos por isso. A maioria das bandas no mundo começam, e acabam, por esse mesmo motivo. Mas não dá para pensar "e se?". Afinal, eu já era "o cara da Plebe".

Numa entrevista a MTV duas décadas depois, Renato reiterou que estava de olho em mim, pois inicialmente a Legião Urbana seria um projeto em que ele e o Bonfá contariam com músicos convidados: "Eu saí do Aborto Elétrico e uma vez estava em um *point*. Cheguei para o Marcelo Bonfá e perguntei se ele não queria fazer uma banda. A gente poderia ter um núcleo de baixo e bateria. Numa música poderia ser o Philippe Seabra, da Plebe. Na outra, chamamos umas meninas para cantar. A outra poderia ser instrumental. A Legião Urbana seria só eu e o Bonfá. Mas naturalmente essa ideia não deu muito certo, porque até chamar as pessoas e montar repertório era difícil".

Nessa época Renato tinha feito uma árvore genealógica, naquela obsessão usual, que começava com o Aborto Elétrico e a Blitx 64, abria para as várias encarnações das bandas que André formaria, como SLU, Quinta Coluna,

Metralhaz e Plebe Rude. A partir daí apareciam bandas com CIA, Dado e o Reino Animal e surgiu o termo *figurantes* para os agregados da *Tchurma* com mais entusiasmo do que talento. Ele finalizava a árvore genealógica com duas bandas, uma "sem nome", com Bonfá, Renato e Paraná na guitarra, outra com os irmãos Lemos e um dissidente da Blitx 64, Loro, na guitarra, chamada Dona Laura Vai às Compras". Nada de Urbana Legio ainda...

Em maio de 1982, uma anomalia começou a tocar no rádio. Era a banda carioca Blitz, com "Você Não Soube Me Amar". Mesmo com as minhas referências de rock setentista e de pós-punk, a música me pegou de surpresa. Carioca até a última nota, a banda de visual *new wave* sinalizava uma nova era da música brasileira. Mesmo com a letra bobinha para os nossos padrões punks e com o instrumental com um pé na MPB *moderna* da década de 1970, com sua batida *shuffle* como a de "Velha Roupa Colorida", de Elis Regina, eu mesmo comprei vários compactos da Blitz para distribuir entre os amigos.

Na canção da Elis, ela bradava: "Você não sente, não vê, mas eu não posso deixar de dizer, meu amigo/ Que uma nova mudança em breve vai acontecer/ O que há algum tempo era novo, jovem/Hoje é antigo, e precisamos todos rejuvenescer". E tinha razão. A MPB precisava rejuvenescer, e no ano da morte de Elis, a importância e a responsabilidade de "Você Não Soube Me Amar" aumentou. Era como se uma geração passasse o bastão para outra. E, sem que percebêssemos, a porteira fora aberta.

"Romana Legio Omnia Vincit."
— Júlio César

"Urbana Legio? Que raios de nome é esse?", perguntei ao Renato, que mostrava todo orgulhoso um manifesto que tinha escrito sobre o grupo que pretendia montar. Os símbolos astrais que acompanhavam umas palavras em latim mais pareciam uma versão cucaracha dos símbolos que cada integrante do Led Zeppelin usava. Ele explicou que *Urbana Legio Omnia Vincit,* frase que acompanharia a carreira de seu futuro grupo, era atribuída a Júlio César, imperador romano que reinou pouco antes do nascimento de Cristo e usava o lema *Legionários Romanos a Tudo Vencem.*

"Ah, agora entendi, Legião Urbana..." Eu estava acostumado com as viagens do Renato, só faltava ele começar a falar de Caetano e de Rimbaud, mas fazia sentido. Foi ele quem denominou todos nós de *Tchurma,* da qual escrevia a respeito e adorava fazer parte, então Legião não era um passo tão largo, soava bem e tinha um quê de Plebe Rude, cujo nome Renato adorava porque continha um sujeito, um aglomerado de pessoas, e um adjetivo. E não tinha artigo na frente. Era Legião Urbana, e não *A* Legião Urbana, assim como Plebe Rude não era *A* Plebe Rude – curiosamente, às vezes Renato se referia à nossa banda como *O* Plebe.

Engraçado era o cara que tinha escrito "Que País É Este" usar um termo criado por um dos maiores ditadores da história. Mas o punk era isso, você tinha a eterna desculpa do sarcasmo, da ironia. Licença poética o cacete! Isso em particular ajudaria muito a Plebe nas letras mais ácidas que estavam por vir, sem cair na categorização perigosa de ser *irreverente,* termo que eu odiava quando alguns jornalistas locais, que começavam a notar o movimento punk na cidade, usavam para se referir ao "novo som de Brasília".

David Bowie subia ao palco encarando a todos com naturalidade, mas escondido atrás do disfarce dos seus personagens clássicos, como Ziggy Stardust, Aladdin Sane e Thin White Duke. Era fácil encarar a plateia com um alter ego. No caso do Renato, ele era apenas o Renato. Russo, Manfredini... ainda era o Renato. *What you see is what you get.* Ele não tinha nada a esconder, muito pelo contrário, se expunha até demais nas suas músicas. Isso o tornaria um ídolo nacional, mas no longo prazo lhe faria muito, muito mal. Será que valeria a pena?

Eu tinha vendido minha Gibson The Paul para um colega da escola e finalmente consegui juntar dinheiro com a grana das aulas de violão para comprar uma Gibson Les Paul Custom e substituir a Giannini Supersonic laranja, emprestada do guitarrista da Gestapo, outro colega de escola para quem eu dava aulas de guitarra. A única Les Paul Custom que eu tinha visto era a do Toninho Maya, de longe, num show ao ar livre na UNB, numa banda chamada The John Paul Leo Blues Band.

Vizinho de parede dos irmãos Lemos, Toninho Maya tocava guitarra o dia inteiro e era o grande instigador do pessoal que morava na Colina, a quadra residencial dos professores da UNB. O Gutje e os irmãos Bernardo e André Mueller também moravam na Colina. Os irmãos Ribeiro (Geraldo e Loro) frequentavam a quadra, assim como o jovem Renato Manfredini – ele mesmo...

Quem importou a Gibson foi Francisco Salazar, o Chico, um chileno amigão meu, maior fã do The Jam no Centro-oeste e único *mod* certificado da *Tchurma*, lembrado pelo Renato em sua derradeira entrevista para a MTV anos depois. O pai do Chico era da Organização Pan-Americana de Saúde e tinha visto diplomático, então consegui o número de telefone de uma loja de instrumentos na Califórnia numa das revistas *Guitar Player* que roubei da biblioteca da Escola Americana e encomendei a Gibson que vi num anúncio em que o próprio guitarrista, gênio e inventor Les Paul segurava uma guitarra linda, *sunburst* (degradê), que parecia preta na borda e com um amarelo bem clarinho, quase branco, no meio.

Será que era a cor que eu estava pensando ou a foto era meio sépia, dando um tom mais claro? "Essa cor não creio que existe", respondeu o vendedor numa ligação telefônica cheia de ruído, tão comum nas chamadas internacionais da época. "Se você quiser, temos uma safra nova da Gibson como a que você descreveu, porém prateada no meio. A Gibson a chama de *silverburst.*" "Não sei... É bonita?" *"Oh yeah... It's beautiful..."*

A guitarra custou a pequena fortuna de 725 dólares na época e demorou dois meses para chegar, sendo liberada pela alfândega em maio de 1982. Fui correndo pegá-la na casa do Chico e, já no meu quarto, tirei os óculos para inspecioná-la de perto e acabei sentando em cima deles, de tão perplexo que estava com a beleza do acabamento. Foi a *única* a vez que sentei em cima dos próprios óculos – quem tem 4,5 graus de miopia *nunca* senta em cima dos óculos porque nunca os tira. Com os óculos tortos, reparei que a Gibson estava numa caixa de isopor de guitarra da Fender, cavada grosseiramente para o seu encaixe. *Pitchka ti mat...* ou melhor, *son of a bitch!!!* Roubaram o *case* na própria loja! Mas fazer o que, separado por um oceano e pela alfândega?

A cor *silverburst* foi descontinuada pela Gibson por quase duas décadas, pois não conseguiam acertar o tom dela ao envelhecer. Dependendo da luz e do ângulo de visão, o cinza esverdeava, tanto que alguns fãs me perguntam até hoje onde está minha guitarra verde. Verde? Como sou meio daltônico, ela continua *silverburst* pra mim. E tenho a nota fiscal com a cor original listada para provar.

Logo no *primeiro* ensaio, na varanda da minha casa, ao sair com a guitarra nova pela janela, por preguiça de dar a volta até a porta, dei uma porrada acidental com ela no topo da esquadria, que rachou o lindo friso branco num canto, na altura das cravelhas de afinação. Doeu, e muito, mas seria só o começo de inúmeras pancadas, arranhões e baques que a minha Les Paul levaria pelas próximas décadas mundo afora. Todas com uma história para contar.

A guitarra está aposentada na parede do meu estúdio particular, o Daybreak Estúdio, em Brasília, aqui na minha frente, enquanto escrevo este livro, depois de mais de 35 anos de serviços prestados ao rock brasileiro. É claro que a uso para gravações, mas ela não sai mais de casa, a não ser para uma exposição ou um museu, quem sabe? Idade e notoriedade pra isso ela tem.

Sua estreia ao vivo foi no Papos e Panquecas, um antro no Gilbertinho, que fizemos virar *point* até que os playboys, com horário marcado, chegavam e tomavam conta, nos forçando a escolher outro lugar. Estávamos na metade de 1982, e o show, no subsolo da casa, marcava a despedida dos iugoslavos e da banda Vigaristas de Istanbul, pois seus pais estavam retornando para a Iugoslávia.

A *Tchurma* compareceu em peso, e Renato, que era fã dos Vigaristas, perguntou ao baterista Jovan o que ele achava do nome Urbana Legio. Em seguida, arranhou uma chave na parede atrás da bateria para escrever o nome, circundado por um retângulo, demarcando seu território. Foi a primeira vez que eu vi aquele nome fora do manifesto que Renato tinha escrito.

Os Vigaristas de Istanbul e a Plebe Rude tocaram no pequeno e escuro porão. O repertório dos Vigaristas, com o guitarrista Geová usando a minha nova guitarra, tinha "Boyzinhos do Brasil", "Plágio" e "Suborno". No setlist da Plebe constavam "Voto em Branco", "Pirataria", "Sexo e Karatê" e "Consumo". Enquanto tocávamos "Dança do Semáforo", recém-composta, olhei para cima e vi um dos meus melhores amigos beijando a *punkeca* por quem eu estava apaixonado, e – não estou brincando – a corda sol da guitarra se rompeu na hora.

Passei o resto do show com o encordoamento incompleto e o coração estraçalhado. No caso da guitarra, eu estava acostumado pela precariedade de tudo, nem sabíamos que existiam *roadies* e afinadores eletrônicos, e o equipamento de som era tão ruim que às vezes ninguém, nem eu, percebia a diferença. Já na questão do coração, eu não estava preparado para um *heartbreak* daqueles.

A *punkeca* foi a mesma em quem, semanas antes, eu havia dado o meu primeiro beijo, na verdade, uma bitoca de misericórdia, já que ela dizia que gostava de mim "como um amigo" – as palavras mais temidas por qualquer nerd de óculos. Curiosamente, a bitoca foi na garagem da família Lemos, a mesma em que no filme *Somos Tão Jovens* Renato apresenta "Química" para um beligerante Fê. *Oh, the humanity*. Até em película esse lugar está eternizado.

Pior, tive que dar carona para esse mesmo amigo depois do show, e, no meio de todo equipamento entulhado no carro, ele me pediu desculpas dizendo que não tinha planejado aquilo... blá-blá-blá. Adolescência é uma merda mesmo; se não fosse a música, a minha teria sido bem mais traumática. Mas a guitarra, essa sim fiel, me acompanharia pelas próximas décadas e, junto da craviola de 12 cordas Giannini do Renato e da bateria amarela-dourada Premier do Fê, se tornaria um dos símbolos mais emblemáticos do rock de Brasília – já na sua estreia, elevou a porrada sonora da Plebe para outro nível, ainda que o dono dela estivesse se sentindo um lixo.

Bem mais dramático, um dos próximos shows da *Silverburst* foi num festival em Patos de Minas organizado por Carlos Alberto Xaulim. Em Brasília, o ator e agitador cultural Wilsinho Morais, cunhado de Xaulim, sugeriu que as bandas Aborto Elétrico e Liga Tripa participassem – além da *Tchurma*, ninguém sabia que o Aborto tinha terminado. Xaulim não conhecia esses grupos, mas topou porque gostou dos nomes. Renato recebeu o convite, pensou em aproveitar a ocasião para estrear sua nova banda e convidou a Plebe Rude pra participar. Foi o nosso primeiro show fora de Brasília, mas os cartazes já tinham sido impressos com um destoante Aborto Elétrico/DF escrito em meio a bandas como Magos do Sol, Fruto da Terra e a trupe de rua Liga Tripa, de Brasília. Ou seja, nem Legião Urbana nem Plebe Rude estavam no cartaz.

Somente décadas depois é que apareceu um cartaz com o nome da Legião Urbana, que Xaulim confeccionou de última hora, depois da insistência do Renato, que tinha preparado um release exclusivo. O primeiro release da Legião para o show na cidade que ele chamou de Cisnes, com data de 5 de setembro de 1982, tinha desenhos de Marcelo Bonfá e um parágrafo que falava dos quatro membros da banda. Renato realmente estava cansado de tocar sozinho, apostando *muito* nessa formação. O release terminava assim:

> "Aconteceram quatro ensaios até que a música tomou formato quase amador: arriscaram a sorte se apresentando ao vivo pela primeiríssima vez na cidade de Cisnes, nas Geraes, quando ninguém sabe o que aconteceu porque ninguém se lembra. Foi um momento histórico e de hoje em diante Roberto Carlos não recebe mais visitantes em seu túmulo: todas as pessoas estão em casa, dentes cerrados, nervosismo à flor da pele, perguntando: Mas quando será a próxima apresentação da Legião Urbana?
> — Urbana Legio Omnia Vincit"

A convite do Renato, alguns amigos nos acompanhariam ao show: Lula Acioli, fotógrafo que faria os registros mais conhecidos dessa época, Pedro

Hienna, futuro baixista do Arte no Escuro e Detrito Federal, e Lui "Bocão", depois retratado na capa de *Passo do Lui*, disco do Paralamas do Sucesso, e futuro vocalista do Bambino e os Marginais e da primeira formação do Arte no Escuro. Ao chegar na rodoviária interestadual, Renato tinha errado o número de passagens solicitadas, então Lui e Pedro tiveram que disputar pra ver quem viajaria no par ou ímpar, zerinho ou um, não lembro...

A Rodoferroviária, como era conhecida, ficava no local que abrigou o primeiro aeroporto de Brasília, o Vera Cruz. A ferrovia para transporte de passageiros logo caiu em desuso, levando o governo da nova capital a transformar o local numa rodoviária interestadual subterrânea, como se a cidade quisesse esconder dos demais habitantes o fluxo real de imigrantes. Seguindo os traços modernos de Brasília, os ônibus desceriam uma rampa e num longo corredor subterrâneo, e se enfileirariam num moderno complexo. Só que os engenheiros esqueceram que o volume de qualquer substância é o espaço ocupado pela mesma, e lá estávamos nós, cheios de instrumentos e inalando monóxido de carbono no meio dos motores a diesel, sem que o gás tóxico tivesse saída de dissipação. Uma analogia perfeita para Brasília, onde a forma é mais importante que a função. Mas, afinal, quem usaria a passagem que sobrara? Par ou ímpar, zerinho ou um, não lembro, mas quem perdeu foi o Lui. Sorte dele.

> "Imaginem uma eleição onde ninguém fosse eleito / Já estou vendo a cara do futuro prefeito."
> — "Voto em Branco", Plebe Rude

Nas primeiras horas da manhã do dia 5 de setembro de 1982, quando o ônibus entrou na cidade mineira, passando por cima dos paralelepípedos empoeirados e acordando a todos, com uma leve névoa lá fora e o acúmulo do embaço na janela, tudo era Patos. Drogaria Patos, Materiais de Construção Patos, Auto Mecânica Patos, apenas um solitário fliperama não vinha com a alcunha.

Quando chegamos na pequena rodoviária, nosso contato, Xaulin, ainda não tinha chegado. Digo contato para não usar o termo *contratante*, pois ninguém foi contratado, não havia cachê, hotel, diária de alimentação, nada. Na verdade não havia disso em Brasília, então ninguém se queixou. Durante a espera por Xaulin, cujo nome tínhamos esquecido e então chamávamos de Fu Manchu, ficamos revezando na craviola que o Renato trouxera.

Quando foi minha vez de tocar um blues sarcástico encontrando rima e chacota nos nomes dos presentes, ouvi o barulho de uma moto com a marcha alta sendo torturada, que passou por nós num claro exemplo do efeito Doppler. A moto parou na esquina, e quem desceu foi um policial que parecia ser rodoviário, com os característicos óculos espelhados e as botas até a canela. Achei as botas lindas e comparei com as minhas, de paraquedista, trocadas com um colega da escola cujo pai fora paraquedista no exército por vários discos do Led Zeppelin e uma cópia rara do disco *Street Survivors*, do Lynyrd Skynyrd, que herdara do meu irmão mais velho – aquela música de *roqueiro velho* não afinava mais com quem tinha descoberto o punk, mas claro que anos depois eu me arrependeria dessa troca, ainda mais porque o LP do Lynyrd Skynyrd, cuja capa retratava a banda pegando fogo no meio da rua, foi lançado pouco antes do acidente de avião de 1977 que matou vários membros do grupo. Aquele disco foi recolhido – a capa foi substituída pela mesma foto sem o fogo sobre a imagem –, e agora é item de colecionador. *Pitchka ti materina!*

Enquanto eu tocava a craviola, pelo canto do olho senti que o policial nos observava de longe. Também pudera, aquele pequeno bando tinha de tudo: um descabelado de óculos, Renato; um cabeludo de óculos a John Lennon, Paulo Paulista, tecladista da Legião; um cabeludo sem óculos, o Lula; um galego, Bonfá; e um moreno de cabelos cheios, Paraná. E tinha os de cabelos curtos: André, Pedro Hiena, Gutje e Ameba. E um híbrido de todos, de cabelos curtos, mas topete longo, e óculos, que era eu. Se eu fosse policial militar, também ficaria de olho naqueles forasteiros.

Fu Manch... quer dizer, Xaulin apareceu finalmente e se espantou com a presença da Plebe Rude. Quando Renato falou que levaria alguns amigos, não tinha mencionado que era uma outra *banda*. *Pitchka ti materina!* Agora já era. Chegamos ao Parque de Exposições de Patos de Minas, com os devidos estábulos e arena de rodeio, com o sol chegando cada vez com mais força. Além disso, o local não cheirava muito bem. Chegamos tão cedo que nos refugiamos na arquibancada da arena onde seria realizado o show até que o *camarim* ficasse pronto – como nunca havíamos estado num camarim, a não ser nos fundos da Sala Funarte com o Aborto Elétrico um ano antes, ninguém reclamou.

Uma das fotos mais marcantes dessa saga eu tirei no topo da arquibancada, de costas para o sol, com a sombra de todos delineada no chão poeirento da arena. No contorno, dá para ver meu braço levantado, formando a sombra de um triângulo enquanto fotografava. Logo em seguida passou um caminhão-pipa com um imponente Patos de Minas escrito, tentando em vão conter a poeira. Alguns dos nossos resolveram passear pelo parque, enquanto outros foram até a cidade, distante dois quilômetros, de carona. Horas mais tarde, almoçamos na cafeteria do parque e fomos descansar na sombra do estábulo. O calor era terrível, como eu não levei short ou tênis, tive que ficar de calça e botas o tempo inteiro. O punk não era muito prático.

No meio da tarde, o equipamento estava finalmente montado, e fomos passar o som, coisa que quase nunca fazíamos. A passagem de som foi gravada em fita, com Renato fazendo algumas intervenções enquanto Lula tocava um blues sobre uma menina que vivia pedindo dinheiro, apropriadamente chamada "Me Pede Money". Aos poucos o público começou a aparecer. Nas caixas de som, músicas de Deep Purple, Pink Floyd, Led Zeppelin e Focus. Começamos a sentir que não seríamos muito bem recebidos. Por precaução, deixamos Lula abrir oficialmente o show, tocando "Me Pede Money" na craviola de Renato: "Ela me chama de mano querido e depois me pede money / Me pede money para sair com um tal de Demerval, de Demerval".

Depois dele, quando já estava escurecendo, a estreante Legião Urbana entrou. Paulista, alto, de óculos redondos e cabelos longos escorridos, estava sentado, debruçado em um tecladinho Yamaha Porta Sound PS 3 de três oitavas com miniteclas, tão pequeno para o seu tamanho que ele o depositou no colo. Nem deu para perceber se ele estava nervoso, pois não se mexia; se mexesse as pernas, poderia deixar o tecladinho cair. Na verdade ele estava preocupado, pois a banda não tinha ensaiado. Aquele foi o único show de Paulista com a Legião. De volta a Brasília, quando a banda já ensaiava numa sala no Brasília Rádio Center, ele a abandonou no meio de um ensaio. Na época a Legião era uma zoeira, não era a praia do Paulista.

"É isso mesmo que você quer?", perguntou Renato sobre ele deixar a banda.

"Sim", respondeu Paulo.

As cartas do rock de Brasília estavam sendo embaralhadas, e quem acabaria tocando com quem dependia de fatores como o tempo disponível das pessoas para se dedicarem à música ou a identificação com a proposta de som da banda. Ao contrário do que você deve estar pensando, sair da Legião foi uma decisão sábia, pois o Paulista não ficou preso entre as oscilações de humor do Renato e a cadência do Bonfá e ainda teve uma carreira vitoriosa na área jurídica. Nos idos de 2008, Paulo Guimarães foi homenageado na OAB como o profissional mais jovem a obter inscrição de advogado no Distrito Federal.

No palco de Patos de Minas, apesar do público pequeno, Renato cantava empolgado com seu baixo Giannini SG, enquanto Paraná tocava guitarra inserindo alguns acordes que só ele entendia e ninguém gostava. Tecnicamente ele era o melhor músico daquela turma e ao mesmo tempo o pior, porque não entendia a estética punk. Na hora de um solo, ele não parava, tanto que Renato tinha que apelar para uns *chega pra lá* nele. A disparidade técnica entre Paraná e o resto da banda resultaria na saída dele poucos meses depois.

O repertório teve músicas do Aborto – "Que País é Este", "Tédio", "Geração Coca-Cola" e "Química" – e da fase do Renato trovador, agora eletrificadas, como "Música Urbana 2", dos versos "Os PMs armados e as tropas de choque vomitam música urbana". As letras subversivas que, em Brasília, pela precariedade do equipamento, ninguém entendia, estavam sendo finalmente amplificadas em alto e bom som. Mas para os ouvidos errados.

Fotografei o show de estreia da Legião com uma máquina retangular minúscula que usava um meio cartucho de filme, bastante comum na época, mas por causa da iluminação precária nenhuma foto do show saiu. Depois da estreia da Legião, chegou a nossa vez de tocar. Subimos no palco, afinamos rapidamente os instrumentos, de ouvido, e destilamos nossa raiva em cima dos *patenses* com músicas como "Voz do Brasil", "Pressão Social" e "Vote em Branco".

"Manifestos mal escritos ditam a lei do mais forte/
Se você for muito fraco estará condenado à morte/
Seja alguém, vote em ninguém."
– "Voto em Branco", Plebe Rude

Havia muitos PMs na arena, mas estávamos longe de ser intimidados. André chegou a falar que os PMs eram os *patos* de Minas, e eu emendei imitando um pato, confirmando que, além de subversivos, éramos abusados. Os shows da Plebe eram engraçados, pois sempre sacaneávamos a plateia. Talvez não fosse a melhor estratégia para fazer sucesso, mas a gente se divertia e era isso que importava. Esse não é o outro motivo pelo qual alguém monta uma banda?

No fim do show, juntamos nossos instrumentos e percebemos que alguns bombeiros começaram e se juntar enquanto caminhávamos para a saída. Chegamos a pensar que alguma coisa tinha pegado fogo, mas não sabíamos que eram os policiais de Patos de Minas que se vestiam com um uniforme azul-escuro, parecido com os brigadistas de Brasília.

Fomos abordados de uma maneira meio engraçada. Eram muitos, e aos poucos se juntavam à nossa volta enquanto caminhávamos. Nos perguntaram se éramos os músicos de Brasília que tinham acabado de tocar. Respondemos que sim, e as duas bandas foram detidas, levadas para o posto policial do parque e divididas em duas salas. Dizíamos que deveria ser a maior operação policial na história da cidade desde que Getúlio Vargas passou de comitiva por ali em direção a Paracatu. O único menor de idade era eu. Tem coisas que só acontecem comigo.

A Legião foi levada para um lado, a Plebe, para o outro. Acho que Lula e Pedro foram juntos, mas imediatamente dissemos que eles não faziam parte de nenhuma das bandas. Fomos colocados dentro de uma sala pequena, com algumas cadeiras e uma mesa de escritório. De repente, o mesmo policial da praça entrou com um leve sorriso na cara. Lembrei das botas e imediatamente imaginei como ia doer levar um chute delas na barriga.

Perguntaram sobre a letra que dizia "PMs armados vomitavam alguma coisa urbana" ("Música Urbana 2", gravada pela Legião no disco *Dois*). Sob o governo militar de Figueiredo, juntar "PM armado" e "vômito" na mesma frase não era uma boa ideia. Mas não falamos que a música não era nossa, afinal, estávamos todos no mesmo barco, que parecia estar afundando. Além disso, nossas letras, especialmente a de 'Voto em Branco", não ajudavam.

Várias vezes nos perguntaram se estávamos de carro, mesmo depois de respondermos que não, perguntavam outra vez. Pediram os nossos documentos e viram que todos eram de Brasília. Não apenas comecei a achar que passaria a noite na cadeia, mas que tomaríamos muita porrada. Eu olhava para o chão e via aquelas botas, imaginando quantas costelas seriam quebradas.

Os policiais estranharam, e muito, o fato de eu não ter uma identidade brasileira, pois o passaporte norte-americano era meu único documento. O que um americano estava fazendo ali? Respondi que, quando eu viajava, André era o meu responsável maior de idade. Eu tinha apenas 15 anos e a cada minuto ficava mais preocupado, pois eles estavam muito desconfiados e o clima, cada vez mais pesado. Um ou dois policiais entravam e saíam da salinha onde estávamos detidos, falando entre si. Mais uma vez perguntaram se estávamos de carro. De repente, o policial da praça se levantou e pensei, é agora. Mas ele abriu a porta e nos deixou ir embora, dizendo que teríamos que ir direto para a praça e pegar o primeiro ônibus para Brasília.

No ônibus em direção ao Planalto Central, Renato começou a contar umas histórias que só ele conseguia narrar. Todos estavam relaxando, mas, quando me agachei para tirar as botas, pois meus pés estavam me matando, ninguém deixou. Depois das histórias do Renato, dormi no fundo do ônibus, no chão, e na calada da noite tirei as botas sem que ninguém percebesse.

Ao chegar na Rodoferroviária, já de manhãzinha, o monóxido de carbono no subsolo estava dissipado pelo pouco movimento da manhã. Todas as guitarras já estavam fora do bagageiro, e as de capa dura deitadas uma em cima da outra, mas *todas* em cima da minha, protegida apenas com a capinha de nylon do violão. Maldito vendedor que roubou meu *case* da Gibson! Mas a analogia era clara, um senso de impotência e esmagamento pairava no ar depois que nos demos conta do quão severo aquele episódio poderia ter sido.

Voltei para casa com André, de ônibus, descemos na mesma parada e nos despedimos na mesma esquina que, no ano anterior, formamos a Plebe. Seria o último perrengue com a polícia? Certamente não. Na verdade, só sacramentaria o longo caminho que o rock de Brasília percorreria pelo vale da abertura democrática, ainda por vir.

A história da *prisão* correu Brasília e nos tornou ainda mais notórios, com shows cada vez mais cheios. Quando cheguei na escola segunda-feira, com livros em vez de uma guitarra, a professora de literatura inglesa perguntou como foi meu final de semana. Com um leve sorriso respondi: "Normal".

"O prêmio de melhor filme experimental de super-8 vai para... *(rufada de caixa) Ascensão e Queda de Quatro Rudes Plebeus!"*, anunciou o mestre de cerimônia do Segundo Festival de Cinema do CEUB. O Centro Unificado de Ensino de Brasília era uma faculdade particular, alternativa à UNB. Ao subir no palco para receber o prêmio, Gutje se sentiu vingado, pois, quando ligava para o resto da banda nas manhãs de sábado, nunca queríamos acordar para filmar o que seria seu *Cidadão Kane*. Em troca do patrocínio de uma loja de filmes num show no Rock na Ciclovia no Lago Norte, ele recebeu um punhado de filme super-8 e começou a filmar o média-metragem sobre a Plebe, que na abertura mostra cada integrante se apresentando individualmente. Só assim mesmo com personalidades tão díspares.

Ameba se apresentou como um cadáver sendo empurrado nas escadarias laterais da Catedral por Helena, a namorada do Gutje, vestida com um casaco de pele de onça, tendo um *Organizações P.R. Apresenta* pichado na parede; André, com uma longa capa preta e os olhos pintados nas ruínas de um prédio embargado no Setor de Rádio e TV Sul (SRTVS), cheio de concreto rachado numa cidade com apenas 20 anos de idade. Quando ele abre o casaco, aparece, embora com imagem muito granulada, um A com um círculo em volta, com "Enforquem o Fábio Junior" escrito em cima; Gutje aparecia saindo de um teatro (na verdade, a Escola de Música de Brasília), dando autógrafos como se fosse um rock star e entrando num carro; eu resolvi me vestir com um lenço no pescoço e boina francesa, dançando balé no meio de um estacionamento, também da Escola de Música, como um coreógrafo com mais verve do que dom – e no final dos meus passos aparece um cartaz escrito "Filsky", um dos meus inúmeros apelidos. Ainda saio dando uns saltinhos e acabo por abraçar um poste.

Mistura de Nouvelle Vague com *Bad*, de Warhol, e *Pink Flamingos*, de John Waters, o filme tinha um amadorismo incrustado no grão esparso da película de baixa resolução que lhe concedia um charme temporal. Além de uma trama ficcional que mostrava a trajetória de uma banda em ascensão em Brasília, o curta mesclava cenas de shows dos primórdios da Plebe, no Rock na Ciclovia, e uma apresentação noturna no Centro Olímpico da UNB em que deixamos de registrar um momento histórico porque não tivemos filme suficiente; o outro *headliner* da noite era o Aborto Elétrico, e aquele foi seu show derradeiro.

Ascensão e Queda de Quatro Rudes Plebeus também tem uma cena na entrada do Papos e Panquecas em que Gutje e Helena cantam "Consumo". Músicas como "Voz do Brasil" e "Há Pessoas" são espalhadas pela trilha, e o procurador de talentos Manfredo, interpretado pelo jovem Renato Manfredini, chega na minha casa durante um ensaio da banda. Essa cena começa com Ricky chegando no meu quarto de pijama e segurando um tubarão de pelúcia. Ele levanta os braços e boceja exageradamente, não muito diferente dos filmes mudos de Buster Keaton e Charles Chaplin, se enfia debaixo do cobertor e dorme. Logo em seguida, os quatro entram para ensaiar, agora maquiados numa mistura de tribo neozelandesa new wave com um sub Secos e Molhados. Começamos a tocar e pular em cima da cama sem saber que tinha alguém ali. Essa cena quase quebrou a perna do meu irmão quando André caiu em cima dele, mas Ricky incrivelmente conseguiu não *sair* do personagem. Mesmo gritando internamente de dor, ele se levantou da cama, deu bronca em todos e saiu do quarto dando uma banana. Tudo pela sétima arte, mesmo que fosse de quinta categoria.

O próximo take se passa fora da minha casa no Lago Norte, com a chegada de um homem de terno segurando uma pasta. Logo em seguida, a banda ouve alguém na porta. Era o Renato, batendo como se num filme em câmera lenta, mais uma vez com gestos caricaturais do cinema mudo. Ele entra e se apresenta com um cartão de visita enorme escrito Manfredo – Procurador de Talentos e nos apresenta um contrato em que nos *passa a perna*, escrito porcamente à mão: 90% empresário, 10% banda. Nós rasgamos o contrato e apresentamos um novo, invertendo o percentual. Ele lê espantado e, com raiva, olha para cima, ajeita os óculos, semicerra o olhos desconfiadamente e assina ali mesmo. Todos apertamos as mãos cordialmente, meio que atrapalhados pelo excesso de formalidade, e beijo a mão dele. Nada demais nesse gesto, pois nunca dependeríamos do Renato para nossa carreira ou repertório. Eu simplesmente achei que ficaria engraçado no filme. Então, conforme o roteiro, resolvemos tocar para o nosso novo empresário.

Essa parte nos pegou de surpresa. Renato observa com atenção a banda toda maquiada, com um caderninho e caneta na mão para eventuais observações. Mas o que surpreendeu a gente foi a intensidade com que ele seguiu o roteiro, algo como *empresário fica louco ao ouvir a banda*. Renato treme o caderninho e a caneta, meio que espantado ao se ver perdendo o controle, e cai contra a parede, deslizando até o chão. Continuamos a ensaiar, enquanto ele se debate deitado e se enrosca com um tapete. Numa panorâmica casual da câmera pelo meu quarto, com a banda tocando e um jovem Ameba cantando sem microfone, dá para ver no canto Renato tentando se levantar e subindo pela parede. Não consegue e cai de novo, completamente tomado pelo som. No término do ensaio, Renato se levanta, ajeita o terno e os óculos, olha o pulso com vários relógios do meu pai no antebraço, dá um sorriso leve – na verdade tentando segurar o riso – e sai do quarto. Conseguimos um empresário!

Resolvemos comemorar com um suntuoso banquete e colocamos numa bandeja de prata, no meio da mesa ao ar livre, uma máscara de horror com ketchup saindo pelos olhos. André grita: "Cabeça de Lemos!". Depois do banquete, a câmera abre com a banda devidamente saciada, a mesa desarrumada, e Gutje lambendo um crânio. Corta.

Na sala da minha casa, André entra de terno, vestido como um lorde inglês (ou seria um kaiser alemão?), com a lapela para cima e um boné estilo aristocrata, e nos mostra um jornal: "Plebe Rude vende um milhão de cópias". A banda, embriagada pelo sucesso e álcool, adormece no sofá e é roubada por um ladrão vivido pelo Bernardo – levam até minha Les Paul Custom, que já havia chegado. Os membros da banda acordam sem nada e acabam trabalhando como garis no Eixão da Asa Sul.

Convidamos o Renato para gravar a narração do filme; colocamos no projetor super-8, na parede branca da sala de ensaio que passamos a dividir no Brasília Radio Center, um prédio no Setor de Rádio e TV Norte, com a recém-nascida Legião e o igualmente novo XXX, banda do Bernardo com o Geraldo (ex-Blitx 64).

Apagamos a luz e, enquanto tocamos, Renato ficou ao lado do gravador estéreo Polyvox do André, falando bem próximo ao microfone. Com a zoeira no estúdio, só ouvimos o que ele disse depois de gravado. Ficou fantástico para uma gravação *no pau,* e até o equilíbrio entre a narração e o instrumental mais distante ficou bom. Terá sido um equilíbrio distante? Tocamos os petardos da Plebe em real-time; quando Renato apareceu no estúdio, vestido de empresário, fizemos uma interpretação suave para uma versão punk-bossa de "Garota de Ipanema" – em que ficamos repetindo "Manfredo" como um mantra.

Meses depois, no Festival de Cinema do CEUB, o filme fez sua estreia mundial. Mas na hora de rodar, Gutje colocou numa velocidade diferente da que o áudio foi gravado. Ficou tudo fora de sincronia, e ele desesperadamente tinha que parar a fita e avançá-la de tempos em tempos, numa precariedade que até fazia sentido pelas imagens toscas, mas que prejudicou o seu impacto. Mesmo assim, *Ascensão e Queda de Quatro Rudes Plebeus* ganhou o prêmio de melhor filme experimental. Vai entender?

Exatos 18 anos depois, o filme foi exibido pela segunda vez em público para um Canecão lotado na volta da banda, em 2000, e um crítico do *Jornal do Brasil* conseguiu sintetizar exatamente o que os demais integrantes da banda achavam da obra da Gutje, mas nunca conseguiram colocar em palavras: fazia o Ed Wood parecer Scorsese.

Pouco antes da Copa de 1982, os iugoslavos foram embora, levando consigo o disco *Hersham Boys*, do Sham 69, do Renato. Puto com o sumiço do LP importado, ele compôs a música "Os Iugoslavos Roubaram Meu Disco do Sham 69!", que sempre cantava para mim, pois eu era a pessoa mais próxima dos *iogurtes* – ainda lembro a harmonia e a melodia... Espera aí, quantas pessoas você conhece que sabem de uma música inédita do Renato? Acho que terei que consultar meus advogados.

Muitas vezes Renato tocava essa canção quando era visitado pela *Tchurma* no apartamento dos pais, na Super Quadra Sul, a SQS 303. Seu quarto era mesmo tudo o que se romantizou a respeito, com livros e discos por todo lado. O que eu mais gostava era a colagem de fotos que ocupava uma parede inteira. Parte do meu visual da época veio da foto de um punk elegantemente agressivo daquela parede, que posava resoluto num cartaz ali perdido entre fotos de astros de rock, celebridades, atrizes francesas e cartazes de cinema, vestindo casaco de couro, coturnos e um macacão todo xadrez, vermelho com listras pretas de várias espessuras diferentes – aquele tipo de tecido escocês tão comum nos kilts. Passaria a ser minha marca registrada ter o tecido saindo da bota e subindo pela perna direita, como pode ser visto discretamente na capa do disco *O Concreto Já Rachou.*

Ninguém ia na casa do Renato para debater Nietzsche ou Godard. Bebíamos vinho, batíamos papo, tocávamos violão e nos juntávamos impressionados com o grande, e praticamente pioneiro, micro-ondas de aço escovado que havia na cozinha. André particularmente gostava de ver ovos explodindo naquela máquina estranha, da qual mantínhamos uma distância saudável. Sabe-se lá que tipo de radiação emanava dela. Renato era sempre um anfitrião muito amável, um amigo que parecia ter nascido pra ser parte daquele nicho de pessoas. Sua casa era um ponto de encontro da *Tchurma*, seu quarto, um refúgio para escaparmos da mesmice de Brasília.

Uma vez levei meu disco recém-chegado do The Scars para escutarmos, mais um do catálogo da Small Wonder escolhido pela capa e pelo *hype*. Escoceses de Edimburgo, eles tinham um visual *new romantic* bastante empobrecido: a foto colorida da contracapa entregava a precariedade dos adornos nas roupas. Mas o som era fantástico, e foi da faixa "Your Attention Please" que Renato tirou o discurso distópico que volta e meia passou a recitar em alguns shows anos mais tarde. Eu gostava muito do guitarrista Paul Research, mas The Scars não durou muito tempo. *Author Author,* seu único disco, entrou no top 100 de bandas de rock da Escócia – mas, pensando bem, quantas bandas de rock tem na Escócia?

Membros da *Tchurma* frequentavam outro apartamento na 213 Sul, aonde eu só fui uma vez. Era a casa dos filhos de diplomatas com futuros membros de Legião e Capital, e mais o irmão do Bi Ribeiro, o Pedro. Além do cheiro da *alface do diabo* pelo apartamento todo, tinha a caspa do diabo também! Quem sabe no futuro um *ghost-writer* escreva sobre o antro onde rolava de tudo, inclusive a gravação da demo do Renato de voz e violão para a EMI, feita pelo Pedro.

Certa vez, quando os pais do André não estavam em Brasília, ele aproveitou para dar uma festa na casa dele. Para sacanear, disse para os *figurantes* que só entraria quem usasse um chapéu. Morremos de rir enquanto cada convidado chegava, um de chapéu-panamá, outro de capacete de futebol americano. Festas que tocassem as nossas músicas e nas quais não teríamos que entrar de penetra eram sempre bem-vindas. Quando os pais do André chegaram, alguns dias depois, não repararam nada de muito diferente, mas desconfiaram ao perceber que a garagem estava tinindo de tão limpa. Quando descobriram, André penou pra conseguir explicar a pegada de bota na parede a dois metros de altura.

Mas nós da *Tchurma* éramos mesmo os eternos penetras, e não só de festas, a ponto de presenciarmos uma história clássica no Itamarati graças aos *figurantes*, que conseguiram nos *colocar pra dentro*. O burburinho em torno do filme *E.T.* chegou a Brasília, e conseguimos entrar na exibição privada feita na sala de cinema do Itamarati semanas antes da estreia no Brasil. Caramba, seríamos os primeiros no país a ver o filme campeão de bilheteria nos Estados Unidos!

Quando o musical *Annie* começou a ser exibido, pensamos que fosse um trailer, mas depois de 10 minutos todos perceberam que um rolo de filme errado fora enviado para o Itamarati. Será que teríamos que esperar para assistir a *E.T.* no cinema, semanas ou meses depois, como estávamos acostumados em Brasília, junto com o *resto da ralé?* – era assim que os diplomatas mais esnobes se referiam à população brasileira.

No dia seguinte retornamos ao Itamarati, novamente entramos de penetra e dessa vez vimos o filme! Depois da exibição, ao atravessarmos a Esplanada dos Ministérios para pegarmos um ônibus noturno, tendo o Congresso iluminado como testemunha, Renato, maravilhado, destacava a inocência retratada na obra de Spielberg. *E.T.*, realmente, tocou a todos. O relógio estava batendo, e ninguém ali estava ficando mais jovem. Será que a inocência do rock de Brasília tinha seus dias contados?

“Se lembra dos amigos que perdeu? Se lembra dos sonhos que vendeu?/ Se lembra quando era só você e eu? São momentos que não vão voltar.”
— “Se Lembra”, Plebe Rude

As pessoas romantizam muito sobre essa época em Brasília, e muitas vezes imaginam a *Tchurma* num acampamento em volta do fogo, cantando músicas que virariam sucesso nacional nos anos seguintes. Até tinha esse nível de confraternização, e a música servia de liga, mas não era bem assim. Eu só ia para passar o dia nos acampamentos, em cachoeiras locais a poucas horas de distância, como Itiquira, Tororó, Poço Azul e Mumunhas. A beleza desses oásis literais no meio do cerrado era deslumbrante, ainda mais com as *punkecas* todas de biquíni. Outro motivo para eu ir embora quando começava a escurecer é que os *figurantes* sempre ficavam para a noite...

Como droga é uma coisa de sintonia, eu ia embora no final de tarde, antes que todos entrassem em outra onda. Não estou sendo moralista aqui, eu simplesmente não curtia. Alguns cheiravam cola, outros, benzina, outros tomavam ácido e, é claro, rolava muita, mas *muita* maconha. Eu só escutava na semana seguinte as histórias, de quem se perdeu no meio do mato, quem ficou alucinado e quem viu discos voadores. Ah, e dos duendes que o Renato via, é claro. Fora isso, esses passeios eram mágicos, e a coisa que eu mais gostava de fazer era juntar membros da *Tchurma,* colocar um tênis velho e descer o córrego por entre as pedras, pulando de cachoeira em cachoeira, como eu fazia no Rock Creek Park em Washington quando criança – mas sempre com cuidado, pois *Feliz Ano Velho*, do Marcelo Rubens Paiva, tinha sido recém-publicado, e ninguém queria dar uma de Tio Patinhas.

Foi num desses acampamentos que o Pedro Ribeiro, irmão do Bi, dos Paralamas, foi fotografado sem camisa, como um nativo, segurando o que parece ser uma lança na frente de uma barraca. A foto foi eternizada na capa do disco *Selvagem*, dos Paralamas, lançado anos mais tarde. Agora, visualmente, você me entende? Não tinha jeito, eu não me entrosava mesmo. Como falei anteriormente, droga é uma coisa de sintonia...

Algumas das fotos mais conhecidas das bandas da *Tchurma* são dessa época. Uma de nossas viagens foi até Lagoa Formosa, a 60 quilômetros de Brasília, para um festival de windsurf com muitos shows de rock. O Zero, de São Paulo, fez uma de suas primeiras apresentações lá, e seu vocalista, Guilherme Isnard, passaria a ser um elo importante para as bandas de São Paulo e Brasília. Todo o nosso equipamento estava no palco, meu Fender Super Six Reverb e amplificador Duovox *serrado ao meio,* a caixa Duovox 100B do Renato (com o AE de outrora pintado por cima de preto) e a bateria Gope branca do Gutje. Imagina se o Fê deixaria sua Premier torrar no sol? O som e a postura eram punk, mas o visual, no sol escaldante, era de um bando de adolescentes normais de short e de tênis.

Em retrospecto, é incrível a ressonância nacional que sairia daquele pessoal. Sem saber o que a vida lhes aguardava, todos ajudavam uns aos outros, tocando, carregando equipamento, fotografando ou simplesmente prestigiando. Foi um dos momentos mais felizes da vida de muitos, e tenho certeza que a do Renato também. Na época ele datilografou, daquele jeito obcecado, sobre a *Tchurma*: “Esqueçam os rótulos. Só não se esqueçam que amizade ainda é muito importante e que tribos são o único meio de sobreviver individualmente sem se perder no meio de tanta informação, tanta moda e tantas mentiras. Essa é a nossa tribo. E a sua?".

"Será que faz sol, será que chove? /
Pergunte ao Manfredo, seu problema ele resolve"
– "Manfredo", Plebe Rude

Numa festa na casa do Alessandro, o Itália, baterista do recém-fundado XXX e filho de um adido da embaixada italiana, Renato sugeriu que deveríamos ter duas *backing vocals*. Objeção, meritíssimo! Fui radicalmente contra. Com exceção da Siouxsie Sioux, da Siouxsie and the Banshees, e da Chrissie Hynde, dos Pretenders, eu não gostava das vozes femininas do pós-punk. Nem de Slits, Raincoats, X-Ray Spex ou Penetration. Patti Smith já era veterana, e, apesar do papel fundamental da sacerdotisa para o estabelecimento do punk como linguagem, eu não curtia os resquícios hippies no seu visual e voz.

O pós-punk tinha pegadas e timbres de voz masculinos dos mais variados, e, para mim, a estética era essa: Richard Butler, do Psychedelic Furs, e Ian McCulloch, do Echo and the Bunnymen, com seus graves ressonantes; John Lydon, já metamorfoseado de Johnny Rotten, com seu PIL, e Pete Shelley, do Buzzcocks, com suas vozes esganiçadas; Andy Partridge, do XTC, e Stuart Adamson, do The Skids, com suas melodias ricas e harmônicas. Tudo tão díspar. E tudo tão bom.

"Meninas na banda?", perguntei ao Renato: "*Tá louco?*". Mas até que fazia sentido. Eu tinha acabado de começar a namorar uma, minha primeira namorada, e o André estava de olho na outra, com quem se casaria e teria uma filha cinco anos depois. Eram a Ana e a Marta, que batizaríamos de Ana Detefon e Marta XYZ. Afinal, por que mais alguém monta uma banda de rock?

Nessa época, a *Tchurma* frequentava a entrequadra 103 Sul, o Cine Centro São Francisco, um centro comercial construído em torno de um cinema que jamais fora inaugurado, e fez casa num bar que chamávamos de Adega. Era um comércio ímpar dentro do design de Brasília e ficava no Eixinho, às margens do Eixão, via que cruzava as duas asas (Norte e Sul) de ponta a ponta. Foi lá que o Renato certamente se inspirou para escrever "Perdidos no Espaço", porque praticamente de cara para a Adega tinha um fliperama com uma máquina Space Invaders, onde muitos perdiam dinheiro de muitas maneiras. De todos os lugares a que íamos, esse foi um dos mais duradouros, até que virou *point* de playboys e nos fez peregrinarmos para outro lugar – o bar virou atração turística 38 anos depois, dentro do meu projeto Rota Brasília Capital do Rock, que mapeou 40 pontos clássicos da história do rock de Brasília, com placas sinalizando os pontos, sancionados pelo Governo do Distrito Federal.

Com “Perdidos no Espaço”, o que Renato estava tentando dizer? Talvez um turbilhão de ideias estivesse se formando na sua cabeça sobre não saber lidar com a sua sexualidade ou sobre a *Tchurma* que amava tanto estar crescendo e gradativamente perdendo a forma e o momento, pois suas bandas começariam em breve a sair de Brasília. Quem saberá? Mas quem não se sente perdido na adolescência?

Renato conseguiu sintetizar tão bem todas essas pressões na letra de “Química”, que seria o estopim da briga derradeira do Aborto. Onde alguém como o Renato se encaixaria? Ser responsável, cristão convicto, cidadão modelo, burguês padrão em Brasília, e pior, em plena ditadura? Isso, inconscientemente, mexia com todos nós, mas tínhamos mais tempo para resolver as coisas. Sendo o mais velho da *Tchurma*, isso atormentava o Renato.

Essa época do Adega também inspirou uma música jamais gravada pela Plebe, “No Bar”, uma favorita dos seguidores da época, feita sob medida para a voz aguda e nem sempre afinada das meninas. E até sobrou para o nosso amigo Manfredini: “No bar é um zoológico humano onde todo mundo é um estranho/ Cervejas descem, caipirinhas sobem, cigarros queimam e uísques somem/ Com Renato Manfredinis bebendo seus martinis”. Você tem que tirar o chapéu para o André, que conseguiu encontrar uma rima para Manfredini.

Fizemos outra pra ele, “Manfredo”, diferente da versão do filme, que nunca gravamos por motivos óbvios, a pobreza da narrativa. Mas era engraçada. Eu sei que parece maldade o tanto que pegávamos no pé dele, mas só reservávamos as melhores sacaneadas para quem mais gostávamos. Renato era nosso amigo, um cara muito afetuoso e engraçado, mas *chato* como qualquer bêbado opinando quando bebe, alvo perfeito das nossas sacanagens desde o Aborto Elétrico.

Numa festa na casa do Fê, a mesma da bitoca misericordiosa da punkeca, Renato entrou numa discussão com Geraldo, ex-Blitx 64 e então XXX. Eu tinha acabado de ouvir a tenebrosa frase “eu gosto de você como um amigo”, quando dobrei a esquina da área da churrasqueira a tempo de ver o corpo franzino do Renato rolando pela leve inclinação do gramado. Volta e meia aconteciam confrontos entre os dois, e Renato sempre estava em desvantagem física. Geraldo não era fácil; numa outra festa no Lago Norte, depois de uma das minhas sacaneadas habituais ao som de "New Year's Day", do U2, ele partiu para cima de mim. Renato interveio falando em voz alta: "Ninguém vai bater no Philippe!", e ele se acalmou. Valeu, Renato. Te devo essa.

Apesar desses percalços, a *Tchurma* era bastante unida. Os shows continuavam com a presença de todos, e tinha chegado a hora de voltar ao Food's com mais estrutura. Alugamos um PA empurrado pelos pesados amplificadores de potência A1 da Gradiente, do Toninho Maya, que então tocava no Artimanha, uma banda de jazz fusion, e partimos do Lago Norte num caminhão Mercedes Benz LP 321 que alugamos de um conhecido da minha mãe.

Ao chegarmos no Food's, o gerente da lanchonete não queria pagar o som, mesmo vendendo sanduíche a torto e a direito. Poxa, pela primeira vez nesse local agora clássico do punk de Brasília, teríamos um som decente e um palco (a caçamba do caminhão), pois até então os shows eram no chão, e agora o cara não quer pagar? Minha mãe, que tinha acompanhado o motorista do caminhão, interveio, e usou um anel de brilhante para garantir a montagem do som. Anel de brilhante? Certamente nada punk, mas ao menos assegurou a realização do show.

Só uma das plebetes estava presente, pois Ana XYZ estava viajando. A agenda das meninas estava começando a não bater com a nossa, então fizemos o show com a Marta Detefon. A reação da plateia não poderia ter sido melhor. Mas não foi o impacto da performance nem a contundência das letras, que finalmente puderam ser compreendidas, que agradou o pessoal. Foi porque tinha uma menina no palco. Será que só assim alcançaríamos o grande público? Não lembro como foi o desfecho do pagamento do som, mas sei que minha mãe voltou para casa com o anel. E que esse show, em 30 anos, viraria cena de cinema.

O *Fantástico* anunciou. Jovens do país inteiro pararam para ver um videoclipe saudado como revolucionário, que nada mais era do que um passeio de barco com os integrantes galãs do Duran Duran lançando o disco *Rio*. O mundo da música estava mudando. A forma superou o conteúdo, e nós passaríamos a ver nossos heróis além das fotos, às vezes mínimas, às vezes inexistentes, das contracapas e encartes dos discos. Naquele mesmo ano, Michael Jackson estreou o vídeo de "Beat It", e as pessoas passaram a perguntar: "Você *viu* aquela música nova?".

Volta e meia o *Fantástico* exibia algum sucesso da new wave ou do pós--punk inglês e, quando mostrou "Stand and Deliver", o clipe do dândi/pirata Adam and the Ants, corri para o outro quarto, onde ficava o telefone, para avisar os amigos. "Rápido, Adam and the Ants está no *Fantástico*!!" Para mim não era somente o pós-punk quebrando a barreira da mídia no Brasil, era punk para as massas! Milhões de brasileiros seriam apresentados a essa forma revolucionária de expre... Pera aí... Voltei correndo para a TV, mas o clipe já tinha terminado. Com os videocassetes ainda *na infância*, eu só veria esse clipe inteiro 20 anos depois.

Programas de videoclipe começaram a surgir, e num deles, entre um show ao vivo do Genesis e um solo de bateria de John Bonham, foi anunciado para a semana seguinte o clipe de "London Calling", do The Clash. Meu Deus, pensei, finalmente vou ver o Clash em ação! Mas naquele mesmo dia eu teria que ajudar minha mãe na Festa dos Estados, evento anual no Parque da Cidade, na barraca do Pará, em que ela era a presidente. *Mas mãe, você não entende?* Eu também só veria aquele clipe 20 anos mais tarde. Pelo menos conheci Fafá de Belém, que se apresentou num evento promovido pela barraca do Pará, pois demos carona para ela até o aeroporto. Simpaticíssima, com um sorriso enorme, realmente era uma visão deslumbrante para um adolescente. Quem diria que, mais de 35 anos depois, Fafá incluiria "Até Quando", da Plebe, em vários shows de uma temporada em que interpretava rock nacional, no momento em que dava seu discurso mais incisivo. Tem coisas que só acontecem comigo.

Ter ficado tanto tempo sem saber a cara dos sujeitos das bandas que gostávamos não era necessariamente ruim. Esse distanciamento involuntário da imagem foi fundamental para a consolidação do punk em Brasília. Com acesso a uma foto aqui e acolá no encarte e uma rara foto de capa, o que tínhamos mesmo eram as letras. Por isso elas seriam *tão* importantes e impactantes para o rock de Brasília. Cheguei a escrever com uma caneta grossa impermeável todas as letras do *London Calling* numa camiseta branca que eu usava orgulhoso pela escola, ainda mais quando alguma menina parava para ler; eu não estava apenas estimulando os hormônios de adolescente, estava conscientizando.

Ao acabar a 11ª série (2º ano do ensino médio), o ritual dos irmãos Seabra de voltar aos Estados Unidos estava me assombrando. Como eu era o único dos irmãos com uma vida fora da escola e mais contato com brasileiros, não conseguia me imaginar vivendo nos *States*. Não é que vislumbrasse uma carreira na música, longe disso, mas com a *Tchurma* finquei minhas raízes em

Brasília e era tão apaixonado por ela quanto o Renato. Quer dizer, quase... Ninguém amava mais a *Tchurma* do que o Renato.

"Clock in my head, clock on the wall /
And the two of them don't agree at all... Friday is heaven"
– "Day In, Day Out", XTC

Quando chegava sexta-feira, eu me despedia dos amigos da escola e mergulhava na minha outra vida. Nos encontrávamos no bar do momento, do *nosso* momento – até a chegada dos playboys, é claro –, para beber, bater papo e bolar a logística da invasão da próxima festa, como seria e quem iria de carona com quem. Era o modus operandi. Mas nessas invasões não estávamos fazendo nada de novo. Como se fosse numa cena de libertação do filme *Quadrophenia,* do The Who, que narra a vida de um mod em crise existencial, invadíamos festas caretas de Brasília e tomávamos o som de assalto, colocando punk no som assim como os mods punham "My Generation", assegurando o pandemônio coletivo e o quórum na pista. Ninguém ousava tirar o som dos penetras – era como Renato narrava em "Faroeste Caboclo": "Ia pra festa de rock para se libertar".

No fim dessas festas, sempre sobrava para mim, que, apesar de menor de idade, ia com o Opala Branco da família (de quatro portas, primeiro modelo a álcool, que dava problema toda hora). Meus pais liberavam o carro desde que um maior de idade, como o André ou o Bernardo, estivesse ao volante, coisa que nem sempre acontecia – eu sei, eu sei, mas já prescreveu, então, paciência! Para voltar ao Lago Norte, dependendo de onde você estivesse no Lago Sul, tinha que passar por um trecho da Asa Sul e da Asa Norte inteiro, quer dizer, eu acabava dando carona para *todo* mundo.

Mas tudo tinha um preço. Como eu não era playboy, não era o *dá ou desce*, era *ou você se humilha, ou desce,* e quem entrasse no carro, do Renato aos membros da Elite Sofisticada, normalmente era obrigado a repetir algo engraçado, dependendo do meu humor na hora. Os integrantes da Elite Sofisticada eram os mais engraçados. Quando eu passava pelo Eixo Norte, a espinha dorsal da Asa Norte, eles falavam: "Para Philippe! É aqui!", mas eu não desacelerava e falava friamente: "Se quiserem que eu pare vão ter que repetir, e com voz fina: *Sou um carro de bombeiro, toda de vermelho, cheio de homens trepados em cima gritando peru, peru*". Eles cruzavam os braços em silêncio e somente quilômetros depois cediam. Ah, como eu ria!

Como eu fazia o design e cabeamento do som do meu carro, certa época resolvi colocar o balanço do estéreo na frente e atrás, ao contrário dos habituais esquerda/direita, só para sacanear. Colocava o som ensurdecedor na parte de trás do carro, enquanto na frente era baixinho. Ao passar nas proximidades das respectivas moradias, as novas vítimas da *Tchurma* pediam para parar, e, com o som a todo volume atrás, eu fingia não ouvir. Meu cúmplice era o Bernardo, e algo que adorávamos fazer era colocar "Melt the Guns", da banda XTC, no volume máximo, com o vocalista Andy Partridge repetindo: "Melt the... melt the...". Cantávamos junto, alheios ao desespero no banco traseiro.

Você está me achando o demônio, né? Mas pode ficar tranquilo que *você* também repetiria "peru, peru" se fosse de carona comigo. Era isso ou iria a pé. Duas vezes eu tive que parar sem a conivência dos meus caronas: numa o Geová, guitarrista do XXX, abriu a porta e ameaçou jogar-se do carro em movimento; na outra foi o Negrete, mais conhecido como Renato Rocha. Lembra do tamanho do braço dele?

Divertidas mesmo eram as festas na casa Seabra. Ali sim, estávamos literalmente em casa, sem nos preocuparmos em pular cerca ou driblar os raros seguranças da época. Brasília no começo da década de 1980 estava longe de ser a grande metrópole que é hoje, então os donos das casas nunca pensavam em colocar seguranças nas portas, deixando a vida dos membros da *Tchurma* bem mais fácil. Nas primeiras festas pós-festas caretas da Escola Americana, quando comecei a andar com a *Tchurma,* e éramos em maioria, muitos iam para lá à tarde ajudar nos preparos. Na verdade era mais pra tirar a mobília do lugar do que qualquer outra coisa. Os quadros também eram removidos das paredes por precaução, mas o crucifixo do século 19 minha mãe não deixava. "Que diabo de festa é essa que nem Jesus Cristo pode estar presente?"

A princípio iríamos realizar essas festas na garagem justamente para não bagunçar a casa, mas minha mãe não queria que nenhum pai ou mãe buscasse seus filhos numa festa em uma garagem horrorosa. Buscar seus filhos? Uh... não é bem tipo de festa em que os pais deixam os filhos na porta... Eu estava crescendo e acho que meus pais nem perceberam, com exceção das roupas rasgadas e daquele som estranho que eu ouvia bem alto, trancado no escritório, onde também ficava o som. The Cure, Depeche Mode, XTC, The Scars, The Clash... O caçula da família estava despertando para a vida.

Quando a noite chegava e a festa começava, grupos ingleses tão variados quanto Eddie and the Hotrods e The Specials, Wire e The Skids, tocavam a todo volume enquanto membros da *Tchurma* apareciam. André saía a pé de sua casa, a cinco minutos de distância, com alguns discos na mão. Renato sempre comparecia; certa noite estava muito bêbado, desagradável mesmo, daquele jeito só dele, sempre disposto a bater papo com quem fosse. Assim, cheguei nele e pedi um gole de sua cerveja. Ele me passou a lata, e a esvaziei lentamente na frente dele antes de devolver dizendo: "Valeu cara", batendo levemente nas suas costas. Fui embora, e ele ficou atônito, olhando em silêncio para a lata vazia na mão.

Num show no Sesc 913, pedi um cigarro pro Renato. Desconfiado, ele o acendeu num reflexo e deu para mim, mas logo se deu conta de uma coisa: "Philippe Seabra, você não fuma". "Eu sei", disse, antes de soltar uma baforada de fumaça no rosto dele, jogar o cigarro no chão e pisar em cima. Também tem a brincadeira da fase Trovador Solitário, em que jogávamos moedas no palco pedindo: "Toca Cauby!".

"Que atrocidade", você deve estar pensando. Ah, mas como nos divertíamos. E sério, se *você* visse como o Renato era chaaaaaaato quando bebia, iria querer fazer o mesmo. Vai ver era por *essas* sacanagens que ele amava tanto a Plebe, ninguém ficava puxando o seu saco, como um chihuahua latindo aos seus pés... Nós éramos iguais a ele na paixão pelo punk e pós-punk e, como ele, éramos os únicos da *Tchurma* com ferramentas para expressar isso nas letras.

Teve uma noite em que foi tudo diferente. No gramado em frente à porta da sala de estar da minha casa, onde rolava a festa, ele tomou coragem para se vingar de todas as sacanagens que eu fazia com ele e deu uma baforada de fumaça na *minha* cara. Logo eu? Que petulância! O que fiz para merec... Ah, OK. Ao contrário do Renato, eu não ligava. Estava acostumado a ser sacaneado a toda hora. Era uma via de mão dupla.

Uma vez o André se juntou a nós na frente da porta da casa onde a *Tchurma* dançava no meio da sala ao som do The Cure. Eu tinha apelidado ele de André 9 Volts – o que tenta chocar, mas não consegue. Quer ver? Pega uma pilha de 9 volts e encosta no seu braço para ver se dá choque... André, fazendo jus ao apelido, deve ter falado mal de alguma banda preferida do Renato ou algo parecido. Sabe um choque de 9v? Renato cruzou os braços e disse: "André Mueller, não estou impressionado".

André carregava vários discos, pois em breve assumiria o som, inclusive a primeira edição de *Metal Box*, do PIL, que vinha numa capa redonda de metal – uma tiragem limitada e rara do álbum triplo –, e jogou a capa de metal no chão. Renato olhou para baixo sem esboçar reação e lentamente levantou o rosto: "André Mueller, continuo não impressionado". Quando André começou a pisar em cima da capa, Renato arregalou os olhos: "Para! Para! Estou impressionado! Estou impressionado!". Depois André conseguiu outra cópia dessa edição limitada com os iugoslavos.

Minhas sacanagens não eram só com o Renato, longe disso, e um dia haveria retorno. Na festa do chapéu na casa do André, dei uma sacudida em um francês que andava conosco e acidentalmente fiz cair sua bebida. Levei um soco. Todos da *Tchurma* se agruparam em volta dele e pensei: "Mexeu com um, mexeu com todos". Mal sabia eu que todos estavam em fila agradecendo o francês, dizendo: "Caramba, finalmente alguém teve coragem de fazer isso". Reconheço, eu era uma peste.

A cena do Renato levando a mão na orelha e rolando ladeira abaixo na casa do Fê foi o máximo de violência que vi convivendo com a *Tchurma*. O punk de Brasília era benigno. Porém, com o passar do tempo e a *Tchurma* aumentando de tamanho, os confrontos com os playboys se agravariam. Também pudera. Suas roupas, suas músicas, seus carros do ano... Quem era aquela gente? Com o mundo inteiro nas mãos, era o melhor que eles podiam fazer? Ser playboy? A mesmice, o status quo, as correntinhas de ouro, o sapato de bico fino...

Tínhamos a mesma idade, morávamos na mesma cidade. Nos sábados de manhã eu também lavava o carro no gramado lá de casa com festas e garotas na minha mente, não muito diferente deles. Os hormônios também estavam em ebulição. E eu fazia isso com o som a todo volume, como eles. Mas as semelhanças acabavam aí. Não era só a música no toca-fitas que era diferente. Era a atitude perante a vida. Não tínhamos absolutamente *nada* em comum... E os confrontos começariam a se tornar mais violentos.

Recentemente ouvi um MP3 com uma entrevista que o Renato deu na década de 1990 e que eu nunca tinha ouvido. Somente 30 anos depois eu descobriria que a letra de "A Dança" tinha sido inspirada em mim, nas palavras do próprio Renato. Será que ouvi direito? Tenho direito a coautoria da música retroativamente? Terei que consultar meu advogado.

Calma, não sou o sujeito que o Renato trucida na letra. Muito pelo contrário. A música foi inspirada numa situação em que fui o protagonista involuntário a partir de um confronto no Gilbertinho, hoje Praça Renato Russo. Não fosse a intervenção dos meus amigos, talvez o local se chamasse Praça Philippe Seabra, pelo menos para os fãs da Plebe, pois seria equivalente à calçada em frente ao edifício Dakota para os fãs dos Beatles.

Era fim de noite, os bares estavam fechando as portas, mas, como a festa nunca terminava para nós, estávamos congregados em volta do meu Opala, com o porta-malas aberto, ouvindo em alto volume e com máxima qualidade a música que saía dos quatro alto-falantes triaxiais, empurrados por um amplificador de 40 watts – inúmeras festas tiveram o Opalão branco como epicentro, como aquela em que a demo de "Minha Renda" foi mostrada em público pela primeira vez, na QI 19 do Lago Sul, à beira de um córrego.

Do nada, como se surgissem do chão, os playboys apareceram, nos cercaram e perguntaram por um tal de Philippe. O pessoal da *Tchurma* achou melhor eu desaparecer, e me escondi no Opala, onde ficam os pés do passageiro da frente. Ainda bem que era espaçoso...

Poucas horas antes de eu ter que me esconder no Opala, meu amigo chileno Andrés tinha escolhido um playboy aleatoriamente e puxado papo como se fossem grandes amigos – numa atitude *bem Philippe Malvinas,* que volta e meia conversava com algum desconhecido perguntando como iam a esposa e a família, inventando nomes e anedotas, pra fazer paródia com a sociedade e a vida adulta. Só que Andrés escolheu o alvo errado. O playboy era relacionado ao Jarrão.

Jarrão? Eu não estava no dia em que a *Tchurma* invadiu uma festa em que, reza a lenda, alguém foi empurrado para dentro da piscina e levou pontos por causa de um vidro quebrado na água. Reza outra lenda que ele era amigo de um cara gigante chamado Jarrão. Será que eles achavam que eu tinha jogado o cara na piscina?

Embora eu merecesse o apelido de Philippe Malvinas, daquela vez eu era inocente. Eu estava em férias com meus pais em Guarapari, no Espírito Santo, quando aconteceu o incidente da piscina – peraí, férias com os pais? Que punk é esse? E pior, em Guarapari? Por outro lado, eu já era um cara visado. Teve um episódio em que um Fusca bege rebaixado, como todo carro de playboy, subiu lentamente na calçada para estacionar no Gilbertinho e quase me atropelou. Eu não achava correto, ainda mais um playboy, subir na calçada, e reclamei: "Pô, tem gente andando aqui!". Quando fui peitar seja quem fosse sair do carro, veio um cara gigante já partindo pra cima de mim. Sorte que o Pedro Hiena, faixa preta de judô, que conhecia o cara, pulou na minha frente: "Não vai bater no meu amigo não, porra!".

Enquanto eu estava escondido no carro, consegui ouvir o que os playboys queriam.

Jarrão: "Cadê o Philippe?".

Loro Jones: "Aqui todo mundo é Philippe".

Jarrão: "Então vamos fazendo fila aí que vai apanhar todo mundo!".

Jarrão pediu para o rapaz identificar quem tinha mexido com ele, achando que tinha sido eu. Cheguei até a sentir um certo orgulho por meus trejeitos estarem rendendo frutos, mesmo que terceirizados e mesmo que letais. O rapaz escolheu o Andrés do meio da pequena multidão punk, e Jarrão chamou pra briga.

Andrés falou: "Não sou o Philippe não, pode até olhar no meu documento".

Não olharam, mas o rapaz ficou na dúvida. Foi aí que Renato tentou entrar no meio, aproveitando o momento para elucidar a todos: "Não vamos bater no Philippe, vamos bater no sistema"...

No Opala eu pus a mão no rosto, abaixei a cabeça e pensei: "Cala a boca, cara!". Foi aí que ouvi o Jarrão falar: "Então teu nome é sistema". Eventualmente a tensão se dissipou, mas para mim foi a perda da inocência. Por algumas semanas eu andei assustado pela rua, achando que os playboys estavam vasculhando a cidade à minha procura, como se fosse no filme *Warriors*, olha que bobagem....

Mas nós fazíamos por merecer. Sacaneávamos demais os playboys; se eu fosse playboy, iria querer dar porrada também. O contraste era brutal, eles tinham suas festas, cultura (ou falta de), roupas, sapatos de bico fino, carros, equalizadores Tojo, andavam em bando, e só em bando de macho. Nós tínhamos as *punkecas* lindas em volta e, ao contrário de "A Dança", nós as tratávamos com o maior respeito e vínhamos com uma tremenda trilha sonora, além das bandas, claro.

Quando os playboys faziam *pegas* de carro, passávamos longe. Mas um dia eu resolvi dar uma lição neles. Foi no Lago Sul, em frente à rede de lanchonete genuinamente brasiliense Giraffas. Entrei com meu Opala na fila do racha, cheio de punks e várias *punkecas*, é claro, com o carro quase arrastando no chão, e enfileirei com o carro oposto, um Gol GT tão popular entre os *boyzinhos* na época. Toda multidão se juntou para ver o que seria a *corrida do século*.

Abri as janelas e coloquei o som bem alto; quem sabe eu os educava, enquanto mostrava o quão miserável era a sua existência. Com os dois carros na linha de partida eu olhava para o lado, me sentindo mais um Johnny Rotten do que um James Dean, e ainda na marcha neutra acelerava, mostrando minha intenção. Meu *adversário*, no seu carro rebaixado, não pelo peso dos punks, mas pelo peso de uma cultura deplorável, acelerava em neutro também. Dada a largada, ele engatou a primeira e saiu cantando pneus numa nuvem de Firestone. Eu, propositalmente, engatei a terceira e saí com o carro engasgando e quicando, com o motor morrendo poucos metros adiante, sob uma chuva de vaias e palmas dos espectadores. Pronto. Dei o meu *statement* àquela corja. Volta e meia havia acidentes naquele local, e presenciei um gravíssimo enquanto apreciava um cheeseburger de fim de noite, no qual as mulheres que estavam no carro saíram em estado de choque, uma delas ensanguentada. Entendeu por que nunca gostei de playboy?

Depois do *pega do século* que nunca houve, saí lentamente, com a sensação do dever cumprido, e pelo espelho retrovisor vi mais dois carros emparelhando para a próxima corrida. Olhei para cima e supliquei: "Perdoai-os, senhor, eles não sabem o que fazem".

"Ai de ti, Brasília. Da capital do poder e do tédio,
uma injeção de energia para sacudir as rachaduras.
O cerrado contra-ataca."
– Hermano Vianna, Revista Mixtura Moderna

"O quê? Claro que sim, Fê! Tá doido?" O Fê tinha nos ligado para ver se queríamos participar de um *show particular* na casa dele para o Hermano Vianna, irmão de um cara chamado Herbert, guitarrista de uma banda carioca que eu não conhecia, numa reportagem para a revista carioca *Mixtura Moderna*, editada por Ana Maria Bahiana e José Emílio Rondeau. Uma matéria sobre o rock de Brasília? Numa revista nacional?

As bandas se aprontaram, e o Renato chamou às pressas o Dado Villa-Lobos para preencher a vaga deixada pelo Paraná. Ele tocava no Dado e o Reino Animal, que ensaiava na casa de um diplomata no Lago Sul.

O Capital Inicial, recém-fundado, estaria em vantagem, pois ensaiava na mesma sala do Aborto, a poucos metros de onde seria a apresentação, em frente à churrasqueira na varanda. E eles tinham algo que ninguém tinha, uma mulher como *lead vocal*! Era a Heloísa Helena, uma canhota que tocava com a guitarra invertida, como o Jimi Hendrix.

Como competir com uma mulher vocalista e guitarrista? Sabe aquela coisa de competição saudável? XXX, Legião e Plebe ensaiavam na sala 2.090 do

Brasília Rádio Center, mas a *competição* era mais entre a gente, a cena do resto da cidade não importava. Nas palavras do Hermano, mesmo com "grupos como Elite Sofisticada, Gestapo, Las Conchas de Su Madre, Banda 69, Bambino e os Marginais, CIA, Fusão, Raízes da Cruz... o jazz do Artimanha, ou com o som inclassificável do Liga Tripa... os grupos de rock mais interessantes de Brasília são: Capital Inicial, Legião Urbana, XXX e Plebe Rude".

Lembro que algumas das bandas mencionadas que não puderam se apresentar falaram em sabotagem e/ou *panelinha*, mas na verdade não havia tempo, porque o Hermano tinha que voltar ao Rio logo depois da longa apresentação.

Sobre a Plebe, ele escreveu:

> "O vocal é o grande trunfo do Plebe Rude. O contraste entre a voz azeda do lead Ameba e o agudo das Plebetes, Ana e Marta, é explorado de uma forma super criativa. Absurdetes perdem! O som da banda é bem mais simples que o da Legião e o do Capital Inicial. Mas isso não é uma desvantagem. Torna sua música irresistível. É impossível ficar sem dançar. As letras são também inusitadas. (...) O Plebe Rude, o XXX e o Legião Urbana ensaiam numa mesma sala, alugada a dois mil cruzeiros por cabeça, de um edifício comercial de Brasília. É claro que só podem começar a tocar (o horário é dividido fraternalmente entre as bandas) quando as "atividades normais" do edifício foram encerradas. O endereço da sala, para quem quiser entrar em contato com essa trupe incendiária (inclusive o Capital Inicial), é: Ed. Brasília Rádio Center, sala 2.090, W-3 Norte (Setor de Radiodifusão Norte) Brasília, DF, CEP 70000".

Quando saiu a matéria, claro que todos fomos às bancas comprar, mas ficamos um pouco decepcionados com o pequeno tamanho das fotos das bandas, que cediam lugar a uma ilustração meio abstrata que misturava imagens de headphones e o que parece ser uma boca aberta, desenhada pelo artista gráfico Luis Trimano, e que ocupava a página inteira. Ah, e para piorar, havia fotos de Legião, XXX e Capital. Da Plebe não. *Pitchka ti materina!* Mas no fundo não importava. O rock de Brasília agora era nacional.

O edifício que fica no endereço SRTVN Bloco P Quadra 702 deveria ser tombado culturalmente ou ao menos ter uma demarcação na sua fachada, pois toda a nata do rock/pop de Brasília passou por ali. E não é que foi? Em 2021 o local entrou na Rota Brasília Capital do Rock, com direito a placa e tudo. Foi lá que Malas e Bagagens, uma banda de *versões* (o termo cover não existia ainda), cuja vocalista era a então desconhecida Cássia Eller, ensaiava. O grupo progressivo Tellah também ensaiava lá, e foi naquele local que a Legião Urbana nasceu. A Plebe Rude lá se consolidou como quarteto e gravou as primeiras demos de "Sexo e Karatê", "Dança do Semáforo" e "Minha Renda" num estúdio muito precário. A bateria, apertada numa sala completamente abafada, tinha peles surradas, cheia de fita crepe, abafando ainda mais o som.

Era onde ficavam os primeiros estúdios de médio porte de Brasília – Artimanha e Espaço Som – e o futuro Estúdio Zen, e onde bandas como XXX, Finis Africae e Arte no Escuro deram seus primeiros acordes e o Natiruts gravou sua primeira demo.

Situado no Setor de Rádio e TV Norte (SRTVN), o Brasília Rádio Center foi designado para atender os profissionais da área. Afinal, no plano urbanístico de Lúcio Costa, essa região seria designada para tal. O contrato de aluguel estava em nome do Renato, e, como éramos relativamente responsáveis, apesar das estripulias que eu relato neste livro, tentamos isolar acusticamente a sala da melhor maneira possível.

Depois da aula, eu pegava o ônibus e passava as tardes lá sozinho, pregando caixas de ovos quadradas no teto. Era um trabalho repetitivo, porém complicado. Uma vez alinhadas com as demais caixas no teto, eu tinha que prendê-las usando um complexo de cabos de vassoura (misteriosamente desaparecidos da despensa lá de casa), até que a cola branca secasse. Creio que só cheguei a isolar um quarto do teto. Era inútil, tanto que desisti, ainda mais porque ninguém das outras bandas ajudava. A prioridade mesmo era a janela, que ia de ponta a ponta no fundo da sala, oposta à porta e ao banheiro; com uma vista inexistente do vão entre as salas, mostrava as entranhas do prédio circundado pelos fundos das outras salas. Eu também levei um tapete grosso e pesado, uma bela imitação de persa que minha mãe me deu; o sossego do silêncio valia mais do que o tapete.

A bateria do Gutje, uma Gope branca originalmente preta, coberta de papel Contact, era a principal do estúdio de ensaio e ora ficava ao lado da porta, ora defronte ao tapete, virada para a porta de entrada, dependendo da banda. Do seu lado direito ficava o amplificador de baixo Duovox 100B, ainda com o AE do Aborto pichado de branco, que logo seria coberto com tinta preta, marcando o fim dessa fase da vida do Renato. Meu Fender Super Six Reverb estava lá também, além do meu segundo amp de guitarra e o cabeçote Duovox 100G que eu tinha serrado ao meio. Renato sempre nos lembrava quando o aluguel e o condomínio estavam por vencer e, sempre preocupado com a difusão da cena local, pediu que Hermano colocasse no final da matéria o endereço da sala 2090, a primeira caixa postal do rock de Brasília.

Um dia o Bernardo Mueller apareceu com uma mesinha Shure de voz, e passamos a nos ouvir um pouco melhor, mas a voz ainda ficava baixa em relação ao resto dos instrumentos. Quanto mais equipamento entrava no estúdio, mais melhorava a acústica interna, pois superfícies irregulares coibiam a reflexão do som, mas para os vizinhos era pior, pois a potência e a pressão sonora aumentavam.

Treze salas do edifício eram ocupadas por bandas, num período bastante frutífero para quem ensaiava lá. Como usávamos o espaço à noite e o estacionamento era abandonado e escuro, a saída era relativamente perigosa, então no fim dos ensaios saíamos em bando até os respectivos carros e caronas.

Não era só nós que usufruíamos daquele espaço. Aos poucos, profissionais liberais, como advogados, dentistas e os tão temidos psicólogos, que demandavam silêncio, viram no Rádio Center uma oportunidade de se estabelecerem no centro da cidade com aluguéis acessíveis. Como o edifício fora desenhado para a nossa classe, não nos preocupamos muito, até que fomos visitados por alguém que se identificou como fiscal da Secretaria de Segurança Pública e visitou as outras 12 salas ocupadas. Mas, afinal, o lugar não era destinado a músicos?

Após a vistoria do local, o fiscal deixou um aviso: se dentro de 15 dias, após nova fiscalização, as salas não estivessem revestidas com isolantes acústicos, elas seriam interditadas, se necessário, com o auxílio da polícia. O estranho era que praticamente todos que lá ensaiavam usavam as salas depois das 18 horas, quando os profissionais liberais, que nem deveriam estar ali, iam para casa ver suas novelas.

Mesmo assim a ameaça perdurava. Era perseguição mesmo, e, por sermos músicos de rock, éramos um alvo fácil. Brasília tem dessas coisas, normalmente propelidas por alguém com alguma autoridade ou que alega ser parente de alguma autoridade. Seis graus de aporrinhação.

Fernando Bola, membro da *Tchurma* e vocalista do Diamante Cor-de-Rosa, a única banda de *new brega* (ou *new cafona,* como preferir) do Brasil, foi um dos primeiros a receber uma intimação. Ele convocou todos os artistas que lá ensaiavam para uma matéria no *Jornal de Brasília,* que viria com o título "Desafinaram músicos do Rádio Center", e o engraçadíssimo subtítulo "Forças ocultas pressionam os músicos para deixarem o local". Para a foto do jornal, posamos com uma cópia da Constituição, denunciando o abuso de autoridade, mas no fundo sabíamos muito bem como Brasília funcionava. Ah, como sabíamos...

Depois da notificação, veio a truculência, ou melhor, sabotagem, as tais "forças ocultas" da reportagem. Algumas janelas que davam para o vão interno foram quebradas, uma vez com a gente dentro; um pesado transformador de luz fria tinha sido jogado de um dos vizinhos de cima, mas o grosso tapete pendurado ali nos protegeu dos estilhaços; fechaduras amanheciam com cola e palitos de fósforos fundidos dentro das trancas.

Éramos personas *non gratas* num antro que fora destinado para nós. E por causa do revestimento acústico improvisado, era um certo sacrifício ensaiar, pois tínhamos que ficar com as janelas fechadas, suando feito doidos, para segurar o som ao máximo. Acabamos saindo de lá, mas antes mudamos para a sala 4.021, no 4º andar, que dividíamos com a recém-montada Escola de Escândalo – banda com os remanescentes do XXX e o fabuloso guitarrista Fejão –, uma pubescente Finis Africae e o próprio Diamante Cor-de-Rosa. A ameaça constante de despejo nos fez finalmente mudar de volta para minha casa, numa das raras vezes em que a Plebe cedeu na sua história. *I fought the law and the law won...* O retorno para lá, onde tudo começou, foi o período mais frutífero da banda, com músicas mais complexas surgindo, como "Bravo Mundo Novo" e "Nova Era Tecno".

Antes disso, na sala 2.090, eu conheci Herbert Vianna, uma pessoa que teria profundo impacto no rock nacional e na minha vida. Quando ouvimos falar dos Paralamas do Sucesso, uma banda com membros que chegaram a morar em Brasília, achamos o nome terrível. Mas fazia sentido, pois o Rio já tinha Barão Vermelho e Kid Abelha & os Abóboras Selvagens. Nesse contexto, o nome Paralamas do Sucesso veio a calhar com a nossa visão do rock carioca – que Marcelo Nova conseguiria definir tão bem nos anos seguintes com o termo "rock de bermudas". O som da banda era praticamente oposto ao som cru e rasgado de Brasília, mas os Paralamas tinham alguma coisa a mais. O fato de 2/3 da banda terem morado em Brasília fez *toda* a diferença do mundo.

Herbert e Bi Ribeiro, fundadores da banda, moraram na SQS 104. Coincidentemente eu frequentava essa quadra porque um dos meus melhores amigos, o holandês, e um dos membros da minha banda fictícia Concrete morava lá. Lembro de ouvir um som distante ecoando pelos prédios da superquadra onde Herbert tocou guitarra pela primeira vez antes de conseguir sua primeira Gibson L6-S, que o pai dele trouxe dos Estados Unidos no Boeing 737-200 do presidente Geisel, do qual era piloto. Será que ouvi um momento histórico?

Em 1980, quando meu irmão Alex foi embora para Washington cursar faculdade, três pessoas preencheriam a lacuna: primeiro André Mueller, depois o Renato e anos mais tarde o Herbert. Todos tinham a mesma idade do Alex e meio que me adotaram como um *irmãozinho* mais novo, por mais pentelho que eu pudesse ser. Melhores mentores eu não poderia ter tido.

Minha primeira interação com Herbert, em 1983, já virou até cena de cinema no documentário *Rock Brasília, Era de Ouro,* de 2012. Ah... Paralamas... Por onde começar? Se Paralamas já era um nome terrível, eles me põem um sufixo *do Sucesso* ainda por cima? Mas não me olhe assim, eu era da terra do Aborto Elétrico, da Legião Urbana, da Plebe Rude... quer que eu pense o quê? Isso sim é nome punk.

Mas o que pegou mesmo foi o nome do guitarrista, Herbert, um nome artisticamente incomum, ingrato até. Brincávamos que ele era o Herbert H. Hebert, personagem completamente apatetado do filme *A Ladies Man (O Rei das Mulheres),* de Jerry Lewis. E pior, Herbert H. Hebert usava óculos! Como nos divertíamos... Melhor que isso foi quando, no Rio, descobrimos que Eduardo Dusek, cujo pai, o artista plástico Milan Dusek foi radicado em Brasília, o tinha apelidado de Hebe! Boa, Dusek!

Minha relação com o Herbert não teve exatamente um bom começo, bem pelo contrário. Foi na época em que meu apelido era Philippe Pedalada, por causa do arsenal de pedais que montei na agora lendária temporada da A.B.O, mas eu nem usava tantos pedais assim: tinha um Fender Blender Fuzz, um Fender Fuzz Wah, um Phaser Boss, um Boss Analog Delay, um compressor DOD (não tinha a mínima ideia para o que servia), e um Flanger MXR, que criava o efeito de um som ondulado e defasado (como na guitarra de “Sexo e Karatê” ou *qualquer* música do The Cure). Este pedal era de 110 volts, e eu tinha um transformador dedicado só para ele – a voltagem em Brasília é 220 V e o equipamento importado, 110 V, era um saco ter que usar transformadores.

Num final de tarde, cheguei no ensaio e vi um sujeito bronzeado, meio nerd, de cabelos curtos e óculos, agachado perto da porta, mexendo em algum pedal, provavelmente do Dado. Ele certamente tinha ouvido falar da gente e deve ter ficado um pouco intimidado – anos mais tarde diria na imprensa que invejava a postura do pessoal de Brasília e se inspirava muito em mim por causa das apresentações avassaladoras da Plebe.

Sentado no chão contra a parede, Herbert tocava uns riffs de blues meio jargões, mas não fiquei muito impressionado, especialmente com o seu vibrato rápido, mais para a mão aberta trêmula do B.B. King do que para a elegância do *slowhand* do Clapton. A mão me soava meio dura. Dessa forma *old school* de tocar guitarra o inferno – e Brasília – já estavam cheios, tínhamos até um termo para esse estilo: música de *hip-hippie-su.*

No dia seguinte fomos ensaiar, e liguei meu equipamento e pedais, todos a pilha, exceto o Flanger, com seu grosso cabo de força preto já embutido, que eu ligava num transformador. Mas não funcionou... Não demorei muito para deduzir que aquele carioca malandro tinha ligado direto na parede, com o dobro da corrente de energia fritando meu pedal. Fiquei muito puto. Por meio de pessoas em comum mandei um recado: ele teria que me dar um pedal novo. E era um pedal caro! Mas Herbert não deu notícias. Demoraria 16 anos para resolver essa história.

Se o pai do Herbert não fosse transferido para o Rio, o rock brasileiro teria outra cara. Em Brasília, Herbert provavelmente passaria pela UNB e, quem sabe, teria seguido mais cedo o seu sonho de se tornar piloto, inspirado pelo pai, que era da Aeronáutica. Imagino que, mesmo assim, se tornaria guitarrista de uma banda local, pois a música não estava apenas em seu sangue, mas por toda a cidade. De uma coisa eu tenho certeza: seu som seria mais visceral, na linha temática de obras-primas como "Selvagem", "Alagados", "O Beco" e "O Calibre", que apareceram *bem* depois no repertório dos Paralamas. E ele também não teria conhecido o carioca João Barone, pedra fundamental para o som da banda, que fazia Fê, Gutje e Bonfá parecerem, uh... o Fê, o Gutje e o Bonfá.

Sem desmerecê-los, a técnica e o bom gosto do Barone eram de *outro* nível, e foi justamente esse lado mais *carioca* dos Paralamas que elevou a banda para a estratosfera do pop brasileiro depois do Rock in Rio, quando caíram no gosto popular com reggaes e baladas melosas como "Me Liga", da frase de abertura "Eu sei, jogos de amor são pra se jogar". Eu não consegui levar o disco de estreia muito a sério. Eu achava "Qual é seu guarda, que papo careta?" mais constrangedor do que transgressor. "Chinfra na minha lambreta?" Não podia ser sério... É *isso* que está tocando no rádio sobre um motoqueiro? "A caravana do amor então pra lá também se encaminhou"... Jesus amado. Caravana do amor? "Minha prima já está lá e é por isso que eu também vou"? Espera aí. Sua prima está onde?

O mais engraçado é que essa frase, que é do Bi, originalmente era "Meu tio já está lá". Caramba. Não sei qual é pior. *Pitchka ti materina!* Mas, pense bem, "Minha prima já está lá"... Fodeu, pensei. Estamos perdidos. Virei para André e Renato e disse: "Nunca vamos tocar no rádio". Entenda o meu lado. Nós estávamos na capital federal, apanhando da polícia, de playboy, mandando música pra censura, e eles lá no Rio, sendo referidos como parcialmente de Brasília, gravando e tocando no rádio. Não era justo.

Em 1983, Barone apareceu em Brasília por causa de um *affair* local, e num churrasco tive o prazer de tocar com ele. Nada de 12 bar blues clichê, fiquei muito impressionado, pois, quando tocamos uma versão de "I Will Follow", do U2, ele fez viradas e firulas parecidas com as do Larry Mullen, não no sentido de tocar igual, mas no espírito... Os bateristas de Brasília não tinham essa memória musical na linguagem, muito menos na bagagem, o que não é necessariamente ruim, pois foram forçados a criar seu próprio estilo. Tente imaginar a Legião com um baterista todo técnico ou a Plebe com um baterista de pegada de reggae. Ou o Capital com... uh... alguém além do Fê. Essa é a magia de uma banda. Por mais que tenha um ou outro compositor principal, o resultado final é a soma das partes.

No caso do rock de Brasília, talvez a limitação técnica fosse a força motriz. Seguimos inconscientemente a cartilha do *faça você mesmo* do punk, ninguém pode duvidar que foi isso mesmo que fizemos. A Plebe, de longe, era a banda mais técnica, mas, ainda assim, dentro das nossas limitações. Essa é a beleza do punk.

Em abril de 1983 juntamos a trupe toda para uma temporada na A.B.O., o inusitado Teatro da Associação Brasileira de Odontologia, que tinha um auditório muito simpático de médio porte, mas incrível para o que estávamos acostumados. Todos da *Tchurma* foram à luta, num verdadeiro divisor de águas para o rock candango.

Apesar de não ter o nome no cartaz, agora icônico, e somente uma mençãozinha na última página do release, foi a Banda 69 que fez esse evento decolar.

Eles eram tão proativos como a gente, e por isso fizemos inúmeros shows juntos, mesmo tendo estilos completamente opostos, punks de um lado, beatlemaníacos do outro.

Uma semana antes de a temporada começar, fui no show deles para fazer o reconhecimento do teatro, mas também porque achava divertida a banda, que fez algo que ninguém ainda tinha visto em Brasília. Na TV de 22" instalada no meio do palco, um vídeo média-metragem mostrava a rotina dos seus integrantes, acordando, se vestindo e passeando pela cidade à procura de um local para um show. O vídeo se intitulava "Onde é o show, cara?" e tem uma cena longa com a banda andando pelo Food's. Talvez seja o único registro em vídeo do *point* brasiliense onde o punk começou a esbarrar contra as massas. Vendo a cena, dá para sentir o astral do local e imaginar o que rolou por lá desde que o Tellah lançou o disco *Horizonte Perdido* em 1980, antes dos punks tomarem conta.

Num clima totalmente "Help", depois de rodar a cidade toda perguntando "onde é o show, cara?", eles encontram a A.B.O. ao som de "Alleluia" e, para os assovios da plateia, entram no palco com o mesmo figurino em que aparecem no vídeo. Realmente não tinha como superar uma entrada dessas, nem com o filme *Ascensão e Queda de Quatro Rudes Plebeus,* que, por sinal, nem passou por nossa cabeça mostrar.

A temporada da A.B.O. foi um marco pessoal para todos. Uma das fotos mais emblemáticas da união das bandas foi tirada uma semana antes no corredor do Rádio Center, na lateral da sala 2.090, com membros da *Tchurma* e um figurante aqui e acolá fazendo os cartazes do evento, que foram espalhados pela cidade. Renato assinou o release: "Basta de ser chamado de colonizado o tempo todo; com a moda Disco a situação piora sensivelmente. Ainda mais porque na mesma época aparece um movimento original e anárquico que pretende acabar com os falsos modismos".

Fomos capa de jornal e até a TV Globo cobriu, mostrando que a imprensa estava acordando para a nossa causa. Só a Legião apareceria na TV, e quem viu um Renato tímido e levemente inarticulado falando da inspiração local e do tédio da cidade jamais poderia imaginar o artista e fenômeno em que ele se transformaria.

No dia da estreia da Temporada de Rock da A.B.O., o *Correio Braziliense* dedicou meia página ao show, com fotos de um membro de cada banda (Flávio do Capital, Alessandro "Itália" do XXX, Gutje da Plebe e Renato da Legião) em cima do jipe do Gutje e o cartaz do evento na frente do veículo. A matéria abria com uma pergunta: "Porque são punks? Eles mesmos respondem", e continuava assim: "Fomos ensinados a consumir o que vem de fora, e, se somos o que somos, a culpa não é nossa". O autor da frase não foi citado, mas pode ter certeza que foi o Renato.

As bandas foram descritas pelo jornalista Irlam Rocha Lima de maneira curiosa. No caso da Legião, o texto falava sobre a estreia em Patos de Minas (sem mencionar a prisão) e de seu "grande momento", quando abriu o show da Blitz no ano anterior (na verdade a banda fechou o show, enquanto o grosso da plateia saía sem a mínima paciência para ver se santo de casa realmente fazia milagre); o XXX era descrito como uma banda que fazia "música rápida, elétrica, energética e dançante"; sobre o Capital, citava Heloísa como uma "descoberta" dos ex-Aborto Elétrico Fê e Flavio, "uma guitarrista canhota de 19 anos que sabia cantar. Sopa no mel". Sopa no mel? Como é que as plebetes vão competir com isso?. O texto sobre a Plebe vinha com uma anedota sobre a entrada do Ameba na banda, que teria sido encontrado "numa festa, bêbado, com um copo de gin na mão e cantando", e imediatamente convocado para cantar, mas o parágrafo final empolgava: "Marginalizados porque são roqueiros e ainda mais porque curtem o lance do punk, o pessoal da Plebe Rude está indo à luta. Agora cheios de esperança, com a descoberta do rock pelo mercado de disco no Brasil".

Toninho Maya fez o som da temporada, e depois de cada noite o ajudávamos a trocar os alto-falantes que tinham explodido (durante a temporada apostávamos para ver qual seria o próximo a esticar as botas). Desfalcado do Fê, que tinha estraçalhado o pé num acidente de moto gravíssimo, o Capital Inicial foi alvo das nossas sacaneadas habituais, dessa vez com o Boca, do Artimanha, na bateria. Era ainda mais engraçado sacanear o Capital com o Fê sentado ao nosso lado, mas sobrava para Heloísa também. Ela tinha uma voz suave, que o instrumental pesado muitas vezes engolia, e ficávamos cantando com voz em falsete o sucesso "Sou Rebelde", da Lilian, cantora da Jovem Guarda: "Eu sou rebelde porque o mundo quis assim". Eu sei, eu sei... nós éramos terríveis.

Nos ensaios do Capital, que por pouco não se chamou Dona Laura Vai às Compras, muitos membros da *Tchurma* iam assistir e era observada pela Helena Resende e pelo irmão mais novo de Iko Ouro Preto, Fernando, que tentavam cantar ou, no mínimo, fazer um backing vocal. Até chegaram a fazer o teste de vocalista. Iko e Fernando, aliás, eram amigos de André na adolescência, em Curitiba. Eu os conheci na Escola Americana. As formações da santíssima trindade do rock de Brasília estavam se fechando, mas quem sabe apareceria uma brecha?

O show da A.B.O. seria o último de Heloísa no Capital. Desde o acidente com o Fê, a banda não era mais a mesma e nem tinha como ser. O baterista contratado tinha uma pegada completamente diferente, e os três shows da temporada foram aquém do que a banda apresentava, como comprovam as fitas gravadas do P.A. pelo Toninho Maya. Depois disso o clima ficou ruim, e nem a imagem rock'n'roll que Heloísa oferecia para uma banda que prezava pela estética foi suficiente para manter a guitarrista canhota que andava numa moto. Circulou um boato que o pai de Heloísa, militar, a obrigou a sair da banda, o que ela desmentiu, ainda mais vinda de uma família musical que a incentivava. Mas é verdade que ele pediu a um colega falar com *Seu* Briquet, pai dos irmãos Lemos, para combinar a retirada da guitarra e do amplificador da filha da sala de ensaio do Capital, e, quando o equipamento estava à disposição, uma Kombi com dois soldados ajudantes foi ao estúdio cumprir a ordem. Imagina a cena!? Eu vi de tudo naquela sala, mas soldados?

Heloísa não recebeu nenhum crédito, nem de arranjo, nem de coautoria, nas músicas daquela época que foram gravadas em disco. Mas o punk não podia parar. Dois meses depois da temporada da A.B.O., num show ao ar livre na UNB intitulado Diga Adeus ao Vestibular, junto com Elite Sofisticada, XXX e Banda 69, o Capital "2.0", agora com Dinho nos vocais, apresentou um baita repertório, com músicas herdadas do Aborto, como "Veraneio Vascaína", "Fátima" e "Música Urbana". Sopa no mel!

Estavam fechadas as formações clássicas da santíssima trindade de bandas que colocariam Brasília no mapa cultural brasileiro. Essas formações elevariam Legião Urbana, Plebe Rude e Capital Inicial para a estratosfera do mainstream brasileiro, mas elas praticamente se autodestruiriam na década seguinte.

"Quem é que escreveu aqueles versos!?"
– Renato Russo imitando os PMs de Patos de Minas

Renato Russo era o mais entusiasmado com a temporada da A.B.O. e sentia que finalmente esse movimento, ou fosse lá o que fosse, andaria. Antes relegado a poucos, seu textos quase que obsessivos sobre as bandas agora poderiam ser lidos por todos. No release do evento, menos tímido e mais eloquente do que na TV, ele escreveu: "Será que estão todos satisfeitos? Rock é uma atitude, não moda". Enquanto ele estava no palco com a Legião, jogávamos moedas como nos tempos do Trovador Solitário, com os mesmos gritos: "Toca Cauby!". Era uma sacanagem só, mas a Plebe não estava fazendo mais que a sua obrigação – a calça listrada new wave do recém-empossado Dado Villa-Lobos também não ajudava muito.

Nos shows da Legião na A.B.O., Renato sempre agradecia as palmas dizendo: "Vocês são joia" (que nós também adotamos nas apresentações, numa mistura de chacota e homenagem), e contava histórias da ida a Patos de Minas. Ele dizia que as letras não eram muito construtivas para o pessoal do lado *direito*, puxava risos da plateia ao contar que a Plebe tinha sido escoltada por vinte policiais de cada lado para fora do palco, que perguntavam enfaticamente "quem escreveu aqueles versos!?", e ao som de palmas e assovios, dizia que "nem poderia contar o que *rolou* no ônibus". Bem, eu estava lá, e não aconteceu nada. Como tinha só homens no fundo do ônibus, será que ele estava tentando nos dizer alguma coisa? O mais próximo disso foi quando, ao avistar Paraná, que considerava "gatinho", andando pelas ruas quase escuras de Patos, confidenciou a um de nós: "Ser feio é uma merda".

Com André vestindo roupa de formatura e as plebetes no palco, a Plebe Rude deu a cara a bater na temporada da A.B.O. Eu tinha pegado emprestado todos os pedais que podia e montei um arsenal cheio de cabos saindo em todas direções – mas poucos estavam ligados, pois eu preferia o som mais cru da minha Gibson no meu Fender Super Six Reverb e só usava um delay análogo da Boss como efeito de insanidade instantânea, com suas regulagens todas no máximo, sem entender a sutileza que um efeito dosado proporcionaria ao som da Plebe. Eu poderia até justificar que não existia sutileza no punk de Brasília e, se existisse, ninguém escutaria, mas na verdade eu não sabia para que serviam os números de 1 a 9 daqueles botões. Aliás, ninguém sabia... Como cantava a XXX: "Ponha no volume máximo!".

As plebetes, lindas que só, eram meio desafinadas, e sua participação era bastante forçada em algumas músicas – por que garotos põem garotas nas próprias bandas? No repertório incluímos canções que foram descartadas quando elas saíram meses depois, como "Ditador" e "Moda", do verso "Eu sempre tento seguir a moda, mas a moda anda mais rápido que eu". Tocamos também conhecidas do público, como "Pressão Social" e "Voto em Branco", mas os clássicos da Plebe ainda estavam por vir.

Depois do sucesso da temporada na A.B.O., o rock de Brasília parecia estar levantando voo. No meio de 1983, apareceu a oportunidade de todos tocarmos no Circo Voador. Ficamos excitadíssimos, mas eu já estava com uma viagem marcada e não poderia participar. A banda e a namorada não gostaram nada, isso que, quando eu embarquei deixando-os para trás, nem tinha confidenciado o real motivo da viagem: como era tradição dos irmãos Seabra depois de se formarem na escola, eu também me mudaria para os Estados Unidos. A diferença é que eu iria um ano antes para ver o que achava, quebrando o protocolo familiar. Caso eu ficasse por lá, a Plebe Rude teria sido uma nota de rodapé na minha vida, e nenhuma das canções por vir seriam escritas... E você estaria lendo algo bem mais interessante agora.

Washington, D.C., é uma cidade de extremos, e não só politicamente. Quando faz frio no inverno, faz muito frio. Quando o verão chega, o calor da Costa Leste, aliado à umidade, é brutal. O local para a nova sede do governo norte-americano foi escolhido pelo primeiro presidente, George Washington, 15 anos depois da independência de 1776, numa região relativamente pantanosa. Outra capital que não deveria estar onde estava?

Foi a primeira vez que voltei aos Estados Unidos desde a mudança para o Brasil sete anos antes. Eu ficaria na casa Fessenden, com meus irmãos, na rua de mesmo nome. Notória em Washington, ela tinha passado por muitas mãos e vivia cheia de músicos, em particular a banda local 9353, já com status de lendária na cena punk de D.C. Muitas festas embalaram sua história, e até o pátio da frente já desabou com uma porção de estudantes em cima – mas sem feridos.

Assim que cheguei no aeroporto, a primeira coisa que fiz foi comer um Reese's Peanut Butter Cup, o chocolate da Hershey's recheado de pasta de amendoim, quase uma religião para os americanos mais glutões, depois fui visitar nosso antigo bairro, onde tudo tinha mudado, mas não por construções novas. Com exceção de um condomínio fechado no vasto gramado de uma mansão que jurávamos ser assombrada na época, a mudança era no tamanho. No beco traseiro onde brincávamos de *dodgeball* e pique-pega, que eu lembrava ser enorme, mal passava a pick-up do meu irmão, com os galhos dos arbustos raspando nos espelhos retrovisores. As proporções diminuíam enquanto as memórias tomavam forma.

Logo nos primeiros dias, por algum motivo que não sabia explicar, eu não conseguia me ver morando de novo nos Estados Unidos. Em termos de currículo escolar não seria problema, pois a Escola Americana mantinha paridade com o ensino norte-americano. Eu sentia saudade da namorada, da banda e claro, da *Tchurma*, mas tinha algo além disso. Sem saber exatamente o que era, encontrei consolo no porão da casa, com as pilhas de amplificadores de guitarra e baixo, duas baterias montadas e, no canto, um estúdio com uma máquina de fita Tascam de oito canais ao lado de um amplificador de guitarra Yamaha com um rack de delay da Ibanez. Ali era o canto do André Pretorius, que dividia a casa com meus irmãos Alex, que já trabalhava, e Ricky, ainda na faculdade de arte, e com um quarto inquilino, Larry, audiófilo que mostrava o seu toca-discos caríssimo de precisão com orgulho sem que conseguíssemos ouvir qualquer diferença. Eu mesmo preferia o som mais precário que saía do toca-discos do Pretorius por causa de sua coleção de discos.

Ouvir música naquela época era uma experiência coletiva. Consumindo cookies da Oreo e vinho branco, ouvíamos os lançamentos que Pretorius apresentava, como a banda anarco-punk inglesa Crass, cujos pôsteres cobriam a parede, e batíamos papo cercados de cenas horripilantes de guerra com o slogan *Seu país precisa de você*, sobrepostos com pôsteres que diziam *Quem é que acham que estão enganando, você?"*. O quarto do Pretorius só não era mais sombrio porque ele não era esse tipo de punk radical, estava mais para um anarquista não praticante. Também pudera, ele tinha duas lagostas de pelúcia, a Maurice Reginaud e a Rock Lobster, como o sucesso do B-52's.

A coleção de discos do Pretorius era considerável (mas nem de perto tão grande quanto a do André em Brasília), com uns discos que fariam muito a minha cabeça, especialmente *Women and Captains First*, de Captain Sensible, o guitarrista do Damned (indiscutivelmente o Jimmy Page do punk), embalado pelo sucesso "Wot", em que as meninas do Bananarama cantam "You say Captain, I say wot?". Lembro ter visto parte do clipe de "Wot" no *Fantástico*, alguns meses antes, mas é claro que metade do tempo eu passei ligando para os amigos avisando: "Punk para as massas!". *Women and Captains First*, junto com o recém-lançado *Strawberries*, do Damned, foram muito importantes para mim, pois "Gun Fury" inspiraria o que viria ser "Proteção", com uma intervenção de "Primitive", do Killing Joke (na parte "sou uma minoria...").

Também foi no quarto do Pretorius que aprimorei minha técnica de pintura em camisas, reproduzindo capas de singles como *Birds of a Feather*, do Killing Joke, e de um maxi-single do Comsat Angels, com um avião da 2ª Guerra Mundial e o logotipo da banda num leve aroma japonês. Pena que a tinta desbotava em poucas lavadas. No Brasil, a tinta era mais forte e, consequentemente, mais tóxica.

Mas tóxica mesmo foi uma fita que encontrei no meio da coleção do Pretorius, na qual estava escrito *Para Ginny*. Ao retirá-la da caixa de plástico, vi "de André e Renato" escrito nela e coloquei para ouvir. Caramba, era a fita original que Pretorius gravou depois do primeiro ano no exército sul-africano, com Renato Russo, no quarto do seu apartamento na 303 Sul, quando Ginny tinha se mudado do Brasil. Imediatamente tirei uma cópia numa TDK SA-90! Vocês nem imaginam a *confusão* que isso causaria décadas mais tarde, com o espólio do Renato, ameaça e processo... Mas isso é outra história. O livro *Renato Russo, o Filho da Revolução*, do jornalista e escritor Carlos Marcelo, lançado em 2009, trata em detalhe o conteúdo dessa fita, inclusive decupado por mim, então não vou perder tempo aqui. Mas o que chamava atenção era a amizade e a cumplicidade dos dois, solidificada pelo punk. Me lembro agora, com um certo pesar no coração, como os dois se foram, e Renato gritando com voz de tiete: *"I'm going to be a famous star!"*.

Não era só meu gosto musical que estava sendo aprimorado nos Estados Unidos, meu senso de estética também. Em Georgetown, bairro centenário, uma loja chamada Commander Salamander vendia apetrechos punk e new wave, como cintos, pulseiras com tachas, camisas *bondage*. Tudo que um punk poderi... Espera aí. O punk que eu conhecia *não estava à venda*. Então fui a uma loja ali perto, de artigos do exército, e comprei um casaco do exército irlandês, que passaria a ser minha segunda pele (é o que estou usando no encarte de *Nunca Fomos Tão Brasileiros*). Também encontrei uma loja que modificava casacos de couro e coloquei mais zíperes no que trouxera do Brasil, que acabaria na capa do *Concreto Já Rachou*, dois anos e meio depois. E, subindo a rua Fessenden, comprei num brechó, pela bagatela de três dólares cada, as camisas sociais que eu pintaria e usaria pelos próximos anos e que passariam a ser minha marca registrada, junto das golas rolê. Essas roupas apareceriam em tudo da Plebe na época dos dois primeiros discos, inclusive a camisa *meio-rosa*, listrada com o camuflado e gigantesco Plebe Rude nas costas, que eu usaria na capa e nas fotos de divulgação do *Concreto* (por baixo do casaco de couro).

As golas falsas, chamadas de *dickie*, que simulam um grosso suéter por debaixo da camisa social, eram uma influência inglesa na minha formação. Vindo literalmente da plebe, o *dickie* ajudava os funcionários públicos ingleses, que tinham que usar ternos para trabalhar, a manterem sua aparência. Por ser menor e mais fácil de lavar do que uma camisa social, o *dickie* protegia as golas do suor sagrado proletário. Eu passaria a usar tanto nos próximos anos que se criou uma pequena lenda urbana de que eu teria uma cicatriz terrível no pescoço ou no mínimo estava escondendo a marca do meu transplante de cabeça.

Durante minha estada nos Estados Unidos, Petrorius viajou para a Alemanha, e a namorada dele, uma punk linda chamada Grace, me levava pra lá e pra cá, inclusive a festas punk bem parecidas com a que David Grohl (que cresceu perto de D.C.) frequenta no clipe de "Everlong". Pelo visto eu continuava na condição de mascote da rapaziada, mas agora com 16 anos e os hormônios à flor da pele.

Também fiz amizade com um nicaraguense-norte-americano chamado Rodrigo, que falava o tempo inteiro em voltar para a terra mãe e ajudar na revolução. Apesar de ter sido um adolescente relativamente impressionável, minha ligação com os sandinistas vinha mesmo do disco triplo homônimo do The Clash. Fora que eu já participava de uma pequena revolução em Brasília, e já combatíamos à nossa maneira a ditadura. Então, sem tempo para a revolução dos outros.

Com a turma do Rodrigo eu vi shows como *Stop Making Sense*, do Talking Heads, com Adrian Belew, do King Crimson, na guitarra!, frequentei boates new wave, como a Whispers e a Posers, e a icônica casa de shows The 9:30 Club. Nas casas noturnas, embaladas pela dominação recente da MTV, clipes eram mostrados nas pequenas telas, ainda de tubo catódico, como o de "Reflex", do Duran Duran, o monocromaticamente cinza "(Keep Feeling) Fascination", do Human League, e "New Years Day", do U2, com um bando de irlandeses congelando os rabos na neve. Devido ao tamanho diminuto das telas, as pessoas eram forçadas a ficar próximas delas para assistir e comentar, criando uma espécie de camaradagem televisiva.

Junto com a turma do Rodrigo, que tinha meninas muito legais, norte-americanas que só, invadíamos o Georgetown Resevoir, o reservatório de água da cidade, e remávamos até o meio num barquinho, para bater papo e beber vinho. Provavelmente não era a coisa mais responsável para se fazer no breu quase absoluto, sem salva-vidas, mas juventude é isso, um senso de empoderamento mais por inquietação do que por sensatez. Eu tinha 16 anos, e eram os anos 1980. Queria o quê? Será que essa seria minha *Tchurma* nova? Eu estava começando a curtir os Estados Unidos, e o Brasil parecia cada vez mais distante... Pelo visto a Plebe seria mesmo apenas uma nota de rodapé na minha vida.

"Sic semper tyrannis"
– John Wilkes Booth, assassino de Abraham Lincoln

O 9:30 Club era incrível. Foi um mergulho na cena emergente da Costa Leste e fundamental para qualquer formação musical. Ficava na 930 F Street, e como 9:30 também era o horário de abertura, a alcunha clássica vinha com literal propriedade. Tinha sido aberto apenas três anos antes, mas já tinha se estabelecido como uma das casas do rock mais importantes do país. Era para D.C. o que o CBGB's era para Nova York, e o que o Whiskey era para Los Angeles.

Toda a cena de D.C. passaria por lá, desde Minor Threat, Government Issue, Black Flag (quando liderado pelo local Henry Rollins), Bad Brains, Fugazi e até os colegas da casa Fesseden, 9353, bandas que, como nós em Brasília, também eram influenciadas pela proximidade ao poder. Para dar mais teor punk ao recinto, o beco de serviço atrás dele, de onde o equipamento entrava e saia, também era os fundos do Ford's Theatre, onde John Wilkes Booth deixou o cavalo antes de dar um tiro mortal na cabeça do presidente Abraham Lincoln em 1865. Antes de fugir pelo beco, ele gritou "sic semper tyrannis". O termo, em latim, significa "assim sempre aos tiranos". Logo o Lincoln, coitado...

O 9:30 Club era parada obrigatória para as bandas em D.C. A variada programação punk/pós-punk/new wave oferecia shows de Red Hot Chili Peppers, Psychedelic Furs e Hüsker Dü a The Go Go's, B-52's e Billy Idol. O lineup do verão de 1983 não estava dos melhores, mas pude ver a banda Here Today, de Baltimore, que já estava causando um burburinho em Washington. Sabe aquele show que você vai e fala *"Holy fuck!"* ao perceber que sua vida fora mudada para sempre? O que o Stiff Little Fingers foi para mim em disco, o Here Today foi em show. *Holy fuck!*

A banda tinha uma presença de palco como eu nunca tinha visto, mas não era nada exagerado ou ensaiado. Eles ficavam parados, turvos na penumbra dissipada da luz baixa. No bis, o vocalista subiu com um vestido preto justo, e a banda entoou o hit local "I Can Hear a Whistle", com resquícios dos vocais de Bowie na sua fase de Berlim. Comprei o EP do Here Today na saída do show e fiquei escutando o resto do verão no som do Pretorius.

Uma das faixas do EP, "In the Maze", me inspiraria quase que imediatamente para compor "Brasília" e "Códigos" – a guitarra base dos versos de

"Brasília" e a frase "estou rindo de você" em "Códigos". Ela também influenciaria o baixo de "Aurora", os acordes de base de "Johnny Vai à Guerra" e "O Que se Faz", escrita 20 anos depois. Se nós somos a soma das nossas influências, Here Today fez grande parte de mim.

Outra banda a que assisti naquela temporada foi a inglesa New Order, que estava na cidade embalada pelo mega sucesso do verão "Blue Monday" e se apresentou no Ontario Theatre, um belo prédio art déco dos anos 1950, que recebeu o lançamento dos principais filmes da época, com suas 1.400 poltronas sempre ocupadas, até que, em 1968, com o assassinato de Martin Luther King e revoltas violentas a alguns quarteirões dali, entrou em declínio.

Em 1980 o DJ local Seth Hurwitz foi chamado para ser o curador da programação durante a semana, e o Ontario Theater reviveu sua glória, agora com a emergente cena punk/new wave ao vivo, em vez das estrelas de Hollywood na tela. Passaram por aquele palco Blondie, Police, R.E.M., The Clash (com Bo Diddley abrindo, imaginem só), Bow Wow Wow abrindo para o U2 (que promovia o disco *October*), Gang of Four lançando o disco *Songs of the Free*, com abertura de Comsat Angels. Cacete, eu daria um braço para ter visto aquilo! A propósito, foi o mesmo Seth Hurwitz que montou o 9:30 Club.

Na noite do New Order, enquanto eu esperava a banda aparecer naquele verdadeiro monumento da música moderna, pude observar Pretorius *trabalhando a sala* e cumprimentando a todos, como o rapaz jovial e simpático que sempre foi. Apesar de estar em D.C. há poucos anos, ele já era figura conhecida na cena local.

Pretorius tinha um estilo único de tocar guitarra e controlar feedback numa Mosrite igual à do Johnny Ramone e já era bastante respeitado por lá, onde tinha lançado, em fita cassete, o projeto solo Radio Leukemia. O som tinha resquícios de Cabaret Voltaire e Joy Division, foi gravado com Bruce, do 9353, e tinha backing vocals de meu irmão Alex, outro músico bastante conhecido na cena, da banda Hyaa! (a exclamação faz parte do nome assim como o Ira!). Ao me apresentar para os amigos, Pretorius dizia que eu era o *baby brother* do Alex e com seu sotaque africâner falava: *"He plays in a fucking great band in Brazil"*. "Brazil?" Todo mundo gosta do Brasil. Caipirinha, Pelé, café...

O New Order subiu ao palco com mais de duas horas de atraso para mostrar seu som moderno e asséptico perto da meia-noite. As batidas se revezavam entre um antigo gravador de oito canais, com as fitas rodando viradas para o público, e uma bateria eletrônica dos samplers Emulator. Depois da quinta música, o baixista Peter Hook falou pela única vez com a plateia: *"Fuck off"*.

Até deixamos passar porque, afinal, era o Peter Hook, um dos pioneiros do punk, com sua pegada de baixo quase revolucionária, que focava nos agudos distorcidos enquanto ele mantinha o chão com o bordão solto. Mas com a má vontade do resto da banda, saímos antes de o show acabar e fomos beber cerveja ali perto, em Adams Morgan, antro gastronômico/cultural frequentado em peso pela população estudantil – o Pretorius comprou as cervejas, claro, pois eu só tinha 16 anos. Depois soubemos que o show durou apenas 50 minutos e acabou pouco tempo depois de nossa partida.

Numa das jams no porão da casa Fessenden, conheci um guitarrista chamado Rob Gillette, que, ao introduzir um riff, me disse que não usava pestanas. Ele tocava com um raro Les Paul Recording, mais no clima de Robert Fripp e Bill Laswell, e foi seguindo Gillete que consolidei o meu próprio estilo de tocar, com os acordes mais abertos, com que eu flertava desde o Brasil. Foi lá que refinei "Censura", uma música que eu já tinha na cabeça, mas agora viria sem *nenhuma* pestana. Gravamos sua demo no gravador de rolo do Pretorius, com Alex na bateria – ele foi o responsável pelo *tum* dos tambores na parte "unidade repressora oficial".

A temperatura alta e a umidade do verão opressivo de D.C. eram terríveis. Durante o dia eu era obrigado a parar de cinco em cinco minutos em alguma loja com ar-condicionado e ficava extremamente irritado porque meus óculos viviam embaçados e eu não conseguia usar lentes de contato. Até que um dia eu vi o Larry colocando suas lentes, e ele me disse que eram especiais, com uma tecnologia nova que permitia o uso por até duas semanas, inclusive para dormir. Fui imediatamente ao oftalmologista dele para encomendar as minhas. Foi simplesmente incrível, porque me livrei dos óculos e, de um jovem e tímido patinho feio, me tornei um jovem e seguro... pato feio.

Pretorius, com quem passei a maior parte do tempo em D.C., mudava de humor repentinamente quando estava com os membros da banda 9353. Eles entravam pela cozinha, desciam silenciosamente ao estúdio e logo trancavam a porta. Eu sabia que alguns deles lidavam com coisas pesadas, mas confiei no discernimento do meu amigo, que era um meninão. Infelizmente, ele acabou descendo por esse caminho, e assisti de longe sem poder fazer nada a respeito.

Depois de mais de dois meses nos Estados Unidos, eu já tinha minha turma e poderia me imaginar vivendo lá. O destino tinha feito eu me mudar para o Brasil, um país cheio de problemas e uma ditadura, e, pior, para Brasília, uma cidade culturalmente morta. Washington tinha tantos museus, cinemas, teatros, shows e bibliotecas que seria necessário ter várias vidas para absorver tanta cultura. Que contraste! Eu tinha 16 anos, montar uma banda lá não seria problema.

Se tivéssemos ficado nos Estados Unidos, eu e Alex certamente teríamos feito parte da cena punk de D.C. Curiosamente o estúdio Alan Massey, onde comecei a aprender violão com 8 anos, ficava do outro lado da rua da casa Fessenden. Seria um lembrete de que minhas raízes estavam ali? Mas o verão estava chegando ao fim, eu já estava com saudade do Brasil, e a Plebe tinha perdido um show no Circo Voador por minha causa. Eu também estranhava acordar sem ouvir os *toc-toc-toc* vindo do outro lado da nossa casa em Brasília. Metal sobre mármore? Eu não sabia o que era... aquele lembrete que meu pai estava em casa e tudo estaria bem...

O propósito da minha viagem foi ver se eu me readaptaria aos Estados Unidos. Washington era uma cidade incrível, foi onde nasci, era um alívio sair de um cinema e ver uma criança sozinha na calçada esperando o pai em vez de pedindo esmola; podíamos deixar a porta da casa aberta no meio da tarde sem preocupação. Para um guitarrista, equipamento e instrumentos eram baratos, acessíveis e imediatamente disponíveis, sem alfândega e suas taxas absurdas. Também pude conhecer mais meus irmãos, já que eu estava mais *interessante* como um adolescente inquisitivo, ao contrário do irmãozinho caçula chatinho de quando eles foram embora – aquele para quem ninguém dava bola, sabe? Mas alguma coisa estava faltando. Devido ao tempo que passei em Brasília, ao contrário dos meus irmãos, me enturmei *fora* da escola. E que turma, hein? Mas nem isso era... Aí me toquei e já era tarde demais. Tinha virado brasileiro.

Sem saber exatamente quando veria meus irmãos de novo, muito menos o Pretorius, embarquei de volta ao Brasil triste, mas ansioso para aplicar na banda tudo que vivi, cheio de camisas sociais pintadas, discos e fitas na bagagem. Não demorou muito... Oito horas para ser exato. Na parada no Rio para troca de aeronave rumo a Brasília, peguei o jornal local para me situar de novo no nosso querido e confuso Brasil e li que *Rio Babilônia*, filme de Neville de Almeida, teve a cena de Jardel Filho com uma travesti censurada, num sombrio lembrete do regime em que vivíamos e um cutucão e tanto na minha volta ao terceiro mundo *(33 anos depois conseguimos resgatar essa cena para um documentário sobre a banda)*. Também li uma entrevista sobre o tema em que Nelson Motta (ou seria Caetano Veloso?) usava a frase "a censura ninguém censura" e a notícia de que havia mais traficantes nos morros e que a "unidade repressora oficial" estava subindo para combatê-los. Então peguei a canção que ensaiei no porão da casa Fessenden e introduzi um pouquinho da efervescência punk de D.C. no Brasil: "Contra a nossa arte está a censura/ abaixo a cultura, viva a ditadura / Jardel com travesti, censor com bisturi/ corta toda música que você não vai ouvir/ A censura, única entidade que ninguém censura Unidade Repressora Oficial.

Ao chegar em Brasília, pela seriedade cada vez mais incisiva das letras e o crescimento de prestígio da Plebe, não havia mais espaço para as meninas. Mas não foi só por isso. Enquanto estive fora, fui *largado* pela namorada, que me trocou por um dos fotógrafos da *Tchurma*. Por que outro motivo garotos tiram garotas de bandas? *Pitchka ti materina!* Pensando bem, o que pesou mesmo para a saída das plebetes foi a consolidação nacional da Blitz com suas duas cantoras. A última coisa que queríamos era parecer com eles. Então, sob a premissa de que elas não teriam tempo para a banda devido aos estudos, eu e André nos encontramos no estacionamento da Adega, o antro da vez, e tomamos a decisão de tirá-las. Finalmente uma decisão sábia dessa dupla.

A formação clássica do quarteto responsável pela ascensão (e queda) dos quatro rudes plebeus estava definida de vez, e eu até comecei a cantar. Como minha voz tinha uma extensão bem maior que a do Ameba, a coisa mais natural foi ele começar a tocar guitarra, mais para ter o que fazer do que como apoio harmônico. Apesar dele estar engatinhando na guitarra, um som mais cheio na banda era bem-vindo. Na época não me incomodei, pensava que poderíamos ter uma simbiose de guitarra como o XTC, o Buzzcocks ou até mesmo The Clash, três bandas com dois vocalistas e dois guitarristas que se completavam. Ledo engano... E isso causaria *muitos* problemas no futuro.

"Meu Deus. É incrível, Philippe Seabra. Tem tanta banda e tanto lugar para tocar. E eles conhecem as mesmas coisas que nós conhecemos. Eles conhecem Young Marble Giants!" Era o Renato, que sempre de referia a mim pelo nome completo, impressionado com o que vivera em São Paulo, onde a Legião tinha tocado pela primeira vez. Eu também não fazia ideia. Pensei que ninguém mais conhecesse as músicas que estávamos ouvindo. Vivíamos completamente isolados do resto do país, e não por acaso: na cabeça dos fundadores, o isolamento de Brasília tornaria mais fácil a governabilidade do país.

Cinco anos antes, em 1978, foi lançada a coletânea *Revista Pop Apresenta Punk Rock*, mas não sabíamos o impacto que o disco encartado na revista teve em figuras de São Paulo, do João Gordo ao Edgar Scandurra, futuros protagonistas na consolidação da cena punk paulista. Foi justamente esse isolamento das três vertentes que as solidificaram até elas se inclinarem umas para as outras e formar a santíssima trindade do rock dos anos 1980 no Rio, São Paulo e Brasília.

A Legião tocou pela primeira vez em São Paulo em outubro de 1983 como um power trio, com Renato no seu Gianinni SG de escala longa, Dado com sua Ibanez vermelha e Bonfá na bateria da casa. Eles fizeram dois shows no Napalm, idealizado por Ricardo Lobo, frequentador de casas noturnas nova-iorquinas como o Max´s Kansas City e o CBGB's. No mesmo fim de semana, a Plebe e o Capital fizeram o show *1984*, num Sesc de Brasília – o flyer tinha um design meio new wave que não correspondia ao tema do show, muito menos ao ano sombrio e *orwelliano* que estava por vir.

Logo chegou a vez de nós tocarmos em São Paulo, numa viagem armada pela Fernanda Pacheco, futura esposa do Dado, que tinha acabado de voltar de Nova York cheia de histórias pra contar da cena punk efervescente no CBGB's até o vizinho membro do Village People – era o índio do quinteto, realmente de descendência Sioux. No Brasil ela começou um fanzine chamado *SPALT* (SP Alternativo), com colaboradores da cena local, como Alex Antunes, Marcelo Rubens Paiva, Antônio Bivar e Hermano Vianna, e apoio da loja Wop Bop, que cobria os custos de gráfica. Renato ficou encantado com ela porque conhecia Young Marble Giants, que ele achava que ninguém mais conhecia...

Saímos de Brasília para tocar na derradeira noite do Napalm, que estava fechando as portas depois de 50 noites de existência, mas a Fernanda, que cuidava da programação da casa, tinha recém-saído de lá e acabou encaixando um show na outra casa noturna em que foi trabalhar, Rose Bom Bom. Quinze horas de viagem depois, chegamos na rodoviária do Tietê e fomos recebidos por um rapaz que trabalhava no Napalm, um dos pioneiros do punk paulista, mas era diferente da imagem veiculada na grande mídia e, pior, estereotipada pela música "Punk da Periferia", de Gilberto Gil, que estava estourada nos rádios. Ele era muito, muito engraçado e foi quem escreveu um ano antes o seguinte manifesto: "Nós estamos aqui para revolucionar a música popular brasileira, pintar de negro a asa branca, atrasar o trem das onze, pisar sobre as flores de Geraldo Vandré e fazer da Amélia uma mulher qualquer".

Ele se chamava Clemente e tocava baixo na sua primeira banda, o Restos de Nada, um Aborto Elétrico paulista no pioneirismo e no impacto. Em 1980 foi membro do Condutores de Cadáver, e sua nova banda nova se chamava Os Inocentes, outra protagonista do incipiente rock brasileiro oitentista.

Os Inocentes tocaram na inauguração do Napalm, mas àquela altura Clemente já estava de saco cheio. Os punks paulistas mais radicais começaram a repudiar a banda, pois, como estavam ficando mais conhecidos, eram tachados de *traidores*, então Clemente resolveu formar Os Neuróticos. Anos mais tarde, ele nos confidenciou que, ao nos ver descendo do ônibus, pensou: "Esses são os punks de Brasília? Esses caras não vão durar nem dois minutos em São Paulo". E quase que a gente não dura mesmo.

Seguimos direto para um apartamento emprestado no Bixiga e fomos recebidos por um estudante de medicina asiático que nunca mais vimos depois dele abrir a porta. Ele mal falava português e não chegamos a entender o seu nome, então o apelidamos de Viet Cong. Mantendo a nossa tradição cosmopolita de Brasília, estávamos com uns colegas da Escola Americana na viagem, um indiano e um alemão. O apartamento era pequeno, porém confortável, e o teor punk dos arredores era mantido pelo pé-sujo do outro lado da rua, chamado Trabuco Lanches, com o desenho de uma arma de grosso calibre no letreiro.

Logo comecei a sentir uma coceira nos olhos, daquela que sentia na minha tentativa desastrosa de usar as duras lentes brasileiras um ano antes. Quando a coceira passou para ardência, tive que tirar as lentes que podiam ser usadas até duas semanas direto. Estranhei, mas então percebi que estávamos em São Paulo, cuja poluição confirmou que definitivamente não estávamos mais em Brasília.

O Rose Bom Bom ficava na esquina das ruas Haddock Lobo e Oscar Freire, numa galeria comercial mais *upscale*, que só se via igual no Gilberto Salomão de Brasília, onde paradoxalmente o Aborto fez seu show de estreia. O piso da pista de dança era um quadriculado que outrora seria *50's style*, mas que não destoava na era new wave, e ali a Legião gravaria seu primeiro clipe, "Será", dois anos depois. Passamos o som e ficamos por lá mesmo até a hora do show, andando um tanto deslocados pela Oscar Freire. Não tinha quase ninguém no show, ainda mais pelo encaixe de última hora, mas não importava. Estávamos em São Paulo!

O dono da casa, Angelo Leuzzi, era muito generoso e tratava bem as bandas, mesmo as mais desconhecidas. Anos mais tarde ele se tornaria o rei da noite alternativa paulistana em casas como a icônica Lov.e e certamente tem seu lugar no panteão do rock brasileiro como um dos seus principais incentivadores. Onde mais se poderia ouvir Killing Joke tocando na pista? Nas casas noturnas de Washington e no 9:30 Club tudo bem, mas no Brasil? Nós nos olhávamos incrédulos. Sem dinheiro, ficamos até o amanhecer para filar o café da manhã suntuoso que era servido de graça para os frequentadores mais resilientes. Esfomeados que só, aquela refeição nos sustentaria o resto do dia. E precisaríamos mesmo da reserva de energia, pois à noite tocaríamos na histórica última noite do Napalm. Todos da cena paulistana compareceriam. E quase foi nossa última noite também... de vida.

"There ain't a goddamn thing that the cops can do /
There's a rumble in Brighton tonight."
– "Rumble in Brighton", Stray Cats

Isso ainda vai virar cena de cinema. O show da Plebe Rude na despedida do Napalm se pareceu com o que foi revivido no filme *24 Hour Party People (A Festa Nunca Termina),* de Michael Winterbottom, que narra a história de Tony Wilson, fundador da Factory Records. Em 1976, no Lesser Free Trade Hall, em Manchester, os Sex Pistols tocaram, com abertura do Buzzcocks, para uma plateia composta por muitos protagonistas da cena punk. Além das bandas *headliners,* futuros membros do Joy Division, Magazine, The Fall , The Smiths, o produtor Martin Hannet, Tony Wilson e até um deslocado Mick Hucknall, depois vocalista do Simply Red, estavam na plateia. Esse evento ficou conhecido como *o show que mudou o mundo.*

Sem mudar o mundo, mas igualmente marcante, o segundo show da Plebe em São Paulo reuniu praticamente todo mundo que faria diferença no rock nacional da década de 1980. Mingau (futuro Ratos do Porão e Ultraje a Rigor), Redson e Val (Cólera), Clemente, Tonhão, Callegari e Ronaldo (Os Inocentes), João Gordo, Nasi e Edgard Scandurra (Ira!), Urso, Morto, Sandra (Mercenárias), o fotógrafo Rui Mendes, o escritor Antônio Bivar, o jornalista Pepe Escobar. Confesso não lembrar se tinha algum membro do Titãs do Iê Iê, como se chamavam na época, antes de sua *conversão* punk, mas, como eram tantos, provavelmente sim. Marcelo Rubens Paiva me confidenciou décadas depois que estava lá também, mas ficou do lado de fora. Os amigos que estavam com ele, sentindo uma *vibe* meio ruim, acharam que seria melhor não entrar.

Quando eu já estava no palco, montando o equipamento, um sujeito alto e magro chamado Jaime se aproximou de mim e perguntou se éramos uma banda de rockabilly. Jaime era *o* rockabilly de São Paulo e tinha um topete gigantesco, que ofuscava o meu por algumas léguas. Ele andava sempre com a Jac Leirner, minha primeira paixão de São Paulo, platônica, diga-se de passagem, pois Jaime simplesmente não me deixava chegar perto. Jac era a artista plástica da galera e em alguns anos rodaria o mundo em exposições e instalações, tendo o punk como uma de suas inspirações.

No cartaz fomos anunciados como uma banda *new wave* de Brasília, e meu topete, que na verdade eu considerava um cabelo comprido ao contrário, inspirado numa capa da *NME* com Ian McCulloch, do Echo and the Bunnymen, contrastava com o visual meio *skinhead* do Ameba. André e Gutje, com seus habituais cabelos curtos, talvez se encaixassem melhor nessa definição. Para aquela noite também estava anunciada a exibição do vídeo *Ofensiva Final*, que documentava a revolução sandinista, mas não causou muito impacto pelo tamanho diminuto das telas das TVs. O preço da entrada era Cr$ 1.500,00, amigável para o mais desempregado dos punks, e a casa encheu rapidamente.

Tocamos nossas músicas completamente desconhecidas para uma plateia atenta. Quer dizer, exceto um apático João Gordo, que ficou de braços cruzados e de costas para o palco. Perco o amigo, mas não perco a piada; então eu, sem medo da morte e na pose mais clássica do rock'n'roll, pus meu coturno no ombro dele, como se fosse um retorno. Ele olhou incrédulo para trás, com minha bota a centímetros do seu rosto, e depois para mim, com olhar de desaprovação absoluta. Mas, acho pela minha audácia, ele até que levou na boa. O fato de eu ter sobrevivido diz tudo.

A plateia respondeu bem ao ataque sonoro, e, apesar de um solitário "vai para casa, filho de ministro", vindo do meio da multidão, nós seríamos a terceira e última banda da *Tchurma* de Brasília a se apresentar no Napalm, depois da Legião e do Capital. Nossa reputação nos precedia, e correspondemos às expectativas com um show fulminante. O que se seguiu foi algo que nunca vimos antes.

No final da apresentação saímos do palco sob aplausos para o pequeno camarim, repleto de peças de bateria e capas de instrumentos. O Napalm era um retângulo comprido, com um corredor à direita na entrada separado por um fino compensado pintado de preto. Naquele espaço ficava o camarim. O corredor desembocava no meio da casa, na lateral do palco, e o bar ficava em frente, à direita. João Gordo entrou no camarim e se apresentou, não para me matar, mas para nos cumprimentar, dizendo que tinha curtido a Plebe mais do que as outras bandas de Brasília que passaram pelo Napalm. Ele achou o som "mais visceral do que aquele com a bicha cantando". Agradecemos a preferência.

Foi quando ouvimos uma gritaria. Uma pancadaria começou, e a parede que separava o camarim do corredor de entrada começou a cair em cima de nós, que a seguramos, com ajuda do João Gordo. “Bem-vindos a São Paulo...” Até o Ameba estava com cara de preocupação. Depois de um longo minuto, a gritaria e o empurra-empurra migraram para dentro do Napalm, e subimos no palco para ver o que se passava. Meu Deus, como o punk de Brasília era benigno comparado àquilo!

A briga parecia uma cena dos Trapalhões, com direito a chutes, pontapés e a habitual cadeira nas costas. Só faltava a dancinha do Mussum seguida de uma rasteira. Quando um dos copos que voavam atingiu o palco, voltamos para o camarim, cujas paredes voltavam a tremer enquanto a briga gradativamente se movia para fora do Napalm. Deve ser assim que todo show nosso fora de Brasília vai terminar, pensei. Na primeira vez fora do Distrito Federal fomos presos; como o show do Rose Bom Bom foi mais um ensaio ao vivo, esse que caía na categoria de estreia em São Paulo teve uma pancadaria digna do filme *Warriors*. Azar ou sina?

Quando tudo se acalmou, descemos do palco para ver o que tinha acontecido. Realmente o nome Napalm era bastante adequado para a casa noturna, que então se parecia com uma aldeia vietnamita recém-devastada por bombas incendiárias. Os punks brigaram feio com os *headbangers*, e até nosso anfitrião, Clemente, ao salvar um colega da obliteração, levou uma pancada na mão esquerda que endureceu um dos dedos para sempre. Para ele, certamente o show da Plebe foi inesquecível. Levávamos muito a sério o que tocávamos e pregávamos, mas correr risco de vida? Brasília tinha lá suas desavenças, e contávamos muito com a sorte nos embates com a polícia e os playboys, mas eles nunca acabavam desse jeito. Talvez fosse uma boa hora de aposentar o Philippe Malvinas...

Passamos a *descer* regularmente para São Paulo e, numa dessas idas, fomos chamados para abrir o show de uma banda chamada Ira!, que estava lançando o compacto de “Pobre Paulista”, ainda com o jovem Charles Gavin (futuro Titãs) na bateria. Na verdade era *um* dos lançamentos pela cidade, pois o Ira! tentou capitalizar ao máximo o feito de ter conseguido lançar algo em vinil de alta qualidade sonora.

Eu já conhecia o grupo de nome, e no Napalm tinha visto um vídeo deles na telinha da TV, pois todos os shows lá eram filmados. Achava engraçada a braçadeira ufanista onde estava escrito São Paulo, usada pelo guitarrista, que tocava com a guitarra invertida sem inverter as cordas, algo típico do canhoto que aprendeu num instrumento destro do irmão mais velho ou do vizinho. Tínhamos orgulho de ser de Brasília, mas nunca carregamos seu emblema como uniforme – isso talvez explicasse o fato de a letra da música que estavam lançando falar: "Não quero ver mais essa gente feia, não quero ver mais os ignorantes".

Caramba... Killing Joke, minha banda predileta, também tinha letras que poderiam ser mal interpretadas, como "Requiem" e "Birds of Feather" (de frases como "nós temos tanto em comum" e "vai atrás do mais fraco"), mas nada assim tão direto. Eu fiquei bastante receoso, ainda mais depois da violência que presenciamos no Napalm. Mas ao conhecê-los, vi que não era nada disso e fiquei mais tranquilo, pois vi que o vocalista Nasi tinha um "s" no nome ao invés do tenebroso "z", e eram muito simpáticos, a ponto de emprestarem a bateria completa com seus inúmeros pratos, com o que o Gutje se perdia, pois só tinha dois. Viramos todos amigos e somos até hoje.

Nossas *descidas* para São Paulo não eram estratégicas, para *plantar a semente*, nem para entregar fitas demo em rádios ou para um diretor artístico. Era urgência pura. Não existia mercado, nem de longe vislumbrávamos carreira, muito menos com o tipo de som que tocávamos. Como diria Drummond, "Oxalá se eu soubesse que esse verbo era irregular". Mas era isso que fazia aquela época e aquela leva de bandas tão especiais, tão puras. OK, nem tanto, porque algumas bandas paulistas já nasceram *cultuadas*, com seus membros e amigos em lugares privilegiados da mídia. A gente bem que tentou sintetizar isso em "Mentiras por Enquanto", que apareceria três anos depois, mas ninguém fez tão bem quanto Marcelo Camelo em "Todo Carnaval Tem Seu Fim", quase 20 anos depois: "Toda folha elege alguém que mora logo ao lado".

Quando surgiu a revista *Bizz* então, em 1985... *panelinha* é apelido, mas isso é *outra* história... Em "Mentiras por Enquanto", do segundo disco da Plebe Rude, de 1987, brincamos com isso usando a citação "o horror", que Alex Antunes cantara numa música da Número 2, banda que passou a ser companheira da Plebe em São Paulo e que até armamos para tocar em Brasília. Alex virou jornalista da *Bizz*, mas para mim seu grande feito foi ter apelidado o Edson, baterista do Gueto, de Edson X, creio que mais como brincadeira, mas que pegou, inspirado no André, que oficializou o X no sobrenome inspirado em Malcolm X. Alex entendia nosso senso de humor e também apelidou Guilherme Isnard de Gisnard, já que ele assinava tudo que compunha como G. Isnard – ele ficava puto e vivia mandando recado por nós de que encheria o Alex de porrada.

Brincadeiras à parte, a cena de São Paulo era mágica. Frequentávamos o Carbono 14, no Bixiga, onde subíamos as escadas estreitas de seus vários andares para ver projeções de vídeos como *Quadrophenia*, do The Who, e *PIL ao Vivo no Japão*. Vídeos! E projetados numa tela grande, imagine só? *Ninguém* tinha acesso a vídeos em Brasília, muito menos de bandas da cena e menos ainda desse tamanho! No Madame Satã, onde tocávamos no porão, deparávamos com uma mulher numa plataforma acima da porta de entrada, os olhos esbugalhados, recepcionando a todos e comendo repolho. Sim, repolho. Era uma performance que bem poderia ser intitulada "certamente não estou mais em Brasília".

Também vimos Azul 29, do guitarrista Eduardo Amarante, futuro Zero e Agentss (banda que cantava em dialeto próprio, daquelas coisas que você via só em São Paulo), os pioneiros do rockabilly, Coke Luxe, e o incrível Voluntários da Pátria, no Rose Bom Bom, além dos colegas legionários no Radar Tantã e no Rádio Clube, onde fizeram uma dobradinha com a peça *Feliz Ano Velho*, com Marcos Frota no papel de Marcelo Rubens Paiva com o André Frateschi andando pelo camarim, ainda criança. Ficávamos felizes pela Legião, que estava chamando atenção pelas letras de seu líder desengonçado, antítese de rock star.

Eu tinha 17 anos, e, se a estada nos Estados Unidos tinha aberto meus olhos, aqui era a vez de abrir minha cabeça, e nada, *nada* me preparou para um local no centro de São Paulo, construído na Avenida São João, em 1962, numa iniciativa da prefeitura para a revitalização do centro. Batizada de Grandes Galerias, tinha sete andares, design curvo e moderno e aos poucos foi atraindo curiosos e aficionados por música e outros lojistas do segmento. Em 1976 a Wop Bop, primeira loja punk de São Paulo, abriu no local, que também atraiu lojas como a Punk Rock Discos, Barato e Afins, Devil Discos e se estabeleceu como referência da música moderna – e por isso passou a ser chamada de Galeria do Rock.

Completamente ilhados em Brasília, simplesmente *não fazíamos ideia* de que havia tanta gente na mesma sintonia que nós no Brasil. Tudo bem que tínhamos acesso a discos estrangeiros por causa dos filhos de diplomata, mas poder entrar numa loja e comprá-los? Os iugoslavos tinham ido embora, então encontramos uma substituição para a Small Wonder. Sempre que comprávamos discos nessas lojas, da nossa pequena maneira, estávamos contribuindo para a cena brasileira, já que elas eram os selos de bandas como Fellini, Violeta de Outono, Coke Luxe, Smack, May East e a coletânea Não São Paulo Vol. 1 com Akira S & As Garotas que Erraram, Muzak, Ness e Chance.

Em 2010, a TV Globo deu protagonismo para a Galeria do Rock na novela *Tempos Modernos*, em que Antônio Fagundes interpretava um impiedoso empresário imobiliário que tentava derrubar o prédio. Numa infeliz alusão a *2001 – Uma Odisseia no Espaço*, o personagem tinha um computador como o Hal 9000 (o computador traiçoeiro da obra-prima de Stanley Kubrick), que lhe informava tudo que passava no prédio. Como o público do horário *das sete* não entendeu a analogia, a trama focou na tentativa de expulsão dos roqueiros da galeria, e o Hal 9000 tupiniquim foi esquecido de uma hora pra outra, tudo isso embalado pela música "Até Quando", da Plebe, que tocava todo dia na novela – o mais curioso é que o personagem Zapata, principal defensor da galeria, era interpretado pelo ator Antônio Fragoso, membro da *Tchurma* de Brasília, ex-baterista da Escola de Escândalo. Um membro da *Tchurma* defendendo a Galeria do Rock ao som de Plebe Rude? Não fez mais do que sua obrigação.

São Paulo ia tomando forma para nós. Revezávamos entre os estudos, os shows em Brasília e, sempre que possível, pegávamos o ônibus para São Paulo na sexta--feira. Mas nada de leito aqui, era punk puro. *Toco duro*, como chamávamos. Ameba estava começando a entrar no clima paulista e pintou o cabelo com rajadas de tigre. Meu topete crescia a cada dia, e aos poucos conhecíamos mais protagonistas da cena local.

No Madame Satã fizemos amizade com o jovem Júlio Cesar, que estava montando a banda Gueto. Na Tífon, uma casa noturna grande que ficava em Moema e tinha Guilherme Isnard como programador, o (já nem tão) jovem e simpático Skowa apareceu nos bastidores, intrigado com aquela leva de Brasília. Aliás, foi desse show, feito com uma bateria só de rototons (com as peles esticadas num aro rotativo, que viraria marca registrada das viradas agudas da bateria da Plebe), que a maioria das fotos do encarte do EP *O Concreto Já Rachou* foram tiradas pela Helena, esposa do baterista, uma inclusive aproveitada para a capa deste livro.

Aumentando nossa rede, ensaiamos na sala de ensaio do Ira!, no Jabaquara; fomos apresentados pelo Clemente para o Redson, o Val e o Pierre do Cólera, Mingau, Callegari, as mulheres do Mercenárias e outros punks, todos curiosos pelo som de Brasília; conhecemos o Akira, do futuro Akira S & As Garotas que Erraram, que tocava um inusitado Chapman Stick, instrumento de braço largo com cordas de baixo e de guitarra popularizado por Toni Levin, do King Crimson e Peter Gabriel. Aficionado por instrumentos, Akira era doido para refazer a escala do braço da minha querida Les Paul Custom, já bastante desregulada pelas inúmeras viagens entre Brasília e São Paulo. "Tá doido, ninguém mexe no meu bebê", eu respondia. Foi só quando emprestei a guitarra para o Celso Blues Boy, no show *A Lagoa Vai Berrar*, três anos depois, e ele me disse: "Tem que regular isso aí, viu"?, que me dei conta que instrumentos precisavam de manutenção. Sério? Então é pra isso que servem o tirante do braço e esses parafusinhos da ponte?

São Paulo mexeu muito com a gente. Que turma interessante. Que papo interessante. Lá em Brasília só tínhamos nós mesmos para conversar. Iríamos falar com quem? Com playboy? Sobre a sua roupa nova que era somente uma roupa nova? Em São Paulo as casas noturnas, muitas delas boates LGBT antes mesmo de existir esse termo, abriam as portas para os punks e new waves, tão *outsiders* e *misfits* quanto seus frequentadores habituais, as pessoas trabalhavam e moravam sozinhas e, como nós, tinham sede de conhecer as bandas novas que se revezavam nos palcos underground da metrópole.

Nós tocávamos onde podia, Via Berlin, Paradise, Village... No Via Berlin, depois de um show nosso, um destemido Gutje fez uma tatuagem de bateria no braço, na calada da noite; na Paradise dividimos o palco, se você pode chamar aquilo de palco, com Os Neuróticos, a nova banda do Clemente. Naquela noite, quando a cortina se abriu para dar um mínimo de toque de Broadway ao show, em vez de transformistas surgiu um jovem Clemente deitado, segurando um cupido de mármore falso, enquanto apresentava a banda. Como eu havia dito, o cara era *muito* engraçado.

Os Inocentes, ex-banda de Clemente, eram mais hardcore, com temática incisiva, enquanto Os Neuróticos eram mais para o punk clássico/pós-punk. Alguns anos depois, Clemente retomaria Os Inocentes, que gravou pela Warner na formação clássica, com Tonhão, André e Ronaldo, e temas mais rebuscados – para mim, Os Neuróticos foi a maneira que o Clemente encontrou para mudar de guitarrista. Mas não conta pra ninguém...

Quando tocamos no Village, gravamos o show inteiro em vídeo. É provavelmente o registro de imagens com áudio mais antigo que temos, pois nossos filmes em super-8 de Brasília eram mudos. Village era *a* casa gay de São Paulo, tinha até uma sala escura para, nas palavras do finado repórter policial curitibano Alborghetti, "o sururu de Satanás". Foi nesse show que minha maleta de bebidas, aquela mesma malinha de bebida furtiva, pronta para a chegada da polícia, foi roubada com um delay da Boss e um fuzz da Fender, um raro Fender Blender. Foi um sóbrio lembrete de que estávamos na cidade grande e do constante perigo que minha Gibson e o baixo Fender do André corriam nos shows e ônibus locais que pegávamos.

Aproveitamos as imagens do show do Village para fazer um clipe da música "Censura", o primeiro da banda. Com os efeitos disponíveis da época, hoje terrivelmente datados, o vídeo mostra a banda em volta de uma mesa, semelhante a uma cena de um jogo de pôquer, concebendo a música. Todos estão fumando cigarros, inclusive eu, mas anos antes de Bill Clinton, criei a frase "fumei, mas não traguei". E era verdade. Além da cena na mesa esfumaçada, o clipe tem cenas da Plebe tocando ao vivo e sendo censurada. Cada membro também teve um momento descontraído: André aparece numa banheira cheia de palha, abraçado com uma grande mosca cenográfica, que sabe-se lá por que estava na produtora. Coitado, ele reclamou de coceira pelo corpo todo por uma semana. Eu entro numa cozinha, abro uma geladeira, e quem está dentro dela é Gutje, que me entrega o rato que ponho na boca antes de sair de cena (era de borracha, obviamente). Ameba sola num sintetizador Moog que tinha no estúdio, apesar de a música não ter teclados, e dá para perceber quando ele atende ao pedido do diretor que gritou em cima do playback: "Faz cara de doido!". Gutje está sentado semipelado em cima de uma privada, teclando freneticamente numa máquina de escrever, com um trejeito alucinado.

Fizemos o clipe no primeiro estúdio de verdade em que entramos, mas lembro que fiquei um pouco decepcionado com o som magro, embora *infinitamente* melhor do que conseguíamos em Brasília. Era o que os estúdios de médio porte conseguiam na época. Mas, como locação, era ótimo.

Também foi em São Paulo que mandamos fazer os panfletos da banda em fotolito, com uma impressão melhor do que os anteriores de Brasília, em xerox, que são bem conhecidos entre os fãs da Plebe e cujos originais são itens de colecionador. Eles não chegavam a ser um fanzine, e eu nem gostava muito da estética dos fanzines da época, que o pessoal da *Tchurma* produzia espelhados nos fanzines de fora, mas eram importantes para que as pessoas entendessem as letras, já que na maioria das vezes o som dos shows era péssimo.

No começo, meu irmão Ricky me ajudava a montá-los, com seu olho bom para design – ele é o criador do *Congressinho*, o mascote da Plebe. Quando ele foi morar fora, eu assumi a produção e o design sozinho. Lula, o fotógrafo *me pede money* que nos acompanhou em Patos de Minas, revelava e ampliava as fotos nos tamanhos específicos para mim. Ele nunca quis receber, e na maioria das vezes tive que forçar o dinheiro na sua mão, falando: "Porra, cara, me pede money!".

As capas seguiam um design padrão, com um parágrafo sobre a banda e uma foto, ou posada em frente ao Congresso, ou num show ao vivo no Rock na Ciclovia. Dentro havia fotos misturadas com letras, desenhos que eu fazia dos membros da Plebe e um eventual carimbo da censura. No verso do A4 dobrado, eu colocava fotos individuais dos membros, dizendo o que cada um tocava.

Num outro panfleto, antes de termos um logotipo, o nome Plebe Rude foi desenhado com letras cursivas *art nouveau*, sobrepostas a uma foto linda da banda no Rock na Ciclovia, feita pelo Lula, com a silhueta da comissão de frente e o pôr do sol atrás.

Tem também um panfleto em que, no verso, cada membro disse quem era seu artista de cinema e bebida prediletos. Gutje, então com o pseudônimo Gutje Duracell (que, quando ficava ofegante, chamávamos de *pilha fraca*), querendo passar um ar mais sofisticado, colocou Catherine Deneuve como atriz e scotch como bebida; André indicou Jimmy Pursey, vocalista do Sham 69 (em virtude da ponta no filme *Rude Boy*, do Clash), e dry martini em homenagem aos livros de Ian Fleming, do 007; Ameba colocou como artista predileto Ronald Reagan e como bebida "qualquer coisa alcoólica" – estranhei ele não ter colocado Campari, sendo uma das duas únicas pessoas que conheci que gostava do xarope de groselha alcoolizado; eu, para fazer gracinha, coloquei como ator o clone de Jerry Lewis, Renato Aragão, e como bebida predileta – o que mais? – limonada suíça. Funcionou. Todas as meninas chegavam para mim: "Que gracinha, ele bebe limonada suíça".

Na capa do panfleto feito em fotolito, em São Paulo, estão fotos individuais dos membros da banda tiradas na Tífon, com Ameba de perfil, o cabelo pintado em listras tigradas, numa curiosa combinação de skinhead com new wave. Dentro estão as letras de "Códigos" (então chamada "Código Penal"), "A Minha Renda", "Brasília" e "Johnny". Num canto, ninguém menos que Ronald Reagan, de black tie, rindo com uma nuvem atômica ao fundo, falando: "Feliz Natal, Nancy!".

Com as *descidas* constantes para São Paulo, passaríamos a ter uma estrutura mais tranquila, pois começamos a ficar na casa de amigos. Guilherme Isnard, o benfeitor da galera, virou extraoficialmente o embaixador das bandas de Brasília. Seu apartamento na Consolação passou a ser base de chegada ou até permanência de bandas como o Capital Inicial, que passaria meses por lá.

Em contrapartida, a banda de Guilherme, Voluntários da Pátria, foi convidada a dar um show em Brasília pela turma do Capital; quando chegou a hora de literalmente "tocar na capital", a caravana do amor não apareceu, pois Guilherme, que não se sentia à vontade para cantar letras que não tinha escrito, saiu da banda.

Assim como Renato aproveitou o convite do já sepultado Aborto Elétrico para tocar em Patos de Minas como Legião, Guilherme usou essa oportunidade para debutar o Zero. Isso sedimentaria a ponte Brasília-São Paulo, e ele se tornou o único *paulista* (embora carioca de nascença) da cena a frequentar as duas cidades.

Mais velho e já estabelecido como estilista da Zoomp, Guilherme impressionava a todos. Suas motos tinham nome, como a Honda XL 350 azul com o rosto da Marilyn Monroe pintada no tanque, chamada de Marilyn, mas o que mais impressionou é que ele tinha namorado Demi Moore quando ela filmou *Blame It on Rio* no Brasil, junto com Michael Caine. Ela até viu a estreia dos Voluntários, quem diria? Demi Moore? Isso sim é um verdadeiro rock star!

Aliás, quando eu fui ver os Voluntários no Rose Bom Bom, fiquei muito impressionado com os dois guitarristas trabalhando juntos, dando espaço um ao outro. Pensei, quem me dera ter isso um dia. A Plebe era, até então, um power trio com um vocalista e uma eventual segunda guitarra, pois músicas como "Sexo e Karatê", "Voto em Branco", "Johnny Vai à Guerra" e "Brasília" não precisavam de apoio harmônico. Se tivesse um segundo guitarrista *full-time, aquela* era a simbiose que eu queria para a banda.

Eu e André, em São Paulo, normalmente ficávamos no apartamento de uma amiga, Marinella, baterista do Número 2, que numa breve passagem de som e numa foto na revista *Roll*, no Madame Satã, foi baterista da Plebe, porque estava começando o capítulo dos inúmeros atrasos de Gutje, algo que chegaria a níveis tóxicos no decorrer dos anos.

Foi a baixista do Número 2, Ana Ruth, filha da atriz, produtora e entidade do teatro brasileiro Ruth Escobar, que intermediou para a Plebe ensaiar no teatro que levava o nome da mãe. Ensaiar num teatro? Só em São Paulo mesmo... O Teatro Ruth Escobar tinha sido inaugurado na década de 1960 e virado um templo da moderna e incisiva dramaturgia brasileira. Foi naquele palco histórico que, em 1973 – exatos 10 anos antes –, Rita Lee e Tutti Frutti, igualmente incisivos, estrearam.

Depois do ensaio, saíamos para tomar cerveja, ouvir as histórias engraçadas do vocalista da Número 2, Alex Antunes, e tentar acompanhar (mas era impossível) o guitarrista Minho K, apelido de Celso Pucci, que introduziu o rabo de galo para os brasilienses. Eu *nunca* vi alguém beber tanto na minha vida.

A turma de São Paulo nos ajudava muito, e hospedagem era uma contribuição importante. Uma das nossas benfeitoras era filha de um almirante da reserva da Marinha do Brasil. Uma vez, num almoço, perguntei se ele conhecera meu tio, o Ferro Costa, também da Marinha. Ele olhou para baixo e sussurrou: "Aquele traidor?".

"Numa ditadura, dois segmentos se destacam nas Forças Armadas: os que servem os tiranos com seus métodos de opressão e tortura e os que constroem suas carreiras nas trincheiras da liberdade."
– Paulo Ferro Costa, Capitão de Mar e Guerra, na Comissão da Verdade

Na escola, eu sempre reclamava com a professora de estudos sociais que não houve uma revolução em 1964, como estava no livro de história. Tinha sido algo um pouco mais dramático, um golpe mesmo. Ela desconversava enquanto o resto da turma ria. Quando eu falo que a contestação estava no meu DNA, não estou brincando.

Meu tio paraense, Paulo Ferro Costa, era um dos tenentes da Marinha mais jovens de sua turma no dia 1º de abril de 1964, a data do golpe. Ele exercia papel de liderança junto aos marinheiros e tinha esperanças de uma possível resistência do presidente João Goulart. Jango não quis o enfrentamento, com receio de derramamento de sangue e uma possível guerra civil, uma *luta fraticida,* se exilou no Uruguai e teve seus direitos políticos cassados.

Os colegas do meu tio foram tachados de *comunistas* pela demora da adesão da Marinha ao golpe e, mesmo não cometendo nenhum crime, foram presos e afastados como *mortos contábeis* – suas famílias passaram a receber pensão de falecidos. Em abril de 1964, meu tio foi levado ao *Princesa Leopoldina*, navio transatlântico que mantinha presos oficiais da Marinha, Aeronáutica e Exército, e em agosto foi demitido da Marinha sem certidão de serviço militar e considerado morto. Ele foi preso novamente em 1965 e condenado a dois anos de prisão, mas cumpriu apenas um terço da pena porque foi solto no indulto de Natal. Um inquérito foi montado contra ele; como prova, só depoimentos sem assinatura.

Em 1970, na sua última prisão, ele ajudou uma ex-companheira foragida que se envolveu com a luta armada (com a qual não concordava) e o levaram para o quartel da Polícia do Exército na Rua Barão de Mesquita, zona norte do Rio, onde foi torturado nos porões do DOI-Codi. Por sorte foi reconhecido na prisão por um oficial que tinha sido seu comandante no Colégio Naval e conseguiu tirá-lo de lá. Ferro Costa se exilou em Paris e depois passou por Washington D.C., ficando lá em casa. Eu era menino ainda e ficava muito impressionado com o que ele tinha passado. Em 2013, no seu depoimento para a Comissão da Verdade, ele afirmou: "Numa ditadura dois segmentos se destacam nas Forças Armadas: os que servem os tiranos com seus métodos de opressão e tortura e os que constroem suas carreiras nas trincheiras da liberdade".

Na Nova Constituição Cidadã de 1988, foi concedida anistia aos perseguidos pela ditadura, e Paulo Ferro Costa voltou para a sua carreira com todas as promoções, como se estivesse na ativa. Essa história incrível de patriotismo e resiliência é contada no documentário *Os Militares que Disseram Não*, de Sílvio Tendler – com depoimento do meu tio, entre outros.

Mas não foi só a barbárie cometida contra meu tio que trouxe esse passado tenebroso do Brasil para dentro da nossa pacata casa de Washington. Por meu pai ter sido o tradutor entre Kennedy e João Goulart na sua visita à Casa Branca em abril de 1962, essa realidade estava ainda mais próxima de nós. Desde a renúncia de Jânio Quadros, o Brasil estava no radar norte-americano, e, com o desfecho da crise de mísseis, uma Cuba já seria o suficiente para o hemisfério.

Em 1973, toda essa relação incestuosa com a América Latina seria resumida numa frase de Kissinger, com quem meu pai também trabalhava: "Por mais desagradáveis que seus atos sejam, o governo (de Pinochet) é melhor para nós do que a era Allende". O governo norte-americano precisava de um enviado político para esses assuntos delicados da América Latina e enviou Vernon Walters, que tinha lutado na Segunda Guerra no norte da Itália, ao lado dos membros da Força Expedicionária Brasileira e construído fortes relações com os brasileiros.

Quando Walters foi adido militar no Brasil, de 1962 a 1967, alguns ex-combatentes da Itália ainda estavam no Exército, na condição de coronéis e generais. Meu pai e ele tinham a mesma idade e foram colegas em inúmeras viagens pelo mundo. Continuaram amigos quando Walters passou a ser vice-diretor da CIA, entre 1972 e 1976. Uma vez, em Paris, meus pais estavam a caminho do teatro com Walters e ouviram ele conversando com o motorista. As palavras *governo brasileiro* e *ingênuo* chamaram a atenção, além da frase *foi praticamente pelo telefone*. Meu pai lembrou ao Walters que sua esposa era brasileira, ele se virou para ela, pôs o dedo nos lábios e disse: "Shhhhh".

Uma vez ficamos na casa da Marcinha em São Paulo, *a punk das punks*, toda tatuada, algo incomum na época. Sua casa também servia de abrigo para muitos de Brasília, inclusive os futuros membros do Finis Africae e o Renato Russo. Foi na casa dela que tive mais contato com o punk do subúrbio paulistano, por sua coleção de compactos; com exceção de Os Inocentes e Cólera, não me identificava muito com aquele som, pois a qualidade das gravações era péssima, embora eu visse nas letras, bem primárias, um sopro de ar fresco.

A trilha sonora da casa da Marcinha contrastava com a da vizinhança. No outro lado do muro, de um lugar que se parecia um cortiço que remetia ao romance homônimo do escritor Aluísio de Azevedo, se ouvia sem parar o disco de estreia de Ritchie, o inglês que dominou as paradas brasileiras com o compacto *Menina Veneno* e o disco *Voo de Coração*. Apesar do pop sem concessões que escorria das rádios AM Brasil afora, até eu fui *contagiado*.

Ritchie era diferente dos outros frequentadores das rádios AM. Tocava em FM também, era amigo de membros do Genesis, de Jim Capaldi e do Bad Company e vinha da banda Vímana. Assistiu a Led Zeppelin e Jimi Hendrix ao vivo, tocava flauta com a destreza de Ian Anderson, do Jethro Tull, e até Steve Hackett gravou no seu disco. Mas o melhor de tudo era que ele ameaçava o reinado do Roberto Carlos como prioridade da gravadora CBS.

Algo estava mudando no Brasil. Com a abertura democrática dando sinais de que seria só uma questão de tempo para a ditadura acabar, as gravadoras resolveram investir nesse *tal de som jovem*. Consequentemente, também começou uma mudança na MPB. Músicos como Gonzaguinha em "Lindo Lago do Amor", Djavan em "Lilás", e Fagner em "Cartaz", estavam usando baterias eletrônicas nas suas gravações mais *upbeat*. A bateria Linn Drum, presente em quase todos os hits internacionais, tinha chegado ao Brasil e começou a subverter a programação nacional.

Com um nem tão jovem Kid Vinil no comando – um DJ com extensa sabedoria de música moderna –, bandas ímpares como o Magazine, do hit "Sou Boy", começaram a ganhar espaço. Mais new wave no visual do que no som, embalavam as tardes de sábado no *Cassino do Chacrinha*, antecipando o que estava por vir no rock nacional. Não era todo dia que víamos um fã confesso do The Clash em rede nacional. *Holy fuck!*

O inconsciente coletivo do punk estava se espalhando, e outra cena da qual também não sabíamos muito estava tomando força, dessa vez no Rio, mais precisamente no Circo Voador. Estabelecido embaixo dos Arcos da Lapa, no Centro, depois de um período na praia do Arpoador, o Circo recebeu em março de 1983 o 1º Festival Punk Rock Rio–São Paulo, com os cariocas Coquetel Molotov, Eutanásia e Descarga Suburbana e os paulistas Ratos do Porão, Cólera, Psykóze, a banda feminina Eskizitas e Os Inocentes na sua primeira formação. O cartaz do evento trazia um anúncio da participação do casal Herbert Vianna e Paula Toller – provavelmente era só pra chamar público, Herbert devia estar querendo dar uma força ao movimento –, e no spot veiculado pela Rádio Fluminense "Babylon's Burning", do The Ruts, tocava ao fundo. The Ruts no rádio?

No dia do festival, enquanto Tatu, vocalista do Coquetel Molotov, urrava "odeio TV, odeio você, pare de ser idiota", na música "Ódio às TVs", anunciando que o punk chegara com força ao Rio, Clemente berrava "pânico em SP!" na música homônima. Uma nova era na música popular brasileira estava sendo ditada, com skatistas andando no pátio liso do lado de fora da armação de lona e metal, e os programas de surfe na TV metastizavam, mostrando clipes e entrevistas desses meninos em fúria. O cenário estava mudando, e a juventude brasileira estava encontrando sua voz.

Para mim, o que sacramentou *mesmo* a chegada dessa nova estética no Brasil foi um inocente cantarolar nos primeiros raios do dia em São Paulo. Estávamos saindo em bando depois de um suntuoso café da manhã do Rose Bom Bom, com a barriga cheia e o sol alto, quando a Marcinha começou a cantar "Pro Dia Nascer Feliz", recém-lançada no segundo disco do Barão Vermelho, que estava tocando massivamente nos rádios. "O mundo inteiro acordar/ e a gente dormir..." Vindo da *punk das punks* paulistas, aquele foi um atestado de que até uma banda carioca mais para *rock na veia* do que qualquer outra coisa estava oferecendo algo que podíamos expressar na língua mãe, o que até então, ao menos para nós, não havia.

Mais pelo comportamento do que pelas letras, alguns artistas da linha de frente do rock dos anos 1970 mantinham a chama do estilo acesa e ainda eram muito populares, como Raul Seixas, que testava os limites da censura por meio da irreverência, e Rita Lee, mesmo que causasse mais furor nos comerciais da Ellus Jeans com modelos embaixo da água tirando a roupa, do que com a letra de músicas como "Mania de Você". Além deles, porém, quase nada da *música jovem* chegava na grande mídia. Mesmo com gravadoras e músicos incríveis, bandas precursoras como Made in Brazil, Casas das Máquinas, O Terço, A Bolha e O Peso não conseguiram alcançar o grande público como um fenômeno de massa, como veríamos na próxima década...

Será que o sonho da "sociedade alternativa" proferido por Raul Seixas tinha envelhecido rápido demais?

"Mão na cabeça, filho da puta, se não quiser levar um pipoco!"
– Policial da Rota de São Paulo para os punks de Brasília

A vida continuava em Brasília, com apresentações cada vez mais cheias. Finalmente estávamos começando a ser chamados para tocar no circuito de festivais de colégios. O mais emblemático era o FICO, o Festival Interno do Colégio Objetivo. Foi uma vitória e tanto para a gente, pois as vagas eram dominadas pelas bandas Mel da Terra e Pôr do Sol. No ano anterior, Renato entrou em contato com a produção local para abrir o show da Blitz, e não é que conseguiu? Porém, como santo de casa não faz milagre, a Legião foi colocada para tocar depois da atração principal, quando o grosso do público já tinha se dissipado. A dificuldade de se apresentar para plateias maiores incomodava a todos, especialmente Renato, que via com mais entusiasmo o potencial das músicas das bandas punk, sobre as quais escreveu: "Éramos obrigados a esperar até que alguma futura estrela brasiliense da MPB nos deixasse subir ao palco (e de graça, ainda por cima) para tocar uma canção ou duas. (...) Se achavam no direito decidir o que deveria ou não ser ouvido pelo público jovem da cidade".

Nós não ficávamos nos remoendo tanto quanto Renato, e esperar migalhas de alguma estrela da MPB? De jeito nenhum! Com a nossa insistência em tocar em qualquer buraco e um certo vandalismo da nossa parte, que não me orgulho em admitir, estávamos ficando mais conhecidos. Na calada da noite, para deixar nossa marca elegantemente perpetuada, encostávamos uma fôrma numa parede ou placa sinalizadora e pichávamos *Plebe Rude* em vários cantos da cidade, com grandes letras grossas vazadas num estêncil de madeira de um metro de largura. Para as placas das entrequadras, mais estreitas, André preparou um estêncil num raio X, com *Plebe Rude* escrito em *art nouveau*, e com essa mesma forma foi feita a camiseta branca do Renato que ficou imortalizada quando ele apareceu no programa *Chico e Caetano,* três anos mais tarde, em 1986. Aprendemos essa forma de autopromoção com Renato e seus "AE" pichados pela cidade, então nada mais adequada do que essa sua retribuição. E quem começou esse vandalismo no rock de Brasília foi ele, então não me olhe assim...

André foi implacável: "Dois mil cruzeiros! Não ? Uh... 1.500 então... Também não?". Até então nosso único cachê fora peixe à milanesa num show na cidade--satélite do Guará, e estava na hora de nos valorizarmos. "Mil e não se fala mais nisso!" Era nossa primeira chance de tocar no Circo Voador, a convite da doce e incansável produtora e agitadora cultural Maria Juçá. Fomos convidados a tocar no Rio junto com a Legião Urbana, abrindo para os Paralamas do Sucesso, mas quem negociaria conosco seria Oswaldo Vecchione, da banda seminal de hard rock Made in Brazil. "Quinhentos cruzeiros então... Como? Uh... Pelo amor de Deus, deixa a gente tocar!"

Ao menos conseguimos as passagens de ônibus e uma diária para alimentação. Um passo e tanto desde o peixe à milanesa. Seria a segunda edição do Rock Voador no verão carioca de 1984. O *lineup* era meio hard rock, meio power pop, com Sangue da Cidade, Made in Brazil, TNT, Alynaskyna, Plebe Rude, Legião e Paralamas. Depois de uma entrevista que lemos da Juçá, sabíamos que o Circo era o próximo passo.

Os Paralamas estavam divulgando o compacto que antecederia o disco *O Passo do Lui* e estava ganhando tração nas rádios. Com a batida *emprestada* de "The Bed's Too Big without You", do The Police, cujo tom era menor e mais sério, a jovial e alegre "Óculos" era um chiclete nos ouvidos. Apesar de achar a música meio bobinha para os padrões punk de Brasília, eu não tinha como não me identificar, pois usava óculos por causa dos meus 4,5 graus de miopia. Mas trechos como "por trás dessas lentes também bate um coração" e "tem um cara legal", aí não. As palavras "coração" e "legal" destoavam com *tudo* que escrevíamos em Brasília, com exceção de "Eduardo e Mônica", do Renato.

A contestação estava no nosso DNA. Será que é isso que você tem que cantar para tocar no rádio? Na verdade já tínhamos duas músicas tocando na Fluminense FM, ainda com as plebetes, então quem era eu pra reclamar? "Dança do Semáforo", uma curiosa alusão da vida corriqueira com vias públicas e seus sinais de trânsito, e "Sexo e Karatê", que falava das exibições duplas de filmes de sexo com filmes de karatê, e não de cocaína, como alguns interpretaram. Da Legião tocavam "Química", amplamente difundida pelos Paralamas, que a gravaram no seu disco de estreia, e a demo de "Petróleo do Futuro".

A Rádio Fluminense foi *a* estação pioneira do Rio a tocar esse *som novo*, e nos nossos casos graças a Pedro Ribeiro e Maurício Valladares. Foi Pedro, o irmão do Bi dos Paralamas, que levou as demos para o Maurício, que prontamente tocou as músicas no seu programa, o *Rock Alive*.

As demos da Legião e da Plebe foram ao ar nos dias 22 e 25 de julho de 1983, e foi um marco para o rock de Brasília. Para mim, essa *invasão* do Rio teria outro propósito. Depois de rodar bem o circuito underground de São Paulo, finalmente, *finalmente* eu poderia cobrar pessoalmente o pedal daquele carioca *pitchka ti materina* que queimou o meu. Quero ver se sua prima vai estar lá para te ajudar...

A Avenida Brasil era o pior cartão de visitas que uma cidade poderia ter, ainda mais sendo o Rio. Sem vegetação, abandonada e cinza, era uma brutal lembrança dos contrastes sociais da cidade. Parecia um lugar esquecido por Deus, e com aquele baixo-astral já chegamos meio desesperançosos. Depois de uma viagem de 19 horas de ônibus, mais longa que a habitual para São Paulo, chegamos bem cansados ao Circo Voador para a passagem de som, mas adivinhem quem estava lá naquele final de tarde, com o sol perdendo fôlego no verão carioca? *Pitchka ti materina!*

Herbert Vianna estava em pé, do lado de fora do Circo, e, enquanto me encaminhava para confrontá-lo, pensei em falar: "Então nos encontramos de novo!". Mas à medida que eu me aproximava, ele parecia ficar cada vez maior. "Nossa", pensei olhando lentamente para cima, "Herbert é maior e mais largo do que parecia na sala de ensaio do Brasília Rádio Center." Também pudera, ele estava agachado quando o conheci.

Antes que eu pudesse me apresentar e cobrar um pedal novo, ele se virou subitamente e veio até mim com o dedo em riste. "Que história é essa que queimei seu pedal? Foi o Iko, porra!" Meio apavorado, me sentindo o Marty McFly na frente do Biff, não tive muita opção a não ser concordar. Eu teria que dar ao Herbert o benefício da dúvida. Ou isso, ou eu morria ali mesmo... Peraí... Iko? Justamente o cara que me inspirou a retomar as aulas de violão? Ele não tocava mais com Renato. Será? Essa dúvida pairaria no ar por quase duas décadas, ainda mais porque o Iko negou quando voltei para Brasília.

O pior estava por vir. Logo em seguida fomos passar o som, e finalmente Herbert escutaria essa tal de "Minha Renda". Boatos chegaram ao Rio de que havia uma música da Plebe que falava mal dele, mas ninguém tinha ouvido, a não ser membros da *Tchurma* e fãs nos shows em Brasília. Lá vai, pensei, é agora que eu vou morrer mesmo.

Quando começamos a passar o som, um ritual ainda novo para a Plebe, o Circo Voador estava vazio. Quer dizer, quase... Pelo canto do olho vi Herbert entrando para o meio da pista. Pelo menos meus últimos momentos de vida seriam num palco de concreto maravilhoso, que recebeu do Paulo Moura ao Raul Seixas. Será que iriam construir um monumento homenageando minha breve passagem pelo Rio?

> "Você me prometeu apartamento em Ipanema/ Iate em Botafogo se eu entrasse no esquema/ Contrato milionário, grana fama e mulheres/ A música não importa, o importante é a renda/ Ambição, grana, fama e você."

O engraçado é que essa música, que começou como uma peça de violão clássica composta no meu Di Giorgio de nylon, seria inicialmente sobre falsos punks, tendo o primeiro verso feito pelo André com a métrica não tão amigável: "A sua ideologia não está na cabeça/ A sua ideologia está na sua camiseta".

O pré-refrão "grana, fama e você" era originalmente "eu não quero me vender" e, apesar de soar um tanto quanto amador e didático, com o Herbert na minha frente pensei que talvez tivesse sido mais prudente ter deixado como era.

> "Estar no Chacrinha ou na televisão/ Tudo isso ajuda a minha divulgação."

De braços cruzados, Herbert chegou um pouco mais perto do palco.

> "Isso quer dizer mais grana pra produção e pra mim..."

Na minha cabeça eu já estava agradecendo por ter vivido uma vida plena na medida do possível, com meus recém-completados 17 anos. Se tinha que terminar assim, que pelo menos fosse até o fim... Mas espera aí! Quem cantava essa parte sobre Herbert era o Ameba, enquanto eu pontuava no agudo o "grana, fama e você". Talvez eu tivesse alguma esperança... Talvez eu vivesse mais um dia!

> "Eles trocam as minhas letras, mudam a harmonia/
> No compacto tá escrito que a música é minha..."

Não. Me enganei. Putz. Eu canto todas as últimas frases dessa parte B em uníssono com o Ameba... Agora lascou... Respira fundo, Philippe. Aí vai...

> "Já sei o que fazer pra ganhar muita grana/ Vou mudar meu nome para Herbert Vianna!"

Todos no palco olharam para o Herbert. Todos da equipe dos Paralamas olharam para o Herbert. Eu olhei para o chão imaginando uma cova ali mesmo. A banda nem tinha três anos, e já teríamos a nossa primeira baixa. Será que aquela argentina da época do Caos Construtivo iria ao meu funeral? Afinal, por que mais alguém monta uma... Ah, deixa pra lá. Tarde demais. Eu teria que passar o resto da vida morto. Mas Herbert abriu um sorriso enorme. Ufa... Eu fiquei aliviado pela minha sobrevida e por ele ter entendido nosso senso de humor, mas ainda não havia terminado.

Uma marca registrada da Plebe são as partes de *baixo e batera* no meio da maioria das músicas, e em "Minha Renda" não era diferente. Me inspirei numa entrevista do Andy Summers, guitarrista do The Police (que tive a honra de conhecer exatos 40 anos depois), em que ele falava das áreas de incerteza em músicas ao vivo, onde rolavam os improvisos, mas sempre com uma deixa para que todos voltassem ao arranjo original. Continuei, empoderado pela sacanagem aceita pelo Herbert, como aquela do pé no ombro do João Gordo no Napalm, e me senti como se estivesse com minha bota na garganta da indústria de música.

> "Um lá menor aqui, um coralzinho de fundo/ Minha letra é muito forte? Se quiser eu a mudo/ E tem que ter refrão. Sim! Um refrão repetido/ Pra música vender, tem que ser acessível!"

E então o golpe fatal no Herbert e em toda a caravana do amor! Quero ver se tua prima vai estar lá ainda!

> "Não sei o que fazer, grana tá difícil/ Tenho que me formar e ir em busca de um ofício/ Você é um músico, não é revolucionário!/ Faça o que eu te digo que te faço milionário!/ A minha renda!"

A música terminava subitamente, outra marca registrada da banda, como também em "Johnny Vai à Guerra" e "Brasília". Pronto. Missão cumprida.

Falamos o que achávamos da cena musical do Brasil e daqueles que estavam por suas engrenagens. Para a alegria da banda e o meu alívio, Herbert entendeu como ninguém a mensagem e a sacanagem; anos mais tarde me confidenciaria que era *isso* que ele amava na gente.

Herbert não só viraria padrinho da Plebe, como produziria três discos nossos nos anos subsequentes, inclusive o disco da volta da banda, 16 anos depois. Se tem uma lição nessa história, algo que eu carregaria para o resto da vida, é que vale a pena ter princípios e viver por eles – e torcer para que o alvo da chacota não mate você!

Eu e André estávamos meio perdidos nas entranhas do Circo Voador. Foi aí que entramos no camarim errado, acidentalmente. Sabe aquelas imagens que não dá para apagar da memória? Compartilhávamos a noite com uns rockers da antiga e sem querer os vimos tentando, a duras penas, entrar nas calças de couro. Certamente o punk vinha em boa hora.

Com um poderoso amplificador Fender Twin atrás de mim e André num amplificador de baixo imenso, a Plebe carregou com autoridade a bandeira do rock de Brasília no Circo, com a plateia assistindo atenta a músicas como “Johnny Vai à Guerra”, “Censura” e “Consumo”. Numa inusitada versão de “The Electric Co”, do U2, toquei o riff igual ao The Edge, sem delay. Isso que é mão direita!, que Herbert passaria a elogiar. Em “Dança do Semáforo” e “Sexo e Karatê”, olhávamos uns para os outros tipo: “Caramba, estão cantando uma música nossa!”.

Mas foi em “Brasília” que literalmente demarcamos nosso território. Pessoas subiam no palco, e uma roda de pogo se abriu como um vórtex no meio da multidão, sugando pra dentro aquela fúria, com Tantão e Satanésio, do Black Future, entre os mais eufóricos. Foi uma experiência e tanto tocar na lona lotada em contraste com os lugares pequenos de São Paulo. Não que os shows paulistas não tenham sido fulminantes, mas no Rio existia um espaço físico para a contestação se propagar.

Estávamos acostumados a ter pessoas cantando músicas nossas em Brasília, mas em outra cidade? É uma sensação que *jamais* esquecerei; além disso havia muitos membros da *Tchurma* na plateia, inclusive nosso fã número 1, Renato Russo. Como muitos seguiam as bandas de Brasília aonde quer que elas fossem, Hermano Vianna dizia que “pareciam todos irmãos”.

Depois do show da Legião, subi para a arquibancada durante a apresentação dos Paralamas para distribuir os panfletos que tínhamos imprimido em São Paulo. Olhando lá de cima, vendo a plateia reagindo àquela mistura de reggae e pop e cantando t-u-d-o, percebi que o rock brasileiro realmente poderia virar fenômeno de massa. E não tinha muita coisa naquele palco simples, além de uma bateria perigosamente parecida com a do Stewart Copeland no meio, o Herbert de um lado e o baixista Bi Ribeiro do outro. Não havia telão ou explosão, só pegada. O cenário era uma reprodução da capa do compacto da música "Óculos", com um enorme par de óculos atrás da bateria.

Nosso amigo Renato, autor da letra mais incisiva do disco de estreia dos Paralamas, subiu ao palco para cantar "Química" junto com o trio. A sintonia entre ele e Herbert era clara, assim como as diferenças. Herbert usava bermuda e óculos, era forte e bronzeado, Renato usava jeans surrado e camiseta desbotada, era franzino e pálido.

Curiosamente, a música com que Renato Russo foi apresentado ao Brasil foi o estopim para o fim do Aborto Elétrico. E embora a letra de "Química" seja bastante derivada de "Wonderful World", de Sam Cooke ("Don't know much about biology"), Renato conseguiu sintetizar nela os anseios da juventude de Brasília.

"Química" não estava sozinha na categoria *empréstimo alheio*. "Eduardo e Mônica" foi inspirada em "Leo e Bia", de Oswaldo Montenegro, "Que País é Este" derivava de "I Don't Care", dos Ramones", e "Don't Dictate", do Penetration, e os primeiros dois versos de "Será" eram traduções literais de "Say Hello, Wave Goodbye", do Soft Cell. Mas como o próprio Renato cantava em "Quase sem Querer", "quais são as palavras que nunca são ditas?" – que por sua vez é da primeira parceria de Milton Nascimento e Caetano Veloso.

Enquanto eu assistia aos Paralamas tocando, percebi que nossa longa jornada passava a fazer sentido. Até então eu não conseguia imaginar uma banda de Brasília no *mainstream* que estava se formando. Músicas mais suaves de Renato, como "Ainda É Cedo" e "Eduardo e Mônica", poderiam atingir mais pessoas se fossem bem produzidas e divulgadas, mas quem iria fazer isso com alguém de Brasília? Eu me sentia como Andy Warhol no seu estúdio nova-iorquino, o Factory, olhando para o bando de *freaks* que passava por lá e pensando: "Como *marketear* essa genialidade? Quem apostaria nisso? Em que formato se encaixaria?".

O panfleto que eu tinha em mãos abria com um texto meio amador que escrevi, embaixo de uma foto da Plebe na rampa do Congresso – "Moramos em Brasília, capital da esperança, cidade destinada à função dos três poderes da República. O quarto poder, a juventude, foi esquecida, pois é o futuro da nação. A Plebe Rude se enquadra nesse esquecimento" –, mas enquanto os distribuía percebi o interesse dos cariocas no tal som de Brasília e comecei a ver uma luz no fim do túnel. Talvez tivesse sido mesmo uma boa ideia eu ter ficado no Brasil.

No verso dos fanzines da Plebe Rude estava o endereço do Brasília Rádio Center, e uma vez o Tantão, do Black Future, nos escreveu para falar da banda Divisão Anti-Panzer, da cena local e dos fanzines cariocas. Ficamos impressionados por ter fãs no Rio! Ainda tenho a cópia da carta de resposta, um mergulho na psique da nossa banda na época. Peço perdão antecipadamente pelo roubo do termo *joia*, do Renato.

> "Caro Tantão
>
> Quem vos fala é Philippe, guitarra do Plebe Rude. Gostei de ficar sabendo que existem alguns fanzines legais no Rio, já que estamos indo aí em breve seria joia uma matéria sobre a ascensão das bandas do Planalto. Brasília, como você já sabe, é foda, ainda mais para a gente que toca. Música alternativa é quase impossível, apesar de até termos um bom nome aqui. Em Brasília, ninguém quer que a gente toque nos grandes lugares, pois o nosso rótulo concebido por eles é PUNK!!!! Nós não achamos isso. A definição é música alternativa, pelo menos é assim que eu a chamo.
>
> Abraços, Philippe"

A edição da revista *Roll* com Michael Jackson na capa publicou no mês seguinte ao Fest Rock 84 uma reportagem sobre o evento, com a Plebe abrindo a matéria.

> "Adentra a Plebe Rude, de Brasília, que faz a linha novo rock, de raízes no rombo punk. Os quatro plebeus, no bom criativo visual, começam a descarregar suas músicas simples e elétricas recheadas por letras corrosivas, onde entram temas como a

censura, a política, comportamentos sociais burgueses e o tédio reinante de Brasília.

Na plateia, um bom grupo de brasilienses que vieram atrás da banda começam a pogar abrindo clareiras, ajudado pelos new wavers e skate punks locais. A coisa pega fogo quando eles tocam 'Sexo e Karatê' e 'Dança do Semáforo', que o pessoal já conhece através de divulgação pela Fluminense FM."

As fotos enormes que acompanham a matéria, uma minha com André, um close do Ameba (com o nome da banda escrito errado na legenda, *Plube Rude*) e uma do Renato tocando no baixo Fender Precision Bass do Bi, atestam a pegada do rock de Brasília. Infelizmente, elas também revelaram a mesma calça new wave listrada que o Dado usou na A.B.O. *Pitchka ti materina!*

Depois da reportagem da *Roll*, começamos a ter mais fãs fora de Brasília. Numa carta para uma delas, chamada Maria, de São Paulo, datada de 13 fevereiro de 1984, um mês depois da estreia carioca, eu entro em detalhes sobre a nossa agenda típica, que envolvia muitos shows e correria. Não éramos do tipo de ficar de braços cruzados.

"Maria,

Prometi te escrever e é isso que estou fazendo. Mas, se não me engano, não vai adiantar muito porque eu vou chegar sexta. O Plebe vai tocar no Paradise dia 17, um dia após a Legião, que tocará dia 16 no Clash. Vamos passar mais uma semana aí. Eis o nosso itinerário:
Fev.
17 Paradise
21 Fábrica do Som (a ser confirmado)
23 Paradise
24 Pró Nicarágua
25 Circo Voador – Rio (a ser confirmado)
Pronto, agora você não pode dizer que não escrevi. Até sexta, pinta lá no show!

Um beijo, Philippe (do cabelo engraçado)"

Infelizmente não rolou a *Fábrica do Som*, em que a Plebe se encaixaria perfeitamente. O programa de auditório da TV Cultura era gravado no Sesc

Pompeia e recebia de Arrigo Barnabé ao Asdrúbal Trouxe o Trombone, além de bandas de rock emergentes. Lembro de ter visto nesse programa uma banda louca chamada Unha Encravada e na hora pensei: "Se eles podem, nós podemos também".

Assim como os releases do Renato são uma janela para a cena local e da cidade que tanto amávamos/odiávamos, creio que minhas cartas demonstram como a mensagem era a nossa prioridade. Isolados e sem muita perspectiva em Brasília, era *magnífica* a sensação de que havia gente em sintonia conosco em outras cidades. Estávamos deixando uma marca por onde passávamos.

Nas próximas décadas, o Circo Voador seria o palco do lançamento de cinco dos nossos discos e de um DVD indicado ao Grammy Latino; no Sesc Pompeia, onde teria sido a primeira aparição de TV da Plebe caso rolasse a *Fábrica do Som*, lançamos o disco de estreia, *O Concreto Já Rachou*, em 1986, e fizemos o show do 40º aniversário da banda em 2022, com o lançamento do musical *Evolução*, com 28 músicas inéditas.

Musical? Calma, somente em 35 anos.

"Sexo e Karatê" tocava em alta rotação na Rádio Fluminense e, mesmo que não representasse tão bem a banda, com as plebetes, não importava, estávamos com uma música no rádio! Aliás, duas! Depois do nosso show de estreia, "Dança do Semáforo" tinha se tornado um mini hit independente. E melhor, conseguimos entrar numa rádio sem ter que cantar "minha prima já está lá"! Um a zero para o punk!

Passamos a *descer* mais para o Rio e, apesar de todas as bandas usarem a casa da Juçá como base, nunca nos hospedamos lá. Depois dos shows, na maioria das vezes íamos direto para a rodoviária, nos primeiros raios da manhã, e pegávamos o ônibus de retorno para Brasília. O rohypnol que conseguíamos com uma tia do André ou com a mãe de um amigo nosso da banda Último Recurso (futura Ao Redor da Alma), nos ajudava a enfrentar as longas 19 horas. O ônibus podia pegar fogo que dormíamos direto, mas ao acordar em Brasília o corpo apresentava a conta. Ficávamos com o pescoço duro por dias.

Numa das *descidas* ao Rio fomos direto para a casa do Hermano, que então serviria como nossa base de chegada. E quem me entra porta adentro? Herbert, que não morava mais lá, mas passou para pegar algumas coisas. Foi a primeira vez que nos encontramos depois do primeiro show da Plebe no Rio. Fora uma conversa no Circo depois da passagem de som em que apresentamos "Minha Renda", eu não o conhecia muito bem, e a situação desagradável em torno do pedal queimado ainda pairava no ar. Quando ele me viu, perguntou como eu estava. Envergonhado e intimidado com o status de rock star dos Paralamas, falei a primeira coisa que me passou pela cabeça: "Estou usando cordas pesadas para que não quebrem mais ao vivo". Eu não tinha guitarra reserva, muito menos roadie. Então Herbert retrucou: "Você não é Hendrix para usar corda pesada". Quase me meti embaixo do sofá da sala.

A cena era diferente no Rio, provavelmente por tocarmos em lugares maiores, a imprensa começou a nos notar, ao contrário de São Paulo, que ainda nos mantinha no underground, salvo a foto da Plebe no Madame Satã publicada pela *Roll*. Enquanto eu estava nos Estados Unidos, no ano anterior, aparecemos na abertura de uma matéria enorme do *Jornal do Brasil* dedicada ao rock de Brasília. Assinada pelo Jamari França, a matéria anunciava o show da Legião e do Capital com Lobão e os Ronaldos no Circo Voador, no que seria a estreia das bandas de Brasília no Rio. Jamari foi primeiro a escrever sobre o rock de Brasília depois do Hermano, trocando o título de "Voz do Brasil" por "Hora do Brasil".

"O Rock de Brasília desce o Planalto – 23/07/83.
'Todo dia às sete eu ligo meu rádio para ouvir lavagem cerebral', a 'Hora do Brasil' na versão de um dos grupos que assolam Brasília, Capital Federal."

O *Correio Braziliense* demorou quase um ano para ver o que estava acontecendo fora de Brasília, mas em outubro de 1984 finalmente mandou um enviado especial para cobrir a invasão candanga no Rio, dedicando uma página inteira ao trio Plebe Rude, Legião Urbana e Capital Inicial na matéria intitulada "A utopia de Brasília para as massas". Depois de assistir às bandas no Festin Rock, no Circo Voador, o jornalista e poeta Celso Araújo, vocalista da banda Akneton, escreveu:

> "Algo das profecias de Dom Bosco e Tia Neiva começa a sacudir o tédio e a letargia do Planalto: são os punks do cerrado, as feras da discórdia na rígida árvore genealógica da MPB e chamam-se Legião Urbana, Capital Inicial e Plebe Rude. A olho nu, as três bandas brasilienses são a mais feroz resposta ao até agora proclamado vazio cultural da nova capital...

> A Plebe Rude é, das três bandas, a que mais segurou a respiração. Agora também deve integrar a primeira trindade de bandas brasilienses que começam a conquistar o mais precioso espaço do rock brasileiro, o espaço do rock de vibração original, demolidor, político, diversionista.
>
> E a prova definitiva virá no primeiro disco da Legião Urbana (Renato no vocal e baixo, Marcelo na bateria e Dado Villa-Lobos na guitarra), a sair no próximo mês de novembro pela gravadora Odeon. O próximo grupo a assinar contrato será o Capital Inicial. Finalmente as gravadoras decidem gastar bem suas horas de estúdio e acetato.
>
> Eles se amam, se adoram, ao contrário do que andaram publicando. O sensacionalismo Jovem Guarda não funciona mais, "Apesar da repressão", os rapazes não se intimidam com discursos e combates sensacionalistas da imprensa. Philippe Seabra, o guitarrista alucinado da Plebe, um cara que se agita até nas ondas alfa, pula da cadeira, dança no ar, gritando: 'O único rock vivo no Brasil somos nós, cara. Os outros são uns vendidos'".

Não lembro ter falado exatamente dessa maneira, "dançando no ar", muito menos que o rock de Brasília era o único vivo, mas presunção fazia parte do punk, ainda mais nas supostas "ondas alfa". Afinal, naquela época éramos nós contra todos. Mas eu não estava sozinho. Renato diz na mesma matéria: "Nós fazemos música, fazemos nossas roupas, cartazes e até instrumentos. Não ficamos em festinhas, segurando o dry martini. Somos do tipo aja já. É uma necessidade física. Por que aos 17 anos voltamos a desenhar guitarras nos cadernos escolares?".

O texto terminava assim:

> "Pronto: Brasília, uma cidade sem história, mas antiga, no dizer de um dos hinos inflamados, devolveu ao país o suor de seus filhos. Pode vir a ser novamente a capital da esperança. O concreto já rachou, a velha nave naufragou, e a sua banda de descontentes pulou fora. Quem quiser manter-se anestesiado é só colocar cera nos ouvidos".

Foi a primeira vez que um jornalista citou "o concreto já rachou", da letra de "Brasília", e, pensando bem, dava um baita nome para um disco. Mas mesmo com os da Legião e do Capital já engatados, a possibilidade de gravar parecia *muito* distante para a Plebe.

Num dos shows no Rio fomos tocar no Mistura Fina, na Barra, frequentada por mais playboys do que eu gostaria. Eu não entendia a geografia da cidade, mas, quando a fome apertou depois da passagem de som, percebi que estávamos perto de nada. O Circo ao menos ficava no Centro. Quando dois colegas cariocas que nos acompanhavam estavam saindo com o André, peguei uma carona com eles para comermos algo. O show seria só à meia-noite, então tínhamos tempo. Só que antes eles precisavam *buscar* alguma coisa, e só percebi o que era quando o carro começou a subir a ruela íngreme de um morro chamado Ladeira dos Tabajaras. Quando dei por mim já estava em alto-mar, sem nenhuma chance nem maneira de voltar.

Eles pararam em frente a um casebre com uma escada comprida e cachorros latindo. Ficamos no carro enquanto ambos subiram, olhando em volta o tempo todo. Quando um fusquinha da polícia, que os cariocas chamavam de *joaninha*, passou bem devagar, me encolhi no banco dizendo as únicas palavras que conhecia em sérvio, *pitchka ti materina*. Depois de cinco longos minutos, os dois voltaram ao carro, um reclamando do outro. "Tá maluco em duvidar do peso do pacote na frente deles?". "Ué? Como é que vou saber se está correto?" "Pô. Os caras andam armados!"

Foi a primeira vez que vi a caspa do diabo desde o apartamento da 213 em Brasília. A dupla rapidamente entrou no carro e escondeu os papelotes entre o painel, a frente do banco do passageiro e o porta-luvas. Pelo visto já tinham feito isso antes. Descendo o morro lentamente nós éramos alvo fácil, e eu já estava pensando como explicaria para os meus pais... Logo eu? No meu caderno de letras lá em Brasília tinha uma canção chamada "Prelúdio da Decadência". Um tanto didática, e por isso nunca passou de alguns ensaios, a letra retratava um garotão sendo preso e jogado no camburão.

"Banco de metal sem corrimão, isso no seu bolso explica
lá na prisão/ Prelúdio... da decadência!"
– "Prelúdio da Decadência", Plebe Rude

Ao menos na joaninha não cabia prisioneiro, eu me confortava, mas é *claro* que eles estavam à nossa espera e interceptaram nosso carro. Polícia, documento, desce todo mundo. O padrão. Dois PMs saíram do fusquinha, o *good cop* e o *bad cop*. "Cadê a Brizola?" Meu colega: "Que Brizola?". Eu me encolhia mais de vergonha do que medo. Isso não podia estar acontecendo...

"Ah é? Tá bom... O que é que vocês estavam fazendo lá em cima então?" Meu colega: "Visitando um amigo".

Abaixei a cabeça. Passou de vergonha a um agudo constrangimento. O tempo inteiro o segundo policial olhava nossos olhos, enquanto o primeiro revistava o carro. Vasculharam o carro inteiro, aí começaram a nos revistar. O policial passou a mão na minha camisa social pintada com um grande Plebe Rude atrás e parou ao sentir um volume no bolso esquerdo, fechado com um alfinete de segurança. "Abra isso aí"! Abri o alfinete de segurança e tirei do bolso, pasmem, um pequeno frasco de..."Olha o colírio! Olha o colírio!", gritava o policial, quase de alegria pelo flagrante.

"Você sabe por que playboy usa isso? Você sabe?", indagou o policial olhando feio para mim. Me tachar de maconheiro nesse *contexto* até que vai, mas de playboy? De constrangido aí fiquei foi puto. "Que playboy, cara! Eu uso lente de contato. Nós somos músicos e vamos tocar hoje à noite."

Puxei, meio que orgulhoso, na medida do possível, dadas as circunstâncias, um recorte minúsculo da seção de programação do *Jornal do Brasil* com o texto "show da banda Plebe Rude, de Brasília, no Mistura Fina".

"Banda de Brasília, é?", disse o policial, virando para o André e olhando de cima a baixo: "E o que você toca? Pandeiro?". Aí o policial virou de volta para mim: "Me deixa ver a lente de contato". Olhei incrédulo para os demais, que até estavam aliviados pela distração. Cheguei mais perto do policial para que visse meu olho, que exigiu: "Não. Tira, porra!".

Tem coisas que só acontecem comigo. Isso porque eu era o mais careta ali. Tirei uma lente, com meu olho ardendo em contato com meus dedos não devidamente esterilizados. "É soro fisiológico, não é colírio..."

Vendo que não conseguiriam o flagrante, apreenderam nossos documentos e falaram: "Nos sigam". Fiquei pensando: "De novo? Sempre que viajo com essa banda parece que eu chego perto da morte". Imagina aparecer "de papo pro ar", como na música "Meu Guri", de Chico Buarque, no meio do mato, na rota da desova. Poxa, somos tão jovens. Não queria passar o resto da vida morto.

Mas em vez de tomar o caminho da rota da desova, que pela truculência deles eu tenho certeza que sabiam de cor, a *joaninha* parou numa rua movimentada em Copacabana. O *good cop* desceu e pediu que um de nós descesse. "Vocês vão ter que pagar a multa aqui mesmo." Juntamos todo o escasso dinheiro que tínhamos, e meu colega entregou no meio da rua. O policial levou um susto: “Aqui não, assim não!”. “Desculpa, seu guarda, eu não tenho tanta experiência nisso como o senhor...”

Eu e André ouvimos a conversa e tentamos prender o riso. O policial encostou o braço na janela do carro, inclinou levemente para dentro e, ao devolver nossos documentos, recebeu em mãos a *multa* de uma maneira bem mais discreta. Agora, caro leitor, repita, por favor: tem coisas que só acontecem comigo...

Eu só queria comer um sanduíche. Entendeu por que tenho problema com droga? Ainda mais com cocaína. Dizem que quem cheira se sente o dono da verdade e fala para caramba. Então vou cheirar por quê? O pessoal pediu que eu ao menos lambesse o papel, e concordei, sendo o mais perto da caspa do diabo que já cheguei na vida. Minha língua começou a ficar dormente. Eles falaram: “Primeiro a língua vai ficar dormente, depois você vai ficar muito louco”. Entrei num leve pânico, mas pela risada geral logo vi que era palhaçada. Nos próximos meses, dois membros de bandas da *Tchurma* tiveram taquicardia cheirando a caspa do diabo. Um quase morreu. Quem está rindo agora, seus *pitchka ti materinas?*

Uma vez, após um show no Circo Voador, acabamos no Cochrane, um bar simpático em Botafogo, recheado de livros, como se fosse uma biblioteca, com sons pós-punk saindo dos alto-falantes constantemente. Era um lugar fantástico, aberto por um casal europeu que chegou de veleiro ao Rio, depois de percorrer o mundo por três anos. Ah Brasil, não tem estrangeiro que não se encante com isso aqui...

Hermano Vianna estava conosco, percebeu que eu carregava minha guitarra e uma mochila e perguntou se eu tinha onde dormir. Falei que não, mas não me importava pois iria de lá até a rodoviária, onde dormiria até o primeiro ônibus para Brasília. Ele insistiu que eu ficasse na casa da família, em Copacabana. Eu poderia dormir no antigo quarto do Herbert. Meio sem graça, aceitei. Melhor que dormir na rodoviária. Tem coisas que só acontecem comigo. Poucas horas antes eu estava sem teto, agora estava no quarto do Herbert, no amplo apartamento na Rua Souza Lima, a mesma da casa da Vovó Ondina, a avó gente fina onde os Paralamas ensaiavam.

No quarto havia um armário branco embutido, recheado de livros e bugigangas, nada mais natural para um quarto com sinais de que pertencera a um adolescente, cheio de adesivos de marcas de surfe na janela. Foi aí que avistei uma gaveta. "Não, Philippe", dizia o anjinho no meu ombro direito. "Não é certo. O irmão dele te pôs no quarto justamente porque contava com seu discernimento". "Sim, Philippe", dizia o diabinho no meu ombro esquerdo. "Tá maluco? É o quarto do Herbert!"

Melhor não, pensei e fui me distrair com um *case* de guitarra surrado que estava no chão do quarto. Certamente não seria problema olhar dentro dele, afinal, eu era um guitarrista e poderia usar isso como álibi, caso fosse flagrado. Abri e vi uma Gibson SG Junior, com apenas um captador *single coil* P 90, a favorita do Herbert. As cordas estavam bastante enferrujadas, mas deu para afinar e tocar um pouco. Maresia realmente é uma merda, pensei.

Fui dormir. No outro dia teria uma longa jornada para casa. Apaguei a luz. O colchão era bastante confortável, diga-se de passagem. "Oh, fuck it", acendi a luz logo em seguida e abri a bendita gaveta, onde havia vários cadernos escolares com capas de temática *jovens* questionáveis, motos, garotas e gaivotas. Deve ser uma coisa do Rio, pensei. Os cadernos que eu usava não tinham nada na capa ou tinham algum tema de rock. Me sentindo extremamente culpado por estar traindo a confiança do Hermano, abri o caderno que estava em cima e olhei uma página, aleatoriamente escolhida, com uma letra chamada "Malabaristas de Circo", que Herbert tinha escrito para uma banda chamada Malabaristas, uma aposta da Polygram com três garotas na formação. Espero que tenha sido por isso. "O paraíso pra mim é seu sorriso vulgar/ O juízo eu perdi naquele bar onde eu te conheci." Acho que preferia a caravana do amor. Fechei o caderno, a gaveta e os olhos e fui dormir. E não me julgue assim. Você teria feito a mesma coisa.

"Oposição reprimida, radicais calados /
Toda a angústia do povo é silenciada /
Tudo pra manter a boa imagem do Estado."
– "Proteção", Plebe Rude

Em toda escola norte-americana, a turma de formandos da 12ª série (equivalente ao 3º ano do ensino médio) tem várias regalias. Podíamos dar petelecos na cabeça dos *subalternos*, furar a fila na cantina e matar aula por um dia sem represália. E podíamos realizar bazares. Com o dinheiro arrecadado da venda de camisetas para o resto do corpo discente, minha turma de formandos fez uma viagem para Cabo Frio, no Rio, três meses depois da estreia da Plebe no Circo Voador. O ônibus fretado levava uma turma que não poderia ser mais cosmopolita, uma ONU sobre rodas, com mais de 15 nacionalidades diferentes. Assim que cruzamos a divisa entre Minas Gerais e o Rio de Janeiro, pulei para a frente do ônibus para sintonizar a Rádio Fluminense, mas ela infelizmente não tinha potência suficiente para ser ouvida em todo o estado. Ninguém da minha turma acreditava que eu tinha duas músicas no rádio, e não seria dessa vez que conseguiria impressionar as garotas, a história da minha vida.

De dia íamos para as praias de Búzios e Cabo Frio, de noite saíamos em bando, inclusive indo a uma grande boate em forma de castelo onde eu voltaria anos depois para me apresentar com a Plebe. O grande hit na época era "All Night Long", de Lionel Ritchie – não fale pra ninguém, eu *adorava* a música –, mas o pop nacional também embalava a pista, com o grande sucesso "Ursinho Blau Blau", que causou comoção quando tocou, provando que o movimento do rock brasileiro estava tomando força.

Outro movimento que causava comoção na época era a emenda constitucional Dante de Oliveira, conhecida como *Diretas Já,* que pretendia a volta das eleições diretas para presidente. O projeto foi derrubado na Câmara dos Deputados, na noite de 25 de abril de 1984, por apenas 22 votos, apesar de toda a mobilização nacional. *Pitchka ti materina!*

De volta ao Distrito Federal, depois de uma noite de farra no ônibus, quer dizer, até onde os professores supervisores permitiram, fomos acordados no começo da manhã por uma freada forte que parecia ser no meio da estrada. Imediatamente soldados subiram no ônibus com metralhadoras em punho, e um colega que dormia no banco ao lado, o Judas, cantor da Gestapo, a primeira banda de Renato *Negrete* Rocha, acordou com uma apontada para sua cara. Ele levantou as mãos devagar sussurrando: "Cacete".

Os soldados queriam saber de onde vínhamos e para onde íamos. Eu certamente era o veterano da turma em confusões com a polícia, acostumado com armas na cara, mas metralhadoras? Só depois que viram que não era um piquete sindicalista ou estudantil, relutantemente, nos liberaram. Imagine só, quase ocorreu um incidente diplomático, pois ali estavam filhos de vários embaixadores e diplomatas do mundo inteiro, da América do Norte ao Zimbábue.

Quando chegamos em Brasília pudemos entender a confusão *daquela* noite. Havia uma censura geral e irrestrita por causa da votação do *Diretas Já,* e os jornalistas não podiam fazer nenhum comentário sobre o resultado. *Nenhum.* O país inteiro teve que esperar o âncora do *Jornal Nacional*, Cid Moreira, falar sobre a votação, mas pelo visto só depois de a Rede Globo exibir uma matéria de 15 minutos sobre o décimo quinto aniversário da invasão da Rússia no Afeganistão. No fim da matéria, Cid se limitou a levantar os olhos e dar boa-noite para um país atônito – mais tarde, Jô Soares conseguiu sintetizar o sentimento de impotência no quadro humorístico que tinha no *Jornal da Globo*, quando ficou sentado, olhando para a câmera, segurando um cronômetro, sem falar nada.

Então me senti obrigado a comentar por ele, aliás, por todos. Eu já tinha uma música feita para a minha primeira namorada, inspirada num dedilhado de "Gun Fury", do The Damned, mais uma levada de "Primitive", do Killing Joke, mas a letra não saía, ainda mais depois do jeito que a relação terminou. *Ninguém* conseguia falar sobre amor ou sobre os hormônios à flor da pele como o Renato, e desde cedo percebi que, incapaz de escrever sobre a bagagem de frustrações de adolescente que eu carregava, meu forte na escrita eram as músicas de cunho sócio-político.

Estávamos literalmente sitiados em Brasília, onde o presidente Figueiredo decretou estado de emergência, por causa dos milhares de estudantes que ocupavam o gramado *sem espaço para trincheiras,* na frente do Congresso. Designado a comandar o bloqueio das estradas, o general Newton Cruz desfilava num cavalo branco na Esplanada dos Ministérios, entre os carros, batendo com um cacetete nos capôs. *Pitchka ti materina...* Deitado na cama com o meu violão Di Giorgio e o caderno ao lado da mesinha de cabeceira, como em todas as letras e músicas que eu escrevia, vi a letra da nova canção *se escrever sozinha* naquela noite.

"Será verdade, será que não, nada do que eu posso falar/
E tudo isso pra sua proteção, nada do que eu posso falar/
A PM na rua, a Guarda Nacional/ Nosso medo sua arma, a
coisa não tá mal/ A instituição está aí para a nossa proteção/
Pra sua proteção/ Tanques lá fora, exército de plantão/
Apontados aqui pro interior/ E tudo isso pra sua proteção/
Pro governo poder se impor/ A PM na rua, nosso medo
de viver/ O consolo é que eles vão me proteger/ A única
pergunta é: me proteger do quê?/ Sou uma minoria, mas pelo
menos falo o que quero apesar da repressão."

– "Proteção", Plebe Rude

No dia seguinte, acordei com o *toc-toc-toc* que vinha do outro lado da casa e me senti seguro em meio ao estado de sítio, sabendo que meu pai estava em casa e que estaria tudo bem. De novo aquele barulho. Alguma coisa de metal batendo em vidro? Não sei. Mas uma coisa eu sabia: tinha uma baita canção nas mãos.

Meu lado *sombrio* de ter que lidar com situações não tão habituais para alguém da minha idade se manifestou naquele momento. E com a devida curiosidade intelectual impressa em mim por meus pais, eu estava com as ferramentas para expressá-lo – mas por pouco não arquivei a música por causa de uma outra canção que começou a tocar massivamente no rádio, "Maior Abandonado", do Barão Vermelho, e da frase "só um pouquinho de *proteção* ao maior abandonado".

Outra música com *proteção* na letra? Feita na mesma época? Quais eram as chances? Outros *pitchka ti materina* cariocas que vieram me atazanar? Mais uma banda que só conseguiu gravar porque estava no Rio? Eu não sabia se era raiva ou inveja que eu sentia. Ao prestar bem atenção na letra, algo que não era muito difícil, pois no rock nacional *sempre* a voz era mixada num volume muito alto, vi que era diferente. *Bem* diferente. O rock de Brasília realmente tinha outra pegada. Ufa.

Mostrei "Proteção" para a banda no ensaio seguinte, e o resto é história. Seria a primeira vez que eu assumiria o *lead vocal* inteiro, pois já estava começando a sentir as limitações na extensão da voz do Ameba. Resolvi criar o verso "é para sua proteção" na parte A, e "a PM na rua" na parte B, não exatamente para fincar ainda mais o estilo *duas vozes*, que estava começando a aparecer, mas para ele ter *algo* para fazer na música. Ameba acabou tocando guitarra base também, e acho que até ficou aliviado por não ter que segurar o vocal principal no show inteiro, ainda mais que o verso "é para sua proteção" virou clássico.

A estreia de "Proteção" ao vivo não poderia ter sido num ambiente mais apropriado. Fomos convidados a tocar como *headliners* no Festival de Música Popular de Gama, cidade-satélite a quase 40 quilômetros de Brasília. O palco gigantesco ocupava quase a metade da quadra do ginásio e estava rodeado de PMs, *muitos* PMs, com seus emblemáticos capacetes brancos. Será que eles estavam lá por nossa causa? A nossa fama nos precedia? Além de grande, o palco era alto, na altura dos ombros dos PMs, que estavam em fila e de costas para o palco, virados para a plateia. Do nosso ângulo privilegiado, parecia uma carreata de tartarugas brancas de olho na multidão, e eles nem viam a chacota que estava rolando a centímetros de suas cabeças.

Nas músicas que cantava sem guitarra, Ameba chegava perto dos PMs destilando o verso de "Voto em Branco" e "Voz do Brasil". Eu, o eterno Philippe Malvinas (quem é rei nunca perde a coroa), mais uma vez sem medo da morte, levantei meu coturno direito calculadamente a um centímetro do topo de um dos capacetes, sem que o PM percebesse – para a plateia eu parecia usar o capacete como descanso, na pose mais emblemática do rock'n'roll *já feita na história*, caso alguém a tivesse registrado em filme...

"Proteção" foi apresentada ao mundo ainda durante o governo militar. Alguns anos antes a letra nos colocaria em perigo de vida, porém, numa clara demonstração de que a abertura democrática era inevitável, ela não apenas passou a ser entoada pela plateia em todos nossos shows, como se tornaria sucesso nacional em dois anos, impulsionando as vendas do nosso trabalho de estreia, que ganhou disco de ouro, e sacramentando o que só Renato Russo via nas bandas da *Tchurma*. Tudo isso sem que tivéssemos que mudar uma vírgula sequer.

Se não fosse o Teatro Rolla Pedra em Taguatinga, cidade-satélite a 17 quilômetros da capital, talvez o rock de Brasília tivesse ficado restrito ao Plano Piloto, reiterando a percepção do punk paulista de que o movimento era mesmo uma coisa de elite. Entre 1984 e 1986, o teatro foi fundamental para a difusão das bandas da cena emergente, das artes plásticas e cênicas. Sempre que surgia um espaço ímpar em Brasília, o punk arranjava uma maneira de se infiltrar.

Eu me incomodava com a visão elitista que as pessoas tinham do rock de Brasília. Tudo bem, tinha filhos de diplomatas no meio e, sim, de classe média, mas a maioria eram filhos de *acadêmicos*. Acadêmicos assalariados. As letras que eu, Renato e André fazíamos não apareciam de um vácuo, foi justamente isso que ajudou nossa formação. O mais perto que o rock de Brasília chegou dessa visão quase caricata de *filhos do poder* foi com a banda Capacetes do Céu, com um membro filho do futuro ministro da Fazenda Maílson da Nóbrega.

Ao ouvir falar dela, imaginei que não fosse muito punk e esperei um som mais brando, mais para o rock clássico. Quando ouvi "Sábado É Dia de Rock & Roll", confirmei minha suspeita, embora Renato gostasse das canções de três acordes e da sinceridade da banda, que chamava, com exagero, de *os Ramones de Brasília,* pois tinham irmãos na banda (os Ramones não eram irmãos). Volta e meia nos encontrávamos nos festivais ao ar livre, mas foi num show na cidade-satélite de Taguatinga que sacramentamos uma sacanagem com eles. Numa final de tarde de domingo, ao subir no palco depois dos Capacetes, peguei o microfone e gritei: "Já que sábado é dia de rock and roll, domingo é dia de PUNK! 1-2-3-4!".

Noutro dos vários shows que fizemos no Rolla Pedra, tocamos com a Legião, que se apresentava como uma dupla. Mesmo sem Dado, que tinha viajado, foi lá que a banda experimentou "Soldados" ao vivo pela primeira vez, com Bonfá trocando o lugar da caixa com o surdo da bateria. Nela, o lado Ian Curtis do Renato saía estridente do P.A., mas a levada era puramente inspirada na música "Independence Day", da banda Comsat Angels – eu também gostava muito dessa banda de Sheffield; a Plebe Rude também mostrou seu lado Joy Division a partir da inclusão de "Bravo Mundo Novo" nos shows. Junto com "Pressão Social", "Bravo Mundo Novo" era a música da Plebe que Renato mais gostava.

> "Se eu lhe dissesse olhe além do horizonte será que você olharia?/ Bravo mundo novo está nascendo, pelo visto vai te surpreender um dia."
>
> – Plebe Rude

A Plebe e a Legião tinham uma evidente relevância na formação do rock de Brasília. O Capital Inicial ainda era uma incógnita, embora seu som estivesse ficando mais pesado e suas apresentações já não destoassem tanto de nós e da banda do Renato.

As letras do Capital eram mais mansas, e a banda tinha mais preocupação com a estética do que a Legião e a Plebe, embora, no caso da Legião, o *look* tenha sido importante para Renato se decidir pelos futuros companheiros. Lembro do cartaz de um show do Capital no coreto do Gilberto Salomão, com uma foto em close dos integrantes, como se fosse rasgada na altura dos olhos. Foi a primeira vez que uma banda da *Tchurma* colocou uma foto própria num cartaz de show. Até então usávamos imagens diversas, como a foto do Johnny Rotten para um cartaz do Food's, a contracapa do single de "Armagideon Time", do Clash, para a filipeta da A.B.O., ou outra capa do Clash, do *Give 'em Enough Rope*, para uma apresentação no Sesc.

As melhores músicas do Capital até então tinham sido escritas pelo Renato para o repertório do Aborto Elétrico, e, pelo jeito feio que a banda terminou, ele se incomodava com isso – embora eles tenham escrito sozinhos a ótima "Autoridades Incompetentes", do verso "a fila não incomoda", que eu sempre cantava no meio da plateia com o braço pra cima. Mas "Autoridades" era uma anomalia, em termos de contestação a próprio punho, além de "Psicopata", é claro, com letra de Pedro "Hiena" Pimenta, futuro baixista das bandas Arte no Escuro e Detrito Federal.

Com as bandas mais em evidência, aquele foi um momento crucial para o rock de Brasília, com cada banda traçando seus respectivos caminhos e destinos. Sabe-se lá no que daria tudo isso...

O grupo feminino Sempre Livre, talvez uma resposta carioca às Go-Go's de Los Angeles, estava com a canção "Eu Sou Free", dos versos "Só estudei em escola experimental/ Meu pai era surfista profissional/ Minha mãe fazia mapa astral legal", estourada nos rádios. Eu não conseguia entender por que alguém iria querer me sacanear, mas algumas pessoas da *Tchurma* me perseguiam com uma adaptação literalmente *livre* da música: "Só estudava em escola internacional/ O seu pai é dono de estatal/ Sua mãe é colunista social, sua mãe é colunista social/ Sou Fifi, sou Fifi, sou Fifi demais".

O que eu fiz para merecer isso? Passei por escola internacional, e minha mãe era jornalista e colunista social. Check. Mas meu pai não era dono de estatal, e nem sei se isso seria possível. Minha mãe se tornou colunista social, mas com um tom bastante político, que inclusive começou a causar incômodo pela cidade. Ela expunha as mazelas e as peculiaridades da elite de Brasília com um texto inteligente e sagaz e ficou bastante popular.

Como eu não tinha escolha e era mesmo filho de colunista social, resolvi usufruir dos presentes que os políticos mandavam para ela, das flores do Paulo Maluf às mangas do Esperidião Amin. Mas eram as incontáveis caixas de chocolate que me deixavam doido. Eu comia sem me sentir um hipócrita, mesmo aproveitando o que certamente era proveniente de dinheiro público. Eu sei que no dia do juízo final isso vai me assombrar, mas que cruzemos essa ponte ao chegar lá. Punk vendido esse, você deve estar pensando. Mas que eram gostosos, eram. Na boa, *você* teria feito a mesma coisa.

Outros colunistas sociais da capital mergulhavam de cabeça no toma-lá-dá-cá inerente ao meio, com trocas de favores que iam de serviços gratuitos a *inside information*. Aí sim rolava jabá. Mas, pensando bem, o que não estava à venda na capital federal? A aparência e a percepção dos outros eram só o que importava. Por isso me orgulho muito do movimento do rock de Brasília. Nunca dependemos de ninguém pra nada. No caso da Plebe, nem da genialidade do Renato.

Minha mãe, por conta da coluna, tinha que frequentar muitas festas de *nouveau riche* brasiliense, a maioria com mais dinheiro do que cultura. Eram os ossos do ofício para uma mulher que falava quatro línguas e que tinha viajado o mundo. Eu mantinha o máximo de distância possível, mas volta e meia ela me pedia para acompanhá-la, com uma, uh... aparência mais apresentável. Quem sabe eu conheceria a filha do dono do Bradesco ou de uma rede de pneus?

Eu nunca aceitava os convites da minha mãe, o que, além de minhas constantes viagens, geravam bastante atrito com ela. Como eu andava com meu cabelo *comprido ao contrário*, inspirado no do Ian McCulloch, seria uma péssima e constrangedora companhia. Até que, numa festa dessas, nem precisei aceitar seu convite. O dono da grife Zoomp nos chamou para tocar. Creio que inconscientemente, para dar um toque mais fino àquele bando de punks insolentes, errou nosso nome no convite, que anunciava um show da banda *Plebe Rouge*. E não é que era uma festa que minha mãe foi cobrir para a sua coluna?

Cheguei sozinho, com o equipamento no meu Opala, e vi um policial na porta. Todos os carros estacionados estavam virados para o mesmo lado na rua, e imaginei que era assim que estacionavam naquele lado da cidade. Mas parei ao contrário, como *tudo* que fiz na minha vida.

O policial se aproximou ("de novo?") e perguntou o que eu estava fazendo ali. Expliquei que iria tocar na festa. Ele estranhou minha roupa, inadequada para uma festa *grã-fina* naquela região da cidade, e minha cara de moleque, e perguntou se eu tinha carteira de motorista. Sem pestanejar eu disse que não, mas que faria 18 anos em seis dias. *Seis* dias... Até mostrei minha carteira de identidade, que resolvi tirar depois da confusão de Patos de Minas. Eu dirigia desde os 14 anos e fui pego faltando seis dias? E nem foi numa blitz! Tem coisas que só acontecem comigo.

O policial apreendeu meus documentos e permitiu que eu entrasse na festa, alertando que depois iria me autuar. Eu estava acostumado a sempre tocar apreensivo com a possibilidade da chegada da polícia, mas esse show foi um dos mais tranquilos da minha vida, pois a polícia já havia chegado! Eu já tinha me dado mal. Foi uma noite ótima, a *Tchurma* toda estava na festa suntuosa, tinha até comida, e André captou tudo isso muito bem na música "Festas".

> "A semana foi difícil, você quer se divertir, temos uma festa e todos querem ir/ Na festa tem de tudo, tem muita bebida, tem muita música, tem até comida!/ Mas ninguém se importa em se animar, todos vão à festa só pra reclamar."
>
> Plebe Rude

Despejamos nosso repertório em cima dos convidados, que, cá pra nós, não entenderam muito bem. Olhando para os membros da *Tchurma* que cantavam cada palavra, lembrei da frase de John Lennon quando se apresentou com os Beatles para a família real e sua corte, no The Royal Variety Performance, em 1963: "As pessoas nos assentos baratos podem bater palmas. O resto de vocês pode sacudir as joias". Será que foi ali que o punk nasceu? Os Beatles de elite não tinham nada; eram literalmente os heróis da classe operária, mais ainda Lennon, com seu sotaque carregado de Liverpool. E era assim que eu me sentia ali. Afinal, eu não era *o cara da Plebe*?

No pequeno palco montado no canto do terreno, André, que assumiu os vocais de "Voto em Branco", com Ameba no baixo, acabou emendando "Tic-Tic Nervoso", do Magazine, só aí os convidados entoaram o verso "isso me dá/ tic-tic nervoso". Não falei que uma linguagem de rock nacional estava começando a ser aceita? Nunca se ouviu tanta música em português saindo de um sistema de som no Brasil até então, com Marina e Kiko Zambianchi tocados pelo DJ, mixados com a fusão de MPB pop de Vinícius Cantuária e Gonzaguinha. Quando tocou "Eu sou Free", do Sempre Livre, a *Tchurma* em peso começou a entoar, enquanto eu me arrependia – não de estar ali, mas de ter nascido. Por que que alguém iria querer me sacanear? Eu que nunca sacan... Ah, ok.

"Sua mãe é colunista social..." Pra piorar, a colunista social da letra *estava* na plateia. Acho que foi só a partir dali que minha mãe começou a entender o que eu estava fazendo nessas inúmeras viagens para o Rio e São Paulo. Ela já tinha visto os shows no Lago Norte e o do Food's do caminhão fretado, mas aquilo era diferente, pertencíamos a uma cena emergente, que estava tomando a mídia de assalto. No fundo, nenhum dos nossos pais conseguia realmente ver uma *carreira* nisso. Nós também não, então não os culpo. A falta de precedência ofuscava qualquer perspectiva.

Na saída da festa, o policial ainda estava lá com meus documentos na mão. Eu já estava preparado para ir em cana e me espantei quando ele me liberou. Promessa é dívida, seis dias depois fui mesmo tirar a carteira de motorista. Eu só soube depois que minha mãe tinha ido falar com ele. Afinal, o burburinho na festa, além dos habituais *que político estava comendo quem* ou *quem estava aceitando propina*, era que *o cara da Plebe Rouge* tinha sido preso na entrada.

Mas não houve carteirada, tão comum nessa área da cidade. Minha mãe apenas confirmou que eu realmente faria 18 anos em seis dias e era um bom menino. Apesar de toda arruaça que eu fazia pela cidade, eu era mesmo. Não fumava, não corria de carro e não me drogava. Nunca julgue um livro pela capa... Com a exceção de playboy, é claro.

***Game over.* De estudante passei a desempregado.** Minha formatura foi na Sala Petrônio Portella, no Anexo do Senado, em julho de 1984, com toda a pompa e cerimônia de praxe e a tradicional beca. E agora? Mais um ano se passou, e mais amigos iriam embora. Num Gol da primeira geração a álcool, fui com meu amigo Chico, aquele único *mod* certificado da *Tchurma*, me despedir de uma amiga brasileira que foi estudar nos Estados Unidos. Estávamos no meio da seca de Brasília, quando a umidade relativa no ar chega a perigosos 12%, como se a mãe natureza tentasse nos avisar que ninguém deveria estar morando ali. Quando saímos de casa, começou a chuviscar pela primeira vez em meses. Era a *chuva do pequi*, uma anomalia do tempo, uma chuva rápida extremamente perigosa (não para as plantas, que agradecem o mínimo de mimo dos céus) porque todo o óleo, borracha e poeira acumulados nas ruas de Brasília são despertados, mas o volume de água não é suficiente para levá-los para a sarjeta.

Chico, que tinha acabado de tirar carteira, perdeu o controle do carro na entrada do balão em frente ao aeroporto, e o Gol rodopiou várias vezes, subiu no meio-fio e entrou num poste pelo lado do passageiro até quase a metade do painel do carro. Num milissegundo, meu amigo acabou no banco traseiro, eu absorvi o impacto contra a porta e fui jogado no banco do motorista. O carro dobrou em dois, e por uns 30 centímetros eu não entrei no poste – o impacto foi amenizado porque o poste atingiu o carro exatamente no bloco que sustenta as dobradiças da porta do passageiro e a sustentação do teto.

Chico não se feriu, e eu apenas cortei levemente meu dedo, nada que impedisse os próximos shows. Saímos pelas janelas quebradas, mancando e cobertos de vidro, mas não fiquei preocupado com uma explosão digna de um filme do Chuck Norris. O carro era a álcool, e minhas aulas de física e combustão de líquidos me serviram bem. A polícia cismou que estávamos a mais de 90 km por hora, o que não era verdade, mas não foi a inexatidão da perícia que me incomodou. Foi o fato de sermos confundidos com playboys correndo pelas ruas de Brasília que me irritou. *Pitchka ti materina!*

Depois da minha formatura, fui fazer cursinho. Eu já sabia que a Escola Americana não preparava para o vestibular, então tive que me virar. Nas primeiras duas semanas, tive que me adaptar aos novos termos de física e química, tendo como consolo a biologia e a matemática, que para mim eram mais universais. Mergulhei nos livros, pra passar mesmo, mas não sabia exatamente pra quê. Ser cidadão modelo, burguês padrão?

Foi estranho estudar no sistema brasileiro pela primeira vez. A aula terminava ao meio-dia, não às três da tarde, como na minha vida inteira. O ambiente da minha escola anterior era muito opressor, era impossível de matar aula; quando vi que as portas do cursinho e da escola ficavam abertas, foi *game over* ao quadrado! Estudava quem quisesse. Que maravilha esse sistema, pensei. Eu bem poderia me acostumar com isso.

Quando eu não ia com a banda para o Rio ou São Paulo nos fins de semana, continuávamos na eterna busca de uma festa para invadir ou um antro novo para frequentar, pois a Adega fora tomada pelos playboys. Até que um amigo teve uma ideia. Por que não fazer um antro só nosso? Foi assim que nasceu o Radicaos, na 105 Norte, numa loja com subsolo que o Marcelo Baptisti, colega de cursinho e da *Tchurma*, e seu irmão, Mario, tinham alugado. Fui convidado pra fazer o design do som e do palco – no meio de uma aula de história...

O Radicaos tinha chances de superar o Napalm, já que os punks de Brasília tinham mais dinheiro. Com todos da *Tchurma* ajudando na limpeza e pintura, confeccionando cartazes e espalhando filipetas, tendia a ser um sucesso. Em uma carta para o Maurício Valadares, em 1984, Renato escreveu:

> "Aqui em Brasília tem acontecido um milhão de coisas. Vai abrir o Radicaos, um superbar que naturalmente vai ser o ponto de encontro do pessoal. O que tem de bandas aqui você não acredita".

No dia da inauguração, com shows da Plebe e do Capital, os sócios do bar chegaram de charrete, e a plateia se aglomerou numa grande celebração de amizade e cumplicidade. Era espetacular ter um lugar só da *Tchurma*, mesmo que jamais passasse pelo crivo dos bombeiros, muito menos da defesa civil, pelos padrões de hoje. A saída singular do porão, numa estreita escada em espiral, me arrepia só de pensar. Mas meu *design* funcionou, e, apesar de pequeno, o palco era digno da cena que estava a pleno vapor.

Minha festa de 18 anos foi lá, e toda nova cena passaria por aquele palco: Bambino e os Marginais, Diamante Cor-de-Rosa, Finis Africae, Escola de Escândalo e até a Legião Urbana, que fez lá sua primeira aparição em Brasília depois de ter gravado o disco de estreia. Bandas inusitadas e momentâneas, como Neto e seus Avós, liderada pelo ótimo baixista Neto, do Finis, apareciam do nada no Radicaos. O show mais curto da história do rock também foi lá, do Iron Medonho, com Fejão na guitarra, André X no baixo e eu na bateria. Depois da introdução tocaríamos "666, the Number of the Beast", única música do Iron Maiden aceita pelos punks, mas a corda *mi* do André quebrou na introdução, e, como não tinha nenhum outro baixo na área, foram 18 segundos do mais puro rock'n'roll. E só.

Infelizmente, foi só uma questão de tempo para o local ser descoberto pelo playboys, e numa noite um quebra-quebra parecido com o do Napalm acabou com a festa. Com direito a polícia, camburão... o de sempre. Como Tyrell disse ao replicante Roy em *Blade Runner*: "A chama que queima com dupla intensidade vive a metade do tempo".

Ser filho de colunista social, além dos chocolates e mangas catarinenses, tinha lá suas vantagens. Tinha um oftalmologista querendo entrar no mercado de Brasília, e eu soube que ele era um dos pioneiros no Brasil de uma operação revolucionária vinda da Rússia chamada ceratotomia radial, que eliminava óculos.

Fui a Belo Horizonte para uma consulta com ele, que não apenas tinha um medalhão pendurado no peito cabeludo, como uma foto com Agildo Ribeiro na mesa de seu consultório, que ficava no bairro elegantíssimo de Mangabeiras. O local e o consultório impressionavam – mas Agildo Ribeiro?

O oftalmologista sabia quem eu era, mas não foi por causa da mãe colunista que ganhei tratamento especial. Ele queria que eu falasse com Herbert, pois sabia que nos conhecíamos, e tentasse convencê-lo a se operar com ele. Para quem exibia uma foto com Agildo Ribeiro na mesa do consultório, uma matéria do *Fantástico* como o médico que tirou os óculos do *cara do Óculos* seria acertar na loto.

Para a operação, meu rosto foi coberto com um capuz com apenas um furo, pois seria um olho por vez. Lembrava *Laranja Mecânica* – com aquele aparato que mantinha aberto o olho do delinquente Alex DeLarge, vivido pelo Malcolm McDowell – com *Sexta-feira 13*, com o capuz do Jason deixando apenas um olho a mostra. Um colírio anestésico era periodicamente colocado por uma assistente para manter a lubrificação, ao ser encostada uma espécie de caneta ligada a um imenso aparato, o equipamento informava a espessura da minha córnea em mícrons, num inglês com voz robótica *à la* Kraftwerk, *three-seven-two-eight*...

A única coisa que eu tinha que fazer era ficar quieto e fixar meu olhar num filamento de luz acima da cabeça do médico. Fiquei me sentindo preso no filme *Un Chien Andalou*, do Buñuel, da angustiante imagem de uma navalha rente a um olho, na qual o Hojerizah se inspirou para a capa do seu disco de estreia. Quando minha córnea era pressionada para o corte, a distorção ocular fazia o filamento de luz desviar do meu foco, e então meu olho se mexia, e o oftalmologista gritava: "Porra, seu veado!", "Fique quieto, seu merda!". Só faltava me chamar de *múmia paralítica*, como o personagem Aquiles Arquelau, do Agildo Ribeiro, chamava o seu mordomo.

No dia seguinte, ao retirar a gaze que me fazia parecer um ferido no Vietnã, abri os olhos e vi pela basculante do banheiro do apartamento em que estava hospedado o horizonte belo de Belo Horizonte. Estava embaçado, mas nítido, se isso faz algum sentido. Dei um tapa bem forte na cara, que ou deslocaria minha lente de contato ou faria voar meus óculos. Meu olho esquerdo tinha ficado perfeito, mas o direito ficou com um leve grau por causa daquela mexida, o que era compensado quando eu abria os dois olhos. Comparado aos 4,5 graus de miopia, não dava para reclamar.

Eu estava sem óculos. Dessa vez para sempre. Não teria mais que fazer charme de intelectual. Depois da operação, comprei um gigantesco Ray-Ban por causa da fotofobia que me perseguiu por algumas semanas e tomei penicilina por duas semanas, mas era o preço a pagar para me reintegrar à sociedade como "um cara normal", nas palavras do Herbert, que por sinal me ligou para saber como tinha sido.

Quando cheguei para a gravação do disco *O Concreto Já Rachou*, alguns meses depois, nos estúdios da EMI, Herbert ficou me olhando, praticamente encostando seu nariz contra o meu, examinando para ver se tinha alguma marca ou cicatriz na minha córnea. Nesse mesmo ano, 1985, Herbert fez a cirurgia, mas não com o mesmo oftalmologista... Nunca fui bom em tráfico de influência.

Meu traje naquela época era uma mistura de punk inglês com peças dos exércitos americano e irlandês, mais um pano escocês saindo do coturno de paraquedista – e, claro, eu tinha um topete cobrindo meu rosto até o queixo. À noite, quando meus pais estavam na sala com convidados e eu aparecia, eles falavam meio sem graça: "Meu filho estava numa festa à fantasia". Eu não sei se eles realmente viam o quanto eu estava mergulhado na banda e sua proposta. Na visão deles, aquilo era coisa de adolescente. No máximo manifestavam sua opinião com o sumiço das minhas calças rasgadas, que misteriosamente reapareciam como pano de chão.

A revolta dos punks de Brasília era legítima, não éramos *filhos de ministro* como os punks paulistas nos acusavam. No geral, o punk mundial não foi uma manifestação puramente do proletariado, em alguns casos foi o contrário. A cena de Nova York tinha estudantes de arte, como membros do Talking Heads, e a cena inglesa também, como os líderes do Gang of Four e Wire. Talvez o mais notório punk da Inglaterra, Joe Strummer, do Clash, era filho de diplomata. Malcom McClaren, idealizador dos Sex Pistols, era um erudito, e sua esposa, Vivienne Westwood, levou arte para o punk. Ou vice-versa? Não sei, mas a densidade das letras que estavam surgindo não vinham de um vácuo, e dá para traçar um paralelo entre esses polos e o rock de Brasília. É claro que a fúria e o inconformismo vinham da opressão das classes, a força motriz do punk, mas nem todos do movimento conseguiram expressar isso de uma maneira eloquente, que vencesse o teste do tempo.

Uma cena do filme *20th Century Women*, de Mike Mills (2016), resume para mim o que é o punk: uma jovem tenta explicar para uma pessoa da geração anterior a crueza de uma música da banda pós-punk feminina inglesa The Raincoats. A pessoa mais velha ouve a música e pergunta: "Elas sabem que são ruins, né?". A jovem responde: "Elas têm esse sentimento, mas nenhuma habilidade, e elas não querem nenhuma habilidade porque é muito interessante o que acontece quando sua paixão é maior do que as ferramentas que você tem para lidar com essa paixão. Cria uma energia que é crua".

Nem todos tinham as ferramentas necessárias para colocar esse sentimento para fora, ao menos de uma maneira palpável, sem se anular pelo didatismo. Citando o implacável crítico de culinária Anton Ego, do filme *Ratatouille* (que meu filho tanto gosta): "Nem todos podem ser um grande artista, mas um grande artista pode vir de qualquer lugar". Essa era a beleza do punk, nivelava o campo e fomentava a possibilidade de que qualquer pessoa pudesse se expressar e inspirar a pessoa do lado a tomar coragem para fazer o mesmo. Era um efeito cascata impulsionando um movimento incontrolável.

Brasília nos forçava a criar algo do nada. Uma vez o Alessando "Itália", baterista do XXX, encontrou uma corda grossa no porta-malas do Opala, que minha família usava para rebocar um Landau velho que tínhamos, e juntou alguns membros para pular corda. Não tinha roupa legal? Pegávamos camisas sociais e camisetas e as pintávamos. Não tinha festa legal? (E a gente quer se divertir.) Fazíamos a festa ali mesmo. Não tinha música legal? Formávamos nossas próprias bandas.

Os shows da Legião/Plebe/Capital, sacramentados pela mídia como a santíssima trindade de Brasília, continuavam, e, à medida que a exposição das bandas aumentava, as confusões também, exponencialmente. Uma vez, pregando cartazes na W3 Sul para um show equivocadamente chamado de *Estrada Estelar Musical*, na cidade-satélite do Guará, junto com a banda Gestapo, fomos abruptamente abordados por um camburão, sim, uma veraneio vascaína, levados para a delegacia e devidamente fichados.

Se não era a polícia, capitão, general, era playboy. A banda Malas e Bagagens, que tocava versões que iam de Rita Lee e Doobie Brothers a Eric Clapton e Janis Joplin, com a novata Cássia Eller nos vocais, ia tocar num festival ao ar livre, domingo à tarde, em cima da rotatória da 206 Sul. Como era de graça, eu fui, e no meio da plateia, ao comentar com um amigo alemão que o guitarrista, Curtis Tipton, era professor de música da Escola Americana, senti algo raspando rapidamente minha orelha, um deslocamento de ar repentino, forte e ligeiro. Quando me virei para trás, um soco me esparramou no chão. Meu amigo, que nos acompanhava em shows no Rio e em São Paulo, tentou se defender, os playboys o acertaram também, mas ele acertou uma voadora no peito de um deles. Os playboys desapareceram do mesmo jeito que apareceram, no meio da multidão. Por que fizeram isso? O que fizemos para merec... Ah, ok.

Como meu carro era quase sempre o epicentro do abalo sísmico, e eu era o último a ir embora das festas, sem que percebêssemos, era comum estarmos cercados por playboys na hora de partir, e alguns ovos voarem para cima do carro. As meninas da *Tchurma,* cientes de que não apanhariam, ou ao menos não tanto quanto nós, ficavam xingando os playboys, e vai ver era isso que os deixava com mais raiva. Nunca tinha nenhuma mulher entre eles. Os playboys nos colocaram pra correr. Eu tenho uma teoria de como acabar com o terrorismo no Oriente Médio. É simples, deixa a juventude namorar e paquerar à vontade, sem tanta culpa religiosa. Quem sabe algumas meninas no meio dos playboys os aquietariam também?

A voz, sempre a voz. Fora os festivais, com som claro e potente, nos shows menores ainda não dava para entender nada do que era cantado. Muito menos nos ensaios, mesmo com a pequena melhora da mesa Shure do Bernardo. Então resolvi dar um jeito nisso.

Quando eu estava para me formar, no meio de 1984, planejei para o último dia de aula o roubo de um equipamento de som da escola, numa operação de dar inveja ao filme *Ocean's Eleven (Onze Homens e um Segredo).* Durante uma brecha na aula de educação física, entrei numa sala adjacente ao palco onde tinha me apresentado pela primeira vez em público, cinco anos antes, para conferir se um pré-amplificador que eu tinha visto ainda estava lá. Pluguei na tomada e, sob uma espessa camada de poeira, ele acendeu. Não me olhe assim. Como ele estava abandonado ali há mais de dez anos, certamente não haveria problema em pegar emprestado sem pedir.

Minha turma deu uma festa no ginásio no final de semana; quando fui pegar os cascos de refrigerante para devolvê-los para a distribuidora de bebidas, junto com meu amigo indiano (o mesmo canibal da bandeirinha americana), colocamos o pré-amplificador numa das caixas, coberto por uma manta. Saímos do ginásio de mansinho, não sem esbarrar em um professor. "Uh... e aí, tudo bem?" "Foi boa a festa, hein?"

Suando que nem Brad Davis antes de ser preso no *Expresso da Meia--Noite,* levei o amplificador de voz direto para a sala 2.090. Junto com o mixer da Shure, as vozes ficariam ainda melhores. Faltava encontrar as caixas de som adequadas. Procurando no jornal, encontramos quatro caixas à venda na cidade-satélite de Gama. Chegamos numa casa com um cartaz escrito Dentista. Apareceu um cara gigante na porta, que logo foi dizendo que podíamos chamá-lo de Gauchão. Era um dentista caseiro que dava pinga para seus clientes na falta de anestesia. Até ofereceu pra gente, mas gentilmente declinamos – não sei se por causa da garrafa suspeita ou de uma peixeira enorme na mesa. A história do Gauchão seria uma piada interna da banda por anos.

Efetuamos a compra, chegamos na sala 2.090 e chamamos o Toninho Maya, que riu ao ver o péssimo negócio que tínhamos feito. Ao abrir uma das caixas, havia uma panela segurando o ímã do falante com um prego no meio. Funcionava, mas daquele jeito. Convencemos o Gutje a ligar de volta para o Gauchão; malandro que só, com voz de menino arrependido ele disse que seu pai o proibira de comprar as caixas. Nada feito. O Gauchão gritava no outro lado do telefone, e, com medo do tamanho dele e de sua peixeira, achamos melhor deixar quieto.

Agora tínhamos voz no estúdio com as caixas meio mambembe – mas tínhamos. Quando Bernardo apareceu com um microfone importado Shure SM-58, foi uma revelação para todos que alugavam a sala. Um capítulo importante do rock de Brasília passou por aquele equipamento, pois Legião, Plebe e XXX usufruíram da aparelhagem nova que usamos até no Radicaos. Mas não agradeçam a mim, agradeçam à Escola Americana de Brasília. *Thank you!*

A propósito, sem pedestal de microfone ficava difícil ensaiar, então, uh... peguei emprestado do laboratório de química da escola dois prendedores de proveta, que prendíamos na ponta de um cabo de vassoura pra termos um pedestal. Não adianta me olhar desse jeito. Eu não era bandido, não. Fiz pelo bem da cultura brasileira, e olha no que deu! De qualquer modo o crime já prescreveu.

Com ajuda da aparelhagem nova, fizemos algo que nunca havíamos feito antes: uma versão em português de uma música da banda The Vibrators. Era incrível poder ensaiar e soar como nos discos gringos que ouvíamos. "Disco em Moscou" passou a ser hit instantâneo nos shows da Plebe, junto com "Tá com Nada".

Confesso que não me sentia muito à vontade cantando músicas que eu não tinha composto, mas uma banda, de um lugar talvez mais inusitado do que Brasília, não pensava como a gente. No seu primeiro disco, os baianos do Camisa de Vênus incluíram no repertório versões em português de "My Perfect Cousin", dos Undertones ("Meu Primo Zé"), "That's Entertainment", do The Jam ("Passatempo"), e "I Believe", dos Buzzcocks ("O Adventista"). Até aí tudo bem. Punk para as massas! Espera aí, as músicas não eram creditadas aos autores ingleses. No encarte, dizia que foram *inspiradas* nas canções originais. *Porreta ti materina!*

O inconsciente coletivo do punk estava dando as caras em todos os lugares, e isso era ótimo, mas tem que reconhecer quem compôs. Como compositor eu me incomodava muito, mas só deixei passar no caso do Camisa porque Flávio Cavalcanti, o polêmico apresentador de TV que dominava o Ibope e literalmente destruía discos de cuja temática discordava, "em nome da família brasileira", tomou nota no disco do Camisa. Isso sim é punk para as massas!

Flávio Cavalcanti não ficou ofendido com o infringimento de direitos autorais. Longe disso. Foi pessoal. Com uma introdução parecida com a do clássico "Holiday in the Sun", dos Sex Pistols, "O Adventista", *inspirada* em "I Believe", dos Buzzcocks, abria com os versos "Eu acredito nos livros da estante, eu acredito em Flávio Cavalcanti".

Depois de mostrar esse trecho, o apresentador levantou o LP do Camisa e o quebrou contra o pódio à sua frente. Isso mesmo... Um disco punk quebrado via Embratel para todo o país. Incrível. Ah, se inveja matasse...

Eu estava passando de ônibus na linha Grande Circular, embaixo do Eixo Monumental, na direção da W-3 Sul, quando olhei para cima e vi que o reboco do viaduto estava rachado, com um pequeno monte de entulho no chão logo embaixo. Cara, tem aquedutos romanos na Península Ibérica com mais de dois mil anos ainda de pé, e em Brasília, com apenas vinte anos, o concreto já estava rachando. Pensei ter sido eu quem apareceu com esse termo, que viraria o nome do nosso primeiro disco, mas uma amiga minha da época, Angélica, disse ter sido ela. Então, na dúvida, lhe dou aqui uma menção honrosa.

"Capital da esperança, asas e eixos do Brasil/
Longe do mar, da poluição, mas um fim que
ninguém previu... Brasília."
– "Brasília", Plebe Rude

Eu e André completamos a música "Brasília" no quarto dele, o mesmo onde tinha rolado minha catequese quatro anos antes, com o mesmo pôster do Stiff Little Fingers nos observando, agora orgulhoso. Para mim, a letra, com a adição do refrão "o concreto já rachou", já estava boa. A música girava em torno de um riff de guitarra inspirado num que ouvi no show do Here Today, no ano anterior. A parte B aproveitamos de uma canção jamais gravada pela Plebe, "Há Pessoas".

Mas tinha um problema. A melodia era muito complexa e fora da região do Ameba. Na falta do que cantar, e um pouco contra minha vontade, ele então poderia tocar guitarra. Só que a música *não pedia* uma segunda guitarra. No minimalismo que era o punk, sábio era aquele que sabia o que *não* colocar numa canção. O Ameba sairia do palco nessa hora? Uma banda pode fazer isso? Foi quando o Ameba apareceu com essa letra:

> "Brasília tem luz, Brasília tem carros, Brasília tem mortes, tem até baratas/ Brasília tem prédios, Brasília tem máquinas/ Árvores nos eixos e polícia montada".

O que viria a definir o estilo *duas vozes* da Plebe apareceu por acidente. Mas teve um propósito. A voz do Ameba tinha um limitação – de extensão, não de timbre ou potência –, mas narrada encaixaria bem, embora não sustentasse a canção sozinha. Então juntamos a minha melodia, costurando a canção em cima da narrativa sólida dele, e "Brasília" é uma das primeiras do setlist ao vivo da Plebe desde então.

No dia 19 de setembro de 1956, passou pelo Congresso a Lei nº 2.874, que inaugurou o processo de construção da nova capital, Brasília, oficialmente inaugurada em 21 de abril de 1960. Quem atestaria pela qualidade do material de construção? Para mim, o reboco quebrado no chão, embaixo do viaduto, já dizia tudo.

Mas não era somente na construção que Brasília apresentava rachaduras. O verso "os carros pretos nos colégios" trata dos desvios de verba por meio dos carros oficiais que levavam os filhos dos políticos para a escola com dinheiro público. E os "servidores públicos ali polindo as chapas oficiais" (desses mesmo carros) esperavam sua vez na hierarquia para poderem fazer o mesmo. A ocasião faria o ladrão.

A utopia de Brasília estava só na mente de alguns, mais propriamente dos seus fundadores e *designers*, e olha no que deu: um fim que ninguém previu. As duas letras desconexas se entrelaçam formando uma cacofonia que definiria o som da Plebe Rude. E também nossa visão de Brasília e seus habitantes... E essas pessoas, elas não fazem nada.

"Com tanta riqueza por aí, cadê sua fração?"
– "Até Quando Esperar", Plebe Rude

Pouco tempo depois da minha operação nos olhos, começamos a nos profissionalizar, com a ajuda de nossa primeira empresária, Camila Rabello de Carvalho. Ela estudava publicidade e tinha confidenciado ao Renato que queria trabalhar com uma das bandas de Brasília. Ele sugeriu a Plebe, pois em suas próprias palavras era "melhor do que o Capital", e na época do Rock in Rio começamos a trabalhar juntos. Fizemos um show todo produzido na Escola Parque, um teatro de porte, com cenário e até um cartaz anunciando tenebrosamente o show, com o desenho de um capacete com dois olhos que André tinha visto num livro imenso de fotos da *Time Life* na minha casa. O show se chamou *Johnny Vai à Guerra*, e Camila mandou confeccionar o cartaz na agência de publicidade em que fazia estágio. Engraçado, jamais passou pela nossa cabeça pôr uma foto da banda.

No show, a bateria foi cercada de arbustos, como se fosse uma trincheira, e num raro momento cênico a turma dos cowboys, com seus cabelos quase raspados e de botas, atravessou o palco algemada. Começamos a tocar em outros teatros com mais estrutura, e num show no Colégio Alvorada falei ao microfone: "Agora não tem mais volta". E não tinha mesmo. Ninguém segurava mais o rock de Brasília, e eu e André estávamos felizes da vida com a Camila, que se empenhava muito e tirava bastante a responsabilidade do cotidiano da banda das nossas costas.

Camila tinha um bom *feel* pelo mercado incipiente e era muito perspicaz. Ela até conseguiu organizar uma caixinha da banda, que ajudava a cobrir pequenas despesas com a sobra dos cachês que começavam a pintar, e uma multa de 10% para quem se atrasasse. Mas o antagonismo do Gutje, que deixava bem claro sua eterna desaprovação pela empresária, aos poucos fez o clima ficar insuportável.

Foi a Camila que conseguiu uma sala para nós com o DEFER (Departamento de Educação Física, Esportes e Recreação do Distrito Federal), embaixo da piscina do Complexo Aquático Cláudio Coutinho, no centro da cidade, ao lado do Ginásio Presidente Médici. Era bastante inspirador ensaiar com a luz refletida pela água da piscina, que passava pelos vidros grossos e pintava o corredor de um azul cintilante – ofuscante para mim, em virtude da fotofobia, sequela temporária da operação.

Eu me sentia meio idiota usando óculos escuros nos ensaios e desde então *nunca* confiei em artista que usa óculos escuros ao vivo, a não ser com atestado médico. Mas foi um período bastante frutífero para a banda, especialmente quando André apareceu com uma frase singela: "Com tanta riqueza por aí, cadê sua fração?". Fiquei intrigado.

Sendo fã do Gang of Four, eu adorava as letras que abordavam a política do dia a dia e das relações humanas, com a ressalva de ser um discurso exageradamente marxista – o nome da banda era inspirado nos líderes da Revolução Cultural comunista na China, por sinal. A disparidade entre as classes, tema recorrente nos discos deles, me fazia refletir sobre a nossa condição em Brasília, além disso, eles tinham dois vocalistas, Jon King e Andy Gill, o guitarrista/vocalista ocasional, quase revolucionário com seu uso de microfonia e seu som rascante, porém limpo. Dois vocalistas nós já tínhamos, mas como conseguir abordar o tema da má distribuição de renda sem ser pedante?

Perto de um banco que eu ia, na Asa Sul, tinha um menino de rua que engraxava sapatos. Ele pedia pra engraxar os meus, mas eu usava tênis, e sugeri que se ele inventasse uma maneira de engraxar tênis, ficaria rico. Então ele pedia para vigiar meu carro. Quando eu estava de ônibus, ele me pedia um *trocado*. Era intrigante o quanto ele era inventivo, mas no fundo eu ficava triste vendo ele ali e imaginava como teria sido a minha vida se não fosse abençoado por ter nascido na minha família, com as oportunidades que tive. Essa foi uma verdadeira bênção. Eu me sentia um pouco culpado, mas não fechava os olhos diante de tamanha desigualdade, como tanta gente fazia na ilha de fantasia que era Brasília, inclusive maltratando esses meninos de rua, sem perceber que poderiam ter sido elas. Então, partindo da frase do André, escrevi isso:

> "Não é nossa culpa/ Nascemos já com uma bênção/ Mas isso não é desculpa/ Pela má distribuição
>
> Com tanta riqueza por aí, onde é que está, cadê sua fração?/ Até quando esperar?
>
> E cadê a esmola que nós damos sem perceber/ Que aquele abençoado poderia ter sido você
>
> Posso vigiar teu carro?/ Te pedir trocados?/ Engraxar seus sapatos?/
>
> Até quando esperar a plebe ajoelhar esperando a ajuda do divino Deus?".

E não é que consegui enfiar *plebe* furtivamente no meio do refrão? Se os Paralamas podiam colocar o nome da banda em "Vital e sua Moto", aquela da prima que já está lá e que o Herbert também ia, se aquele queimador de pedal *pitchka ti materina* pode (eu ainda não estava convencido que não tinha sido ele), eu também posso! Tudo bem que eu assassinei a língua portuguesa, transformando a paroxítona *bênção* em oxítona, mas, se Guilherme Arantes podia fazer o mesmo em "Meu Mundo e Nada Mais", na frase "quando eu fui feri-DO", eu também me concederia essa liberdade poética.

Ao mostrar a música para a banda, ainda lembro da reação na cara deles com o azul da piscina rebatendo da parede. Modéstia à parte, eu sempre fui bom com riff e tive os melhores professores com o hard rock setentista e o pós-punk. Mas em "Até Quando" fiz uma introdução que continha *dois* riffs. Um de guitarra, que se repetia, sobreposto em seguida por um riff de baixo, bem na linha Peter Hook, do Joy Division. O de guitarra era simples, uma terça maior, uma quarta e uma quinta, mas sem transposição – nas décadas seguintes eu tocaria essa canção com praticamente *todos* do rock nacional, e o *único* que acertou a quinta, sem transpor para uma quarta uma oitava acima, foi o Luiz Sérgio Carlini, o seminal guitarrista do Tutti Frutti. Verdadeira lenda do rock brasileiro, Carlini é autor do primeiro solo que toquei na minha vida, ainda no meu violão Di Giorgio com cordas de nylon, o de "Ovelha Negra". Tem coisas que só acontecem comigo.

No meio de "Até Quando" (as já emergentes terceiras partes das nossas composições, em que a música dá uma guinada, ou melhor, uma entortada), estão as guitarras em staccato de reggae, mas, como há tambores pesados como contraponto, qualquer sotaque jamaicano era mandado de volta às Bahamas. Eu jamais faria uma levada clichê, ainda mais de reggae, mesmo sendo apaixonado pelos reggaes do The Clash, por mais apelativo e maior *gratificação instantânea* que fosse. Quando a mesmice ameaçava quebrar para a superfície, era devidamente empurrada para baixo, escondendo qualquer sopro de familiaridade sob o peso da inovação que ao menos achávamos que estávamos fazendo. A Plebe realmente fazia tudo ao contrário.

Na verdade, essa parte do meio da música foi inspirada em "Eyes without a Face", de Billy Idol. Na parte do meio da música do ex-Generation X, o contraponto é estabelecido quando a guitarra fulminante de Steve Stevens entra num glissando rasgado, e de maneira muito eficiente, ainda mais com os *dive bombs* de microfonia do fiel escudeiro do Billy Idol. Como em "Eyes without a Face", a subida cromática do baixo entrando no contratempo acabou virando uma das marcas registradas de "Até Quando".

Mas essa mudança no meio da música não foi apenas um detalhe de arranjo. Ela era até então toda cantada na terceira pessoa do plural; ao passar a letra para a primeira pessoa, visei dar voz a quem não tinha, o menino de rua pedindo para vigiar o carro, um trocado ou para engraxar sapatos, para que sobrevivesse e contribuísse da única maneira que a sociedade lhe permitia.

"Ouvimos qualquer coisa de Brasília /
Rumores falam em guerrilha"
– "Revoluções por Minuto", RPM

Em 1985, o RPM lançou seu primeiro disco, e aí vi que não andávamos mais sozinhos. Tinha inteligência no rádio. Provavelmente eles não estavam falando da gente no verso "rumores de guerrilha em Brasília", mas era como se fosse. Comparado com as temáticas vindas das bandas mais *mainstream* do Rio que chegavam na grande mídia, como Barão Vermelho, Paralamas e Kid Abelha, isso sim, como a gente, era diferente. *Bem* diferente. Já mencionei que tinha inteligência no rádio?

Tudo bem que havia os popzinhos *pitchka ti materina* como "Louras Geladas" e "Olhar 43", mas e essa letra de "Revoluções por Minuto"? A música que tinha mudado a minha vida na fita que o André Mueller me enviara da Inglaterra se chamava "Revolutions per Minute", dos irlandeses Stiff Little Fingers. Será que os deuses do rock and roll estavam tentando me dizer algo? E aquelas colagens de discursos políticos no meio da canção, que começava com um código Morse embaixo de um rádio de ondas curtas sendo sintonizado, que denunciavam o autoritarismo, passavam por um discurso de Figueiredo e culminavam com o *Sieg Heil* do Hitler? E isso no rádio!

"Revoluções por Minuto" era incrível, um "Nazi Punks Fuck Off" tupiniquim, mesmo que eu não gostasse muito dos teclados perigosamente parecidos com os do Oingo Boingo em "Just Another Day". E tem o excelente trabalho de guitarra do Fernando Deluqui. "Ah não", pensei, ao saber do seu sobrenome. Outro guitarrista com "De" no sobrenome? Eu precisava me diferenciar do mar de músicos da geração 80, *se* um disco da Plebe visse a luz do sol. De Philippe *De* Seabra, eu viraria Philippe Seabra. Dito e feito. Aposto que o Fernando não sabe disso.

No verão de 1985 o Rock in Rio, com o peso dos anunciantes e um *lineup* internacional de responsabilidade, consolidou de vez o rock como linguagem popular. E vinha em boa hora. Como Herbert diria, estava quicando na cara do gol, só precisaria do chute. E quem mudaria a história de um festival com tantos artistas nacionais e internacionais seria o minimalismo dos Paralamas, com o trio tendo apenas duas palmeiras como cenário – embora eles mesmos soubessem que, diante de uma multidão daquele tamanho, precisariam ter tido mais peso, algo que a Candy Apple Red Fender Stratocaster do Herbert não conseguia fornecer. No Rock in Rio eles demarcaram seu território com um rock simples, cativante, e pasmem, em português! Melhor, o rock de Brasília, olha aí, estava devidamente representado no palco, pois eles encerraram a noite com "Química".

Depois da maciça cobertura do festival, a TV Globo deu um empurrão a mais na cena com o *Mixto Quente*, gravado ao vivo na Praia da Macumba, no Rio. A primeira banda de Brasília a tocar no programa foi o Detrito Federal, mas em São Conrado. O evento mudou para o Recreio porque o ex-presidente João Figueiredo, morador de São Conrado, reclamou do barulho. Olha aí, o punk de Brasília continuando a irritar o poder público...

Quando nos apresentamos, tocamos "Até Quando" para um público completamente apático, que não estava somente estranhando a música, estranhava os músicos também: André estava com seu visual mais para Camden Town do que para Praia do Pepê, e eu de casaco de couro em pleno verão carioca e, pior, na praia – e como a correia da minha Les Paul estava se soltando, preguei o corpo da guitarra com fita crepe. O visual punk de tal gambiarra era um plus...

Já o Ameba, *muito* contra minha vontade, em vez de usar os tradicionais suspensórios e botas, tocou de shortinho, fazendo eu e André parecermos ainda mais deslocados. Foi nossa primeira aparição em cadeia nacional, e num domingo à tarde, competindo com o Silvio Santos. Punk para as massas! Mas shortinho?

Ao menos as condições eram bastante favoráveis para o som de Brasília. Como o Rio era uma grande vitrine, a abrangência do rock nacional tomava força. Na Zona Sul, boates como Babilônia e Zoom bombavam rock nacional, na Zona Norte a gigantesca Mamute tocava de "Bete Balanço" a "Ursinho Blau Blau", no alto da Tijuca o alternativo Robin Hood abria espaço para bandas novas, assim como a Metrópolis, de São Conrado, justamente na descida para a Zona Sul do morro. Mas foi na danceteria Mamão com Açúcar, na Lagoa, que as bandas nacionais, a maioria ainda desconhecidas, tocaram para plateias de até quatro mil pessoas, fincando o pé na cena.

A Mamão com Açúcar era uma empreitada do *rei* da noite carioca, Ricardo Amaral, que investiu nesse novo segmento e ajudou a indústria a ver o filão. Até gel de cabelo começou a ser comercializado, concedendo um tom *new wave* aos penteados, seja lá o que isso significasse, enquanto grifes como Company e Cantão começaram a lançar roupas ainda mais coloridas que a habitual *surfwear*. A indústria do rock estava nascendo, e tinha muita gente de olho. E olho grande.

Plebe Rude e Legião Urbana tocavam muito na Mamão, que tinha um amplo palco e equipamento de retorno excelente, coisa rara na época. Era bonito ver as plateias dançando e cantando hits nacionais recém-lançados, mixados pelos DJs com sucessos internacionais – um dos momentos favoritos dos DJs era a passagem de "This Charming Man", dos Smiths, com "Meu Erro" dos Paralamas, que compartilhavam a mesma batida.

Naquele palco, a Legião tocou "Tempo Perdido" no Rio pela primeira vez, já com a letra nova, sem a referência ao carro novo da letra original, que eu conhecia por causa da fita que Renato gravou com o Pretorius. Ainda bem que mudou: "Quase comprei um carro novo, só por causa de você/ Quase gastei a minha grana, mas você não quis me ver/ Ainda bem, baby, porque você não tem mais nada a ver".

Se todo artista iniciante tem direito a um "João Trovão", creio que essa foi a do Renato. Ela se chamava "Gente Obsoleta". E piora: "Aquele dia no cinema, foi tão estranho mesmo/ E a sua família na churrascaria e você na UnB/ Não quero andar com gente obsoleta".

Cara, acho que nem para o Capital essa servia...

Em junho de 1985, uma estudante de 14 anos foi encontrada morta no bairro da Lagoa, área nobre no Rio que circunda a Lagoa Rodrigo de Freitas. Ela tinha despencado do sétimo andar de um prédio residencial onde residia o rapaz que conhecera pouco antes na Mamão com Açúcar. Havia sangue no apartamento dele, que pegou 16 anos de cadeia pelo crime, agravado pela tentativa de ocultação de cadáver. A tragédia repercutiu nacionalmente, e muitos pais proibiram seus filhos, especialmente suas filhas, de frequentarem esses antros. Era como se a inocência e a alegria colorida da *new wave* tivessem acabado, e da noite para o dia as danceterias e boates ou fecharam ou tiveram que se reinventar.

As bandas voltaram a se apresentar para seus respectivos nichos, perdendo uma plataforma que atingia um raio amplo do público carioca, e acabaram migrando para a casa noturna mais bonita do Rio, no Morro da Urca, no topo da pedra que é o primeiro terminal no caminho para o Pão de Açúcar. Eu ficava aterrorizado subindo no bondinho vertiginoso com suas grandes janelas. Demorou para eu me acostumar com o empuxo repentino, e pior, assombrosamente silencioso.

O público lá não era tão variado quanto o da Mamão, talvez por causa do preço do ingresso, mais salgado, porque incluía a viagem de bondinho. Mas a louvável curadoria apostava em bandas emergentes e nos deu a oportunidade de ampliar a nossa já fiel base para além do Circo Voador. Com um amplo palco e camarim, a produção liderada pelo Duda Ordunha, futuro empresário do Barão Vermelho, tratava a gente com muito respeito. Sempre que encontro o Duda, eu agradeço por isso.

Outro lugar de shows clássicos no Rio era o Metrópolis, casa noturna que ficava no final de São Conrado. Inspirada no filme homônimo de Fritz Lang, a decoração tinha uma curiosa passarela por cima da pista de dança, que remetia às pontes onipresentes entre os gigantescos prédios futuristas do filme de 1927 e servia como um camarote e tanto para se ver as bandas da cena emergente.

Nessa época também começaram a aparecer os shows no Parque Lage, com um visual que só o Rio poderia fornecer, aos pés do Corcovado, 52 hectares de área, em sua grande maioria de mata densa, e um palacete do século 19, uma herança e tanto do Brasil colonial. O amplo palco em frente a um espelho d'água coberto por um tablado ficava de costas para o Cristo Redentor, como se desafiasse o dogma.

O Parque Lage tinha uma acústica incrível, e tocamos lá com Zero, Finis Africae, Escola de Escândalo e uma banda curiosa de São Paulo, com teclados e um cantor que usava os cabelos espetados e se vestia como alguém do punk inglês, mas nunca consegui descobrir exatamente quem. A banda se chamava Tokyo, e o vocalista Supla já estava ligado no som das bandas de Brasília desde a nossa invasão de São Paulo: "Porra meu, legal esse som de vocês". Quando o Tokyo lançou seu primeiro álbum, no ano seguinte, Clemente começou a se referir ao Supla como *nosso líder*. Tem que se admitir, o Clemente era engraçado...

De volta a Brasília, o nosso som evoluía, assim como as nossas perspectivas, e músicas mais complexas começaram a aparecer, como "Seu Jogo", inspirada numa carta que André recebeu da Alemanha, enviada pelo nosso querido amigo André Pretorius. Ele estava morando lá há poucos anos, mas já tinha saudade do Brasil e escreveu daquele jeito jovial dele pedindo três encomendas: seu amigão das antigas André Mueller, um saco de bombons Sonho de Valsa e um videocassete dos Trapalhões. Mas havia uma melancolia por trás das palavras, pois ele estava viciado em heroína e, como era quase impossível acessar a droga no Brasil, não podia nos visitar. Como mencionei anteriormente, o Pretorius era um meninão e falava que tinha encontrado o *orgasmo permanente*. Isso batia em mim de maneira estranha, pois eu estava com ele na casa Fessenden quando começou a mexer com a droga. A letra praticamente se escreveu sozinha: "Batalha onde eu me alistei/ Procuro orgasmo permanente/ Mas finalmente acho que encontrei/ Fugindo é que você se sente".

Acho que sempre fui bem claro nas minhas posições, mas nunca fui de pregar. Eu sempre arranjava um meio diferente de fazer as coisas, então, da mesma maneira que Pete Townshend colocou Roger Daltrey, um bronco camponês do interior, para cantar a sentimental e sexualmente ambígua "Behind Blue Eyes", resolvi não cantar "Seu Jogo" e deixei para o Ameba o maior hino antidrogas já escrito. Tudo o que eu achava a respeito coloquei ali. Porra, por causa do vício Pretorius não podia nos visitar e ver, sentir e participar da cena que ajudou a criar?

Uma vez, no Circo Voador, um fã me abordou e ofereceu cocaína, isso mesmo, a caspa do diabo. Olhei para ele e, brincando, como se fosse um pastor, levantando a mão levemente, como numa extrema unção, respondi: *O templo é sagrado.* Ele riu e entendeu, no linguajar carioca, que *não era a minha* e saiu para cheirar sozinho, não sem antes dizer "foda-se o templo". Mesmo sendo estatisticamente um jovem impressionável, dá para entender de onde veio minha postura. Quando eu tinha 13 anos, minha mãe, horrorizada com as prisões na Rockonha, disse que aceitaria tudo na família, menos isso. Esse "tudo menos isso" por algum motivo ficou comigo, e, mesmo sendo um futuro jovem punk, de uma maneira nada punk, a respeitei. Isso realmente foi determinante, além do meu contato ainda muito jovem com o abuso de substâncias ilícitas à minha volta.

Minha mãe tinha uma amiga, filha de um ex-presidente (sabe como é... Brasília, né?), que volta e meia aparecia vinda de São Paulo; *muito* contra a minha vontade, fui almoçar com elas no GAF, o restaurante dos poderosos no Lago Sul. A mulher não parava de tremer e só aquietou depois da *terceira* caipirosca. Eu nunca havia visto algo assim, a não ser o Minho K em São Paulo. Eu também tremia, mas pelo gosto terrível do coelho com molho mostarda. Tão bonitinho o bicho. O que fez para merecer aquele fim?

Também teve o primo de um colega nosso que frequentava os shows do Metrópolis no Rio e morreu de overdose de xarope para tosse. Outro amigo que sempre descia com a gente para o Rio já estava se tornando um jovem alcoólatra, e dois membros das bandas da *Tchurma* tiveram taquicardia por exageraram no consumo da caspa do diabo. Cá pra nós, esse papo de rock e drogas em *toda* biografia de rock'n'roll já encheu o saco. Muitos dos meus contemporâneos, e alguns conterrâneos no meio musical, usam esse passado como medalha de honra, mesmo com o rastro de mágoa que deixaram, porque quem sofre mesmo são os familiares e amigos... Sabe, eu já tive meus demônios também, mas soube lidar com eles.

Esse papo chato sobre drogas o tempo inteiro, as piadas de maconheiro, eu não achava muito engraçado. Junta isso, mais a primeira vez que vi alguém fumando maconha com cara de idiota na descida para o primeiro ensaio da Plebe, a *obsessão* de algumas pessoas da *Tchurma* por ela e o vício do Pretorius... Quer o quê? Das duas uma, ou você cai nessa onda ou não. Mas eu não era moralista não, ou ao menos tentava não ser. *Live and let die.* Eu demoraria mais 20 anos para sintetizar exatamente como me sentia e, indo além de "Seu Jogo", a música "Katarina" diz tudo: "Com o mundo inteiro aí, porque você ainda pede permissão?".

"A slip noose hanging in my darkest dreams /
I'm strangled by your haunted social scene"
– "Someone Saved My Life Tonight", Elton John

"Renato o quê? Mas eles não estavam às vésperas de gravar? Ele tá bem?" Detestei ter tido essa primeira reação, mas pensei, "é a cara dele", quando me ligaram para avisar que Renato tinha tentado se matar. Quase todos os seus ídolos morreram de overdose: Jimi, Janis, Jim e um deslocado Sid. John fora assassinado, mas não é a esse John que vou me referir agora, é outro, o Elton, com sua *tentativa* aveludada de suicídio.

Às vésperas do casamento equivocadamente hétero, obviamente amargurado por não poder assumir a homossexualidade, Elton John enfiou a cabeça dentro de um forno no apartamento que dividia com seu eterno companheiro de composição e provavelmente um dos maiores letristas de todos os tempos, Bernie Taupin. Mas tomou o cuidado, é claro, de deixar as janelas abertas e pôr um travesseiro onde sua cabeça descansaria pela suposta eternidade. Por sorte foi encontrado a tempo pelo companheiro, e o episódio rendeu a música "Someone Saved My Life Tonight", do disco *Captain Fantastic.*

Ian Curtis, do Joy Division, com 23 anos de idade se enforcou ao som do disco *The Idiot*, de Iggy Pop. O cantor Malcolm Owen, do The Ruts, a *grande promessa* do punk, morreu aos 27 anos, de overdose. Ambos em 1980. Estávamos no final de 1984, e Renato conseguiu o que queria desde que escreveu o seu próprio preâmbulo para o sucesso, com seu fictício 42nd Street Band: gravar um disco. Ian Curtis tinha virado ídolo, com foto até na capa da *NME*, e Renato sabia que, como ele, estava no rumo da notoriedade, mas nem os amigos mais próximos souberam exatamente o que aconteceu.

Dado falou anos depois que era mais como ele tivesse se cortado, para logo em seguida gritar "Mãe!", parecia mais um ato de desespero do que qualquer outra coisa. Devorador de biografias de rock, era como se Renato também quisesse ter isso no currículo.

Apesar de saber do interesse do Renato pelo companheiro de banda na época do Aborto – quando levou um fora dele, Renato foi chorar as mágoas na casa do André X –, naquele tempo eu não poderia imaginar a dimensão que isso teria na sua vida. Renato vestia sua alma na manga e, a partir dessa nova etapa de vida, tudo o que escreveria se tornaria totalmente público. Eu nunca achei certo alguém se expor tanto e teria *muitas* discussões no futuro com Herbert a respeito disso. Mas essa não é uma escolha de artistas intensos; eles não têm opção.

Pouco tempo depois, um Renato já recuperado, mas incapacitado de tocar baixo, ligou para Babu, baixista do Diamante Cor-de-Rosa, e perguntou se ele sabia tocar baixo. Babu respondeu: "Não, só sei tocar alto", e desligou o telefone. O próximo da lista, pelo visto, era Negrete, o Renato Rocha, campeão brasiliense de queda de braço e integrante da facção cowboy da *Tchurma*, com um visual skinhead – mas, é claro, sem a ideologia.

Apesar de achar a escolha estranha, fiquei feliz pelo Negrete, que não tinha noção até então do bilhete de loteria que ganhara e que, anos mais tarde, rasgaria. Ele já era escolado em banda tocando na Gestapo, e só no movimento punk você poderia ver um baixista preto numa banda chamada Gestapo. Já mencionei que o punk era a quebra de tudo? Apesar de um pouco destrambelhado, o estilo do Negrete caiu muito bem dentro da Legião, inclusive lembrando o jeito que o Renato tocava.

Negrete era um cara doce, que gostava muito de bike e de maconha, não necessariamente nessa ordem, e acompanhava o Ameba por toda parte. De vez em quando ele voltava das festas de carona comigo e se sentava na frente, no banco do passageiro, pois era só ali que cabia. A caminho de casa, quando a festa era no Lago Sul ou na Asa Sul, quando eu direcionava o carro para passar por baixo do viaduto que separa o Eixão Sul do Norte, Negrete desviava o volante do carro com o braço esquerdo, contra a minha vontade, até a *plataforma* da rodoviária, para comer pastel na lendária Pastelaria Viçosa. Quem lembra do tamanho dele sabe que eu não tinha muita escolha. A pastelaria ficava em um ponto estratégico, exatamente no coração do pássaro que era o design do Plano Piloto, e era parada obrigatória para todo transeunte.

Não é à toa que a letra original de "Música Urbana" era "fui até a rodoviária comer pastel, as ruas têm cheiro de gasolina e óleo diesel". Mas bom mesmo era o caldo de cana, que por anos me energizava a caminho de casa depois da escola com meu violão em punho.

A Legião foi contratada pela EMI, a gravadora dos Paralamas, por causa de uma fita cassete do Renato, apenas com voz e violão, registrada num gravador Philips portátil, daqueles com alça retangular e um alto-falante. Na verdade, a banda estava causando bastante rebuliço com seus shows no Rio e em São Paulo, além das demos tocadas na Fluminense FM. E a densidade da letra de "Química", já em alta rotação nos rádios, saltava para fora do disco de estreia dos Paralamas, destoando de modo gritante do resto do *rock de bermudas* carioca, mostrando que a *Tchurma* de Brasília não estava para brincadeira.

Ao mesmo tempo, as versões voz e violão da fita demo do Renato passariam a ser um problema, pois a gravadora queria que o som da banda fosse mais acústico, usando como referência o americano Bob Segger – dá para sentir isso na versão meio country de "Geração Coca-Cola" no disco de estreia. *Pitchka ti materina!*

Já em processo de gravação, a banda não estava se entendendo com os produtores da EMI. Numa carta para Jorge Davidson, diretor artístico da gravadora e responsável pela contratação da Legião, Renato anteviu a discórdia enquanto preparava as demos do primeiro disco. É como se falasse por todos nós: "Temos um público e uma imagem e não vai ser bom se acharem que a gente se diluiu. Somos uma banda de ROCK (Paralamas, Kid Abelha, Leo Jaime, Ritchie, Dalto – é tudo POP.) Você sabe a diferença melhor do que eu. *Help us please*".

Assim que o disco foi lançado, com a foto de capa assinada pelo Maurício Valladares e os desenhos no encarte feitos pelo Marcelo Bonfá, saí todo orgulhoso para comprá-lo e colocar no mesmo toca-discos que tanto me educou e que usei em inúmeras festas da Escola Americana e da *Tchurma*. Agora seria a *nossa* vez de sair daqueles alto-falantes... *Pitchka ti materina!* O som era magro – e não somente pela precariedade da gravação.

Comparado com meus vinis gringos, grossos e pesados, o disco da Legião parecia frágil, dobrava facilmente e era leve demais para impor algum respeito. Isso influi muito na qualidade do áudio, devido à profundidade dos sulcos, as ranhuras concêntricas que armazenam todas as frequências. Quanto mais profundos e separados uns dos outros, melhor a qualidade. Isso que nem mencionei a qualidade repreensível do acetato, a matéria-prima do vinil.

Estavam aprendendo a gravar rock no Brasil, e, como eu constataria pessoalmente no ano seguinte, as técnicas de gravação utilizadas eram as mesmas que haviam registrado artistas de MPB nas últimas décadas. Não se modernizaram para acompanhar a dinâmica necessária do rock, principalmente em relação à gravação de guitarras. Sem hesitação, os técnicos pegavam os caríssimos microfones alemães Neumann U87 e colocavam na frente dos alto-falantes dos amplificadores de guitarra. Na *gringa*, eles estavam usando microfones dinâmicos, 30 vezes mais baratos, porém mais adequados para a pancada neles imposta.

As caixas de bateria tinham muito *reverb*, e, mesmo tentando chegar no som das baterias das bandas new wave gringas ou simulando as caixas densas da bateria eletrônica Linn Drum, os técnicos não conseguiam disfarçar a precariedade da gravação. Simplesmente estavam colocando efeito num som ruim, que continuava ruim, só que com efeito. Lembrei do Renato cantando no violão "A Duh"!

Registrar rock é como tentar agarrar um relâmpago e pôr numa jarra. E no primeiro disco da Legião, assim como no primeiro dos Paralamas, não foi daquela vez. Apesar disso, o disco carregava a fúria do som de Brasília na sua pegada e temática, com canções que virariam clássicos, inaugurando uma nova era na música popular brasileira. Mesmo com o pior som de guitarra da história da humanidade na faixa "O Reggae", não importava, era um dos nossos... E disponível numa loja perto de você!

Quando o Ultraje a Rigor começou a dominar os rádios com a música "Inútil", lembrei de uma professora de português na escola, a Dona Celinda, paixão de todos os adolescentes, que cumprimentávamos pronunciando seu nome como "cê é linda". Eu já tinha me formado, mas volta e meia visitava os professores que gostava. Sabendo que eu tocava numa banda, razão pela qual faltava de vez em quando às suas aulas, ela me perguntou se eu conhecia aqueles meninos que apareciam no *Chacrinha* cantando num português todo errado "a gente somos inútil".

Falei que sim, mas não pessoalmente. Ela disse que, como professora de português, ficava horrorizada vendo a falta de concordância sendo propagada pela mídia e perguntou se o nosso som era assim também *irreverente*. Não. De jeito nenhum. Eu odiava o termo *irreverente*. O som de Brasília e sua temática séria tinham outro porte. Apesar de eu gostar de ver rock nas paradas de sucesso, ainda mais com uma crítica à cruel realidade do Brasil, não me identificava muito com o tom engraçadinho do arranjo. Mas, já que não estávamos conseguindo atingir o grande público com letras como "Vote em Branco", "Até Quando" e "Proteção", talvez possivelmente condenados ao anonimato, eu achava bom ver isso num programa com a abrangência nacional do *Chacrinha*.

Coincidentemente, tocaríamos com eles depois do estouro do disco *Nós Vamos Invadir sua Praia*, em 1985, no ginásio de esportes ironicamente chamado Presidente Médici. Estávamos conseguindo desbancar as bandas mais melosas que mantinham o monopólio nos grandes eventos, e a Plebe e a Legião foram chamadas para a abertura.

O ginásio de esportes foi certamente o maior local em que tocamos até então, com um palco enorme e o som do Instrumental Produções, dos mesmos sócios que compraram parte do equipamento do meu irmão cinco anos antes. O engraçado foi que o microfone que usei veio com uma mancha vermelha do batom da Gal Costa, que tinha se apresentado alguns dias antes. Será que isso conta como um beijo da Gal Fa-tal?

Estávamos no meio da redemocratização brasileira, com o epicentro dela em Brasília, e durante nossa apresentação eu perguntei: "Cadê a Nova República?", depois de dizer que tínhamos "dançado na mão dos *homens* em Patos de Minas". Também aproveitamos para *lançar* nosso disco, mas era diferente do disco da Legião. Havia boatos de que seríamos contratados por alguma gravadora, mas isso ainda parecia distante, então pegamos o disco da trilha sonora de uma novela das sete, pintamos como se fosse da Plebe, com capa e encarte, falamos sobre o lançamento fictício e o lançamos como se fosse um frisbee, num voo rasante por cima da plateia, que levantou os braços na sua direção, tentando em vão agarrá-lo. Sério, foi o mais próximo que achei que conseguiríamos lançar um disco, mesmo com toda a movimentação na cena. O Brasil não recompensava nosso tipo de idealismo.

Nesse show tocamos *O Concreto Já Rachou* na íntegra, mas do olho do furacão nem dava para sentir o poder do repertório, e eu nem achava que "Até quando Esperar" fosse uma música tão impactante, mesmo depois do Militão, da Banda 69, que estava no show, dizer que aquela música nos colocava num outro patamar. O repertório também teve "Não Tema", "Minha Renda", "Seu Jogo", "Nunca Fomos Tão Brasileiros", "48", "Proteção", "Censura" e "Códigos", com a letra inspirada em "I Am the Law", do Human League.

> "Eu decido o seu futuro, eu e os meus fuzis/ minhas normas determinam seus direitos civis/ Estou rindo de você, o seu direito é me obedecer."
>
> – Plebe Rude

Concluímos o set com "Nova Era Tecno" e seu clima futurista, que vinha diretamente de Kurt Vonnegut e, graças ao André, com um toque literal de Alexis de Tocqueville.

> "Na primeira revolução industrial a máquina substitui o trabalho braçal/ Na segunda revolução industrial a máquina substitui o trabalho mental/ Se você quer trabalhar você vai ter que esperar na sua casa."
>
> – Plebe Rude

Engraçado mesmo é como surgiu essa música, que viraria uma das mais cultuadas do nosso segundo LP, "Nunca Fomos Tão Brasileiros", e ressurgiria 37 anos depois para o musical *Evolução – Vol. II*. Como o trabalho de guitarra da Plebe estava começando a chamar atenção, entraram em contato comigo para fazer um jingle, e mais uma vez o Brasília Rádio Center viraria cenário de uma estripulia minha.

Uma agência de propaganda lá sediada pediu um jingle para o Supermercado Planalto, que seria veiculado no rádio e na TV. O lema era *O Plá do Planalto*, e queriam que eu colocasse "a casa da dona de casa" no meio da música. Quão difícil seria isso? Mole. Mediante aprovação, eu chamaria a Marielle, do Escola de Escândalo (futura Arte no Escuro), para cantar. Voltei na agência alguns dias depois, feliz com o começo de uma era nova para mim na música, a da remuneração, já que a Plebe não rendia nada a não ser peixe à milanesa: "Em tempos de crise você tem que economizar/ Na casa da dona de casa você vai comprar: Supermercados Planalto/ O Plá do Planalto, o Plá do Planaaaaalto".

Mostrei o jingle no violão para os mesmos dois publicitários da primeira reunião, alternando entre dois acordes uma melodia simples e suave, cantando junto, só pensando no *checão*. Mas creio que eu não conseguia fugir das minhas raízes. "Isso é muito punk", avaliou um dos publicitários. "Como é que você me põe *crise* no meio do jingle? O supermercado não pode ter o nome associado a crise", reclamou o outro.

Me pegaram completamente de surpresa. Eu pensei que tinha atingido a perfeição, ainda mais com o *aaaaa* arrastado em O Plá do Planaaaaalto, e não estava preparado quando pediram outra versão. Pense rápido, Philippe... Sem pestanejar, toquei a mesma melodia mas numa levada bem diferente, bem mais popular, usando acordes de bossa nova e samba. Agora sim. Daria um jeito para tirar *crise* da letra depois. Mole. Voltei a pensar no *checão*.

Me interrompendo ainda no primeiro verso, o primeiro publicitário reclamou: "Você tá fazendo igual, mas agora num sambinha?". Fui praticamente expulso de lá. E assim, tão rápido quanto começou, minha carreira de compositor de jingles terminou. Não é à toa que nunca gostei de publicitário. *Pitchka ti materina!*

Eu jamais faria música comercial de novo, tinha gente na *Tchurma* melhor do que eu nisso. Mas não foi de tudo ruim, porque essa música viraria "Nova Era Tecno", um clássico da Plebe e uma favorita do Herbert. E por incrível que pareça, a parte "baixa, baixa, baixa o nível um pouco mais" tinha sido inspirado em "Extra" do Gilberto Gil. Conta pra ninguém...

Depois das apresentações das duas bandas e da boa receptividade da multidão, alguma coisa estava errada, pois o Ultraje ainda não havia chegado. Eu não conseguia entender por que um *headliner* não estaria no seu próprio show na hora, mas depois de 30 longos minutos e com a plateia já impaciente, os membros do Ultraje passaram correndo, nos deram um OK com a cabeça e subiram às pressas no palco. Claro que eles não sabiam quem éramos. Que vida estranha, pensei. Imagina? Chegar do aeroporto e entrar direto no palco? Como eles tinham quebrado a barreira do rádio e TV, imaginei que fazia parte da vida louca que levavam. Em alguns meses, estaríamos no mesmo barco, e "Até Quando...", décadas depois, entraria no repertório do Ultraje.

No outro dia, a crítica local louvou a apresentação das bandas locais, e o jornalista Irlam Rocha Lima saudou Renato como um novo ídolo. As letras das duas bandas também foram exaltadas pela imprensa – realmente, com o que estava rolando nas rádios, era como comparar Danielle Steele com Shakespeare.

Ameba desapareceu uns dias e ficou pelo Rio. Ele estava direto com o pessoal dos Paralamas, inclusive participou do clipe de "Ska" para o *Fantástico*, numa dança coletiva bem no clima do grupo Madness, já que a canção era um tanto quanto derivada (demais para o meu gosto) da música "One Step

Beyond". O visual de Ameba, de cabelos curtos e calça com suspensórios, caiu como uma luva. Mas espera aí, um plebeu no *Fantástico*?

Não sabíamos o que estava acontecendo, pois só existiam telefones fixos nas casas dos nossos pais, e as secretárias eletrônicas ainda estavam na infância. Começamos a ficar irritados com sua ausência, e cheguei ao ponto de cogitar sua expulsão, pois ensaiamos algumas vezes como um trio, e eu estava ficando mais à vontade cantando todo o repertório. Perderíamos a característica das duas vozes sobrepostas, mas, como minha voz casava muito bem com a do Gutje, ainda teríamos um backing robusto. Quando Ameba finalmente aparecesse, falei para o resto da banda que era melhor que ele tivesse uma excelente desculpa. E tinha. E como.

Houve uma reunião com a direção artística da EMI, mesma gravadora dos Paralamas e Legião, e disseram que estavam interessados na Plebe. Estávamos em alta rotatividade na Fluminense FM e lotando shows no Circo, então parecia muito natural. Mas não tinha nenhuma banda como a Plebe tocando nos rádios *mainstream*, então fiquei com um pé atrás.

Com os boatos da contratação rondando, Herbert me ligava constantemente do Rio para saber como estava a banda. Mas me pegou de surpresa quando perguntou se já havíamos tido uma reunião para definir os direitos autorais, coisa da qual, apesar da irmandade dos Paralamas, ele não abria mão. Direito autoral? Nunca tinha pensado nisso, mas ele tinha razão. Não seria errado sermos creditados pelo que cada um fez, mas logo vi que teria problemas com isso. Foi o começo do fim.

Entre eu e André, que compúnhamos o grosso do repertório, não teríamos problema. Mas seríamos justos com as outras colaborações. O instrumental de "Johnny Vai à Guerra" inteiro, por exemplo, começou com um riff de dois segundos que o Ameba mostrou no estúdio de ensaio. Não estou brincando, dois segundos apenas! Eu levei para casa e fiz todo o resto da música, com suas inúmeras linhas de baixo intrínsecas e diminutas e as guitarras com acordes de nona, mas o Ameba levou o devido crédito porque eu não teria tido a inspiração não fosse o riff de dois segundos. Mais que justo.

André escreveu o grosso da letra de "Johnny...", em cima do filme "Johnny Got His Gun", escrito e dirigido por Dalton Trumbo, que já conseguia trabalhar com o próprio nome depois que a lista negra de Hollywood e o Macarthismo tinham acabado.

"Ele não teme o interrogatório, mas as drogas podem fazê-lo falar / revelar segredos sobre ele mesmo que o tornariam vulnerável demais."

"Johnny Vai à Guerra", Plebe Rude

Acabei adicionando, na parte de baixo e bateria, os versos:

"Você os ouve? Estão lá fora!/ Você os vê? Estão lá fora!/
Seus aliados, contra você!"

Assim como em "Seu Jogo", o backing vocal que coloquei – "não vem!" – servia de contraponto para a voz forte, porém monocromática, do Ameba, de novo bebendo na fonte inesgotável do Killing Joke, agora no vocal meio "The Wait". Mais uma vez, se somos a soma das nossas influências, grande parte dessa equação seriam os vocais inusitados do Killing Joke, que entravam pela tangente com força, costurando a dissonância das guitarras que, junto com as do XTC, têm as linhas melódicas mais originais de *todo* o pós-punk.

Como cada canção teria que ter um contrato com a editora, nos reunimos com Camila na sala de ensaio do Brasília Rádio Center para falar sobre direitos autorais. Fiz uma lista do repertório e mostrei o que achava que seria de cada um, já sabendo que haveria uma discussão bastante desagradável. No geral, todos concordavam que as músicas que foram feitas por um só, como "Proteção", fossem assinadas individualmente; no caso das minhas parcerias com André, como "Minha Renda" e "Censura" (músicas minhas, letras minhas e dele), fossem assinadas por nós dois. As que tinham mais de três autores de uma das metades (letra 50%, música 50%) seriam assinadas como Plebe Rude.

Na maioria das músicas que eu compunha, eu chegava com as partes prontas. E aí começou o confronto com o baterista, que não aceitava que determinadas músicas fossem creditadas como Plebe Rude. Ele relutou especialmente em relação a "Até Quando", obviamente vendo o potencial da música que eu não via.

Esses contratos são vitalícios, e em cima dessa confusão, que relatei ao Herbert, ele juntou os Paralamas numa *band reunion* de emergência para deixar claro quem fez o que nas músicas do disco *Selvagem,* que estava por vir. Fofoqueiro que só, dizia para os amigos: "A Plebe está brigando por direito autoral", quando justamente *ele* tinha me alertado sobre isso.

Pitchka ti materina! Essa discussão foi *horrível*, e eu me sentia levemente culpado por defender o que era meu por direito. E nunca me esqueci do roubo dos passes de ônibus do meu quarto...

Eu e André praticamente tínhamos nos tornado irmãos e estávamos apenas protegendo nossos direitos, como o Herbert protegia os seus. Não estou dizendo que uma banda não é a soma das partes. Cada um contribui como pode ou como quer – eis a razão de praticamente todo antagonismo em bandas. Eu e André nos empenhávamos *muito* nas composições e focamos sempre na direção musical do repertório, nunca forçando a barra na proposta ou guiando a banda artificialmente para determinado caminho. Nos preocupávamos com a mensagem e a estética das músicas, seja para que lado fossem. Cada membro se esforçava, a sua própria maneira, sempre em prol de algo que chamávamos de Plebe Rude. E esse esforço tinha que ser reconhecido... Juridicamente também.

Se alguém quiser saber como era a música dos hippies de Brasília que dividiam os palcos conosco nos primórdios, é só ouvir a abertura de "Pra Longe do Paranoá", de Oswaldo Montenegro. Nos apresentamos às vezes com ele, nos festivais Brasília afora, e a única palavra que me vem à cabeça é oposto. Mesmo assim havia um clima de paz entre nós, principalmente porque o punk de Brasília era benigno.

Mas ficávamos atônitos, como numa experiência sociológica, vendo os resquícios do movimento hippie e seus seguidores entusiasmados. Nossos seguidores, amigos das bandas irmãs e membros da *Tchurma*, eram bastante entusiasmados também, mas nos finais das tardes de domingo batia uma melancolia, não apenas por causa da iluminação esparsa e precária, que lançava uma penumbra triste no palco, mas pela lembrança de que *o pra sempre, sempre acaba* e que a segunda-feira já batia na porta anunciando não somente o início da semana de estudos e trabalho, mas o começo do resto das nossas vidas, com as cobranças habituais da família e da sociedade, sem pedir licença.

Eu fiz vestibular e passei no CEUB, uma das faculdade privadas da época, só para mostrar que podia. Cheguei a cursar um mês, mas estava claro que não era o que eu tinha em mente para a minha vida. Eu não queria ir embora para os Estados Unidos nem virar mais um estudante de comunicação ou jornalismo, um bacharelado em música *jamais* passou pela minha cabeça porque o tipo de música que eu fazia não se aprendia na faculdade. Eu me empenhava na banda mais do que em qualquer outra coisa, e a paciência dos meus pais estava se esgotando.

Uma matéria na revista *Afinal*, concorrente da *Veja* e *IstoÉ*, no primeiro semestre de 1985, nos ajudou a ganhar mais tempo na pressão familiar. Sacramentado pela mídia, nossos pais passariam a ver que esse movimento não era somente uma coisa de menino? A matéria se chamava "O Rock Candango" e falava da trilha seguida por Herbert Vianna e a Legião. O clima estava mudando. Saindo do romantismo de antes, os olhos das gravadoras passaram a enxergar Brasília como um celeiro possivelmente rentável. E banda é o que não faltava.

Era comum as gravadoras lançarem *paus de sebo* para ver se alguma banda *colava*, e a CBS lançou uma coletânea chamada *Os Intocáveis*, com 12 bandas da cena emergente nacional. De Brasília entraram a Banda 69 e o Capital Inicial, com as músicas "Papo Sério" e "Descendo o Rio Nilo" respectivamente. Zero e Eletrodomésticos também entraram na coletânea, e foram essas quatro que vingaram e lançaram o primeiro disco no ano seguinte.

Na matéria da *Afinal*, uma foto de quase meia página, feita em frente ao Museu da Cidade, o mais antigo de Brasília, inaugurado 25 anos antes, nos colocava em destaque. Estávamos todos de óculos escuros – eu ainda sofria de fotofobia por causa da operação – no sol escaldante da manhã, em frente ao busto de concreto do JK – como se ele fosse um quinto membro da banda –, com as seguintes palavras impressas no mármore: "Ao Presidente Juscelino Kubitscheck de Oliveira, que desbravou o sertão e ergueu Brasília com audácia, energia e confiança, a homenagem dos pioneiros que o ajudaram na grande aventura".

Bem, audácia, energia e confiança nós tínhamos. E de sobra. Estávamos também desbravando um território novo e colocando Brasília no mapa cultural nacional, então, creio eu, também o ajudávamos nessa *grande aventura*. Será que nossas letras um dia estariam junto com as palavras de Kubitscheck, Niemeyer e Lúcio Costa no imaginário coletivo de Brasília? Pelos depoimentos de diretores e assessores da Fundação Cultural do Distrito Federal na mesma matéria, a resposta seria um rotundo "não".

Eles viam o movimento como uma coisa passageira, e até um dos agitadores culturais do circuito de festivais locais, que sabia que o nosso público aumentava cada vez mais, nos menosprezou pelo fato de que a maioria dos músicos das bandas vinha "de famílias de boa situação econômica, o que facilita as coisas". O jornalista inclusive usou Herbert e a mim para exemplificar isso. *Pitchka ti materina!*

"O próprio Herbert Vianna, do Paralamas, se mudou para Rio há oito anos, acompanhando seu pai, o coronel-aviador Hermano Vianna, que havia sido transferido pela Aeronáutica. Philippe Seabra, 18 anos, guitarrista do conjunto Plebe Rude, é filho da colunista social Silvia Seabra." De novo essa história? Era uma coluna social, mas que abrangia assuntos e debates políti... ah, deixa pra lá. Se tinha uma coisa com a qual eu estava acostumado, era de ter que me provar a cada instante. Mas piora.

A revista *Veja* praticamente na mesma semana também perpetuou essa noção elitista. Numa matéria chamada "Rock no Planalto", com o subtítulo "Os conjuntos de Brasília estreiam em disco", do jornalista Okky de Souza, ele comentou a realidade de alguns membros da *Tchurma*. Lembrou que tinha filho de cônsul brasileiro em Marselha e filho de embaixador brasileiro em Guiné-Bissau na *Tchurma*, e de novo sobrou para mim, apesar de nem termos gravado ainda, mas não por causa do meu pai, diplomata aposentado (o que sempre consegui manter em segredo), mas por causa da minha mãe: "A Plebe Rude conta com o guitarrista Philippe Seabra, filho da colunista social Silvia Seabra".

Isso não tirava *nenhum* mérito do rock de Brasília, bem pelo contrário, pois foi a curiosidade intelectual impressa na gente pelos nossos pais, mais o fato de falarmos no mínimo uma segunda língua e termos morado no exterior, que fez *toda* a diferença do mundo. Como falei anteriormente, essas músicas não vinham de um vácuo...

O desprezo por parte do governo local era um indicativo de que estávamos fazendo alguma coisa certa, e algo que punk sabia fazer bem, independentemente da condição financeira, era incomodar. Afinal, por que mais alguém monta uma banda? O mais engraçado é que a matéria da revista *Afinal* termina com o diretor da Fundação Cultural reconhecendo a dificuldade de desenvolver um trabalho que se sustente em Brasília. Ele disse que, se o Herbert ainda vivesse em Brasília, seria apenas o líder de um *Parachoques do Fracasso* qualquer. O problema é que vivíamos em Brasília. E ninguém da Plebe pensava em se mudar. Mas, como diz Sting na música "Syncronicity II", do disco *Syncronicity,* "ele sabe que algo em algum lugar tem que ceder".

"If you've been trying for years / We already heard your song / Death or glory becomes / Just another story"
– "Death or Glory", The Clash

No Rio, a Plebe foi adotada por um casal muito simpático, que apelidamos de *Casal Killing Joke*, devido à camisa que um estava usando quando os conhecemos depois de um show no Circo Voador. Nos convidaram a ficar com eles quando quiséssemos, na Tijuca, mesmo estando *grávidos*. Foram atos de generosidade como esse que nos ajudaram muito naquela fase.

Olhando pela janela da sala do apartamento deles dava para ver o quartel do 1º Batalhão da Polícia do Exército na Rua Barão de Mesquita, centrão da Tijuca, onde funcionou o Destacamento de Operações e Informações, o DOI, que buscava, apreendia e interrogava suspeitos *inimigos* do Estado, e o Centro de Operações de Defesa Interna, o CODI. Lembrei do meu tio, que foi torturado lá dentro, e imaginei o que aquelas paredes testemunharam. Imagina se eu tivesse escrito "Proteção" alguns anos antes? Pelo menos o Brasil estava esperançoso, e pela primeira vez em vinte anos os militares não controlavam a sucessão presidencial.

Nessa época meu pai infartou e foi levado para a UTI do Hospital de Base de Brasília. Eu estava no Rio e voltei de ônibus para Brasília. Ele ficou duas semanas à espera de uma vaga no Incor, o Instituto do Coração em São Paulo, para ser operado. Quando ele foi transferido, só pude *descer* para ficar com ele depois da cirurgia de ponte de safena. Em São Paulo, fui direto da rodoviária para o hospital, quando entrei no quarto que ele compartilhava com outro paciente, meu pai se espantou ao me ver. Tentou se levantar da cama, chorando, e disse ao enfermeiro e seu colega de quarto: "É meu filho. Ele toca numa banda. Ainda vai ser muito famoso". Foi a primeira vez que o vi esboçando alguma reação em relação à Plebe Rude. Também foi a primeira vez que o vi chorar.

Ele colocou quatro pontes de safena e estava muito bem, considerando que cirurgias de peito aberto são *muito* traumáticas – hoje, graças a inovações como o cateter, o balão e o stent, são necessárias em apenas 15% dos casos de infarto. Seu colega de quarto ficou curioso com os alfinetes na minha perna, que delineavam a lateral da minha calça do joelho até o pé. Ele era dono de uma confecção no sul do Brasil e me perguntou como funcionava.

Falei que usava para criar uma bainha vertical instantânea; colocava a calça e ajustava a lateral com os alfinetes. "Vamos ficar ricos?", disse ele, já pensando em patentear a ideia e dividir o lucro comigo. Eu nunca soube se ele tentou desenvolver a calça em escala industrial e nunca recebi algum cheque. Uma pena. Seriam calças punk para as massas!

Depois de duas semanas árduas em São Paulo, em que fui todos os dias visitar meu pai e acompanhar sua melhora, a banda entrou em contato dizendo que *desceria* para um show numa pequena casa noturna. A distração seria bem-vinda, pois eu estava no apartamento de um amigo da família por duas semanas e fiz a besteira de ler o pesadíssimo *Helter Skelter*, relato da investigação e condenação do clã Manson, responsável pela morte da atriz Sharon Tate (mulher do cineasta Roman Polanski), liderado pelo insano Charles Manson. Foi o ponto mais baixo dos excessos da contracultura norte-americana da década de 1960. Mas era leitura leve se comparada às capas ensanguentadas do jornal *Notícias Populares* em todas as bancas de jornal a caminho do hospital.

Foi Adib Jatene, o primeiro médico brasileiro a realizar o procedimento de ponte de safena, quem operou meu pai. Tive a honra de conhecê-lo, mas no meio da conversa acabei esquecendo de pegar uma autorização médica liberando meu pai para viajar de avião. A Plebe tocaria naquela noite, então levei-o até o aeroporto a tempo de passar o som; no check-in pedimos para ele passar para a frente da aeronave por causa da operação recente. Eles passariam, mas mediante a autorização médica. Putz, pra que fui falar? Foi impedido de embarcar. Fomos até outra companhia, compramos outro bilhete, no embarque perguntaram se o passageiro tinha alguma condição que necessitasse de cuidados. Nos olhamos por um breve momento – até punk, por que não? – entre pai e filho e em uníssono dissemos: "Não".

Logo mais à noite, a Plebe destilou toda a sua rudeza em cima da plateia que gradativamente vinha aumentando, inclusive "Consumo", cuja letra, escrita pelo André alguns anos antes, é uma pérola.

> "Tomei uma coca, cadê o sorriso? Gastei dinheiro e fiquei liso/
> Cale a boca e consuma/ Você não tem o direito de duvidar."

– Plebe Rude

O show foi aquela porrada de sempre, mas para mim em especial foi meio catártico. Meu pai estava saudável, de volta à Brasília com o coração *zerado* e reconhecendo o que eu fazia. Lembrei de novo daquele véu seguindo Elizabeth, que cantou comigo no primeiro show que eu dei na escola, enquanto corria pelo palco do que agora se chama Espaço Cultural Renato Russo e se tornou o atestado de uma geração que podia alcançar qualquer patamar, para a qual tudo parecia possível. Meu pai tinha visto a morte de perto, e quem sabe de vez em quando isso seja necessário para nos lembrar que o sangue corre onde ainda há vida. Eu estava com 18 anos, com a vida inteira pela frente.

Mas seria só uma questão de tempo para um vento contrário derrubar o véu no chão. De volta a Brasília, de volta às cobranças. A música que Renato apresentou ao mundo ecoava como um mantra cansado, saindo de um radinho de pilha mais cansado ainda, me cobrando para ser responsável, cidadão modelo e burguês padrão. Em 1985, a Escola de Escândalo tocava uma música que eu achava fantástica, "O Grande Vazio". Mas a letra era triste, um lembrete de que nesse meio em que estávamos nos infiltrando, como penetras, apenas dedicação e talento não seriam suficientes: "Ou você cruza a ponte sobre o passo por onde passa o rio do fracasso/ Para chegar na terra da realização/ Ou então se esconde do lado da frustração".

Pelo visto era mesmo uma linha tênue que separava um Paralamas do Sucesso e um *Parachoque do Fracasso* qualquer. O Capital Inicial estava indo para São Paulo gravar seu primeiro compacto, a Legião Urbana estava se consolidando nacionalmente, mas ainda não tinha chegado a vez da Plebe Rude, muito menos da Escola, a *quarta* banda de Brasília. Herbert seguia dizendo que estava agitando com a gravadora, Pedro Ribeiro dizia que a EMI estava ainda mais entusiasmada depois da reunião com o Ameba. Mas sabe como é promessa de carioca, né?

Mesmo com toda a cena nacional surgindo, com as bandas colegas de São Paulo ganhando tração na mídia, eu sabia que a Plebe era, de longe, a menos comercial das bandas de Brasília e não conseguia enxergar em que contexto seríamos inseridos. Quando flashes do clipe de "Vital e sua Moto", com Herbert cantando de cartola feito Charlie Chaplin, passavam na minha cabeça; quando eu ouvia o eco caribenho *horroroso* do teclado e o timbre de guitarra de "O Reggae", da Legião; quando eu escutava as guitarras melosas embaixo de versos igualmente melosos como "A Europa está um tédio/ Vamos transar com estilo", do primeiro compacto do Capital, pensava: estamos ferrados. Clipe de cartola? Tecladinho? Transar com estilo? *Pitchka ti materina!*

Quando "Tempos Modernos", do Lulu Santos, tocava no rádio, eu me sentia ainda mais desesperançoso, e não somente pela pegada pop. É que as bandas de Brasília, ou aquelas em que 2/3 dos membros haviam morado em Brasília, estavam todas dizendo, da maneira mais fina, elegante e sincera, *mais sim do que não*. Como é que a Plebe chegaria a um disco sendo a banda mais *não* de Brasília? Ou talvez do Brasil?

Para piorar, finalmente veio o confronto em casa, que partiu da minha mãe. A paciência tinha se esgotado. Eu já tinha prestado o vestibular e passado, mas larguei a faculdade depois de um mês. "O que é que você espera dessa banda? Que caia um contrato do céu no seu colo?", cobrava minha mãe. Será que o sonho punk acabaria do mesmo jeito que o sonho hippie em *Easy Rider*?

Dois meses depois, um contrato caiu do céu. E bem no meu colo. Num país que não recompensa idealismo, não é que foi recompensado? Eu me sentia como The Mule, uma anomalia dentro da saga *Foundation*, de Isaac Asimov, algo que nem a psico-história de Hari Seldon teria previsto. O nosso som, a nossa postura numa grande gravadora? Não era pra ser...

Mas, às vésperas de eu completar 19 anos, em outubro de 1985, *descemos* ao Rio para gravar o nosso primeiro disco, que se intitularia *O Concreto Já Rachou*. Herbert me tranquilizava dizendo que teríamos controle total. Será verdade, será que não? Só vendo mesmo. Nada do que eu posso falar...

Perguntei ao Renato como era estar numa grande gravadora. Ele fez uma analogia que usava de vez em quando, uma licença poética em cima de uma citação famosa do pastor luterano alemão e dissidente antinazista Dietrich Bonhoeffer, sobre "pegar um trem achando que ia pra Disneylândia, mas acabar em Auschwitz". Logo eu descobriria que Renato tinha exagerado um pouco.

Era Treblinka.

2º ATO

2º ATO

"Ah é? Então pega 'Minha Renda' e enfia no c*!"

Herbert tentou apaziguar a situação, mas não adiantou. "Cara, se uma banda de reggae fizesse uma versão da música, a música continuaria a mesma, mas a batida não... Batida não é composição, é arranjo." Por trás do Ray-Ban espelhado não dava para ver a ira nos olhos do baterista, mas todos sentiram. Poxa, pensei... esse é para ser o meu momento. O *nosso* momento. Estávamos começando a gravar um senhor disco sem interferência da gravadora, com uma produção impecável do Herbert, contribuindo com a nossa dissonância ao punk, só que agora em vinil.

Era de se esperar algum percalço nesse começo pela história secular da relação entre artistas e gravadora, com a corda rebentando sempre do lado mais vulnerável. Era quase certa a interferência da EMI, especialmente em relação às letras, o que me tirava o sono. Eu estava especialmente preocupado com os versos explícitos de "Proteção" na ainda pubescente abertura democrática.

Poucos perceberam, mas uma letra do disco da Legião tinha sido censurada, ou pior, *amansada*, justamente a que tinha sido inspirada em mim, "A Dança". O "você vai ser um velho a mais" foi substituído por "tanto fez e tanto faz". Será que sucumbiríamos também? Três anos antes censuraram duas músicas da Blitz, e a solução da gravadora que nos contratou, depois de ter produzido 30 mil cópias em vinil, foi riscar as faixas para garantir aos censores que aquela obra, mais chula do que subversiva, não chegaria aos ouvidos dos fãs.

Eu esperava que algum problema surgisse, mas não de dentro da banda. Já tinha que lidar com a *alface do diabo*, vinda de um canto da banda, agora isso? Resolvemos a questão das autorias em Brasília, justamente para manter um clima bom. Não adiantou. O clima ficou pesado no saguão da gravadora e acabou entrando no estúdio. Não tenho muitas lembranças boas desse período. Talvez não seja coincidência que não exista uma foto *sequer* da gravação de *O Concreto Já Rachou*.

Para piorar, o contrato da EMI apareceu à revelia da Camila, sem sua participação, mesmo que ela tenha iniciado as negociações – e de maneira bastante profissional. Para se ter uma ideia de o quanto estávamos despreparados até semanas antes, eu não tinha CPF, Ameba não tinha identidade, e André estava pendente com a Justiça Eleitoral. Assim, depois de quase um ano, Gutje finalmente conseguiu o que queria, tirar a Camila. Eu e André tentamos, mas àquela altura não havia mais nada que pudéssemos fazer – pelo menos conseguimos impedir que a esposa do Gutje entrasse no contrato como membro da banda, algo que ele estava pleiteando à revelia dela.

Olhando para trás, se não fosse naquela hora, não demoraria até que houvesse outra tentativa de *golpe*, o que causaria *muitos* problemas no futuro. Até hoje, imagino como seria ter tido um Zé Fortes (empresário do Paralamas) ou um Duda Ordunha (empresário do Barão Vermelho desde o fim dos anos 1980) desde o início. Mas foi até bom para a Camila, que não precisou lidar mais com o antagonismo que o resto da banda teria que lidar nos próximos anos. No momento em que escrevo este livro, ela mora em Nova York e é diretora de produção do South Park Digital Studios, aquele mesmo da turma do Cartman, Kyle, Stan e Kenny do "South Park", que revolucionou a linguagem de desenhos animados.

Herbert estava muito feliz na sua estreia como produtor e realmente entendia do assunto. Olha o que o cara fez pelo rock de Brasília: gravou "Química", apresentou Renato Russo ao Brasil, levou a Legião e a Plebe para a EMI... Mas, o mais importante para mim, é que peitou a gravadora sobre o tal míni LP que estavam empurrando, com apenas seis faixas, o que eu achava uma bobagem desde que tinha ouvido falar, e conseguiu encaixar uma sétima, justamente "Brasília". Malandro que só, Herbert usou o argumento que eu sugeri: como o título *O Concreto Já Rachou* vinha da letra da música, ela teria que encerrar o disco, mas sem tirar nenhuma das seis já gravadas. Dá-lhe, Hebe!

A EMI via no míni LP uma maneira de lançar um produto mais barato de gravar, só com seis faixas, e sair da fixação de preços em cima dos LPs comuns – o Plano Cruzado estava prestes a entrar em vigor, transformando o cruzeiro em cruzado, e todos os preços seriam congelados. Já sabíamos que não daria certo, pois o custo de produção física e de transporte era o mesmo, já que o tamanho do vinil e da capa eram iguais aos de um LP convencional. Obviamente os lojistas cobrariam o mesmo preço de discos de dez a 12 faixas, um tremendo gato por lebre para os desavisados. Sugerimos lançar um de disco de dez polegadas, mas recebemos o primeiro de uma série de *nãos* que ouviríamos nos próximos anos da EMI. Quem ouviria aqueles punks insolentes de Brasília?

Quando Herbert ligou do Rio contando que fomos contratados, ele seria o produtor e avisando sobre o novo formato, fiquei levemente ofendido por não termos sido simplesmente contratados para um disco completo. Mas não podia reclamar àquela altura do campeonato. Descemos ao Rio de avião (até que poderia me acostumar com isso) para um show no Parque Lage, organizado pela EMI para homologar a escolha. Várias bandas tocaram numa espécie de concurso, mas só quatro passariam. Durante a apresentação da Plebe, Guilherme Isnard ficou gritando do meio da plateia: "É marmelada!". E ele tinha razão. Os vencedores já haviam sido escolhidos: Zero e Muzak, de São Paulo, Lado B, do Rio, e, olhem só, Plebe Rude, de Brasília.

Quem diria... Depois de quase cinco anos de banda, incontáveis shows e viagens de ônibus para Rio e São Paulo e muitos, muitos embates com polícia, capitão, traficante, playboy e general, Patos de Minas e, pior, o começo no meio de uma ditadura, sem nenhum mercado para a música jovem, nossa mensagem chegaria ao grande público. No segundo ano da Plebe, ainda como trio, eu e André teríamos nos contentado com um compacto independente de 300 cópias para distribuir entre os amigos. E olhe lá!

O mais importante foi termos conseguido chegar ao primeiro disco numa multinacional sem ter que mudar uma vírgula da proposta inicial. Preocupado, eu via a Legião levemente amansada pela gravadora e o Capital *descendo o rio Nilo* com mais avidez pelo mesmo caminho. A Plebe jamais tomou o caminho mais fácil. Não tínhamos escolha. Era a urgência, a inquietação que servia de impulso. Num país que não recompensa idealismo, não é que estávamos sendo recompensados? Quem sabe existisse esperança para a humanidade?

A EMI soltou essa nota para a imprensa: "São quatro anos e meio de estrada, a honestidade, o ataque e a coragem estão intactos. Não há como descartar o impacto das canções nem como rotular os jovens músicos. A irreverência do grupo é a de quem já sabe o que quer e como conseguir, sem angústias ou apelações". *Pitchka ti materina!* Eu detestava a palavra irreverência e comecei a me questionar: será que a EMI sabia o que tinha na mão?

Fizemos casa no Hotel Bandeirantes, na Barata Ribeiro esquina com Santa Clara, em Copacabana, estrategicamente posicionados do outro lado da rua do Crepúsculo de Cubatão, o único lugar abaixo do Rio São Francisco onde você podia ouvir Sisters of Mercy às duas da manhã. Aberto em 1984, o Crepúsculo tinha como um dos sócios Ronald Biggs, mais conhecido por ter participado do assalto ao trem pagador na Inglaterra, que em 1970 fugiu com um passaporte falso para o Brasil, onde se exilou.

No hotel, André dividia o quarto com a Camila, Gutje com a esposa, e eu com Ameba, que assumiu o nome artístico de Jander, seu nome próprio. Esse convívio *tão* próximo seria tranquilo, até porque não duraria tanto tempo assim.

Depois das gravações, íamos em bando para o Baixo Leblon, onde a versão carioca do Philippe Malvinas surgiu na noite em que gravamos a guitarra de "Sexo e Karatê". Fiquei na calçada pegando todo mundo que passava pela gola e gritando: "Tá ficando do caralho!!!!". Eu não conseguia conter meu entusiasmo, mesmo que o som da minha guitarra Les Paul Silverburst soasse diferente do som direto do amplificador da sala de gravação. Do pouco que eu entendia, sabia que a mesa era a inglesa Neve, com os pré-amplificadores 1073, a menina dos olhos dos engenheiros de som, e os técnicos usavam e abusavam da equalização, mesmo com o som ótimo na fonte. Mais uma vez, quem era eu para argumentar?

Herbert pedia para que eu ficasse tranquilo, e com a experiência adquirida no *Passo do Lui* – as guitarras de "Cinema Mudo" foram gravadas em linha, sem passar por amplificador –, nos conduziu com atenção e carinho. Confesso também não ter entendido muito bem a necessidade de gravar os instrumentos separados, um a um, em vez de *ao vivão*, com todos tocando juntos. O gigantesco estúdio tinha espaço e microfones, e a mesa tinha canais suficientes. Com alguma experiência em estúdio (gravamos no Rio a demo de "Johnny Vai à Guerra"), associávamos a separação de instrumentos à precariedade aparente deles.

O estúdio da EMI onde estávamos era um templo da música popular brasileira. O que mais impressionava era o pé-direito da sala de gravação, que nas horas de folga sediava nossos torneios de vôlei. Ficamos com o turno da noite, varando madrugada, e demorou um pouco para a banda se acostumar a trocar a noite pelo dia. André vivia dizendo que o relógio biológico dele tinha enlouquecido. A bateria era gravada no vão lateral da sala principal, com bastante madeira, angulada num design específico e acabamento elegante, o que eu copiaria mais de 20 anos depois quando construí meu próprio estúdio em Brasília.

As máquinas de fita de 24 canais estavam começando a chegar ao Brasil, mas a EMI ainda não tinha feito o *upgrade*. Para nós, acostumados a gravar demos em oito canais, a imponente máquina de 16 parecia ser mais do que suficiente, e o resultado foi de uma qualidade superior, já que a fita larga, de duas polegadas, continha mais espaço entre os tracks e proporcionava um sinal mais puro e forte.

Dou muito mérito ao Herbert e ao técnico Renato Luiz, veterano da EMI, mas *poucas* bandas chegaram ao primeiro disco tão preparadas quanto a Plebe. Os arranjos todos estavam prontos, mas Herbert deu duas sugestões que fariam *toda* a diferença do mundo. Apesar de ter nosso estilo bem definido, a banda estava aberta a opiniões alheias. Eu nem tanto.

"Até Quando" não recebeu nenhum tratamento especial durante a gravação, pois ninguém via o real potencial dela, a não ser quem batalhou para enfiar o nome na autoria. Herbert sugeriu que um cello dobrasse a linha de baixo do André. Cello? Estranhei, mas não me opus, já que era dobra e não estaria sozinha, pois a música começava com toda a banda junta.

Jaques Morelenbaum, que depois teria no currículo artistas do naipe de Tom Jobim e Sting, foi chamado para gravar o cello, e Ameba ficou particularmente eufórico, pois ele também tinha gravado com Elomar, seu conhecido de quando morava em Vitória da Conquista. A gravação foi tão rápida que resolvemos dar dois períodos de cachê para o músico, e com o cello do século 19 aliado aos canais dos pré-amplificadores e equalizadores 1073 da mesa Neve, o som ficou espetacular – mas foi só na mixagem que Herbert, quando o técnico estava adicionando uma pitada de eco e equalização, sugeriu usar o riff como introdução. "O quê?" reclamei, com todos me olhando feio. Uma introdução de cello abrindo nosso primeiro disco? Cello? "Objeção, meritíssimo!"

Eu tive que tirar o chapéu para o Herbert, realmente o riff era bonito, e me recolhi à minha insignificância no fundo da sala da técnica. O engraçado é que, se o Jaques tivesse usado o headphone um pouco mais alto, o som da banda teria vazado no microfone, impossibilitando seu uso isolado. Profissional que só, ele monitorou a banda para se guiar sem que o som vazasse dos headphones. Por muito pouco, um dos riffs de introdução mais emblemáticos do rock brasileiro deixaria de existir.

Mas Jaques ainda não havia terminado. Ao ouvir o verso "posso vigiar seu carro", ele sugeriu um solo curto, meio blues, antes que entrassem as vozes. Um solo de cello? Blues? Na Plebe? "Objeção, meritíssimo!", pensei, já quase me levantando, mas novamente resolvi ficar quieto. Me deem um desconto, estava com 18 anos, a poucos dias de fazer 19, creio que ainda tinha o benefício da pouca idade para tal intransigência. Só de sacanagem, Herbert sugeriu uma linha rápida também no finalzinho do solo de guitarra. Demorei para me acostumar, mas ficou ótimo.

Na hora de gravar as vozes de "Até Quando", Gutje estava insistindo em cantar. As (agora) famosas duas vozes, na verdade, eram minha e do Ameba. Ele eventualmente fazia backing vocais, com competência, mas nesse caso, estava *tão* insistente quanto na discussão sobre direitos autorais, trazendo de volta com o clima desagradável.

Ao vivo, quando Gutje cantava comigo, o casamento das vozes era ótimo, mas em disco eu cantava os versos que tinha escrito, e Ameba a frase do André, "com tanta riqueza por aí". Herbert, coitado, depois de tanta insistência, acabou deixando Gutje cantar, mesmo com meu olhar incrédulo. Gutje foi para a sala de gravação e começou. No microfone talkback, o elo de comunicação entre a técnica e o grosso vidro da sala de gravação, Herbert falava: "Não, não está bom, vamos tentar a próxima frase", enquanto apagava o que tinha sido gravado, e foi assim até o final da música. Então ele olhou para mim e piscou o olho. Nenhum take acabou valendo...

Então um produtor realmente tinha uma função, pensei, além de contar piada. Uma vez André leu na nossa bíblia, a revista *NME*, numa entrevista com The Stranglers, que para eles o produtor só servia para contar piada. Nesse quesito, o Herbert também correspondia: "Você sabia que o sapo é um batráquio?". Tinha que responder não para dar continuidade à piada, então respondi: "Não". "Você nunca reparou naquele jeitão dele?"

Ao ficar sabendo que eu não gostava da música "Sílvia", do refrão "Oh Sílvia, piranha!", da banda Camisa de Vênus, porque minha mãe se chamava Sílvia, Herbert não parava de me sacanear – para piorar, eu tinha mencionado o dia em que fui com o André tentar ver um filme pornô chamado *Sílvia sob o Domínio do Sexo*, mas fui barrado, pois só tinha 14 anos. Logo eu, eu que nunc... Ah, OK... pelo visto eu estava pagando pelos pecados de Philippe Malvinas e ali não era mais o macho alfa da sacanagem.

Sabendo que eu era o mais impressionado com todo aquele equipamento (antecipando minha futura carreira de produtor), Herbert sempre dizia ao técnico que as guitarras ficariam incríveis se usássemos o SSDS. Comecei a ficar ansioso para ver esse equipamento em ação. A Roland tinha um reverb com a sigla SRV 2000, e a Yamaha tinha um efeito igual chamado SPX 90, então senti que deveria ser coisa fina e um dia resolvi perguntar que raios era esse tal de SSDS. Herbert, todo sorrisos, se levantou da cadeira apontando para mim e bradou: "Sílvia sob o domínio do sexo!". *Pitchka ti materina!*

Nossa rotina era táxi, gravar, comer, gravar, terminar, táxi, hotel, dormir, voltar a gravar, algumas idas ao Baixo Leblon e uma dose de Crepúsculo de Cubatão. Depois de tantas vindas ao Rio era natural que acumulássemos amigos. Junto com os de Brasília, o restaurante do hotel era nosso ponto de encontro, sempre por nossa conta, é claro. Nem imaginávamos que aquilo estava saindo da nossa verba.

Depois de satisfeitos, todos nós entrávamos em táxis, percorríamos o túnel Alaor Prata e contornávamos o cemitério São João Batista para a Rua Mena Barreto, onde continuavam as gravações e as cabines do estúdio passavam a ser o refúgio dos amigos que queriam fumar a *alface do diabo*. Todo santo dia.

Herbert queria foco no estúdio, e "Proteção" foi uma das mais rápidas para gravar. Usamos um delay no contratempo da bateria na introdução, pontuando a guitarra *falhada* que eu fazia (desligando repetidamente a chave do captador do braço) e que o Herbert passou a fazer, a ponto de ter comentado meses antes com alguns colegas sobre "um guitarrista de Brasília" que fazia igual.

Depois que todas as guitarras estavam gravadas, Herbert teve uma ideia. A música, com quatro versos instrumentalmente idênticos, não tinha o break no terceiro verso, onde se pontua a voz grave do Ameba, em "é para sua proteção"; era uma parede de guitarra de ponta a ponta. Então, como quem tocasse um piano, Herbert silenciou canal por canal de guitarra na mesa de som e, num passe de mágica, criou o emblemático baixo e batera do meio de "Proteção". Clássico.

Na hora de gravar "Minha Renda", que falava mal do nosso produtor, desafiei Herbert a gravar o verso "já sei o que fazer pra ganhar muita grana, vou mudar meu nome para Herbert Vianna". E não é que ele topou? Amigo é para essas coisas. "Vou mudar meu nome para Herbert Vianna!" Quando ele cantou para a posteridade, tivemos que fazer uma pausa, rolando de rir no tapete ralo e gasto da técnica. Tínhamos que admitir, o cara tinha espírito esportivo.

Sempre que eu gravava a voz, Herbert ficava me sacaneando no microfone talkback: "Grava direito essa porra, larga de ser palhaço!", daquele jeitão batráquio dele. Então, como o soldado raso esperando os *aspiras* para descontar o abuso sofrido, quando chegou a vez dele de gravar a voz, eu já estava salivando e sacaneei tanto no talkback que ele quase não conseguiu gravar. Ah, doce vingança...

Isso ajudou a aliviar o clima ruim no estúdio, que ainda pairava no ar por causa da discussão do direito autoral e porque tinham me mandado tomar no c* logo no primeiro dia. É de uma elegância...

Os Paralamas tinham nos emprestado inúmeros instrumentos para a gravação, especialmente os baixos Alembic – o mesmo que a Legião usou para gravar "Ainda É Cedo" –, Kubicki e Ken Smith, do Bi. Sempre que ele ou o Barone apareciam no estúdio, cantávamos "já sei o que vou fazer pra ganhar muito dinheiro, vou mudar meu nome para Bi Ribeiro" e "já sei o que vou fazer pra ter grana e um nome, vou mudar meu nome para João Barone". Sorte minha que nada rimava apropriadamente com Seabra. Pé de cabra talvez? Eu estava são e salvo. E de mercenário não tinha nada.

Volta e meia membros da Legião, que então moravam no Rio, apareciam no estúdio. Paulo Ricardo, do RPM, que estava lá dando uma força para o Zero na faixa "Agora Eu Sei", também apareceu, assim como alguns amigos de Brasília. O clima era de festa, e no dia 4 de novembro, bem no meio das gravações, fiz aniversário. Comemoramos no estúdio mesmo, sob o olhar reprovador do técnico, não porque estivéssemos perdendo tempo precioso, mas porque André exagerou na sacudida da garrafa de champanhe, que respingou na mesa de som. Eu estava fazendo 19 anos e gravando *O Concreto Já Rachou*... Esse feito me alegrava muito, mas era difícil tirar o gosto amargo de ter sido mandado tomar no c* logo no primeiro dia.

Na hora de gravar o *statement* antidrogas "Seu Jogo", eu estava preocupado. André falava sempre em colocar metais, e eu não conseguia vislumbrar isso num disco da Plebe. Nem o argumento do André sobre a minha paixão pela faixa "Reward", do Teardrop Explodes, com um naipe cheio, adiantava. Eu adorava "The Cutter", do Echo and the Bunnymen, que usava um naipe grosso no final da faixa, e era fã do Psychedelic Furs, que tinha um saxofonista na banda. Mas eu estava irredutível.

Quer dizer, até o Herbert engrossar comigo, dizendo: "Você está fazendo esse disco para o Brasil ou apenas para um grupo de amigos de Brasília?". Ele tinha razão, mas não sei se era "o Brasil" o alvo desse disco. Claro que todo artista quer ampliar seu público, ainda mais com um disco de estreia, e, como o Milton Nascimento disse, "todo artista tem de ir aonde o povo está". Concordo, mas não a custo dos meus princípios. Sempre idealista, acabei cedendo para o alívio de todos, especialmente do André, que estava começando a se irritar com a minha intransigência. Então Herbert chamou George Israel, do Kid Abelha, embora a EMI tenha sugerido Léo Gandelman, saxofonista Lulu Santos. O produtor insistiu dizendo que o arranjo tinha que ser de alguém do rock, e que George tiraria de letra.

George Israel é o cara mais simpático do rock brasileiro. Sempre sorridente, ele entrou no estúdio junto com um trompetista e um trombonista, para serem adicionados ao seu saxofone alto. A linha melódica, que praticamente tomava o lugar do refrão, era fácil, mas no final da música o trombonista estava errando a sua parte, e a cada passada levava o técnico impaciente a murmurar: "Se quiser eu faço". Ele acabou acertando, e André, todo feliz, conseguiu o que tinha concebido.

"Sua moral submerge na escuridão", cantava Ameba com sua voz grave, enquanto eu sarcasticamente sorria por dentro, embora a música fosse triste, pois a incapacidade do Pretorius descer ao Brasil por causa do vício é que tinha inspirado a letra. Na gravação eu usei um violão Gibson espetacular da EMI, da década de 1960 (e que usaria para "A Ida" no próximo disco), parte do acervo dos donativos da EMI inglesa aos estúdios da EMI Brasil, assim como a venerada mesa EMI TG do estúdio 3. No ano seguinte Herbert ganhou o violão de presente da gravadora – essa sim, era uma memorabília que eu gostaria de ter – e, para quem gosta de "eu tive um sonho ruim e acordei chorando", foi com esse violão que Herbert gravou "Quase um Segundo".

Na parte do meio da música (a tão necessária terceira parte, ou parte C, que aprendi a incluir com meus mestres do XTC), usamos um efeito de modulação no baixo, que ficou mais tenebroso, enquanto o grave do Jander entoava "angústia contida". Mas era contida ou retida? Eis a questão. Nas nossas idas e vindas antes da gravação no Rio, ficávamos revezando em casas de amigos, várias vezes com uma turma bastante interessante que morava em Botafogo. Todos estavam na faculdade, e entre eles havia alguns gênios que jogavam xadrez de costas, com três pessoas ao mesmo tempo e tentavam, por complicados meios químicos, isolar o THC da maconha.

Os papos com eles eram muito interessantes, e uma discussão que sempre tínhamos era se, em "Seu Jogo" o correto era *angústia retida* ou *contida*. Como autor, para mim *contida* funcionava melhor, e não só foneticamente, era como eu via a droga na vida dos mais impressionáveis. Era sutil, como um sentimento mais imerso, mais profundo, e eu conhecia algumas pessoas que lá habitavam. Sempre levo semanas até achar a palavra correta quando componho e, nesse caso, acho que acertei.

Durante as gravações, um convite inesperado ajudou a nos aliviar, pois já estávamos começando a ficar estafados com o ritmo frenético. Fomos convidados para assistir à estreia de *Rock Estrela*, com Diogo Vilela e Leo Jaime, e comentar o filme para o *Jornal do Brasil*. Aí eu percebi que Philippe Malvinas não daria muito certo nesse novo patamar da banda. O filme era horrível e representava muito do que afastava as pessoas de produções nacionais.

Após a exibição, nos sentamos com a jornalista e demos o nosso parecer, em outras palavras, *acabando* com a obra. Durante a recepção fomos apresentados aos produtores, e, do meu jeito característico, fiz diversos elogios. Logo em seguida levei uma bronca da jornalista, que disse que eu não poderia ter falado aquilo, pois ela seria cobrada pela produção ao publicar nossa crítica, ainda mais que a chamada da matéria seria "A Plebe é rude com *Rock Estrela*". Ela tinha razão. A partir daí comecei a prestar um pouco mais de atenção ao que diria na imprensa... na medida do possível, é claro, pois você pode tirar o Philippe das Malvinas, mas não as Malvinas do Philippe.

Depois desse *break*, voltamos ao estúdio para gravar "Johnny Vai à Guerra". Precisei testar todas as guitarras do vasto arsenal que o Herbert disponibilizou, pois eu só tinha uma e queria comparar os sons das outras com ela. Para o riff de abertura, um dos mais poderosos e emblemáticos da Plebe, não podia ter erro, então usei a minha mesmo. Uma curiosidade: a parte baixo-batera era para ter ficado mais longa, mas eu acabei errando a voz durante a gravação da bateria – entrei cedo demais no verso "você os ouve, estão lá fora". Hoje em dia um copy-paste digital resolveria isso em segundos, mas, com fita, gravou, ficou. Uma pena, pois acho um dos melhores baixos do André.

Para completar as gravações, Fernanda Abreu foi chamada para fazer o verso "que você não gosta mais de mim", em "Sexo e Karatê", dando um tom carioca à canção.

Na hora da mixagem artesanal, pois era na mão mesmo, todos estavam a postos para empurrar um *fader* para baixo em determinada hora ou para desligar um efeito em outra, já que o técnico só tinha duas mãos. A cada passada, quando um errava, parava tudo, e começávamos de novo. Era bem orgânico o processo, e bastante divertido, apesar da tensão de todos, ninguém queria ser o responsável por mais uma interrupção.

O disco estava gravado, e nenhuma letra tinha sido mudada. A Plebe estava registrada sem que mudassem uma vírgula. Conseguimos. Você pode imaginar o meu alívio. Tinha chegado a hora de se pensar numa capa e num clipe. "Minha Renda" tinha sido escolhida pela gravadora como *música de trabalho*, pois nem *eles* viam o potencial de "Até Quando".

A capa foi fotografada no que hoje é conhecido como o *Parque das Ruínas*, uma casa abandonada que no começo do século pertencia a Laurinda

Santos Lobo, herdeira agropecuária que usava o espaço para festas suntuosas para a elite intelectual do Rio, inclusive Villa-Lobos e Isadora Duncan. No mesmo local foi gravado um clipe do Wando. Espera aí... Wando? "Objeção, meritíssimo!" Mas fui tranquilizado, pois a foto seria tirada numa parte diferente da casa, ninguém perceberia que era a mesma locação.

O fotógrafo carioca Flávio Colker, que tinha no seu currículo uma infinidade de artistas e bandas, foi chamado, mas mesmo com sua experiência ficamos um pouco tensos. Logo voltaríamos para Brasília, sem chance de um segundo *take* – cada dia a mais no Rio custava para a gravadora. Para piorar, foram poucos cliques, e não tínhamos como ver as fotos na hora, como hoje.

Mas tudo deu certo, e a capa, agora clássica, ficou melhor do que imaginávamos. O disco foi lançado no verão carioca e, apesar de ter ficado pronto no finalzinho de 1985, é de 1986 mesmo. O show de lançamento, junto com o Zero, foi no Teatro Ipanema, e mais uma vez Guilherme Isnard impressionou a todos, aparecendo no camarim com uma *playmate*, neta do ex-presidente Jânio Quadros – ficamos sem graça porque tínhamos visto as fotos dela na *Playboy*. Espera aí, punk ficar sem graça? Só ali mesmo... talvez o Clemente tivesse razão em relação aos punks de Brasília...

Jamari França cobriu o show do Teatro Ipanema para o *Jornal do Brasil* numa matéria chamada "Plebe Rude e Zero, estouro no Ipanema", teceu elogios e previu: "As duas bandas darão o estouro este ano no rock popular brasileiro".

O Zero abriu a noite lançando o que eu considero o melhor disco do rock nacional, *Passos no Escuro*, com Guilherme cantando com seu grave poderoso à frente da guitarra de Edu Amarante e dos teclados do Fred Haiat. Entramos depois deles, e toquei num Roland Jazz Chorus 77, que nessa época era o amplificador da vez, substituindo o onipresente Fender Twin – transistorizado, seria o amp que me acompanharia involuntariamente até que eu comprasse o Marshall JCM 800 do Herbert, que usei na gravação e no qual já estava de olho.

Não tínhamos equipe técnica (nem sabíamos o que era isso), então tivemos problemas com o som, mas nada que impedisse Jamari de escrever que a Plebe era "das mais populares 'cult bands', agora rumo às estrelas". A invasão continuava, e a gravadora cobrava a nossa mudança para o Rio... Ou será que permaneceríamos em Brasília como um *Parachoques do fracasso qualquer*?

"No meu quarto, ouvindo a Plebe Rude rugir, eu tinha vontade de dar botinadas nas paredes."
— Arthur Dapieve

Um jovem jornalista apareceu na EMI junto com alguns colegas e sentou-se na mesa longa da enorme na sala de reuniões da gravadora, com uma vista nada agradável para o fundo do prédio de Furnas. Seria a primeira coletiva para a imprensa da Plebe, na sala onde certamente alguns rumos da música popular brasileira foram decididos por diretores artísticos e executivos, uns menos escrupulosos do que os outros. Agora era diferente. Não tinha armação, jabá, investimento, capitão, playboy ou general que pudesse alterar o rumo desse movimento, com a Legião consolidada e a Plebe começando a corresponder às expectativas. Faltava somente um empurrão na direção certa.

O jornalista, bastante acanhado, pois era seu primeiro trabalho na grande imprensa, perguntava em detalhes sobre o disco recém-lançado. Dava para ver por trás dos seus óculos que era fã, muito fã, e entendia do assunto. O nome dele era Arthur Dapieve. A matéria que saiu alguns dias depois, com "O rock dos revoltados" estampado como manchete, vinha com uma das fotos de divulgação tiradas na casa das ruínas. Dapieve entendeu a Plebe como ninguém. Não estávamos só com um disco que traduzia exatamente como nos sentíamos isolados em Brasília, impregnados de raiva pela proximidade do poder, tínhamos porta-vozes em sintonia conosco:

> "Plebe Rude de Brasília ataca o poder. Não, não se trata de uma revolta contra 17% de inflação por mês; é apenas mais uma banda de rock do Planalto Central que adora fustigar todo tipo de poder, desde o do governo federal até o dos traficantes de tóxicos, passando pelo da própria indústria do disco".

Não falei que ele era um dos nossos? Sobre "Seu Jogo", ele escreveu: "Não há a intenção de dar lição de moral em ninguém, trata-se apenas de um alerta de quem viu amigos se acabando". Sobre "Minha Renda", cravou: "A música é ao mesmo tempo uma crítica e um desabafo de quem teve que batalhar muito para chegar até aqui". E era verdade. Pelo timing do disco e o momento no espaço-tempo na vida de cada um dos integrantes, creio que eu falava por todos quando disse na coletiva e o Dapieve aproveitou na matéria: "Eu acho que em termos de energia e sinceridade, somos coerentes com a música que oferecemos. Nossa mensagem tinha que ser dada agora ou nunca". Ele concluiu assim: "Para eles, a Nova República anda meio devagar". Gutje disse: "A censura continua ativa e só liberou umas sacanagenzinhas no *Roque Santeiro* para simular que algo mudou". E eu completei entre irado e irônico: "E o resto? A realidade mudou?".

Pelos próximos 35 anos a atemporalidade das letras seria louvada, me levando até hoje a responder, quando indagado a respeito: "Como artista me sinto feliz com a relevância da obra, mas como cidadão e pai fico aflito. Das duas, uma: ou éramos videntes ou nada realmente mudou no Brasil". O engraçado é que a chamada da capa do caderno de cultura do jornal estampava: "*Comando para Matar* mais o rock do grupo Plebe Rude enchem de política – com posições antagônicas – o fim de semana". Espera aí, *Comando para...* Como?

Comando para Matar foi um filme do Arnold Schwarzenegger, uma espécie de *Rambo* feito sob medida para o protagonista do *Exterminador do Futuro*, até com direito a uma cena em que ele aparece de sunga, armado até os dentes, para resgatar sua filha, sequestrada por um batalhão com dezenas de atores com cara de coadjuvantes. Era óbvio que todos morreriam.

No caso da Plebe, a política era outra, mas provavelmente com o mesmo número de baixas do filme. Sim, a política permeava o disco, mas não de maneira didática, com exceção de "Proteção". Não era militante, era a política do dia a dia, de relações entre as pessoas e com o poder e de como as duas se entrelaçam. Foi um estilo até então diferente do que aparecia no incipiente rock brasileiro. Política com um "p" minúsculo, que ficou conhecido como o estilo Plebe Rude de escrever. Não sei se isso era uma bom, ao menos tínhamos uma identidade bastante definida.

Foi Renato Russo quem assinou o release, com a mesma pegada do que escrevia sobre as bandas em Brasília, adicionando mais credibilidade a esse disco, agora já clássico:

> Ação-reação. Ataque-defesa. Tudo a seu tempo. São muitos que estão decretando que o descartável já cansou, que o modismo chegou ao fim. Essa conclusão é base para teorias, opiniões e críticas veiculadas com insistência pela mídia impressa (com reflexo no rádio e televisão). O propósito parece ser expressar desaprovação e até desprezo pela massificação e consumismo sem inteligência, comercialismo cultural. E o ponto de partida quase sempre é o mesmo: o rock' n'roll.

"Você está em xeque-mate e nem sentiu."
– "Seu Jogo", Plebe Rude, 1985

O que mais impressiona nessa polêmica não é o conteúdo dos argumentos em si, nem as explicações (tão solenes), mas sim o paradoxo de tanto esforço, tanto tempo e espaço dedicados ao que supostamente seria "irrelevante e sem valor".

"Posso ser uma minoria, mas ao menos falo que quero."
– "Proteção", Plebe Rude 1984

São quatro anos e meio de estrada, o diamante bruto toma forma, a honestidade, o ataque e a coragem estão intactos. Não há como descartar o impacto forte e direto das canções nem como rotular os quatro jovens músicos, os opostos se completam e o que se revela é um desafio positivo. O Plebe Rude sabe dizer não, consegue desarmar interferências incômodas, a irreverência do grupo é a de quem já sabe exatamente o que quer e como conseguir, sem preocupações.

Esse primeiro trabalho do grupo irá surpreender a todos aqueles que ainda se recusam a ouvir e respeitar o que os jovens conscientes estão dizendo: o Plebe Rude consegue transmitir suas impressões sobre o que existe e acontece de forma direta. As letras contêm observações e detalhes que são verdadeiros achados, os erros ficam expostos, eles falam o que os outros têm medo de dizer.

"Você é músico, não *é* revolucionário
Faça o que eu te digo que te faço milionário."
– "Minha Renda", Plebe Rude, 1983

É a primeira vez que o rock tem coragem de fazer uma autocrítica honesta, sem ilusões ou a desculpa do humor fácil.

Plebe Rude:

1) O povo sem instrução, ignorante, estúpido, boçal, ignaro, por oposição aos nobres ou aos poderosos.

2) Um estilo de vida.

De onde vem a atitude essencial que define a banda? Qual a razão que torna possível essa visão tão aguçada e tão perma-

> nentemente alerta? Alguns apontam a cidade-base do grupo como o cenário de influência: é o quartel-general, metrópole-província, esconderijo. Brasília. A capital tão desconhecida de tantos brasileiros e tão familiar aos quatro rudes plebeus: a elite soberana, o poder exposto, os disfarces aceitos, a miséria e a intuição.
>
> Não será mais fácil o ataque, muito menos o descanso: esse é o momento decisivo, o momento exato – em duas palavras, Plebe Rude.
>
> Renato Russo

A parte em que Renato define a Plebe Rude como um estilo de vida foi tirada de um dos panfletos que fiz três anos antes. Depois de sua obsessão quase que doentia pelas bandas da *Tchurma,* imagina a alegria dele em ver tudo o que imaginava tendo respaldo nacional. Como disse anteriormente, Renato via algo que nós não víamos. Mas usar "irreverência"? Não foi a EMI, foi ele! *Pitchka te materina!*

Na revista *Bizz*, a crítica de José Emílio Rondeau para *O Concreto Já Rachou* inicialmente confundiu a todos, pois parecia uma carta de louvor à Legião:

> Tanto me apaixonei que acabei produzindo o álbum de estreia do Legião. Essa paixão fulminante continua, mas agora tem que repartir seu espaço com mais uma banda de Brasília, a Plebe Rude. São gêmeas as almas desses grupos; há neles uma fúria tão lúcida, um combustível de ideias tão refrescantemente apresentadas, um vigor tão exuberante. Só tem um problema, não consegui ser rápido o bastante. Quando dei por mim o Herbert já era o produtor da banda. Tarde demais, melhor do que está, impossível.

Sim, as almas eram gêmeas, mas a exteriorização era *bastante* diferente. Eu jamais conseguiria me expor como o Renato se expunha nas suas letras. Claro que foi essa verdade profunda que o projetou para a frente do rock nacional, mas tinha um lado meu que via que toda essa superexposição não iria acabar bem.

"Sensacional! Isso é o mínimo que posso dizer sobre a estreia da Plebe Rude em vinil. Desde já estão com vaga garantida entre os melhores de 86", escreveu Tom Leão, com entusiasmo, na revista *Roll*. Foi ele que fez a entrevista conosco para a *Bizz*, numa matéria chamada "Os filhos bastardos de Brasília", com foto nossa tirada na frente do Museu Nacional no Rio.

Sendo a boa e velha Plebe, dissemos na entrevista que esperávamos mais do Capital Inicial e que eles colocaram mil arranjos no disco deles, ao contrário do nosso, que era superfiel. Para a coluna *cabra-cega,* fomos expostos a ouvir músicas sem saber de quem eram, e chamamos Kiko Zambianchi de Prince Zambianchi por causa da música "Alguém", bastante derivada de Prince. Capital e Kiko ficaram zangados conosco. Quem não ficaria? Mas não estávamos fazendo nada além da nossa obrigação.

O Estado de S. Paulo louvou o disco, escrevendo: "O som punk, rude e vigoroso, e as letras marcadamente políticas conseguiram refletir toda a perplexidade juvenil ante o nonsense político-social do país". No *Jornal do Brasil,* Jamari França escreveu: "A Plebe Rude nasceu há cinco anos na efervescência do movimento punk de Brasília, fiel ao princípio de que não é importante tocar bem, mas usar a música como instrumento de reivindicação e de protesto político", e Celso Araújo, no *Correio Braziliense*: "Quase cinco anos depois de iniciados na vertigem sonora do rock, eles agora tomam a pulso os teatros e espaços que ocupam com a sua música sem tréguas, de um lirismo furioso, entre o protesto e o profético". Até a revista *Playboy* destacou nosso disco: "Salve-se quem puder da pauleira do grupo Plebe Rude, que chega com o primeiro LP, O *Concreto Já Rachou,* mandando bala nos poderosos e na anarquia existencial de fim de século".

Do meio musical, depois do Herbert, Marcelo Nova foi o primeiro a falar da Plebe e do *Concreto,* e foi na TV Globo. Em entrevista no programa *Clip Clip* disse: "Tem uma banda de Brasília em que todos deveriam ficar de olho". Creio que ele estava feliz por não estar sozinho, vendo que o punk conseguiu sair de um lugar quase tão insólito quanto a Bahia.

Em retrospecto, parecia óbvio o sucesso das bandas de Brasília, mas no caso da Legião e da Plebe, com exceção de um videoclipe e uma assessoria de imprensa, os discos foram mais ou menos jogados no mercado. A primeira tiragem da Legião foi de apenas cinco mil cópias, e o nosso disco não foi muito além disso, pois o pacote dos míni LPs foi feito para ver no que daria. Vai que cola?

Grandes sucessos de venda raramente vêm de um vácuo, necessitam de grandes investimentos, mas não víamos isso em relação ao emergente rock brasileiro. Nada que impedisse os diretores artísticos de tomar crédito por apostar nessa nova leva de artistas quando, na verdade, não corriam risco algum. Banda de rock era barato de gravar, comparado aos discos de MPB, com orquestrações, músicos contratados e as demandas dos *medalhões*. No nosso caso eram quatro moleques, um-dois-três-quatro, baixo-batera-guitarra e foi; manda pra fábrica e põe na loja.

Do mesmo pacote de míni LPs, as bandas Muzak e Lado B eram mais difíceis de serem digeridas pelas rádios, e eu tinha certeza de que a Plebe também não teria aceitação. Já o Zero era bem mais pop e, com o auxílio do backing vocal de Paulo Ricardo, do RPM, na canção "Agora eu sei", estava entrando forte na rádio. Guilherme assumiu o papel de rockstar que nenhuma banda de Brasília queria, talvez com exceção do Capital, com direito até a uma piscadinha de olho para a câmara no solo de sax do vídeo do *Fantástico*. Pera aí... *Fantástico*? Uma dessas bandas conseguiu chegar no *Fantástico*?

Com um certo espanto, fomos informados que "Minha Renda" viraria um clipe do *Fantástico*. A máquina estava engatando, e estávamos inseridos nela, mas nos nossos termos, sem ter que mudar uma vírgula sequer. Parecia bom demais para ser verdade, mas a Globo entendeu o espírito da canção e não se incomodou com o fato de que, no refrão, falássemos mal de um dos seus principais artistas e arrecadadores de patrocínio, Abelardo Barbosa, o Chacrinha.

O clipe era bastante didático, e fiquei aliviado por não ter que atuar. Com edição e direção de Jodele Larcher e roteiro de José Emílio Rondeau, foi filmado no Teatro Fênix – o mesmo onde havíamos nos encontrado para gravar o *Mixto Quente* no ano anterior. A estrela era o ator Ernesto Piccolo, no papel de um artista *armação* que topava toda mudança de imagem que a gravadora propunha até se revoltar e dar uma guitarrada na cabeça do produtor, vivido pelo ator Anselmo Vasconcellos.

Na abertura, um produtor bastante caricatural, com um bigode grande, fala para o André: "Querido roqueiro, por favor. Vou deixar você fazendo esse blau blauzinho aí. Tá, grava seu clipezinho que eu vou cuidar desse jovem talento promissor".

André veste casaco de couro e está com os braços cruzados, um cabelo meio Sisters of Mercy e uma franja meio Dee Dee Ramone cobrindo os olhos; na hora de tocar, deixa o baixo praticamente pendurado na altura dos joelhos. Eu empunho um violão Ovation num cenário punk *global* que, por incrível que pareça, atendia os nossos padrões. De sacanagem, pichamos um

"A" de anarquia na parede de tijolos falsos – que depois apareceu num clipe da Tetê Espíndola, gravado no mesmo cenário.

Quando o clipe de "Black and White", de Michael Jackson, foi lançado, cinco anos mais tarde, as cenas nas quais várias pessoas de aparências diversas *morfavam* umas nas outras não nos surpreenderam. Já tínhamos feito isso no clipe de "Minha Renda". O protagonista, que topava as intervenções da gravadora, *morfava* no Herbert, que então cantava "vou mudar meu nome para Herbert Vianna". Não era só a Plebe que estava se tornando nacional. Sua sacanagem também.

O próprio Herbert foi convidado para apresentar nosso clipe de estreia no *Fantástico*. Ele entrou na sala de estar de milhões de brasileiros e nos apresentou assim: "O grupo vem de Brasília, a mesma origem, por exemplo, da Legião Urbana e dos Paralamas do Sucesso, que eu não sei se vocês já ouviram falar. Eu tenho o maior prazer de apresentar esse grupo porque eu sempre acreditei nele e inclusive produzi seu primeiro disco. Com vocês, Plebe Rude".

Punk que só, no final do clipe o artista se revolta e dá uma porrada no produtor, sem escrúpulos. O produtor se levanta do chão, vira para a produção e fala: "Não valeu! Não valeu, técnica, não valeu!", para ser interrompido pelo Herbert, que levanta o braço para a câmera e diz: "Não é nada disso pessoal, valeu tudo!". Agora repita comigo: punk para as massas! E no *Fantástico*...

Mas essa cena final era para ser diferente. Sempre à frente do seu tempo, Zé Emílio tinha roteirizado algo que a tecnologia ainda não permitia, com o Herbert rasgando o teto do estúdio e colocando a mão por cima de nós. Mas do jeito que ficou, estava ótimo. Eu estava extasiado. Que sensação incrível saber que toda sala de estar no Brasil estava recebendo a mensagem da Plebe sem que tivéssemos que mudar uma vírgula. E você sabe do medo que eu tinha de tentarem fazer conosco justamente o que a letra de "Minha Renda" dizia.

Mesmo que "Minha Renda" tenha sido *vista* em todo o Brasil, "Até Quando" começou a tocar espontaneamente, algo que só poderia acontecer numa era em que os DJs tinham autonomia e as rádios via satélite, com seus playlists empurrados goela abaixo, ainda não existiam. Fomos *todos* pegos de surpresa.

Como escrevi antes, eu não via potencial na música, e achava a Plebe a menos comercial das bandas de Brasília, mas, quando ela tomou as rádios de assalto, até que fez sentido. Estava comprovado que o meio estava se adequando a artistas como nós. Mais uma vez teríamos que voltar para a casa das ruínas e gravar um videoclipe com roteiro e direção do José Emílio Rondeau – editado por Claudio Louzada e produzido pelo Maurício Nunes.

A MTV estava tentando dar as caras no Brasil com algumas horas dentro da programação da TV Manchete, e eu fiquei um pouco preocupado com isso, pois não me amarrava tanto em fazer vídeo – já me sentia um veterano depois do filme super 8 e dos clipes de "Censura" e "Minha Renda". Meu medo era que a forma começasse a valer mais que o conteúdo (imagine só uma coisa dessas?).

O clipe de "Até Quando" abre com uma criança de rua bastante caricatural, segurando uma mala na escadaria íngreme da ruína e arrastando sua caixa de engraxate em meio à névoa produzida por máquinas de fumaça. Em seguida aparece o quarteto numa casa em ruínas, interpretando a música com efeitos especiais inovadores para a época, mas hoje terrivelmente datados, como o estrobo durante o meu solo, que me fazia parecer um legítimo *guitar hero*. No final eu faço o sinal da cruz e ergo as mãos para o céu, "esperando a ajuda do divino Deus". É uma chacota, claro, mas virou um clássico. Até hoje vejo fãs fazendo o sinal da cruz no fim da canção, então creio que Deus perdoou.

"Até Quando" estreou no *Clip Clip*, que ia ao ar nos sábados depois do almoço, um horário no mínimo curioso para a degustação de alguns artistas discutivelmente indigestos. Estávamos em Salvador e fomos no restaurante ao lado da piscina do hotel para assistir. André ficou bastante irritado com a edição final, feita à revelia da banda, como passaria a ser de costume. E eu confesso que fiquei muito sem graça... Só deu Seabra. Ameba aparece em close por menos de 15 segundos. Num clipe de quase quatro minutos e meio, o equilíbrio dos dois vocalistas ficou drasticamente comprometido.

Com dois clipes em alta rotação na Globo e "Até Quando" ganhando tração nas rádios, era hora de fazer os programas de auditório. Alguns fãs do começo da banda ficaram decepcionados quando aparecemos na TV, mas estava acontecendo o *inverso* do que os mais xiitas estavam achando. Não era o sistema que estava usando a gente, era a *gente* que estava usando o sistema.

Burlamos a censura, a norma e o *status quo* e conseguimos levar a nossa inquietação para o país todo sem ter que mudar uma vírgula sequer. O que era melhor aparecer no *Chacrinha*, Biafra ou Plebe? Wando ou Rude? As pessoas reclamavam que não tinha conteúdo nas paradas do sucesso, quando finalmente tinha, reclamavam também? Lembrei da letra de "Festas": "Mas ninguém se importa em se animar, vocês vão à festa só pra reclamar".

E era uma festa e tanto. Posso dizer que, depois do nascimento do meu primeiro filho, 25 anos depois, a experiência mais *maluca* que já tive na vida foi fazer o *Chacrinha* pela primeira vez, justamente com uma música que falava mal dele próprio. Tem coisas que só acontecem comigo...

O programa do Chacrinha era exatamente como se via na TV. Igual. Idêntico. A única diferença era que estávamos do lado de dentro, com o mesmo bacalhau voando, as mesmas Chacretes rebolando e o mesmo Velho Guerreio perguntando para a plateia: "Quem quer a mandioca da Maria Bethânia?", "Quem quer a berinjela do Mário Gomes?". E quando a câmera dava close na genitália das Chacretes? Para salientar o que todo o Brasil estava vendo, o sonoplasta soltava o som de um *boing* bem alto, mas, em vez de ouvi-lo no pequeno alto-falante de uma TV de 22 polegadas, ouvíamos ressoar pelo Teatro Fênix inteiro.

O Herbert sempre falava que, quando fizesse o *Chacrinha* pela primeira vez, iria direto beijar a Elke Maravilha. E foi mesmo. Então, para demarcar o meu território naquele ambiente esdrúxulo, falei que iria direto beijar a mão da Luíza Brunet. Dito e feito. Eu estava com 19 anos e pensei, olhando em volta para as bandeirinhas, pro povo a aplaudir, as câmeras e a gente da TV que filmava tudo ali, hmmmm... bem que eu poderia me acostumar com isso...

Tendo que repetir que *tem coisas que só acontecem comigo*, do lado da Brunet estava Consuelo Badra, colunista social de Brasília, arqui-inimiga da minha mãe e presença constante no painel de jurados. Mas nada de Philippe Malvinas aqui, abaixei a cabeça levemente, só não lembro se em reverência ou me esquivando de um bacalhau voador.

O mais curioso é que Chacrinha tinha Medeiros no nome e vinha de Pernambuco; minha avó também tinha Medeiros e vinha do Pará. Será? De uma coisa tenho certeza. Chacrinha foi indiscutivelmente um dos grandes difusores do rock brasileiro, e temos todos que tirar o chapéu para ele, mesmo que tenha implicado com as nossas calças rasgadas – e as da Legião. Depois de aparecermos no programa dele, as pessoas começaram a nos reconhecer na rua, e, assim como havia mais shows e mais público neles, o número de tietes aumentou também. A Plebe, por incrível que pareça, estava se encaixando no formato (ou vice-versa?).

Não podemos esquecer do Raul Gil, por onde todo mundo passava também, sacramentando ainda mais esse som novo no inconsciente coletivo do país. Quando fomos fazer o programa dele, dividimos a tarde com o Dominó. Pera aí, Dominó? "Objeção, meritíssimo!" Pensando bem, como foi o programa no qual vi os Paralamas fazendo um playback pela primeira vez (de "Vital e sua Moto"), com um cabo de instrumento hilariamente pendurado entre a guitarra do Herbert e o baixo do Bi, não reclamei.

Nós nos apresentaríamos para uma plateia que certamente não entenderia o nosso som, com o consolo de que seríamos vistos no Brasil inteiro, e quem sabe alguém se identificaria, se inspiraria ou, como eu vendo os Paralamas poucos anos antes, no mínimo se espantaria com a linguagem nova. Depois de uma breve troca de elogios com o apresentador, fomos para o canto onde participaríamos de um jogo com o Dominó. Pera aí, jogo? Objeçã... Agora já foi...

"Peixes que começam com B." Quem errasse pegaria o temido banquinho e sairia de mansinho. Plebe contra Dominó? Fala sério. Um bando de punks e lordes ingleses (e um kaiser alemão) contra aquilo até seria covardia. Começou a disputa.

Dominó: "Bagre".

Plebe: "Badejo".

Dominó: "Bacalhau".

Plebe: "Brasil namorado".

Dominó: "Baiacu".

Pô, era a Plebe contra essa banda de armaçã... Peixe com B, né? *One moment,* please. Uh... uh... espera. Espera... Esper... Não! Nããããoooo!

A banda do Raul começou a tocar o hino tenebroso, e pegamos o tão temido banquinho. "O Raul perguntou, você não acertou, pegue seu banquinho e saia de fininho." O hino comicamente ia subindo de andamento, acentuando ainda mais a caminhada da vergonha para fora do palco. Um bando de punks perdendo para o Dominó? E com o Afonso mais parecendo o meu clone? Perder para o Dominó em termos de vendagem tudo bem, mas assim? Talvez não fôssemos tão espertos.

Havia outros programas que topávamos meio sem escolha, com os quais eu sempre ficava com o pé atrás. O Clodovil estava em alta na TV Manchete e fomos no programa dele. Ao chegarmos ele foi todo atencioso, com aquela fala mansa, e ficamos completamente envergonhados. Ele fazia perguntas sobre a banda, legitimamente intrigado com a nova leva da música popular brasileira, mas escutava respostas quase que monossilábicas. "Nossa, que turma encabulada", ele falava para os produtores, o que nos constrangia mais ainda. "São tão quietos... Eles não são punks?" Então virou de volta para nós e falou: "Vocês não parecem nada punks".

Em seguida o Clodovil se virou para mim e disse: "Você é filho de paraense, não?", para o meu espanto – ele era muito perspicaz, a ponto de reconhecer um leve *nh* no meu sotaque quando eu falava palavras com tal fonema, soterrado sobre meu leve trejeito americano. E insistiu: "Vocês estão tão travados. Por quê?". Eu já estava querendo me esconder embaixo do sofá quando ele perguntou: "Vocês me acham uma bicha velha?".

Ficamos ainda mais constrangidos, tentando segurar os risos, mas antes que alguém pudesse esboçar uma reação, Clodovil perguntou se sabíamos algo a seu respeito. André emendou que sim, que ele era da alta-costura e tinha ficado famoso na década de 1970 ao ganhar o prêmio máximo do programa de auditório *8 ou 800?*, apresentado por Paulo Gracindo, em que convidados respondiam perguntas sobre diversos temas. "Ah, bom", ele disse, antes de passar um videoclipe da banda e se despedir de nós. Ufa, pensei, não haveria perrengue pior do que aquele numa divulgação. Até que *O Planeta Diário* entrou em contato com a EMI.

O Planeta Diário era um jornal satírico, vinha na linha do *Pasquim* e tinha Claudio Paiva, designer gráfico de *O Concreto Já Rachou,* entre seus fundadores. Na edição com a Plebe, fomos participar de uma fotonovela, que eram bastante comuns na década de 1970 e algo completamente oposto a tudo o que fizéramos antes. Mas a banda ficou entusiasmada com o convite, então engoli em seco, e entramos no estúdio fotográfico do Flávio Colker, que tinha feitos as fotos de capa do *Concreto.*

Na fotonovela, fizemos o papel de quatro turistas argentinos que chegam para sambar no Rio atrás de *Samba, Suor e Cerveza,* o título da chacota, no Blueco de las Piranhas de la Plaza de Mayo. Visivelmente desconfortável, tive que me vestir de mulher, mas a novela até que ficou engraçada, mais pela entrega do resto da banda, especialmente do André, com seios postiços enormes, e do Ameba, com um pano de dona de casa na cabeça – antes de o Axl Rose sequestrar o look no ano seguinte. No quadro derradeiro, o quarteto aparece num cartaz de desaparecidos, com os nomes "a-menudo-ados" de Ray (Jander), Roy (Gutje), Ramón (André) e Juan (eu). "Adonde estan los tamborins y nuestros hijos desaparecidos? Ó nega."

Não lembro de muita repercussão na época, mas no ano seguinte um jornal usou uma foto de nós quatro travestidos de mulher quando resenhou nosso segundo disco sem nenhuma legenda para contextualizar a imagem. A partir daí, passei a ter mais critério nas ações de divulgação da banda, um posicionamento meu que causaria muitos problemas. Na época, os Engenheiros do Hawaii tinham declarado que eram santos na hora de compor, mas putas na hora de divulgar. Que mierda, hein?

Eu não sabia o que era um divulgador. Mas aprendi rápido. Em cada capital que íamos um divulgador nos levava para todas as rádios. Numa das primeiras entrevistas que demos, já na condição de *artistas exclusivos da EMI*, comentei estar surpreso com a repercussão do disco recém-lançado e fui sincero: "Mesmo se não der em nada, fico feliz em ter registrado essa etapa da banda para a posteridade". O divulgador olhou com desaprovação, me puxou para o lado e falou baixinho: "Você tem que enaltecer o produto, não pode falar 'se não der em nada'". Eu ainda não estava no modo "tudo isso ajuda pra minha divulgação", como profetizava "Minha Renda", mas ele tinha razão. Nunca fui bom em autopromoção, muito menos em networking de massa. Foi a primeira vez que ouvi o nosso disco referido como *produto* e, friamente falando, fazia sentido, mas já estava começando a não gostar muito desse *business*...

Eu achava o rito de divulgação um pouco engraçado, mas, já que estávamos ali, eu tinha que agir de acordo. A primeira entrevista individual na EMI, antes mesmo da coletiva, foi para a revista *Contigo!* O repórter, completamente alheio a quem estava na sua frente, perguntou: "Por que o nome Roupa Suja?". Coloquei a mão na testa e pensei que aquilo seria pior do que eu pensava. A matéria saiu com uma foto exclusiva, a pior já tirada da Plebe, nos fazia parecer uma *boy band*, com o André sentado no chão em primeiro plano e os outros integrantes atrás, um encostado no outro. Ao menos acertaram o nome da banda.

"Nossa música não é descartável", estampava o título. Tentamos explicar em vão para o público da revista o que era o som de Brasília. Uma grande perda de tempo. Esse método *blitzkrieg* de divulgação, especialmente para veículos mais populares, me fazia pensar se realmente precisávamos daquilo. Revista *Contigo!*? A Plebe espremida entre uma receita de manjar para matar a fome e o Maurício Mattar manjado sem camisa? Poxa, as bandas inglesas que gostávamos não faziam isso.

Tudo bem, não tínhamos como saber que elas participavam do *Top of the Pops*, pois o programa, que serviu de inspiração para o *Globo de Ouro*, nem passava aqui. Mas eu romantizava que postura e atitude seriam suficientes para propagar o nome da banda. A gravadora pensava de outra maneira. Até entendo que atingir o máximo de pessoas matematicamente fazia sentido. *Chacrinha* tudo bem, mas *Clube do Bolinha*? A Plebe tocando no meio das *boletes*? Aquilo foi engraçado.

Pelo menos tínhamos a estrada para compensar o trabalho brutal e, convenhamos, chato, de divulgação. Tocamos no Noites Cariocas para relançar o nosso disco. Achei um pouco estranho, pois já tínhamos lançado no Teatro Ipanema um mês antes, junto com o Zero, mas quem era eu para duvidar da estratégia de marketing? O show teve cobertura da revista *Bizz* (talvez tenha sido por causa disso) e imagino que fosse a oportunidade para os editores paulistas da revista dizerem o que *realmente* achavam do disco, já que não tinham como conter o *entusiasmo* de alguns críticos colaboradores: "A proposta é boa, mas as letras são fracas, não apresentam nada de inovador e poderiam ser melhor trabalhadas".

Em seguida participamos do Cidade Live Concert, do slogan "A Lagoa vai berrar". O rock brasileiro estava consolidado, e, com exceção dos Paralamas, *todo mundo* tocou naquele evento, de Biquini Cavadão aos Garotos Podres, do Ira! ao Celso Blues Boy, que inclusive usou minha Gibson Silverburst no show e me falou depois que ela tinha que ser regulada. Regulagem? Eu ainda não sabia o que era isso.

Foi a primeira vez que nos apresentamos no Rio à luz do dia depois do *Mixto Quente*, num palco imenso, de costas para a Lagoa Rodrigo de Freitas, bem diferente do show da Praia da Macumba, quando éramos desconhecidos e tivemos uma plateia apática. Dessa vez as pessoas cantaram nossas músicas. Lembro que olhei para o André no meio do show, com cara de espanto como eu, e falei: "Man, they are singing!". E não era só "Sexo e Karatê" e "Dança do Semáforo"!

Na semana seguinte o Nasi, do Ira!, estampava a capa da prestigiada Revista de Domingo do *Jornal do Brasil* numa matéria enorme, com fotos de meia página dos Garotos Podres e do Ameba usando a Ibanez vermelha do Dado. A imprensa não sabia lidar com uma banda com dois vocalistas e supostos líderes, e escolheram o Ameba. Seu visual punk de cabelos raspados e camiseta rasgada era bem mais interessante às lentes alheias do que o meu, *cá pra nós*. Ele era uma figura ímpar no rock brasileiro, e eu não me incomodava – contanto que a matéria citasse as nossas letras.

O show teve uma repercussão incrível, e não somente pela famosa *pandeirada* do Kid Abelha, que quase acabou com a banda e que, aliás, só perdi porque dobrei a esquina do backstage segundos depois. O rock brasileiro estava consolidado.

O sardônico Tutty Vasquez, pseudônimo do jornalista Alfredo Ribeiro de Barros, que assinava a coluna Domingo sem Lei do *Jornal do Brasil*, abriu uma delas com a chamada "As garotas do Leblon trocam Herbert por Ameba", comparando o rock carioca com a invasão de Brasília: "Moral da história. O roqueiro nasce, cresce, fica idiota e sai na porrada. Viva o Ameba e os pacíficos *beises* punks que rolaram nos bastidores das bandas jovens".

Pera aí... O fato de o Ameba aparecer mais não estava me incomodando, mas a associação da banda com a palavra *beise* era a *última* coisa que eu queria. Integrantes do Barão Vermelho tinham sido presos em São Paulo dois anos antes por porte de drogas, e eu morria de medo que algo assim tingisse o nome da Plebe, mas guardei para mim mesmo – um erro *terrível*. Eu deveria ter reclamado que não queria maconha relacionada ao nome da banda. Deveria ter deixado bem claro que não toleraria isso, mas como? Meu silêncio me custaria muito, muito mesmo... Você não faz ideia. O curioso é que uma foto do Renato apareceu também na matéria do Jornal de Domingo, mas nem um pouco destacada, com a legenda "música de observação". A imprensa ainda não havia se tocado completamente de quem estava ali na sua frente.

Foi no evento na Lagoa que conheci um jovem que atendia pelo nome de Bruno Gouveia, que passaria a ser um dos meus amigos mais queridos até hoje. Ele tocava numa banda curiosa, meio nerd, com teclados, e o pior nome na história do rock'n'roll, ainda pior que Paralamas do Sucesso: Biquini Cavadão. E quem tinha dado nome para a banda era... ah, agora entendi... o próprio Herbert Hebert! Não tinha jeito, Brasília era boa com nome de banda.

No começo de 1985 o Biquini lançou o compacto de "Tédio", que foi a primeira canção existencialista do rock dos anos 1980. Albert Camus passou pelo Rio em 1949 e pelo visto deixou herdeiros. Estava ficando interessante esse tal de rock carioca, ainda mais com o surgimento recente do Hojerizah, com um trabalho de guitarra excelente e um vocal para lá de forte, do Toni Platão. Mas e esse nome... Biquini?

A Plebe Rude estava aparecendo, e muito. Mas essa exposição às vezes causava problemas. Foi por meio do Bruno que descobri o que era assédio, pois ele tinha dado meu número a uma fã que não parava de me ligar em Brasília. "Mas ela disse ser sua amiga...", Bruno se defendia. Foi a primeira bronca de muitas que dei nele durante as décadas seguintes. Amigo é pra essas coisas. Mas fiquem certos de que ele me deu muitas broncas também. Para piorar, o Ronaldo e o Clemente, dos Inocentes, ficavam ligando lá para casa também, só que de São Paulo, a cobrar e no meio da noite, só para tirar um sarro da minha cara – no processo acordavam a casa toda. Quem faz esse tipo de sacanagem? Logo comigo? Eu que nunc... Ah, OK.

Voltamos a Brasília com a gravadora nos pressionando mais agressivamente para morarmos no Rio, e reconheço que essas idas e vindas, com passagens e hotel, diária e transporte, estavam começando a ficar caras. O golpe derradeiro foi depois de mais uma ida ao *Chacrinha*, quando eles disseram que não pagariam mais as passagens aéreas. Viajar de avião era das regalias nada punks a que tínhamos começado a nos acostumar depois de dezenas de viagens de ônibus.

Então, em junho de 1986, a Plebe se mudou para o Rio, ao som de "Pra Frente Brasil" permeando a cidade inteira porque a Copa do Mundo estava começando. "Todos ligados na mesma emoção. Tudo é um só coração!" Mas teria sido melhor se deixasse o "um só coração" em Brasília. Se eu tivesse racionalizado mais, talvez pudesse evitar muito que aconteceu.

Numa matéria de capa, o *Correio Braziliense* nos deu a última palavra antes de sairmos de Brasília, com uma foto nossa tirada no mesmo quarto onde me eduquei ouvindo punk, onde os Metralhaz e a Plebe ensaiaram e onde filmamos as cenas do Renato Russo em "Ascensão e Queda". Eu estou tocando guitarra de pé, em cima da minha cama, com uma camisa do Killing Joke desbotada, o Gutje na sua Pinguim preta, com um imponente logo *tipo* Ludwig que a Pinguim copiava, o André concentrado no seu Precision Bass, e o Ameba como um contraponto, casualmente sentado numa poltrona lendo uma revista.

Era estranho que um local tão pessoal agora fosse capa de jornal. Intitulada "O Concreto Já Rachou", algo tão emblemático para Brasília em muitos níveis, a matéria abre dizendo que "86 é o ano da Plebe", fala da trajetória, dos percalços e dos planos da banda e encerra com o quarteto resignado com a realidade bruta, ecoando o que um igualmente decepcionado Renato escrevia nos seus releases: "O negócio é estourar no Rio porque, se estourar no Rio, Brasília vai conhecer".

Engraçado, no dia em que me mudei, pouco antes de ir ao aeroporto, minha carteira de motorista chegou pelo correio. Como todo adolescente, eu sempre tinha sonhado ter um carro, mas agora não faria muita diferença, pois jamais teria um no Rio... Era uma época da minha vida realmente ficando para trás.

"We'd say nothing would come between us / Two dreamers /
Our house, in the middle of our street"
– "Our House", Madness

Com 19 anos, eu ia morar sozinho pela primeira vez, e Herbert ficava feliz ao me ver crescendo junto com o rock brasileiro. Como um irmão mais velho, ele me falava que eu logo aprenderia certos processos, como o que acontecia no espaço entre as meias estarem sujas no chão até aparecerem passadas na gaveta. Fernanda Villa-Lobos conseguiu um apartamento pra eu alugar no tranquilo bairro da Gávea, perto da casa dela e do Dado. Fui ver e adorei. Seria um belo começo de vida nova, e avisei a banda, num jantar em Copacabana, que já estava pra me mudar. O disco estava decolando, e eu tinha a vida inteira pela frente. Mas fiz a besteira de dizer pra eles que o apartamento tinha três quartos. Ah, se arrependimento matasse...

Nada *plebe* um apartamento de três quartos na Gávea, você deve estar pensando. Mas eram três quartos pequenos, *rudes* até, num prédio localizado atrás do Shopping da Gávea, na belíssima rua de paralelepípedos Major Rubens Vaz, que tinha uma história bem punk – foi o major do exército eternizado por ter levado um tiro no lugar do deputado e jornalista carioca Carlos Lacerda em 1954, no chamado atentado da Rua Tonelero, que resultou no suicídio de Getúlio Vargas.

No topo daquela rua morava a nata do rock carioca dos anos 1980; me sentindo um eterno *outsider*, um penetra na música popular brasileira, essa proximidade talvez pudesse amenizar esse sentimento. Ou não. Meu empresário me sacaneava dizendo que eu queria morar perto do Herbert, e provavelmente era verdade, pois ele era a única ligação que eu tinha com o Rio e a agora longínqua Brasília. Era o nosso padrinho e, nos seus melhores dias, um irmão mais velho. Enfatizo, nos seus melhores dias...

"Por que você não divide apartamento com o Philippe? Ele pegou um de três quartos", perguntou nosso empresário ao Ameba na frente de toda a banda. De olhos arregalados eu fazia um gesto de cortar no meu pescoço, silenciosamente avisando que seria uma PÉSSIMA ideia moramos juntos. Mas, quando dei por mim, a mudança do Ameba estava entrando pela porta da frente. Se o termo existisse na época, creio que eu teria ouvido um sonoro *perdeu!*

Nossos amigos cariocas nos deram um *chá de panela,* organizado pela Fernanda. Saiu até uma foto no jornal *O Globo*, com nós dois atrás de uma mesa cheia de panelas, tábuas de queijo e uma garrafa de Campari. Eu estava com uma pele de onça por cima do ombro, que ganhei de um tio paraense (e que hoje seria crime), antecipando o Rei Jaffe, do filme *Um Príncipe em Nova York*. "Pode parecer um acampamento de caçadores no pantanal mato-grossense", o texto dizia, "mas não é. Os dois figuras da foto são Philippe e Jander, respectivamente guitarra e vocal da banda Plebe Rude, de Brasília. O flagrante registra o fim da festança que foi o chá de panela oferecido por amigos da dupla, que agora mora num aconchegante apartamento no tranquilo bairro da Gávea. Na festinha dos novos cariocas, foram consumidas mais de setenta garrafinhas de cerveja, salgadinhos, e rolou até uma partida de futebol. Acredite se quiser!"

Essa partida nada mas foi que um papel de embrulho enrolado, sendo chutado de quarto em quarto pelos amigos cariocas e membros da Legião e Paralamas, mas entre o mito e a verdade publiquem o mito. Engraçada mesmo foi a chamada da grande nota no jornal, com as letras em negrito. Talvez fosse mais apropriado ter isso esculpido na sepultura da banda: "E viveram felizes para sempre".

De ressaca na *primeira* manhã da minha vida carioca, abri a cortina do meu quarto, voltado para a parte de trás de um outro apartamento, e minha primeira visão foi o ator Sérgio Mamberti de cuecas. Ele não esboçou nenhuma reação de constrangimento ao me ver, falando com aquele sorriso simpático que eu conhecia da TV: "Bom dia! Você é o novo morador do 301?". Fechei a cortina rapidamente e pensei: deve ser coisa do Rio ou da manguaça... Abri lentamente para ver mesmo se não era alucinação. "Bem-vindo à Gávea", continuou o Mamberti, todo sorridente. Depois de alguns minutos, devidamente vestido, ele foi ao meu apartamento falar sobre a vizinhança. Recepção mais calorosa eu não poderia ter tido. Uma simpatia.

Depois da boas-vindas, fui dar uma caminhada pelo meu novo bairro e, ao passar por uma banca de jornal – eu juro que não estou brincando –, me espantei e dei um leve pulo de susto quando o jornaleiro da Praça Santos Dumont me deu bom-dia. Em Brasília simplesmente não existia essa vida de rua, pois se andava de carro ou de ônibus para todo lado. A engenharia social do Lúcio Costa não levou em conta as grandes distâncias entre as quadras, e você não via ninguém, *ninguém* na rua. Demoraria muito até eu me acostumar com isso. Brasília nada mais era do que uma cidade do interior, um entreposto burocrático "where the streets have no name". Literalmente.

Almocei no restaurante Guimas, numa esquina do Baixo Gávea, contemplando minha vida nova, que pelo visto prometia, pois o disco estava fazendo sucesso. Mas o tom do apartamento, e dos próximos anos da Plebe, seria logo estabelecido naquela tarde, quando eu cheguei em casa e abri a porta para uma sala cheia de estranhos numa nuvem de fumaça que mal dava para enxergar, muito menos respirar. "Uh, com licença... eu moro aqui", eu dizia, enquanto passava por entre as pessoas e cantarolava "at home he feels like a tourist", do Gang of Four.

Porra, esse cheiro impregnando na minha casa e na minha roupa logo no *primeiro* dia? Isso não vai dar certo. O triste é que eu achava, já que não tinha jeito, que morar com o Ameba nos aproximaria e teríamos tempo para aprimorar os arranjos de guitarra – coisa que não fazíamos em Brasília. O instrumento era realmente o *único* interesse que tínhamos em comum, e olhe lá...

Eu já tinha desistido em Brasília de tentar trabalhar harmonias de vocal, um, pela má vontade dele, dois, pela limitação do seu alcance vocal. Cheguei até a usar como exemplo os últimos versos de "Cartaz", do Fagner, para ilustrar. Não que Ameba cantasse mal, muito pelo contrário, era uma das vozes mais poderosas do novo rock Brasil, mas sua voz era monocromática, com pouca extensão. Então coube a mim manter as linhas melódicas mais intrínsecas. A nossa jornada nunca foi impedida pelas limitações individuais, e essa sobreposição das vozes passaria a ser marca registrada da banda. Mas nenhuma vez nos sentamos para trabalhar nos arranjos. Nenhuma. Uma banda com essa falta de diálogo não merecia estar fazendo o sucesso que fazia.

Negrete, já bem estabelecido no Rio, ia nos visitar praticamente todo dia. Ao som de Dead Kennedys, com o recém-lançado *Frankenchrist* a todo volume, eu tinha que me recolher ao quarto, tentando fugir do barulho e da exponencialmente aumentada nuvem de maconha. Mas piorou. Alguns adjacentes da Tchurma de Brasília da facção "cowboy" apareceram no Rio e acabaram virando roadies da banda, então nem na estrada eu conseguia fugir da nuvem, que a cada dia ficava mais espessa atrás do palco, no camarim, no ônibus, no hotel. E nem em casa eu conseguia fugir... Era horrível, simplesmente horrível, mas, preocupado que acabaria a banda se eu pedisse para o Ameba mudar, ou pior, se eu o expulsasse, acabei engolin... quer dizer, inalando a seco. Me tornei refém das drogas sendo careta! Tem coisas que só acontecem comigo.

Um dia resolvi perguntar como o Negrete estava no meio da fumaça. Ele respondeu que estava lendo um dicionário. "Dicionário? Como assim?" "Estou na banda do maior letrista do Brasil. Eu tenho que acompanhar, né"? Num momento raro, fiquei sem palavras. Como responder a isso? Era maconha para todo lado. E os roadies, como eram amigos, começaram a ficar meio folgados, ocupando muito espaço físico. Os limites não foram devidamente delineados, e, como eles eram nossos conhecidos de longa data, meio que tomaram conta. Eu passei a apelidá-los de *a esquadrilha da fumaça*. Não sei como suportei aquilo, e o abuso não era apenas psicológico. Um deles quase me agrediu em São Paulo, quando falei que recusei uma trouxinha de haxixe que uma fã ofereceu à banda.

Pouco confortável em casa e na estrada, só me restava tentar me integrar à sociedade carioca. Mas eu estava demorando a me acostumar com o Rio, onde estavam nosso empresário, a gravadora, a Legião e os Paralamas. No fundo, lamentava não ter me mudado para São Paulo, de onde eram as bandas com as quais eu realmente me identificava, como Ira!, Cólera e Inocentes. Com exceção dos Paralamas, nem tão cariocas assim, o rock local não me inspirava em nada. N-a-d-a. Em retrospecto, essa mudança para o Rio foi o maior arrependimento da minha vida. Me senti de novo como o eterno outsider, como nos tempos da escola. Um penetra na música popular brasileira perdido no meio do Rio, que nem na própria casa estava se encaixando!

Talvez contagiado pela *geração saúde* e o jingle "Ri-co-ô", da marca homônima do lendário surfista Ricardo Rico, que tocava incessantemente na Rádio Fluminense, sintonizada no meu recém-comprado receiver Gradiente, resolvi tentar virar esse jogo. Fui até a Galeria River, em Copacabana, e comprei os eixos para o meu skate Bahne, o mesmo em que andava na quadra do Herbert, no final da década de 1970, em Brasília. Também comprei joelheiras e cotoveleiras e fui dar um, na linguagem local, *rolê*, em frente ao prédio, onde os paralelepípedos cediam vez ao asfalto na reta da subida. Ao menos ali na rua eu podia fugir da fumaça. Mas eu não andava de skate desde a oitava série e pensei que seria como andar de bicicleta poucos segundos antes de levar um tombo que literalmente me jogou na sarjeta. Me sujei todo e quase quebrei meu braço esquerdo.

Bem, já que skate não dava, então que tal o morey? Peguei a prancha do Ameba, que já estava completamente ambientado no Rio, e fui de ônibus até o posto 9, em Ipanema (eu e Clemente lembramos com risos dessa época, quando dávamos autógrafos em ônibus urbanos. Isso sim é punk para as massas...). A galera do rock estaria lá, inclusive o Roger, do Ultraje a Rigor, visita de São Paulo, e o Herbert. No mesmo ônibus vi de canto de olho o jovem Miguel Flores, tecladista do Biquini Cavadão, me olhando atônito, sem acreditar no que estava vendo. Os punks de Brasília de prancha? Num ônibus? Indo à praia? Até quando *surfar*? Ainda bem que eu estava com uma camiseta velha, sem manga e com o short jeans rasgado, mantendo um pouco da dignidade punk – se isso fosse possível. Acho que até hoje o Miguel não se recuperou daquela visão. Herbert ficou feliz ao me ver tentando me inteirar no Rio e me mostrou como pegar onda de peito. O engraçado é que, quando foi a minha vez de mostrar o que aprendi, ao chegar no fim de uma onda acabei atropelando e causando uma *vaca* tremenda no Diogo Vilela. Deve ser coisa do Rio...

Com os meses passando, tirei meu primeiro título de eleitor. No dia da votação a atriz Aracy Balabanian estava na minha frente da fila e, numa conversa animada, ao descobrir que eu era músico, perguntou se era afiliado ao meu sindicato. Tentei explicar que a Ordem dos Músicos não fazia muito sentido para o nosso espectro, a categoria roqueira, e levei a maior bronca. Da Aracy Balabanian. Deve ser coisa do Rio. Mas essa nova leva de artistas do nosso espectro que apareciam na TV, sendo a Plebe certamente os mais ímpares, era difícil mesmo de categorizar. Desde a temática das canções até a pressão sonora das apresentações, ninguém estava preparado para aquilo. Nem as gravadoras, nem os técnicos de estúdio, muito menos os técnicos de som e as casas de show.

Não é necessário ser um perito em acústica para deduzir que ginásios ou galpões com paredes paralelas, telhados metálicos, sem nenhum tratamento para absorção, não seriam os locais mais adequados para apresentações ao vivo, ainda mais de música alta com distorção. Em cidades como Lins, Jundiaí, Caratinga, que não tinham casas de espetáculos de médio para grande porte, os ginásios eram a solução para abrigar os roqueiros. Mas seus fãs sofriam. Em meio à massa sonora, só as bandas com músicas conhecidas conseguiam levantar a galera. A diferença é que, com nosso disco lançado e as músicas no rádio, as pessoas conheciam as letras e cantavam junto, independentemente da zoeira que rolasse. Estávamos todos aprendendo em tempo real, e em praça pública, e tínhamos que nos aprimorar, e rápido. Não havia muita concorrência no nosso segmento, ainda mais para o tipo de som da Plebe, cá pra nós, mas uma competição estava vindo aí. E *diretamente* da fonte.

"The filth and the fury"
Capa do tabloide The Daily Mirror, depois da aparição dos Sex Pistols na TV, 1976

Eu jamais esquecerei o impacto que a música "Christine (The Strawberry Girl)" teve em mim ao ouvi-la pela primeira vez, naquela fita que o Bernardo, irmão do André, gravou para que eu me inteirasse das novidades do punk e pós-punk – e que culminou na formação do Caos Construtivo. Além disso, considero o disco *Juju* um marco na música moderna. São obras-primas de Siouxsie Sioux, cantora e vocalista da banda Siouxsie and the Banshees, uma das mais influentes do rock inglês. Ela estava vindo para o Brasil, e obviamente a Plebe foi escolhida para o show de abertura. Ou quase...

Ao chegar no Anhembi, em São Paulo, com toda a nossa tralha e preparados para abrir as duas noites, nos espantamos ao ver o Ira! passando som. Como assim? Eles não sabiam de nada, e a produção da turnê se fingiu de morta, então tivemos que resolver ali mesmo. Como éramos todos fãs da Siouxsie e companheiros do underground paulista, ficou armado assim: o Ira! faria a primeira noite em São Paulo e no Rio, no Monte Líbano, um local mais conhecido pelos bailes de carnaval e um tanto quanto ingrato em termos de palco e acústica. Nós faríamos o dia seguinte no Anhembi e também o show de Santos, àquela altura nossa segunda casa, no Clube Caiçaras.

Era incrível ver aquele representante direto do movimento pós-punk na nossa frente. Siouxsie e o cofundador da banda, Steven Severin, tocaram com Sid Vicious e Marco Pirroni (cofundador de Adam and the Ants) na primeira formação da banda. Depois Robert Smith, do Cure, passou por lá, assim como membros do Magazine e Visage. Siouxsie foi o pivô da famosa confusão no programa de TV em que acompanhou o Sex Pistols, motivo pelo qual os tabloides do dia seguinte definiram o punk como "The filth and the fury". Também era um privilégio ver Budgie tocando bateria de perto, numa Sonor metálica com uns tons imensos. Era um estilo de tocar os tambores que eu nunca tinha visto pessoalmente e inspiraria a bateria da futura "A Ida", cujo instrumental estava em ponto de ebulição na minha cabeça.

Na segunda noite, a plateia do Anhembi lotado estava mais animada com a banda de abertura do que na primeira, pois o Ira! tocava direto em São Paulo e era nosso primeiro grande show na capital. Foi um prazer tocar com o Ameba ocupando um palco daquele tamanho todo, com uma garra e carisma incríveis.

No backstage, conversamos bastante com os Banshees, que se impressionaram com nossa desenvoltura e inglês perfeito, ao contrário da equipe técnica deles, que nos tratou muito mal, o que rendeu ao roadie mais estrela o apelido de Querelle. Quando André mencionou um show que tinha visto do Clock DNA em Shefield, o guitarrista emendou “eu fui naquele show”. Era a simbiose mundial do punk, e agora, da nossa pequena maneira, estávamos inseridos nela.

O show em Santos foi ótimo, mesmo com condições técnicas precárias, pois tocamos em frente a uma cortina, com a bateria espremida no canto do palco, a ponto de *O Globo* publicar que fomos melhores que os headliners! “Siouxsie voou baixo. O Plebe Rude (que abriu os shows) botou todo mundo pra pular, e pode-se dizer que mais da metade do público curtiu mais a Plebe que os Banshees.”

Mas ninguém da banda se iludiu com isso, pois, mesmo o Caiçaras sendo a nossa segunda casa, onde fizemos show espetaculares, era Siouxsie and the Banshees, porra! Tiramos fotos no camarim e nos demos muito bem com eles. O simpaticíssimo Budgie até cantou a introdução de “Até Quando” pra gente, mesmo assim fiquei envergonhado de contar que algumas das levadas de tambor dos primórdios da Plebe tinham sido inspiradas no seu estilo único de tocar.

Depois da poeira ter baixado, a famigerada resenha da *Bizz* saiu, claro que falando mal da gente. Pior, usando uma declaração da Siouxsie and the Banshees. Ao perguntar o que acharam da Plebe, eles responderam, de acordo com o jornalismo *isento* da revista: “Very Brazilian, no sentido da cópia”.

Não fazia sentido. Nós tínhamos nos dado superbem, e eles elogiaram nossa pegada... Aí me bateu uma coisa. Quando gravamos com Jaques Morelenbaum, ele perguntou ao Herbert se conhecia uma banda chamada The Jam – o Ira! tinha lhe dado uma fita da música “Smither Jones” e pediu que ele fizesse um arranjo *idêntico* para uma música chamada “Flores em Você”. Pensando bem, as bandas mod são bastante derivadas umas das outras, mas nada contra; é um estilo. Ou a Siouxsie and the Banshees se enganou de banda, ou a revista utilizou uma baita licença poética defendendo um dos seus... Qual deve ter sido?

"Oncinha pintada, zebrinha listrada, coelhinho peludo, vão tomar banho..."

– "Bichos 'quase' Escrotos", Titãs feat. Philippe Seabra

No segundo semestre de 1986, "Proteção" estava começando a ganhar força no rádio espontaneamente, para tornar *O Concreto Já Rachou* ainda mais clássico. Gravamos o videoclipe da música com um conceito que funcionou melhor no papel, num galpão imenso com silhuetas de um carro da PM *en passant*, a estátua das forças armadas e o Congresso intercalados com nossas silhuetas. A ideia de sombras passando num pano branco foi do André, mas as silhuetas não funcionaram muito bem, embora subliminarmente pontuassem a letra mais explícita sobre a ditadura que havia chegado ao mainstream.

O vídeo abria com cenas da polícia descendo os cacetetes em civis e foi muito bem recebido, representando bem a banda e o tema complexo, mas tudo era tão precário que, ao começar a música, fui pego de surpresa na primeira frase – "será verdade..." –, e meu espanto entrou na edição final. Aliás, mesmo cantando a música de cabo a rabo, tive o cuidado de lembrar ao diretor que a edição valorizasse o Ameba, para não repetir o problema do clipe de "Até Quando", e no meio da canção ele usou mais um efeito terrivelmente datado para mostrar o Ameba com um bigode ralo, elegantemente cantando "é para sua proteção", o que equilibrava a aparição dos dois vocalistas.

Mas o que fez a música estourar de vez foi uma versão ao vivo na Rádio Transamérica, gravada no programa estreante *Chá das Cinco*, em que as bandas tocavam e davam entrevistas ao vivo para o Brasil inteiro. A era do satélite estava se apoderando do veículo, que na época era mais tolerante com o nosso estilo. Dividimos o programa com o Zero e o Finis Africae (recém-contratado pela EMI) e tocamos a versão de "Proteção" que batizamos de "Proteção Funk", pois no final entrávamos numa levada funk, com o André fazendo slapping no baixo e as guitarras na linha do Earth Wind and Fire. Talvez inconscientemente estivéssemos buscando dar mais brasilidade à banda e, assim como os Paralamas faziam, incluímos "Do Leme ao Pontal", do Tim Maia – isso numa música que falava de ditadura e da destruição da democracia.

Mas ainda havia outra música que se encaixava na levada, de versos como "baratas, me deixem ver suas patas". Quando emendamos "Bichos Escrotos", recém-lançada e censurada para a radiodifusão por causa do palavrão *foder*, os programadores e executivos entraram em pandemônio do outro lado da janela grossa do estúdio, implorando com os olhos arregalados e balançando as cabeças como se dissessem: "Pelo amor de Deus, não!". Com poucos *segundos* para decidir entre correr o risco de fechar a rádio por infração e sacramentar de vez a *franchise Philippe Malvinas Rio* – ou não –, resolvi cantar "vão tomar banho" no lugar de "vão se foder". Sabe-se lá o que teria ocorrido se eu tivesse cantado o palavrão no ar.

Na hora do Zero tocar, eu e Gutje imitamos quase que perfeitamente a voz suave e forçadamente rouca do Paulo Ricardo em "Agora Eu Sei", arrancando gargalhadas do Guilherme. Estávamos todos juntos na estrada já algum tempo, e as sacanagens entre as duas bandas eram comuns, mas nesse caso era a chance de fazê-la em rede nacional e ao vivo. Por que não?

Na hora do duelo final, aí que a voz rouca ganhou força. Depois do Guilherme cantar: "Mal sabe ele como é triste ter, como é triste ter/ Amor demais e nada receber/ Que possa compensar o que isso traz de dor", respondemos: "O que isso traz de dor", e Guilherme: "O que isso traz de dor", e nós :"O que isso traz de dor", e Guilherme: "Por tudo o que isso traz de dor". Então coloquei a mão no peito do Gutje, afastei ele levemente do microfone, com o olhar dizendo "deixa essa comigo" e completei: "Isso *atrás*, que dor!".

Guilherme arregalou os olhos e terminou a canção espumando de raiva. Quando a luz de *no ar* do estúdio apagou, ele pulou em cima de mim, me agarrando pela gola, e reclamou: "Porra, minha vó estava escutando isso!". Mas não seria só o Guilherme que se irritaria comigo por causa desse programa. Tem coisas que só acontecem comigo.

Depois do show de lançamento no Rio do disco *Cabeça Dinossauro*, dos Titãs (que não deram o devido crédito a Clemente e seus Inocentes pela *real* inspiração punk, o que motivou uma desavença de dez anos), peguei uma carona até o Baixo Leblon, e Branco Mello estava no carro. Titãs e Plebe se esbarravam na estrada, éramos contemporâneos, apesar de eu ser o eterno caçula, e tínhamos uma boa relação. Até "Proteção" começar a tocar na Rádio Transamérica naquela noite.

Aumentaram o volume, e todos no carro começaram a balançar a cabeça. Alguém falou que tinha se amarrado nessa versão do *Chá das Cinco* – agora repita comigo: tem coisas que só acontecem comigo –, abaixei a cabeça e, com a mão sobre os olhos, pensei: "Isso vai ser terrível". Não deu outra: "Oncinha pintada, zebrinha listrada, coelhinho peludo... vão tomar *banho*!'. Branco se virou pra mim e falou: "O quê? Que porra é essa? A gente peita a censura justamente pra não mudar a versão, e você muda? Você não tinha esse direito". Foi uma bronca daquelas. Tentei explicar que já tocávamos a música em "Proteção" e, durante o programa de rádio, quando dei por mim já estava em alto-mar, sem nenhuma chance nem maneira de vol... Ah, deixa pra lá.

Se tem uma coisa que um americano como eu aprendeu com a Guerra do Vietnã é admitir quando se está derrotado. Resolvi ficar quieto para o resto da bronca. O engraçado é que, no programa *Clip Clip*, conseguimos burlar a censura de maneira ousada, justamente com essa música. Na gravação ao vivo de "Proteção", numa versão com o mesmo violão clássico com que eu tinha escrito a música e com as inserções de "Bichos Escrotos" e "Do Leme ao Pontal", meus lábios formam perfeitamente a palavra "foder" por baixo do *bip*. Foi a primeira vez que a música tocou na Globo antes de virar hit nacional. Que tal ao invés de uma bronca eu mereça um agradecimento? *Pitchka titãs materina!*

Nas semanas seguintes, aproveitando o embalo da versão da Rádio Transamérica, gravamos um single de promoção chamado "Proteção II, a missão", numa brincadeira com *Rambo 2: A Missão*, que estava em cartaz nos cinemas brasileiros. Essa versão não ganharia as letras do Tim Maia nem dos Titãs, mas, além de uma introdução de violão clássico dedilhado, teria um solo de timbale no meio da parte funk, que me prontifiquei para fazer – por ter crescido onde Tito Puente e Ricky Ricardo popularizaram o mambo nos Estados Unidos, essa levada de timbale estava no meu DNA.

Depois que comecei a tocar e explorar o *rimshot* (estilo em que se bate no aro e na pele ao mesmo tempo), que dá dinâmica e volume para a interpretação com seus estalos pontuados, Gutje arrancou as baquetas da minha mão. "Tá tocando errado. Tá batendo no aro." Léo Gandelman, que estava gravando no estúdio do lado, apareceu para dar um alô e percebeu que o som estava pobre sem a dinâmica e os estalos dos *rimshots* e falou que o timbale estava sem aro. Olhamos de volta para ele levantando os ombros. Fazer o quê? Sabe aquela coisa de banda que tem que ser engolida? Ao menos dessa vez não teve que ser inalada.

Todo esse movimento com "Proteção" acabou levando *O Concreto Já Rachou* ao disco de ouro, o primeiro de uma das bandas da *Tchurma*. Passamos a ser *sócios* do *Perdidos na Noite*, programa do Fausto Silva na Bandeirantes que era uma zoeira só. Na primeira vez lá, pouco antes de sermos anunciados, perguntei gentilmente ao contrarregra se ele podia subir um pouco o pedestal do microfone para a minha altura, pois eu estava com as mãos ocupadas com a guitarra. Ele deu as costas e falou: "Faz você, isso não é a Globo".

Faustão adorava as bandas da época e dava a maior força. De Legião a Cólera, todos apareciam no seu programa, que tinha um espírito escrachado e uma plateia para lá de entusiasta. Foi por isso que, contrariando a gravadora, optamos receber o disco de ouro das mãos dele, e não do Chacrinha, como todo o resto da classe artística. Realmente fazíamos tudo ao contrário. Era a Plebe sendo a Plebe.

De volta ao Rio, comemoramos com a diretoria no salão principal da EMI, rodeado de discos de ouro das estrelas do catálogo da gravadora. André ficou incumbido de abrir uma garrafa de champanha. Punk que só, mirou no candelabro do meio do teto e acertou, quebrando um dos cristais que presenciavam essa cerimônia há anos, mas com artistas mais comportados. Para não perder a piada, mais tarde, quando ninguém estava olhando, mudamos todos os discos de ouro de lugar. Como tinham sido alinhados um a um, todos os furos tiveram que ser refeitos, e nenhum ficou no esquadro de novo. Com os Paralamas em pleno voo, a Legião estourando e a Plebe fazendo bonito, a gravadora parecia não se importar com essas sacanagens. Imagino que vissem como parte do pacote.

Nosso contrato inicial com a EMI estava chegando ao fim e recebemos uma boa proposta da Warner. Estávamos percebendo umas falhas graves nos métodos da gravadora e não entendíamos a falta de foco na divulgação. Que merda de mercado é esse que tem que atirar para todo lado? Será que a indústria nunca tinha ouvido falar em nicho? Pior ainda era a falta de apoio para a divulgação *na estrada*. Chegamos a mostrar um gráfico de que as vendagens aumentavam em média 40 % por praça depois que passávamos lá, onde não só tocávamos, como aparecíamos nas capas dos jornais locais e em entrevistas de TV e rádio. Em qualquer outro *business*, a meta seria investir nessas praças ou ajudar a banda a atingir outras praças, algo que nos Estados Unidos é chamado de *tour support*.

Não fazia sentido. Aqueles imbecis não queriam ganhar dinheiro? Estávamos cumprindo o nosso lado do trato. O primeiro disco foi um sucesso, mas as altas vendagens da Legião e dos Paralamas nos ofuscaram. A Warner seria uma ótima opção, já que investia pesado em grupos como Ira! e Inocentes, que vendiam menos do que a Plebe. Marcelo Castelo Branco, presidente da Polygram, também estava de olho na Plebe, mas infelizmente não soubemos na época – o Capital Inicial tinha assinado com eles e estava sendo bem tratado.

Os Sex Pistols, que foram despedidos da EMI apenas três meses depois de assinarem contrato, tinham nos avisado: "*You do not believe we're for real or you would lose your cheap appeal? EMI!*". Mas resolvemos ficar, o que acabou sendo a pior coisa que poderíamos ter feito, pois afundaria a banda e comprometeria o catálogo, já que esses contratos são vitalícios. E você já sabe minha opinião sobre isso.

Como estávamos no circuito hotel, avião, programa de TV, era comum esbarrar em artistas de todo tipo de gênero musical. Morando no Rio então... Eu seguidamente *esbarrava*, no banco da Gávea, com um jovem cantor que estava estourado com a faixa "Nós Dois" e tinha o nome artístico de Marcelo. Muito do preconceito que eu tinha com outras vertentes da MPB eu perdi batendo papo com ele na fila do banco. Apesar de sermos de dois universos *completamente* diferentes, compartilhávamos a mesma paixão por música e a noção que a *ralação* de artista no Brasil era a mesma. Também fazíamos, de vez em quando, os notórios *playbacks* do subúrbio, o que por si só era um mergulho sociológico daqueles *rapazes da Zona Sul* no Grande Rio.

Mas em *nenhuma* instância fizemos isso por jabá, como a *Folha de S.Paulo* denunciou por conta da indignação do Capital Inicial – alguns artistas seriam forçados a fazer os bailes de subúrbio no Rio em troca de aparições no *Chacrinha*. Apesar de estarmos mais ou menos nesse circuito, sempre recebemos cachês depois dos *playbacks*. Por mais questionável que fosse participar deles, era um mergulho fascinante em lugares com os quais, em outras circunstâncias, jamais teríamos contato. Isso sim é punk para as massas, pois também estávamos levando a mensagem da Plebe literalmente para as massas.

O circuito era percorrido via radiotáxi, sempre num Opalão, e os clubes viviam lotados, pois artistas que apareciam na TV eram anunciados em grandes cartazes, pintados à mão, na frente dos clubes. Os ingressos eram baratíssimos, um cruzado apenas, dando acessibilidade a todos, e muitas vezes os palcos eram improvisados em cima de mesas – noutra mesa ficava o toca-discos, e ficávamos rezando para o disco não pular.

Como fazíamos vários clubes por noite (nosso recorde foram oito shows), levávamos os nossos instrumentos mais precários, como guitarra montada rusticamente, como a original do Van Halen, cujo braço estava se soltando depois de levar muita surra na estrada. Como era *playback* não seria problema, pois a última coisa que eu teria que me preocupar era com a afinação.

Num dos clubes, na hora do solo de "Até Quando", eu dei um tranco mais forte propositadamente no instrumento, soltei o braço da guitarra e fiquei balançando ambos, no momento mais *hammer of the gods* da minha carreira. O jovem rapaz na minha frente, que já nos assistia de olhos arregalados, abriu a boca incrédulo, por não acreditar que estava vendo alguém destruindo a guitarra. No fim do solo, eu discretamente encaixei o braço no lugar e continuei tocando como se nada tivesse acontecido.

Certamente nós nos divertíamos, mas era puxado. Chegávamos no clube e subíamos direto no palco para tocar duas ou três músicas e descíamos direto para o radiotáxi. Numa noite, entre um clube e outro, passamos com o radiotáxi bem devagar por um corpo com velas em volta, coberto por um pano branco, estendido no meio da rua à espera da polícia – e do rabecão –, num lembrete da vida dura que os fãs dali levavam.

Pode soar piegas, mas no fundo, assim como a professora Dulce do livro *Mar Morto*, de Jorge Amado, desejava que um milagre mudasse a vida dura dos seus alunos, eu esperava que a nossa música surtisse o mesmo efeito ou no mínimo servisse de inspiração para aliviar a vida de alguns fãs. Eu encontrei inúmeros Brasil afora que nos confirmaram algumas vezes que conseguimos esse feito, assim como o punk fez isso conosco quando vivíamos isolados em Brasília. É inegável a força que a música consciente pode ter. Podia ser uma gota no oceano, mas ao menos estávamos fazendo a nossa parte.

“Brasileiro derruba brasileiro.”
– Elke Maravilha

Qualquer pessoa com uma mínima noção de economia sabe que forçar a contenção de preços nunca dura muito tempo, e o Plano Cruzado, instituído no começo de 1986, que determinou o congelamento de todos os preços no Brasil, estava começando a mostrar sinais de cansaço. Nessa época encontramos Elke Maravilha na sala de embarque do Aeroporto Internacional do Rio, vestida a caráter. Ela nos reconheceu do *Chacrinha* e puxou conversa. Falou que gostava “do rock de vocês” (provavelmente confundindo “Proteção” com “Segurança”, dos Engenheiros do Hawaii, da rima *nada plebe* “se não você dança”) e começou a falar de sua mãe russa, que veio para o Brasil fugindo da opressão de Stalin. Com seu sotaque russo, Elke também disse que o Plano Cruzado não iria funcionar porque “brasileiro derruba brasileiro”. E tinha razão.

As empresas rapidamente bolaram uma maneira de driblar o congelamento. Era só aparecer com embalagem nova e/ou tamanho diferente ou com a onipresente *nova fórmula*, de pasta de dente a produtos de limpeza. O míni LP parecia estar no meio dessa onda de reestruturação/remarcação de preços, com outra embalagem e outro preço antecedendo o próximo arrocho do governo.

Mas a vida continuava, e continuávamos a rodar o país inteiro. Era incrível ver as pessoas nos lugares mais inusitados cantando as nossas letras, ainda mais das músicas que não tocavam no rádio. Tivemos shows memoráveis. O que mais lembro foi na Concha Acústica de Salvador, talvez nossa experiência mais intensa num palco até então. No meio de "Até Quando Esperar", alguém jogou um pano branco com a frase *vote nulo*, e eu não sabia se era um fã citando "Voto em Branco", que já não tocávamos na época. Enquanto a plateia cantava "posso vigiar seu carro...", levantei o pano com os dois braços esticados, o canhão de luz que me seguia destacou num clarão a frase *vote nulo*, e os urros da plateia sublinharam o momento. Inesquecível.

Depois do show, alguns militantes políticos vieram no camarim me dar bronca, falando dos perigos do voto em branco e, é claro, tentando empurrar o seu partido. Em vez de entrar num debate político sobre a eficácia ou não do voto nulo – lembrando que a música tinha sido composta durante a ditadura –, desviei a minha atenção para umas fãs baianas da banda, com um papo bem mais interessante, por sinal. O importante era que estávamos instigando o debate, e desde Brasília a ideia era justamente essa, mas não de uma maneira pedante ou didática. Fazíamos isso da nossa singular maneira.

Também tivemos a nossa cota de *roubadas*. Num festival em Marataízes, no Espírito Santo, nos colocaram num motel, com cama redonda e tudo, chamado Motel Surf. Sim, era temático, com uma prancha aparafusada na parede. Tudo deu errado e o som era péssimo – mas, se comparado com o que tocávamos nos primórdios em Brasília, parecia o Rock in Rio.

Toda hora *esbarrávamos* com colegas do rock na estrada, entre bandas inusitadas, como a Stress, pioneira do heavy metal de Belém, ou consagradas, como Camisa de Vênus e Titãs. Era difícil tocar com o Camisa, e não por causa da música "Sílvia", mas porque a plateia ficava gritando em uníssono "bota pra foder" em nosso show *inteiro*. Demorou para eu perceber que era um grito de guerra, não um pedido pra sair do palco. Aliás, muito pelo contrário. Já os Titãs eram, de longe, os mais doidos com que cruzamos nas nossas andanças. Realmente, ali a vida era uma festa.

Num show em Anápolis, o caminhão deles ficou retido na estrada, e tiveram que usar o nosso equipamento. Belloto e eu tínhamos uma afeição por

Gibsons, e foi um prazer emprestar pra ele minha Les Paul Silverburst. Confesso não lembrar se tocamos juntos no bis – se *eu* não lembro, provavelmente não rolou. Mas nem adiantaria perguntar a eles. Depois do show, no meio da madrugada, ao retornar para o hotel, vimos vários deles ainda farreando, com garrafas na mão e doidos para sair na noite. Como era no interior goiano, a noite já tinha acabado várias horas antes. Ficávamos nos olhando com aquela cara de "quem consegue acompanhar isso"?

Nessas andanças víamos em primeira mão que o país não ia bem, e eu ainda ouvia o sotaque russo da Elke Maravilha quando o Plano Cruzado II foi lançado para tentar conter a inflação galopante. As mercadorias desapareceram de vez dos supermercados, a palavra ágio entrou no vernáculo do brasileiro, e a uma nova tentativa veio com o Plano Bresser, que acabou com o congelamento e fez as mercadorias voltarem às prateleiras, mas agora com seus preços devidamente reajustados e uma inflação de 27 % ao mês. Em crise, o Brasil teve que decretar a moratória da dívida externa. Para nós, isso significava que a festa do rock nacional ia acabar já, já.

A máquina não podia parar, e em abril de 1987 entramos novamente em estúdio para gravar nosso segundo disco, *Nunca Fomos Tão Brasileiros,* nome derivado do filme *Nunca Fomos Tão Felizes,* de 1984, dirigido por Murillo Sales. Mesmo com *O Concreto Já Rachou* entre os melhores discos do ano, a implicância da *Bizz* com a Plebe continuava, pois não fazíamos parte da *galera* de São Paulo. E piorou quando falei no jornal *O Globo* que certo tipo de música de vanguarda era *papo de crítico paulista otário* na própria EMI. Perguntei aos presentes se estava pegando pesado, e todos peitaram comigo, com um rotundo OK do Herbert. Engraçado que ele *jamais* falaria algo assim na imprensa, pois sempre tentava agradar a todos (até demais para o meu gosto), então logo vi que estava vivendo seu lado punk por meio da gente. Ele ria, e a gente se fodia. A história da nossa vida.

Nos meses anteriores, a Plebe tinha se equipado. Ameba comprou a Giannini verde modelo Rickenbacker do Herbert (a mesma que usou no *Mixto Quente*), substituindo os captadores Gianinni pelos alemães da Schaller, e herdou, por pura bondade e idiotice minha, o (agora lendário) Fender Super Six Reverb, pois eu tinha comprado o amplificador Marshall do Herbert, o JCM 800 que usei no *Concreto.* Gutje comprou uma linda bateria Swing Star da

Tama, de madeira revestida em aço inox, e começou a investir em pratos, mas sempre fiel aos roto-tons, que ficavam à espreita do seu lado esquerdo, acima do hi-hat Zildjian. André comprou um baixo Ibanez, mas eu sempre olhava de cara feia pra ele, com saudade do seu Fender Precision, que não estava aguentando os rigores da estrada. Nunca confie num músico que usa uma Ibanez, com exceção de George Benson, é claro.

Estávamos há um ano morando no Rio, mas eu ainda não me inteirava com a cidade. Sorte minha que vivia mais tempo na estrada, o que mantinha minha sanidade, apesar da fumaça que me seguia de volta para casa. Alá é testemunha, eu bem que tentei encontrar inspiração. Fui até a praia do Leblon num final de tarde e me sentei na calçada de frente para o mar. Abri meu caderno de letras perante aquele infinito, com as ondas quebrando, como se a cada aproximação o incremento da maré nos lembrasse da efemeridade.... Espera aí, infinito... maré... efêmero? Fechei o caderno e voltei para casa. O Rio não estava me inspirando em *nada*.

Mas será que era mesmo a cidade ou a condição da minha moradia o que me fez perder, ou ao menos achar que eu estava perdendo, o meu *mojo*? André também morava na Gávea e estava bem adaptado ao Rio, Gutje também, instalado um tanto quanto longe, na Barra. Ameba estava bastante à vontade lá em casa, até demais, com o entra e sai dos amigos. Para piorar, parecia que a toda hora alguém tentava me passar a perna. Já na mudança, quando a geladeira estava sendo instalada no apartamento, o pessoal da entrega falou que os pés não estavam inclusos no pacote e tinham que ser pagos separadamente, e na hora. Sei lá... O Rio não era para mim. Mas não tive para onde correr, então tive que buscar refúgio num lugar aonde não queria ir. Não foi uma viagem muito agradável, mas talvez fosse a hora de mergulhar bem fundo num sentimento que estava latente.

Em janeiro de 1986, quando a banda ainda morava em Brasília, recebi um telefonema do meu amigo Chico informando que o Alexei Faria, amigo da escola que ajudava no meu jornal subversivo, tinha morrido. Ele fazia oceanografia na UERJ, no Rio, e foi atropelado enquanto mergulhava por uma embarcação que estava numa proximidade ilegal da orla, em frente à barraca do Pepê, no começo da Barra da Tijuca. Foi a primeira pessoa próxima de mim que tinha morrido, aí vieram todas as lembranças do amigo engraçado, tricolor carioca como eu (mas *bem* mais doente), que fazia bagunça como todos nós, parecia não prestar atenção nas aulas, mas cravava *toda* prova e assim passou em 3º lugar para cursar Oceanografia quase que brincando – ele fez a prova "só para ver como era". Nunca contei para ninguém, mas é por isso que tem o verso (com seu sobrenome) "o que você faria?", na letra de "A Ida". Alexei tinha 19 anos, e, depois de um ano e cinco meses de gestação, numa noite muito dolorida em meu apartamento na Gávea, escrevi:

> "Quem tem a razão?/ Um burocrata ou um padre com o evangelho em mãos/ Um momento instante então/ Palavras não justificam a ida em vão/ Esclarece por favor/ O que é tão temido só acontece com os outros/ O que você faria?"

Foi muito difícil ser tão pessoal numa música, e não sabia se poderia, ou se queria, descer lá dentro de novo. Vai ver que é isso que Renato passava toda vez que acabava uma letra. Não gostei muito da experiência. Instrumentalmente, seria uma música ímpar, isso eu soube de cara, por seu baixo semicolcheia e diminuto. Meu estilo aberto de guitarra, que Herbert volta e meia elogiava na imprensa, me chamando de Pete Townshend brasileiro, já estava definido para a guitarra base, mas eu faria essa no violão e não via a hora de gravá-la com o maravilhoso violão Gibson da EMI que usei para "Seu Jogo" no ano anterior.

A batida da bateria seria completamente diferente do que se esperaria de uma música com violão, toda centrada nos tambores; como sou um multi-instrumentista, foi relativamente fácil montar isso na minha cabeça, pois eu não tinha estúdio nem um gravadorzinho em casa. Mas tinha um problema: eu estava com medo de mostrá-la à banda. Essa música era especial demais pra mim e tão pessoal que eu queria que fosse ouvida exatamente como tinha sido concebida. Da leva mais complexa de composição, que começou com "Censura" em 1983, "A Ida" seria uma das mais difíceis de mostrar apenas com voz e violão, pois o baixo e a bateria seriam fundamentais para passar o clima denso e pesado. Como fazer isso sem um estúdio caseiro?

Em Brasília eu usava um sistema precário de dois gravadores, que acumulava mais chiado do que harmonia, mas no Rio, talvez inconscientemente, para manter meu estilo de composição e arranjo *na raça*, não investi em nenhum miniestúdio de fita cassete – que já existia no mercado. Uma semana antes de começar as gravações do segundo disco, gravamos uma demo instrumental da canção no estúdio 2 da EMI. No dia seguinte eu mostraria, já com um frio terrível na barriga, a letra.

No outro dia, quando cheguei no estúdio, o Gutje já estava lá, e até estranhei que tivesse chegado na hora, coisa cada vez mais rara. Logo descobri o motivo. Ele estava gravando uma letra que tinha escrito em cima do instrumental de "A Ida", com a melodia quase que improvisada, encaixada de qualquer maneira. "Meu Deus", pensei, eu não apenas teria que mostrar a letra mais pessoal que tinha escrito, como agora havia uma competição, por mais medíocre que fosse.

Com as mãos tremendo, fui até a bandeja de café que ficava no corredor central que ligava os três estúdios do complexo e pus dois saquinhos de açúcar num copo de água, fui até o banheiro e engoli num só gole para me acalmar, diante do espelho. Voltei ao estúdio e pedi ao técnico de som que fizesse o favor de *mutar* o canal da voz recém-gravada e cantei em cima. O bom senso prevaleceu, e a maioria aprovou a letra.

Estávamos com uma faixa inédita de peso, e, quando começamos a gravar, o consenso era que "A Ida" era uma forte candidata a *música de trabalho*. Prometi não deixar o clima ruim contagiar o estúdio dessa vez, mesmo ouvindo um murmúrio rançoso de que eu "iria ficar rico" com "A Ida", vindo da mesma fonte do astral ruim do primeiro disco. Fingi não ouvir. Mas é inegável que o clima ruim acabou entrando por baixo das portas pesadas do estúdio e do lugar mais inesperado... Do Herbert.

Depois do sucesso de sua primeira produção, *O Concreto Já Rachou,* com direito a um disco de ouro da Plebe para pôr ao lado dos discos de ouro e platina dos Paralamas, Herbert foi chamado de volta, e estávamos muito felizes com isso. Mas ele estava mudado. O Herbert caretão, com aquele jeitão batráquio que estávamos acostumados, agora tinha descoberto o álcool, mais precisamente o vinho tinto. E pelo visto recentemente, pois devido à falta de resistência à bebida, ficava rapidamente alterado.

Não era assim todo dia, mas uma vez ele passou mal, e tive que levá-lo ao banheiro, onde me falou de amor e decepção, debruçado na pia, com os óculos pendurados numa orelha só, que caíram no meio dos... uh, rejeitos estomacais. Levei ele de volta ao estúdio e voltei para limpar os óculos. Sim, aqueles vermelhos. Tem coisas que só acontecem comigo. Mesmo operado, ele usava os óculos de vez em quando, eu não sabia se pela força do hábito ou pra fazer charme de intelectual...

Herbert estava distante e às vezes agressivo, especialmente comigo, talvez por eu ser o eterno sacana da banda, o mais jovem e o mais vulnerável. Mas eu deixava passar. Ele tinha se separado recentemente e, como foi uma separação bastante pública, estava profundamente abalado. Em vez de interiorizar a situação, ele escreveu a canção "Uns Dias", que os Paralamas já estavam tocando ao vivo, numa preparação para a gravação do disco *Bora Bora*.

Eu achava que ele não deveria ter se exposto tanto, assim como Renato fazia com quase tudo o que escrevia, ainda mais do jeito que a relação acabou. Em discussões acirradas no estúdio, Herbert repetia que eu deveria escrever mais músicas como "A Ida", bem pessoais. Eu argumentava que não conseguia me expor dessa maneira em público, eu simplesmente não era assim. Sempre que ele percebia que a discussão não iria acabar bem, abruptamente encerrava o assunto falando que tinha uma *surpresa* pra mim. *Surpresa?* Eu virava os olhos e desconversava. Tínhamos que focar. E por um bom motivo.

Estávamos passando pelo teste do segundo disco. O primeiro disco de toda banda é o acúmulo de um repertório criado e testado por anos, com aquele entusiasmo de iniciante, sem compromisso. O segundo vem com toda a pressão da gravadora, com menos tempo de preparo e, dependendo do êxito do primeiro, tendo que ser composto no turbilhão da vida nova dos integrantes. Como o *Concreto* tinha apenas sete faixas, tínhamos um vasto repertório ainda da primeira leva, com músicas fortes como "Censura", "Nova Era Tecno", "Nunca Fomos Tão Brasileiros", "Códigos", "Bravo Mundo Novo", que, somadas à inédita "A Ida", já davam a metade de um disco, e de um disco que prometia.

Para gravar "Censura" eu continuava minhas discussões com o Herbert, mas dessa vez sobre a metodologia, pois, além de não gravarmos ao vivo, estávamos usando um *click*, e eu não compreendia o sentido, pois todo o resto que fazíamos, dos ensaios aos shows, era sem click – *click* é um metrônomo que fica no ouvido do baterista, mesmo o Gutje tendo um excelente senso de tempo. A introdução da música, que marcava minha nova fase de tocar com acordes abertos de 1983, era um pouco mais lenta. Eu achava errado começar com o dedilhado sutil de introdução no mesmo andamento do restante da canção. Soava duro e apressado. Então eu teria que gravar na minha cadência, mas ouvindo o *click* no tempo do restante da música.

Isso por si só já seria difícil; com o Herbert dizendo que eu não conseguiria acertar o tempo, já que a fita era linear e não poderia ter edição, a situação piorava. Virei para ele *puto*: "Com você falando desse jeito, não vou conseguir mesmo". Num momento raro de reflexão, ele abaixou a cabeça reconhecendo que estava errado. E, só de ruim, acertei de primeira. Um a zero para o Seabra!

Usamos um mini sampler da Emulator, o E-Drum que os Paralamas usavam para o piano de uma nota só de "A Novidade", mas com um som de tímpano por debaixo do dedilhado. Com a introdução mais sutil e o tímpano, quando dobrei a guitarra com o violão Gibson – ideia que peguei de "Seasons of Wither", do Aerosmith (que Lobão e Bernardo Vilhena traduziram para "Moonlight Paranoia"), ficou lindo. "Censura" era uma música ímpar, desde sua temática até o solo de exatamente um minuto, que eu brincava que era o máximo que o André permitia. Na verdade, eu sempre me considerei um guitarrista de base. Essa música me remetia ao período do porão da casa Fessenden em que eu *levava* um som com Pretorius, meu irmão e o guitarrista Rob Gillette, que me fez enxergar o instrumento de outra maneira.

Na hora de pôr a letra, como tínhamos *certeza* de que a música causaria problemas com a censura federal, resolvemos manter a palavra "porra" na frase "hora pra dormir, hora pra pensar, porra, meu papai, deixe-me falar", pois seria a letra *inteira* que causaria problemas, não somente um palavrão. Nas palavras do próprio Herbert, de novo daquele jeito bem batráquio dele, "o que é um peido para quem já está cagado"?

As gravações continuaram, e um dia o Herbert chegou muito bem-humorado e mostrou um jornal com a frase *Nova Era Tecnológica* em negrito, todo feliz com a atualidade da letra. Quando ele estava de bom humor o clima era ótimo, fazíamos jams no estúdio, as habituais partidas de vôlei e até rolavam elogios, como o da harmonia do refrão de "Códigos", com sua quarta invertida. Quando estava agressivo, me afetava muito, mais do que eu demonstrava. Eu ficava facilmente magoado e lembrava do Pretorius, que de uma hora para outra mudava de comportamento e me ignorava na presença de outras pessoas que, ao menos para ele, eram mais *importantes*.

Num desses episódios, Herbert sentiu que eu estava me chateando além da conta – afinal, tudo tem um limite, e *até eu* sei o limite da sacanagem – e voltou a falar da *surpresa* que me daria, tentando apaziguar a situação. Dessa vez não funcionou, e lati: "Que *surpresa* é o caralho!". Então Herbert se levantou, me pegou pela gola do casaco de couro, me arrastou pelo corredor, me lançou dentro da sala de gravação, apagou a luz e trancou a porta. Poxa, além de aturar o abuso psicológico e a intransigência que aumentava dentro da banda, a nuvem da esquadrilha da fumaça, agora abuso físico? Pelo menos eu tinha o André como porto seguro, não que ele fosse o cara mais fácil do mundo, mas estávamos quase sempre em sintonia, e isso mantinha a banda, o conceito e a *sanidade* em equilíbrio.

Ainda tínhamos músicas mais simples para gravar, como eram com acordes bem básicos, seria mais difícil as guitarras embolarem. Como *O Concreto Já Rachou* tinha poucas músicas com duas guitarras, a falta de diálogo entre elas estava se tornando mais aparente. Era um elo com os primórdios da banda, nas faixas "48", "Consumo", "Não Tema" e a letra de "Nada", que ganhou um instrumental novo, sombrio e pesado, com direito a castanholas – que um crítico citou como "a herança da colonização", gravado por um casal de portugueses, nas nossas habituais partes do meio. "Nova Era Tecno", aquela que surgiu do jingle recusado para o Supermercado Planalto, já mostrava a leve evolução da banda, dos acordes básicos do punk para um instrumental mais rico, mas coube mesmo a "Mentiras por Enquanto" e "A Ida" apontarem o novo caminho da Plebe – "Mentiras por Enquanto" foi escrita algumas semanas antes no apartamento do André, quando estávamos assistindo a uma maratona de filmes, como *Evil Dead* e *Hi School Honies*, e caiu um dilúvio daqueles no Rio, que não me deixava ir embora. Então abrimos o caderno e um vinho, e acabou saindo a letra inteira.

> "Você sabe que não estou aqui para converter/ Você sabe que não estou aqui pra rezar pra infiéis/ Se a situação se invertesse, você iria entender?/ Se você falar mentiras sobre a gente, falamos a verdade sobre você."

Gravamos a música com um sotaque paulista anasalado depois da frase "vejo muitos sorrisos, e um é falso", de "O Horror". Não tinha como não sacanearmos o Alex Antunes, nosso colega do underground paulista e integrante das bandas Número 2 e Akira S & As Garotas que Erraram, lembrando a citação do filme *Apocalipse Now* que ele cantava. Curiosamente a frase "se você falar mentiras sobre a gente, falamos a verdade sobre você", apareceu 23 anos depois num outro filme de Coppola, *Wall Street – O Dinheiro Nunca Dorme.*

Antes dessa música ter um nome era chamada de "Mentiras", eu não gostava muito, além disso o Finis Africae tinha uma música com o mesmo nome. Sempre que a gravadora nos cobrava como ela se chamava, repetíamos: "Mentiras, por enquanto", e assim foi batizada a faixa que fecha com chave de ouro o *Nunca Fomos Tão Brasileiros,* impulsionada pelas batidas a la Gang of Four e Killing Joke, tocadas com esmero pelo Gutje.

Antes de terminarmos o disco, ainda houve um confronto final com o Herbert, o que parecia inevitável – ainda mais com a megaexposição dele na música "Uns Dias", dos versos "Eu chorava de amor e não porque sofria/ Mas você chegou já era dia e não estava sozinha". Ele voltou a cobrar de mim letras mais pessoais. E de novo eu retrucava que não conseguia nem tinha interesse em escrever canções assim: "Sério Herbert, 'A Ida' já foi doloroso o suficiente. Olha para o Renato, essa superexposição não está lhe fazendo bem".

Ele continuou insistindo, cada vez mais agressivamente. Então eu levantei a voz e disse: "Tá bom, porra, tá bom! Então me diz: como é que você escreve música 'pessoal' então, merda?".

Claramente *puto,* Herbert falou: "Você pega uma folha em branco, começa escrevendo 'sua vagabunda', que o resto se escreve sozinho".

"Eu não consigo fazer isso", respondi.

"Por quê? Por quê?!!", ele perguntava, com os olhos ardendo de raiva por trás dos óculos vermelhos.

"Porque, quando eu chego em casa e já é dia, elas *estão* sozinhas!"

Dois a zero para o Seabra.

Mas nem tudo foi drama. Tivemos momentos maravilhosos, que lembro com muito carinho, como nas jams, quando ligávamos o arsenal de guitarras do Herbert, que numa delas mencionou ao André que eu não sabia tocar um 12 bar blues, básico e clichê, como o que ele estava tocando no Brasília Rádio Center quando o vi pela primeira vez. André respondeu: "Ainda bem". Durante a gravação de cordas de "A Ida", eu e Herbert nos sentamos na escadinha de acesso a uma das cabines de gravação e ficamos com lágrimas nos olhos assistindo à orquestração do Jaques Morelenbaum com oito violinos, quatro violas e quatro cellos. Também lembro com muito carinho do abraço terno que ele me deu no final da gravação do solo de guitarra de "Censura".

Herbert brilhava como produtor e protetor, especialmente na hora de gravar a voz. Nos *melhores dias* dele, a atenção que me dava fazia eu me sentir como o irmãozinho sendo zelado pelo mais velho. Ele também era letrista e, como entendia a importância pessoal de "A Ida", me perguntou, cheio de dedos, se a frase original "o que adianta quatrocentas folhas sem conclusão", com a palavra "quatrocentas", cantada bem rápida para encaixar na métrica, poderia ser mudada para "tantas folhas". Sabendo como ninguém o quão pessoal as letras podem ser, ele estava preocupado se "quatrocentas folhas" era relevante na música, pois a métrica dava um tom amador para uma canção tão bem construída. Para alívio do Herbert, o número era aleatório, apenas para ilustrar a burocracia do processo legal de apuração de óbito. "Tantas" ficou para posteridade.

Quando se passa muito tempo juntos num ambiente fechado, muita coisa vem à tona. A naturalidade com que Herbert falava sobre aborto chocava os técnicos, os mais religiosos dali. Falávamos de Brasília, música, cinema, literatura, um pouco de tudo, inclusive histórias *rock and roll* da estrada –

essas não poderei compartilhar. Ele insistia o quanto seria bom para mim me soltar mais, assim como ele fez numa noite de bebedeira, com uma máquina fotográfica, pintando a cara e fazendo o que talvez fossem as primeiras *selfies* da história. Herbert repetiria esse clima no encarte do seu disco solo *Ê Batumaré*, de 1992. Mergulhar mais, ousar mais. Ele queria ver até onde eu chegaria além de "A Ida".

Bem, em termos de temática, ousar mais do que a Plebe era meio difícil, mas entendo o que ele dizia. Só não conseguia me imaginar me pintando todo, nem me vestindo de mulher de novo, como na fotonovela do *Planeta Diário*. Não é que eu seja todo travado, só não sou esse tipo de pessoa. Mesmo com um dos meus poetas favoritos, Ralph Waldo Emerson, sussurrando no meu ouvido: *"What lies behind you and what lies in front of you, pales in comparison to what lies inside of you"*, eu demoraria mais alguns anos até mergulhar em mim dessa maneira que o Herbert aspirava. Tudo a seu tempo.

Meu irmão Alex tinha nos mandado a biografia não autorizada do Led Zeppelin, *Hammer of the Gods*, e todos leram a mesma cópia, inclusive Herbert – até que ela chegou nas mãos do Renato, que viu todas as possibilidades de ser um rock star e ficou ainda mais *pirado*. Mas não foi só ele que se impressionou com o livro. Herbert redescobriu o Led Zeppelin, escutou toda a obra da banda enquanto lia o livro e um dia apareceu com os acordes de "Lanterna dos Afogados". Se o Fê conseguiu colocar um crédito de autoria na faixa "Conexão Amazônica" por causa de uma virada de bateria que tinha bolado – aliás, algo que o Herbert achava um absurdo –, será que eu e André podemos pedir coautoria retroativa de "Lanterna dos Afogados" pela inspiração? Terei que consultar nosso advogado.

Perto do fim da mixagem, Herbert finalmente me presenteou com a *surpresa* que *tanto* falava. Era um kit *heavy metal*, com um pedal de distorção Boss Heavy Metal, uma Floyd Rose (a alavanca popularizada pelo Van Halen que quase pus na minha Les Paul quatro anos antes) e uma correia tigrada amarelo-fosforescente DiMarzio, algo que você veria o Ultraje ou algum dos Titãs usando. Agradeci e passei o pedal para o Ameba, que por incrível que pareça o trocou por um Noise Gate (um pedal redutor de ruído) com o Renato! Deus sabe o que Renato faria com um pedal de distorção tão pesado. Já a correia e a alavanca Floyd Rose eu dei para o Fejão, do Escola de Escândalo, que faria muito mais proveito do que eu. Foi a única vez que vi ele chorar.

A capa do disco, cuja arte foi feita pelo André e a Fernanda Villa-Lobos em torno do quadro encomendado ao artista plástico brasiliense Palet, foi elogiadíssima, e conseguimos convencer a gravadora a nos dar um encarte duplo. O consenso era por fotos da equipe no encarte, espalhadas por entre as letras, todas com as respectivas datas de composição. No fundo, estávamos romantizando uma equipe tão unida e camarada quanto a dos Paralamas, mas era uma projeção apenas, pois eu ainda estava sufocado pela esquadrilha da fumaça.

Acabou sendo perda de tinta e impressão, pois, com exceção de dois, os demais foram demitidos, um porque tinha problemas com a polícia, outro expulso da cidade por traficantes, outro porque era alcoolista. Ninguém tinha o que os Paralamas tinham, a cumplicidade, a camaradagem. *Ninguém.* Eu tinha isso com o André, mas a Plebe era um quarteto. Em todo show dos Paralamas aquilo era celebrado, e a equipe inteira subia ao palco numa grande celebração de amizade. Por que eu não pude ter isso também?

A foto principal da banda no encarte, que muitos acharam que foi tirada em Nova York, foi feita no Centro do Rio, perto do prédio da Petrobrás e do Circo Voador, onde nossa invasão começara três anos antes. A fotógrafa Isabel Garcia (não confunda com a atriz Isabela Garcia, casada com o Marcelo Bonfá na época) foi escalada para as fotos. Talvez sejam as mais emblemáticas da banda: André usa um inusitado chapéu de cowboy, Ameba tem dreads no cabelo, eu estou vestindo meu casaco do exército irlandês com um *dickie* escuro no pescoço, e o incontestavelmente galã Gutje está olhando diretamente para a lente.

Para o encarte, todos tiveram uma foto individual, inclusive a equipe técnica, em preto em branco, por causa disso, André precisa explicar desde então um apelido que ninguém entendeu. Antes da decisão pelas fotos em preto e branco, ele tinha escolhido uma colorida em que seu rosto está vermelho, num visual Sisters of Mercy, e resolveu pôr *Diablo* no meio do seu pseudônimo, André X. Com a decisão pelas fotos em p&b, a permanência do *Diablo* nos créditos perdeu o sentido. Até hoje tem fã que pergunta o motivo. Colocamos inclusive a marca dos instrumentos e amplificadores que usamos na gravação, junto das fotos individuais, e até hoje tenho que explicar que minha Les Paul Custom Silverburst, que eu chamava de "Giba", se pronuncia Guiba. Por favor, não perguntem mais.

A arte já estava pronta e aprovada, com o nosso mascote Congressinho, feito pelo meu irmão Ricky, no rótulo de um dos lados do vinil, mas, antes de ser mandada para a gráfica, eu fiz uma exigência: que "A Ida" fosse dedicada ao Alexei Faria no encarte. Soltamos as letras de "Censura", "A Ida" e o *press release* oficial para a imprensa assinado pelo misterioso Clarke Quente, pseudônimo momentâneo do André X (que voltaria a escrever os releases de algumas futuras obras nossas).

> *Nunca Fomos Tão Brasileiros*, a segunda incursão no vinil da Plebe Rude. Um LP que reúne várias fases do grupo, fazendo transparecer a sua própria história. Da sua adolescência em Brasília, "48" e "Consumo". Às primeiras investidas no eixo Rio/SP, "Não Tema", "Censura" e "Códigos".
>
> Da influência da mudança de rotina, da distância de Brasília e dos pais, da proximidade das obrigações civis, "A Ida", "Nada", "Mentiras Por Enquanto" e "Bravo Mundo Novo". Mudança.
>
> *Nunca Fomos Tão Brasileiros* é o LP de uma banda que nunca ouviu tropicalismo ou Mutantes, que não foi influenciada pelos Beatles ou pelos Stones, que não lembra dos idos 60 porque não participou deles.
>
> Clark Quente

Jornalistas dos dois principais jornais cariocas, *O Globo* e *Jornal do Brasil*, se desentenderam publicamente sobre o estilo das músicas antigas no disco. Um via semelhanças com Bob Dylan, o outro retrucou que "o clima viaja entre Hüsker Du e Dead Kennedys. Quem falou em Bob Dylan não entendeu nada". Mas em uma coisa concordaram.

O Globo: "*Nunca Fomos Tão Brasileiros* é um LP que pretende mostrar uma Plebe amadurecida e investindo no aprimoramento técnico sem perder a sensibilidade e a adrenalina que sempre marcaram seus shows".

Jornal do Brasil: "Explosões de insatisfação, pedradas e picaretas dão o tom do país, para o qual o vinil plebeu serve de trilha sonora: *Nunca Fomos Tão Brasileiros* – e tão rudes". O jornalista Luiz Carlos Mansur encerrou sua crítica no *JB* emendando "não lembra dos idos 60 porque não participou deles" com "ainda bem".

O *Correio Braziliense* publicou: "O segundo disco da carreira da banda, que vem sendo saudado pela crítica como um dos melhores trabalhos na área do rock em 87. Embora já ostentem a condição de astros da moderna música brasileira, os quatro plebeus não perderam a humildade nem se acomodaram".

Mas Nelson Rodrigues tinha razão, toda unanimidade é burra. A crítica da *Folha de S.Paulo* veio com o título "Composições anacrônicas marcam LP do Plebe Rude". Realmente a palavra "anacrônica" soa pior do que significa, pois no encarte as datas de cada composição estão ao lado dos títulos, com a banda assumindo o que era do repertório anterior. "Philippe (resvalando pelo timbre vocal de Guilherme Arantes) canta a perplexidade diante da morte numa letra elíptica, totalmente diversa do estilo seco e direto do Plebe. Não fosse essa canção, o disco representaria um retrocesso total em relação a *O Concreto Já Rachou* e apenas mais uma demonstração da fúria adolescente que inspira o quarteto".

Por incrível que pareça eu teria que concordar com a *Bizz*, que, olhem só, conseguiu ser objetiva: "A Plebe parece não se sentir à vontade em estúdio. Boa parte da energia detonada pelas guitarras de Philippe e Jander, o baixo de André e a batera de Gutje ao vivo soa diluída quando transposta para o vinil".

Isso tem uma explicação. Herbert estava ausente, às vezes literalmente, pelos problemas que estava passando, e fez falta. Com algumas exceções, o disco estava duro e, sim, sem a energia dos shows ao vivo. Para piorar, Gutje não explorava a dinâmica do contratempo, ou era aberto ou fechado, e abria somente para anunciar uma pratada, para depois fechar completamente e não oscilar conforme a cadência natural da tensão criada pelos arranjos harmônicos. Ele não escutava ninguém, e essa dureza acabou sendo salientada por conceitualmente termos valorizado mais o baixo e a bateria na mixagem. Foi um erro brutal. Sendo o guitarrista que carrega toda a parte harmônica das músicas, só não me incomodei mais – para você ver como eu estava resignado – porque as guitarras não estavam dialogando da maneira que eu queria, mais uma vez por falta de comunicação. Tive que engolir, e inalar, a seco.

"Tumulto no show de rock"
– Chamada na capa do Correio Braziliense com a minha foto ao lado

Um ano antes do derradeiro e fatídico show da Legião Urbana em Brasília, no Estádio Mané Garrincha, nós estávamos no meio de um imbróglio de igual tamanho, mas sem a repercussão nem a irresponsabilidade de um vocalista incitando a confusão. No 27º aniversário da capital federal, uma coletânea chamada *Rock Brasília, Explode Brasil,* foi lançada num imenso show na Esplanada dos Ministérios, na rampa em frente ao Congresso.

Ela havia sido gravada ao vivo, com direção artística de Pena Schmidt e produção de Liminha, no ano anterior, e agora veria a luz do sol, lançada pela Warner. A capa era uma montagem com fotos de manifestações na própria Esplanada, intercalada com fotos de carros quebrados, de um ônibus em chamas e da polícia militar mas tinha pouco a ver com a temática da maioria das bandas. Com exceção da Escola de Escândalo, que nem estava no disco, parecia que Brasília *tinha dado o que tinha que dar* naquela década.

Seria a primeira vez que tocaríamos "A Ida" ao vivo, e estávamos ansiosos para apresentar uma mostra da Plebe 1987. O cenário não poderia ser mais propício, pois o Congresso estava em reformas. Um raio laser projetava uma figura dançando, como se o punk estivesse sapateando em cima do símbolo máximo da política brasileira e rachando o concreto ao mesmo tempo. O rock de Brasília estava consolidado nacionalmente, e duas bandas de membros da *Tchurma*, Plebe e Capital, anteriormente tão amaldiçoadas e alvo da polícia, estavam naquele gramado, derrubando a porta da grande complacência nacional.

Estranhamos a falta da polícia, o que para mim era sempre uma boa notícia, mas com a aglomeração de dezenas de milhares de pessoas começando um tumulto, não era um bom sinal. De repente uma bomba estourou no palco, e um mar de pessoas começou a ser empurrado para debaixo dele. Preocupado com a minha namorada, que estava em frente ao palco, comecei a errar as letras. Só depois descobrimos que nenhum policial estava no evento, apesar da manifestação popular em frente à *casa do povo* ter sido autorizada por Ulysses Guimarães, recém-empossado como presidente da Assembleia Nacional Constituinte. Pelo visto alguém no governo não estava feliz com essa manifestação popular e queria ver o pau quebrando. Fizemos o que podíamos para acalmar a situação, mas o mar de gente continuou a passar por baixo do palco.

Como as bombas continuaram a explodir, encerramos nosso set sem tocar "A Ida", pois não havia clima. Todos da nossa *entourage* estavam bem, mas no dia seguinte a minha foto estava na capa do *Correio Braziliense*, com os braços para cima, como se estivesse incitando a plateia, numa reportagem com o título "Tumulto no show de rock". A matéria dizia que 40 pessoas deram entrada no Hospital de Base com todo tipo de ferimento, de facadas até dois tiros, um na perna de uma mulher e um no braço de um homem. E logo eu na capa! Tem coisas que só acontecem comigo.

Isso estava muito longe do punk benigno de Brasília. Era nosso maior show até então, será que as coisas estavam começando a sair do controle? Estávamos acostumados com o embate contra os poderes, mas aquilo foi diferente. No ano anterior deveria ter havido um evento com as bandas da *Tchurma* no mesmo local, dois meses após a implementação do Plano Cruzado, do governo Sarney, no 26º aniversário de Brasília. Como o rock de Brasília estaria no palco e a contestação estava no seu DNA, ele foi cancelado.

Depois da confusão do *Rock Brasília, Explode Brasil,* nunca mais houve um show na rampa do Congresso. Anos mais tarde, um espelho d'água foi construído na frente, por via das dúvidas. Se antes éramos vistos como um incômodo ocupando os quatro cantos de Brasília, agora éramos uma ameaça.

"Depois da meia-noite em Nova York, você não precisa procurar por amor, risos e confusão. Eles todos te encontrarão."
– Martin Scorsese, After Hours

O filme *After Hours*, de Martin Scorsese, recém-exibido nos cinemas brasileiros, pintava Nova York como uma cidade cheia de personagens soturnos, que saem das sombras *depois das horas*. Mais dois estavam a caminho, só que saindo da sombra dos estúdios da EMI. Pouco antes do show de estreia do novo disco, no Canecão, depois de intensos ensaios, eu e André fomos a Nova York com uma lista interminável de encomendas para a banda.

A gravadora esperava mais um disco de ouro e antecipou os nossos *royalties*. Herbert, sábio que só, sugeriu que eu comprasse um terreno no condomínio dele no Recreio – e eu deveria ter comprado mesmo. Mas eu tinha Nova York pela frente e precisava me equipar. E tinha direito de me divertir um pouco. Seria a primeira vez em dois anos que eu teria uma folga. Não foi por falta de aviso, *my friend*.

Chegamos e fomos direto para a casa do meu irmão no Brooklyn, que ele dividia com vários irlandeses, e põe irlandeses nisso. André, que não pisava nos Estados Unidos desde os 12 anos, quando o pai fez doutorado em Nashville, estava estafado por causa da gravação do disco e do intenso trabalho de design gráfico. Com saudade da bebida com sabor de fruta que serviu de combustível para sua pré-adolescência, o Hawaiian Punch (que hoje provavelmente seria classificado pelo Conselho Nacional de Energia Nuclear como *radioativo*), ele foi até a loja de conveniência da esquina e bebeu um litro inteiro, junto com um pacote de Pringles. Ah, América... que beleza. O organismo dele discordou e o tirou de circulação por algumas horas. Eu bem que tinha avisado... Recuperado, fomos conquistar Manhattan, da nossa pequena maneira. E a primeira parada? Manny's, é claro, ou melhor, Meca.

Manny Goldrich era um vendedor de instrumentos de sopro que em 1935 fundou a Manny's na Rua 48, em Manhattan, perto da Broadway, dos estúdios de gravação e do lendário Brill Building, o centro de atividade de música pop, com escritórios de empresários, estúdios e editoras, o que concedeu para a Rua 48 o nome de *music row* – nos anos 1960, quando a invasão britânica passou por lá, o Manny's virou a Meca para músicos do mundo inteiro; Paul Simon comprou seu primeiro violão lá, aos 14 anos de idade.

André queria um amplificador de baixo Ampeg gigantesco, e eu, um amplificador de guitarra Mesa Boogie e duas caixas Marshall. O vendedor parecia não nos levar muito a sério, ainda mais com a minha aparência nada rock'n'roll para os padrões da MTV norte-americana, e dizia: "Isso é para banda que toca em arenas". A feição dele mudou quando nós concordamos com ele.

Foi a primeira vez que retornei ao meu país desde 1983, e algo continuava a me desagradar, um dos motivos pelos quais optei ficar no Brasil: você era tão bem tratado quanto o tamanho da sua carteira. Quando se tocaram da nossa intenção de levar 1/4 da loja, ofereceram café, refrigerante, perguntaram como era o Brasil, porque falávamos inglês tão bem... aquelas coisas *muito* simpáticas.

Mas demos azar. O único Ampeg da loja não estava funcionando, e os dois Mesa Boogies Mark III disponíveis estavam aquém da potência e soavam estranhos. Na época eles eram feitos à mão, então a sorte era um fator importante. André optou por levar um amplificador Marshall transistorizado e um falante de 18 JBL, e eu, dois cabeçotes ingleses Hiwatt (pelo preço de um Mesa Boogie) e duas caixas Marshall 4 x 12. Também compramos sistemas sem fio Yamaha, que ajudariam nossos shows a ficar ainda mais dinâmicos e movimentados, sem aquela preocupação de embolar o meio de campo com cabos de instrumentos.

Eu ainda comprei uma correia de guitarra camuflada, que usaria pelos próximos 20 anos, e André, um cinto com balas que viraria uma correia. Era tanto equipamento que na hora de pegar o vendedor viu que um dos sistemas sem fio tinha saído do estoque sem ser catalogado e ofereceu por debaixo dos panos a um preço camarada. E nós que pensávamos que tal malandragem era somente coisa de carioca... Quando fomos pagar, tinha uma nota que parecia falsa no bolo de milhares de dólares que levamos do Brasil, o que, em situação normal, poderia até dar cadeia. Mas a mulher do caixa resolveu deixar quieto. Pra que arriscar desfazer uma compra tão grande?

No outro lado da rua ficava a We Buy Guitars, *a* loja de instrumentos usados de Manhattan, onde André comprou três baixos, um Fender Precision, um Vox *teardrop* Bass e um G&L – que acabou vendendo para o Neto, do Finis Africae, e o Negrete, da Legião. Eu tinha visto uma Gibson Les Paul Deluxe dourada da década de 1970, toda lanhada, como se fosse de um punk que tocasse com uma corrente em volta do punho, mas precisava segurar meus dólares para uma outra guitarra. Até hoje me arrependo de não ter dado um jeito de comprar as duas.

Espaço para trazer tudo de volta não seria problema, pois compramos vários cases de bateria, aqueles cilindros de fibra preto que carregam os tambores individualmente. Depois que o equipamento foi entregue no Brooklyn e armazenado na sala gigantesca da *brownstone* cheia de irlandeses, fomos de trem para Washington, onde ficaríamos uns dias com meu irmão mais velho, que agora vivia num apartamento. Nós dormíamos na sala, e um gato chamado Paçoca nos acordava de manhã, atacando nossos pés. Era tão repentino que dormíamos já tensos.

Eu queria muito uma guitarra Fender canhota e tinha lido a respeito de uma loja especializada que ficava a uma hora de carro de D.C. Comprei uma Stratocaster, aquele mesmo modelo que o Iko me emprestara nos primeiros shows da Plebe, só que ao contrário. Eu ainda não gostava do instrumento, mas visualmente achava que, de cabeça para baixo, era mais legal que uma Les Paul, e o usei todo feliz em "Johnny Vai à Guerra" e "Sexo e Karatê" no lançamento do *Nunca Fomos*. As duas músicas tinham uma guitarra apenas, então não tive que negociar espaço harmônico para o arranjo – por ser de cabeça para baixo era um pouco chato tocar com os potenciômetros e a alavanca esbarrando no meu braço, mas me fazia parecer um verdadeiro *guitar hero*. Só assim mesmo.

De volta a Nova York, visitamos a segunda *Meca*, o CBGB's, onde nasceu a cena punk, mas quem estava tocando lá aquela semana era o GBH, e não nego que fiquei um pouco intimidado com a quantidade de punks 1977 e seus moicanos que desafiavam a gravidade. Fomos na Canal Jeans para comprar roupas e calças militares verdes como as que os Paralamas usavam. Adquiri uma camiseta camuflada de tons cinza intercalados com branco; ao chegar no Brasil e ver o Paulo Ricardo usando uma igual, resolvi deixar na gaveta. Já o André comprou um caríssimo casaco de couro preto com longas franjas nas mangas; ao ver Lulu Santos usando um, cortou as franjas e me deu de presente – sorte minha, pois uso até hoje. Para finalizar, passamos uma tarde inteira na Tower Records, o templo do vinil.

Voltamos ao Brasil para lançar *Nunca Fomos Tão Brasileiros*, mas o grosso do equipamento que enviamos do porto de Nova York demoraria mais um mês para chegar. Viajamos com os instrumentos de mão, inclusive um violão Alvarez, uma caixa 14 x 8 Tama para o Gutje e um sofisticado rack de multiefeitos de guitarra, o Roland GP-8, para o Ameba. Ao chegar no Rio, o apartamento estava tomado por colegas de Brasília, inclusive o Fejão, guitarrista do Escola de Escândalo, que dormia na sala. De novo aquele cheiro da esquadrilha da fumaça infestava a casa inteira. Fiz bem ao trancar meu quarto e colocar jornal prensado na fresta embaixo da porta – quando finalmente chegou a nossa tralha de Nova York, descobrimos por que demorou tanto: ficou tudo retido na alfândega porque as balas da correia do André foram confundidas com balas de verdade. *Pitchka ti materina!*

"Fica proibida a irradiação de trechos musicais cantados em linguagem imprópria à boa educação do povo, anedotas ou palavras nas mesmas condições."

– Artigo 77, Decreto nº 20.493, de 24 de Janeiro de 1946

Demorei a me acostumar de novo com o Rio, um contraste e tanto, não só cultural. E, num atestado da realidade política no Brasil, "Censura" fora censurada. O diretor do departamento de censura justificou o veto para a música "Censura" pela presença do palavrão "porra", que disse ser "impróprio para a boa educação do nosso povo", baseado no artigo 77 do regulamento aprovado pelo Decreto 20.493 do Serviço de Censura de Diversões Públicas do Departamento Federal de Segurança Pública. A censura federal alegava que a palavra "porra" era "vulgar e maliciosa", mas para mim era a temática da música que incomodava.

O advogado da gravadora argumentou que há muito tempo "porra" deixara de ser palavrão, era apenas uma expressão, a *vírgula* do brasileiro. Ele recorreu a todas as instâncias e conseguiu a liberação com uma restrição, a radiodifusão. Mas nada nos impedia de publicar a letra nas inúmeras matérias de jornal a respeito do veto, jogando luz em cima de uma música que talvez passasse incógnita pelo *mainstream* brasileiro. Fomos capa do *Globo* com a letra ali estampada em toda sua glória, e o *Jornal do Brasil* fez uma matéria com o título "Censura veta vírgula da Plebe Rude".

Romeu Tuma, então diretor-geral do Departamento de Polícia Federal, endossou o documento do veto, e um adesivo retangular preto foi colado no disco, estampando a frase "Proibida a execução de 'Censura', vetada pela Censura Federal". Assim que abriam o disco, os fãs e curiosos iam direto ouvir aquela blasfêmia que não podia ser veiculada no rádio, e os adesivos, que depois se tornaram itens de colecionador raríssimos, iam direto para o lixo.

Somente 34 anos depois, no livro *Mordaça*, do escritor, jornalista e compositor João Pimentel e do escritor, jornalista e tradutor Zé McGill, o real motivo da censura foi exposto. O capítulo sobre a censura da Plebe Rude vinha com uma cópia do processo, protocolo nº 4.074/87 DCDP com o parecer: "Evidentemente, a letra é agressiva ao órgão do princípio ao fim, e a música nada acrescenta ou diminui. Além do aspecto algo acintoso, a composição peca por certo exagero pela afirmação de que 'ninguém censura a Censura', pois é do conhecimento geral que a Censura não é apenas censurada, como atacada por muitos. Eis a razão pela qual opinamos contrário a 'veiculação por organismos de radiodifusão', mantendo assim a decisão do DCDP". *Pitchka ti materina!*

O rock de Brasília (e o punk paulista) ajudou muito a devolver a contestação como alicerce da música popular brasileira, e não à toa boa parte de suas músicas viraram hinos da abertura democrática. Por incrível que pareça, nenhuma música dos primeiros discos da Legião Urbana e da Plebe Rude foram censuradas, nem "Geração Coca-Cola", com seus versos "vamos cuspir de volta o lixo em cima de vocês", nem "Proteção", com a provocante "armas polidas e canos esquentam esperando pra sua função/ Exército bravo e o governo lamenta que o povo aprendeu a dizer não".

Em 1982, *todas* as músicas do que seria o disco estreia da banda Os Inocentes foram censuradas, algo raro até para os anos de arrocho da ditadura – o disco foi lançado apenas em 1988. Como era uma banda underground e, pior, punk, que nem sequer chegava perto das rádios brasileiras, tudo bem que a radiodifusão de uma ou outra fosse proibida, mas tudo? Clemente realmente era um dos nossos.

Assim como algumas bandas punks paulistas, a Plebe já estava no radar do SNI desde 1982. De acordo com a documentação do Arquivo Nacional, um show que fizemos na Faculdade UPIS, na Asa Sul de Brasília (em que convidamos Renato, na sua fase Trovador Solitário, para abrir), levou agentes à paisana nos observarem e anotarem *tudo:* "O empreendimento está a cargo de uma turma de 26 elementos que se denominam Associação de Professores *Quilombo dos Palmares*. No dia 08 Agosto, às 10:30 horas, reiniciou as atividades festivas com a apresentação dos conjuntos musicais Mel da Terra, Pôr do Sol, Plebe Rude, Banda Grande Circular, Esquadrão da Vida e Liga Tripa. Não houve discursos, e o show musical prosseguiu até as 22:30 horas. No momento de maior concentração popular, registrava-se a presença de cerca de 400 (quatrocentas) pessoas, na faixa etária de 14 a 23 anos. Vários jovens que participavam do evento aparentavam sintomas de haverem feito uso de substâncias entorpecentes".

Se você acha que esse nível de detalhe é perturbador, ainda não viu nada. O SNI certamente fazia seu dever de casa. Eu excluí os nomes para proteger os inocentes – ou, de acordo com a ditadura, os culpados.

"Na tarde e noite do dia 08 AGO 82, encontravam-se estacionados frente ao prédio da UPIS os seguintes veículos: AM-XXXX/DF, VW Brasília, branca, ano 77, proprietário XXXX, residente na Q. 710 Sul 81. "A" casa X; AA-XXXX/DF, VW sedan 65, cor branca, proprietário XXXX, endereço, QE 26, Conj. E casa X, GUARÁ-II/DF; AB-XXXX/DF, VW Passat, cinza, ano 80, proprietário, XXXX..."

E assim por diante... As placas, modelo e ano de *todos* os carros estacionados na frente da faculdade foram anotados, para serem relacionados pelos dados do Detran aos seus donos. Imagina os escrivães datilografando *todos* esses relatórios, copiando documentação com informações do Detran datilografadas por outros escrivães... Nunca diga que os servidores públicos da época eram preguiçosos.

A primeira banda de rock de Brasília a ser censurada em disco foi o Detrito Federal, na primeira tiragem da coletânea *Rumores*, com a música "Desempregado". Depois de recolhido, o disco foi prensado novamente, agora com a faixa *liberada*. O disco de estreia do Capital Inicial veio com um curioso adesivo na capa: "Proibida a radiodifusão e execução pública da faixa 'Veraneio Vascaína'. Venda proibida a menores de 18 anos". Escolada com as trapalhadas da concorrente EMI, que tinha lançado a Blitz, a gravadora Polygram soube *capitalizar*, incluindo a tarja da censura no material promocional do disco: "Se você ainda não tem 18 anos, vale a pena esperar, ou então peça ao seu irmão mais velho". O repertório do terceiro disco da Legião Urbana, *Que País É Este,* focou nas músicas que tinham ficado de fora dos dois anteriores – e as do Aborto Elétrico que o Capital não tinha gravado – , e duas faixas tiveram a radiodifusão proibida, "Conexão Amazônica" e "Faroeste Caboclo". Para quem as conhece fica óbvia a implicância da censura, mas nada, nem general de dez estrelas que fica atrás da mesa com o c* na mão, poderia parar esse trem, e "Faroeste" virou um sucesso de rádio.

Quando "Censura" foi liberada, tocamos a música no *Chacrinha*, mostrando que certas coisas nem a burrice pode parar, como Herbert canta na música "Selvagem", mostrando seu *lado Brasília*, "a liberdade cai por terra aos pés de um filme de Godard". Assim como a censura ao filme *Je Vous Salue, Marie,* de Godard, rendeu uma fotonovela na revista popular *Manchete* (Godard para as massas!), o veto a "Censura" fez a música tocar em rádio e virar sucesso nacional – foi um alívio para a EMI, pois eu tinha vetado a execução de "A Ida" no *Chacrinha*, por simplesmente não me imaginar tocando uma música tão pessoal e séria, feita para um amigo que teve sua vida interrompida tão cedo, naquele contexto de reboladas, *boing* e bacalhau voando.

O ano de 1987 chegava ao fim, e foi engraçado tocar "Censura" com chapéu de Papai Noel, num contraste e tanto com a confusão em torno da canção. Por ter se recusado a usar o chapéu, exigência da produção, o Ira! tinha sido banido do programa. Será que as bandas se solidarizariam com o Ira!? Não tirando o meu da reta, eu só fiquei sabendo dessa história depois do ocorrido, mas, como eu já tinha vetado "A Ida" e irritado a direção artística da gravadora, provavelmente teria concordado em usar o chapéu mesmo que soubesse, com a justificativa de sempre: sem mudar uma vírgula e certo de que estávamos usando o sistema, e não o contrário. Isso sim é punk para as massas, mesmo se tivéssemos que deixar os pobres paulistas na mão – fora que ver as chacretes rebolando ao som de uma música recém-censurada... Isso não tinha preço.

Nunca Fomos Tão Brasileiros chegou muito perto, mas não foi ouro. Em algum momento passaríamos das cem mil cópias vendidas, mas não no período necessário pela A.B.P.D.B (Associação Brasileira dos Produtores de Discos) para a certificação de ouro. Assumo a culpa por ter me recusado a tocar "A Ida" no *Chacrinha*, mas tudo bem. Na parede do meu estúdio, debaixo do disco de ouro do *Concreto Já Rachou*, eu deixei um espaço vazio, onde estaria um segundo disco dourado, para lembrar dos meus princípios. Talvez fosse mais apropriado um quadro com a frase que Herbert repetia sempre que via nossas desavenças com a gravadora: "Vocês são punks, são burros, mas são punks".

No Canecão, no Rio de Janeiro, palco de tantas histórias da música popular brasileira, chegou a vez do rock de Brasília. Tocamos no festival Alternativa Nativa, uma marca *jovem* da Mesbla, que capitalizava em cima dessa *nova música jovem* com um artista diferente a cada semana: Lobão, Ira!, Ritchie, Heróis da Resistência, Evandro Mesquita em carreira solo e a Plebe Rude. O show foi filmado pela TV Manchete, e suas imagens se tornaram as mais conhecidas da banda na época.

Dividimos a temporada de cinco noites (cheias) com o Dzi Croquete, um grupo de teatro e dança que por si só era punk à sua maneira, e tinha sido censurado durante a ditadura. O Dzi se apresentava no horário nobre do teatro, e a Plebe na matinê das 19h. O público cantava tudo, inclusive "A Ida", que estava pegando tração na rádio, e que eu executava todo feliz com meu novo violão de aço Alvarez – mas só usava numa música porque Ameba se recusava a adaptar qualquer outro arranjo de guitarra para o seu encaixe. Sabe como é...

O Estado de S. Paulo cobriu o primeiro show, e, pelo retrato que cria, me sinto quase que obrigado a citar o jornal: "Soltos pela plateia, representantes das novas gerações do rock Brasil: Zero, Legião Urbana, Kongo, Black Future, Fausto Fawcett e os Robôs Efêmeros. E uma anônima Fernanda Torres, tentando passar incólume pela massa. No palco, brilhava o carrossel holandês do Plebe, regido pelo acrobático guitarrista Philippe Seabra, superelétrico, capaz de malabarismos inacreditáveis com sua guitarra, às vezes jogando-a por cima do ombro e pegando do outro lado, como um autêntico cowboy de faroeste". Cowboy é ótimo... A guitarra era a Fender canhota recém-comprada, mais leve e anatômica que a Les Paul, que eu jogava por cima do ombro antes de voltar em posição de ataque. Com uma Gibson isso era impossível, e possivelmente letal. Ao menos para alguma coisa Stratocasters serviam...

Depois do sucesso no Canecão, fomos para a estrada com caminhão, som, palco e grande equipe para o interior de São Paulo e Minas Gerais. O show estava lindo, com um cenário gigantesco que reproduzia a capa do disco, mas não foi boa a experiência da turnê porque saímos cedo demais, sem que o disco estivesse difundido no interior, onde as coisas demoram mais tempo a chegar. Para piorar, fiquei de cama durante vários dias no meio da semana, fora a fumaça que impregnava tudo. Pegamos o finalzinho da era das excursões contínuas no Brasil.

Tenho duas lembranças muito boas da época: a *Playboy* daquele mês com a Lídia Brondi na capa e a legalização do Partido Comunista do Brasil depois de décadas de clandestinidade e perseguição pelo DOI-CODI. Na primeira vez que a foice e o martelo apareceram em rede nacional de TV, o programa do PC usou como trilha a música "Brasília".

Atenção: não que alguém da banda fosse comunista, mas foi uma honra ceder a música e participar do que seria o *maior atestado da solidez da abertura democrática no Brasil* até então. Ainda mais incrível era a noção de que muitos militares linha-dura estavam infartando Brasil afora, diante de suas TVs – e ao som da Plebe.

Minha recusa de tocar a *música de trabalho* no *Chacrinha* causou desgaste com a gravadora, e foi um alívio quando nos convidaram para gravar "A Ida" para o *Fantástico,* e eu topei. Fomos levados para a área portuária do Rio, numa locação cheia de peças gigantescas e enferrujadas de navio, usada de vez em quando como set de filmagem para a alcova da Cuca, do *Sítio do Picapau Amarelo.* Não tínhamos a mínima noção do que seria feito. O diretor, com os olhos arregalados, limpava o nariz o tempo inteiro e enfatizava querer fazer algo diferente, "algo novo". Quando ele disse, orgulhoso com o próprio brilhantismo: "Vamos fazer um clipe com briga de gangue", eu cobri o rosto com a mão, abaixei a cabeça e pensei: "Isso vai ser terrível".

André e Gutje entraram na onda e atuaram como líderes de gangues opostas de moto, e Ameba assumiu o papel de um andarilho que passava por entre os membros da gangue nos momentos mais tensos, como se alguma tensão pudesse surgir daquele amadorismo hiperproduzido. Eu estava detestando, mas não dava para negar o *Fantástico,* o diretor artístico da EMI teria tido um infarto... Me recusei a atuar, mas, mostrando que cooperaria, sugeri ficar tocando e cantando a música.

Na estreia do clipe, o texto de apresentação ficou por conta de Andrea Beltrão, em todo seu esplendor oitentista: "Com o *Concreto Já Rachou,* a Plebe Rude mostrou um lado diferente da adolescência, com letras politizadas e som energético. No segundo disco, *Nunca Fomos Tão Brasileiros,* uma das músicas mais fortes, 'A Ida', sintetiza bem essa mudança".

Como tudo era feito à revelia da banda, não tínhamos a *mínima* ideia do que veríamos, e, sem surpreender ninguém, o clipe ficou horrível, absolutamente *nada* ver com uma letra tão emotiva, com direito a tomadas aéreas de uma grua altíssima, um caminhão pipa com um jato que simulava chuva e coadjuvantes punks globais com mangas rasgadas, roupa preta e tachas numa procissão de motos. A mediocridade estava sancionada, logo para a minha querida "A Ida". Tem coisas que só acontecem comigo.

Mesmo com o vídeo patético, a música estava aparecendo para milhões de pessoas sem que uma vírgula fosse mudada. Punk para as massas... Mas dessa vez eu recomendaria fechar os olhos. Fizemos um segundo clipe de "A Ida" num teatro grande da UFRJ, para ser veiculado nos demais canais – o do *Fantástico* era para a exibição exclusiva na Globo –, em que aparecíamos tocando com o imenso cenário do nosso show. Ótimo.

"Censura" começou a tocar espontaneamente no rádio, mas nenhum clipe foi sugerido, talvez para não expor demais a música recém-liberada e fazer a Polícia Federal mudar de ideia. Pensando bem, expô-la mais do que o Chacrinha a expôs, seria difícil. "Nunca Fomos Tão Brasileiros" acabou sendo a próxima faixa de trabalho. Ouvimos boatos de que seria "Bravo Mundo Novo", mas foi até bom não ter sido. Eu tinha esbarrado com outro diretor da Globo no salão central da EMI, que começou a surtar na minha frente já pensando num vídeo com imagens de arcos de violino saindo de uma orelha gigante. Ah, anos 1980. A mediocridade não tinha limites.

Entramos em estúdio para gravar uma versão mais power de "Nunca Fomos Tão Brasileiros", com o riff de "Ditador", uma música da Plebe dos primórdios, jamais gravada. Fechamos a gravação comigo solando a la Yngwie Malmsteen, e a faixa foi enviada para as rádios com uma capa idêntica à do single de "A Ida", com fundo preto, mas com Plebe Rude em letras amarelas. Fizemos o *Chacrinha* tocando a música, mas esquecemos de avisar que mixamos a faixa promocional com um *fade in* bem longo e, depois do apresentador chamar a banda, ficamos alguns segundos no ar com o volume bem baixo. Isso irritou *muito* a gravadora, e o diretor artístico reclamou: "Vocês fazem uma faixa promocional começando com fade?".

Engraçado, eu achava que a gravadora ficaria zangada com a chacota que fizemos no programa, com o Gutje no baixo, Ameba na bateria, com a camisa do Cólera, e André no teclado – eu estava com minha Fender Stratocaster canhota. E põe chacota nisso. Estávamos nem aí para o *Chacrinha*, que tinha virado uma coisa corriqueira para a gente. Eu até corri atrás do seu fiel contrarregra Russo e dei lhe uma merecida banda, enquanto Gutje subiu no alto do cenário e ficou tocando baixo ao lado de uma chacrete – as câmeras não sabiam como enquadrar aquilo tudo.

Não sei se era complacência ou pura sacanagem, mas o nosso descaso não estava agradando a gravadora. A boa vendagem recente nos empoderava, e, como o rock de Brasília estava em alta, pensávamos inclusive que a cidade ainda poderia render frutos na EMI, além da Legião e Plebe. Mas estávamos muito enganados. O Finis Africae não chegaria ao segundo disco, e minha aposta na banda Escola de Escândalo, para quem produzi uma demo, arranjada pelo Herbert, num dos estúdios menores, que tinha uma mesa original do Abbey Road, não deu certo.

A Escola era tida como a quarta banda dessa safra de Brasília, e, confiante de que convenceria a EMI de contratá-la, recusei a oferta de produzir a banda Arte no Escuro, que tinha como vocalista Marielle Loyola, ex-Escola. A gravadora preferiu contratar o Arte e chamou o Gutje para produzir o disco junto com o Mayrton Bahia, produtor da Legião. Quando confrontei a direção artística dizendo que era a Escola que tinha que gravar e que eu estava apostando num banda com um *baita* guitarrista, Fejão, retrucaram que estavam investindo numa banda com uma mulher. Numa rápida olhada na capa do disco do Arte no Escuro, dá para entender porque minha insistência foi em vão. Mesmo dizendo que o disco do Escola no mínimo se pagaria, pois eles já tinham seu público, realmente não tive como argumentar com isso. Showbiz... Sabe como é.

No dia em que fui fazer uma visita cordial ao Arte no Escuro, no estúdio – um dos meus melhores amigos, Pedro *Hiena*, tocava baixo na banda –, fizeram a besteira de me perguntar se eu achava que eles mereciam estar gravando no lugar da Escola. Não me pergunte... que eu respondo... Eu disse que não, é claro, sou um péssimo mentiroso. A Escola tinha estrada, eles não. E não deu outra. A banda terminou no ano seguinte.

Mesmo causando confusões no meio, parece que a EMI estava apostando no futuro dos Plebeus. Gutje coproduziu o disco do Arte no Escuro, e eu fui cogitado para produzir o primeiro disco da banda de ska/reggae carioca Kongo, mas acabaram escalando o Bi Ribeiro. *(Pitchka ti materina!)* A direção artística também queria uma música minha para o disco novo da Dulce Quental, em carreira solo depois de liderar a banda Sempre Livre, e saí do meu elemento compondo uma bossa nova *moderna*, que fiz para o meu pai – logo descobri que não conseguiria compor para os outros, e a música foi rejeitada.

Se eu já era grilado com parcerias, agora estava com músicas comissionadas. "E se eles não gostarem?" Eu me sentia o próprio pai do Marty McFly em *De Volta para o Futuro*: "Não sei se poderia suportar esse tipo de rejeição". Herbert volta e meia insistia comigo para uma parceria, mas eu sempre recusava. Os métodos eram diferentes, e eu sou *muito* particular em relação ao que canto. Uma vez, ao insistir de novo, dei uma chacoalhada nos seus ombros, dizendo: "Com uma parceria assim, eu vou ficar rico!", e saí cambaleando pelo corredor da EMI murmurando *rico* várias vezes. Ele nunca mais tocou no assunto.

Agora, num tom mais sério, se eu *jogasse o jogo* talvez pudesse ter me tornado produtor já naquela época; pelo visto eu levava jeito para o negócio, mas detestava *toda* a politicagem e não sou muito bom em ser gentil com gente que não gosto. Não é que eu seja grosso, simplesmente prefiro não me relacionar. Logo de cara eu estava detestando toda a falsidade do *music business*.

Olhando para trás, acho que a Plebe poderia ter feito mais para a Escola de Escândalo, mas estávamos tão enrolados tentando manter a própria existência, comigo enlouquecendo no meio da esquadrilha da fumaça, que realmente não havia espaço físico para qualquer outra coisa. Pior que a EMI não liberou a demo que eu tinha produzido pra eles, embora eu tenha feito de tudo para conseguir a liberação, e a banda acabou. Fejão, anos depois, se meteu com as pessoas erradas e acabou passando alguns anos na prisão. Ele faleceu em 1996 e foi o músico mais talentoso que conheci. Não tem como eu não pensar no que teria acontecido se eu tivesse conseguido convencer a EMI a lançá-los.

Nossa turnê continuava com shows ótimos e uma roubada aqui e acolá. A pior foi no interior do Rio, em Valença, que não via tamanha confusão desde os confrontos entre os colonizadores portugueses e os índios nativos da região no século 18. Ao chegar no clube da cidade, logo vimos que não poderíamos usar nosso cenário porque o teto do palco era baixo e que o equipamento não seria adequado para o show. A mesa de som, uma CCDB construída por Claudio César Dias Baptista, irmão dos Mutantes Arnaldo Baptista e Sérgio Dias, estava com vários canais pifados e pedindo por manutenção. Não dava para tocar.

Em situações como essa, o artista *sempre* se dá mal, mesmo que tenha uma ressalva contratual de cancelamento mediante o descumprimento das exigências técnicas mínimas. Se não fizéssemos o show, o contratante poderia espalhar o que quisesse pelo meio, dizendo que a banda não cumpria acordos, que era antiprofissional ou, pior, estrela. Sem contar o desapontamento dos fãs.

Numa rápida reunião com a nossa equipe técnica resolvemos fazer um *set* mais curto, com apenas uma pitada de bumbo e caixa, e as vozes no PA, mesmo com o som distorcido e precário. Achávamos que o PA aguentaria aquilo. Já as guitarras e o baixo ficariam sem microfonação, colocados muito altos no palco.

Para o Ameba não mudaria nada, pois ele *sempre* tocava mais alto que todos (a intransigência tinha migrado dos arranjos para o volume no palco). Ao menos nesse show eu tive o raro prazer de atochar meus Hiwatts e Marshall. E, olha só, eu conseguiria me ouvir!

O clube estava cheio, teria sido uma pena cancelar, mas explicamos para a plateia que seria um show mais curto porque simplesmente não havia condições. Focamos nos hits, e os plebeus entenderam, era ou isso ou nada. Como em outras apresentações em ginásios do Brasil, a plateia cantava tudo mesmo com o som ruim.

Só que no final o diretor do clube, também prefeito da cidade, subiu no palco dizendo que não havíamos cumprido o acordo contratual de um show de 90 minutos e começou a nos agredir verbalmente. Gutje saiu de trás da bateria, pegou o microfone do prefeito, disse: "Esse cara é o maior merda!", e antes que ele pudesse esboçar alguma reação, um dos roadies chegou por trás da nuca dele com um jato longo de fumaça branca de um extintor de incêndio. Aproveitamos a baderna para descer do palco, mas um segurança do clube me deu um empurrão dizendo: "Vocês não saem daqui com seu equipamento". Nosso empresário nos enfiou no camarim com dez fãs femininas (bem, poderia ter sido pior), achando que a truculência dos seguranças seria amenizada pela presença das mulheres.

Ao chegar no ônibus, nosso técnico de som, Joca, tentou impedir que membros do clube esvaziassem os pneus e acabou apanhando. A polícia foi chamada para nos escoltar até o hotel e depois à delegacia, onde prestamos queixa. Ouvindo ameaças de que seríamos pegos ao sairmos dali, nosso empresário pagou alguns policiais para nos escoltarem até a saída da cidade. Deu tudo certo no final, mas esses episódios, por sorte raros para nós, só demonstravam o quão doida é a vida de artista no Brasil.

Histórias como essa virariam anedota para aliviar o clima. Mas, de volta ao ônibus, era mais do mesmo com a esquadrilha da fumaça, e não tinha *nada* que eu pudesse fazer a respeito. Nada. Talvez prender o fôlego por quatro horas? Nem em casa, pois a fumaça continuava lá.

Na estrada, as guitarras se desentendiam no palco, e ninguém da banda me dava razão. Até o técnico de som gravou um trecho para mostrar como as guitarras soavam desencontradas, usando a parte quieta de "Mentiras por Enquanto", que ironicamente termina com a frase "inverte a situação, será que você iria entender?". A guitarra do Ameba se chocava terrivelmente com a minha, que carregava a harmonia. Tentei ver com ele, munido da fita de prova, se daria para nos entrosarmos *ao menos* naquele trecho. O que significava não, no linguajar da Plebe. Para piorar, o baterista tinha se separado recentemente, e um dos roadies tinha se juntado com sua ex-esposa, causando um leve constrangimento para a banda. Incrível, qualquer outra banda o teria despedido ou no mínimo exigido que fosse mais discreto. Como é que tolerávamos isso?

Mas nem tudo foi drama, houve uma infinidade de shows memoráveis. Tocamos no final de semana de inauguração do Projeto SP com o Biquini Cavadão, do meu amigo querido Bruno Gouveia. Sem avisar a banda, eu e Gutje trocamos de lugar em "Proteção", eu cantando no seu microfone de backing vocal da bateria, ele pulando pelo palco com a guitarra, segurando o acorde de ré, como eu tinha ensinado. Foi engraçado ver Ameba e André tentando entender o que estava acontecendo, mas eles deram o troco. Quando eu desci na plateia com o microfone, puxando um coro, eles repentinamente terminaram a música e abandonaram o palco, me deixando sozinho no meio da multidão. Logo comigo, que nunca sacaneio... Ah, OK...

Nessa mesma noite eu dei uma rara canja com o Biquini, em "Tédio", fazendo a guitarra clonada do Mark Knopfler que Herbert tinha gravado originalmente. Os plebeus me olharam meio torto. Quando o Biquini emendou "Pop Star", do Miquinhos Amestrados, com sua frase emblemática "e vamos todos surfar no Hawaii", e os plebeus perceberam que eu continuaria no palco, entraram em desespero, fazendo não com os dedos.

Eu não estou brincando, um deles parecia estar arrancando os cabelos. Será que o punk estava morrendo naquele momento? Era a eterna vigilância, eu não podia desviar um segundo. Mais tarde, no hotel, para não perder a piada, e a fama, atacamos os *Biquinis* com extintores de incêndio em seus respectivos quartos. Assim que abriam a porta dizíamos: "Ah é? Você nem troca o pijama e preferia estar na cama? Então toma!". Não fique horrorizado com o nosso comportamento. Não fizemos mais do que a nossa obrigação.

Retornamos à Brasília para o último show da excursão, com recorde de lotação da boate e casa de shows Zoom e elogio do crítico Irlam Rocha Lima, do *Correio Braziliense*. Ele escreveu que foi "um dos melhores shows da temporada de 88" – mas também observou que, "depois de lançar *Nunca Fomos Tão Brasileiros* no ano anterior, a banda voltou a Brasília com o mesmo concerto... Absolutamente o mesmo".

A Plebe estava direto na estrada, e isso começou a pesar. No que eu considero a primeira crítica negativa *objetiva* da banda (já que as anteriores da *Bizz* realmente não contavam), no finalzinho da turnê, no Circo Voador, o jornalista carioca Tom Leão escreveu, justamente para a *Bizz*, sobre um show nosso com abertura do Cólera, chamado *Fúria e Cansaço*. Ele enalteceu, e com razão, o sempre fulminante Cólera, e comparou os dois shows: "Muitos minutos depois foi a vez da Plebe Rude, que, não se sabe por que, vem caindo muito de pique de show para show. Embora com uma boa aparelhagem, que inclui alguns amplificadores Marshall, baixo e guitarra sem fios e uma bateria da melhor, a Plebe não empolgou, não fez a poeira levantar como nos velhos tempos. O que está acontecendo? Philippe se esforça, mas aparenta cansaço. Jander está ausente. Gutje não tira o som que poderia de sua imensa bateria. André é o que mantém o mesmo estilo de sempre, *poseur*, e apenas tocando direito. O roteiro das músicas foi disperso, sem um crescendo. Talvez eles estejam precisando de férias". *Pitchka ti materina!* Não fiquei *puto* por causa da crítica, fiquei *puto* por ele estar certo.

"Statistics, they don't say a lot / But can you keep what you have got / Forever, together?"
– "Big Day", XTC

A máquina não podia parar, então começamos a preparar o terceiro disco sem descanso algum. Eu não estava muito feliz na banda, com uma situação de moradia com aquela fumaça toda, além de morar numa cidade que não me inspirava. Sem nenhuma sobra do repertório de Brasília, teríamos que encontrar inspiração para o derradeiro disco do contrato com a EMI.

A relação do nosso empresário com o baterista estava se deteriorando, e, para piorar, duas coisas tiraram o fôlego da banda num momento tão crucial. No verão de 1988 estávamos escalados para tocar no Hollywood Rock, para nossa alegria no dia do Duran Duran, companheiro de gravadora. O segundo disco deles, *Rio*, foi um marco para mim, que não poderia estar mais feliz, mas inexplicavelmente fomos limados. Ainda naquele verão tocaríamos com a Legião no Maracanãzinho e, mesmo depois dos ingressos serem impressos, também fomos limados, com o nosso nome *furado* fora do ingresso. Era como se alguma coisa estivesse impedindo a Plebe de chegar a mais pessoas.

Eu tinha me casado em Brasília (e sobre isso, prefiro respeitar a privacidade), e finalmente tive a desculpa para tirar o Ameba do meu apartamento sem explicitamente expulsá-lo, o que eu sempre temi que acabaria com a banda. Abrimos mão de uma lua de mel em Maceió para o show do Hollywood Rock e, devido ao cancelamento brusco da nossa participação, não rolou nem lua de mel nem Duran Duran."*Her name isn't Rio and she doesn't dance on the sand.*"

Eu pesei muito se escreveria aqui o que aconteceu em seguida. Como isso determinaria o futuro da banda, é um pouco difícil evitar. Voltando um pouco no tempo, se você quiser acabar com uma amizade, tente dividir um apartamento. Agora, tire a amizade da equação. Adicione dois anos e meio de um entra e sai de gente estranha e gente esquisita e *toda* aquela fumaça. Agora multiplique a fumaça por mil. Eu estava enlouquecendo. Para piorar, um *roadie* nosso perdeu o pai na época, então eu e Ameba lhe demos abrigo no momento difícil; era a coisa certa a fazer. O problema é que a fumaça aumentou ainda mais, quando o Negrete visitava então... Os incomodados que se retirem, né? Mas no Rio não era tão simples. Encontrar um apartamento para alugar no meio da crise econômica que se agravara, ainda mais com a exigência de um fiador local endinheirado, não era coisa fácil.

Quando me casei, claro que eu ficaria no apartamento, que estava no meu nome. Dei duas semanas para a sua desocupação, o tempo que ficaria em Brasília para a preparação da cerimônia. Ao retornar para o Rio, eu esperava no mínimo o apartamento arrumado, com um bilhete na sala, "parabéns e felicidades na sua nova vida". Nada. Até aí, tudo bem. Gestos assim reservamos para os amigos. Pelo menos o apartamento estava vazio. Mas não desocupado. Aliás, parecia que o meu companheiro de banda tinha descido para a padaria duas semanas antes e nunca voltado. Ele deixou a casa igual, com seu quarto bagunçadamente intacto.

Liguei imediatamente para ele, temporariamente realocado, e, *puto* da vida, disse que ele teria até as 11 da manhã do dia seguinte para retirar suas coisas. Não queria mais nada dele lá dentro, então me prontifiquei a esvaziar seu quarto e armário, retirar tudo e colocar na calçada, quase que literalmente *no meio da rua*. Chamei uma kombi para buscar tudo e pronto. Chega. Clima horrível, você deve estar pensando... Mas piora. O apartamento tinha ficado fechado, a umidade do Rio é alta, e, na hora de esvaziar o armário, eu peguei sarna. Pois é... Quero ver a *tua* banda durar depois disso.

Nesse clima *maravilhoso* começamos a preparar o novo disco, ainda sem nome. Citando a primeira frase do filme francês *37°2 Le Matin – Betty Blue,* de Jean-Jacques Beineix, lançado na mesma época no Brasil, "*Ils avaient annoncé des orages pour le soir*". A previsão essa noite era de tempestade.

"You can blow out a candle / But you can't blow out a fire /
Once the flames begin to catch /
The wind will blow it higher"
– "Biko", Peter Gabriel

Bantu Stephen Biko foi um ativista antiapartheid assassinado enquanto preso pelo governo sul-africano em 1977. Um filme sobre sua vida, dirigido por Richard Attenborough, chegou aos cinemas brasileiros em 1988. *Cry Freedom (Um Grito de Liberdade)* teve o trailer exibido no *Fantástico*, com Peter Gabriel ao vivo, cantando uma versão de "Biko", originalmente lançada em 1980. Ele apresentou a canção dizendo que a escreveu sobre "um homem que pregava a não violência num estado que tinha racismo entranhado na sua constituição".

Aquilo me deu um estalo, e num lembrete do dever cívico, ao menos para mim, do que o artista deveria ter, meu *mojo* começou a voltar. Nessa época eu estava lendo muito Drummond de Andrade e dei um suspiro de alívio, que todo contador de história dá, quando a inspiração retornou. Em entrevista ao *Estado de S. Paulo*, no ano anterior, 1987, Drummond havia falado: "A pessoa adquire a técnica de se comunicar e tem facilidade, como eu tenho, de escrever coisas. Mas aquela coisa profunda que vem das entranhas da gente, isso é inspiração".

Eu já tinha uma música brotando na minha cabeça e ouvindo "Biko" liguei os pontos, sabendo que ela teria que ser sedimentada nos tambores, assim como "A Ida". Eu já conhecia a canção original, do terceiro disco solo do Peter Gabriel, e a inspiração do refrão veio dos dois acordes de abertura de "Another Satellite", do XTC, banda da qual também viria a levada principal de "Ball and Chain" para os versos. Já para a batida do refrão eu usaria uma levada quase que progressiva, onde o prato de condução seria substituído por um tambor. Como baterista, montar arranjos assim eram fáceis na minha cabeça. Desde *Nunca Fomos Tão Brasileiros* eu achava que todo disco teria que ter uma canção no clima de "A Ida", e ela, pelo visto, estava a caminho.

O que definiria a temática, além de toda carga histórica do apartheid, eram os cem anos da abolição da escravatura, no mesmo 1988. A música se chamaria "Um Outro Lugar".

> "Existe um outro lugar/ Um ideal que se agarra, o laço que se amarra e isso ninguém tira não/ Ontem fez cem anos, aonde chegamos? Que isso sirva de lição."

Não sei se meu mojo estava completamente de volta, mas ter me livrado daquela fumaça toda ajudava. Fui correndo mostrar a música para o André, que adorou. Músicas novas estavam pintando nos ensaios, e o riff poderoso de "O Plebiscito" foi despertado, virando a música com mais distorção do próximo disco.

> "O absurdo é essa indecisão, tanto esforço para dar uma opinião/ A plebe incita uma chance, se você para por um instante/ É o caminho ao voto popular."

O trecho fulminante no meio, que citava subliminarmente "Red Barchetta", do Rush, dava ainda mais um aval para um título quase que certo para o terceiro disco. Eu já via tudo: Plebe Rude lança *O Plebiscito*. Até o Renato acharia o nome *joia*. Bem que tentamos, mas Herbert não estava disponível para a produção, ocupadíssimo com a excursão do disco *Bora Bora*. Então fizemos a besteira de convidar os técnicos de estrada da equipe da Plebe, junto com o técnico de estúdio, o mesmo dos dois discos anteriores, que poderia tranquilamente ter segurado a gravação sozinho.

Os técnicos de estrada, no fundo, não tinham nada a ver conosco. Um deles era um veterano que tinha trabalhado com Erasmo Carlos, apelidado de *O Véio*, que ficou pendurando com uma fita crepe um saco transparente de sal no vidro grosso do estúdio, como se fosse cocaína, pra me provocar. Seria até engraçado, não fosse o que estava acontecendo sem que eu soubesse. Eu peguei no flagra esse mesmo técnico, alguns meses depois, no aeroporto, colocando a sua cocaína num case *meu* de viagem, enfiando os papelotes entre a madeirite reforçada por grossas cantoneiras de metal e a espuma que protegia o equipamento. *Meu* case.

Sabe-se lá há quanto tempo isso estava rolando. Num flash instantâneo eu pude ver a cena: num aeroporto do Nordeste, um policial confisca o *case* com um pastor-alemão latindo incessantemente e pergunta: "Esse *case* é do senhor?". "Sim, algum problema?" E eu achando que seria por não ter a nota fiscal de nada ali dentro... O técnico foi demitido na hora. Tem coisas que só acont... Acho que a essa altura do campeonato não preciso nem completar a frase.

Por incrível que pareça, piora. Um roadie da leva da esquadrilha da fumaça, que veio de Brasília, estava traficando dentro do estúdio. Você já viu dois quilos de maconha? Eu já. E logo eu... Foi demitido também. Minha paciência estava chegando ao limite. Os técnicos não se entendiam. Um deles estava mais preocupado com os créditos na contracapa do que com o que estava sendo produzido, alegando que deveria ser em ordem alfabética para ter seu nome no topo.

Mas nem tudo estava perdido. Renato Luiz conseguiu nos manter focados, e, mesmo com dificuldade, eu e André completamos a letra de "Traço que Separa", que clara e literalmente traçava o que estávamos passando, divididos entre a ilusão do ideal e a dura realidade.

> "Entre dois pontos: a linha reta/ Durma agora, sonhe tranquilo, tente achar algum sentido/ Vá seguir a linha reta sem garantir que é a certa."

André apareceu com "Longe", e para o meu espanto vi que ele estava se sentindo mais ou menos como eu em relação à banda. A economia estava se agravando, e o brilho da novidade, perdendo luminosidade.

> "Os nativos, eles gostam de mim/ É como se eu fosse uma espécie de Deus/ Mas se um dia minha magia falhar / Eles voltam a ser ateus."

No livro *Player Piano*, de Kurt Vonnegut, há um questionamento sobre a fragilidade da relação entre a multidão e quem a multidão segue e do quão rápido pode virar um pelotão de linchamento, algo que eu nunca consegui colocar em palavras. André tirou literalmente de letra. Vitor Chicri, diretor musical da cantora Joana (e tecladista do Faustão antes da chegada do Caçulinha), foi chamado para um belíssimo arranjo de piano, com o contraponto da música mais grave que o Ameba até então tinha gravado. O estúdio estremeceu com a frase derradeira:

> "A noite chega e faz muito frio e esperamos o inimigos chegar/ Quando amanhece enterramos os mortos e continuamos a avançar".

O problema que estava começando a me atormentar era como essa música seria tocada ao vivo sem um som de piano decente. A tecnologia estava começando a alcançar o patamar que eu desejava para reproduzir sons verdadeiros de piano, mas era caro demais, ainda mais para ser levado para a estrada. Tinha chegado a era dos samplers, e alugamos um poderoso sampler Emax, o irmãozinho dos inalcançáveis Emulators que eu tinha visto em Washington, cinco anos antes, espalhados pelo palco do New Order. A Roland tinha lançado o D-50 (mais conhecido pela flauta de "Comida", dos Titãs), que usamos em "Um Outro Lugar", e Herbert tinha comprado um sampler da Roland, o S10 – eu adorava brincar com a qualidade precária de 12-bit, 30kHz com a memória de apenas 256k. Isso mesmo, um quarto de um megabyte.

Eu estava começando a me sentir mais à vontade tocando piano e treinava sempre no Steinway gigantesco da EMI, o mesmo que Ray Charles usava quando tocava no Rio, mas sabiamente deixei o Chicri tocar teclado na curiosa música com levada de baião que o Ameba tinha apresentado. Como era um disco com mais composições individuais do que os anteriores, resolvi ficar quieto, mesmo prevendo o estranhamento da imprensa e dos fãs. Ela se chamava "Valor", com uma letra sobre a valorização que ocorre somente depois da perda. Eu a achava um pouco longa, a letra se repetia, e, para piorar, a concordância estava errada, não apenas numa frase, mas em *todas* que citavam *valor*.

> "A gente só dá valor à juventude quando estamos na meia-idade/
> A gente só dá valor à natureza quando moramos na cidade."

A intransigência de novo impediu que o bom senso reinasse, mesmo com o Aurélio me apoiando. "A gente estamos? A gente moramos? Vocês não podem falar sério", eu reclamava no estúdio. "Objeção, meritíssimo!" E dessa vez com razão. Mas eu era minoria, todos ali tinham um certo receio de contrariar o Ameba, e isso estava me enchendo o saco.

Poxa, sempre joguei para o time. Desde que começamos a viajar com equipe, eu sacrificava meu som e volume nos palcos. Os retornos de voz, aqueles alto-falantes triangulares que ficavam no chão na frente dos dois vocalistas, tinham a mandada em mono, então o que um ouvia, o outro também ouvia. Para que ele se ouvisse ao vivo tive que deixar a minha voz mais baixa. Era assim com a guitarra também. Mesmo eu carregando *toda* a parte harmônica, mantinha a minha baixa para que ele se escutasse. *Todo show*. Há anos.

No fim, consegui negociar o seguinte: frase sim, frase não, a concordância estaria certa. A música era do Ameba e apontava o que imagino que ele queria que a banda seguisse. Mas eu consegui devolver o teor Plebe nas partes instrumentais, com as guitarras a la "Garden of Earthly Delights", do XTC. Considero o solo de "Valor", junto com os de "Censura" (e "Sem Deus, Sem Lei", ainda por vir), entre os meus melhores – e também destaco o excelente trabalho de baixo do André e a pressão da bateria do Gutje. Foi o *único* solo de guitarra do disco, então a implicância das duas guitarras que não dialogavam nunca foi por eu querer me destacar, mas por querer que elas funcionassem juntas. O que significava, no linguajar da Plebe, não.

Se no final da canção, no dueto de troca de frases com o Ameba, dá para perceber que eu não estava cantando com muita convicção, não foi por causa da concordância errada, mas por eu não estar confortável com a guinada na banda que essa música propunha. Seriam poucas as faixas no disco com essa influência brasileira, mas eu já imaginava que seríamos crucificados por isso. Aliás, o dueto em "Valor" não tinha sido arranjado para mim, mas para Alceu Valença, convidado pelo Ameba via gravadora, mas que não topou. Apesar de ter que gravar o trecho de uma hora para outra, recebi a notícia com um certo alívio porque, embora tenha um respeito enorme pelo Alceu e seu eterno companheiro, o guitarrista Paulo Rafael, não sei se teria muito a ver ele estar num disco da Plebe.

Quando o Ameba mostrou "Segunda Feriado", aí lascou, eu pensei. Era um disco experimental, e não existia *nada* mais experimental do que aquela esta canção. Até uma letra parcial do Gutje deixamos passar, na música "A Serra", então creio que valia de tudo. Cheguei para o Ameba e disse, brincando, que deixaria "Segunda Feriado" entrar no disco com uma condição: "Se você está eternizando 'a menina mais bonita' num disco da Plebe, é melhor que você case com ela". Ele não só casou como tiveram duas filhas.

Jaques Morelenbaum, mais uma vez, foi chamado para tocar no disco, justamente em "Segunda Feriado". E, já que estava ali, por que não em "Um Outro Lugar"? Ameba estava eufórico, pois seria um arranjo como ele tinha na sua cabeça. Até Jaques ficou espantado com a referência das gravações que fazia, com Elomar e Xangai. Mas resolvi não tocar nela, e acabou sendo a única música gravada da Plebe sem mim, não apenas em respeito ao arranjo original, mas porque eu simplesmente não tinha ideia do que faria.

Para o resto do disco, mais uma vez as guitarras dialogaram pouco, mas fiquei tão resignado que nem sugeri mais arranjos, para se ter uma ideia do clima. Como "Um Outro Lugar" não poderia ter guitarras enfiadas de qualquer maneira, acabei gravando todas elas para termos ao menos uma música no disco sem a embolação usual. Depois de gravada, mais uma vez com o maravilhoso violão Gibson da EMI, todos concordaram que ficou bonita. Bem, quase todos... Mesmo sem espaço para uma outra guitarra, Ameba reclamou por não ter tocado na música. Pudera, ele não queria trabalhar o arranjo, como sempre e, pior, não demonstrava o respeito que eu tive com "Segunda

Feriado", então acabei respondendo secamente: "Pois é, né", mas não me senti nem um pouco culpado. Como eu *sempre* cedia, resolvi não ceder uma vez para ver como sentia. E foi bom, você não tem noção... Eu bem que poderia me acostumar com isso.

Chegou a hora de gravar "A Serra", cuja letra brotou de um bate-papo entre Gutje e membros do movimento ecológico SOS Mata Atlântica, num programa de TV em São Paulo – André aparece tocando com a camisa do movimento num *Chacrinha*. Naquela época eu tinha reparado que não havia muita presença do Greenpeace no Brasil e vi que haveria espaço para um *statement* ecológico no disco. Até mandei uma carta para a sede da organização na minha cidade natal, Washington D.C., sem resposta.

Gutje apareceu com a letra básica de "A Serra", mas alguma coisa estava faltando. A letra não estava muito desenvolvida e tinha analogias meio ingênuas, e eu tentaria dar um jeito nela, tomando o cuidado de manter a autoria de quem a escreveu, já que nesse disco não queria ter os problemas de *sempre*, como o clima ruim da briga por direitos autorais. O instrumental seria complicado, com um riff de guitarra mais complicado ainda, quase beirando o progressivo, e foi aí que percebi o que estava faltando: a voz monocromática do Ameba e a famosa voz sobreposta da Plebe.

Peguei meus cadernos de vestibular e fui tirando, tão aleatoriamente quanto peguei os artigos para "Códigos", os termos geológicos da Mata Atlântica, tentando ser o mais *geologicamente correto* possível. "A Serra" soava legal como título de música, não só pela ambiguidade pretendida de sentido, mas porque foneticamente soava como "The Seer", do Big Country. Enfatizo, título legal de *música apenas*.

> "Tropical, úmida, heterogênea, latifoliada, mata devastada, higrófita, caduca, perene, encosta."

Para o meio da música pegamos um disco de efeitos sonoros e passamos para fita o barulho mais irritante de uma motosserra que pudemos encontrar. Pior mesmo foi a inclusão de "Até Quando Esperar" na letra, que Arthur Dapieve considerou *constrangedora* na sua crítica. Sempre que esbarro com Bruno Gouveia discutimos qual foi o pior momento do rock brasileiro, esse trecho ou o tecladinho techno deles de "Cai Água, Cai Barraco" – ambas, nas palavras do mesmo Dapieve, "deslizam morro abaixo" e coincidentemente falam sobre desmatamento. Páreo duro. Mas creio que o pior momento mesmo foi quando o Barone comprou um pedal duplo de bumbo. Ele estava indo tão bem com um só... Antes era "bum". Agora é bum-bum-bum-bum no final de *toda* música e, pior, até em "Meu Erro". *Pitchka ti materina!*

O disco estava atrasado. Estávamos há três meses em estúdio, e até tive que abrir mão de ver Iggy Pop, que tocou ali do lado, no Canecão, para gravar voz. *Pitchka ti materina!* Mas a vida continuava, e era hora de gravar "Modifique o Verbo", um curioso exercício de existencialismo – "reflexiva" foi o termo usado pela crítica em relação a ela. A faixa era bem distante do estilo da Plebe, com uma segunda parte de levada meio Barão Vermelho, por incrível que pareça. Cheguei a mostrá-la para o Frejat num show que fizemos juntos no Nordeste. Ele sorriu por conta da proximidade com o som que fazia.

> "Sei que na língua que eu aprendi, há um termo que ainda não vivi/ Será que a ocorrência da razão é diretamente subordinada ao acaso ou não?"

Tínhamos uma música instrumental da qual gostávamos *muito* e queríamos manter assim. Ela floresceu em cima de um trio elétrico na Bahia, quando tocamos no caminhão de som do Tiete Vips uns meses antes, em frente ao Farol da Barra. Tenho uma lembrança da gente tocando essa música enquanto subíamos a Avenida Oceânica devagarzinho, a caminho do Farol da Barra, com um imenso farol de trânsito passando lentamente por trás da minha nuca. Eles são bem maiores do que parecem. Que experiência essa. Como o trio elétrico tem alto-falantes virados para todos os lados, parece que a pressão sonora sai de baixo de você e se espalha pelos quatro cantos. É difícil de descrever.

Sem perder o compasso, como que seguindo uma cartilha, *de novo* aquele clima ruim de briga no estúdio começou a aparecer. Pensei que tínhamos anulado isso na fonte, comigo abrindo mão das partes que escrevi e dando todo o crédito da letra de "A Serra" para o Gutje. Ele insistiu de pôr uma letra na música que já tínhamos concordado que seria instrumental e inclusive *já estava mixada*. Insistiu tanto a ponto de dizer que a letra tinha sido feita exclusivamente para a música, o que não era verdade, pois era a letra alternativa para "A Ida", rotundamente recusada no ano anterior.

Insistiu tanto, mas tanto, que eu e André, exaustos, cedemos, com a condição de ouvirmos a versão para que fosse aprovada. Mas, na calada da noite,

Gutje e Ameba gravaram a melodia em cima da faixa mixada, e só fomos escutá-la quando o disco saiu, claro que sem a nossa aprovação. Essa versão foi lançada só no vinil; como a canção já estava pronta e previamente mixada instrumentalmente, é a versão original, sem voz, que aparece em todas as reedições digitais do disco. Juro que eu e André não tivemos nada a ver com isso. Foram os deuses do rock'n'roll zelando pela gente. A banda estava desmoronando, mas estávamos ocupados demais com o disco para perceber. Fazer isso na calada da noite, às escondidas? *Pitchka ti materina!*

O clima ruim que pairava no ar conseguiu ficar pior, por incrível que pareça. Ao chegar em casa uma tarde, vi a luzinha da secretária eletrônica piscando. Senti um frio na barriga ao apertar o botão de play, e não deu outra. Em meio ao ruído da fita cassete que registrava os recados e do alto-falante magro do aparelho, meu irmão Alex me dizia, de Washington, que André Pretorius tinha morrido. O boato era que ele tinha se envolvido num acidente fatal numa Autobahn, estrada na Alemanha conhecida por não ter limite de velocidade, mas eu sabia que era mentira, mesmo sendo ele adepto do *live fast, die young*. Depois eu soube que o pai dele espalhou essa notícia porque não queria que o real motivo fosse vazado e proibiu os amigos próximos de irem ao funeral. Foi uma dose letal de *snowball*, mistura de cocaína e heroína, que levou para sempre nosso amigo. Ele tinha 27. Brian Jones, Jimi Hendrix, Janis Joplin e Jim Morrison morreram com essa idade. Seis anos depois, Kurt Cobain também morreria com 27 anos.

Sem poder fazer nada, da mesma maneira que não pude fazer quando ele começou a andar com a turma que mexia com isso em Washington D.C., retornamos tristes ao disco. Para piorar, já sentíamos uma relutância da gravadora com o repertório, e em retrospecto até entendo. Não havia um "Até Quando Esperar II", e a direção artística chegou ao absurdo de pedir alguma letra para o Cazuza (nada contra, mas alguém consegue me imaginar cantando Cazuza?). Até o nosso empresário, cansado do atrito com o baterista, já estava mostrando sinais de abandono e nos deixando meio à deriva. Herbert estava fazendo falta para nos guiar naquele momento crucial, mas o show tinha que continuar, e então, já que o disco por natureza era experimental, chegou minha vez de mostrar a minha brasilidade.

Apareci com uma música de longos seis minutos que eu já tinha mostrado ao André numa de nossas viagens. Era mais como um repente. Aliás, era um repente e se chamava... uh... "Repente"! Inconscientemente inspirado nas fitas que o Ameba colocava no ônibus, que iam de música regional ao cancioneiro Elomar, que eu conseguia ouvir mesmo com a cabeça para fora da janela tentando respirar. A ideia era passar por toda capital do país e, na visão de um repentista, observar como o brasileiro vivia na base do improviso e fazia "prosa com o pouco que tinha". Longo demais para uma análise agora, tem esse trecho que gosto muito:

> "Em nome do Pai e do Espírito Santo de Vitória ganho Minas Gerais/ Terra fértil eu quero, mas um horizonte belo, o sol nascente se põe em Goiás/ De Cuiabá, Campo Grande posso ouvir tiros da caça animal/ Mas o que vejo é a ameaça refletida nas águas do Pantanal/ De repente um repentista a rima de improvisar bem/ Sem querer um repentista, faz prosa com o pouco que tem".

Um ano antes, em 1987, um instituto de radioterapia goiana descartou inapropriadamente uma cápsula de césio-137, um isótopo radioativo, num ferro-velho, contaminando dezenas de pessoas e matando algumas que se encantaram com o brilho do material e mostraram para familiares e vizinhos. A casa onde foi aberta a cápsula foi demolida, e um grosso tablado de concreto colocado sobre o local. Na época, produtos da região estavam sendo boicotados, e os goianos sofriam preconceito. O momento do "sol nascente se põe em Goiás" é sobre essa tragédia ecológica. Em outro momento poético, a primeira frase foi inspirada em "Que País é Este", olha aí. Mas ela fala da terra morta, sem nenhuma chance de brotar alguma coisa, assim como Luiz Gonzaga em "quando vi a terra ardendo".

> "No Nordeste a terra descansa em paz, longe da Fortaleza não está mal/ João é uma pessoa comum e feliz, no horizonte tem as luzes de Natal/ Dona Teresina vira pro lado e pergunta se seu São Luís está bem/ Olhando na mesma direção cristã vendo o meninozinho de Belém."

Num outro trecho, com um leve aroma da letra de "Alagados", dos Paralamas, eu continuava:

> "A negligência vem mais de cima; Estado, Deus, país, tanto faz/ A esperança é o que sustenta e o improviso é um dito popular".

Zé Américo, sanfoneiro de Elba Ramalho, foi chamado para improvisar por baixo do trecho que passeia pelo Sul do Brasil. Era realmente um espetáculo ver um músico desse nível tocando de perto. Já que valia de tudo nessa música, Neguinho da Beija-Flor foi chamado para cantar "olha a Plebe Rude aí, gente!" na parte do Rio, mas não topou. Isso teria sido engraçado.

Até o presidente Sarney apareceu, pois a música termina com um discurso declamado por mim, aberto pelo Ameba com a saudação do Sarney quando se dirigia à nação, literalmente num repente:

> "Meus brasileiros, minhas brasileiras, hoje eu me dirijo a toda essa nação/ Depois de toda a minha andança vi que o importante é manter o pé no chão/ O que eu quero é o porquê do improviso, fiz a promessa do que eu vou encontrar/ Com esperança a gente vai levando e o improviso é um dito popular".

O trabalho de bateria do Gutje foi muito elogiado, ao passar por vários ritmos, como baião, forró, maracatu e samba, e terminar em rock, com o tempo dobrado. Perigava parecer uma chacota pela quantidade de ritmos que a música continha, inclusive um funk na parte de São Paulo, em que André tocava slap no baixo antes de entrar imediatamente num sambinha quando chegava no Rio. Mas gosto muito do comentário social da canção e do repentista na música, pois a Plebe também estava vivendo na base do improviso. E põe improviso nisso.

Em meio aos registros, fizemos amizade com a Nana Caymmi, que também estava gravando nos estúdios da EMI. Na falta das piadas chulas do Herbert, Nana preencheu essa lacuna. E como. Jesus, eu nunca ouvi tanto palavrão na vida. Duvido que o Dorival aprovasse. "Seu merda de técnico, terei que pegar uma pinça para ver seu pau", ou "Vou subir nessa mesa e cagar aqui na frente de vocês." Era daí para baixo.

Nana até queria cantar no disco, mas, mesmo dando uma guinada e tanto em algumas músicas, seria difícil o seu encaixe no repertório. Pelo visto ela gostou tanto da gente que, 12 anos depois, nos mencionaria na *Veja*, quando Baden Powell morreu. Como todos os expoentes daquela geração da MPB estavam partindo, ela disse que perguntou ao seu pai se somente o pessoal do Skank e da Plebe Rude estaria no seu velório quando o próprio Dorival morresse.

Perto do final das gravações, André se casou em Brasília com uma das plebetes que fora da banda. Estava tudo tão atrasado que eu disse pra ele que não poderia comparecer à cerimônia. Na hora de nos despedirmos dei um abraço me sentindo péssimo, mas, com a pressão que a EMI fazia para acabarmos logo, creio que ele entenderia. Só que naquele momento André falou baixinho: "Pinta lá, cara". Como dizer não a isso? Apareci de surpresa em Brasília para estar com meu amigo-companheiro-irmão num passo tão importante de sua vida.

O designer carioca Ricardo Lobo foi chamado para fazer a capa do disco. A ideia de algo com bastante grafismo agradou a todos, mas *de novo* os problemas começaram na hora de chamar um fotógrafo. A banda fechou no Chico Aragão, um fotógrafo de moda, mas o baterista queria que fôssemos com uma fotógrafa. Ele insistiu muito, daquele jeito de sempre, e me ligava tentando me convencer, ciente de que eu era o mais vulnerável da banda. Na verdade, o chato é que nunca sabíamos qual sua real motivação. Então eu disse não – eu bem que poderia me acostumar com isso.

E como se chamaria esse disco? Três quartos da banda fechou num nome, e um *senhor* nome para o disco: *O Plebiscito*. Eu já via as letras em negrito: "A Plebe volta com *O Plebiscito*". Genial. Mas o Gutje estava resoluto em que o disco saísse com o título *A Serra*, que não representava o clima da obra, e simplesmente não deixou a maioria decidir. Ele até levou uma motosserra que tinha alugado para a sessão de fotos, forçando a barra para não nos dar escolha. Mais uma vez, diplomaticamente, na medida do possível àquela altura do campeonato, dissemos não, e o clima ruim pairou sobre a sessão de fotos inteira.

Mesmo fotografando em locais tão diversos como Alto da Boa Vista, Tivoli Park e Urca, a foto escolhida para a capa foi tirada no Cosme Velho, no Largo do Boticário. Seu clima cordial não representa em nada o estado de espírito da banda. Se nem num título de disco a Plebe conseguia concordar, um grupo assim não merecia fazer sucesso. A cara que fiz na minha foto individual da contracapa diz tudo. E a EMI sabia.

De novo estávamos com problemas com baterista, mas desta vez era diferente. Era por causa de *outro* baterista. O Gutje insistia, como de costume, que o disco agora sem nome tivesse o release escrito pelo João Barone, imaginávamos que para salientar as baterias. Já acostumados com o clima ruim tão inerente há alguns anos, dissemos não. Mais um, menos um, a essa altura não fazia diferença, a não ser no acúmulo na nossa paciência, que estava chegando a níveis tóxicos. André sugeriu o Tom Leão, mas dessa vez quem vetou fui eu, que não estava zangado pela crítica dele de que estávamos "cansados" e "precisando de umas férias" no final da excursão do *Nunca Fomos*. Eu estava zangado porque o Tom tinha razão.

Chegamos a cogitar Hermano Viana, o primeiro que escreveu sobre o rock de Brasília, mas ele tinha lançado recentemente o livro *O Mundo Funk Carioca* e não parecia mais muito interessado em nosso som. Acabamos indo mesmo com o Tom Leão, que assinou o release com um pseudônimo que eu tinha lhe dado, Tony the Tiger, o tigre que aparece na caixa de Sucrilhos.

> "Longe de ser um disco simplesmente de transição, esse é um trabalho de afirmação do nome Plebe Rude, de crescimento musical e vida... Tudo isso faz desse novo LP da Plebe Rude um dos lançamentos mais importantes na área de rock este ano, e mantém a banda no pódio do rock nacional. Medalha de ouro pra eles!"

A relação entre a banda e a gravadora estava tensa. Nos pediram para adiar o lançamento do disco e compor mais algumas músicas; como não nos entendíamos direito, àquela altura do campeonato não faria muita diferença. Eu estava exausto e *completamente* sem inspiração. Não foi por falta de aviso. O disco saiu e foi bem aceito entre os plebeus, mas a inclusão das três músicas com sotaque regional, "Valor", "Repente" e "Segunda Feriado", foi o suficiente para fazer a crítica estranhar a proposta e dar o estigma de regional ao disco. Era *exatamente* o que eu temia.

Meu irmão mais velho mostrou o disco para os colegas de sua banda Hyaa!, que estava ficando bastante conhecida em Washington, e amigos, nos Estados Unidos, e todos acharam incrível, com uma mistura de sons que nunca haviam ouvido. Ninguém estava inventando a pólvora, mas que soava diferente, soava, ainda mais vindo da gente, e concedendo ao Ameba a legítima paternidade do forró-core popularizado pelos Raimundos – fãs que só da Plebe – anos mais tarde.

O sotaque brasileiro não havia sido explorado por nenhuma banda do mainstream nacional da safra 80, com exceção dos Paralamas, não à toa a banda mais internacional, justamente porque assimilava a cultura nativa – por exemplo, a harmonia da música "Mensagem de Amor", mesmo sendo um rock, com uma batida mais acirrada, tem no pré-refrão "a não ser a vontade de te encontrar, o motivo eu já nem sei" os acordes de bossa nova (Em, Bm7, C#m7(b5), C7+).

Para nós, seguir o mesmo caminho seria praticamente impossível. Aliás, nenhuma banda da *Tchurma* usava acordes como esses – não pelo fato de que ninguém tivesse o conhecimento harmônico para tal, a não ser eu (e olhe lá), é que as músicas não pediam. Mesmo se pedissem, acordes assim, pela complexidade harmônica, não funcionam com distorção. É como se o rock de Brasília já viesse com esses parâmetros preestabelecidos.

Talvez, no fundo, todos vislumbrássemos uma carreira como a dos Paralamas, mas esse sotaque não era uma coisa inerente à Plebe. Mesmo eu sendo filho de paraense e tendo crescido com discos de carimbó, inquestionavelmente a nossa raiz era outra, e fugir dela soaria forçado. Por isso eu não estava gostando dessa guinada, mesmo com três músicas apenas.

Mostramos o disco para o Herbert, que se limitou a dizer que não tinha gostado de "A Serra" e, com cara de *fala sério*, me perguntou: "Só a lama desce?". Minha primeira reação foi pensar: "É, isso vindo do cara que teve um sonho ruim e acordou chorando". Mas ele tinha razão. Tentei defender que foi o melhor que deu para fazer com *aquela* matéria-prima – Herbert mal sabe o *esforço* que foi melhorar a letra sem mexer na autoria.

Durante anos, apesar da insistência de alguns fãs e do fato de que "A Serra" tocou no rádio, sempre tive dificuldade de cantá-la. Não por não ter sido escrita por mim ou não ser uma coautoria com André. É que "só a lama desce" é foda mesmo. Nas raras vezes em que ela aparece no repertório, eu me calo no trechinho "até quando esperar".

A economia estava em colapso, e aquele foi um momento crucial para o rock de Brasília, testado em praça pública. O repertório dos primórdios das três bandas principais havia se esgotado – o da Plebe, no disco *Nunca Fomos Tão Brasileiros;* o da Legião, com *Que País É Este;* e foi o próprio Renato que falou para o Capital: "Pronto, agora vocês terão que compor as próprias músicas".

Fomos para São Paulo lançar o disco no Dama Xoc, com o fundo do palco pintado pelo grupo de artistas plásticos do Tupi Não Dá mais uma vez reproduzindo o grafismo da capa. Fizemos a coletiva num hotel, e lembro da primeira crítica, em que a chamada do jornal paulista dizia tudo: "A Plebe Rude lança seu derradeiro disco com a Odeon". Cacete. Esse lembrete agora era manchete de jornal?

Pesava a palavra "derradeiro" em negrito. Nunca vi dessa maneira nossa relação contratual com a EMI-Odeon, mas deveria ter visto. Bem ou mal, estávamos vendendo mais do que muitas bandas da Warner (tínhamos passado de 350 mil cópias), e até então eu acreditava que estávamos OK. Mas era nosso último disco contratual. Oxalá tivéssemos um empresário que nos guiasse, assim como o Paralamas tinha o deles desde o início.

De volta ao Rio para a bateria de divulgação, quando começaram as entrevistas na própria gravadora, reparei em um desenho num quadro da sala de divulgação, no segundo andar do prédio. Era um desenho em preto e branco de um rolo compressor passando por cima de algo escrito Concorrência, com todo o cast da EMI impresso no rolo. Todo, exceto a Plebe. Era meu aniversário de 22 anos. Feliz aniversário. Eu envelhecia na cidade.

Para o meu espanto, fizemos bonito na imprensa, com uma enxurrada de críticas positivas, com ressalvas aqui e acolá. Como ficamos três meses no estúdio, foi difícil ter algum distanciamento da obra. O jornal *A Tarde* de São Paulo antecipou o tom: "Na verdade, *Nunca Fomos Tão Brasileiros* cairia melhor para esse novo álbum, pois, em algumas canções, o grupo cria uma ponte entre o rock e a música do Nordeste". A *Folha de S.Paulo* elogiou a experimentação dos ritmos brasileiros, chamou a faixa "Plebiscito" de "um rock médio" e salientou que, em algumas composições, "além da releitura da cartilha punk", as músicas eram "menos panfletárias e os arranjos foram mais cuidadosos". *O Estado de S. Paulo* colocou a gente na capa do Caderno 2 e, em letras grandes, "O sotaque brasileiro da Plebe".

Tom Leão, no *Globo*, escreveu que a banda voltou "com um disco onde encontrou o perfeito ponto de coesão entre a energia rock e as letras" e que "os meninos de Brasília conseguiram a dose certa num LP que é um dos melhores lançamentos do ano na área do rock brasileiro". Já o *Jornal do Brasil* disse que o disco era "aquém das possibilidade da Plebe. Nada sério, porém. O bom da banda é a tabelinha vocal entre o agudo de Philippe e o grave de Jander, sustentada por letras politizadas e pela robusta cozinha André-Gutje".

No *Correio da Bahia*, se leu que, "em suas faixas, o outrora grupo de Brasília cruzou guitarras com violoncelos e acordeons e abriu uma ampla vertente para a penetração da música nordestina". O jornalista Hagamenon Brito, do também baiano *A Tarde*, escreveu: "Não é pelo momento ser duro para o fechado mercado do rock nacional que a Plebe vai deitar-se no berço esplêndido e, por isso mesmo, inverte a ordem do esquema".

O *Correio Braziliense*, numa matéria com a chamada "Adeus, energia adolescente", enalteceu o nosso amadurecimento como instrumentistas e afirmou que deu certo "a intenção da banda brasiliense em misturar ritmos". O jornalista Abonico Smith, da *Gazeta do Povo*, de Curitiba, chamou o disco de Telecurso 2º Grau, numa alusão ao programa homônimo de ensino supletivo da TV Cultura, com matérias de geologia ("A Serra"), geografia ("Repente"), português ("Modifique o Verbo"), história ("Um Outro Lugar") e moral e cívica ("Valor"). Essa foi boa. Punk também é cultura.

Quando nos perguntavam porque o disco não tinha nome, eu tinha que disfarçar. "Não pintou algo adequado. Aliás, eu nem parei para pensar sobre isso, mas o disco não precisa de um nome. Plebe Rude já é um nome forte", eu mentia, espumando de raiva e ainda com o gosto amargo na boca por não podê-lo chamar de *O Plebiscito*.

Os adjetivos que mais apareciam nas críticas eram "rock rural", "rock baião", "ritmos nordestinos", "sotaque brasileiro", "o fole da Plebe"... Eu já antecipava isso, mas eram apenas *três* músicas. Na verdade, duas e um terço, já que "Segunda Feriado" tinha exatamente um minuto de duração, fugindo largamente do formato pop-punk de três minutos. Mas o estigma ficou.

Eu também tinha previsto duas observações negativas, que Arthur Dapieve confirmou no *Jornal do Brasil*. Ele parece ter sido o único além de mim a se incomodar com "Valor" e escreveu: "Não é preciso ser professorinha de português para se incomodar com a discordância entre 'a gente' e 'estamos, moramos' etc." Ele também criticou "A Serra", cuja letra dizia que deslizava "encosta abaixo", numa analogia no mínimo engraçada, fora a inclusão "constrangedora" de "Até Quando Esperar" na letra e finalizou com "os vacilos e tremores não chegam a comprometer a estrutura do LP até as ruínas. Mas a Plebe pode mais".

O disco tomou vida própria, e "A Serra" começou a tocar nas rádios, com boa receptividade entre os plebeus. Faltava saber a opinião dos amigos. No backstage de um show no Canecão, Renato me pegou pelo braço e falou: "Sabe aquela música 'Repente', do disco novo de vocês?". (Com 20 versos, era pra ser o *meu* "Faroeste Caboclo", até em rock com o tempo dobrado ela termina, como na música do Renato.) Eu estava curioso para saber a opinião dele sobre a música, mas nem tive que perguntar. Ele balançou levemente a cabeça e disse: "Não gostei, não". *Pitchka ti materina!* Tem coisas que *realmente* só acontecem comigo.

"E tem que ter refrão (sim!) / um refrão repetido /
Pra música vender tem que ser acessível"
– "Minha Renda", Plebe Rude

Durante a gravação exaustiva de *Plebe Rude* (ou, como passou a ser conhecido, *Plebe Rude III*), "Um Outro Lugar" foi cogitada para ser o carro-chefe pela EMI. Seria ótimo. O clima é meio "A Ida", a mensagem é muito relevante, e, modéstia à parte, a música é muito bonita. Mas uma mudança de política de gravadora estava ocorrendo (não somente na EMI), o que mudaria para sempre a relação artista/gravadora/rádio.

Estranhei, durante a mixagem, pessoas que não conhecíamos entrando no estúdio a convite da direção artística. Eram programadores de rádio que estavam sendo levados para auxiliar na escolha dos singles e que passariam a impor suas vontades, levando em troca generosas regalias. Era a morte da espontaneidade. Como acharam a introdução de "Um Outro Lugar" lenta, mortal para um hit de rádio, "A Serra" acabou sendo escolhida. Por causa de alguns segundos... Uma pena.

O clipe do *Fantástico* seria dirigido pelo Boninho e filmado em duas locações na Barra da Tijuca. Uma no meio de uma pequena floresta usada como locação de novelas, a outra num morro descampado, para a parte devastada da letra. O contraste das duas locações diria tudo. Mais uma vez não tínhamos ideia do que o diretor faria, e a edição seria à revelia da banda. Pelo menos já tínhamos trabalhado com o Boninho, e como ficaram ótimos tanto o *Clip Clip Pirata* (em sua estreia na direção) quanto a versão de "Proteção II" em que burlamos a censura com "Bichos Escrotos", estávamos em boas mãos. O fato de ele ser fã da banda também ajudava.

Fora alguns chutes em árvores e corridas pelo mato, não tivemos que atuar, para o meu *eterno* alívio. Sérgio Chapelin, do seminal *Globo Repórter*, apresentou a música no *Fantástico*: "O rock brasileiro sai em defesa da ecologia com o grupo Plebe Rude. A música fala das queimadas, das derrubadas de florestas, do deserto que está sendo criado pelo homem aqui no Brasil. O rock ecológico com o grupo Plebe Rude".

Em vez de me sentir orgulhoso de aparecer pela terceira vez no programa dominical de audiência praticamente absoluta, eu me senti meio charlatão vendo o clipe de uma canção com a letra aquém do que a Plebe poderia fazer. Isso não foi o pior. Percebi que algo estava errado, pois meu riff arpejado da introdução foi cortado! A música tinha sido mixada originalmente com as guitarras em estéreo absoluto, uma para um lado, outra para o outro, o que engenheiros de áudio chamam de *hard pan*. Muitas vezes fazíamos isso para ajudar a discernir o que cada guitarra estava fazendo no bolo habitual que era o som da Plebe Rude, mas para "A Serra" a separação foi conceitual, inclusive para destacar a voz do Ameba ao narrar as propriedades geológicas, em que cada palavra oscilava de canal.

O editor, pelo visto, escutou o áudio só de um lado. Para o meu desespero, só dava para escutar a guitarra do Ameba nos versos, emagrecendo muito a música. Para piorar, suas frases saíam pela metade, "tropical úmida, heterogênea" ficou "úmida-gênea" e assim por diante. Pelo menos a versão no rádio estava completa. Fizemos todos os programas habituais da época, inclusive o da Xuxa, com ela indagando sobre a letra consciente. Olha só, a Plebe em um dos programas responsáveis pela destruição da programação infantil educativa brasileira, que a tornou um mero veículo para empurrar produtos, discos e brinquedos goela abaixo dos baixinhos e emburreceu uma geração inteira, oferecendo uma instância de seriedade em cadeia nacional. Daniel Azulay, o grande inovador da educação infantil no Brasil, me confidenciaria pessoalmente que a "invasão das loiras" acabou com programas educativos de alto nível, como o dele.

"Valor", a segunda música de trabalho, foi escolhida para ser executada no programa *Milk Shake*, apresentado por Angélica na TV Manchete, que tomara o lugar do *Chacrinha* aos sábados à tarde – o programa dele tinha acabado. Ouvir a guinada no som da Plebe era uma coisa, ver era outra, e imagino que muitas pessoas estranharam a banda fazendo playback comigo nos teclados, com a guitarra pendurada e a postos para as partes rock da canção.

Em seguida, gravamos um especial ao vivo para a mesma emissora, o *C&A Shopping Show*, com o logo da capa do disco pintado ao fundo. Para a vinheta de abertura do programa tocamos uma música inédita e jamais gravada, chamada "Nosso Nome no Muro" (que viraria "Nosso Nome na Lua" no musical *Evolução*, mais de 30 anos depois). Então abrimos com "Valor", com o André tocando com destreza o baixo complicado da música. Por mais que eu tentasse, visivelmente estava tendo dificuldade em interpretar o final no duelo vocal. Sem plateia, a gravação foi fria, e ainda havia um tecladista no palco – pelo menos foi Victor Chicri, que tinha tocado no disco.

Mais à vontade com o repertório antigo e Jaques Morelenbaum no cello, tocamos "Até Quando", com uma inspirada troca de solos entre eu e ele, e "A Ida" com um trecho um tanto quanto abrupto de "White Man in Hammersmith Palais", do The Clash. Punk para as massas! Como estávamos apresentando o show novo, atacamos de "Repente", com seus seis minutos e 20 versos, e "Segunda Feriado", também com o Jaques, mas comigo – já que estava no palco – resignado e tocando timidamente, pois achava que destoava demais do repertório.

A apresentadora era Luciana Vendramini, que na introdução do especial e entre cada bloco de músicas citava trechos dos press releases anteriores da banda, com frases como "não foi influenciada pelos Beatles nem pelos Stones" e "nunca ouviu tropicalismo nem Mutantes". Mas ela mandou muito bem ao dizer que éramos "fiéis ao princípio de que o importante não é só tocar bem, mas sim usar a música como instrumento de reivindicação e protesto político". Punk para as massas às vezes vinha com os (ou as) porta-vozes mais inusitados(as).

Eu detestava dar entrevistas em programas como o *Shock*, também da TV Manchete, apresentado pela estreante Carolina Ferraz, ou até mesmo o *Clip Clip* da Globo, apresentado por um jovem Mauricio Mattar (mais conhecido na época pelo personagem João Ligeiro, da novela *Roque Santeiro*), e foi ótimo ver a banda retratada do jeito que era sem falar nada. A única vez que falo no *C&A Shopping Show*, quase como um alívio para os fãs, depois da enxurrada de sotaque brasileiro com as três músicas novas, é para anunciar duas músicas do *Concreto Já Rachou*, "Johnny" e "Brasília" – em que imagens do filme *Ascensão e Queda de Quatro Rudes Plebeus* apareceram pela primeira vez na TV.

Em meio ao turbilhão exaustivo de divulgação, estávamos sentindo um distanciamento da gravadora, talvez motivado pela morna aceitação de "Valor" nas rádios ou pelo fato de que não os ouvimos quando pediram para repensar o repertório. Mal sabiam que eu ouvi, sim, mas estava completamente sem inspiração. Mas a vida continuava, e era hora de partir para a estrada. Lançamos *Plebe Rude III* no Circo Voador, agora com uma pequena diferença dos discos anteriores. *Ninguém* da gravadora estava presente. Pelo visto, todos receberam o memorando de que era realmente o "derradeiro disco da Plebe na Odeon".

O Circo estava lotado, e abrimos o show novo com "Plebiscito", com os instrumentos entrando aos poucos, mas não fisicamente, como eu tinha visto há seis anos no show *Stop Making Sense*, do Talking Heads. Na verdade era uma maneira rápida de *passar o som* na frente da plateia, tão necessário em festivais Brasil afora, e que concedia um elemento dramático para a entrada de cena.

Como nesse show tocamos sozinhos, ninguém estava preparado para o que aconteceria no primeiro acorde do Ameba. Eu, André e Gutje já estávamos a pleno vapor na introdução da música, que começava com a bateria sozinha, depois o baixo, depois a minha guitarra. Quando a segunda guitarra bradou seu primeiro acorde, estava tão alta que a energia caiu no palco, fez a luz piscar, o som apagar e a banda derrapar, tentando entender o que ocorrera até conseguir voltar à interpretação. Já estávamos percebendo que Ameba estava mais introspectivo no palco, e uma crítica da turnê anterior na *Bizz* o tinha chamado de "ausente".

Depois de resolvida a questão técnica, quando eu fui cantar no microfone dele, no outro lado do palco, passei a entender o que se passava. Estava tão alto que literalmente cambaleei, quase voando para trás como Marty McFly na primeira cena de *De Volta para o Futuro*. Com o volume da guitarra ainda altíssimo naquele canto do palco, simplesmente não tinha como ele escutar o resto da banda, muito menos entrar em sintonia conosco. Ameba se isolava num perímetro dele, e mais nada.

Aliás, foi esse isolamento que definiu o posicionamento de palco de cada um dos guitarristas. Como ele olhava muito para o braço da guitarra enquanto cantava, sugeri que ficasse do lado esquerdo da visão da plateia, para que ao menos olhasse para dentro do palco. Curiosamente até hoje eu toco do lado direito de quem vê da plateia, já que tenho mais independência e mal preciso olhar o instrumento.

Eu sentia que a turnê nova carecia de alguma coisa e que era hora de incorporar um teclado aos shows. Com o advento dos samplers, vi uma possibilidade de ter os sons que eu tinha na cabeça disponíveis no palco. Queria sons de verdade, não de sintetizadores. O único som de piano decente que existia até então era o do Yamaha CP 70, mas era caríssimo e pesava uma tonelada. Somente em 1988, enquanto estávamos terminando o terceiro disco, o fabricante de teclados e sintetizadores Korg lançou o primeiro *workstation*, chamado M1.

Desiludido com a guitarra por jamais me escutar direito ao vivo (mesmo sendo considerado *o Pete Townshend brasileiro* pelo Herbert), comecei a comprar a revista *Keyboard* e a estudar piano com Antônio Adolfo, músico exímio, compositor e professor, que acompanhou Maysa e Elis Regina e em 1970 venceu o V Festival Internacional da Canção com a música "BR-3". Havia poucos alunos por turma na escola dele, e tive até o jovem e tímido Daniel Jobim, neto do Tom, como colega de classe. Mas o professor viajou para uma temporada numa faculdade americana, então resolvi estudar por conta própria, assim como fiz com guitarra. Ninguém dava aula como o Adolfo, um verdadeiro mestre da harmonia.

Aproveitei que Ginny, ex-mulher do Pretorius, viria dos Estados Unidos para o Brasil e encomendei um M1 para mim. Como era caro e muito pesado, meu irmão mais velho se prontificou a levar o instrumento ao aeroporto para ela. Mesmo que ela tivesse o passaporte de filha de embaixador, eu estava nervoso, pois o teclado chamaria muita atenção na alfândega. Quando ela chegou ao Brasil e apertou o botão de *passa ou não passa* da Receita Federal, deu vermelho. Foi a primeira vez que isso aconteceu com a Ginny, que foi levada para um canto com o imenso teclado.

Quando o agente da Polícia Federal abriu o passaporte dela e viu o sobrenome Rio Branco, perguntou se tinha relação com a família do Instituto Rio Branco, a academia diplomática brasileira. Ginny balançou a cabeça meio sem graça: "Sim, o visconde é meu tataravô, e o barão é meu bisavô". José Maria da Silva Paranhos Júnior, o Barão do Rio Branco, foi ministro da República Velha e patrono da diplomacia brasileira. Até 1961, o cruzeiro velho trazia a efígie dele na cédula de cinco cruzeiros. Em 1977, ele voltou a estampar uma nova cédula, a de mil cruzeiros, que ficou conhecida como *nota de um barão*. Meio incrédulo, o agente devolveu o passaporte e se limitou a fazer piadas com *um barão*.

Você não imagina a minha cara de alívio quando Ginny chegou no meu apartamento com um dos primeiros M1 do Brasil. Até Miguel, do Biquini Cavadão, dono de um dos primeiros teclados Roland D-50 do país, apareceu lá em casa para conhecer. Dado Villa-Lobos também me ligou, desceu a rua para ver o equipamento e depois me convidou para fazermos juntos a trilha sonora do média-metragem *O Desaparecimento de Honorato Subrac*, de Lorena Calábria, com Ruiz Bellenda e Ed Motta no elenco e uma ponta de Alvin L., futuro compositor do Capital Inicial. Eu e o Dado usamos o M1 para toda a trilha, que tinha desde climas tensos orquestrados até um jazz com um naipe bastante movimentado. Para a época, a recriação de cordas e de sopros do M1 era impressionante. Eu estava com uma mão boa para teclado e conseguia, na medida do possível, dar um tom orgânico para os instrumentos digitais.

A tecnologia finalmente tinha me alcançado! Restava integrar o M1 ao show da Plebe, e começamos montá-lo na diagonal, a uns dois metros de distância, com um microfone a postos, igual ao do Geddy Lee, líder do Rush. Eu e André estávamos bastante animados com as possibilidades sonoras. Mas começamos a perceber nos ensaios que o problema seria mais uma vez a intransigência do Ameba. Para encaixar um teclado num quarteto, o outro instrumento harmônico, no caso a segunda guitarra, tem que tocar de acordo, com um instrumento dando espaço para o outro, como tinha que ser com a outra guitarra ou violão. O que significava, no linguajar da Plebe, não.

Eu podia usar pouco o teclado, o que me frustrava *de novo*. Me restava brincar com os sons de bateria e percussão que ele tinha. Um som específico causava uma reação sempre eufórica da plateia, o de uma chibatada, que eu apresentava no microfone como uma "chibatada no Sarney". Piada à parte, era ridículo ter aquele nível de tecnologia de ponta *parado* no palco.

Mas a vida continuava, e saímos para a estrada tocando no Brasil todo, na Concha Acústica de Salvador, em Brasília, Goiânia, numa excursão com os Engenheiros do Hawaii no Ceará, em outra excursão no Rio Grande do Sul (onde ficamos no mesmo hotel em que Mario Quintana morava), dividindo o palco com o Hojerizah em Niterói e com Cólera e Inocentes na volta ao Circo Voador. Numa desses noites com abertura do Cólera, algum otário jogou uma bomba de gás lacrimogêneo no meio da galera durante o nosso show, dispersando a todos. Eu não esperei o gás se dissipar completamente e, com os olhos ardendo, voltei ao palco xingando o *pitchka ti materina* que fez isso: "Não vai ser um filho da puta que vai estragar essa nossa noite!". Voltamos ao palco, a plateia se reagrupou aos poucos, e continuamos, num dos nossos momentos mais memoráveis do Circo.

Em Curitiba, inauguramos a Pedreira Paulo Leminski junto com os Inocentes, Evandro Mesquita, Nenhum de Nós e o Gueto num show igualmente memorável, mas por um outro motivo. Ainda no hotel, um rapaz que pelo visto era o fã número 1 da Plebe no Paraná me pareceu familiar. Puxei ele para o lado, conversamos, e confirmei que o reconheci por causa de uma matéria do *Fantástico*. Seu apelido era Dente, e ele usava o sufixo Rude. Dente Rude. Alguns meses antes, ele e 15 amigos foram abordados por dois policiais na madrugada, ao saírem de uma festa, e obrigados a deitar no meio da rua para serem revistados. O carro da polícia estava estacionado na contramão, com a luz alta, ofuscando quem estivesse vindo na outra pista. Não demorou muito para que um carro que vinha na direção dos jovens atropelasse oito deles. Os policiais, em vez de socorrê-los, fugiram. Três garotos foram hospitalizados, dois com fratura no fêmur e um com fratura no pé e na coluna. Esse era o Dente, então com 16 anos. Dois dias depois os policiais se entregaram, e o caso de abuso de autoridade e negligência chegou à mídia nacional. A tragédia mereceu um "Isso é uma vergonha!", do Boris Casoy no SBT. O jornal *O Popular*, de Curitiba, estampou na capa: "Tragédia na Vila é culpa de tiras", com uma imensa foto do Dente deitado numa maca de hospital.

Para chegar até o palco da Pedreira, completamente lotada, passamos pela multidão numa Kombi, já que as vans ainda não tinham chegado ao showbiz brasileiro. Foi bastante tenso. Relatei o caso do Dente Rude no palco antes de tocarmos "Códigos". Foi um alvoroço, um momento muito impactante para todos, o que reiterava a importância de músicas conscientes. Como o teclado estava ali, praticamente parado, aproveitei para dar uma *chibatada* na polícia. Dente se recuperou bem, sem nenhuma sequela, e continua o fã número 1 da Plebe no Paraná. Sempre que tocamos por lá, falo pra ele que não faz mais do que sua obrigação...

De volta ao Rio, de volta aos problemas. E que problemas. Não foi nenhuma surpresa quando o nosso empresário se virou para a gente dizendo que não conseguia mais trabalhar com o baterista. Nem sei como durou tanto tempo. Era o nosso segundo empresário, e o segundo que perdemos. A relação estava deteriorada com a gravadora, mas a gota d'água foi a entrevista para um programa de surfe em que André, já puto com a situação na EMI, falou "como é fácil mudar de gravadora" e, para o espanto de todos, rasgou o selo da EMI da contracapa do disco. Nem quando o câmera pediu para repetir o gesto, para que pudesse pegar um close do rasgo, nos demos conta da gravidade do ato, que obviamente chegou aos ouvidos da direção artística. *Game over*.

Parecia que as bandas de Brasília, mais envoltas nas suas próprias peculiaridades, desavenças internas, divórcios, abuso de substância, perda de inspiração, ou simplesmente tentando sobreviver dentro da economia em declínio, estavam perdendo o gás. O Capital sofreu com a saída do produtor, compositor, arranjador e tecladista Bozzo Barretti, membro do grupo há quase seis anos. Volta e meia cruzávamos com eles na estrada, e eu ficava muito impressionado com seu paredão de teclados, que incluía um Emulator II, que eu só tinha visto no palco do New Order.

Bozzo era bacharel em composição erudita pela USP e tinha trabalhado com inúmeros artistas da Vanguarda Paulistana, como Arrigo Barnabé – ele participa do disco *Clara Crocodilo*, punk à sua maneira e a coisa mais *doida* que eu já tinha ouvido depois do *Tales from Topographical Oceans*, do Yes, e de Captain Beefheart. O excesso dentro do Capital naquela época era num outro nível, exacerbado pelos holofotes do rock and roll, o que afastou o tecladista da banda. Dava a impressão de que a música tinha ficado em segundo plano.

Na verdade, é como tivesse ficado em segundo plano para todos nós. No turbilhão dos problemas pessoais, a faísca do que propeliu esse movimento desde os primórdios estava se apagando rapidamente. A Legião também estava em crise, com a intransigência interna e o Renato cada vez mais louco. Escrevo isso com pesar no coração, porque foi o começo do fim da nossa amizade. Eu já tinha visto o Pretorius descer pelo ralo, não suportaria ver o Renato fazer o mesmo. Como eu não dependia dele nem para repertório nem para a carreira, não pensei duas vezes antes de me afastar.

O nível de composição da Legião decaiu muito, mas, como eles eram um fenômeno, não fazia diferença, o público consumia do mesmo jeito. Letras de amplo apelo salvavam muitas vezes as harmonias pouco inspiradas, mas de vez em quando aparecia uma pérola que me remetia ao bom e velho Renato e lembrava o fenômeno que era a Legião. Uma vez *esbarrei* num jornalista conhecido, e ele estava tremendo. Segurei-o pelo braço e perguntei se estava tudo bem. Ele me olhou, ainda tremendo, e falou: "Parece cocaína, mas é só tristeza".

"Como?"

"Talvez sua cidade..."

Com os olhos esbugalhados e se inclinando para mais perto, ele disse, com voz trêmula: "Isso é brilhante!", saiu caminhando devagar e repetindo baixinho: "Isso é brilhante...". Na verdade a Legião estava com uma situação interna relativamente patética. Negrete tinha sido expulso nessa mesma época, algo esperado depois de tanto atraso e droga, mas quase nem percebi, pois a realidade da Plebe mudara da noite para o dia.

Fechamos com o escritório que também agenciava o Roupa Nova, e logo na primeira reunião que eles tiveram com a EMI para discutir nossa situação contratual, soubemos que estávamos definitivamente fora. Nenhuma surpresa. Mesmo com a vendagem muito boa, de quase 400 mil cópias, melhor do que muitos dos nossos contemporâneos da Warner, causávamos problemas demais à gravadora. Para piorar, nossos problemas internos eram notórios.

Mesmo assim, a EMI cedeu um estúdio para gravarmos uma nova demo, com faixas como "Nosso Nome no Muro" e uma favorita do Renato jamais gravada, "Pressão Social", mas o material não foi aceito. Então fomos até a Polygram, que gentilmente cedeu o seu estúdio na Barra da Tijuca para outra demo, e gravamos "Evolução", música-tema de uma peça punk-infantil que eu e André estávamos concebendo, e "Sem Deus, Sem Lei" (que eu cantava como "Go West, Young Man", na métrica, até aparecer uma letra), além de várias canções que jamais veriam a luz do dia. A inspiração tinha desaparecido. Não tinha como disfarçar. Eu soube por nossa conterrânea Cássia Eller, recém-contratada da Polygram, que a Plebe não seria contratada, embora a falta de entusiasmo da gravadora perante o repertório já dissesse tudo.

O governo Sarney já estava na quarta tentativa de conter o processo inflacionário com o Plano Verão e logo implementaria o cruzado novo. Era só uma questão de tempo para esse plano mirabolante também naufragar e, junto com ele, toda a economia. Em nosso pequeno nicho, todos que não fizessem rock de maior apelo também naufragariam. O cruzado novo, com a foto de Carlos Drummond de Andrade, perderia valor dia após dia e logo cairia em desuso. Se nem o Drummond seria poupado, imagine a Plebe. No fundo, eu sabia que seríamos os primeiros da lista. Fomos a banda menos comercial da nossa geração que chegou ao mainstream com disco de ouro, mas como diriam uns colegas nossos, o pop não poupa ninguém.

"The public image belongs to me /
It's my entrance, my own creation, my grand finale,
my goodbye"
– "Public Image", PIL

"De novo?", perguntei ao Gutje e ao André, quando chegamos na sala de ensaio do Hanoi Hanoi, do sempre sorridente Arnaldo Brandão, que alugávamos em Botafogo. Ameba tinha faltado mais uma vez, e não sabíamos mais o que fazer. Ele estava morando em Mendes e praticamente só descia ao Rio para os shows ou nos encontrar no aeroporto. Tentei de tudo para reincorporá-lo à banda, reativar seu interesse. Marcava ensaios em horários mais fáceis para o seu deslocamento e continuava cedendo a seus caprichos ao vivo, abaixando minha voz e guitarra para que ele se escutasse – eu acabei criando um estilo único de tocar por causa dele, sendo forçado a cobrir as bases ao vivo num estilo percussivo e cheio, com meus já desenvolvidos acordes abertos muitos ressonantes, para compensar sua ausência.

Nessa época de incerteza, comecei um side project com o Fernando Magalhães, para mim o melhor guitarrista do rock brasileiro, que tinha uma situação estável na época, como músico contratado do Barão Vermelho, mas sentia a falta de se expressar como compositor. Fernando era fã da Plebe desde que nos viu nos primórdios do Circo Voador, e tínhamos uma admiração mútua por nossas raízes punks das mesmas bandas, sobretudo The Damned e The Clash. Ele tinha uma pegada punk na guitarra como poucos, e chegamos a tocar duas vezes juntos para, quem sabe, montarmos uma banda, que eu cheguei a chamar de Magalhães-Seabra, numa brincadeira com um nome de empreiteira paulista. Mas eu estava *tão* traumatizado com a ideia de outro quarteto que cheguei a cogitar de largar a guitarra e ser o baixista de um possível trio.

As desavenças na Plebe não só estavam tirando meu prazer com a música, como o de tocar guitarra também. Nem a *Guitar Player*, que eu lia desde pré-adolescente, eu comprava mais, substituída pela *Keyboard*. Ah, esqueci, teclado eu não podia tocar na banda também...

Resolvi resgatar um pouco de prazer na música, ou ao menos tentar, vendo a vasta seleção de shows internacionais que desciam ao Brasil naquele época, entre eles Devo, David Bowie, Tom Tom Club e os Stray Cats na sua formação original. Neste último eu fui com o Fernando Magalhães, e ficamos a dois metros do Brian Setzer, boquiabertos porque *nunca* tínhamos visto alguém tocar assim, ligado apenas em três amplificadores Fender e um Echoplex. Realmente não é para qualquer um – fora que, ao tirar o casaco de couro, ele revelou várias tatuagens de pin-ups e gatos de topete nos braços. Me virei para o Fernando e disse: "Nós somos uns artistinhas de merda mesmo, né?".

Já no Tom Tom Club aconteceu algo engraçado. A banda do casal Tina Weymouth e Chris Frantz – a *cozinha* dos Talking Heads – não era muito conhecida no Brasil, a não ser pelo sucesso de "Genius of Love", e o público carioca ficou sentado o show inteiro, com exceção de mim e alguns amigos, que ficamos dançando à esquerda do palco. Mesmo no calor do show, estávamos preocupados em não atrapalhar a visão e já imaginávamos que nos mandassem sentar se ousássemos ir para a frente do palco.

Mas na última música, justamente "Genius of Love", me direcionei para a frente do palco, levantei os braços e gritei: "Levantem-se, porra!". Para o espanto da banda, que me olhava surpresa, mas agradecida, toda a plateia se levantou, dando ao Tom Tom Club aquele gostinho do público brasileiro que os gringos tanto adoram. Eles emendaram "Psycho Killer" no bis e me convidaram para subir no palco, mas fiquei sem graça mesmo com meus amigos me empurrando para subir. Eu detesto estar num palco sem uma guitarra, então disse para Tina que eu tocava e poderia acompanhá-los, mas o guitarrista não topou, pois era a única música em que a banda o deixava *fritar*. Ele apontou para o microfone, mas declinei gentilmente de cantar. Quantas pessoas você conhece que disse não aos Talking Heads?

Fomos ao backstage. O casal veio me agradecer, e eu pedi desculpas pela plateia desanimada. Conversamos bastante, e Chris ficou intrigado com meu inglês perfeito, perguntando a todos: "Who is this guy?". A banda ficou atônita com a dificuldade que tínhamos para conseguir instrumentos e o preço absurdo de equipamentos no Brasil. Depois fomos para o saguão do Hotel Nacional, em São Conrado, quando me sentei ao piano, tocando músicas da bossa nova entre cervejas e drinks, e saímos juntos para a boate People, no Leblon. No final da noite me convidaram para tocar com eles no Projeto SP.

Liguei para o hotel no dia seguinte, meio sem graça, confesso, e eles reiteraram o convite. Agradeci e desejei bom show. Eu sei, eu sei, mas, mesmo no meio do turbilhão que era a minha vida, eu ainda era aquele outsider tímido que se sentia o eterno penetra. Por algum motivo, esse episódio me deu um flash para o futuro, e momentaneamente consegui me ver morando nos Estados Unidos. Será verdade, será que não? Mas para isso, a Plebe teria que acabar... Nada do que eu posso falar.

Os shows internacionais continuavam, mas eu já não estava mais gostando de ir a eventos como o Hollywood Rock. Eu não apenas lembrava que estávamos praticamente vetados dos grandes festivais, como *todo* mundo me perguntava na plateia, o tempo *in-tei-ro,* porque a Plebe não estava participando. Sempre sem graça, entre uma enxurrada de autógrafos que mal me deixava assistir aos shows e uma rara fotografia de uma máquina Love, eu respondia: "Pois é, né?". Eles mal sabiam o que a Plebe passava. Foi uma época terrível da minha vida, comigo completamente dividido entre me manter como estava, infeliz mas com a banda, ou mandar tudo para o espaço e mergulhar num mar de incertezas. Com a economia naufragando, então, *should I stay or should I go*? Eis a questão...

Roger Daltrey, do The Who, falou numa entrevista: "Nós somos pessoas bastante individuais e particularmente não nos damos muito bem, a não ser quando fazemos música, é isso que importa". OK, mas a Plebe nem ao fazer música estava *se dando bem.* Uma banda é uma caravana, quando um puxa para trás, tudo atravanca. Eu tinha chegado no meu limite, e isso estava afetando a percepção do público em relação à banda. E mexeu com a Plebe, mexeu comigo. Então, numa rara aparição do Ameba para um ensaio no Rio, resolvi confrontá-lo para falar da minha insatisfação e da saudade do pique dele e da banda de outrora. Ele se defendeu dizendo que o público veria essa mudança como uma evolução. Aí estourei de vez. "Evolução? Evolução? Vai ver como desleixo, porra!"

Mas reuniões como essa tendiam a dar em nada, e a vida continuava. Fomos tocar numa das regiões com a maior disparidade social que eu já tinha visto, Imperatriz, na república oligárquica do Maranhão. Era o Imperatriz Rock Festival, com Inimigos do Rei, Barão Vermelho, Heróis da Resistência e Plebe Rude. Curiosamente todo o espectro da corte estava representada nos nomes das bandas, de *rei* e *barão* a *resistência* e *plebe.* Meio bobão quando se for pensar a respeito. Ah, esse rock brasileiro...

Seria um evento grande, muito importante para a cidade e a prefeitura; um ônibus fretado rodou a cidade inteira, buzinando do aeroporto até o hotel, para mostrar que os artistas haviam chegado, mas nem todo mundo aprovava. Um grupo evangélico espalhou pelas ruas cartazes imensos dizendo que "rock era a música do demônio" e o "caminho certo para as drogas e a destruição". Palhaçada à parte, foi nesse festival que alguma coisa realmente me abalou, e, *definitivamente*, vi que tínhamos que mudar o rumo da Plebe.

Devido aos inúmeros atrasos que iam se acumulando pela precária produção local, o Barão Vermelho acabou tocando às 6 da manhã para uma plateia minguada, que ainda resistia aos primeiros raios do dia. Fiquei para assistir ao meu amigo Fernando; mesmo cansados e com quase ninguém na plateia, eles fizeram um show digno de um Rock in Rio, com uma garra e performance incríveis, algo que tínhamos perdido já há algum tempo.

Segui insatisfeito nos próximos shows, e a gota d'água foi no interior do Rio, onde Lazão, baterista da jovem banda Cidade Negra, foi nosso roadie. Ameba estava com laringite e não conseguiu cantar. Tudo bem, acontece. Segurei o show inteiro na guitarra e nos vocais, com André e Gutje improvisando nos *backings vocals*. Nunca tive que cantar tudo sozinho, a não ser naquele período antes da contratação da EMI em que Ameba tinha sumido no Rio, e percebi, mais puto com a situação do que triste, que, se fosse necessário, poderíamos virar um trio. Se fosse necessário...

Nessa mesma época tocamos com o Ira! em Belo Horizonte. Na hora de ir embora, o Nasi tinha sumido. Rodamos pelas redondezas até o avistarmos num bar. Precisávamos voltar imediatamente para o aeroporto, e um zangado Scandurra desceu do ônibus para chamá-lo. Não vi o que aconteceu, mas houve uma baita discussão e o barulho de um copo quebrando. A caminho do aeroporto, sentei-me ao lado do Scandurra, e, sem que precisássemos falar nada, compartilhamos o medo de tudo aquilo que tínhamos construído estar indo para o espaço. Foi aí que eu tomei a decisão. Pouco depois, em Goiânia, eu iria avisar a banda que seria o meu último show. Estava deixando a menina dos olhos, minha paixão, mas não tinha escolha. Seria, nas palavras do John Lydon, "my grand finale, my goodbye". Foi um show peculiar, e uma das poucas vezes que ficamos no mesmo hotel onde tocaríamos. Era a despedida do neto do dono do Hotel Castros, que estava indo estudar nos Estados Unidos. Nada como o roadie ligar para o seu quarto e dizer: "Pode descer para passar o som", pegar o elevador e estar no palco um minuto depois. Não tem preço.

Herbert sabia da minha insatisfação, pois era dos poucos para quem eu confidenciava essa angústia. Ele sempre me lembrava do punch que a Plebe tinha, da performance e da minha pegada de palco e guitarra que tanto lhe inspirava. Com o coração partido, eu ouvi ele falando do show que tinha visto do Bruce Springsteen, recentemente, dizendo que ele tocou "como se fosse a última vez". Como o desânimo do Ameba era contagiante, resolvi ouvir o bom e velho Herbert e realmente toquei como se fosse a última vez. Porque *seria* a última. Justamente por causa *disso* o show foi incrível, um dos melhores daquela época. Eu simplesmente não conseguiria sair naquele momento. Que dilema. Minha insatisfação estava virando depressão. Também não ajudava o fato de eu ter me divorciado recentemente.

"Ou ele ou eu", falei para o Gutje e o André numa reunião na Gávea. "Me perdoem, mas vocês terão que escolher." Falei da minha frustração, da saudade do antigo Ameba e de como eu não via futuro para a banda do jeito que estava. André ficou zangado, mas no fundo entendia meu lado. Gutje estava frustrado também, mas não tínhamos muito para onde correr. Virar um trio não estava muito longe da nossa realidade. Uma pena, mas já estávamos ensaiando assim e tocando músicas novas, como "Sem Deus, Sem Lei" e uma de quatro acordes, ainda sem letra, que se repetiria com um drone. Essa era proposital. Eu estava cansado de aparecer em algum bar ou show e participar de uma canja em que ninguém conseguia tocar os arranjos intrínsecos da Plebe. Eu queria algo simples e consegui. A música de quatro acordes virou "Este Ano".

Convivi com o dilema de acabar com a banda por semanas e quase desisti, não fosse meu irmão Ricky, que estava passando uma temporada no Brasil. Surpreso com o quanto eu estava deprimido, ele me dizia: "Cara, bandas mudam de formação toda hora". Alguém teria que avisar o Ameba de sua saída, e resolvi assumir o papel de vilão, não tinha jeito. Mas teria que ser por telefone, pois ele praticamente não estava mais *descendo* para o Rio. Não foi muito agradável, ainda mais porque, quando ele atendeu, pensou que eu iria avisar sobre um futuro show. Sendo o mais diplomático possível, expliquei a decisão.

"Pô, eu queria conversar..."

"Conversar? Estamos tentando conversar há um ano... Desculpe, cara, mas não dá mais."

É isso aí. O ano de 1989 estava chegando ao fim, assim como a década de 1980, com uma inflação acumulada de 39.043.765% (Banco de Dados Folha). E quase que a banda também. Essa história de que "foi pelo telefone" correu pelo meio musical por anos, e alguns amigos da banda, os familiares do Ameba, a cidade de Mendes inteira e a metade do condado do lado deixaram de falar comigo. Tudo bem, se alguém tinha que ser o vilão, que fosse eu, mesmo que pelo telefone.

O Globo noticiou assim a saída, em 18 de dezembro de 1989: "O guitarrista base e vocal Jander "Ameba" Bilaphra foi convidado amigavelmente a deixar a Plebe Rude por estar muito desligado do grupo, não comparecendo aos ensaios, e sem vontade de trabalhar". A nota terminava dizendo que ele estava morando "ao lado do Negrete, ex-Legião Urbana, recolhido no interior do estado do Rio, com uma criação de animais e muita paz".

Mesmo assim *ninguém* via meu lado. Ninguém entendia o que eu suportei quieto por anos. E ninguém via que eu ainda romantizava a banda ao manter a formação original, mesmo com as imensas diferenças de personalidade dos dois vocalistas e das estripulias do baterista. Não viam que eu não me escutava por anos ao vivo, que não podia trabalhar as guitarras nem harmonias vocais, não podia explorar os violões e teclados ao vivo. Não viam que não era só da guitarra que eu estava perdendo o tesão, era da música. Mas *todos* viam que a banda estava afundando. Isso sim. Não dá para analisar e resumir isso tudo como problemas de ego, muito menos como de caráter, pois o Ameba é um cara muito querido por todos que o conhecem. Na verdade era simples, não funcionava mais.

Em seguida mudamos mais uma vez de empresário, agora dividindo o escritório com Lobão e Os Inimigos do Rei, banda que tinha um colega de Brasília, Luiz Nicolau, do grupo teatral Vidas Erradas e futuro ator global. Logo vi que não daria certo também. Em 1983 o The Clash estava prestes a acabar. A relação de Mick Jones, ávido maconheiro que jamais chegava no horário, com Joe Strummer tinha chegado ao limite. Mick foi expulso, e colocaram *duas* pessoas no lugar para dar impressão de que a banda tinha ganho com isso. O empresário com que estávamos fechando sugeriu que fizéssemos a mesma coisa, mas usou como exemplo o Dominó – Afonso fora substituído por dois membros novos. No, thank you. Se não funcionou com o The Clash... Pelo menos nesse escritório conhecemos Ivan Costa, nosso quinto empresário, o *único* que conseguia lidar com o baterista.

A vida continuava, e nos ensaios a falta da segunda guitarra não fez muita diferença, pois minha técnica de acordes abertos cobria as bases, e tínhamos ensaiado como trio inúmeras vezes antes, apenas precisando de um ajuste aqui e acolá. Claro que sem as duas vozes perderíamos, mas André segurou as partes depois de ensaiar bastante e desenvolver a independência necessária para tocar e cantar junto, algo que eu já fazia há anos. O ótimo backing vocal do Gutje também ajudava. Mas e a confiança de encarar uma plateia esperando os dois frontmen? Eu precisaria de um tempo de adaptação.

Inspirados no Midnight Blues Band, banda com membros do Kid Abelha, Barão Vermelho e o Zé da Gaita, formada em 1985 para tocar versões de James Brown aos Rolling Stones, montamos The Clash City Rockers, que nada mais era do que um artifício para que a plateia se acostumasse com a Plebe como um trio e, cá pra nós, para me dar um tempo de ganhar segurança como vocalista principal. Para anunciar o show tiramos uma foto quase idêntica à da capa do primeiro disco do Clash, num beco. Fizemos duas apresentações lotadas no Circo Voador, com convidados como Dado Villa-Lobos,

Fernando Magalhães, Serginho Serra, George Israel e Bruno Gouveia. Até um destemido Leoni, fã do Clash, apareceu no palco, tocando pandeiro. Os shows foram uma verdadeira louvação para a única banda que importava, e tem gente que até hoje me fala deles.

Comigo mais confiante, fomos a São Paulo para fazer o *Matéria Prima*, programa de um jovem Sérgio Groisman. Imagina, um programa de auditório transmitido ao vivo para o país inteiro, com uma banda tocando músicas inéditas, e já tínhamos algumas, como "Quando a Música Terminar", "Este Ano" e "Exceção da Regra". Me lembrava o Rock na Ciclovia, em que testávamos as músicas ao vivo.

Depois de tocar "Este Ano", falei eufórico no microfone: "Isso é Plebe 91!". Estávamos energizados, fazendo dez anos de banda; sem a fumaça que deixava turvo todo o mecanismo (a equipe toda tinha mudado), passamos a ver uma perspectiva novamente. Na entrevista, com uma plateia animada, falei sobre o novo disco, os produtores que estávamos em contato, Herbert e Ezequiel Neves, e a trajetória da banda. Groisman era fã da Plebe e sempre dava um espaço ótimo para nós.

A Plebe como trio estava sendo aceita, e o show ganhou um *up* com a incorporação do teclado com vinhetas pré-gravadas e um percussionista muito simpático chamado Nego Beto, que tinha tocado conosco no Clash City Rockers. E até estávamos nos entendendo com o empresário novo. Será que a Plebe finalmente encontraria a paz?

Não. As coisas começaram a degringolar, de novo, quando o Gutje começou a insistir em pôr o percussionista como membro da banda sem nos dar tempo de sentir o gosto de um trio. A Plebe, de longe, era a banda mais técnica de Brasília, e, como tínhamos muitas paradas e arranjos intrínsecos, o som nem pedia tanta percussão. Nada contra ele como um convidado, mesmo que rock não fosse sua especialidade. Nego Beto era uma simpatia e acompanhava o meu senso de humor e o do André, coisa para poucos.

Ele namorava a VJ da MTV Rita Monteiro, a primeira VJ preta do Brasil, que volta e meia nos acompanhava nas viagens. Na parte instrumental da música "Um Outro Lugar", colocávamos um djembe para salientar ainda mais as raízes africanas, e ela, que também era dançarina, subia no palco para dançar em cadência com o batuque, um ponto alto do show, mesmo que de improviso. De vez em quando André acompanhava a dança afro, mas com um jeito de kaiser alemão. Aquilo era engraçado.

Marcamos um show no Rio, e *O Globo* nos chamou para uma foto de capa, dessa vez a capa do jornal, não apenas a capa do caderno de Cultura. Ótimo, ainda mais pelo momento delicado que estávamos passando. Quando eu e André chegamos para tirar a foto, lá estava o Nego Beto, furtivamente chamado pelo Gutje. Assim como a motosserra na sessão das fotos do terceiro disco, a forçação de barra já estava chegando a níveis tóxicos – e Nego Beto saiu na foto.

Herbert Vianna assumiria a produção do quarto disco, ciente de que poderia ajudar a banda naquele momento de quase recomeço, mas infelizmente sua agenda não permitiu. Então Ezequiel Neves assumiu, mais como um criador de clima, como nos discos do Barão, do que necessariamente como um produtor *hands on*. Ele era fã da Plebe há muito tempo e me falava, com aquele sotaque de carioca bêbado de uísque com copo na mão: "Eu amo a Plebe Rude!", sempre cuspindo no meu rosto acidentalmente, no "Ple". Era o Zeca, então podia – e lembro disso com o maior carinho.

Num almoço em um restaurante português da Gávea, passei o repertório para ele, e fechamos os detalhes da produção. Zeca gostava muito de uma música do repertório novo, "Ação, Solidão, Adeus", e sugeriu que ela se chamasse "On the Road". Ele adorava minha namorada carioca e contava uma história que nos fazia morrer de rir: alguns anos antes estava mal, alcoolista a ponto de colocar vodka no iogurte de manhã. O médico recomendou que ele pegasse leve, pois isso poderia matá-lo, e emendou: "Você até está parecendo aquele rapaz da música 'Exagerado', que toca tanto no rádio". Então Ezequiel respondeu daquele jeito tão único: "Claro, eu que escrevi a letra!".

A participação do Zeca se limitou a alguns pitacos mesmo, pois outros compromissos o impediram de trabalhar mais a fundo conosco. Também não chegamos a insistir muito, pois creio que não teríamos o mesmo resultado que ele tinha com o Barão; não éramos *rock na veia*. Ele era old school rocker, tanto que escrevia para a primeira encarnação da revista *Rolling Stone* no Brasil, na década de 1970, com a alcunha de Zeca Jagger. Vai ver que gostava da Plebe porque, também alguns anos depois, usou a alcunha Zeca Rotten. Sempre fui muito grato pela atenção que ele nos deu num momento tão difícil. Sempre que o encontrava, eu lhe dizia isso. Saudades, *my friend*.

Herbert, apesar da agenda cheia, queria ajudar. Me chamou para a casa dele, deixando *bem claro* para eu ir sozinho ou apenas com o André. Chegando lá, vi que era o mesmo condomínio no bairro longínquo do Recreio, pertinho de onde gravamos o *Mixto Quente* seis anos antes, onde ele tinha sugerido que eu comprasse um terreno, agora bastante valorizado. Não foi por falta de aviso, meu amigo!

Ele lamentou a saída do Ameba, mas entendia como poucos o meu lado. Embora feliz de poder nos ajudar, senti que ele estava diferente, melancólico.

Como passamos vários dias juntos, acabou se abrindo pra mim. Afinal, meu nome não é Se-abra? Herbert estava um pouco estafado com a vida intensa da estrada e a constante pressão por ser o compositor principal e letrista dos Paralamas. Falava da fama e de como não queria cair no clichê de frequentar festas de globais, aquelas coisas de artistas cariocas. Até se via dando um tempo nos Paralamas. Quem sabe viraria o sideman de Gilberto Gil ou alguém do mesmo nível numa tour? Ou teria uma carreira solo como a do Beto Guedes? Ou simplesmente viraria um compositor, como o Paulo Sergio Valle? Aquilo me pegou de surpresa. Será que os Paralamas tinham seus problemas internos? Provavelmente não como os nossos, isso seria impossível, mas, pensando bem, que casamento não os tem?

Trabalhamos na garagem dele, ao lado do seu Triumph conversível inglês, num imponente Tascam de oito canais de fita rolo, com uma mesa acoplada já de fábrica. A bateria foi programada no meu Korg M1 e transferida para a fita. Com a benção do André, que não pôde estar presente, gravei os baixos. Não conseguimos terminar naquele dia, e Herbert sugeriu que eu ficasse na casa dele para continuar na manhã seguinte, mas, um pouco sem graça, eu disse que um roadie morava perto e, pasmem, não era maconheiro, então eu ficaria lá.

Ao anoitecer fiquei batendo papo com Lucy, a esposa do Herbert, uma jornalista do Channel 4 de Londres, que o conheceu enquanto estava no Brasil para fazer uma matéria sobre a música brasileira para o *Rough Guide*. Com a cultura pós-punk e a literatura inglesa em comum, bebemos vinho e conversamos muito. Ela entendia meu senso de humor e me defenderia perante Herbert no futuro. Mas isso é outra história.

Herbert me buscou no dia seguinte em seu Triumph, dizendo que o carro era o mesmo do vídeo "Everybody Wants to Rule the World", dos Tears for Fears. No som tocava Elvis cantando a versão ao vivo de "Bridge over Troubled Water", de Simon & Garfunkel. *"I'm on your side, oh, when times get rough"*, dizia a letra, quase uma analogia ao que eu estava passando, com o Herbert ao meu lado "quando os tempos ficaram difíceis". Nós dois cantamos junto, lamentando ser os vocalistas do nível que éramos. "Elvis era o rei", Herbert repetia. E quem era eu para discordar?

Chegamos na sua garagem e fizemos uma demo de "Pressão Social". Eu não estava conseguindo gravar um bom solo meio blues que a música pedia, então ele puxou a guitarra da minha mão e pediu pra fazer. Na primeira vez que o vi, em Brasília, ele estava acanhado tocando uns riffs parecidos, sentado no chão, e agora fazia o mesmo, mas com toda confiança, enquanto eu estava acanhado e sentado no chão. Não sei se uma cópia dessa demo ainda existe, isso é uma pena. Herbert me sacaneou por anos porque eu não sabia tocar um 12 bar blues e agora tinha a prova! *Pitchka ti materina!*

Gravamos também "Quando a Música Terminar", uma canção ímpar, que começava no violão e surgiu da conversa com Herbert sobre a entrega que ele viu num show do Bruce Springsteen. Não nego que o solo foi inspirado em "Wanted Dead or Alive", do Bon Jovi, e se quiser parar de ler este livro agora, justificado estará.

> "Quando a música terminar na hora eu quero ver/ Quem cata os cacos, eu ou você?/ Pergunto mas você nem olha/ Me dê essa hora como se fosse a última vez."

Essa foi uma miniparceria não creditada com Herbert. A frase "quem cata os cacos" não seria necessariamente algo que eu escreveria, mas creio que a insistência dele para mantê-la se deve ao fato de querer um pouco de ambiguidade nas letras na Plebe. Quem sabe alguém possa interpretar isso como uma canção de amor? Espera aí... "Amor" numa letra da Plebe? Jamais. A não ser, é claro, na versão com voz de "Tempo ao Tempo", mas isso porque foi gravada sem que eu e André soubéssemos.

A demo ficou pronta, e Herbert a levou para a Warner. Depois nos contou que a colocou no volume máximo para ser ouvida pelo presidente da gravadora, ex-presidente da EMI, o mesmo que nos falou sobre a longevidade da Plebe e o respeito que tinha pela banda no estacionamento da EMI. Tá bom... conta outra. Herbert ria ao nos contar sobre como ele se espantou pelo volume do som. Não adiantou. A má fama da banda a precedia. Logo com a gente que nunc... Ah, OK.

"Xica da, Xica da, Xica da, Xica da Silva"
– Jorge Ben

Eu e André estávamos bastante estafados com a banda, felizes com o repertório, mas frustrados com o desafio de ser um trio, e começamos a enveredar por outros caminhos – deixando os finais de semana para a estrada. André abriu a Rock It! com o Dado no Leblon, uma loja de discos e apetrechos cult que depois viraria selo e lançaria bandas como Gangrena Gasosa, Second Come, Sex Beatles e Vertigo. Eu encontrei um nicho no cinema, assumindo a trilha sonora do longa *Manobra Radical* e do curta *O Vendedor* – estreia do ator Roberto Bomtempo no cinema, que ganhou os prêmios de melhor ator nos festivais de Gramado e Brasília, dirigido pelo espanhol radicado no Brasil Alberto Salvá. Optamos por um tema principal cuja introdução apareceria durante todo o filme, adicionando a tensão do desfecho e aparecendo em toda a sua glória nos créditos finais.

A estreia do curta no Festival de Cinema de Brasília seria meu grande momento, pois todos ouviriam minha primeira trilha, e na minha cidade! Quem sabe isso me ajudaria a ser conhecido além de apenas como *o cara da Plebe?* No término da película, quando a trilha *mais orquestrada* embalaria o tema principal, me encostei na cadeira sabendo que todos ouviriam uma música minha *fora* da Plebe, cheio de orgulho. Mas todos começaram a aplaudir. "Não, não", eu falava, quase que me levantando, "não terminou ainda!!" Os aplausos aumentaram e cobriram a trilha, e várias pessoas se levantaram, cobrindo a visão de quem estava atrás. Na minha estreia no cinema, lembrei da aparição de "A Serra" no *Fantástico*, quando os telespectadores só ouviram a metade da música. Tem coisas que só acontecem comigo.

Logo vi que o audiovisual não era muito diferente do meio musical; os "nãos" eram quase igualmente frequentes. Me chamaram para compor a trilha e sonorizar uma exposição de fotografia/instalação, e sugeri uma experiência única para os visitantes, uma trilha sonora que jamais seria repetida, usando vários toca-fitas com fitas de tamanhos diferentes reproduzindo climas etéreos que tocariam sobrepostos em loop. Bacana, né? Não.

Então, que tal usar o cinema como veículo para dar fôlego a discos que já passaram do prazo de validade, com mais de um ano de lançamento? Com o mercado volátil e impaciente do Brasil, quem sabe isso ajudasse a indústria que estava em plena crise? Isso estava funcionando no começo dos anos 1990 nos Estados Unidos, em filmes como *Pretty Woman*, *Singles* e *Reality Bites*, onde coletâneas e discos de trilha sonora estavam vendendo bem.

Baseado nisso, quando recebi a lista de cenas do *Manobra Radical,* dirigido pela Elisa Tolomelli, fui até o estúdio Nas Nuvens, no Rio, e peguei vários discos da Warner, entre eles um do Ira! e um do Barão Vermelho. Um produtor musical tem que tem que ser isento. Quer dizer, até certo ponto, pois obviamente eu não curtia muito as letras como de "Boneca de Cera", do Ira!, com a frase "eu sinto um frio que vem do seu coração, mesmo nesse sol de verão". Mas as canções funcionavam no filme, e as respectivas bandas as interpretavam com convicção. Isso que importava. "Tão Longe de Tudo" e "Invejo os Bichos", do Barão, ficaram incríveis nas cenas de viagens e surfe.

Coincidentemente os Paralamas estavam gravando o disco *Os Grãos* no Nas Nuvens, aproveitei e pedi ao Herbert para fazer a música-tema do filme – até brinquei com ele que depois de "Mico de Circo", que eu tinha visto na gaveta do seu quarto há sete anos, seria fácil. Herbert sugeriu uma parceria, mas eu achava mais apropriado e ético uma canção só dele. Embora eu acreditasse num novo filão para ajudar bandas que estavam perdendo espaço na mídia, como a Plebe, preferi não colocar nada da banda no filme por conflito de interesses.

Ele gravou a demo e combinamos de nos encontrar na Praça General Osório, em Ipanema, alguns dias depois, para ouvir. Herbert chegou numa off-road Toyota Bandeirante, estacionou ao lado de onde estavam sendo montadas as ferragens dos ambulantes da feira hippie, apontou para o som do carro e disse que era onde conseguia se atualizar musicalmente – já que morava bem longe dali. Colocou uma fita cassete escrita "Manobra Radical" e tocou a faixa com apenas com um riff de guitarra e uma batida eletrônica, com uma programação de rock pulsante. "Fantoches da vida num jogo de animação/ Da força que cria, e *às* vezes caem sem explicação – o segundo verso não consigo lembrar infelizmente – Sua vida, seus ideais... outras manobras radicais."

Cartada de mestre, não? A Embrafilme estava sendo extinta pelo então presidente Collor, e o derradeiro filme da estatal seria o primeiro a abrir portas para parte do seu autofinanciamento mediante trilhas sonoras e convênios e promoções com as gravadoras.

Eu já estava pensando em verticalização sem nem existir esse termo ainda, ajudando a indústria fonográfica e a cinematográfica numa cartada só. Isso até a Severiano Ribeiro, distribuidora do filme, dizer que detestou. "Como não tem o título repetido inúmeras vezes?", reclamaram. "*Xica da Silva* tinha. *Rock Estrela* teve... Por que *Manobra Radical* não tem?" É porque "Manobra Radical" é uma *merda de refrão*. Resolvi ficar quieto. Era a falta de visão de um mercado em plena queda. E eu, justamente eu, metido no meio. Tem coisas que só acontecem comigo. "E ainda por cima", reclamavam, "o refrão está no plural!"

Com a rejeição da música inédita do Herbert, liguei para o George Israel, que tinha encontrado todo feliz carregando uma prancha de surfe para casa, com um saxofone customizado pintado nela, e o convidei para fazer o tema. O único conselho que dei, meio constrangido, foi: "Tenta repetir 'manobra radical' algumas vezes". Dito e feito. Apesar de o título estar no singular e ter "manobra radical" repetido várias vezes, daquele mato não sairia cachorro.

A Severiano Ribeiro detestou mais ainda. Cara, se dois dos maiores hit-makers do Rio não conseguem repetir "manobra radical" o suficiente, é como se fosse Deus nos dizendo *não é para repetir "manobra radical", porra!* Eu me sentia de novo na sala dos publicitários do Supermercado Planalto. A música-tema então ficou por conta da banda Appaloosa, do ex-guitarrista da Blitz Ricardo Barreto, para o meu descontentamento, com *todos* os "manobra radical" que fossem fisicamente possíveis enfiar nela.

Restava eu voltar a compor a trilha sonora original. No Portastudio de oito canais alugado do Carlos Coelho, do Biquini, tentei em vão sincronizar as imagens do videocassete com a música. Comecei a compor; com as músicas do catálogo da Warner devidamente inseridas, só faltava gravar a minha parte. Seria a minha primeira vez num estúdio de gravação sem aquele clima ruim que pairava sobre todo disco da Plebe, e eu estava *muito* feliz com isso. Mas a alegria durou pouco.

Quando cheguei no estúdio em Botafogo para a gravação, a diretora estava pálida. A Warner tinha acabado de cobrar dois mil dólares por faixa. Por faixa? Eles já tinham concordado, pois ficariam com o grosso da vendagem do disco, exporiam faixas menos conhecidas dos seus artistas e quem sabe uma ou outra ganharia tração em rádio, alavancando a venda? E melhor, a editora se movimentaria, pois as músicas eram quase todas editadas pela Warner Chappel Music. Não fazia sentido. Eram músicas que provavelmente não veriam mais a luz do dia e poderiam ter uma segund... Ah, deixa pra lá. Era a falta de visão de um mercado em plena queda. E eu metido no meio... Então, lá fui eu ter que compor mais 40 minutos *extras* de música de improviso para suprir as lacunas. Tem coisas que só acontecem comigo.

Fui convidado a participar do Festival de Gramado e, como estava concorrendo a melhor trilha pelo longa-metragem *Manobra Radical*, quem sabe ganharia meu primeiro *Oscar*? Provavelmente não, mas pelo menos poderia curtir uma festa e tanto. Eu estava acostumado com a exuberância do rock'n'roll, mas aquilo era diferente. *Completamente* diferente. Quando se põe global no meio, muda tudo. O nível de assédio e adulação era outro, mas não em cima de mim, obviamente. Se nem no meu meio era muito conhecido, era o eterno *cara da Plebe*, que no fundo significava "qual é seu nome mesmo?", avalie num festival de cinema.

Se eu já estava bastante fora do meu elemento andando por lá, imagina na coletiva do filme, ainda mais tendo que defender seu âmbito comercial. Logo eu. Mas cumpri meu papel. Afinal, não teria como o cinema brasileiro melhorar se os profissionais não tivessem onde se aperfeiçoar, mesmo aquele sendo um filme comercial de verão. Se chama experiência *hands on*.

Até tive que engrossar com um dos repórteres que sabia que eu era da Plebe e tentou mostrar a contradição de eu estar ali defendendo um filme comercial. Citando obras recentes com sucesso de crítica *e* bilheteria, como *Cinema Paradiso* e *Campo dos Sonhos* (com a incrível trilha do James Horner), eu disse que dava para o Brasil fazer igual, olhei diretamente para o repórter e emendei: "Ninguém está colocando uma arma na tua cabeça para entrar no cinema. Vai pra casa então, se masturbar vendo Godard em super 8". Ouch...

Será que o Philippe Malvinas estava de volta, agora em technicolor? Nem tanto, mas eu apoiava a extinção da Embrafilme, e isso irritava os profissionais do cinema. O cinema brasileiro precisava de mais incentivo privado e, cá pra nós, estava muito mal-acostumado. Um pouco de punk na coletiva era necessário. Só fiz a minha obrigação.

À noite, depois da exibição do nosso filme, todos se congregaram no hotel, num bar ao lado de uma piscina interna aquecida e uma linda lareira vazada para todos os lados. Estava muito frio lá fora, então não tinha para onde ir. Aí alguém pôs um violão no meu colo. Bem, eu não era o cara da Plebe? Todos cantaram e bateram palmas. Mesmo eu sendo um peixe fora d'água naquele meio, um pouco de rock'n'roll não fazia mal a ninguém, e se tem uma coisa que sei fazer é tocar violão.

Beth Faria chegou para mim dizendo que adorou minha *guitarra*, e recebi elogios até da Tizuka Yamasaki e do Neville de Almeida. Ao acabar meu repertório de rock, resolvi tocar "Malagueña", uma clássico da música espanhola (composto pelo cubano Ernesto Lecuona), o que fez as mulheres se levantarem e dançarem flamenco, ou ao menos tentarem. O interessante é que, quanto mais velha a dançarina, mais charmosa era, pois a dança flamenca parece mais intensa se carregada de experiência e sabedoria. Os homens colocavam rosas na boca, e o Cecil Thiré, que atuava no "Manobra Radical", levantou e me desafiou para uma tourada. Como eu estava de poncho naquele frio desgraçado, a peça serviu como capa, e, enquanto eu tocava violão, ele se esgueirava aos gritos de "olé"! Uma noite memorável.

A MTV, ao ouvir que eu estava em Gramado, provavelmente por causa do escarcéu que causamos no bar, me chamou para ser *repórter por um dia*. Em vez de cobrir as celebridades, eu entrevistava os personagens off do festival, desde os profissionais dos bastidores (como eu) até um grupo de travestis que estava ali para a apresentação de um curta-metragem. A matéria fechava comigo, cheio de salgadinhos na boca, falando: "Se eu soubesse que o cinema era este luxo todo, teria aparecido antes".

Mas ninguém chamou mais atenção do que a Rogéria, que estava em Gramado com o filme *A Maldição de Sanpaku*, de José Joffily, em que fazia uma ponta. Como ela estava sentada exatamente atrás de mim, me virei para contar que, numa apresentação sua no Rio, na década de 1960, ela foi para o meio da plateia e, sabe-se lá porque, sentou-se no colo do meu pai. "Como assim? Você tem certeza? Seu pai trabalhava com o quê?". "Para o presidente Kennedy". "Sim, fui eu mesma!"

Já no Festival de Cinema de Natal, no qual eu estava concorrendo de novo a melhor trilha sonora, vi um paralelo curioso do cinema com o rock. Dava uma certa pena ver o esforço de apaixonados pela sétima arte que mal conseguiam sobreviver dela. Pessoas talentosas, capazes, dedicadas...Será que essa seria a sina de quem não abaixa a cabeça para a comercialização? Eu já estava com a resposta na ponta da língua quando não ganhei como melhor trilha de novo: "Foi uma honra ser indicado".

De volta ao Rio, meu nome estava se espalhando pelo meio artístico, pela primeira vez na minha vida não como *o cara da Plebe*. Ariel Coelho, que recém tinha atuado em *Chiquinha Gonzaga*, da Globo, e no filme norte-americano *Luar sobre Parador*, me chamou para fazer a trilha de sua adaptação de *Valentin, Valentin*, sobre o comediante e ator de cinema mudo Karl Valentin, o *Charlie Chaplin alemão*.

Como a peça tinha um conteúdo político, pois Valentin era um ator de cabaré durante a ascensão do partido nazista (e grande influenciador de Bertolt Brecht), abracei o projeto. Fomos nos apresentar em Curitiba; toquei piano de cauda no palco, com o meu teclado M1 em cima, para simular a banda e a orquestra, e até inventei um personagem, o pianista francês, que entrava em cena de boina e baguete embaixo do braço. Eu falava um francês falso, mas altamente convincente para o leigo – que Herbert me confidenciou que imitava em Montreux. As palavras-chave eram em português com um sotaque carregado, e a plateia conseguia seguir meus devaneios, em particular sobre a frustração do meu personagem por ter estudado violino em Marselha mas não ter conseguido virar maestro, tendo agora que aturar os atrasos do cantor metido a estrela.

Eu já toquei em todo palco possível, de buracos do underground paulista até para meio milhão de pessoas na Esplanada dos Ministérios, e posso dizer que aquela está entre as melhores experiências que tive em palcos na minha vida. Não que o bichinho do ator tenha me mordido, mas ouvir a plateia reagindo e rindo alto com as anedotas do pianista equivocado me fez sentir "terrestre, mínima, transparente", como no poema "Desnuda", do Pablo Neruda. Calma, não pirei de vez, não. Mas encarar uma plateia sem um microfone na minha frente nem uma guitarra pendurada foi como estar desnudo, quase uma experiência espiritual.

De volta ao Rio, de volta à realidade. A inflação estava fora de controle; apesar da minha memória intacta, nem lembro direito como era viver numa inflação em que meu aluguel subia 300% a cada quatro meses. Mas a vida continuava, e fui chamado para fazer trilha sonora para uma envelopadeira. Espera aí... Envelopa o quê? Envelopadeira, disse o diretor do vídeo corporativo que estava sendo produzido pela Xerox. "Aquela máquina que imprime, dobra e deixa uma ponta facilitada com furinhos para abertura, que os bancos usam para envio de extratos e contas aos seus clientes". Ah, bom...

Fui até a sede carioca da Xerox e me espantei com o profissionalismo e a dedicação dos funcionários. Foi minha primeira vez num ambiente corporativo além da confusa EMI, e realmente *ali* as pessoas sabiam o que estavam fazendo. Fui *apresentado* para a envelopadeira, um mamute de vários metros de comprimento onde o papel virgem entrava de um lado e saía do outro pronto para envio.

Jamais me esquecerei do orgulho da funcionária da Xerox ao me mostrar a sede da empresa e a máquina, o que outrora eu acharia estranho. Mas, naquele momento da minha vida, entendi que deveria existir prazer em fazer parte de alguma coisa maior do que a gente, além de uma banda – mesmo da filial de uma multinacional. Naquele momento difícil que a banda estava passando, por mais absurdo que pareça, eu estava tendo mais prazer fazendo música para uma máquina.

A porteira aberta pela trilha sonora me levou por alguns caminhos inusitados. Fiz a coprodução musical da cantora Ivana Domênico, produzida pelo diretor e dramaturgo Flavio Marinho. Com ele cheguei a cogitar uma versão brasileira adaptada para teatro da ópera-rock *Tommy*, do The Who. Mas sempre esbarrávamos na tradução da faixa-tema, "Pinball Wizard". Com quatro sílabas, dava até para encaixar fli-pe-ra-ma, mas soava meio bobão.

Junto com o Salvá, comecei a preparar a trilha sonora de uma peça chamada *O Rei Devasso*, sobre um rei que volta das Cruzadas com uma epidemia de sífilis no reino, que seria toda feita com instrumentos medievais. A peça de humor erótico era uma baixaria engraçadíssima, mas pedia uma trilha séria para ajudar na ambientação temporal, além do figurino de época. Propus músicos andando pelo palco, devidamente trajados de membros da corte, sempre que tocassem, mas a economia, agora em queda livre, não permitiria.

Enquanto isso, a Plebe seguia na estrada, e "Este Ano" já era um hit nos shows, sem sequer ser gravada. Nada poderia ser mais adequado, não somente pela realidade da banda, mas do país. A letra esperançosa anunciava: "No ano que vem, desta vez eu sei, será diferente". E certamente foi. Mas não como eu esperava.

Mesmo não produzindo nosso disco, Herbert se manteve presente da melhor maneira que pôde e de longe ajudou nos ajustes finos de "Aurora" e "Sem Deus, Sem Lei" – com frases como "sem o dogma e a perseguição". Ele sabia da dificuldade que eu tinha de cantar algo escrito por terceiros que não fosse uma parceria com o André, então se limitou nos pitacos e se recusou a receber crédito.

Ele gostava muito de "Aurora", mas tinha uma coisa que não estava batendo. Era uma analogia, agora admito que meio boba: "Linhas paralelas jamais se encontrarão". Ele me fez reescrever a letra com o André, e a música virou uma das nossas favoritas, com um baixo inspirado na banda Here Today, que vi em Washington, em 1983. Foi a primeira e única música da Plebe a terminar num coro de ô-ô. A letra tinha um quê do poema "A Morte do Leiteiro", de Drummond, que inclusive lhe rendeu o título na frase derradeira, "formando um terceiro tom a que chamamos aurora".

> "Castelos surgem e castelos caem/ crianças entram, mas o homem ó sai/ quando a promessas não fizerem mais.../... algum sentido, eu tenho cinco pra saber/ quando encontro a chance de dizer adeus/ à inocência, na forma de você."

Connie Lopes, ex-diretora internacional da Warner, estava fundando a gravadora Natasha e entrou em contato para saber da situação da Plebe. Na primeira reunião na casa dela, me perguntou de cara: "Por que vocês são tão difíceis?". Certamente a má fama da banda a precedia, mas ao ouvir a demo ela propôs gravar a banda no estúdio Nas Nuvens e assumir como empresária da banda.

Eu e André ficamos bastante felizes e passamos a nos encontrar periodicamente para refinar os arranjos e letras, mas, mesmo com essa perspectiva, o clima na banda estava terrível. Gutje não queria ser empresariado por ela e, como sempre, insistia do seu jeito habitual que fôssemos por outro caminho. Sempre que marcávamos uma reunião para resolver essa questão, o único consenso era numa data para outra reunião, adiando o inevitável.

Até entendíamos por que ele não queria mudar de empresário, pois Ivan era verdadeiro apaixonado pela Plebe e um dos poucos que conseguia trabalhar com ele. Mas nós queríamos sangue novo. Esse clima ruim, piorado pela malandragem da foto na capa do *Globo*, ficou se arrastando por semanas. Tínhamos um repertório novo, pessoas querendo apostar na banda e o estúdio Nas Nuvens à nossa espera, mas não podíamos fazer nada. Daí vinha a imagem do teclado no palco na minha cabeça, com a tecnologia de ponta que eu não podia usar... Paciência realmente tem limite.

A vida na estrada continuava, e fomos tocar no Paraná e Rio Grande do Sul, terminando em Foz do Iguaçu. Contamos até com a presença do nosso amigo Militão, da Banda 69, que ficou feliz ao nos ver na ativa depois da saída do Ameba – mal sabia ele que seria a última vez que o trio tocaria junto. Os shows foram bons, e a banda estava afiada, reforçando a noção de que nossa faísca vinha mais do atrito do que de química. Até fizemos um Clash City Rockers no Aeroanta de Curitiba, para o delírio dos plebeus locais, mas eu e André não conseguimos disfarçar nossa insatisfação fora do palco, mantendo distância do baterista.

Na manhã seguinte, ainda em Foz, o inevitável se aproximava. E rápido. Outra reunião do trio no hotel, pouco antes de voltarmos ao Rio, acabou em nada. Mas então o baterista voltou ao quarto segundos depois, dizendo com o dedo em riste: "Desde que aquela mulher apareceu...". Foi aí que eu e André explodimos, como se fosse por design, comigo gritando na cara dele, e André esmurrando uma lâmpada de parede pra não esmurrar outra coisa. Tudo veio à tona. Agora era oficial. A banda tinha acabado. Chega.

Com o clima terrível na Kombi a caminho do aeroporto, a equipe inteira se olhava tentando imaginar o que ocorrera. A resposta veio na chegada ao Rio, quando falei para o Ivan, na frente de todo mundo: "Cancela todos os shows agendados".

Atônito, ele perguntou: "Tudo?".

A equipe continuava a se olhar, mas, se ainda pairava alguma dúvida no ar, ela acabou quando falei autoritariamente: "Levem todo o equipamento para a minha casa. Tudo, exceto a bateria".

"Kick him out, the hell with the consequences"
– Joe Strummer, do The Clash, sobre a expulsão de Mick Jones

Eu e André demos um tempo da Plebe para processar tudo o que havia acontecido nos últimos meses. A notícia de que a banda tinha acabado se espalhou, mas logo foi desmentida pelo Tom Leão na sua coluna dominical Rio Fanzine, no *Globo*, com a chamada "Fatos, boatos e outros atos": "Os rumores que rolam na cidade sobre o fim da Plebe Rude são infundados. Realmente houve um ti-ti-ti, mas André X e Philippe Seabra vão manter a banda".

Em poucas semanas fechamos com a Natasha, e em breve iríamos para o estúdio gravar nosso quarto disco, que se intitularia *Mais Raiva do que Medo*, tirado da faixa "Mais Tempo que Dinheiro". E como um duo mesmo, por que não? Depois a gente se preocuparia com o baterista. Joe Strummer disse ao tirar o Mick Jones praticamente a mesma coisa: *"Kick him out, the hell with the consequences"*.

Já estávamos com o repertório quase pronto. "Sem Deus, Sem Lei", "Este Ano", "Exceção da Regra" e "Aurora" tocávamos ao vivo e inclusive na TV. "Se Lembra" seria mais simples ainda que "Este Ano", se isso fosse possível, pois era um desafio fazer uma canção dinâmica com apenas três acordes – conseguimos fazer uma com dois acordes apenas somente 25 anos depois, "A Janela pro Céu", do musical *Evolução*. Por mais básica que pareça a letra de "Se Lembra", cada verso carregava uma carga pessoal imensa para nós dois. Era como se estivéssemos falando da Plebe, e se você listar cronologicamente tudo que a banda tinha passado até ali, a letra é quase assustadora.

> "Se lembra da primeira vez?/ Se lembra da pressa de crescer?/ Se lembra das promessas que você fez?/ Se lembra das chances que deixou passar?/ Se lembra dizendo: "Agora eu sei"?/ Se lembra errando outra vez?/ Se lembra tendo que dizer adeus?/ Se lembra? Momentos que não vão voltar."

Sim, ainda lembrávamos como era, e *isso* dava mais raiva ainda. Toda camaradagem e cumplicidade do quarteto tinha evaporado, e eu, ingênuo que só, sempre achava que um senso de propósito maior e a força da música seriam suficientes para manter a banda unida, que o compartilhamento do apartamento na Gávea nos aproximaria e, se eu engolisse sapo *o suficiente*, meu sacrifício seria reconhecido. Mas as pessoas não mudam. Se ao menos se adaptassem às situações, mas nem isso.

O engraçado é que essas confusões todas da intransigência e abuso não vinham do núcleo da banda, dos fundadores. Não que André e eu fôssemos os caras mais fáceis do mundo, mas porra... Era a Plebe, cara! Não tinha que ser *tão complicado* assim. Inquietação e inconformismo ainda tínhamos, aliados a um repertório à altura. Felizes com as novas canções e ainda movidos pela urgência que nos impulsionara em Brasília há 12 anos, respiramos fundo e, no meio da falência do Plano Collor e da hiperinflação, resolvemos não nos entregar e "*rage, rage against the dying of the light*", como escreveu Dylan Thomas.

Antes teríamos que cumprir alguns shows que não puderam ser cancelados. Chamamos o nosso roadie de bateria, Marcio Romano, para tocar, e no Estúdio Groove, um point da cena carioca de onde saíram inúmeros grupos, dos Beach Lizards ao Planet Hemp, cujo dono era Ronaldo Pereira, do Finis Africae, começamos a ensaiar. Marcio tinha uma formação de jazz e MPB e, como muitos da sua geração, considerava Neil Peart, do Rush, deus – assim como o Brizola, de quem decorava os discursos que declamava no ônibus com o mesmo sotaque raspado gaúcho. Como ele seria o primeiro baterista com quem eu e André tocaríamos depois de dez anos, estávamos um pouco apreensivos, mas o abastecemos com inúmeras fitas de punk e pós-punk, e ele tirou o repertório de letra.

Energizados novamente, seguimos compondo. Eu tinha um riff simples que, como "Johnny", desencadearia uma canção extremamente complexa, "Não Nos Diz Nada", cuja letra fora inspirada numa entrevista do Sting. Ao falar do seu ativismo político, ele se dizia estarrecido pelo fato de a tecnologia nos permitir assistir às atrocidades da guerra e da fome no Terceiro Mundo via satélite, mas não nos possibilitar fazer algo a respeito. Meu *mojo* estava voltando forte, e a letra se escreveu sozinha.

> "Invadindo a nossa sala de jantar/ Pela TV eu posso ver mais sem estar lá/ Mas não, não me diz respeito/ Chego mais perto tão incerto da razão/ Sem imaginar como ajudar estendo a

> mão/ Mudo de canal, eu sou igual a você/ A tecnologia mais o sangue frio/ Trazem para dentro do seu lar/ Não adianta mudar o canal/ Vai ficar na consciência o grito de clemência / Sabe por quê?/ *É você quem vira as costas, a cara fingindo não ver.*"

Onde é que estavam canções assim no disco anterior? Imagina como essa teria ficado com a troca de vozes com o Ameba. Uma pena... Gravamos essa demo no home studio do Dado, que ficava montado no armário da sala, ao lado de um quadro imenso do Luiz Zerbini, um dos principais representantes da geração 80 das artes plásticas. Dado vivia me enchendo o saco pela maneira como atropelava "vai ficar na consciência o grito de clemência", e com razão. Éramos muito gratos pela força que ele nos deu – mesmo assim, o futuro lhe reservaria um *pitchka ti materina,* só que em francês... Mas isso é outra história.

Outra nova música da leva apareceu no programa *Matéria Prima,* chamada "Exceção da Regra", que para mim tinha um riff, que alternava entre nonas e sétimas, quase tão poderoso quanto o de "Até Quando". Mas a versão televisionada não chegou ao disco, é justamente essa a vantagem de azeitar canções diante do público, via Embratel ou não. A canção evoluiu para o seguinte:

> "Eterna vigilância/ Controle, correção/ Julgado por ser inocente/ Punido por ser exceção/ Padres, pais e professores/ Polícia, instituição/ Fiscais do inconsciente/ Rivais de toda exceção".

Era a boa e velha Plebe de volta. A canção "Este Ano", que viraria carro-chefe do disco, passou a chamar a atenção não pela simplicidade dos quatro acordes repetidos, mas porque era bonita mesmo. Será que, com os pitacos do Herbert, como a retirada de uma analogia das estações do tempo, ele conseguiu furtivamente nos fazer escrever coisas mais pessoais? *Pitchka ti materina!*

> "Este ano juramos sempre a união/ E pensamos, será diferente/ Eu me engano, ela esquece o que prometeu/ E passa sem me dizer por quê/ A dúvida dentro de você é medo/ Este ano como nos outros esperei/ Que fosse tudo diferente."

O trecho "desta vez eu sei, será diferente" virou o mantra de inúmeros plebeus Brasil afora para saudar esperançosamente o ano novo de 1993. Essa é uma das minhas prediletas de cantar ao vivo, num dos poucos momentos que o André *me deixa fritar* – no solo final da música. Voltamos a São Paulo para participar do *Programa Livre*, o novo programa do Sérgio Groisman, agora no SBT, e antecipamos a divulgação do single recém-gravado "Este Ano", com arte do André. De novo, músicas inéditas ao vivo para todo o Brasil! Imaginem só uma coisa dessas?

Agora que não tínhamos que perder tanto tempo com discordância interna, podíamos focar no repertório novamente. Era a raiva que ainda motivava a gente, desde Brasília, e foi nesse espírito que eu e André fizemos "Mais Tempo que Dinheiro", uma síntese do que era ser brasileiro.

> "Tenho mais tempo que dinheiro/ Tenho mais fé que desespero/ Mais instinto que diploma/ Mais noção de tudo em volta / Vivo de bico, não de emprego/ Sinto mais raiva do que medo/ Mais vontade do que chance/ Me provando a cada instante."

Com o sucesso dos shows do Clash City Rockers, eu e André queríamos transpor a magia do Clash para o português. Em qualquer outra era provavelmente teria sido considerado uma blasfêmia, mas resolvemos traduzir "Clampdown", ou pelo menos adaptá-la da melhor maneira possível. Como foi autorizada pela editora inglesa original, nos sentimos no direito de fazê-lo. Se tinha uma banda que poderia fazer isso com autoridade era a Plebe. Entramos para gravá-la e depenamos completamente a bateria, deixando apenas o chimbau, um prato, o bumbo e a caixa. *Punk for the masses!*

Tradução realmente não é pra qualquer um, e lembro do meu pai se irritando ao ver palavras como *escotilha* traduzida como *porta* e *play* (o substantivo, que significa peça de teatro) como *jogo*. Nuance é tudo. No caso do pós-punk, me frustrava tanto ver essas verdadeiras obras-primas limitadas a quem falasse inglês. Então, no nosso altruísmo de espalhar a palavra, acho até que conseguimos. Bem, pior do que "Pra Ficar Comigo", do Ira!, a versão de "Train in Vain", do mesmo disco do Clash, não ficou. *Pitchka te materina*!

> "Governos cairão, com força de vontade/ Raiva tem sua hora, use-a agora!/ Antes que seja tarde!"

Incentivados pelo Ezequiel Neves, finalizamos "Ação, Solidão, Adeus" e mantivemos seu nome original. Talvez tenha sido o mais *rock na veia* que a banda já chegou. Na verdade, a inspiração veio de uma sequência pequena de acordes de "That Voice Again", do Peter Gabriel. Foi o maior instrumental que já fizemos, com direito a uma levada reggae, umas coladeiras de baixo e bateria a la Rush (da fase *Power Windows*) e até um solo de baixo do André.

> "Já estamos de saída/ Deu pra perceber?/ Se eu tivesse uma outra vida/ Daria a você/ Deixe a ressaca passar/ Quem sabe um dia eu vou voltar/ Sempre em ação, solidão, adeus."

Preferida dos fãs mais afoitos, "Ação, Solidão, Adeus" era um dos melhores momentos do show daquela turnê. Ainda éramos a banda mais técnica de Brasília, e essa, ao contrário das mais cabeludas, dava prazer de tocar.

As gravações continuaram, mas, mesmo com o Nas Nuvens na mão, não estávamos muito à vontade com o produtor Paulo Junqueiro, que produziria um disco pela primeira vez. Acostumados com Herbert, vimos que estávamos sozinhos, sobretudo na hora de gravar as vozes, pois ele não se interessava em ler as letras. Letra é tudo para a gente, e ali vimos que a parceria não funcionaria. Mas o que mais fez falta foi a cumplicidade que Herbert tinha conosco. Isso ficou bem claro num incidente que envolveu a Rosa Tattooada, caso raro de uma banda de hard rock brasileira que conseguiu alguma notoriedade cantando em português, já que os fãs desse segmento *de longe* preferem as gringas.

A banda estava dividindo o estúdio conosco, produzida pelo Thedy Corrêa, líder do Nenhum de Nós, grupo com o qual volta e meia esbarrávamos na estrada. Sempre que chegavam num estúdio, sala de ensaio ou casa de show, inspirados nas bandas de hard rock norte-americanas, eles penduravam o pôster de uma playmate nua. Ao chegar no estúdio, penduraram o pôster no fundo da técnica. Só que cometeram o erro de esquecer de tirá-lo depois de uma sessão de gravação. Não deu outra. André, munido de um pincel atômico, desenhou e rabiscou algumas coisas em cima, e olha que ele tinha prática nisso – no caso, o pôster da Lady Di do meu quarto. Mas não foram suásticas, como fez na testa da Lady Di, foram coisas que é melhor eu nem mencionar, porno-eróticas, o que chateou *muito* a banda.

Até aí tudo bem, era a Plebe sendo Plebe. Mas um clima ruim se instalou no estúdio a partir dali com a bronca que o André levou do nosso produtor. Para nós, a função do produtor, além de contar piadas, é defender a banda. Depois sobrou até pra mim, que levei outra bronca quando pedi gentilmente a alguém que queria falar com o produtor, no meio da gravação, por telefone, para ligar mais tarde. E nós dois levamos bronca depois que André pegou a fita master da Rosa Tattooada e no *track sheet* adicionou vários instrumentos, como tuba. Digo nós porque, apesar de não ter escrito nada, achei engraçado enquanto ele fazia e me tornei cúmplice. Dessa vez o estúdio ficou zangado conosco por mexer na documentação das grossas fitas de 24 canais. Haja bronca... Mas não tem outra explicação ou justificativa, era a Plebe sendo a Plebe. Era o que fazíamos.

Não era só Herbert que estava fazendo falta. Um power duo tem lá suas limitações, e, em retrospecto, *claro* que ter um baterista que tocava com a gente por anos seria melhor. Mas não tinha outro jeito, e era refrescante gravar sem aquele clima ruim que pairava sobre *todo* disco, ainda mais para mim, que sofria mais do que todo mundo. Então o Kadu Menezes, veterano da cena carioca, foi chamado para gravar algumas baterias, com as demais sendo tocadas pelo Marcio. André tocou baixo e fez backing vocal, e coube a mim gravar o resto dos violões, guitarras e teclados.

Peninha e Fernando Magalhães, do Barão, foram chamados para a gravação de “Mundo Real”, e *ninguém* toca Clash como o Fernando. Peninha, que mal conhecíamos de alguns shows juntos, ao saber que estávamos com o orçamento apertado, nem cobrou. Até convidamos o fã número 1 da Plebe do subúrbio do Rio para participar de um coro, que apelidamos no encarte do disco de *coro comendo solto*. Era o Alexandre *Plebeu*, que até usou esse nome ao concorrer a vereador – quando ele chegou ao estúdio não pude levantar a cabeça nem para um oi porque eu estava gravando um teclado, e na hora que fui lhe dar um abraço ele estava chorando. É para *esse* tipo de fã que a gente faz disco e passa por esse perrengue todo... E põe perrengue nisso.

Dado, que tinha emprestado seu Marshall de 200 watts vintage para a gravação de “Este Ano”, apareceu para o solo de “Pressão Social”, e, com a gravação das minhas vozes, estávamos prestes a fechar a tampa do disco. Mas ainda faltava uma voz. Respirei fundo, porque o último convidado estava a caminho, um amigo das antigas. Eu tinha me afastado dele já há algum tempo, e não sabia como seria o clima no estúdio.

“I have hours, only lonely / My love is vengeance /
That’s never free”
– “Behind Blue Eyes”, The Who

Imagino que, em retrospectiva, a história da luta da comunidade LGBTQIA+ no Brasil terá uma espaço para Renato Russo e seu “Meninos e Meninas”.

Depois de se declarar pansexual em 1989, ele passou a falar abertamente a respeito, coisa que poucos artistas tiveram coragem na época. Pan o quê?, eu pensei, ao ouvir esse termo pela primeira vez. Meu irmão recentemente havia *se assumido,* então vi em primeira mão que não era fácil. Mas não era estratégia de marketing ou de autopromoção. Era o preâmbulo do Renato para justificar a música "Meninos e Meninas". Mais uma vez, eu achava que ele estava se expondo demais.

Tristes são as celebridades que acham que compartilhar os seus segredos mais íntimos acabaria com a sua dor. Eu vi de perto a angústia e o medo da rejeição, e com Renato não era diferente, a não ser o tamanho de sua plataforma – que ele não usava muito bem desde a confusão do show desastroso no Mané Garricha em Brasília. "Eu amo quem eu *quiser*!", bradou ele agressivamente do palco, muitas vezes, antes de tocar "Meninos e Meninas".

Eu não gostava de ver aquela raiva toda vinda dele, por mais que tivesse explicação, explicitada em praça pública. Todo show da Legião naquela época tinha alguma coisa ruim que vinha à tona, um drama sem fim. Numa apresentação no Nordeste, enquanto descia a mão no teclado Roland Juno 106 que ficava do seu lado, com um som percussivo que se assemelhava a uma metralhadora, ele disse: "Pronto, matei vocês". Isso é coisa que você fala para fã? Não à toa que volta e meia alguém tacava um chinelo nele.

Eu, que já sabia que aquilo tudo não terminaria bem, fiquei um pouco preocupado quando André convidou o Renato para cantar em "Pressão Social", a primeira música da Plebe de 1981 e que jamais fora gravada. Mas por que não? Durante os últimos anos, Renato insistiu tanto para que a gravássemos, que só estávamos gravando por causa *dele*. "Poxa, 'Pressão Social' é *tão* legal. Por que vocês não a gravam?" Então tá.

Eu havia encontrado Renato alguns anos antes, no lançamento do disco *Carnaval*, do Barão Vermelho, no belíssimo prédio recém-reformado do CCBB, no Rio. Ele estava com o seu namorado norte-americano, Scott, e chegou passando a mão diagonalmente no meu peito. "Philippe Seabra, soube que estás solteiro." Sim, eu tinha me divorciado recentemente, mas olhei para o Renato e disse: "Tá doido?". Ele ficou *muito* sem graça e rapidamente mencionou alguma anedota da gente lá de Brasília. Ele fazia isso sempre, não apenas porque era o jeitão dele, mas porque queria mostrar que não tinha esquecido de mim em meio ao turbilhão que eram as nossas vidas.

Pelas histórias que circulavam no Rio, parecia que Renato estava vivendo uma vida rock'n'roll semelhante às das inúmeras biografias que ele devorava, especialmente aquela do Led Zeppelin que havíamos emprestado. Na época da gravação do disco *Mais Raiva do que Medo,* durante um show de jazz instrumental no Gates, bar e casa noturna clássica de Brasília, organizado pelo baterista e amigo dele de longa data Leander Motta, Renato pediu um microfone ao técnico de som, subiu no palco e começou a cantar aleatoriamente uma música do The Doors. Quando a banda parou de tocar, sem entender exatamente o que estava acontecendo, ele tentou regê-la, dizendo: "Toca um blues aí". Como não tocaram, ele agressivamente disse que "música instrumental não dá dinheiro" e que todos ali "iam morrer pobres". A plateia começou a vaiar, e, como no fatídico show do Mané Garrincha, ele xingou de volta, jogou o microfone no chão e foi embora.

Naquela mesma semana, no Gula Bar, casa noturna no Leblon, em meio a um show com uma constelação de músicos da cena de jazz/MPB, ele fez a mesma coisa, subindo no palco e, com o dedo em riste, perguntou: "Por que estão tocando uma música que não gosto?". A reação da plateia carioca foi mais intensa, e, debaixo de vaias, Renato teve que engatinhar escondido para fora do recinto.

Ao escutar essas histórias me batia uma tristeza. Parecia que ninguém em volta dele falava nada. Parecia que todos ficavam com o c* na mão em contrariá-lo. A última vez que eu o tinha visto fora em 1991. O filme *The Doors,* de Oliver Stone, estava sendo lançado no Brasil; chamaram toda a comunidade roqueira para a pré-estreia num cinema em Copacabana. "Philippe", ele disse, antes de me dar um longo abraço: "Vi um filme que era a tua cara! O cara se parece com você. É igual!", ele salientou, arregalando os olhos como sempre fazia, por trás dos óculos retangulares. Ele se referia ao estreante Patrick Dempsey em *Can't Buy Me Love,* lançado no Brasil como *Namorada de Aluguel.* Não tinha como eu não rir, era igual mesmo. Magro, narigudo, topetudo e atrapalhado. Ah, virou galã ao tornar-se adulto... Bem, quase igual.

Apagaram-se as luzes e todos se sentaram. Como eu estava batendo papo com o Renato, acabei sentando atrás dele. Adorei o filme, mas até entendo porque muitas pessoas pegaram no pé do Oliver Stone pela retratação caricatural do Jim Morrison, que nem achei tão exagerada. Vendo as confusões e estripulias da banda retratada no filme e a relação entre os membros, eu não tinha como não traçar um paralelo com tudo que *todos* do rock brasileiro naquele cinema tinham passado. Se eu não estivesse sentado tão próximo ao Renato, nas cenas em que Morrison interrompe o show várias vezes para dar um discurso, descompassando a banda e causando úlceras na produção, eu teria gritado: "É o Renato!". Ele gritava "stop!", com o braço para cima, quando engatava naquele modo. Se fosse na minha banda, eu daria uma guitarrada na cabeça dele.

Depois de quase dois anos, eu estava com saudades do cara; quando ele apareceu no estúdio para gravar, ficamos felizes – quer dizer, até ele passar pela porta. Atrás dele estavam dois michês, que prontamente sentaram-se no canto de cabeça baixa, pesando o clima do estúdio instantaneamente. Visivelmente alterado, Renato cumprimentou todo mundo. Pus a mão na testa lentamente pensando, "isso vai ser um desastre", pois estávamos com o disco atrasado e tínhamos que encerrar as vozes. Depois de uma breve troca de amenidades, colocamos o instrumental nas poderosas caixas do estúdio, enquanto ele olhava a letra que André tinha escrito à mão. Mostramos a parte que ele cantaria, se quisesse.

> "Há uma espada sobre a minha cabeça/ É uma pressão social que não quer que eu me esqueça/ Que a minha vitória é a derrota dele."

Renato levantou o rosto e disse: "Mas minha vitória não é a derrota de alguém". Explicamos que o texto se inseria num quadro crítico mais amplo, que impunha ao narrador a necessidade de um posicionamento perante a maturidade e o mundo moderno, chocando-se com as perspectivas da socied... Peraí. *Pitchka ti materina!* "A ironia da letra é bem aparente!" Ele continuou a ler, e, agora sim, voltamos ao clima dos primórdios do punk de Brasília, na sala de ensaio do Aborto, onde essa música apareceu no primeiro ensaio da Plebe. Quem diria, olha o que aquela *Tchurma* conseguiu, ressonância nacional e abrangência. Aquela música era um marco para nós. Depois de ler mais duas frases, Renato levantou o rosto de novo e falou: "Mas meu lucro não é a perda de alguém".

Aí eu comecei a ficar impaciente, lembrando gentilmente ao Renato que só estávamos gravando a música a pedido dele, que já conhecia a letra de outrora. E que não tínhamos mudado uma vírgula desde que ele a ouvira pela primeira vez, há 11 anos, no primeiro show da Plebe Rude, no Clube da Imprensa, abrindo para o Aborto Elétrico. Demorou um pouco, mas ele resolveu entrar na sala de gravação, para alívio geral, enquanto os dois michês ficaram sozinhos conosco, ainda mais sem graça. Só que, em vez de gravar "Pressão Social", por trás do grosso vidro que separa as salas, ele começou a cantar "Lithium", do Nirvana.

Ficamos nos olhando, debruçados em cima da mesa Harrison do estúdio, com os olhos dei a ordem para continuar gravando. Depois do primeiro verso e de cantar o *yeah yeah* de "Lithium", ele começou a cantar "Pressão Social", que, com uma edição certeira, ficou bom. Na parte final até rolou um dueto comigo, em que ele canta "meu lucro", ressonando o grave tão caraterístico: "Meu l-u-u-u-u-cro". Não era exatamente o que nós tínhamos em mente, mas funcionou. Acabou, nos despedimos, e ele sumiu noite adentro com seus dois companheiros contratados. O estúdio ficou em silêncio depois daquela hora de astral pesado, me lembrando da *pior* maneira possível por que eu tinha me afastado dele.

Quando o disco ficou pronto, André levou o maxi single de "Este Ano" na casa do Renato, em Ipanema. Ele pôs numa moldura elegante e pendurou no seu quarto. Era um lembrete da inocência perdida em Brasília? Uma homenagem à sua banda predileta? Um lembrete de que nem todo mundo dependia dele? O último sopro da *Tchurma* que tanto amava?. Não sei, mas, em vez de um pôster de Bowie, Lou Reed ou Sid Vicious, ele pôs um da Plebe.

"Makin' the tears rain down like a monsoon /
Listen to the bass go boom"
– "Mama Said Knock You Out", LL Cool J

O peso do impeachment recaía sobre toda a nação, e no penúltimo dia de 1992, por 76 votos contra 3, o presidente Collor, já afastado, perdeu o mandato e ficou inelegível por oito anos. O vice-presidente Itamar Franco assumiu como presidente, e nesse clima, no começo do ano, com a inflação a 1.119 % (dado do IBGE), a Plebe lançou seu quarto disco, *Mais Raiva do Que Medo*. O que poderia dar errado? Fazia sete anos do lançamento de *O Concreto Já Rachou*, mas, pelo que passamos, parecia uma eternidade. Tínhamos motivos de celebração, além do lançamento. Durante a mixagem, a primeira filha do André nasceu. Não tinha como não mexer profundamente com ele; se eu questionava tudo o que havíamos passado nos últimos anos, imagina ele.

Lançamos o disco no Circo Voador e no Aeroanta, e a reação dos plebeus com a obra foi fantástica. *Mais Raiva do Que Medo* é um dos prediletos de inúmeros fãs que encontramos Brasil afora, e teve dois hits instantâneos nos shows: "Este Ano" e "Pressão Social", que era um prazer tocar depois de tanto tempo. Antes de tocar contávamos a história por trás de sua criação, o que deixava os fãs muito atentos. Afinal, foi ali que tudo começou – na sala de ensaio do Aborto Elétrico.

A MTV, agora fincada no Brasil, cobriu o lançamento em São Paulo, perguntando para as pessoas na rua: "Você tem mais raiva ou tem mais medo?". Todos disseram "mais raiva", e a reação só confirmou nosso acerto no título e no tom do disco. Para o nosso espanto, até que o power duo estava sendo aceito e se encaixando no formato. Ou será que o formato estava se adequando à gente?

O diretor e curador Marcello Dantas foi chamado para o clipe de "Este Ano", e demos total liberdade a ele. Estávamos acostumados com os clipes do *Fantástico,* com mais verba que inspiração, quem sabe um pouco de inspiração compensaria a falta de verba? "Este Ano" é uma música belíssima e merecia um clipe à altura. Mas, sem controle criativo algum nosso, se resumiu a cenas minhas torturando o André, completamente sem pé nem cabeça, ao som de "este ano como nos outros esperei que fosse tudo diferente". Bem, diferente foi.

Um still do André sendo *torturado* apareceu na capa de um jornal carioca, salientando o lado polêmico do clipe. Eu não estava gostando nada daquilo e, por incrível que pareça, fiquei com saudade das pirações dos diretores da Globo. Tem um momento em que minha cabeça parece que flutua no meio da tela, em que viro os olhos por um milésimo de segundo. Passaria despercebido, caso na edição o frame não fosse *congelado* para a eternidade. Minha virada de olhos teve toda a atenção que merecia, destacada no programa *Piores Clipes do Mundo,* que Marcos Mion apresentaria anos depois.

Numa das cenas de tortura, o VJ falaria: "Ah, para com isso", e na cena da virada dos olhos: "Eu não sabia que o Philippe tinha tique". Na continuação: "Graças a Deus isso é um clipe que a gente está vendo, porque senão, para qualquer um, seria a cena ápice de um ator pornô fazendo o filme da sua vida". Logo eu, que *nunca* quis interpretar num clipe, tinha virado ator pornô. *Pitchka te materina!* Tem coisas que só acontecem comigo.

Na trajetória da banda até então, eu considerava a inclusão das palavras "até quando esperar" na letra de "A Serra" seu momento mais constrangedor – concordo com o Dapieve. Mas o clipe de "Este Ano", que, para o meu alívio, não teve muita rotação, foi pior.

O rock estava em baixa, com poucos programas destacando clipes do estilo, e menos ainda em que se podia tocar ao vivo. Para piorar, programas de TV com playback eram problemáticos para um power duo. Mesmo assim, aparecemos dublando no programa *Vídeo Show* e num piloto, também da Globo, de um programa de auditório chamado *Radical Chic*, apresentado pela Maria Paula, olha aí, integrante tardia da *Tchurma*. Também fomos a São Paulo participar de vários programas, com destaque para o do Ronnie

Von, um pioneiro do rock e da psicodelia brasileira, que se mostrou genuinamente interessado na história e no posicionamento sócio-político das letras. A história de vida dele é fantástica, e, sim, seus olhos são cor de mel.

Participar tocando rock no *Programa do Faustão*, há apenas quatro anos na Globo, estava fora de cogitação, mas outros canais abriram as portas para o nosso estilo. Sérgio Groisman nos convidou para voltar ao *Programa Livre*, e, enquanto tocávamos, num prenúncio das futuras redes sociais, frases dos telespectadores que ligavam por telefone eram mostradas no rodapé da tela. Era o advento do realtime.

Lá estava eu, feliz da vida com meu teclado, que só não podia tocar mais porque não tinha quatro braços. Pelo menos eu não tinha que me preocupar com alguma discordância harmônica, uma das vantagens do power duo. "Yes, nós temos a Plebe", apareceu no rodapé da tela, enquanto a plateia, composta apenas de estudantes, perguntava entusiasticamente sobre a banda. Um jovem que estava começando a tocar guitarra perguntou sobre as diferenças nas dificuldades que enfrentamos e as que ele provavelmente enfrentaria. "As dificuldades são as mesmas", respondi. "Você está começando uma banda? Quer um conselho? Desista, cara, porque é difícil pra caramba..."

Mas o tom sombrio foi imediatamente interrompido por uma grande risada minha dizendo: "Que nada, que nada" – toda brincadeira tem um fundo de verdade... Serginho emendou na brincadeira: "É a concorrência, ele vai monopolizar o mercado". Finalizamos o programa tocando "Até Quando", e no final da canção virei para o rapaz e disse bem enfaticamente no microfone: "Aí cara, continua que vale a pena. Pode crer que vale a pena". Eu já tinha ficado bom em esconder meus verdadeiros sentimentos por viver numa situação de abuso psicológico e sufoco literal durante os anos da formação original da Plebe. Agora, valia a pena? Eu já estava tendo as minhas dúvidas.

Numa outra entrevista para a MTV, agora na emissora, enquanto falava da enfermidade da vida roqueira, André jogou o disco da Plebe para o alto, para o meu espanto, provocando na minha cabeça o mesmo sentimento desencadeado depois de ele rasgar o selo da gravadora anos antes. Mas ninguém foi despedido dessa vez.

Depois fomos até a sala da direção da MTV e, ao som de "Mama Said Knock You Out", do LL Cool J., que o diretor de jornalismo Zeca Camargo ouvia a todo volume, vimos nas mesas fotos dos diretores abraçados com astros internacionais como Aerosmith e Guns'n'Roses. Eu só imaginava como eles realmente nos viam. E tinha quem achasse que a MTV seria vitrine mundial para o rock brasileiro.

Mesmo tendo "Até Quando" como um dos primeiros clipes brasileiros de rock a passar nos Estados Unidos, em 1986, eu nunca pensei assim. Aliás, muito pelo contrário. Com a chegada dessa nova era da "forma sobre a substância", eu me sentia mais para Nixon do que para Kennedy quando eles se enfrentaram no primeiro debate presidencial televisionado, em 1960, inaugurando um novo capítulo na política. Esse debate traçaria o rumo da política moderna, em que *imagem e percepção* seriam tudo. Como é que Nixon, bem mais experiente e velho (calma, isso não quer dizer que eu gostava do Nixon), poderia competir com o bem-apessoado e charmoso Kennedy, oriundo da família mais próxima do que a América chegou da realeza? Não à toa que as pessoas se referiam à sua gestão como Camelot.

Kennedy sabia usar o novo veículo, há apenas alguns anos nas salas de estar norte-americanas. Ele olhava para a câmera sempre que respondia perguntas, enquanto Nixon olhava para o lado, mirando os repórteres. Da perspectiva da televisão, ele parecia estar evitando olhar para o eleitorado. Para piorar, sob as luzes fortes do estúdio, Nixon começou a suar, e sua maquiagem – que não tinha o hábito de usar – passou a escorrer. Ele confidenciou aos assessores que, se o debate fosse realizado pelo rádio, teria ganho. Se uma imagem valia mil palavras, avalie um vídeo...

Pensando bem, como é que a Plebe conseguiria competir com bandas como Skank e Chico Science, que, além de serem novidade, já nasceram bem mais adaptadas a essa nova era. Ainda mais comigo, que não gostava de fazer vídeos... Estávamos lascados.

Mas a vida continuava, e fomos ao programa do Jô Soares, que no meio da entrevista pegou no meu braço – mais seguindo a pauta do que a conversa – e soltou: "Vem cá, me conta aquela história do seu pai...", enquanto num telão apareciam as fotos dele com Kennedy e Juscelino. Falei da minha infância nos Estados Unidos e que minha mãe me levou para as passeatas antiVietnam e antiNixon. Interrompendo de novo, Jô indagou: "Sua mãe é riponga, né?". Entre as risadas da plateia, fiquei preocupando se minha mãe ficaria zangada, que nada, ela adorou ser mencionada na televisão. Mostrando um outro lado da Plebe, tocamos "Quando a Música Terminar"; quem estava acostumado com a *boa e velha* banda, talvez tenha estranhado o flerte fatal com uma música mais introspectiva.

Entre todos os programas que fizemos, o mais esdrúxulo foi o da Helô Pinheiro, a Garota de Ipanema que inspirou Vinícius e Tom, num canal pequeno, transmitido somente para o estado do Rio. Ela perguntou: "Vocês são punks?", meio que duvidando em virtude da nossa cara de bons moços e do cabelo longo a la Ministry do André. A gente bem que tentou explicar, mas no contexto do programa nos olhamos tipo *deixa pra lá* e tivemos que concordar com ela quando disse. "Vocês não têm cara de punk". Com o rock perdendo espaço, fazia sentido aproveitar a mídia ao máximo – e ao menos posso dizer para os meus netos que não só conheci a Garota de Ipanema, como beijei sua face. Seu balançado realmente era mais que um poema.

O próximo single foi "Mais Tempo que Dinheiro", com um vídeo em que fui coeditor, gravado ao vivo no Anfiteatro da Uerj, no Rio, num show que já começou tenso pelos boatos de que uma favela próxima faria um arrastão por lá e abriu com a plateia urrando: "Playboy tem que morrer!".

Lançado no começo de 1993, o álbum foi bem recebido pela crítica.

Na *Gazeta do Povo*, de Curitiba: "Depois de brigas com a gravadora e a saída de dois integrantes, retorna ao mainstream com o quarto disco. Com uma década de estrada, a Plebe sabe das coisas e não seguiu as bandas tupiniquins rumo ao envelhecimento".

No *Estado de S. Paulo*: "Depois de um longo silêncio, o grupo que foi um dos representantes do rock de Brasília nos anos 1980 está de volta com apenas dois integrantes da formação original. É um disco forte, com bastante punch e a velha e boa energia punk".

No *Estado de Minas*: "Se tocassem música sertaneja eles seriam chamados de Plebe & Rude. Mas não, eles tocam rock, o velho e bom *rock'n'roll*. Depois de três anos sem gravar, o Plebe Rude volta para resgatar uma dívida com o *rock'n'roll*".

No Jornal de Brasília: "A Plebe funde as noções que moldam o rock de hoje com a mesma energia de seu trabalho original. *Mais Raiva do que Medo* é um disco, um disco-marco. Surge para mostrar que a banda não se desgastou na mídia".

Mas nem todo mundo ficou feliz ao ver a Plebe na ativa. *O Globo* desceu o cacete, e nos dizimou já no título: "A Plebe Rude volta com um osso duro de roer". A crítica dizia que "Aurora" era "difícil de aturar", "Este Ano" era "fraca" e eu era "um cantor sem apelo", mas terminava até nos desejando bem. Quer dizer, eu acho que foi isso: "Boa sorte para a Plebe Rude e que no próximo trabalho mostre mais *talento do que raiva*".

Apesar de eu não concordar com a crítica, tenho que admitir que o trocadilho com o nome do disco foi engraçado. Mas o pior veio no *Jornal do Brasil*, não necessariamente em relação ao disco. O Camisa de Vênus iria tocar no Rio, e aproveitaram para juntar as duas bandas numa matéria só:

"Os dinossauros estão de volta". Dinossauro? Eu estava com 26 anos. Tem coisas que só acont... Ah, vai se foder todo mundo.

"And now, gentlemen, like your manners,
I must leave you"
– Dylan Thomas, Rebecca's Daughters

Voltamos à estrada na medida em que a economia deixava, para divulgar o disco novo. Com o país afundando cada vez mais, será que ainda existiria algum espaço para o posicionamento da Plebe? Na ponte aérea Rio-São Paulo sempre víamos executivos indo e vindo, ao comentar com o André sobre a rotina que deles, ele respondeu: "Tenho é inveja deles". Eu não, mas eu o entendia. Com uma filha recém-nascida, estabilidade seria a palavra-chave.

A Rock It! não estava indo bem, devido à economia que piorava, e em 1994 a loja fecharia, se mantendo como selo. O programa *Hell Radio*, que ele fazia com o Tom Leão na Rádio Fluminense, era líder de audiência, mas não tinha nenhum patrocínio. O idealismo mais uma vez não estava sendo recompensado, muito pelo contrário. No fundo André sabia que, mesmo sendo mais responsável pelo conceito e o operacional da Rock It!, isso não seria valorizado caso houvesse uma vaga de direção artística ou produção numa gravadora grande.

Nessa mesma época, a caminho de um show no Canecão, Chico Science, em uma de suas primeiras *descidas* ao Rio, prestes a lançar o *Da Lama ao Caos*, pegou carona conosco. Ele se virou para mim dizendo que era muito, mas *muito* fã da banda e em seguida perguntou: "O que é que aconteceu com a Plebe?". "Cara, eu não sei".

Aí aconteceu mais uma vez uma daquelas coisas que só acontecem comigo e que poderia se encaixar em uma das experiências mais estranhas da história da música moderna no Brasil. Não estou brincando. Numa bela manhã, acordei e vi que tinha uma matéria no *Jornal do Brasil* sobre os Paralamas. Uma notícia sobre os Paralamas, banda do meu mentor e padrinho musical, sempre era uma boa leitura, mesmo com "eu tive um sonho ruim e acordei chorando".

Foi nela que eu vi uma citação tida como do André, mas obviamente fora de contexto e errada, dizendo gratuitamente que os Paralamas "já eram" e "moderno mesmo era o Sex Pistols". O quê? O André *nunca* faria algo assim, ainda mais depois do carinho e atenção que Herbert teve com as demos recentes do *Mais Raiva do Que Medo*. E pior, o ano era 1993. Sex Pistols moderno? Bobagem de jornalista amador que errou a citação ou trocou suas anotações. Deixei pra lá. Ao descer para a rua, ainda com o jornal na mão, esbarro no Barone, simpático como sempre, que pelo visto não tinha lido a matéria. Mesmo sabendo que era um erro brutal de citação, comecei a ficar grilado e muito sem graça, com o jornal na mão. Ainda bem que ele não percebeu.

Naquele fim de tarde, fui com a minha namorada para o cinema no Shopping da Gávea. Era uma quarta-feira, e o cinema não estaria cheio, como eu preferia, por ser um cara conhecido. No pé das escadas rolantes para o segundo andar esbarro no Renato Russo, visivelmente alterado, com um suéter na mão. Ele ficou muito feliz ao me ver e começou a bater papo do jeito que sempre fazia em Brasília. Começou a falar de astrologia – mas não de magia e meditação – com a minha namorada, subitamente se virou para mim, colocou o dedo em riste no meu peito e disse: "Gravei de graça com vocês e isso não faço por ninguém". Eu não sabia se ficava agradecido ou constrangido. Mas era o jeito dele de mostrar o carinho e respeito que tinha Plebe.

Nos despedimos, e vi o Herbert dobrando a esquina, de mãos dadas com a Lucy. Lembrei da matéria daquela manhã, coloquei a mão na cabeça, pensando "isso vai ser terrível" e fui cumprimentar o casal. Cheguei perto, e o Herbert latiu para mim: "Que merda foi essa que falaram da gente?".

Tentei apaziguar a situação, dizendo que era um mal-entendido, que o André nunca teria falado algo assim, que... "Não, vocês sempre aprontam alguma merda." Lucy interveio: "Herbert, ele disse que eles nunca falariam isso".

"Cara, não foi nada disso", retruquei, "logo o André do *Hell Radio* e da Rock It! dizendo em 1993 que o Sex Pistols é *moderno*? E que os Paralamas já eram? Você acabou de produzir a nossa demo! Você não acha que o jornalista trocou as bolas"? "Não, isso foram vocês sim!" Pôs o dedo em riste no meu peito, no mesmo ponto ainda quente pelo dedo do Renato. "Agora não tem mais instrumento emprestado, produção... não vai ter mais merda nenhuma!"

Eu tentei me defender, mas foi inútil. Lucy tentou acalmar o Herbert, que estava ainda mais zangado do que na nossa briga nos estúdios da EMI, mas não adiantou nada. Ele pegou a Lucy pela mão e saiu espumando, não sem antes me dizer: "Vai se foder!", que ressoou pelo shopping. Fiquei parado ali, meio zonzo, pelos 15 minutos mais estranhos da minha vida. E da música moderna brasileira. Entendeu agora quando falo que tem coisas que só acontecem comigo? Mas *piora*.

Ao entrar no cinema, ainda atônito, escutei uma voz grossa vinda do corredor do shopping. Eu e minha namorada estávamos sentados dentro da sala, para você ter noção da altura da cantoria. A voz parecia familiar, e saí para ver o que era: Renato, no corredor do shopping, cantava alto e andava em círculos, arrastando o suéter no chão, levantando o outro braço, cantando algumas coisas aleatórias em inglês. Quase fui até lá para afastá-lo da pequena multidão que começava a se formar.

Renato fazia suas doideiras em Brasília, eu estava acostumado. No início da década de 1980 ele era um bêbado anônimo, agora o contexto era um pouco diferente. Ainda atordoado e com o peito quente, imaginando o que ele aprontaria – e diria – se eu tentasse ajudá-lo, me escondi para que não me visse e voltei à sala de cinema silenciosamente. Foi a última vez que eu vi o Renato vivo.

Nessa época meu pai adoeceu, e voltei correndo para Brasília. Ele estava se recuperando de um aneurisma que o fez desmaiar em casa, e pude passar bastante tempo com ele no hospital enquanto estava lúcido e andando por conta própria. Conversamos bastante, e pude me aproximar dele de novo, já que estava fora de Brasília havia sete anos. Um dos poucos arrependimentos da minha vida é que eu deveria ter gravado as suas histórias de trabalho ao lado de Nixon, Kissinger, Goulart, Kennedy, Kubitschek, Aldo Moro... Que trajetória, que vida a do meu pai.

Numa manhã, fui acordado no sofá incômodo do seu quarto com o barulho do *toc-toc-toc* que vinha do banheiro e meio grogue ainda fiz uma nota mental de perguntar pra ele que raios era isso que eu sempre ouvia quando ainda morava em casa e me garantia que papai tinha chegado e que estaria tudo bem. Eu deveria ter perguntado mesmo.

Meu pai teria que fazer uma punção no crânio, um procedimento relativamente simples, mas de risco, claro, em vista dos seus 76 anos, para aliviar o aumento da pressão sanguínea. Deu terrivelmente errado, e ele entrou em coma. Como eu era o único irmão no Brasil, tive que ficar um tempo em Brasília, cancelando alguns shows, para dar assistência à minha mãe.

Com meu pai estável, mesmo dentro da UTI, eu encontrava o André na estrada de vez em quando para um show ocasional, e, se já estávamos meio desesperançosos com o futuro da banda por conta da economia que só piorava, um episódio nessa época pôs para fora todo o questionamento dentro de mim. Um enfermeiro me pediu um autógrafo na porta da UTI. Sei lá, aquilo me bateu de uma maneira *tão* estranha que comecei a ver a Plebe como uma *maldição* na minha vida.

No final do segundo mês de UTI, meu pai já estava desenganado, e, com ele ainda vivo, tive que escolher o caixão e fazer os preparativos para o enterro. Me senti como se estivesse traindo ele, que ainda lutava para sobreviver. Isso me assombra até hoje. Meus irmãos *desceram* para o Brasil e autorizamos os médicos a não tentarem ressuscitá-lo caso o coração falhasse. Seria uma questão de dias ou horas. Como sempre, estávamos separados por um oceano, era estranho convivermos de novo, ainda mais naquele contexto. Depois de várias paradas cardíacas, o inevitável aconteceu, e os médicos não o ressuscitaram.

Alexandre José Jorge De Seabra II, neto de Ricardo Jorge, português naturalizado americano, diplomata, pai de três filhos, faleceu depois de três meses em coma. Seu enterro foi no Cemitério Campo da Esperança, de Brasília, com uma bandeira norte-americana no caixão, fornecida pela embaixada. Meus irmãos voltaram em seguida para os Estados Unidos. Coube a mim cuidar das pendências legais. No meio desse processo todo, volta e meia eu me pegava cantarolando o trecho "a lei não ressuscita, burocratiza o que eu já sei", de "A Ida".

Eu nunca soube ao certo se meu pai aprovava o que eu fazia. Fora me ver na televisão, acho que nunca assistiu a um show meu, a não ser um dos primórdios, na ciclovia do Lago Norte, precário que só. Quando abri seu armário para limpar e procurar alguns documentos requeridos pela lei, eu encontrei uma gaveta que mal abria de tão cheia. Eram dezenas de recortes de jornal e de revista sobre a Plebe.

Resolvi dar um tempo nos Estados Unidos, mas antes teríamos que fazer um show com o Ira! na praia de Ipanema. Como de costume, causei confusão porque os seguranças estavam impedindo agressivamente alguns fãs de subirem no palco. Não os agredi verbalmente como o Renato no fatídico show no Mané Garrincha seis anos antes, mas quase. Eu deveria ter avisado que eventualmente deixávamos alguns fãs tomarem o microfone para os seus 15 segundos de fama. O palco sem dúvida é um lugar para pôr as coisas pra fora, e comecei a entender um pouco melhor o Herbert e o Renato.

Após nossa apresentação, participei do show do Ira!, toquei uma música do The Clash com eles e em seguida falei para o André que passaria um mês fora. Ele entendeu como ninguém. Depois de tudo o que passamos, seria a primeira vez que eu tiraria férias em oito anos.

Fui para Washington e Nova York passar um tempo com os meus irmãos. Mesmo vendo minha terra natal com outros olhos, agora adultos, e com a economia brasileira na latrina, não sei como ainda via um resquício de esperança no Brasil. Comprei um Portastudio (o meu primeiro sistema multicanal de gravação) e um rack M3 da Korg, ainda mais sofisticado que o M1, e voltei energizado para o Brasil. "Vamos mudar esse jogo", eu pensei, mas, ao encontrar o André, ele estava em outra. Havia pensado muito durante o mês que passei fora e estava querendo voltar para Brasília.

Fora o Fernando Magalhães, eu não me via tocando com mais ninguém no Brasil. Quando o The Clash estava desmoronando, Joe Strummer disse sobre os percalços da fama: "Você vê sua vida inteira. Você tem que virar uma representação falsa de si mesmo. Me fez pensar que sua vida inteira seria uma sessão de fotos pela manhã, filmar uma merda de vídeo à tarde e depois fazer alguma entrevista. Toda a promoção necessária para empurrar, sabe; isso destruiria alguém". Eu concordo, pois pessoalmente eu estava destruído. Mas nada de drogas aqui, creio que você já percebeu que não sou desse perfil. Eu deixaria isso para os outros colegas das bandas de Brasília.

A banda que chegou derrubando tudo no Rio, anunciando sua chegada nas capas de todos os jornais, agora se despedia com uma pequena notinha, publicada pelo Tom Leão no *Globo*: "Agora é oficial. A Plebe Rude acabou. O baixista André X continuará sua carreira de produtor na Rock It! Discos e tentará novos horizontes musicais. O vocalista Philippe Seabra vai passar uma longa temporada nos Estados Unidos (ele é americano). Uma pena".

Era o fim dessa jornada louca e, na verdade, um alívio. Eu ficava imaginando o que poderia ter feito da vida se não fosse a banda e chegara o momento de descobrir. Apesar de ser um "dinossauro", eu estava com apenas 26 anos, com a vida inteira pela frente. Me certifiquei de que minha mãe ficaria bem e no meio de 1994 fui embora do Brasil, me despedindo apenas de poucos amigos. Foi a quebra de tudo, nem dos meus direitos autorais eu queria saber. Dei uma procuração em branco para o André cuidar de alguma pendência da banda, e ao Bruno Gouveia, outra para os direitos autorais.

Na saída do Brasil, ao entregar meu passaporte para o funcionário da alfândega, ele me olhou e perguntou: "E aí, quando vai ter show?". Apenas sorri silenciosamente. Pelo menos não perguntou se eu era o cara da Plebe. Me devolveu o passaporte e disse: "Boa viagem, Philippe".

3º ATO

3º ATO

"We are young but getting old before our time/
We'll leave the TV and the radio behind/
Don't you wonder what we'll find?"
"Steppin' Out", Joe Jackson

Nova York estava sitiada. Uma explosão enorme no downtown de Manhattan tinha ocorrido, e ninguém sabia o que estava acontecendo. Boatos de um ataque terrorista começaram a subir as ruas até chegar na 93, perto da esquina do Central Park, onde eu estava morando. Desci para ver o que acontecera. Polícia e bombeiros por todo lado, cordões de isolamento segurando a multidão que começava a se aglomerar. Na minha rua mesmo, caminhões se enfileiravam, e câmeras se preparavam para filmar. Gruas se posicionavam, carpinteiros preparavam uma extensão falsa para um caminhão de mudança contra o qual um táxi em alta velocidade colidiria. Espera aí... Carpinteiros? Foi aí que avistei Bruce Willis do outro lado da rua. Era a filmagem de *Duro de Matar III*. Não chegava a ser um dia típico por lá, mas quase. Como dizia o Sinatra, a cidade nunca dormia.

Nova York não era tão intimidadora quanto São Paulo. Para mim, a ilha de Manhattan é uma vila de pescador comparada com a capital paulista, embora não deixe de ser Nova York, a inquieta capital cultural do Ocidente. Todavia, fugir da balbúrdia não era apenas uma questão de dinheiro. No endereço para onde eu tinha acabado de me mudar, era vizinho quase de porta do Michael J. Fox. Eu morava no sublet (apartamento sublocado) de um dominicano, e Fox, na cobertura da esquina, virada para o Central Park, mas vizinho é vizinho.

Peguei o finalzinho de uma era na qual ainda havia uma espécie de democracia demográfica na cidade. E isso foi *fundamental* para a arte norte-americana desde a Grande Depressão de 1929. Depois dela, a cena de jazz brotaria com força, com artistas como Louis Armstrong, Thelonious Monk e Miles Davis, todos moradores de Nova York. A Broadway atraía os talentos do palco e dos musicais, Gershwin, Cole Porter e Carol Channing. A Tin Pan Alley e, consequentemente, o Brill Building, atraíam para a cidade, por meio das editoras musicais, orquestras como a de Benny Goodman e Glenn Miller, e compositores de Irving Berlin a Carole King e Leonard Bernstein. Artistas como Pollock, Mondrian e Andy Warhol encontrariam inspiração por lá. A lista é interminável.

A razão de grande parte disso? Nova York já tinha o título de capital cultural e servia de ímã para talentos do mundo todo, mas eram os aluguéis acessíveis que *mantinham* esses talentos na cidade. Com o punk não foi diferente. Bandas como New York Dolls, Talking Heads, Ramones e Television não apenas faziam a cena como também moravam *dentro* dela, inclusive perto do CBGB's, no Lower East Side, o berço mundial do punk.

Em 1994, exatos vinte anos depois dessa explosão da música moderna, os aluguéis em pontos nobres, longe de baratos, ainda cabiam no orçamento. Dava para morar num bairro legal e ter dinheiro para comer. E, como Manhattan espremia as culturas e classes como nenhuma outra cidade nesse lado do Atlântico, até um mero ex-plebeu podia usufruir dessa energia, sendo vizinho e frequentando os mesmos correios, cafés e restaurantes de artistas tão diversos como Lou Diamond Phillips, Philip Glass e Sigourney Weaver – mas eu nunca tive coragem de chegar na Ripley e pedir um autógrafo para aquele modelo de mulher independente e poderosa que mexeu com a cabeça de *todo* pré-adolescente no filme *Alien*, de 1979.

Cheguei no verão de 1994 e quase imediatamente comecei a trabalhar num estúdio de gravação que ficava do outro lado do Central Park. Ia para o trabalho a pé, atravessando o iconográfico parque, ouvindo um walkman com fitas de aulas de francês, que tinha prometido que aprenderia numa pequena homenagem póstuma ao meu pai. Foi o primeiro emprego normal que tive desde as aulas de inglês no Fisk de Brasília, quando eu tinha 16 anos, e estava adorando. O estúdio pertencia à firma Acoustiguide, líder mundial em gravações de áudio e tours guiados de museus. Gravávamos e editávamos depoimentos de Tony Bennet ao do prefeito de Nova York, que falavam sobre cultura e obras de arte. Era um verdadeiro alimento para a alma, o que fazia *muita* falta para mim no Rio.

Foi lá que me vi podendo voltar a produzir música novamente, mas música *ou dos outros ou para outros*. Não me via mais tocando músicas próprias ou em banda, e nem doía tanto. Eu já tinha tido o suficiente de rock por uma vida.

A era digital estava nascendo, mas o estúdio ainda trabalhava com fita. A nova tecnologia era fascinante, mas muito recente e cara, e o sistema analógico usado há anos funcionava muito bem. Nos preparávamos, gravávamos e montávamos áudios para dispositivos que pareciam os telefones celulares que estavam começando a aparecer, mais conhecidos como "*tijolar*". Um dia uma representante da Roland apareceu com um gravador digital, e o estúdio inteiro parou para ver. Foi a *única* vez que vi uma mulher nesse meio dominado por homens. Mais um pequeno choque cultural do meu dia a dia em Manhattan.

O técnico principal do estúdio, que me contratou, tinha uma história parecida com a minha, mas brutalmente interrompida, e senti que ele nunca tinha se recuperado direito. Tinha sido baixista de uma formação inicial da banda que se tornaria o Spin Doctors. Quando os integrantes se juntaram novamente, já como Spin Doctors, entrou outro baixista. Ainda bem que eu saí do meio quando ainda estava são.

O cara da Plebe tinha ficado para trás. Só ele sabia do meu passado, e deixei assim. Se era para eu ser de novo o Philippe Seabra, então, que as pontes que eu queimasse iluminassem meu caminho. Um dia um assistente descobriu meu passado e ficou me chamando de rock star, mas foi efêmero, pois ainda não havia internet com algum testemunho do passado, e meu catálogo nem em CD existia. Olha a incompetência da EMI de novo, mas dessa vez eu a usava a meu favor.

Mesmo que eu contasse sobre a Plebe, ninguém acreditaria. Uma vez eu e meus irmãos estávamos jogando bilhar num bar em Adams Morgan, em Washington, D.C., e uma amiga, quando se tocou que eu era o irmão do Alex, perguntou: "Você é o rock star, não?". Respondi gentilmente que tinha tocado numa banda no Brasil, mas que o termo rock star era um pouco exagerado. Ela me olhou de cima a baixo e falou: "Você não parece um rock star". Comecei a rir, imaginando qual realmente seria a aparência de um rock star no imaginário coletivo. Eu que não era...

São poucas as pessoas que passaram pelo que passei antes dos 25 anos, mas deixa pra lá, seria só uma nota de rodapé na minha vida. E era assim que eu queria. Era uma liberdade que só senti na minha pré-adolescência, antes de virar *o cara da Plebe*.

Sabendo que os profissionais ao meu redor tendiam mais para o sim do que para o não, logo percebi que o estúdio terceirizava as trilhas sonoras que mixávamos por baixo das narrativas. Depois de falar do meu passado trabalhando com música/imagem, fui incentivado a compor trilhas. Comprei um poderoso sampler Kurzweil K2000VR, como o que o Pink Floyd estava no usando no palco (eram seis!), e comecei minha vida de *trilheiro* nos Estados Unidos. Não era bem Hollywood, mas tinha que começar por algum lugar. E eu estava no lugar perfeito para isso, apesar de ainda não poder me considerar um nova-iorquino. E o que fazia alguém ser um nova-iorquino? Não sei, mas nos próximos anos eu teria uma Kennedy de benfeitora, sangraria no palco do Jimi Hendrix, frequentaria o Studio 54, teria meu trabalho apreciado no Louvre, em Paris, e no British Museum, em Londres, sairia numa página inteira do *The Times*, beijaria uma *Bond girl*, estamparia a capa do *Globo* três vezes, por três anos seguidos, e tocaria com três diferentes bandas minhas em três continentes, no período de três semanas.

Se isso não fizesse de você um nova-iorquino, não sei o que faria...

"Once you have lived in New York and it has become your home, no place else is good enough."
— John Steinbeck

Quando me mudei para os Estados Unidos, já no aeroporto tive problemas com a polícia. No Brasil eu estava acostumado com isso, mas lá? Era o Faukland Philippe dando as caras? Levei minha guitarra Gibson Les Paul Silverburst, minhas malas e um case/baú que viajava com a banda desde a tour *Nunca Fomos Tão Brasileiros*. Um agente da alfândega viu o case e perguntou o que significava o que estava estampado na lateral. Um dos melhores nomes de banda que já ouvi em português, infelizmente soa meio idiota em inglês, e meio constrangido eu disse "the rude plebes", e que estava voltando depois de 18 anos para a pátria mãe, e era músico, vide a guitarra que estava no meu ombro.

Ligeiro que só, ele perguntou se eu conhecia alguém que usava drogas. Deve estar no manual de como pegar pessoas com cara de maluco desprevenidas. Vai que entrega o ouro, ou melhor, as drogas. Rápido que só, respondi que sim, pensando, "você não faz ideia". Ele deu um leve passo pra trás dizendo: "Epa!". Nunca fui um cara convencional, então minha resposta a essa pegadinha não seria nada convencional. Quem mandou perguntar?

"Ué", eu disse. "É verdade. Vou mentir? Inclusive foi um dos motivos pelos quais minha banda... Ah, deixa pra lá."

Ele ainda me olhava meio torto. "Isso não quer dizer que *eu* use", disse enfaticamente. "Você sabe muito bem como é esse meio, né?"

Ele teve que concordar e, já mais tranquilo, perguntou do Brazil e do Tom Jobim, enquanto olhava minha bagagem. "Pois é, ele gosta de um whiskey, não?", disse, ao devolver minha documentação – no canto do olho eu via um cachorro farejador rondando. Foi aí que gelei. Lembrei daquele *pitchka ti materina* técnico da Plebe que viajava com a sua cocaína escondida no meu case, aquele case... e da remota possibilidade de ter algum resquício lá dentro. Será que o cachorro farejaria alguma coisa? Isso *sim* seriam boas-vindas à América. Tem coisas que só acontecem comigo.

Mas o cachorro não esboçou reação, e eu dei o primeiro passo em solo norte-americano para a minha nova vida. Agora seria preciso regulamentar a minha documentação. Fora meu passaporte e minha certidão de nascimento, eu não tinha mais nada. Era quase como se eu não existisse, e Manhattan pode fazê-lo sentir isso nos momentos mais vulneráveis. Na hora de tirar o meu Social Security Card, o CPF americano, não entendiam por que um rapaz de inglês tão perfeito já não tinha um. Em todas as instâncias desse processo, tive que explicar minha história, numa burocracia que fazia eu me sentir no Rio novamente. Tive que esperar meses, o que atrasou da abertura de conta em banco até a obtenção da carteira de habilitação.

Mas a vida continuava. Com a minha Gibson devidamente aposentada e trancada no armário, além do trabalho, passei a fazer aulas de francês na Aliança Francesa ao lado do Central Park. Já no primeiro dia de aula, ao descer de ônibus na avenida Madison, tive mais um pequeno choque cultural, esse dos mais feios. O motorista afrodescendente freou na parada e, quando viu uma senhora judia perto demais das escadas do veículo, com o risco de cair, estendeu o braço direito e pediu que ela fosse para trás. A mulher saiu gritando: "Não me toque!", ao descer, olhou para ele e gritou: "Escravo!". Eu já tinha visto muitos casos de racismo no Brasil, mas não tão explícitos. O motorista abriu um sorriso, como se não fosse a primeira vez que ouvia aquilo, ainda mais naquela região da cidade, o Upper East Side, e falou rindo para mim: *"Isn't that ludicrous?"*

Outro pequeno choque cultural da minha vida nova foi reparar que as pessoas liam o tempo inteiro. Nos cafés, no metrô, na rua, por toda parte eu via pessoas carregando livros. O Brasil parecia cada vez mais distante. Eu mesmo, nas tardes de folga, ia para o Central Park e me sentava na grama para ler os clássicos, para ajudar a aprimorar meu inglês coloquial. James Joyce, Charles Dickens, Aldous Huxley, Herman Hesse, além de Dylan Thomas e George Orwell, passaram a ser meus companheiros, enquanto eu assistia às nova-iorquinas passearem de *rollerblades*, que estavam começando a ficar populares, com suas pernas longas que nunca acabavam.

Eu também frequentava o Joyce Theater, um teatro de dança moderna, para ver David Parsons, Momix, Pilobulos e rever Mummenschanz, um grupo de mímica e dança suíço a que assisti no começo da década de 1980 com o Pretorius, em Brasília; ia para todos os museus, Frick Gallery, Guggenheim, Whitney, Moma, Metropolitan, para ver Rembrandt, Serrat, Van Gogh e meus dois pintores prediletos, Renoir e Paul Gauguin; assistia a filmes e documentários exóticos no Film Forum, Angelika, Quad e Cinema Village. Praticamente não havia filme do Woody Allen que não tivesse uma cena num desses cinemas. Um amigo do meu irmão mais velho trabalhava na produção do Dance Theatre of Harlem, e conseguia ingressos para o Avery Fischer Music Hall, no Lincoln Center, onde assisti a óperas como *La Bohème*, *La Traviata* e *Carmen*, e balés como o American Ballet Theatre e o do próprio Dance Theatre.

Realmente, o nível de talento que havia naquela cidade era incrível. Tinha um pequeno teatro que eu adorava no West Village, e certa vez uma senhora simpática parou a mim e meu irmão e nos deu ingressos gratuitos para um programa duplo com o mesmo ator, em duas noites diferentes. Ele interpretava Truman Capote num dia e Dylan Thomas no outro – meu escritor/poeta predileto.

A peça sobre Truman Capote foi montada como um talk show no qual ele falava do seu assunto predileto, ele mesmo. Em dado momento, o ator levanta-se e caminha lentamente pelo palco, a luz se abaixa, e ele fala dos quatro estágios da fama:

1) Quem é Truman Capote?
2) Eu quero o Truman Capote!
3) Me arranje alguém como Truman Capote!
4) Quem é Truman Capote?

Não tinha como eu não me identificar, guardadas as proporções. Eu estava cada vez mais certo da decisão que tinha tomado de largar tudo.

Em Nova York não tinha como fugir dos grandes musicais, e os primeiros a que assisti foram *Tommy*, é claro, e *Damn Yankees*, com Jerry Lewis no papel do diabo que compra a alma do protagonista, um homem cansado de ver seu time, os Senadores, perderem para aqueles *malditos ianques*. Que lenda! Quando minha avó paraense foi para a cidade com um dos meus tios, levei-a para ver *O Fantasma da Ópera*, não exatamente o tipo de musical que gosto, e até aluguei uma limusine para chegarmos com estilo. Sentindo-me o eterno penetra, ao descer do carro me senti um verdadeiro idiota com as pessoas parando na rua para ver que celebridade estava chegando. Coitados. Era eu.

Que cardápio cultural a cidade oferecia! Um programa típico de terça-feira? Ir a uma exposição no MoMa sobre vida e obra do arquiteto visionário Frank Lloyd Wright, emendar com um restaurante de comida afegã e terminar a noite num bar moderno do East Village. "Uma rodada de margaritas e duas Coronas por favor!" Ah, mas sem esquecer o punk!

Todos os meus heróis do passado passaram por Nova York. *Todos*. Em lugares tão diferentes como o Tramps, o Irving Plaza, o Limelight, o Hammerstein Ballroom e o Madison Square Garden, pude ver Killing Joke, Gang of Four, Bauhaus, Prong, Stranglers, The Damned, Sex Pistols, Buzzcocks, Ramones, Specials, Kraftwerk, Rush, U2 e The Who, ainda com o John Enwhistle – o show terminava com um ator no canto do palco, no papel do protagonista mod Jimmy, dizendo: "Eu não sou esquizofrênico, eu sou quadrofênico!".

Eu vi também o *último* show dos Ramones em Manhattan, onde tudo havia começado. Foi no Coney Island High, um clube punk bem no clima 77, empreitada da banda D-Generation, que eu frequentava de vez em quando, na rua 15, St. Marks Place. Apesar de não me identificar muito com as bandas 1-2-3-4, três acordes que lá tocavam, eu ficava feliz em ver a cena sendo perpetuada. Punk para as massas!

The Damned também passou pelo Coney Island High, e foi um deleite ver o Jimmy Page do punk, Captain Sensible, de perto. Tudo bem que ele estava bêbado, de vestido, segurando um Teletubbie e dizendo para a plateia tomar cuidado pois "tomariam a América de assalto", mas era The Captain, então estava valendo.

Nem sempre essa nostalgia dava certo. Foi triste ver, ao lado do André Mueller, que tinha ido me visitar, o Sylvain Sylvain, do New York Dolls, no mesmo palco. O antigo companheiro harmônico do Johnny Thunders estava gordo, bêbado e tocando mal a guitarra. Ninguém pode tirar o mérito do New York Dolls de ser uma das faíscas do punk, se não *a* faísca, mas para quem já viu álcool e drogas destruírem algumas pessoas e bandas de perto, não foi um lembrete muito agradável.

Eu não vivia somente no passado em Manhattan, longe disso. Também via artistas mais contemporâneos, como Supergrasss, Massive Attack, Crystal Method e Chemical Brothers, lembrando que nunca fui dos caras mais modernos. Esse era o papel do André na Plebe. Mas fiquei salivando – e isso sim foi uma volta ao passado –, quando ouvi que o Stiff Little Fingers iria à Grande Maçã para tocar no Tramps. Eu os tinha perdido em Paris porque o show foi cancelado, então você pode imaginar o quanto eu estava ansioso.

Na abertura tocaram o instrumental "Go for It", do disco homônimo de 1981, e o SLF (como são conhecidos) subiu ao palco, para o meu espanto com Bruce Foxton, ex-baixista do The Jam. Holy fuck! Dois pelo preço de um! Me posicionei na frente do palco e vi Jake Burns, o mesmo que me iniciara no punk 15 anos antes, começar os acordes stacattos de "Suspect Device" na sua guitarra Yamaha SG2000 preta, dois metros na minha frente. Não lembro muito bem como aconteceu, mas fui jogado uns 15 metros pra trás numa questão de segundos pelos punks *pogando* ali. Ao recuperar meu fôlego, vi umas pernas com grossas botas no ar, voando em frente ao palco. Ah, esses punks frouxos de Brasília. Mas acabei conseguindo voltar à beirada do palco, tão perto do Bruce Foxton que peguei o setlist no final. Sabe, coisa de fã...

Acabado o show, me sentindo o mais plebeu dos plebeus da minha vida passada, tentei entrar no camarim, mas o segurança me impediu. Ao ver que eu tinha o setlist na mão, ele falou que eu já tinha conseguido uma memorabilia da banda e deveria me contentar com isso. "Você não entende... É que esses caras... Eu vim do Brasi..." O segurança, mais do que acostumado com aquilo, nem piscou. Melhor deixar pra lá, pensei, mas, indo a pé pra casa, cheguei a rodar por alguns pubs irlandeses, coisa que não faltava em Nova York. Quem sabe dava sorte? Irlandês gostava de cerveja, conforme a última vez que chequei. Como não dei sorte, vê então um *pint, mate*!

Alguns anos mais tarde eu recebi um e-mail do Bruno Gouveia sobre outro de meus heróis que passaram pela cidade. "Cara, o XTC esteve em Manhattan duas semanas atrás e deu uma tarde de autógrafos! Como é que você perde um negócio desses?" Mal sabia ele que não perdi.

Uma aparição ao vivo do XTC era uma coisa impossível, pois eles tinham se aposentado de apresentações ao vivo em 1983, no auge da fama, interrompendo a excursão do disco que considero um dos melhores da história, *English Settlement,* mas uma tarde de autógrafos? Será verdade, será que não? Eles estavam lançando o disco *Apple Venus*, então desci até a Tower Records num frio desgraçado, esperei três horas numa fila que ia até a metade do quarteirão e reparei que ninguém estava com uma máquina fotográfica além de mim – por isso todos pediam que eu os fotografasse, e me davam seus e-mails para quando as fotos ficassem prontas. Era a simbiose nova-iorquina do punk com a internet ainda na infância.

Finalmente entrei na loja com meus pés dormentes, e lá estavam Andy Partridge e Colin Moulding, os membros remanescentes, atrás de uma mesa com os habituais cartazes promocionais – Dave Gregory, o *fenomenal* guitarrista do XTC tinha saído recentemente. Ele foi tão influente no meu estilo de tocar com acordes abertos que teria sido uma honra conhecê-lo e simplesmente lhe agradecer.

Ao chegar a minha vez, apertei a mão dos dois, e conversamos um pouco. Disse que era do Brasil e que bandas de renome nacional tinha sido influenciadas por eles, que autografaram as duas cópias do *Apple Venus* que eu comprei. Partridge mencionou que um disco tinha sido lançado lá e tinha ouvido falar de uns fãs na América Latina. O disco era o *Oranges and Lemons,* respondi e, sobre os fãs no Brasil, timidamente acrescentei: "Você não faz ideia...". No final da conversa, morrendo de vergonha, levantei a máquina fotográfica levemente dizendo: "Vocês... uh, se importariam?".

Dois dias depois de o Bruno ter me enviado o e-mail sobre a tarde de autógrafos que achava que eu tinha perdido, ele recebeu pelos correios o CD do XTC autografado: "To Bruno, XTC". Afinal, amigo é pra essa coisas. Ao revelar as fotos, vi que Andy Partridge tinha colocado o queixo no meu ombro numa delas. Caramba, eu ali com dois dos maiores compositores da música moderna, um com o queixo no meu ombro! Que honra!

Dezessete anos depois, no lançamento de *Nação Daltônica*, no Circo Voador, escolhi aleatoriamente um fã para fazer igual, pus meu queixo no seu ombro durante a foto e pensei, quem sabe ele vai guardá-la com o mesmo carinho que eu guardo a do XTC? Era um taxista carioca, fã da Plebe, e, na hora da foto, ele se espantou e se virou para mim. "Você não é veado não, né?" Tem coisas que só acontecem comigo.

Além de estudar francês, eu tinha me prometido que, no último dia do curso de introdução de sete semanas, iria ao velho continente pela primeira vez. Com os preços das passagens incrivelmente acessíveis – afinal, eu tinha deixado a hiperinflação para trás –, promessa é dívida. Inclusive garanti para a minha professora, Beatriz, que lhe mandaria um cartão-postal. Lembra? Cartão-postal? É um cartão retangular com foto e com um espaço atrás para... Ah, deixa pra lá.

No último dia da sétima semana das aulas de francês, fui para Paris, direto para a casa do Iko, que tinha um lugar especial no meu coração, pois foi ele que me inspirou a retomar definitivamente as aulas de violão antes de entrar no Aborto e me ameaçou de morte caso eu quebrasse uma das cordas de sua Stratocaster, 13 anos antes. Do aeroporto Charles de Gaulle para a estação de metrô Place Saint- -Michel, no bucólico e boêmio bairro de Quartier Latin, no 6º arrondissement. Foi como se entrasse num portal do tempo. Não sei como descrever.

Bastante zonzo pelo jet lag que jamais sentira, pois até então eu tinha viajado apenas verticalmente pelas zonas de tempo, com no máximo duas a três horas de diferença de fuso horário, foi como se eu tivesse entrado no metrô nova-iorquino da rua 59 com a 8ª avenida e subido a escada da saída do metrô Place Saint-Michel, com todo seu esplendor art nouveau. Era de manhã cedo, e os cafés começavam o rito secular de colocação das cadeiras e mesas para fora, enquanto padeiros tiravam croissants e baguetes do forno, como se fossem o símbolo de resistência das tradições que sobreviveram desde a chegada das tropas de César, as invasões bárbaras, a Guerra dos Cem Anos, a Revolução Francesa, a ditadura de Napoleão, a ocupação nazista e agora a iminente chegada do euro. Passei a carinhosamente chamar o aroma que se espalhava pelo ar de "*l'odeur de la résistance*".

O metrô ficava a uns 200 metros da Rue Gît-le-Cœur. Iko não estava em casa, então fui até a casa de uma amiga que andava com a *Tchurma*, curiosamente igual ao apartamento do Linguini do filme *Ratatouille. Aí o jet* lag realmente bateu, e apaguei por algumas horas numa rede que certamente veio do Brasil, até o Iko chegar em casa.

Meu amigo holandês Alex, membro da minha primeira banda fictícia, a Concrete, também morava em Paris e era amigão do Iko, então passamos a fazer tudo juntos. Alex também tinha aprendido violão com o Scott Moore na escola e até se ofereceu para tocar guitarra na Plebe quando éramos ainda um trio. Felizes que só com a minha visita, em todos os lugares que íamos eles me apresentavam simultaneamente aos franceses, um num ouvido dizendo que eu era um rock star, o outro, no outro ouvido, dizendo que eu falava francês havia apenas sete semanas.

Quanto mais eu pedia para a dupla parar com isso, mais eles faziam. No primeiro dia fomos a um restaurante típico, longe das áreas turísticas, onde eu falei com um excelente sotaque e um vasto vocabulário, mas com a gramática relativamente precária. Como meu sotaque era bom, na ausência da noção de um termo, eu preenchia a lacuna com o derivado latino ou anglo-

-saxão, como todo brasileiro com o portunhol – chamei a noite toda a garçonete de *garçonette*, mas o que ela ouvia era *garotinha*. Na saída, agradeci e disse a ela que era minha primeira vez na França, pensei que o mau humor dela fazia parte do folclore francês. Mon Dieu, como eu estava errado!

"C'est mon première fois en France".

Ela corrigiu agressivamente, já que eu tinha errado a concordância: "C'est *ma* première fois!".

"Pardon, je parle français pour sept semaines seulement."

"Tu parles mal!"

Tem coisas que só... melhor, que *seulement se passent avec moi...*

O Dado e a Fernanda estavam na cidade, e fui visitá-los num maravilhoso apartamento no bairro de Marais. Mais uma vez Iko e Alex falaram para as pessoas sobre meu français *excelente*, mas não precisaram falar que eu era um rock star porque o Dado sabia que, quem é rei, *ne vas jamais perdre sa couronne*. Mas Dado olhou para o lado, como se estivesse se vingando da cara que eu fazia quando o via tocar guitarra na sala de ensaio do Brasília Rádio Center, e falou pra todo mundo: "Esse cara não fala porra nenhuma de francês". *Pitchka ti...* melhor, *Paris-ka ti materina*! Eu estava me esforçando *tanto*, com um cansaço mental que só sentia na época de escola nas aulas de trigonometria. O parisiense fala muito rápido e ainda tem a mania de enfiar o *donc* (uma espécie de enfim, ou logo) entre cada nove palavras. Quando já estavam na terceira frase, eu ainda estava analisando a primeira.

Finalmente pude relaxar, pois estava falando português pela primeira vez em meses. Não queria ouvir muitas histórias do Brasil, a não ser sobre o estado de saúde do Renato, que não estava muito bem. Ainda não conseguia acreditar no quanto o Brasil tinha mudado com a implementação do real, mas não me espantei ao ouvir sobre o estado do rock de Brasília: a Legião estava quase parando de fazer shows – o último seria poucos meses depois, em Santos –, e o Capital estava desfigurado, com um vocalista novo. Pelo visto, essas histórias *todas* seriam apenas uma nota de rodapé na vida de todos nós. *C'est fini.*

A irmã do Iko namorava um cara de finanças que morava em frente à Notre-Dame; numa festa na casa dele fui o DJ da noite, assumindo o CD player. Parecia que eu estava fazendo algo errado enquanto a pista bombava ao som de Arrested Development e Earth Wind & Fire (funk para as massas!), com as torres seculares da Notre-Dame de testemunha. Deslumbrante. O engraçado é que eu falava entusiasmado para as pessoas, com inveja: "Cara, você mora em Paris!", enquanto eles respondiam impressionados: "*Tu habites à New York!*". Acho que a grama é mais "vert" do outro lado da cerca mesmo.

Mas algo estava me incomodando. Eu sempre voltava tenso para a casa do Iko. Demorou, mas descobri o que era. No Brasil, ao chegar em casa, *sempre* tinha a luz da secretária eletrônica piscando com recados como: "Cadê você?" ou "Você precisa fazer isso ou aquilo", aquelas coisas de rock'n'roll, imprevistos que impediam quaisquer planos ou, pior, férias. Mas consegui arrancar do meu sistema esse temor da luz vermelha piscando e agora estava *libre*.

A França era tradicional e moderna ao mesmo tempo. Fiquei de boca aberta num restaurante, quando todos tiraram o cartão do bolso e pagaram suas contas numa máquina na mão do garçom. Nunca havia visto isso! E os telefones residenciais tinham uma tela acoplada que dava acesso à programação dos cinemas, à previsão do tempo e ao cronograma dos ônibus e trens. Como a Europa estava na frente de todos nós! E olha que eu vinha de Nova York...

Alguns amigos da Escola Americana que estavam na Holanda e Alemanha vieram me ver, e fizemos juntos todo o trajeto turístico possível, da Torre Eiffel ao Museu Rodin. Mas uma coisa tive que fazer sozinho, visitar o Institut du Monde Arabe. Meu irmão Ricky tinha me avisado para ir num dia de sol com nuvens esparsas. Por quê? O prédio do instituto dedicado à disseminação da cultura árabe na Europa era todo de vidro e de ferro, e por trás das janelas se via o padrão mashrabiya típico da arquitetura árabe. Porém, ao chegar mais perto, percebia-se que a textura na forma de mandala era, na verdade, íris de lentes controladas por células fotoelétricas. Quando uma nuvem cobria o sol, todas as íris se abriam para regular a luz interna; quando o sol reaparecia, as íris se fechavam. Para quem sempre gostou de arquitetura e cresceu em Brasília, influenciado pela escola Le Corbusier, só havia uma palavra: *Incroyable!*

Paris estava me inspirando muito, a ponto, quem sabe, de eu voltar a querer tocar guitarra. Sábados de manhã eu ia para a Notre-Dame, acendia uma vela para o meu pai e apreciava os belíssimos concertos de Schubert. De costas para o organista, a plateia via o teto da catedral mudar lentamente de tom, num jogo suave de luzes. Eu também fui à basílica de Sacré Coeur para ouvir o órgão de lá, e não me decepcionei. Foi o som mais alto que escutei na minha vida (e olha que eu tocava na Plebe), que lembrou de todo o peso da culpa cristã que a Europa carregava. Ensurdecedor.

Uma noite acabei numa festa punk, num prédio abandonado, com instalações de arte em cada andar, artistas de circo e bandas tocando por todo lado. Era a simbiose mundial do punk de novo me inspirando. Lembrei-me de como eu gostava de tocar guitarra. Fui conhecer uma loja de música por lá e me espantei com os preços absurdamente altos, até para produtos da própria Europa.

Na minha segunda ida ao Louvre (na primeira fiquei sete horas, coisa que não recomendo), saí com a representante local da Acoustiguide, cuja voz e sotaque francês faziam derreter os corações dos marmanjos do outro lado do Atlântico. Contei para eles, que ficaram se remoendo: "Como você conseguiu isso?". O técnico que sabia do meu passado acabou entregando meu segredo a todos: "Ele é um rock star". Calma, foi só para almoçar, não é o que estão pensando. Tínhamos falado várias vezes ao telefone, e parte do meu trabalho era corrigir os áudios que estavam causando problemas.

No Louvre, apresentado como o engenheiro de Nova York, testei aleatoriamente se as narrativas se casavam com os quadros correspondentes; como era uma tecnologia nova, encontrei áudios com defeito. Contudo, olhando em volta, senti um prazer singelo ao ver os frequentadores do museu parando para ouvir algo que havia passado pelas minhas mãos. Tudo bem, eram narrativas e não música própria, mas eu estava, de certa maneira, ainda conscientizando, ou melhor, educando... Não era bem punk para as massas, mas eu me sentia parte de algo importante. A equipe local agradeceu o trabalho e falou que o áudio estava ótimo. Pronto, tive meu trabalho apreciado no Louvre. Opa... Ter meu trabalho apreciado no Louvre? Check.

Num sábado, eu, Iko e Alex fomos de trem até Puteaux, nos arredores de Paris, para um almoço campestre francês típico na casa de uma amiga da mãe do Alex, mãe da Maryam d'Abo, atriz inglesa que foi uma *Bond girl* no filme *The Living Daylights* – ela interpretou uma cellista soviética, e na época em que Timothy Dalton era o James Bond. Perguntei se era verdade o estigma de *Bond girl* e se ela sofrera preconceito passado o burburinho do filme. Ela falou que sim e que deu um bom tempo do cinema, refugiando-se no teatro. Pelo visto eu não era a única pessoa deixando o passado para trás. Voltamos juntos de trem para Paris; na hora da despedida, beijei uma *Bond girl*, mas calma, foi na face, daquele jeito simpático francês. Mas beijo é beijo. Quantas pessoas você conhece que fizeram isso com uma *Bond girl*? Check. Check.

No dia seguinte fui visitar um velho amigo no lugar mais surreal em que estive na vida, o cemitério Père-Lachaise, onde me dirigi para a sepultura de Jim Morrison. Fiquei sentado um tempo lá, pensando na vida, e pus uma rosa em cima do túmulo, no meio das cartas, cigarros e até de um baseado deixados pelos fãs. Eu sei... eu sei... Mas fiz por um motivo. Fui apresentado muito tarde à obra do The Doors, pela minha namorada carioca, e, tirando todo o lado lisérgico e kamikaze, o cara inegavelmente era punk. Tão punk que Stiv Bators, da banda The Dead Boys, pediu para ter suas cinzas espalhadas em cima de sua sepultura.

Morrison estava em boa companhia: Balzac, Chopin, Isadora Duncan, Molière, Pissarro, Auguste Comte, Proust, Yves Montand, Guillaume Apollinaire... a lista é interminável. E, se a história milenar da Europa o faz questionar seu lugar na linha de tempo e espaço da humanidade, o Père-Lachaise o faz pensar no legado que vai deixar quando se for. Nos últimos dias em Paris, Iko e Alex me levaram para o L'Hôtel, onde Oscar Wilde se hospedava e morreu. Foi lá que ele escreveu: "O papel de parede e eu estamos num duelo até a morte. Um de nós terá que ir". Oscar Wilde também está enterrado no Père-Lachaise. Onde mais?

Depois de um mês abusando da paciência do Iko, dei de presente pra ele o jogo de tabuleiro Risk (War, no Brasil) e enviei um cartão-postal para minha professora de français. Quando voltei às aulas em Nova York, vi a besteira que tinha feito. Todas as professoras sorriam ao me ver, mas Beatriz estava espumando de raiva. É que no cartão-postal eu escrevi algo engraçado. Nosso livro didático tinha um personagem que se envolve numa batida de automóvel com um cantor, Nicolas Legrand – lembrando que o *s* é mudo. Mas no meu inocente cartão eu escrevi: "*Madame Beatriz, ah, Paris, c'est très beau. Je passe un moment merveilleux. Et finalement je écoute la musique de Nicolas Legrand. C'est terrible!*"

Come on, era um cartão simpático em que eu brincava que finalmente tinha escutado a música do Nicolas Legrand. Só que o *Madame* que usei antes do seu nome, do jeito que eu escrevi, parecia ser endereçado à dona de um bordel. Ela virou chacota na escola, e as outras professoras passaram a chamá-la de *Madame*... Mon Dieu, o que é que eu fiz? *Il y a des choses qui n'arrivent qu'à moi.*

Meu último compromisso social em Paris foi visitar um amigo alemão/canadense, o Daniel Schutze, também colega de escola cujo irmão era um dos melhores amigos do Renato Russo, que morava em Paris e estava com uma filha pequena. Inclusive foi quem tirou algumas das primeiras fotos da Legião já com Dado, na antiga Rodoferroviária de Brasília. Na saída do metrô próximo a sua casa, vi de canto de olho um senhor andando devagarinho. Todos passaram ligeiro por ele, deixando-o sozinho ao pé das escadarias íngremes. Sendo o cavalheiro que sempre fui, perguntei a ele se precisava de ajuda, e ao virar para mim, vi que era cego. Curioso, em Nova York, por mais brutal e fria que a cidade fosse, nunca – nunca – alguém deixaria um senhor cego ao pé de uma escada sozinho. Existe algo chamado *boas maneiras*.

Peguei-o pelo braço e ajudei-o, repetindo sempre "*Attention, le escalier*". Mesmo através do bom sotaque, ele percebeu que eu era estrangeiro e perguntou de onde eu era. Respondi "*brésilien avec un passeport américain*". "*Ah, Brésil*", falou ele feliz... No mundo inteiro as pessoas abrem um sorriso ao ouvir do Brasil, e pelo esforço que estava fazendo para me comunicar, perguntou há quanto tempo eu falava Français. Fazia onze semanas. E com um simpático sorriso, tomando rumo no topo da escada na noite parisiense, ele virou para trás e falou: "*Tu parles bien*".

A notícia percorreu Manhattan e deu até no *New York Times*: Sharon Stone estava na cidade, embalada pela recente nomeação ao Oscar por *Casino*, do Scorsese. Quando falo que a ilha de Manhattan é quase uma vila de pescador, não estou brincando. Um amigo meu ligou dizendo que dançou ao lado dela numa boate. Coincidência mesmo foi que, no dia seguinte, ela estava na mesa ao meu lado, num restaurante em Soho.

Você simplesmente esbarrava com todo mundo em Nova York. Uma vez jantei ao lado do Metallica, noutra do Philip Glass, bebi vodka num bar russo ao lado do Jim Carrey, passei na rua por pessoas como Shirley Manson, do Garbage, o cantor Maxwell e Tom Hamilton, baixista do Aerosmith. Na minha primeira semana encontrei na rua a Susan Sarandon e o Fred Schneider, do B-52's. Até a Gisele Bündchen frequentava um bistrô downtown que eu gostava – naquele dia eu estava com minha namorada norte-americana, que trabalhava com moda e, naquele clima de *O Diabo Veste Prada,* era explorada até a alma. Ela congelou, dizendo apenas: "Gisele!". Eu nem percebi, pois fora da passarela ela nem se destacava tanto da enxurrada de modelos à paisana que desfilavam por Manhattan.

Nesse dia estava comigo o exímio guitarrista de jazz Mark Lambert, que conheci no show da Astrud Gilberto no SOB's, casa noturna cuja sigla significava Sounds of Brazil, onde inúmeros artistas brasileiros se apresentavam. Depois do show, fui conversar com os músicos no camarim, e senti que Astrud estava incomodada com a presença de estranhos, mas foi uma honra tê-la conhecido. Anos antes eu a tinha visto numa apresentação histórica no Avery Fischer Hall, no complexo do Lincoln Center, no show *Tribute to Tom*, alguns meses depois da morte do maestro soberano, em

1994. Há poucos relatos sobre esse show no universo online, e me sinto obrigado a relatar.

A homenagem foi apresentada pela Sônia Braga, e os ingressos acabaram em um dia – no mercado paralelo custavam três mil dólares. Ouch! Também pudera. Passaram pelo palco, entre outros, Eliane Elias, Herbie Hancock, Caetano Veloso, Gal Costa, a família Caymmi, Milton Nascimento, Sting e, pela primeira vez juntos em anos, Astrud e seu ex, João Gilberto. Jaques Morelenbaum, Daniel Jobim e Nana Caymmi, que eu conhecia, também estavam escalados. Fernando Henrique, recém-eleito presidente do Brasil, estava na plateia, poucas fileiras atrás de mim.

Depois de Astrud interpretar "Água de Beber", Sônia Braga anunciou João Gilberto, e, sob os aplausos da plateia, ninguém apareceu. Astrud ficou no meio do palco segurando o microfone por alguns minutos, visivelmente consternada olhando para a produção, "Ele vem?". Na pesquisa para este livro, escutei de uma pessoa próxima a Nana que, naquela hora, o empresário de João Gilberto pediu para todos que estavam na coxia saírem, pois "João ia passar e não queria ninguém ali". Todos saíram, exceto Nana, que o peitou, mandando um recado: "Você manda ele se foder, que eu não vou sair daqui". Quem conhece a Nana pode imediatamente imaginar a cena. Não falei que ela era uma das nossas?

Finalmente ele entrou, passou direto pela Astrud, sem cumprimentá-la, e começou a tocar "Garota de Ipanema", sem olhar para o resto da banda. O problema é que o violão estava desafinado em relação aos demais instrumentos. O saxofonista Michael Brecker e o baixista John Patitucci conseguiram ajustar seus instrumentos rapidamente, mas os demais músicos demoraram longos compassos para se ajustarem ao violão de João. Exceto o piano, é claro. Foi bastante constrangedor.

João continuou tocando, alheio ao que estava acontecendo. Eu estava na quarta fileira e, naquele momento, presenciei algo único da música brasileira: Astrud se abaixou e sussurrou no ouvido de João, imagino que algo como "você não mudou nada". Mas o tributo foi histórico, digno de Tom, e me sinto muito privilegiado de ter estado presente na noite em que o Brasil tomou Manhattan.

O guitarrista da Astrud, Mark Lambert, me contou uma história que repasso agora com um sorriso imenso, sobre outra lenda brasileira. Apaixonado pelo Brasil, ele perguntava aos colegas brasileiros como poderia aprimorar o seu português. Todos respondiam em uníssono: "Namora uma mulher brasileira". Passados alguns meses, ele reaparece com o português muito mais afiado. Ao apresentar a namorada brasileira, Sônia Braga, os colegas falaram incrédulos: “A gente tinha falado para você namorar *uma* mulher brasileira, não *a* mulher brasileira!”.

Para entender o lado showbizz de Nova York, não tem como não passar por uma rockette. Sim, isso mesmo, uma das dançarinas do show homônimo em cartaz no Radio City Music Hall desde 1925. Uma delas era casada com um colega meu – e realmente todas parecem iguais. Calma, isso não é uma afirmação machista, é uma exigência da produção por décadas, para manter a uniformidade das fileiras de pernas subindo e descendo em sintonia.

Mas vida de dançarina não era fácil, ela era mãe recente e durante a semana trabalhava na revista *Sports Illustrated*, onde me conseguiu ingressos para ver os Yankees jogando contra os Baltimore Orioles, o time de baseball mais próximo de Washington, D.C., que ela sabia que eu gostava. Ao chegar ao Yankee Stadium, acostumado com os piores assentos, já fui me encaminhando para o topo da arquibancada, mas os lanterninhas me avisaram que eu estava indo na direção errada. Estranhei, me sentindo o eterno penetra, quando dei por mim, estava na cabine colada ao lado da primeira base, a poucos metros do Derek Jeter, uma lenda viva dos Yankees. Mordomia é bom quando é com a gente... Era como ver o Rivelino de perto, no seu auge...

Uma coisa que os norte-americanos têm em comum é não saber se divertir como deveriam. Ninguém no mundo, *ninguém*, sabe se divertir como brasileiro, e não era à toa que as festas norte-americanas eram meio chatas. Mas eu sempre dava um jeito. Sem ser no verão, as pessoas andam por Manhattan encasacadas; como os meus casacos sempre tinham vários bolsos internos, eu sempre andava com um CD do Gilberto Gil. “Por que, Kemosabe?”, você deve estar se perguntando. Simples. Ao tomar conta do som de *qualquer* festa – minha especialidade – e botar “Toda Menina Baiana” para tocar, eu conseguia atrair todas as brasileiras presentes para a pista de dança. Aí sim, a festa estava garantida.

Quando eu estava numa festa e esbarrava em algum brasileiro que não sabia quem eu era – o que não era raro –, eu adorava falar entusiasmadamente, como o gringo que posso ser quando eu quero, que adorava o Brasil, sua capital Buenos Aires, e o tango. Depois do habitual constrangimento da minha *vítima*, que eu deixava até o ponto de ebulição, eu levantava a blusa, mostrava minha camisa da Seleção Brasileira e falava como o Neguinho da Beija Flor: “Olha o Brasil aí, minha gente!”. Vamos combinar, eu era um chato, né? Mas me divertia.

Por falar em brasileiro em Manhattan, volta e meia Bebel Gilberto me convidava para um show dela – mas isso bem antes do estouro do disco *Tanto Tempo*. Nova York não é uma cidade fácil; mesmo tendo nascido lá e tendo o sobrenome Gilberto, ela ralava pelo circuito de clubes da cidade. Foi justamente isso que a preparou para o reconhecimento mundial. Way to go, Bebel!

Ah, tantas histórias... Pela primeira vez em anos eu estava genuinamente feliz. Ralando, mas feliz. Sobrevivi à economia descendente do Brasil, ao rock brasileiro e à cultura carioca, e tinha a vida inteira pela frente. Não queria mais saber do Brasil e, sempre que vinha alguém de lá, eu deixava isso bem claro. Não me olhe assim, meu desapontamento era compreensível.

Mas as coisas tinham mudado radicalmente no país, e aos poucos eu estava começando a achar que o pé-frio era *eu*. Foi só eu sair de lá que o ranço e agonia da era Collor ficaram para trás com a chegada do Fernando Henrique e do real, cujo *pai*, por sinal, era o pai de duas das meninas da *Tchurma* – uma elas eu tinha recém-visto na França.

Para piorar minha relação terrivelmente mal resolvida com o Brasil, a Seleção de futebol tinha meu *outro sósia*, além do Afonso do Dominó. Era o Parreira, que ainda por cima ganhou o Mundial! Aliás, assisti à final da Copa de 1994 num bar cheio de latinos, com brasileiros repetindo em coro "tiro de esquina!" a cada escanteio transmitido em espanhol pela Telemundo. Lá, com lágrimas nos olhos, lembrei o que o Tom Jobim sempre falava e que agora sentia na pele: "Viver no exterior é bom, mas é uma merda. Viver no Brasil é uma merda, mas é bom".

Era o ano de 1995, e alguma coisa aconteceu. Estava tudo assim tão... diferente. Já tinha se passado um ano desde o derradeiro show da Plebe com o Ira!; como os meus dedos estavam começando a coçar, resolvi tirar minha Gibson do armário, com as cordas terrivelmente oxidadas pelo tempo e pela maresia do mar carioca. Dá para imaginar como me senti, sentado no chão ao lado do closet, com ela no colo, observando cada arranhão, cada pancada, e o seu braço desgastado. Minha fiel companheira de 14 anos de estrada. Aí me lembrei das brigas e daquele cheiro de maconha que impregnava tudo... Dei uma polida nela e fui até a Manny's comprar cordas novas.

Foto: Helena Resende

PLEBE RUDE

Moramos em Brasília, a capital da esperança, úma cidade não projetada para jovens, uma cidade que não tem nada pra fazer. Aqui não há arte, não há cultura, tudo é temporário, nada é permanente. E foi nesta cidade que o Plebe Rude se juntou para tocar música, não como um hobby, mas como tentativa de fazer algo differente, algo que não estava nos planos de Lúcio Costa.

Muitos perguntam o que somos. Que rótulo é que nós temos? Será que somos punks, new wave, neo românticos, rock, o que?

Somos apenas Plebe Rude.

A CENSURA

Distrito Federal

unidade repressora oficial
unidade repressora oficial
unidade repressora oficial
unidade repressora oficial
a censura, a censura, única entidade que ninguem censura
a censura, a censura, única entidade que ninguem censura
hora pra dormir, hora pra pensar,
porra meu papai, deixe-me falar
hora pra dormir, hora pra pensar,
porra meu papai, deixe-me falar
unidade repressora oficial
unidade repressora oficial
unidade repressera oficial
unidade repressora oficial
a censura, acensura, única entidade que ninguem censura
a censura, acensura, única entidade que ninguem censura
é contra nossa arte, está a censura
abaixo a cultura, viva a ditadura
jardel com travesti, censor com bisturi
corta toda músicaa que você não vai ouvir
unidade repressora oficial
unidade reprdssora oficial
unidade repressora oficial
unidade repressora oficial
a censura, a censura, única entidade que ninguem censura
a censura, a censura, única entidade que ninguem censura
nada pra ouvir, nada pra ler
nada pra mim, nada pra você
nada no cinema, nada na tv
nada pra mim, nada pra você!
unidade repressora oficial
unidade repressora oficial
unidade repressorą oficial\
unidade repressora oficial

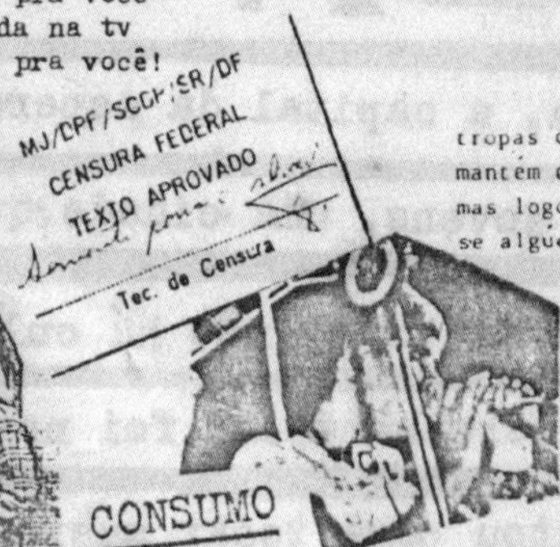

TÁ COM NADA

rita lee (tá com nada)
gilberto gil (tá com nada)
milton nascimento (tá com nada)
sidney magal (tá com nada)
figuredo (tá com nada)
delfin netto (tá com nada)
paulo maluf (tá com nada)
RONALDE REIGHAN (tá com nada)
~~xxxxxxxx~~
roberto marinho (tá com nada)
janete clair (já morreu!)
fabio jr (tá com nada)
rede globo (tá com nada)
plebe rude (tá com nada)

CONSUMO

Tomei uma coca (ah é ...?)
Cadê o sorrisso.
Gastei dineiro
Fique liso.
Comprei de tudo
a prestação
O spc
é o meu caixão
Consumidor
que não reclama
paga filé
come banana
Cala boca e consuma
Cala boca e consuma
Você não tem o direito de duvidar
Cala boca e consuma
Cala boca e consuma
Você não tem o direito de
Cala boca e consuma
Cala boca e consuma

VOZ DO BRASIL

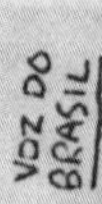

SUA PROTEÇÃO

todo dia
todo dia
na voz do
na voz do
a voz fal
tentando,
a voz do
a voz do
cear
curi
avis
avis

será verdade, será que não
nada do que posso falar
e tudo isso pra sua proteção
nada do que posso falar

a pm na rua, a guarda nacional
nosso medo, suas armas,
a coisa não tá mal
a instituição taí
pra nossa proteção.

voz do br
voz do br
voz do br
voz do br

tanques lá fora, exercito de plantão
apontado aqui pro interior
e tudo isso pra sua proteção
pras véia poder se impor

a pm na rua,
nosso medo de viver,
um consolo é que eles vão me proteger
a única pergunta é me proteger do que

sou uma minoria mas pelo menos
falo que quero apesar da ... REPRES

tropas do choque, pm's armados (é para sua pr
mantém o povo no seu lugar (é para sua proteç
mas logo vão presos, ideologias marcados (é p
se alguem tiver a coragem de contestar (é par

oposição reprimida, radicias calados
toda a angustia do povo é silenciado
TUDO PRA MANTER A BOA IMAGEM DO ESTA

sou uma minoria mas pelo menos
falo que quero apesar da... REPRESÃ

armas polidas, e balas se esquentem (é para s
esperando sua função (é para sua proteção)
exercito brabo e o governo lamenta (é para su
que o povo aprendeu dizer não (é para sua pro

até quando o brasil vai proder supor
o código penal não deiza o povo rebel
Autarquia baseado em armas não dá

e tudo isso é para a sua segurança
para a sua segurança

eu ligo meu rádio pra ouvir hipnotísmo nacional
eu ligo meu rádio pra ouvir lavagem celebral

e ninguem escuta, pensam que sou biruta
o em vão achar uma estação que não tenha

e, brasilia, ano zero
o paulo, brasilia, ano zero
vegantes que omar não tá pra peixe
vegantes que o mar não tá pra peixe
do pai, do filho e do espírito santo
BRASIL

vivo da capital da esperança)

15 - MUNICÍPIO (CIDADE) BRASÍLIA

A MINHA RENDA

A minha renda

Você me prometeu, apartamento em ipanema
iate em botafogo, se eu entrasse no esquema
contrato milionário, grana, fama e mulheres
a música não importa, o importante é a renda

ambição (grana, fama e você)
tenho que fazer sucesso antes que seja tarde
eles acham que eu vendo, que tenho boa imagem
o meu produtor ... ele gosta de mim
grana tem mais valor que minha dignidade

Tá no Chacrinha ou na televisão
Tudo isso ajuda na minha divulgação
Isso quer dizer mais Grana pra produção
e pra mim...

Você me comprou, pôs meu talento a venda
Você me ensinou, que o importante é a renda
contrato milionário, grana, fama e mulheres
o vinyl é de menos, o importante é a renda

ambição (granta, fama e você)
eles trocam minhas letras, mudam harmonia
no compacto tá escrito que a música é minha
e já sei o que fazer pra ganhar muita grana
vou mudar meu nome para ____________

Tá no Chacrinha ou na televisão
Tudo isso ajuda pra minha divulgação
Isso quer dizer mais grana pra produção
e pra mim...
Grana, Fama e Você!

Um lá menor aqui, um coralzinho de fundo
minha letra é muito forte? se tu quiser eu mudo
e têm que ter refrão, Sim! um refrão repetido
prá música vender, têm que ser acessível

ambição (grana, fama e você)
não sei o que fazer, grana tá difícel
Tenho que me formar e já escolhei um ofício
você é músico, não é revolucionário
faça o que-lhe digo, que lhe faço milionário!

Tá no Chacrinha ou na televisão (a minha renda)
Tudo isso ajuda pra minha divulgação (a minha renda)
Isso quer dizer mais grana pra produção (a minha renda)
e pra minha renda!

All lyrics and songs were made by PLEBE RUDE.

SEXO E KARATÊ

exo e karatê na minha tv
e deixam tão doentes que eu liguei pra você
as atendeu um chinês que me falou em inglês
ue você não gosta mais de mim

o c ê não gosta mais de mim?

ntão eu volto pra tv, pra ver sexo e karatê
exo e karetê
exo e karatê um whiskey sem gelo, voltei pra tv
exo e karatê tá passando na globo karatê e sexo
exo e karatê sexo e karatê
roteção) sexo e karatê
teção) sexo e karatê
sexo e karetê
rua) sexo e karatê
rua)

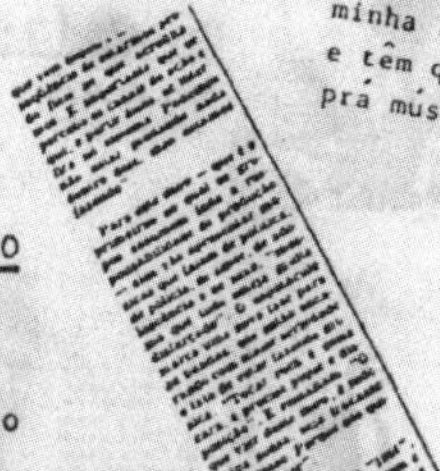

A DANÇA DO SEMÁFORO

todo mundo está na pista
todo mundo quer dançar
ção) é uma nova dança sensação
Atenção, vai começar
ão) vermelho-o sinal tá vermelho
vermelho-todo mundo parado
amarelo-vem aí a mudança
m na rua) amarelo-podem se preparar
m na rua) verde-adança começou
verde-a dança começou
pula mexa corra ande pare fale pula
(é a dança do semáforo)
ouça fale grite imite mexa ande corra PARE!
(é a dança do semáforo)
cada vez vai ficar mais rápida
será que você vai aguentar?
empurra empurra, pisa pisa
Cuidado, o sinal vai mudar
verde-todo mundo dançando
verde-cada vez mais rápido
amarelo-verefiquem os freios
amarelo-podem se preparar
vermelho-osinal tá vermelho
vermelho-todo mundu parado (HEY!)
pula mexa corra ande pare fale pula
(e'a dança do semáforo)
ouça fale grite imite mexa ande corra PARE!!!

Isto é o PLEBE RUDE. Eu não posso ... pessoa para julga-los e ...

48

5 dias pra trabalhar
só 2 dias pra descansar
48 horas não - chega, chega, chega

Tantos lugares que eu quero ir
só 2 dias para me divertir
48 horas não - chega, chega, chega

Meu patrão é um sacana
me faz trabalhar até o fim de semana
48 horas não - chega, chega, chega.

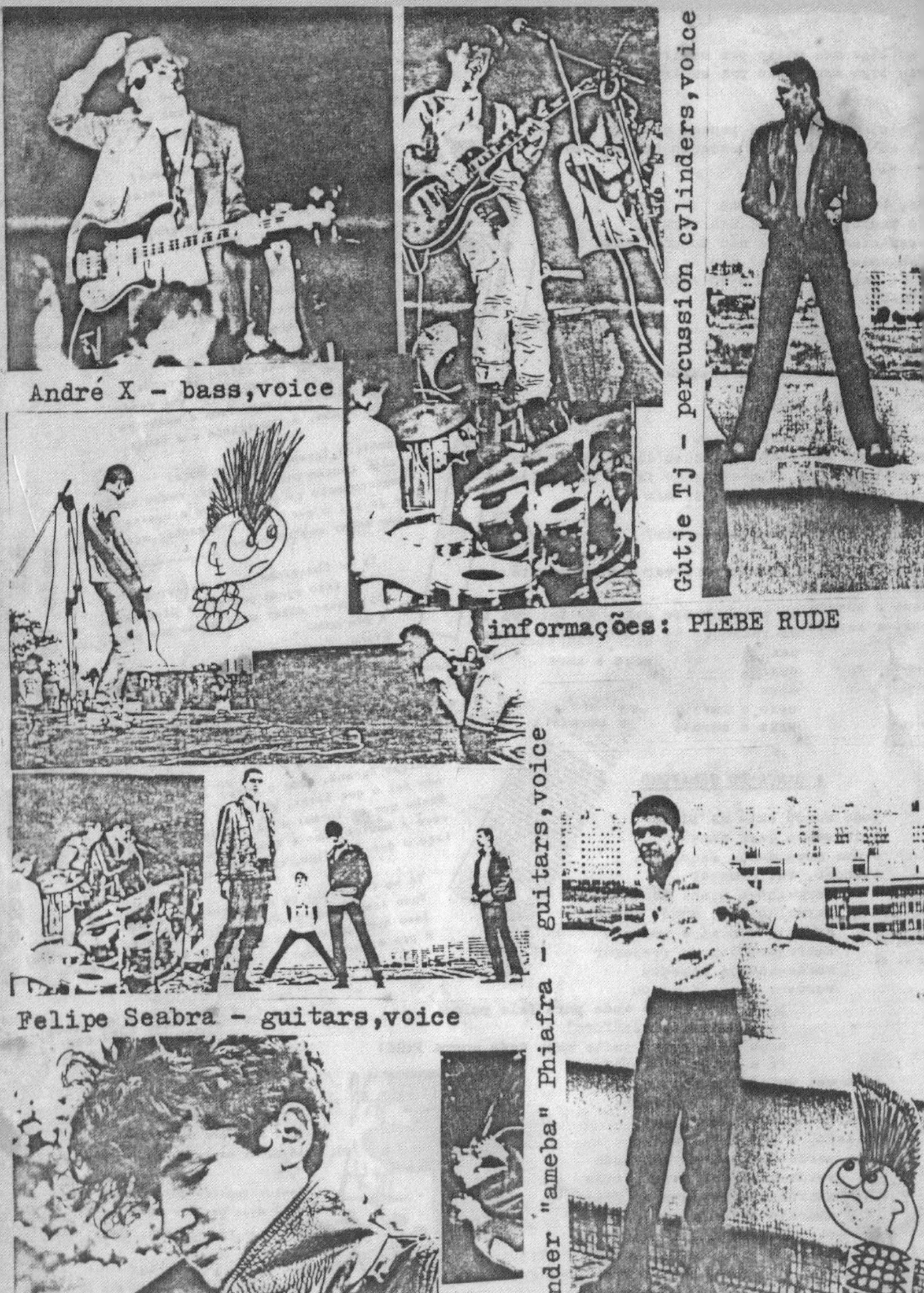

André X - bass,voice

Gutje Tj - percussion cylinders,voice

informações: PLEBE RUDE

Felipe Seabra - guitars,voice

Jander "ameba" Phiafra - guitars,voice

Ricardo Jorge (1858-1939), bisavô de Philippe (acervo do autor)

A linhagem punk da família começa com Ricardo Jorge, Diretor-Geral da Saúde em Portugal. Ele usou o anúncio com slogan de Fernando Pessoa, de 1927, para vetar a Coca-Cola no país – o que durou 50 anos

Alexandre José Jorge De Seabra II, pai de Philippe, como intérprete no encontro dos JK's: John F. Kennedy e Juscelino Kubitschek. Casa Branca, 1961 (acervo do autor)

A infância em Washington D.C. Na primeira foto, a mãe Silvia Mara Brasil De Seabra (acervo do autor)

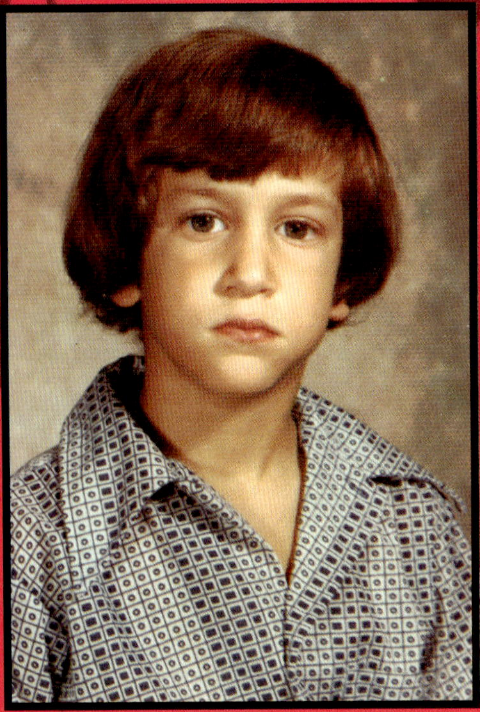

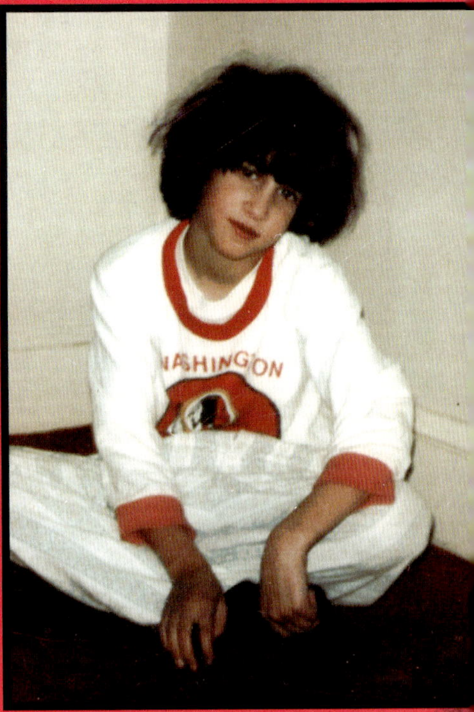

Acima, a iniciação à leitura foi com os livros de Charlie Brown. "A imaginação da minha geração floresceia".

À direita, Halloween de 1972, fantasiado de veterano do Vietnã. A luta pelos direitos civis, o fracasso no Vietnã e a renúncia de Nixon fizeram o clima mudar em Washington.

Ao lado, primeira comunhão. "Argumentava com minha mãe que não queria me sobressair e que nenhuma das crianças estava usando gravata-borboleta. Eu era o único ali de branco. Ainda mais que o terno pertencia a outra criança, um tal de Pierre. Minha mãe indagou, 'que Pierre?'. Respondi, 'Está escrito aqui dentro, Pierre Cardin'" (acervo do autor)

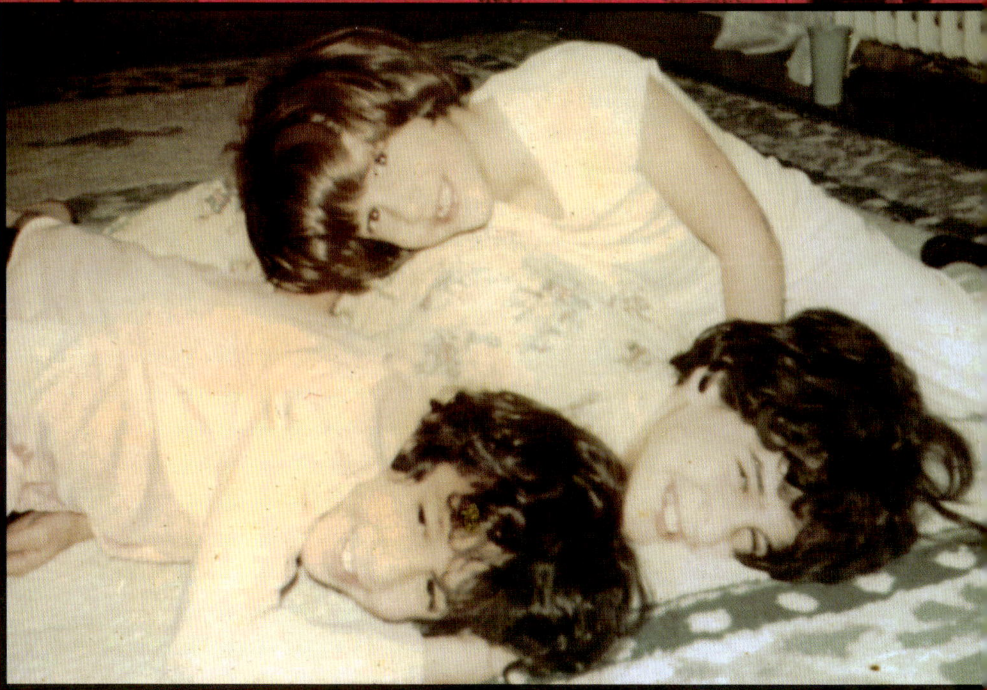

Philippe por cima dos irmãos Ricky e Alex: "Posso dizer que, fora algumas vezes que meus irmãos me trancavam no porão escuro da nossa casa, tive uma infância maravilhosa" (acervo do autor)

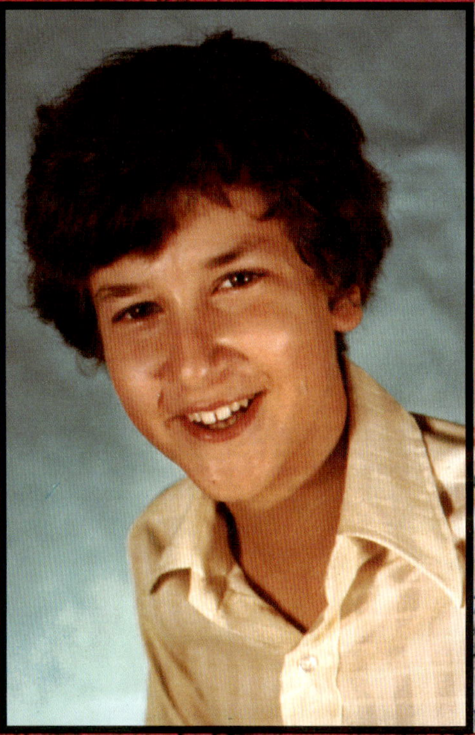

O segundo violão, um DiGiorgio com cordas de nylon: "Seria nesse mesmo violão que alguns anos mais tarde sairiam alguns dos maiores sucessos do Rock de Brasília" (1979, acervo do autor)

Primeiro show, com Elizabeth Midkiff. “Nervoso e me sentindo pouco à vontade com o colete de papelão com um adorno natalino na lapela; quando colocaram um microfone na frente do violão e o ouvi reverberando pelo ginásio todo, acalmei. Como era pra ser”. Natal de 1979 (acervo do autor)

Primeiro show do Caos Construtivo: Robert “Milos” Ivković, Philippe e os irmãos Sava e Jovan Tatić, 1980 (acervo do autor)

E.T. Punk, do jornal subversivo que Philippe distribuía no colégio, *The E.T. Eyewitness News*

Rock na Ciclovia, o festival ao ar livre que a Plebe Rude organizava no Lago Norte (Brasília, 1982). "Hoje, dá até para romantizar a respeito, mas talvez tenha sido essa precariedade que solidificou as performances e a postura" (acervo do autor)

A fundação do rock oitentista de Brasília. A gênese da *Tchurma*, da esquerda para a direita: André X, Flávio Lemos, Philippe (de óculos), Loro Jones, Jander "Ameba", membros do Rock Fusão, Iko Ouro Preto (na frente, embaixo) e, à direita, Renato Manfredini (Foto de Maria Zilda Smeele, 1981)

FUNDAÇÃO CULTURAL DO D.F. APRESENTA
ROCK
SALA FUNARTE
QUARTA-FEIRA
25 · 21 horas
Blitx · Fusão
Aborto Elétrico
PLEBE RUDE
SHOW de ROCK com
PLEBE RUDE
e BLITX 64
Local: Sesc 913 sul
Data: 11/12/81
hora: 20:00
Rock BSB
DANCETERIA COM:
CAPITAL INICIAL
PLEBE RUDE
COLA DE ESCÂNDALO
OM. 8 Set, às 17 hs.
e do Servidor Público Civil
(ASCB)
COS PRODUÇÕES LTDA.
ATLÂNTIDA FM 93.7
EDITORA GRÁFICA JARBEX LTDA
MÚSICA
CAPITAL INICIAL
LEGIÃO URBANA
PLEBE RUDE
colégio alvorada
916
dias 4-5
maio
21 horas
ROCK ROCK ROCK
ROCK NO food's
XXX
PLEBE RUDE
LEGIÃO URBANA
LOCAL: FOOD'S
DOMINGO DIAS
lebe Rude
APRESENTA:
ohnny vai à Guerr
(outra vez)
23 e 24 DE AG
·ESCOLA PA
·21 HORA
CAPITAL
LEGIÃO
PLEBE
CAPITAL INICIAL
PLEBE RUDE
DIAS 21 e 22 DE OUT.
21:30 hs SESC 913 SU
Rock Rock Rock Rock
Show Show Show
ULTRAJE A RIGOR
LEGIÃO URBANA
PLEBE RUDE
7 de Julho às 17 horas
Ginásio Presidente Médici
Promoção Exclusiva: 105 FM
Apoio: GARVEY PARK HOTEL
FUNDAÇÃO CULTURAL DO DF/DEFER
Ano Zero da Nova República
Ingressos: PISTA e CADEIRA 15 mil
ARQUIBANCADA 5 mil
Produção: ATMOSFERA

Philippe com a Giannini do Loro Jones no último show da Plebe com o Aborto Elétrico. Expoarte, Brasília, 1982 (acervo do autor)

Ensaio na sala dividida com Legião Urbana e XXX no Brasília Rádio Center, em 1983. "Depois da aula, pegava o ônibus e passava as tardes ali sozinho pregando caixas de ovos no teto" (acervo do autor)

Rock na Ciclovia, agora com mais estrutura (Foto de Lula Acioli, 1982)

Patos de Minas, 1982, o palco da discórdia: "Uma das fotos mais marcantes dessa saga toda. No contorno da silhueta das duas bandas dá para ver meu braço levantado formando um triângulo, enquanto fotografava o caminhão-pipa, que tentava em vão conter a poeira" (Foto de Philippe Seabra)

Matando tempo na craviola do Renato em Patos de Minas. Da esquerda para a direita: André X, Philippe Seabra, (de costas, Gutje, Marcelo Bonfá e Paraná), Pedro "Hiena" Pimenta e Paulo "Paulista" Guimarães (Foto de Lula Acioli, 1982)

Estreia no Circo Voador, verão de 1984: "Sem que pudéssemos sequer imaginar, o Circo Voador seria futuro palco nas próximas décadas de lançamento de 5 discos e um DVD da Plebe indicado ao Grammy Latino. Até a publicação deste livro, tocamos 31 vezes lá" (Foto de Maria da Piedade Moraes, acervo do Circo Voador)

Plebe Rude, Brasília, 1984 (Foto de Fernando Bola).

Plebe Rude como “power-duo”, lançando o *Mais Raiva do que Medo*, 1992 (divulgação Natasha)

Estreia do Daybreak Gentlemen em Manhattan, 1997 (autoria desconhecida, acervo do autor)

Kyle Kelso e Philippe Seabra coproduzindo Daybreak Gentlemen no estúdio Alien Flyers (antigo Skyline), Manhattan, 1997: "Se você é fã da Plebe, tem que agradecer ao Kyle, que teria quase tanto impacto na segunda metade da minha vida quanto o André na minha vida anterior. Kyle me trouxe de volta à música" (autoria desconhecida, acervo do autor)

Philippe tocando "A Ida" na gravação do *Enquanto a Trégua Não Vem*, Rio de Janeiro, 1999 (Foto de Zé Maria Palmieri, divulgação)

Redson (Cólera) com Philippe Seabra em Recife, 2000 (Foto de Marcos Bragatto)

Plebe Rude de volta aos estúdios da EMI no Rio de Janeiro, 1999: "O péssimo filho à casa torna" (Foto de Zé Maria Palmieri, divulgação)

Acima, com Herbert Vianna em Brasília, 1999. Depois de 16 anos, finalmente o "enigma do pedal queimado" foi desvendado (Foto de Christian Miranda)
Abaixo, Plebe Rude lançando o disco *Primórdios 1981-1983*: Clemente Nascimento, André X, Marcelo Capucci e Philippe Seabra (Foto de Mateus Mondini, 2018)

Philippe Seabra no Daybreak, seu estúdio particular em Brasília (Foto de Max Valarezo)

Philippe Seabra como palestrante em Goiânia: "Dessa série de palestras que comecei a dar desde 2018 sairia o livro que você está lendo" (acervo do autor)

Plebe Rude ao vivo. Philippe Seabra, Marcelo Capucci, André X e Clemente Nascimento. "Felicidade em banda? Eu não sabia que isso era possível" (Foto de Mateus Mondini)

Philippe Seabra e sua eterna Les Paul (Foto de Mateus Mondini)

Philippe Seabra no Instituto de Saúde Doutor Ricardo Jorge em Lisboa, "visitando" seu bisavô (acervo do autor)

Capa da *Veja* com o filho Philippe, 2013

"Minha esposa Fernanda Rodrigues De Seabra, o grande amor da minha vida e mãe de nosso filho" (acervo do autor)

Philippinho sendo apresentado à plateia na Esplanada dos Ministérios, Réveillon de 2013 (Foto de Bruno Peres/CB/D.A. Press)

Nessa época me mudei para um novo apartamento, na rua 83, ainda no Upper West Side, e lá encontrei numa estante *The Dubliners*, o livro de contos de James Joyce. Chamou-me a atenção o conto "After the Race", que salienta o contraste entre pilotos e mecânicos que convivem em uma corrida que dura dias. Num trecho, o personagem principal é surpreendido por um húngaro que anuncia a aurora, num lembrete de que tudo na vida passa, e rápido.

The cabin door opened and he saw the Hungarian standing in a shaft of grey light: "Daybreak, gentlemen!".

Estava na hora de voltar a compor. Com um acorde de dó diminuto que derivei da música "Stick It Out', do Rush – que eu tinha visto ao vivo recentemente –, minha primeira música em inglês, "Second Time Around", se escreveu praticamente sozinha na minha primeira noite no apartamento novo.

> "No time to fool around, no time to think things over/
> This country's going down, you never have a backup plan/
> Statistically you're bound to let it slip, you know what I mean/
> Second time around. You'll want it back/ I'm alright, Okay?
> Daybreak, gentlemen."

Foi estranho como fluiu. Será que meu mojo tinha voltado ou era a fluência latente na minha língua nativa só esperando para se manifestar? *Who knows?*

A vida continuava, e a Acoustiguide foi vendida. O filho do novo dono foi conhecer a equipe, e, pelo seu terno Armani, senti que algo ia mudar, e não para melhor. O estúdio funcionava há 14 anos, e alguns funcionários estavam lá desde o começo – além de um amplificador de potência que *nunca* fora desligado. Mas a direção nova olhou os números e viu que seria mais lucrativo terceirizar as gravações. O estúdio fechou, e todos foram despedidos. Um verdadeiro atestado da frieza econômica nos Estados Unidos, onde não existe lealdade corporativa. Não que exista hoje em dia em algum lugar, mas lá era mais brutal. Lembrava um pouco o presidente da EMI dizendo "a Plebe é uma banda de carreira", para depois acontecer o que aconteceu. Mas logo comecei a trabalhar como freelancer na Rockfeller Foundation, fazendo trilha para CD-ROMS educativos e corporativos – quem me contratou foi uma mulher da família Kennedy, que me deu muitos trabalhos para gravar. Ah, ter uma Kennedy de benfeitora? Check!

Valia de tudo, world music, música etérea, música indiana e até música senegalesa, um desafio e tanto. Trabalho vai, trabalho vem, num final de manhã, ao chegar no belíssimo prédio da fundação, na 5ª Avenida, munido da gravação de uma trilha, fui barrado na entrada. Achei que o porteiro estivesse me confundindo com alguém querendo fazer uma entrega, pois eu estava com um casaco de frio meio surrado. Causei uma confusão daquelas, mas acesso negado. Foi a primeira vez que algo assim aconteceu comigo, e a única coisa que poderia fazer é escrever uma letra a respeito, uma versão em inglês de "Um Outro Lugar", mas com o final do refrão harmonicamente diferente... O tema da letra era igual ao da original.

> "After all the colors bleed to one another will it be your priority?/ What keeps it all together, the common denominator/ The differences you have from me."

Compor sozinho em casa era uma coisa, e as músicas estavam fluindo, mas e tocar ao vivo de novo? Não sei... Bucky, aquele amigo do meu irmão que trabalhava como *tour manager* do Dance Theater of Harlem, tocava bateria e me chamou para levar um som com amigos. Por que não? Fazia mais de um ano que eu não tocava guitarra, quem sabe o período sabático estivesse chegando ao fim? Minha Les Paul Silverburst estava polida e com as cordas zeradas. Eita instrumento bonito – e com histórias pra contar...

Ensaiávamos num depósito do Dance Theatre, onde os figurinos e os imensos cenários eram guardados, com pé-direito alto e acústica ingrata. Passei a ser o curinga ali, tocando baixo, guitarra ou bateria. Pior, eu estava gostando – mas duas vezes por mês já estava bom. Além do Bucky, estavam na banda o Brian, que trabalhava como técnico de som do Dance Theater e tinha uma voz imponente, e o jovem texano Kyle Kelso, que, quando conheci, me deu uma bronca merecida. Eu contei sobre uma pequena turma de trilheiros da qual eu participava, que compartilhava bibliotecas de sons sampleados da Kurzweil que todos nós comprávamos. Meio áspero, ele me interrompeu e disse que as pessoas que trabalharam naquele software mereciam receber integralmente por isso. Sem graça, dei razão pra ele e, a partir daí, passei a valorizar mais a noção de propriedade intelectual – logo eu que me preocupava, e com razão, com direitos autorais. Um lapso. Me perdoem. Nunca mais usei software que não tivesse comprado pessoalmente.

Eu também tinha começado a jogar vôlei duas vezes por semana na YMCA, aquele mesma do Village People que você lembrou. Vôlei era outra coisa que eu não podia jogar no Brasil por causa da banda, não era bom expor meus dedos a perigos, então pude mergulhar no esporte. Tocar não era mais a minha prioridade. Eu me divertia tanto na quadra quanto nas jams. Na YMCA, a um preço acessível, podia usar todas as dependências esportivas, incluindo uma ampla academia, piscinas e quadras de basquete. Pequena amostra do microcosmo de diversidade de Manhattan, o local reunia universitários, corretores da bolsa, designers, estagiários da ONU, bartenders e até um ex-rock star cucaracha.

Um dos meus momentos mais felizes nos Estados Unidos ocorreu na noite de uma partida de vôlei muito acirrada, em que havia um iraquiano baixinho no time adversário, estudante de economia competitivo, que só reclamava – nada a ver com seu país de origem, pois o sanguinário Saddam Hussein era aliado dos Estados Unidos.

O sujeito era desagradável mesmo, quase agressivo, num jogo em que o nível dos jogadores era médio, e todos estavam ali para curtir. Então chegou a minha vez de sacar, com ele exatamente oposto a mim no fundo da quadra. Modéstia à parte, tenho um saque overhand muito forte – e fiz sete pontos seguidos em cima dele, com direito a duas bolas estourando no peito. Diante das reclamações dos seus companheiros de time, imitando seu jeito bronco a cada saque que perdia, ele foi embora *puto*, no meio do jogo, antes que eu pudesse fazer meu oitavo ponto no *pitchka ti materina*. Foi lindo. Depois, ao chegar no Sports Bar para uma rodada de marguerітas e nachos, fui ovacionado pela turma, e eu – que andava longe dos aplausos – seriamente pensei que seria a última vez que os receberia. Mas entre o trabalho, as jams e o vôlei, volta e meia meu passado davas as caras. Naquele ano Arthur Dapieve lançou o livro *BRock*, e confesso que foi engraçado ver um resumo da minha vida impresso em cinco páginas. No meio de tantos personagens que compunham a história, minha vida *realmente* tinha virado uma nota de rodapé, como eu previra, agora numa livraria perto de você.

O texto começava com "Plebe Rude foi gestada na Brasília da abertura política... filha do tédio e da revolta", e ninguém mais apropriado para escrevê-lo que o Dapieve, pois ele nos acompanhou bem de perto. Na parte da inevitável queda, ele escreveu: "Honestos que só, os rudes plebeus entraram em crise". E terminou com: "Desanimado, Philippe foi morar nos EUA. Será o fim?". Pronto, minha vida impressa, a milhares de quilômetros de distância, para todos verem. Tem coisas que só acontecem comigo. Num país que não recompensa idealismo, a única coisa que a Plebe poderia fazer era acabar. A chama que brilha duas vezes mais forte dura a metade do tempo, mas sei lá se aquela luz era uma chama. Creio que estava mais para faísca que surge de atrito. Ou da esquadrilha da fumaça acendendo a *alface do diabo*.

Nessa mesma época, a *Folha de S.Paulo* publicou uma matéria intitulada "Onde está você?" sobre o paradeiro de Ira!, Inocentes e Plebe, entre outros.

Noticiava que eu estava em Nova York, e pelo visto isso dava ibope... Para piorar, Bruno ficava me ligando pra contar as novidades do rock brasileiro, e confesso que eu me irritava com sua insistência.

Eu não estava interessado e não queria ouvir algo que fizesse eu me arrepender da minha decisão. Ao ouvir sobre a melhora na economia, o sucesso dos Raimundos e do Planet Hemp, eu me sentia o próprio Sebastião, codinome Pierre, personagem do Jô Soares que, do exílio de Paris, ligava para a esposa para saber das últimas notícias do Brasil. "Como? O Formigão virou rock star? O Canisso também? Madalena, você não quer que eu volte!"

No livro, Dapieve se referiu à época em que comecei a trabalhar com trilha sonora, no começo da década de 1990, longe dos holofotes e da Plebe, simplesmente como "Philippe tinha sumido". E era justamente isso que eu queria, ter um trabalho incógnito, de bastidores, já que eu aparecia o suficiente com a banda.

As jams quinzenais prosseguiam, e Brian começou a reclamar quando eu faltava aos ensaios. Eles sabiam do meu passado, mas não sei se conseguiam entender o nível do meu trauma. Mesmo assim, foi nesses ensaios, tocando no volume máximo e com a vista privilegiada da skyline de Manhattan na janela, que fui arrastado de volta para a música.

Se você é fã da Plebe, tem que agradecer ao Kyle, que teria quase tanto impacto na segunda metade da minha vida quanto o André na minha vida anterior. Se André me iniciou no punk, Kyle me trouxe de volta à música. Ele entendeu minha relação com a música e ficou horrorizado com as histórias da fumaça e do abuso psicológico que tive que aturar.

Gravei uma demo com ele, Brian e Bucky no próprio Dance Theater, com vários racks de ADAT, os primeiros gravadores digitais acessíveis, mas que ainda gravavam em fita, e, pior, fitas de VHS que Kyle levou. Mais uma vez revezei nos instrumentos e toquei guitarra, baixo e bateria. Até me arrisquei a apresentar uma música que se chamava "Die Down", que compus usando o mesmo riff de guitarra de "Não Nos Diz Nada".

> "There's no coming back, just face the facts/ Regenerate the old school through heart attacks."

(Eu ressuscitaria essa música 24 anos depois para o musical *Evolução Vol. II*, na forma tupiniquim de "Vitória").

O trio me pedia sugestões, mas eu preferia ficar quieto. Traumatizado com a ideia de estar numa banda e com um pé atrás pelo humor oscilante do

Brian, eu só queria tocar. Mas a pressão que eu temia veio, quando apareceu um show em Manhattan. Deixei bem claro que eu *não* queria tocar ao vivo. Se um dia eu fosse me apresentar ao vivo de novo, seria com um projeto meu, eu não estrearia em Nova York com aquela banda. Sem desmerecer, o grosso das canções eram do Brian. E eu nunca fui muito de tocar música dos outros. Tem gente melhor nisso do que eu.

Bucky então armou um data em Washington, eu topei, e adotamos o nome de Buck Flagg Four. Numa casa noturna pequena, nos arredores de Washington, com a presença dos amigos do meu irmão Alex, voltei aos palcos. Antes do show, pedi o afinador do Bucky emprestado para a minha Gibson Silverburst, aquela mesma, mas no meio da barulheira ele entendeu que eu pedi para *ele* afinar.

"Eu não vou afinar a sua guitarra", como se eu estivesse me comportando como um rock star mal-acostumado. "Mas Bucky, eu pedi o afinador emprest... ah, deixa pra lá." Entre o mito e a verdade, publique-se o mito.

Voltando para Nova York, Kyle ficou interessado nas minhas músicas e topou me produzir. Gravei quatro, numa demo esmerada: "Without Me", "Brazil", "Have You" (versão em inglês de "Um Outro Lugar") e "Daybreak Gentlemen", o anterior "Second Time Around", a primeira canção que fiz em inglês. Seria o começo de uma parceria de mais de 25 anos com o Kyle, com mais de duas dezenas de discos gravados e produzidos por mim no Brasil, da Plebe e de outros artistas, e mixados por ele nos Estados Unidos, incluindo um indicado ao Grammy Latino.

Aos poucos eu estava montando repertório e vivendo minha vida longe, bem longe dos holofotes. E estava feliz. Ralando, mas feliz. Era isso que importava. Então aconteceu algo que pôs os plebeus no Brasil em estado de alerta. A EMI lançou uma coletânea em CD com o *best of* da Plebe. Tudo bem, não eram os discos individuais, mas quem era eu para reclamar? Eu tinha recebido um e-mail da gravadora, meses antes, pedindo um playlist para uma possível coletânea. Espantado com a possibilidade de parte da obra finalmente entrar em catálogo, mandei uma lista que já tinha pronta, mas sem esperar que realmente rolasse. No meu pequeno Mac eu tinha um arquivo intitulado *Plebe 1994*, que atualizava a cada ano sem muita perspectiva. Agora parecia ser pra valer. E olha que disco: "Até Quando", "Proteção", "Minha Renda", "Johnny Vai à Guerra", "Bravo Mundo Novo", "Censura", "Nunca Fomos Tão Brasileiros", "Sexo e Karatê", "Plebiscito", "A Serra", "Um Outro Lugar", "Códigos", "A Ida", "Brasília", "Valor" e "Repente".

Por incrível que pareça, a minha lista foi seguida à risca, e o disco foi lançado dentro de uma coleção com o nome literalmente *bundão* de *Preferência Nacional* (tem coisas que só acontecem comigo). E, já que estavam abertos ao repertório, quem sabe eles estariam abertos para sugestões para capa? Mas a EMI se desfez de, ou melhor, destruiu muito do seu acervo da época e acabou usando uma foto da sessão fotográfica para a revista *Bizz* de 1987, numa fotomontagem que parecia ter sido feita por um estagiário com uma tesoura cega durante um terremoto. Desrespeito por desrespeito, pelo menos o repertório era de primeira. Àquela altura do campeonato, nem fazia tanta diferença para mim. Pelo menos um punhado do nosso catálogo estava digitalizado – mas o *Concreto Já Rachou* na íntegra que é bom, nada... Gravadora de merda essa, hein? Agora sim, eu sabia que *jamais* veria os discos individuais lançados.

Numa entrevista online sobre o lançamento da *Preferência Nacional*, fiz um paralelo curioso sobre o desleixo da capa e a inexistência do clássico *Concreto* em CD, citando as oportunidades desperdiçadas, o desrespeito e o descaso que via no Brasil quando ainda lá morava. "Agora adicione a isso um pouco de corrupção e multiplique pela lei de Gérson. Existem incompetentes em todas as áreas, mas no Brasil parece que temos um pouco mais do que o normal." Não consegui disfarçar a minha raiva e concluí: "É por isso que com o Daybreak Gentlemen estou fazendo tudo diferente". Sem perceber, acabei dando nome ao meu projeto solo.

O lançamento de *Preferência Nacional* foi um sucesso, e as notícias de uma volta da Plebe começaram a aparecer. A *Folha de S.Paulo*, numa matéria chamada "Um lance de nostalgia pop", escrita pelo jornalista Thales de Menezes, noticiou a volta do Capital à formação original e uma possível reunião da Plebe. "A volta do Capital e da Plebe vai estar apoiada num nicho de mercado. Se vai ser algo além de pura nostalgia, só as próprias bandas poderão responder." Espera aí? Volta da Plebe? *Impossível*. Vocês devem estar brincando. Finalmente tinha conseguido tirar tudo aquilo do meu sistema.

Mas aí tocou o telefone. Os Paralamas estariam em Nova York no mês seguinte, e Herbert queria me ver. Eu não o via desde aquele fatídico episódio no Shopping da Gávea. Se minha vida no Brasil tinha terminado, e tecnicamente ainda estávamos brigados, o que ele queria comigo? *There are things that only happen to me.*

"Câmara censura os Paralamas"
Folha de S. Paulo, 26/06/95

A pedido da Câmara dos Deputados, a banda Paralamas do Sucesso foi censurada e proibida de tocar "Luiz Inácio (300 Picaretas)" num show em Brasília, em 1995. A música critica deputados e senadores, e usa como gancho uma frase dita pelo então presidente do PT em 1993, o presidenciável que afirmava haver 300 *picaretas* no Congresso.

Faltavam apenas quinze minutos para os Paralamas subirem ao palco quando três oficiais de justiça do Ministério Público Federal mostraram a medida cautelar que proibia a execução da canção naquele show. Segundo o MP, o rock dos Paralamas era "ofensivo à honra dos membros da Casa Legislativa". Então, no seu lugar, Herbert tocou uma versão de "Proteção".

Citando a *Folha de S.Paulo*, "depois de tocá-la sozinho no palco, Herbert, que morou dez anos em Brasília, lembrou que aquela canção exaltava a liberdade de expressão, 'que, por incrível que pareça, ainda está limitada. A censura pedida pela Câmara acabou confirmando o que diz a letra da música', disse o músico, que só pôde falar abertamente sobre o episódio com a *Folha* um dia após o show".

Os Paralamas iriam tocar no Irving Plaza, que ficava a três ruas do meu apartamento – meu terceiro endereço em Manhattan –, do outro lado do bucólico Gramercy Park, e onde vi dos Buzzcocks e Supergrass a um divertido tributo oficial do Abba, com o nome hilário de Björn Again. Antes de entrar, encontrei muita gente da comunidade brasileira, inclusive fãs da Plebe – isso sim é sucesso internacional. Assisti ao show sem muita nostalgia. Eu realmente estava em outra. Mas não fazia a mínima diferença ali. A plateia, 99% brasileira, cantava tudo, e se tem uma coisa que Herbert entende é de hit. Até aquela da prima que já estava lá eles tocaram.

Depois, no mezanino lateral, encontrei com o Herbert sem exatamente saber o que esperar. Feliz ao me ver, ele me pegou pelo dois braços, falou do episódio com a censura em Brasília e que, na execução de "Proteção", a plateia cantou bem alto a letra inteira. "Cara, você teria chorado." Bem, não sei se teria chorado, mas fiquei feliz que, mesmo estando fora do Brasil, eu ainda conseguia irritar o poder público. Não fazia mais do que a minha obrigação.

Aí ele me puxou para o lado e disse: "Vem cá que quero te apresentar a alguém", e me levou para conhecer Carlos Alomar, guitarrista que tocou anos com David Bowie e nos discos *Lust for Life* e *The Idiot*, do Iggy Pop (dos derradeiros acordes que o Ian Curtis, do Joy Division, ouviu ao se suicidar). Ele conhecia os Paralamas por causa da extensa lista de bandas latinas com que trabalhava. "Este é um dos grandes guitarristas brasileiros", disse Herbert, com um tom de irmão mais velho. Claro que fiquei lisonjeado, mas ele só estava sendo gentil. Bati levemente nas costas dele dizendo no seu ouvido: "It's OK, man, it's OK...". Era a maneira dele se desculpar, pois, da última vez que nos encontráramos, tinha sido meio feio.

Herbert insistiu para que eu fosse a Boston. Seria minha primeira vez na histórica cidade colonial. E quando cheguei em Boston e liguei para um colega da Escola Americana, coincidentemente chamado Kyle, mas com o sobrenome Russel, que era baixista da banda Angra I, eternizada em uma das árvores genealógicas que o Renato tanto desenhava.

Nos encontramos num clube que ficava na mesma rua onde, 25 anos antes, Boston e Aerosmith, dois grupos fundamentais para a minha formação, haviam começado. Kyle Russel se tornara empresário e dono de um selo de reggae e estava *passando o som* para uma de suas bandas; eu ajudei revezando no baixo e na bateria. Foi uma viagem ao passado. Não se esqueçam de que foi minha pegada de bateria que fez o Angra I superar o Caos Construtivo no show de talentos da Escola Americana.

Depois peguei um táxi e fui até o show dos Paralamas, que tinha mais brasileiros do que em Nova York. De repente, Herbert e Bi abaixaram a afinação para ré, na mão mesmo, e tocaram "Quero Ver o Oco". Os Raimundos estavam estourados no Brasil, mas eu não conhecia nada deles além das demos iniciais que o baterista Fred tinha me passado. Aquilo deu um peso diferente para o show. Mas a apelação do refrão de duplo sentido "quero ver o oco" confirmou que eu tinha tomado a decisão correta de mudar do Brasil. Como é que alguém poderia competir com aquilo? Ainda mais com as letras da Plebe?

No camarim, Herbert me apresentou a todos, feliz da vida. Mas não se enganem, esses caras eram terríveis. Fãs tentavam entrar no camarim, mas no máximo conseguiam espremer, entre os braços cruzados do segurança, uma máquina fotográfica, tipo aquele Love. Alguns da banda e equipe não pensaram duas vezes, e com a máquina na mão tiravam fotos com as calças abaixadas, frente e verso, diga-se passagem, e devidamente devolvida por entre a fresta da porta à fã que queria matar um pouco da saudade do Brasil.

Mas algumas capixabas conseguiram passar. Fãs que só da Plebe, acabaram pegando carona conosco no ônibus, onde Herbert continuou a fazer aquela festa comigo. Ele queria muito que eu subisse para o seu quarto para botarmos o papo em dia, mas confesso que ainda estava zangado com ele. E também tinha as capixabas querendo me mostrar a noite de Boston. O que você teria feito?

De volta a Nova York, Herbert novamente entrou em contato comigo e chamou Carlos Savalla, técnico de som dos Paralamas, pois queria falar de *business* e de um possível relançamento que a EMI estava planejando. O quê? A EMI queria lançar em CD algo da Plebe, além da coletânea recente? Sim, disseram. Era um box set. Olhei para eles com uma cara de Renato Aragão. "Cuma?"

A EMI estava preparando uma série chamada *Portfólio*, com o lançamento em box set de três obras de artistas da gravadora. Mesmo com o entusiasmo dos dois, imaginei que não seríamos incluídos, então deixei pra lá. Passamos a tarde juntos, e pude ajudar o Herbert a procurar um vinho específico que ele buscava e um relógio estilo aviador para presentear o pai, da Aeronáutica. Claro que passamos na Manny's, onde ele foi reconhecido ainda na calçada. Brinquei com ele, dizendo: "Isso sim é reconhecimento internacional", antes de o fã subitamente se virar para mim e perguntar como estava a Plebe. Levemente espantado, olhei para o Herbert e disse que eu estava aposentado. Herbert deu uma risada sem graça, por um breve instante, com o olhar mais triste que já vira nele até então.

Herbert nem ousou mencionar uma volta da banda, mas deixou claro que o público ainda estava sedento por aquele tipo de mensagem, coisa que a geração 1990 tinha perdido no meio do caminho. E põe perdido nisso... Me despedi do Herbert com um carinhoso abraço e aquele olhar de "obrigado por tudo que você fez por mim"; contudo, a maneira com que eu batia em suas costas dizia: "Mas não era pra ser...". Eu tinha acabado de fazer 29 anos. Deixa eu seguir com a minha vida, please...

Do outro lado do Atlântico, minha mãe ligou chorando. Não era aquele choro que antecipava a notícia de que alguém da família havia morrido, mas era profundo. Renato tinha falecido.

Não foi nenhuma surpresa, e confesso que me espantei por ele ter sobrevivido tanto tempo, não só pelo decreto praticamente de morte que vinha com o diagnóstico do HIV na época, mas também por seu mergulho na bebida e nas drogas. Assim que soube que estava infectado, Renato ligou de Nova York para a Ginny e disse que, mesmo assim, estava se divertindo e tendo muito sexo. E que a gravadora daria completa assistência no que ele precisasse.

Fui ao show da Legião no Jockey do Rio, no dia do enterro do Cazuza, em 1990. Não tinha como não ser emocionante, ainda mais quando Renato apontou para cima e disse para a plateia: "Olha a lua", que estava cheia. Ao contrário do Cazuza, que foi bastante público em relação à doença, Renato se recolheu em seu apartamento, em Ipanema. Cazuza apareceu na capa da *Veja* com a manchete "Cazuza, uma vítima da Aids, agoniza em praça pública". Na foto da capa, ele estava terrivelmente magro e debilitado. A matéria dizia que ele pesava 40 kg. A família dele reclamou que foi enganada pela revista, e na minha cabeça vieram aquelas discussões que volta e meia eu tinha com o Herbert. A privacidade é jogada pela janela quando alguém concorda em se expor, e uma exposição como aquela, da capa da *Veja*, seria um pouco difícil de ser superada. Agoniza em praça pública... Claro que esse título não foi autorizado pelo Cazuza, mas a pergunta que fica é: valeu a pena ter topado participar da matéria? Nem sempre podemos controlar a narrativa.

Pouco antes da doença impossibilitar shows ao vivo, chegamos a cruzar com o Cazuza na estrada, em Recife. Eu fiquei horrorizado com as piadas das pessoas sobre o seu estado e sobre aquela certamente ser sua última turnê. Até ouvi uma versão de "Faz parte do meu show" cantada por alguém se passando por um coveiro – "faz parte do meu chão". Eu não achava a mínima graça, ainda mais sabendo que o Renato estava infectado pelo mesmo vírus.

Estranha essa coisa chamada celebridade. Apesar de a notoriedade da Plebe ser bem menor, creio que consegui lidar com isso à minha maneira, e bem. Mas agora não fazia diferença. Era apenas uma pequena história do passado no Brasil, que eu raramente compartilhava. Mas a chamada da revista *Veja* ainda ecoava... Será que *tudo* tinha que ser público?

Depois do telefonema da minha mãe naquela noite fria de outubro, desci para um restaurante japonês no East Village com um antigo amigo. Do lado de fora, na calçada, um camelô vendia vinis usados; já que eles estavam ali, por que não fuçar, mais para distrair do frio do que para garimpar, já que eu tinha deixado meu toca-discos Pioneer, aquele mesmo que embalava as festas da Escola Americana e depois da *Tchurma*, no Rio. Durante uma rajada de vento frio, não é que no meio dos vinis apareceu uma cópia do *Que País É Este*? Que loucura.

"All you ever dreamed of was the one who'd love and hold you/ As you carried on, now your gone, gone, gone". Esses versos são da música "Connecticut", do Tom Robinson, lançada no mesmo ano da morte do Renato. Desde a década de 1970, Robinson era o pioneiro punk na luta pela descriminalização do homossexualismo, tecnicamente proibido até 1994 sob a lei de sodomia. Suas letras, explicitamente de protesto, certamente influenciaram, e muito, o Renato.

Em 1979, Renato deu uma cópia do livro *Catcher in the Rye*, de J.D. Salinger, para a Ginny. Ao ler a obra, ela viu que toda a angústia e solidão do Renato faziam dele o próprio Holden Caulfield, que só conseguia se alegrar por causa da irmã mais nova, a Phoebe – assim como o Renato em relação à própria irmã. Ao menos esse amor incondicional ele teve. E a amizade incondicional da Plebe, já que não dependíamos dele.

> "The page of fading photographs, the bitter tasting pill/ The stranger we all knew so well, the friend we never will".
>
> "Connecticut", Tom Robinson

Em 1949, o escritor existencialista francês Albert Camus visitou o Brasil e escreveu no seu diário de viagem que o Brasil é um "país em que as estações se confundem umas com as outras, onde os sangues misturam-se a tal ponto que a alma perdeu limites... É o país da indiferença e da exaltação".

Voltei ao país com a premissa de supervisionar o lançamento do box set dos primeiros três discos da Plebe – quem diria, não é que a EMI estava fazendo algo pela Plebe? O ano era 1997, e eu estava com saudade, mas não estava preparado para o contraste social que vi pela janela a poucos quilômetros do Galeão, o aeroporto que seria oficialmente chamado de Tom Jobim dois anos depois. É muito fácil se acostumar com o Primeiro Mundo e esquecer o disparate social brutal, "com os punhos fechados da vida real", do Brasil, que caiu em cima de mim como uma tonelada de tijolos.

Não que eu não visse isso nos Estados Unidos. Uma prima minha, a Jaime, filha da nossa babá de infância, morava em West Virginia, na minúscula cidade colonial chamada Romney, no Appalachia, uma das áreas mais pobres do país mais rico do mundo. Eu a visitava sempre que podia, e ela passou ser a irmãzinha que eu nunca tive. Num sábado de manhã, fui a uma escola de Romney como voluntário para ler para crianças que moravam num trailer park ali perto. Foi um passeio lindo, além de fazer bem para a alma.

Dava para perceber uma certa desnutrição nas crianças. Uma delas em particular, não muito atenta à história de contos de fada que eu contava, me chamou a atenção. Era um menino loiro, como quase todas as crianças ali, com os cabelos despenteados e uma camisa desbotada com a estampa um super-herói aleatório, que segurava uma boneca Barbie agarrada ao peito – não como um manifesto precoce de gênero, mas como se fosse a única coisa bonita em sua vida naquele momento. Partiu meu coração. Como no filme *Os Diários da Motocicleta*, de Walter Salles, em que a imagem e a história de um trabalhador que Che Guevara conheceu em suas andanças o assombram, mas lhe dão propósito, eu nunca mais esqueci daquela criança. Deus sabe o que passou e o que passará.

Olhando para baixo e vendo uma favela interminável na Ilha do Governador, como se rapasse o fundo da aeronave, me toquei de que estava de volta ao Brasil. Com um aperto no peito, numa mistura de saudade, frustração e raiva por ver a inexistência de mobilidade social no país, eu estava começando a duvidar de que tivesse sido uma boa ideia ter voltado. Mas foi, assim como foi ótimo rever os amigos. Fiquei hospedado com o Bruno Gouveia, cujo apartamento na Barra da Tijuca era vizinho do Palace II, que tragicamente desabaria no ano seguinte, como mais um lembrete do descaso e da corrupção inerentes no Brasil. O Rio tinha crescido muito para o lado da Barra, parecendo uma Miami sem planejamento urbano algum – e com a mesma quantidade de brasileiros.

A imagem de uma parada de ônibus lotada na Barra, com os ônibus passando a toda velocidade a meio metro das pessoas, que não esboçavam nenhuma reação, ficou na minha mente, como se a vida ali não valesse muito.

Mas num tom mais leve, também vi que os restaurantes self-service tomaram conta do país, e como uma praga. De onde vieram tantos?

Fui até a sede da EMI, e não é que os Paralamas estavam no mesmo estúdio onde os três primeiros discos da Plebe foram gravados? Estavam mixando a faixa "O Amor Não Sabe Esperar", com participação da Marisa Monte, do disco *Hey Na Na*. Feliz ao me ver, Herbert disse, com um sorriso enorme, que só nessa faixa, "meio milhão de cópias estavam garantidas". O cara não tinha mudado nada... Eu ficava imaginando se a prima dele ainda estava lá...

Mostrei uma gravação de músicas minhas, e Barone imediatamente apelidou "Daybreak Gentlemen", de "Give Me a Break, Gentlemen", mas deixei claro que não era para o público brasileiro. E não tinha como ser, não era pop, era em inglês e, perdoem a prepotência, era densa; *jamais* tocaria nas rádios brasileiras.

Como eu estava ali para cuidar da Plebe, fui ao prédio onde demos inúmeras entrevistas coletivas anos antes, no departamento de marketing. A diretora me assegurou que os três discos, embalados na série chamada *Portfólio*, entrariam e *ficariam* no catálogo. Era a única coisa que me interessava. Desci ao estúdio bastante satisfeito, pensando que o idealismo da Plebe estava sendo recompensado novamente num país que não recompensa ideali..., mas fui interrompido pelo Bi. Ele disse que ia *garantir* rapidamente sua caixa, pois o box set seria um série limitada. A diretora de marketing simplesmente tinha mentido. E, mesmo sendo eventual best-seller que se esgotou rapidamente, a tiragem foi limitada.

O jornalista Tárik de Souza noticiou no *Jornal do Brasil* que a primeira tiragem das caixas de Maria Bethânia, Djavan e Plebe Rude se esgotaram. Mauro Ferreira, no *O Dia*, chamou *O Concreto já Rachou* (finalmente disponível em CD) de "pedra fundamental na construção do rock nacional".

Curiosamente, no CD do *Nunca Fomos Tão Brasileiros* havia uma faixa extra, não creditada, "Proteção II – A Missão", antes só disponível como faixa extra da fita cassete do mesmo disco. E, quase como numa piada, "Tempo ao Tempo", do *Plebe III*, aparecia apenas na versão instrumental, num eterno lembrete do clima ruim dentro da banda no derradeiro ano de contrato com a gravadora. O box set ficou lindo, mas, apesar da fidelidade dos encartes originais, o tamanho diminuto do formato dificultava a leitura das letras e da ficha técnica. Que saudade da era do vinil.

Com essa repercussão dos CDs na imprensa, o *Correio Braziliense* e *O Globo* chegaram a especular sobre uma possível *reunion tour* com a formação original. *O Globo* me perguntou a respeito, e respondi ambiguamente que não voltaríamos com a banda definitivamente, porque cada um já tinha seu próprio caminho. "Mas é bom saber que uma nova geração vai ter acesso ao nosso trabalho." Não entendi por que os discos não ficaram em catálogo, afinal, mesmo que nunca tenhamos jogado o jogo, sempre vendemos bem. O negócio não era vender disco? Como aqueles idiotas de gravadora ainda tinham emprego? *Pitchka ti materina!*

Ah, Brasil. Foi estranho estar de volta, com as pessoas me reconhecendo e perguntando o que tinha acontecido com a banda. Eu olhava com uma cara de "adivinha?". Uma vez, na praia, um sujeito chegou para mim e, sem se apresentar, declamou a letra inteira de "Bravo Mundo Novo", para em seguida sumir no meio da multidão. Só depois me falaram que era o vocalista da banda Farofa Carioca, Seu Jorge.

Com o interesse renovado pelo lançamento do box set, creio que teria dado para juntar o pessoal para uns shows, mas, como a gravadora puxou o freio de mão logo após a primeira tiragem, ficou impraticável. Fui embora... E, pior, ao som de "É o Tchan no Egito", que tocava no rádio do táxi que peguei para o aeroporto: "O califa tá de olho no decote dela/ Tá de olho no biquinho do peitinho dela/ Tá de olho na marquinha da calcinha dela".

Eu pensava: como competir com isso? Acabou definitivamente minha vida no Brasil... "Olha o kibe!"

Bem ou mal, eu consegui o que queria. Eu queria o relançamento da minha obra, e foi um sucesso, quer dizer, mais ou menos. Sucesso de verdade seria se os discos permanecessem em catálogo. Tem coisas que só acontecem comigo, mas fiz o que pude e dei por encerrada aquela etapa na minha vida. Enough! Mas o timing do box set não poderia ter sido melhor. Eu estava começando a entrar em contato com empresários de rock norte-americanos e seria bom eu ter algo físico para mostrar, ao menos para comprovar o que fiz no Brasil, numa era em que a internet ainda engatinhava.

Se tem uma coisa que empresário norte-americano não gosta é de receber material não solicitado. Por isso tive um *approach* diferente: enviei uma carta simples, com uma breve explicação sobre o que fiz e o que pretendia fazer. Caso se interessassem, eu enviaria um CD ou fita cassete.

Fiquei surpreso com a quantidade de interessados, do manager do Ice T ao do KC and the Sunshine Band. Outro que me chamou, no dia do recebimento da carta, até seu escritório em Manhattan, foi um produtor que trabalhava com o Duran Duran, uma das minhas bandas prediletas da década de 1980 – ele tinha um disco de ouro do disco *Rio* no escritório. Conversamos muito, e ele me falou que estava adiando ao máximo a audição, porque seria bom eu montar uma banda. Banda? Até então estava fazendo uma coisa meio Sparklehorse, a *one man band* capitaneada pelo multi-instrumentista Mark Linkous, mas ele tinha razão. Era a hora.

Antes eu precisaria gravar para valer – e resolvi gravar eu mesmo todos os instrumentos. Fui me preparando na academia da YMCA, entre as partidas de vôlei, fazendo esteira com baquetas na mão, tocando um feroz *air drum*, e num estúdio de ensaio, munido com um CD player portátil e tocando em cima das demos. Como eu não estava criando calos de baterista nas mãos, fui na Sam Ash (do lado da Manny's) comprar luvas, para evitar que me machucasse. Ao testá-las, o vendedor disse que eu estava segurando as baquetas de maneira errada. "Seu *pitchka ti materina*", pensei, "sou punk e toco da maneira que eu quiser, damn it!" Dave Grohl que o diga.

Com Kyle na coprodução, gravamos no estúdio Alien Flyers, num prédio discreto da rua 37 – e olha que coincidência, os talentosíssimos irmãos Busic, Andria e Ivan, da banda hard rock Dr. Sin, estavam gravando no mesmo local. Eles aproveitaram a ida aos Estados Unidos como músicos de estúdio de Eduardo Araújo, um dos pioneiros do rock brasileiro, que estava gravando o disco *Pó de Guaraná*, para gravar um disco do Dr. Sin, *Insinity*. O estúdio era incrível, com uma parcela da história da música moderna incrustada nas frestas de madeira da melhor sala de gravação em que já gravei, com pé-direito altíssimo e um equilíbrio que nunca havia escutado antes.

Todo mundo passou pelo Skyline (que àquela altura tinha mudado de nome), do A-ha ao Frank Zappa. Discos clássicos como *Cult of Personality*, do Living Colour, *Journeyman*, do Eric Clapton, e *Cosmic Thing*, do B-52's, foram gravados lá, onde Nile Rogers produziu *Like a Virgin*, da Madonna, *Notorius*, do Duran Duran, e *Let's Dance*, de David Bowie. Nova York tinha essas pérolas escondidas por toda parte.

Para melhorar, uma russa linda administrava o recinto, provavelmente filha do dono, mas ninguém ousava conversar com ela, porque o entra e sai de sujeitos com capas de couro, quase caricaturais, dava a impressão de que o estúdio era uma fachada da máfia russa. Quem queria passar o resto da vida morto? Eu nunca soube o que se passava naquele antro, mas os irmãos Busic foram num bar próximo e viram vários russos com armas na cintura. Na malandragem brasileira, ofereci pagar em espécie para ficar com o final de semana inteiro em lockout. E não precisava de nota fiscal, viu?

Mesmo pilotada pelo Kyle, a mesa SSL 4000 não gravaria sozinha. Eu precisaria de artilharia, uma fita analógica de 24 canais, já meio difícil de se achar com a chegada da era digital. Subi para a Midtown até um armazém num subsolo onde inúmeros estúdios de gravação, produtoras de mídia e filme se abasteciam de acessórios e fitas – disponíveis apenas pela marca Ampex, já que as BASF Magnetics tinham praticamente sumido do mercado.

Estranhei haver um espaço tão grande num subsolo no coração de Manhattan, aí lembrei que eu estava na rua 54. Mal abri a boca para tirar a dúvida com o gerente, e ele me interrompeu: “Sim, era aqui o Studio 54”. Pronto, cheguei 20 anos atrasado, Bianca Jagger há tempos tinha “left the building”, mas frequentei a discoteca mais famosa do mundo. Quem você conhece que já foi lá? Check!

Aluguei uma bateria Tama Art Star top de linha e usei a caixa do estúdio do baterista do Joe Satriani, uma Tama Starclassic de fibra de carbono. Havia apenas mais três iguais no mundo, uma delas pertencia ao Stewart Copeland – se era bom para ele, deveria ser pra mim também. Barone certamente aprovaria.

O nível dos serviços oferecidos em Manhattan era sem igual no mundo. O que alguém precisasse, na hora que precisasse, conseguia. Era só pagar, claro. Um piano de cauda entregue para um sessão de fotos no meio do Central Park? Fácil. Um elefante pintado de branco para um comercial em Wall Street? Mole. Um amplificador de baixo Ampeg SVT específico, da década de 1960, sem a equalização gráfica? Por que não? Eu só precisaria dele no domingo, mas pensei em pegar na sexta, aí falaram para eu não me preocupar.

“Mas é domingo.”

“Sim. É só passar o endereço.”

Ah, Nova York... *Such, such, were the joys.*

Gravamos “Without Me” e “Brazil”, depois preparei os tracks para “The Wake” e “Have You”, versões em inglês de “A Ida” e “Um Outro Lugar”, para as quais tive que chamar outro baterista. Fiz o arranjo de bateria original de ambas, mas sei das minhas limitações. Para ser como eu queria, tinha que ser com outra pegada. Chamei Aaron Brooks, e, apesar de eu ter tido o privilégio de ter tocado, e de tocar, com alguns bateristas incríveis, ele foi o melhor de todos. Também pudera, a primeira vez que se sentou numa bateria foi no colo de ninguém menos que John Bonham, do Led Zeppelin, com quatro anos de idade. É difícil competir com isso. Esse cara precisava tocar comigo!

Aaron era um cara intenso e tinha um dos backgrounds mais rock’n’roll que vi na vida. Seu pai foi o saxofonista Frank Foster, ganhador de Grammy, arranjador de artistas tão variados como Count Basie e George Benson, e que trabalhou com Thelonious Monk, Elvin Jones e Quincy Jones. Após servir na Guerra da Coreia, em 1953, ele entrou para a orquestra de Count Basie e a liderou pelos próximos 25 anos, depois da morte de Basie.

A mãe do Aaron era mais do rock e trabalhou com Bill Graham, lendário promotor de concertos, nas décadas de 1960 e 1970, de artistas como The

Doors, Jefferson Airplane, Janis Joplin, Grateful Dead e Led Zeppelin. Foi ele o responsável por transformar o auditório Fillmore, de San Francisco, num templo da contracultura norte-americana, e por revolucionar o rock ao mudar para sempre o conceito de iluminação em espetáculos de música moderna, a partir da apresentação do Velvet Underground e Nico em 1966.

Aaron testemunhou uma das histórias mais pesadas da biografia não autorizada do Led Zeppelin, *Hammer of the Gods* – aquela que impressionou muito o André e o Herbert, e *pirou o cabeção* do Renato. Em 1979, ainda criança, ele estava no backstage de um show do Led Zeppelin quando viu o filho de Bill Graham pegar uma das placas de madeira que Graham mandava confeccionar com o nome de bandas e artistas da porta de um camarim. Um segurança viu a cena, agarrou o garoto e o jogou no chão. Quando Graham, Peter Grant e John Bonham souberam do fato, arrastaram o segurança para outro camarim e o *arrebentaram*, resultando na maior quizumba e na aparição da polícia. Se isso não for o suficiente, escutem a versão em inglês de "A Ida", "The Wake", com uma pegada de bateria para poucos do Aaron – que pode ser visto tocando no clipe de "Believe in Me", da carreira solo de Duff McKagan, baixista do Guns'n'Roses.

Na época, Aaron era casado com a irmã do ator David Boreanaz, que estava começando a despertar a atenção no seriado *Buffy, The Vampire Slayer*, a ponto de ganhar um seriado próprio, um *spin off* em torno do seu personagem, Angel. Aaron foi convidado a propor uma trilha para o novo seriado, e, como de trilha eu entendia, começamos a trabalhar juntos no home studiozinho que construí em torno do meu sampler Kurzweil e de um recém-comprado gravador de oito canais da Roland, da série VS, com zip drive, caso alguém se lembre desse formato mais do que obsoleto. Fomos mais pelo lado orquestral e até convidamos uma das backing vocals do Black Crowes para cantar. David adorou e mostrou a trilha para Josh Whedon, produtor da série. Já estávamos nos preparando para uma temporada em Los Angeles quando ouvimos da produção as palavras mais temidas no meio cinematográfico: "Optamos por outra pessoa". *Pitchka t*... melhor, *son of a bitch!* A série foi lançada com um rock adolescente que mais parecia o Green Day numa noite ruim, mas Aaron teve certeza de que usaram trechos que tínhamos gravado no seriado, devidamente alterados para não causar problemas jurídicos. Ah, Hollywood...

Mas a vida continuava, e com "Daybreak" gravado, com Aaron na bateria em algumas faixas, optamos por mixar as faixas no RPM Estúdio – onde a Blondie também estava gravando numa outra sala. Conseguimos uma vaga justamente no dia de um show da banda inglesa Kula Shaker no Irving Plaza, para o qual eu tinha comprado ingressos meses antes. Como o estúdio ficava perto do local, fui vender meus ingressos na porta, para a alegria dos fãs do lado de fora do show, que estava *sold out*. Cobrei apenas o preço que paguei, sem lucro. É a simbiose e a empatia do punk pelo mundo.

Com a gravação na caçapa, montei a banda, naturalmente chamada Daybreak Gentlemen. No conto original de James Joyce, o Daybreak é seguido de vírgula, e a tradução crua seria "senhores, amanheceu". Sem vírgula, o verbo cede espaço para um substantivo, e vira um *bobão* "senhores do amanhecer". Eu sei, eu sei, soa completamente idiota em português, mas, como *não* seria traduzido, eu achava fantástico. E não duvide do meu tino para nomes de banda, sou bom nisso. Melhor que o *Hebe*, isso sim.

Além do Kyle na guitarra, a banda tinha um baixista de mão cheia, Marco Olivari, escritor, roteirista de cinema, amigo de um amigo, e que se parecia muito com o líder da banda que matou definitivamente o grunge, o Bush. Volta e meia Scott, cunhado do meu irmão, tocava djembe nas músicas mais pesadas, como convidado.

Fui passar um mês em Los Angeles para ter algumas reuniões com empresários que demonstraram interesse no Daybreak. Um deles cancelou quando liguei para confirmar – obviamente tinha concordado em me ver porque achou que eu não atravessaria o país. Outro, parente do Kenny Loggins, do *Footloose*, estava começando no meio e não me passou muita firmeza, além disso, tinha um cacoete no olho direito. Los Angeles é uma cidade estranha com gente esquisita, onde, como em Brasília, você precisa de carro para fazer tudo.

Peraí, carro? Devido ao atraso da minha documentação, quando me mudei do Brasil eu ainda não havia tirado a carteira de habilitação. Também pudera, *ninguém* que eu conhecia tinha carro em Manhattan. As ruas são estreitas, as vagas são praticamente inexistentes, o preço do estacionamento é proibitivo, e, com o eficiente sistema de metrô e a absurda quantidade de táxis, quem precisa de carro? Mas em Los Angeles eu precisaria alugar um e, quando faltavam menos de duas semanas para minha partida, não tive escolha e fiz meu teste de direção em Staten Island. Resolvido. Se você acha que o Detran é confuso, é porque não viu o DMV (Department of Motor Vehicles) de Nova York; me senti no Rio, com funcionários públicos oferecendo a *urgência* dos serviços com um acréscimo na taxa. Malandragem não é exclusividade de brasileiro.

O que dizer de Los Angeles? É uma cidade voltada para a TV e o cinema numa proporção que eu nunca tinha visto. Em todo restaurante que eu ia, alguém parecia estar tentando vender um roteiro de cinema. A arquitetura era plástica, assim como os rostos e corpos das aspirantes à vaga da Pamela Anderson em *Baywatch*, que andavam para lá e para cá torcendo para serem descobertas – o próprio David Boreanaz foi descoberto estacionando carros para um restaurante. O engraçado é que, na semana que cheguei a Nova York, conheci a irmã do Matt Dillon, que confirmou o boato de que ele foi descoberto por um agente de talentos enquanto matava aula.

Em Los Angeles todos pareciam estar conectados com o *business*, mesmo que apenas nos seus sonhos, e as reuniões eram circulares e sem foco. Porém, o que definiu *tudo* sobre aquela cidade, para mim, foi a visita a uma galeria de arte, onde perguntei para a vendedora sobre uma gravura original do Monet – *post mortem*, é claro – que estava à venda, da década de 1920. Ela me olhou meio torto, mas, ao reparar na minha camiseta da divisão de TV a cabo da Warner que um amigo tinha me dado, com o icônico logotipo no canto esquerdo do peito, onde estava escrito Cable Division, abriu os olhos e o sorriso, e passou a ser toda atenciosa.

O culto à celebridade estava por toda parte. Na casa de uma colega cujo marido era baixista de estúdio, havia uma foto dele com o elenco de *Barrados no Baile* no banheiro. No banheiro? À noite fui a uma festa em Hollywood Hills, na casa de um dos produtores do programa do Jay Leno, e na sala de estar vi fotos penduradas por *todos* os lados. Pensei, que família gigante... Mas não, eram do anfitrião com *todas* as celebridades possíveis, de Tony Bennet a Elton John, passando por Bill Clinton e Cher. Estranho, muito estranho.

As paredes da casa da atriz decadente Norma Desmond, vivida pela Gloria Swanson, de *Crepúsculo dos Deuses* – filmado ali perto – vinham à mente. Fui visitar um amigo de infância, o David. Nós éramos muito amigos em Washington e ele estava tocando bateria numa banda que se chamava Monaco, que chegou a excursionar com Cocteau Twins. Ele era casado com uma das atrizes da série *ER*, e quem estava de visita naquela tarde, em que todos ficamos batendo papo, era a atriz que foi coadjuvante do Michael J. Fox no filme *O segredo do meu sucesso*. Deve ser coisa de LA.

O mais engraçado era como os executivos que conheci na Warner falavam sobre os filmes e os atores. Realmente eu estava em Hollywood. Para eles, o recém-lançado *Meu Querido Presidente*, com Michael Douglas e a maravilhosa Annette Bening, era apenas um número de bilheteria, "pouco ao norte de 50 milhões". E sobre a Sharon Stone em *Casino*? "Deem à *bitch* um Oscar e acabem logo com isso!"

Ai, caramba! Me deixa voltar ao rock'n'roll! Brian, guitarrista do Buck Flagg Four, estava morando em Los Angeles, e passamos um tempo juntos.

Inclusive fomos na casa do Eddie Kurdziel, guitarrista do Redd Kross, e falamos sobre a cena local e a nova-iorquina, entre cerveja e baseados. Fazia tempo que eu não sentia aquele cheiro, mas o tempo de ter que aturar aquilo na minha própria banda já havia passado, então tudo bem. Pra *nunca mais*. Los Angeles é bem ventilada, mas não era a cidade para mim. Eu era do punk da Costa Leste, não poderia ser diferente – para piorar, Eddie Kurdziel morreria de overdose naquela mesma casa dois anos depois.

Mas já que estava lá, por que não curtir um pouco? Me hospedei no Chateau Marmont, o lendário hotel descrito em *Hollywood*, de Charles Bukowski, onde Vivian Leigh, Greta Garbo e Howard Hughes se hospedavam. Lá também o Led Zeppelin trucidava a área dos bangalôs e, mais notoriamente, Jim Belushi, a outra metade mais arredondada dos Blues Brothers, morreu de overdose numa banheira. Até a Janeane Garofalo, a voz de Collete em *Ratatouille*, estava pegando sol na piscina. Ah, Hollywood...

Antes de ir embora da Califórnia, fui visitar uns ex-vizinhos em Washington, de uma família judia cheia de filhos das mesmas idades que eu e meus irmãos, que eu não via há mais de 20 anos. Lá fui eu de ônibus, pela bucólica Ventura Highway, para a linda cidade de Santa Barbara, terra de Michael Jackson e Cristopher Cross, cantarolando "Ventura Highway in the Sunshine", da banda America, a resposta norte-americana aos Beatles, também produzida pelo George Martin.

Quase todos da família estavam lá, mas Debbie, a irmã mais nova, estava em Lake Tahoe. Era estranho ver fotos dela mulher, e com um piercing no nariz. Fiquei na casa da Cathy, a irmã mais velha, que vivia para o "outside" e tinha recém chegado de uma escalada numa geleira no Alasca. Um acidente no Monte Everest tinha acabado de ocorrer, no qual oito pessoas tinham morrido, e li o relato de Jon Krakauer na revista apropriadamente chamada de *Outside*, e que viraria o livro e o filme *No Ar Rarefeito*. Fiquei muito impressionado com a história, talvez inconscientemente fazendo um paralelo da minha vida louca com uma escalada praticamente suicida...

No dia seguinte, depois de um mergulho no gélido oceano Pacífico e uma partida de vôlei de praia, fui com ela numa caminhada morro acima para ver a belíssima vista da praia, e no caminho deparamos com umas crianças. Uma delas olhou pra mim e, do nada, disse, apontando para o garoto ao seu lado: "Ele é filho do Cristopher Cross" – se tem alguém nos Estados Unidos para quem o termo *one hit wonder* é maldosamente usado, ele se chama Cristopher Cross, autor das músicas "Ride Like the Wind" e "Sailing" (tema novela *Cora-*

ção Alado, de Janete Clair, em 1980). Seu disco de estreia tem inúmeros hits, e ele é um compositor de mão cheia, mas o estigma ficou mais por implicância do meio musical, devido ao som suave e a seu look nada artístico. Deixa o cara, ele ganhou o Grammy cinco vezes e vendeu mais de 20 milhões de discos.

Revendo a família Cohen, percebi como os pais deles tinham me influenciado. Bill, o pai, era engenheiro da Nasa e um dos projetistas do foguete Saturno V, que permitiu ao Apollo 11 chegar à lua. Meu contato com o *cientista maluco* da casa vizinha foi muito inspirador. Maize, a mãe, era professora da faculdade ultraliberal de Berkeley, uma matriarca moderna, cheia de filhos, alguns adotados, o que me impressionava muito quando pequeno.

Mas por que entro em detalhes sobre esse fim de semana nostálgico? Por causa de Andy. Eu e ele vivíamos juntos, pois tínhamos a mesma idade, naquela época de se ficar o dia inteiro na rua. Meu nome completo é André Philippe de Seabra. Na hora do jantar, para não ter duas crianças com o prefixo Andy correndo de volta para suas casas, minha mãe passou a me chamar de Philippe.

Andy estava casado e com filhos, e todos nos sentamos para um almoço agradável cheio de histórias do velho bairro em Washington. Entretanto, politicamente ele tinha se tornado a pessoa mais oposta de mim que conheci na vida. Só percebi isso quando fiz uma piada sobre Rush Limbaugh, uma personalidade de rádio cuja popularidade era igualada a sua retórica direitista. "Qual a diferença entre o Hindenberg e o Rush Limbaugh?", perguntei. "Um era um balão nazista cheio de ar quente, e o outro era um zepelim!", respondi às gargalhadas.

Quando Andy olhou para baixo e fechou a cara, vi que o almoço não terminaria bem. Eu não tinha me tocado de que ele servira como fuzileiro no Golfo Pérsico, durante o governo Reagan, e ficado muito tempo num navio, ouvindo como os democratas e os liberais são o demônio querendo destruir a América. Então resmungou: "É, todo mundo tenta derrubar quem está por cima".

Para evitar uma discussão política, Maize perguntou sobre minha música, impressionada com a minha vida no Brasil. Andy a interrompeu, virou-se para mim e perguntou num tom agressivo: "Você realmente não acredita nessas coisas que canta, né?". Quando Maize tentou intervir, ele começou a reclamar dos professores *comunistas* amigos dela. Caramba, eu me chamo Philippe por causa *dele*. Tem coisas que só acontecem comigo.

Second time around, the marks can still be seen all over/
Second time around, they must mean something."
— "Daybreak Gentlemen"

Estava pronto. Eu estrearia com o Daybreak Gentlemen no New Music Cafe, uma casa de shows de médio porte em Canal Street. Justo naquela semana *O Globo* entrou em contato comigo por intermédio de um colega meu, o jornalista Franz Valla (o primeiro a sugerir que eu deveria escrever este livro). Aproveitando minha estreia como gancho, faria uma matéria que se chamaria "O doce exílio do BRock", com o subtítulo "Cantuária, Supla e Seabra tentam carreira em Nova York".

Eu esbarrava no Supla de vez em quando na Grande Maçã, e ele até apareceu na festa do meu aniversário de 30 anos. Anos antes, numa madrugada aleatória do meio da semana, entrei no Continental, um bar e casa de shows de rock, para tomar a saideira e ver o que estava rolando na cena underground, coisa que nem fazia tanto assim. No palco estava uma banda bem *punk 77*, e, quando o cantor foi apresentar a próxima música, falando *"racism sucks"*, reconheci a voz e o sotaque. Era o Supla.

Eu brincava que foi justamente por causa dele que fui embora do Brasil, depois de ver o filme *Uma Escola Atrapalhada,* com Supla, Angélica e *grande elenco*, isso se Gugu Liberato e o grupo Polegar podem ser chamados de grande elenco. Brincadeiras à parte, "o nosso líder", como Clemente chamava Supla, dizia que em Nova York ele não era filho de ninguém. Eu sabia exatamente do que ele estava falando. Não era à toa que a matéria falava em exílio.

A reportagem juntava as situações quase paralelas da gente, especialmente nossa recusa coletiva de tocar *apenas* para a colônia brasileira. De acordo com ela, Supla "não suportava mais ver sua imagem associada à do cantor Billy Idol por causa do cabelo louro". Ele estava tocando com o Psycho 69 e estrearia um quadro de entrevistas no *Programa H*, na Bandeirantes.

Sobre Vinicius Cantuária, contava sua experiência recente com o grupo carioca Tigres de Bengala. Ele estava divulgando seu quinto disco nos Estados Unidos, *Sol na Cara*, e fazendo alguns shows no Japão. E eu estava prestes a debutar com o Daybreak Gentlemen. A matéria ainda nos chamava de "protagonistas de capítulos importantes do pop nacional".

Fomos convidados a tirar uma foto juntos e sentimos que Cantuária não estava curtindo muito compartilhar uma imagem com dois punks doidos, e põe doidos nisso. Pensando bem, creio que nem eu ficaria à vontade... Ele deixou bem claro que não queria tirar uma foto num local de turista, clichê. Também pudera, ele tinha uma música chamada "Clichê do Clichê". Tanto bateu o pé que fizemos a foto em frente de sua casa, no Brooklyn. Eu e Supla argumentamos que uma foto em frente a um emblema mais nova-iorquino seria mais bacana, sabendo que era isso que o jornal queria. Quem sabe até asseguraria a capa?

"Não."

"Uh, que tal a Brooklyn Bridge, então? Ao menos é aqui do lado."

"Não."

Hmmmm... a quantidade de *nãos* me parecia familiar. Para evitar um drama banal, Supla estacionou sua moto na calçada e empunhou um pandeiro. Pegamos dois violões e levamos um som enquanto éramos fotografados. Depois cada um foi para o seu lado.

Estreei com o Daybreak Gentlemen em julho de 1997, mais de três anos depois de ter pisado num palco pela última vez – aquela breve passagem por Washington com o Buck Flagg Four não conta. Vários brasileiros apareceram, pois o show foi noticiado no jornal *The Brazilian Times*: "Fãs da Plebe Rude que vivem em Nova York podem matar saudades da banda. O Daybreak Gentlemen se apresentará em Manhattan, no New Music Cafe, e tocará um bis com os maiores sucessos da banda". Espera aí, sair numa página inteira do "The Times"? Check! (Tudo bem, não foi o *New York Times*, mas não deixa de ser "The Times"!). Ok, essa eu estiquei um pouco...

Antes do show, Marco me mostrou o baixo vintage que tinha acabado de comprar. Quase caí pra trás ao vê-lo empunhando um Fender Precision, não somente do mesmo ano que o baixo original do André, mas da *mesma cor*, um raríssimo verde-claro degradê chamado antígua. Os únicos dois baixistas com quem realmente toquei na vida tinham exatamente o mesmo instrumento. Alguns anos depois, em 2002, Marco conseguiu que Dee Dee Ramone o autografasse, pouco antes de o pioneiro do punk morrer por overdose.

Tocando aquelas inéditas para um público atento, me senti em casa de novo, sem fumaça nem intransigência. Tentamos até armar uma transmissão ao vivo para o Brasil via internet, mas os dispositivos multimídia ainda estava engatinhando, e não conseguimos. "Without Me", "Brazil", "Have You", "The Wake", "Daybreak Gentlemen"... destilamos todo o repertório e no bis, conforme prometido (e acordado com o dono da casa noturna, que colocou no flyer "with a special encore of Plebe Rude's Gold award-winning greatest hits"), tocamos Plebe, quem diria, em plena Manhattan. Os músicos da banda se olhavam espantados enquanto a plateia cantava as músicas e me olhavam com *aquele olhar* de "você não estava brincando mesmo".

Toquei "Teorema", que dediquei a um amigo, autor da música, recém--falecido, e fiz uma rápida versão voz e violão de "Quando For Embora Não Chores por Mim", de uma fita gravada por ele com um outro amigo que também tinha ido embora. Esse tema apareceria brevemente na faixa "Música Ambiente", da Legião Urbana, num arranjo e letra muito aquém da banda de outrora.

A S.I.R. (Studio Instrument Rentals), mesma firma que me alugou e entregou o Ampeg para a gravação de baixo do Daybreak, levou o equipamento para o show, e foi aí que me apaixonei pelos amplificadores Mesa Boogie, que uso exclusivamente desde então. Junto com o equipamento, encomendei uns timbales para tocar a parte do meio de "Até Quando", e dessa vez não haveria ninguém que pudesse tirar as baquetas da minha mão.

Durante a batucada, quando a plateia entoou "posso vigiar seu carro...", uma linda morena de saia subiu espontaneamente no palco e começou a sambar entre eu e Kyle. Eu estava rindo à toa, não porque finalmente havia encontrado aquela simbiose de guitarra que sempre sonhara, mas porque o queixo do Kyle estava no chão. Sussurrei no ouvido dele, brincando: "Não falei que eu era um rock star?".

"A Cinderella story on a tumble of the dice".
— "The Big Money", Rush

Alguns dias depois do show, subi até a rua 46, batizada de Brazilian Row ou Little Brazil, recheada de lojas que vendem produtos do Brasil e onde o 7 de Setembro é festejado todo ano. Eu ia lá uma vez por semestre para matar um pouco da saudade. A voz do Barone na abertura de "Melô do Marinheiro" me vinha à mente: "Quando eu vejo, plena Nova York! Que saudades da comidinha lá de casa". Mas daquela vez não fui lá para um tradicional pão de queijo ou um guaraná, que vinha numa lata pronta para o mercado americano, com a hilária frase "The taste of the rainforest" – se o slogan fosse verdadeiro, o gosto da rainforest seria de madeira queimada com um toque de sangue.

Além das revistas *Veja* e *IstoÉ* das semanas anteriores, provavelmente fornecidas por comissários de bordo mediante um leve ágio, lá estava *O Globo*. Nem precisei folhear o jornal para encontrar a matéria que eu buscava, que ocupava a capa do Segundo Caderno inteira, com a foto dos três artistas brasileiros e a moto de coadjuvante, além de outra foto enorme, individual, em que empunho um violão, tirada no meu show. Nada mal para uma estreia, não? Mas uma foto na frente do World Trade Center teria sido mais legal. Essa sim era uma peça de memorabilia que eu gostaria de ter. *Pitchka ti materina!*

O engraçado é que, no meu primeiro ano fora do Brasil, eu achava que a única coisa que apareceria na imprensa sobre meu paradeiro seria uma notinha no caderno de domingo do *Jornal do Brasil*, provavelmente com uma foto tirada no gramado do Central Park – eu com um teclado no colo e o seguinte texto, certamente escrito por um jornalista mais do que gabaritado: "Você se lembra da Plebe Rude? Philippe Seabra, guitarrista e vocalista da banda, trocou a guitarra pelo teclado e o prefixo DDD 021, do Rio, pelo cobiçado 212, de Manhattan, e está agitando literalmente as trilhas da cidade. Até quando esperar?". Ufa, me safei dessa.

Não é todo mundo, a não ser o Gerald Thomas, que tem uma estreia noticiada a 7.766 km de distância, ainda mais numa capa. Mas quase morri de vergonha com um detalhe do texto: "Philippe Seabra mora num apartamento de três andares no Gramercy Park, em Manhattan". Cacete, que punk é esse? Ainda bem que não contou que ficava no último andar, pois aí daria impressão de que era na cobertura – numa *penthouse* vizinha de Julia Roberts.

Logo eu, que sempre fui tão discreto em tudo o que fazia... Não era de todo mentira, mas, convenhamos, dessa vez, entre o mito e a verdade, eu preferiria a verdade. OK, eu morava no último andar de um prédio no elegantíssimo bairro do East Side, Gramercy Park, e era vizinho da Julia Roberts. O ponto era nobre, mas eu dividia o apartamento. E não eram três andares e sim três *etapas*, minúsculas por sinal, com duas escadarias curtas que ligavam uma na outra, além da coluna do elevador, que diminuía drasticamente o tamanho do apartamento em relação aos outros do prédio. Eu só imaginava os amigos no Brasil que haviam me visitado, lendo aquilo, incrédulos com a minha cara de pau. Será que foi daí que apareceu o apelido Philippe *Se-acha?* Tem coisas que só acontecem comigo.

O Daybreak Gentlemen começou a rodar o circuito underground nova-iorquino. Passei a tocar muito em clubes como o Elbow Room e o Cutting Room, além de realizar showcases nos amplos estúdios da S.I.R., onde inúmeros artistas ensaiavam. O dono do New Music Cafe volta e meia me ligava, sempre que abria uma vaga nas noites dos finais de semana em alguma das várias casas noturnas que possuía, inclusive a CMJ Music Marathon, uma espécie de SXSW local. Mas nunca consegui tocar no Arlene's Groceries, onde nasceram bandas como The Strokes, e no seminal CBGB's. Um pôster do Daybreak com o logo do CBGB's também seria uma memorabilia que eu gostaria de ter.

A indústria da música era uma roleta-russa. Num show da banda do Kyle, a Wonderband, o grupo de abertura fazia um rock farofão, que achei meio *palha*. Eu e Kyle ríamos da pose do caras num palquinho de 30 cm de altura. Era um pubescente Creed, quem diria? Uma história de Cinderela num lance de dados, como dizia o Rush em "Big Money".

Volta e meia um A&R (Artistas e Repertório) me ligava para conhecer a banda, ir a um show ou showcase. Um deles ficou intrigado comigo, nem tanto pelo som ímpar do Daybreak, mas porque era da Roadrunner, gravadora do Sepultura, e sabia do agradecimento à Plebe no primeiro disco dos irmãos Cavalera – até mandei um recado por ele para o Max, que morava nos EUA, mas em volta do Sepultura havia uma muralha, com as esposas de guardiãs; eu queria pegar umas dicas sobre contratos, assim como o Max fez comigo mais de 10 anos antes, no Rio. Acesso negado.

Acabei fechando contrato com um empresário, e, se você acha que ter dividido escritório com o Roupa Nova foi estranho, passei a dividir escritório com KC and the Sunshine Band e George Clinton. O empresário tinha produzido um disco do E.L.O., e seu escritório tinha uma divisão em Nashville e outra em Londres. Meu advogado (sim, todo artista em Nova York tem um advogado) fez um contrato e tanto para eu não ser ferrado de novo. Trauma pós-EMI, sabe?

Mas eu não me iludia, lançar um disco nos Estados Unidos nos moldes a que eu estava acostumado seria quase impossível. Um colega da Escola Americana que trabalhava como corretor na bolsa de valores em Wall Street via de uma maneira mais simples: "Liga para as gravadoras, diz que sua banda no Brasil vendeu mais de 400 mil cópias e quer fazer o mesmo aqui nos Estados Unidos". Pronto.

Eu não tinha essa cara de pau e deixei que esse nível de contato fosse feito pelo empresário. Se eu não gostava do meio lá no Brasil, provavelmente seria igual nos Estados Unidos, e eu não queria passar pelo que vi em Los Angeles. O que importava é que, sem eu saber, cada música nova do Daybreak acabaria me abastecendo pelas próximas duas décadas e puxando a marca geral da vendagem da Plebe para meio milhão de cópias, além de render uma indicação para o Grammy Latino. Mais importante ainda, voltei a me apaixonar pela guitarra.

Norte-americanos são bons em resgate de memória, e eu via a louvação por artistas de outrora e pude usufruir disso – e como –, vendo desde The Specials e Buzzcocks até a formação original de Sex Pistols e The Who com Zak Starkey, filho do Ringo, na bateria. Mas norte-americanos também podem ser brutais. Eu senti a maldade dentro do antro competitivo que era Nova York. Coisas pequenas, mas que foram se acumulando, enchendo meu saco dos Estados Unidos.

Uma vez, saindo desatento de um estúdio e olhando para meu Palm Pilot (a agenda pocket da era pré-celular), fui empurrado agressivamente para o lado por um pedestre que eu não tinha visto. Noutra, no Café Wah?, a famosa casa noturna onde Jimi Hendrix se apresentava no Village, depois de uma canja numa noite de pop brasileiro, dois norte-americanos chegaram em mim para dizer que não gostaram e como eu "sucked", gratuita e agressivamente. Imagino que foi porque as brasileiras estavam dando mais atenção para mim, ainda mais depois de eu ter tocado várias canções de autoria própria.

Na verdade, eu via coisas assim desde que cheguei aos Estados Unidos. Lembro de uma festa promovida pela empresa Miramax, pioneira no cinema independente. Era a noite do Oscar, e a transmissão simultânea seria acompanhada pela equipe da produtora da Costa Leste, da qual meu irmão Ricky fazia parte. A expectativa era que *O Piano* levasse algumas estatuetas. Ao chegarmos, a hostess nos olhou de cima abaixo e foi extremamente agressiva: "Posso ajudar vocês?". Quando viu que éramos convidados com nomes na lista, abriu um sorriso artificial e, toda simpática, falou: "Hello, welcome!".

Nesse mesmo Café Wah?, um antro em Manhattan que abriu em 1959, onde inúmeros comediantes e artistas começaram suas carreiras, de Richard Pryor e Lenny Bruce a The Velvet Underground e Bob Dylan, havia uma noite brasileira, e me ofereceram para fazer uma noite de rock, mas eu sempre ficava com um pé atrás, pois não queria que chegasse ao Brasil que o Seabra tinha virado artista *cover*. Era só o que faltava...

Me entregaram uma guitarra Fender Stratocaster para uma canja, mas eu não estava acostumado com o modelo e tive que lidar de novo com uma certa agressividade. Dessa vez, porém, justificada: como minha mão direita batia mais no corpo do que nas cordas, fazia meu dedo anular sangrar e algumas gotas caírem entre os captadores, o que enfureceu o dono do instrumento – ao menos pude dizer que sangrei no palco do Hendrix. Check!

"Pedalando, pedalando, pedalando na Caloi. Pedalando, pedalando, a poupança nunca dói"
— Os Trapalhões, num anúncio para as bicicletas Caloi

Meu amigo Francisco Salazar, o Chico, o único mod credenciado da *Tchurma*, eternizado numa entrevista do Renato para a MTV, tinha se tornado diretor de operações da Caloi e passou por Nova York a caminho de Hong Kong, onde as bicicletas eram fabricadas. Ele falou sobre a situação econômica estável no Brasil e disse que eu deveria juntar a Plebe e gravar um disco, usando o Ultraje a Rigor como exemplo. Mesmo desfigurado com a entrada de outros músicos, o grupo lançou um disco novo. A análise macro fazia sentido, mas esse macro não se aplicava ao meu micro. O Ultraje era pop, e, cá pra nós, Roger poderia colocar quem quisesse com ele que ainda seria o Ultraje. Já a Plebe não tinha tantos hits, muito menos uma imagem impressa no imaginário coletivo – nem meu nome as pessoas sabiam ao certo, eu era o eterno *cara da Plebe*. Além disso, não tínhamos a real possibilidade de continuar a banda sem a formação original. Era um cavalo selvagem difícil de domar.

Antes dele embarcar para Hong Kong, agradeci a atenção e resolvi retribuir, dando um conselho para a revitalização da Caloi, que estava enfrentando problemas – se funcionasse eu cobraria 1,7 % do lucro, descontados os impostos. Justo. Era simples: bastava ressuscitar o jingle original dos Trapalhões, de quando a Caloi patrocinava o programa dominical. "Pedalando, pedalando, pedalando na Caloi. Pedalando, pedalando, a poupança nunca dói."

Quando o Fê Lemos passou por Nova York, ele estava pegando pesado no álcool (escrevo isso com sua autorização) e, pior, repetindo como um mantra: "Eles vão se tocar, eles vão se tocar...". O pronome na terceira pessoa eu imaginava ser o Capital Inicial, que estava no limbo. Os membros da formação original não se falavam há anos, e eles faziam shows esporádicos com o talentoso Murilo Lima nos vocais, que chegou a gravar dois discos com a banda. Mas você me conhece, eu não podia deixar de achar engraçado a capa do disco *Ao Vivo em Santos* com a foto de todos bem reconhecíveis, menos o vocalista, meio de lado e de boné.

Me entristeceu muito ver meu amigo assim. Eu já sabia das histórias sobre o abuso de drogas, a depressão e o inconformismo com o sucesso perdido de alguns membros da *Tchurma*, mas isso dava outra dimensão ao fato. Será que se eu tivesse ficado no Brasil teria descido pelo mesmo caminho? Não. Mas ainda bem que tudo aquilo passou a ser apenas um capitulozinho da minha vida.

Alguns meses depois o Fê me ligou do Brasil e pelo visto conseguiu sim que *eles se tocassem*. O Capital assinou com a gravadora Abril e gravaria em breve, nos Estados Unidos, um disco de inéditas. Mesmo eu sendo o *eterno* sacana da banda, fiquei feliz por ele, que se esforçou bastante para aquilo – apesar de quem tem mesmo o mérito é o Robério, do Camisa de Vênus, pois foi ele que realmente juntou a galera. Eles gravariam em Nashville, com um produtor norte-americano, então marquei uma viagem para visitá-los. Até aí tudo bem, mas o Fê me falou que o empresário deles queria conversar comigo, *sim*, sobre isso mesmo, a volta da Plebe. *Pitchka ti materina!* Esse pessoal do Brasil não me deixa em paz mesmo...

Tem coisas que só acontecem comigo. Eu estava tocando minha vida, ralando, mas feliz, e o Brasil me chamava de volta. Com o retorno iminente do Capital, os jornalistas começaram a especular sobre a volta da Plebe. Nossas músicas estavam começando a tocar mais intensamente nas rádios, e, com a chegada do fim da década, surgiam matérias comparando a cena de rock das décadas de 1980 e de 1990. A preferência pelos anos 1980 não era saudosismo. Com uma rápida vasculhada pelas letras e pelo nível de composição, dava para entender o porquê.

Os Paralamas foram a Los Angeles para receber um prêmio no MTV Awards, de melhor vídeo brasileiro, para “Ela Disse Adeus”, e antes passaram por Nova York, onde Herbert me confidenciou que estavam preparando um DVD acústico, formato que estava dando muito certo para o rock brasileiro, com o estrondoso sucesso do *Titãs Acústico*. Estavam pensando em incluir “Pressão Social” e, caso rolasse, queriam minha participação. Eu ri e disse, brincando: “Não, você vai pegar alguém com mais nome e uma música mais popular, quer ver? Eu te conheço, cara”.

Em seguida o Bruno Gouveia me contou que ele também passaria em breve pela cidade, para mixar duas faixas do disco novo do Biquini Cavadão com

Steve Barkan, que tinha "Discoteque", do U2, no currículo. Produção gringa? E para o Biquini? Realmente as coisas estavam mudando no Brasil.

No Dia Mundial de Combate à Aids houve um tributo ao Renato Russo no Teatro Nacional de Brasília, e todos da velha *Tchurma* estavam lá, inclusive o André, fomentando ainda mais os boatos de que a Plebe se reuniria novamente – como tinha sido escrito numa matéria de capa do *Estado de S. Paulo* sobre o box set. Bonfá estava planejando um disco solo, o Capital fazendo 15 anos de fundação, nada mais natural que jornalistas juntassem esses ganchos, sempre incluindo a Plebe.

OK, finalmente passamos a cogitar a ideia, mas deixamos claro que, *se* rolasse mesmo a volta, seria por um período bem curto. Em entrevista ao *Correio Braziliense*, André se pronunciou sobre a Plebe pela primeira vez em anos: "Vamos tocar sem pretensão de trazer a banda de volta. E sem a prepotência comum aos conjuntos que retornam, sem o papo de 'vejam só como é que se faz'. Nós somos dinossauros. E extintos". Na mesma matéria, por telefone, de sua casa no interior do Rio, Ameba confirmou o caráter temporário: "Não estou a fim de continuar com a Plebe". *O Dia* noticiou a volta numa matéria intitulada "Depois da 'Ida', a volta", deixando os fãs mais esperançosos ainda. Será que aconteceria? *Pitchka ti materina!* Eu estava feliz. Por que me aborrecer de novo?

O dia em que cheguei a Nashville para visitar o Capital, que estava gravando o disco novo na formação original, foi infame, pois tinha acabado de chegar às televisões o depoimento em vídeo do presidente Clinton sobre o *caso* que teve com a estagiária Monica Lewinski. Na mesma hora em que seu testemunho triste, com luz pálida e a textura de vídeo caseiro – bem oposto aos pronunciamentos oficiais do Salão Oval – era visto pela TV, o texto quilométrico ficou disponível na internet, inaugurando uma nova era da mídia moderna. "Isso vai mudar tudo", pensei. E mudou mesmo. À medida que aumentou a capacidade da transmissão de dados, tudo passou a ser compartilhado pela internet. E, pior, sem autorização.

Gilberto Gil foi o primeiro artista brasileiro a ter um website, e, entre a turma do rock, o Biquini Cavadão, quem mais? Também pudera, com aquelas caras de nerd... Até a Plebe ganhou seu site, que o Bruno me ajudou a montar em 1996. Por meses, todos os dias, eu digitalizava um artigo e aos poucos montei um acervo que nos próximos anos ultrapassaria 1.500 matérias (e que ajudou *muito* na pesquisa deste livro). O www.pleberude.com era um banco de dados com tudo o que tinha sido escrito sobre a banda, mais para eu ter o que mostrar nos Estados Unidos – o endereço virtual era uma subdivisão do site da minha banda nova, daybreakgentlemen.com.

Foi na página de *deixe comentários* do site que vi o grande mal que poderia vir dessa nova era techno. A possibilidade de difamação incógnita. Mas dei sorte. Uma das *primeiras* coisas que alguém escreveu lá foi sobre um incidente ocorrido alguns anos antes em Brasília, do qual eu nem lembrava. Uma mulher estava no volante do seu carro, à minha frente, e não acelerou quando abriu o sinal. Acabei batendo na traseira dela. Sabe como isso foi relatado para o mundo ver? "Philippe Seabra tinha batido na traseira da minha irmã, mas foi gente boa, pagou direitinho."

Ou seja, caso eu não tivesse pago, seria tachado de pilantra na primeira opinião de terceiros a meu respeito numa rede social. Perigosa essa nova *rede* social, hein? Em 1999, David Bowie, um pioneiro na internet, disse numa entrevista para a BBC: "Eu creio que o potencial do que a internet fará com a sociedade, para o bem e para o mal, é inimaginável. Estamos à beira de algo emocionante e aterrorizante. É uma forma de vida alienígena". Dito e feito. As redes sociais hoje em dia estão destruindo a sociedade, pois não somente todo babaca tem voz própria, como também tem *fatos* próprios. "Um para o outro, um para o outro..." Como termina o episódio "The Monsters are Due at Maple Street", da revolucionária e aterrorizadora série de TV *Twilight Zone*, criada pelo genial Rod Serling em 1960.

Em Nashville, fiquei furtivamente hospedado no hotel com os irmãos Lemos-Lyptos, dormindo no chão – para quem dormia na rodoviária do Rio à espera do primeiro ônibus para Brasília, era como se estivesse no Maksoud Palace, e até cheguei a apelidar o quarto de Maksoud Palhaço. Nem de favor eu perdia a piada. Já no estúdio, o empresário da banda me disse que, por conta do revival do Ultraje e do Capital, a gravadora estava de olho na Plebe também. E por que não?

Tentei explicar, pelo visto em vão, que manter a banda além de um disco seria muito difícil pela história conturbada da relação. E tinha o agravante de eu estar gostando *muito* da autonomia que tinha no Daybreak, sem perder tempo com discussões bestas de arranjo. Fora a logística, é claro. Mas ele teria tempo para tentar me convencer durante a estada em Nashville. A galera da banda estava me incentivando, e quem sabe ver os membros da *Tchurma* engatando a primeira no estúdio Javelina me animaria.

O Javelina ficava no coração do distrito histórico Music Row e tinha uma aura que o mantinha nos moldes dos estúdios clássicos com os quais passei a trabalhar e, pior, me acostumar. Mais conhecido como RCA Studio A, o Javelina viu passar pelos seus corredores de Dolly Parton a Chet Atkins, de Loretta Lynn aos Beach Boys e Tony Bennet, mas era mais conhecido pelo surgimento do *Nashville Sound*, a reinvenção do country com arranjos melosos e ritmos palpáveis, numa tentativa de competir com o emergente rock'n'roll no meio da década de 1950.

A gravadora tinha acertado em cheio na escolha do estúdio, já que a ideia era reinventar o Capital para uma nova geração. A Abril estava investindo pesado, mas era difícil imaginar a Plebe usufruindo desse nível de investimento. E, nesse bravo mundo novo da internet, como encaixar uma banda com aquela postura?

Enquanto trabalhavam no estúdio, os membros do Capital discutiam que caminho a banda tomaria a partir do lançamento, e se era isso mesmo o que eles queriam para o resto da vida. Imaginei a Plebe tendo uma discussão igual, e a consequente perda de tempo que seria. Apesar de conversas maduras, o clima no Capital estava estranho. Avalie, eles não se viam há anos, era como se estivessem se conhecendo de novo. Mas era o que *não* falavam que me lembrava o clima da Plebe. Eles estavam mixando a faixa "O Mundo", séria candidata a faixa de trabalho. Tinha um loop muito legal de percussão, que poderia ter sido mais bem aproveitado, quem sabe numa parte baixo/bateria ou no terceiro verso, com o instrumental harmônico colocado em segundo plano. Aos poucos eu estava me tornando produtor em Nova York, e dei um toque a respeito. O que significava, no linguajar do Capital, não. Nem ouviram a ideia direito. Foi aí que me voltou aquele sentimento terrível de banda, com membros que não se gostam muito, não se comprometem com nada e nunca dizem realmente o que sentem – e aquele loop de bateria ficaria enterrado para sempre.

Mas nem tudo foi drama. Eles tinham alugado uma SUV enorme, e certa tarde eu e Flávio rodamos a cidade inteira, passando por todas as lojas de instrumentos usados à procura de um baixo. À noite, saímos pra jantar e acabamos na casa de umas meninas para tomar cerveja – por mais rock and roll que soe, não foi o que parece, elas eram compositoras à procura de atenção, e foi um curioso mergulho na realidade de artistas na Meca da música country.

Noutra noite, vendo *outro* lado do showbiz, alguns de nós fomos num *strip joint*, onde presenciei homens com garrafas comicamente gigantes de

Jack Daniels passando porta adentro (não era permitido vender álcool naquele estabelecimento) e mulheres desfilando na passarela da parte de cima do bar vestidas de enfermeira e ao som de "Dr. Love", do único álbum do Kiss que gosto, *Love Gun*. Aquela fauna nos lembrava que realmente estávamos no Sul, e tenho certeza de que os locais olhavam para nós, um bando de punks tupiniquins, com o mesmo estranhamento. No fim tive que dar um toque para um da trupe brasileira, empolgado além da conta com a atenção das garçonetes. Santa ingenuidade desse cucaracha, já ouviu falar em gorjeta?

Curado da ressaca e de volta ao estúdio, gravei um solo de violão da música "Religião", ainda estarrecido com o fato do Loro não estar aproveitando a infinidade de guitarras que a cidade oferecia nos serviços de aluguel. O disco estava sendo produzido por David Z, natural de Minneapolis e que andava sempre com uma bandana na cabeça. Ele trazia no currículo a faixa "Kiss", do Prince, em que foi responsável pelo som pulsante da bateria, que, por meio de efeitos, dava um tom metálico à levada, e também produziu o estrondoso hit "She Drives Me Crazy", do Fine Young Cannibals, que também tem um som de bateria ímpar, dessa vez da caixa eletrônica que estoura os tímpanos.

Durante a mixagem de uma das faixas, Loro estava inquieto – na verdade, creio que ninguém estava com muita paciência ali. Ele era o único que não falava inglês, então virei o seu tradutor extraoficial, afinal, tinha tradução na veia. Num determinado momento, levantei o braço interrompendo conversas paralelas e, com voz grossa, disse: "Loro que se pronunciar". Gesticulando muito e no auge de sua fase *ziriguidum do além*, ele dizia que não queria que a música ficasse apenas *do além*. Não, isso não seria o suficiente. Loro queria que a música ficasse o ziriguidum do além e falou disso durante os dois minutos mais longos da minha vida. Cabia a mim digerir as várias inflexões de *ziriguidum* e decifrar se era adjetivo, substantivo ou, quem sabe, um verbo ocasional.

O estúdio ficou em silêncio. Me olhavam ora agradecidos, ora bestificados pela incontinência verbal. Ele repetia *from beyond*, virando o rosto para o David, porque alguém tinha lhe dito o significado literal de "do além" em inglês, o que confundia ainda mais as coisas. Pior, sempre que David ouvia *do além* em português, entendia como "do a line", jargão para cheirar uma carreira de cocaína. Subitamente Loro calou-se e se virou pra mim. A banda toda também, no mínimo para ver se realmente o dom da tradução simultânea era genético. Então David me perguntou: "O que foi que o Loro disse?". Levantei os braços levemente e respondi: "Não tenho a mínima ideia".

"Boa noite, Céske Krumlov!"
— Caos Construtivo

É claro que retornei a Nova York com a pulga atrás da orelha, ainda mais com o empresário do Capital dizendo que a Abril certamente bancaria um disco de retorno da Plebe. Para piorar, o meu manager norte-americano não achou a ideia ruim, pois isso ajudaria nas negociações nos Estados Unidos.

Nessa mesma época recebi um convite do meu amigo iugoslavo Sava, ex--baixista do Caos Construtivo e do Vigaristas de Istanbul, que se casaria na República Tcheca, onde morava. Eu não tinha como dizer não, ainda mais com o preço absurdamente acessível das passagens. Como eu passaria por Heathrow, na volta aproveitaria para ficar um tempo em Londres e ter uma reunião com a divisão T.E. Savage de lá. Afinal, o Daybreak cantava em inglês, e minha escola, além do rock setentista, é o pós-punk inglês. Tudo a ver.

Cheguei em Praga e foi aquela festa rever os amigos, espalhados pelo mundo inteiro, num raro momento de confraternização – o primeiro encontro foi num bar que mais parecia um antro da antiga KGB. Todos os membros originais do Caos Construtivo estavam lá; além de mim e do Sava, o vocalista Robert (que agora se chamava Milos) veio de Portugal, e o baterista Jovan, de Belgrado. Uma verdadeira ONU do punk.

Como muitos dos convidados eram da Iugoslávia e eu era um dos únicos representantes norte-americanos, alguns me olhavam meio torto. Fazia apenas um mês que os bombardeios da OTAN, liderados por Bill Clinton, tinham cessado, não sem antes matar mais de 1.500 civis em Kosovo. Eu era minoria ali, não tinha como não me sentir intimidado, e até um cachorrinho de colo, pelo visto com uma noção de geopolítica, não parava de latir pra mim. A única coisa que eu poderia dizer, acuado por trás da cortina de ferro, era: "Tire esse rato gigante *pitchka ti materina* daqui!". Não é todo dia que eu posso falar *pitchka ti materina* onde sabem o que significa.

Era minha primeira vez no Leste europeu, e foi um mergulho e tanto. Eu e minha namorada mal conseguimos sair do bairro onde estávamos, pois no metrô ninguém falava inglês. Depois de esperar uma meia hora até que alguém conseguisse nos apontar a direção correta até o ponto de encontro, pegamos um barco pelo rio Vitava até Céske Krumlov, cidade medieval tombada pela Unesco. O casamento foi ao ar livre, nos jardins do castelo que deu nome à cidade, e já estávamos imaginando que músicas do Caos Construtivo tocaríamos. Só que a banda de lá não tinha baixo, justamente o instrumento do Sava. Tinha uma tuba! Eu poderia falar de novo *pitchka ti materina*! E eles entenderiam.

Como a banda tcheca do casamento ao menos tinha uma guitarra e uma bateria convencional, peguei o microfone e bradei: "Good night, Céske Krumlov!". Tocamos Clash, Ramones, Undertones e Buzzcocks. Mas não, não toquei Plebe, pois os iugoslavos haviam saído do Brasil em 1982, quando tínhamos só um ano de vida, mas puxei a inédita "Os Iugoslavos Roubaram Meu Disco do Sham 69", do Renato. E não é que roubaram mesmo? Eles finalmente admitiram – se você ouviu um *pitchka ti materina* vindo dos céus, foi o Renato, do além, amaldiçoando esses *iogurtes* ladrões.

Eu estava entre amigos, aqueles que me sacanearam na primeira vez que levei uma garota para o cinema, 18 anos antes, e que desencadearam esse negócio chamado Plebe na minha vida. Mas *o cara da Plebe* tinha ficado pra trás, era só o Philippe agora, um Philippe sorridente. Isso é o que importava. Só que, no dia seguinte, de ressaca numa lan house abarrotada de turistas holandeses, o *cara da Plebe* voltaria à tona. Abri meu e-mail e descobri que, depois de um ano de vaivém entre especulações, negociações, boatos e fatos, a volta da Plebe Rude tinha data. O que aconteceria a partir dali seriam as três semanas mais loucas da minha vida. A ponto de eu achar que estava infartando. E não estou brincando.

Ah, Londres. Sou completamente britânico na minha formação literária e musical, com exceção do rock setentista americano. Mas o que nunca consegui entender é o senso de humor inglês. Monty Python? Nunca ressoou em mim. Mal sabia eu que, dali a alguns anos, seria chamado de *very british* por Ian McCulloch, ele mesmo, do Echo and the Bunnymen.

Além de turismo, fiz a reunião com a divisão inglesa do T.E. Savage, e eles também acharam que seria benéfico capitalizar em cima da expectativa de sucesso da volta no Brasil, gerada pela movimentação dos fãs e da imprensa. Andando pelas ruas da cidade, comecei a sentir minha perna esquerda dormente, o que me fez mancar levemente. Devia ser por causa das ruas tortas e das ladeiras medievais de Céske Krumlov, pensei.

No British Museum pude ver novamente os *tijolares* enfileirados do meu tempo de Acoustiguide, e dentro deles o fruto de inúmeras horas de trabalho da equipe de Nova York. Fascinado pela sala com o friso do Partenon, olhei para os visitantes com o sistema eletrônico no ouvido e fiquei orgulhoso: meu trabalho estava sendo apreciado no British Museum. Check!

Antes de voltar pra casa, assisti a algumas peças teatrais em West End e ao Ministry no Astoria. Como não consegui encontrar meu amigo Pedro Hiena – eu estava hospedado na casa dele –, fui sozinho ao show, sendo o único cara sem piercing nem tatuagens no meio da multidão. Foi um pancadão, mas ainda prefiro Killing Joke, os pais do industrial, banda que o Ministry venera. E não faz mais do que a obrigação.

Na saída, já me encaminhando para o *tube*, vi o Pedro pelo canto do olho com a sua bicicleta. Ele tinha bebido bastante, mas queria beber mais, então fui acompanhá-lo por alguns pubs, num curioso mergulho na noite londrina com um amigão do coração – uma vez, em Nova York, tentei acompanhar um amigo russo em várias rodadas da fortíssima cerveja belga Chimay e tive que ser carregado pra casa, mas ingleses bebendo são uma categoria diferente.

Na hora de irmos embora, o taxista implicou com a bicicleta, que, com um pouco de boa vontade e cuspe, caberia no porta-malas. Antes que eu pudesse insistir e provar que caberia, Pedro mandou um sonoro *fuck off*. Só aí vimos que o taxista, que saiu do carro *puto*, era paquistanês, e fomos cercados por conterrâneos dele. Tem coisas que só acontecem comigo. Agora sim o Philippe Malvinas seria aniquilado, justamente no país que declarou guerra contra a Argentina! Pedi desculpas pelo meu amigo, disse que éramos do Brasil e puxei meu passaporte pra provar, certo de que ele abriria um sorriso: "Ah, Brasil. Caipirinha, Pelé, Copacabana...". E funcionou.

Consegui levar o Pedro para um ônibus de dois andares e saímos de lá, de bicicleta e tudo. Pedro já tinha salvado minha vida uma vez, quando partiram para cima de mim em Brasília; eu estava apenas retribuindo o favor. Mas, depois do que eu passaria nas próximas três semanas, levar porrada de um bando de paquistaneses na madrugada londrina teria sido melhor.

Cheguei de Londres para ficar apenas dez dias em Nova York, depois voaria para o Brasil. O Daybreak tinha sido contratado para tocar em Danbury, Connecticut, numa casa de rock que de vez em quando tinha uma atração do Brasil pra atender a volumosa comunidade brasileira do lugar. Como a Plebe tocaria na semana seguinte em Brasília, eu teria minhas três bandas tocando em três continentes no período de três semanas. Check!

Eu nunca tinha ido de trem para um show e ainda estava zonzo pelo fuso horário quando chegamos a Danbury. Foi um mergulho e tanto na realidade dos brasileiros ilegais nos Estados Unidos. Nos convidaram para um jantar bem brasileiro, e foi uma experiência sociológica assistir à gringalhada da minha banda saboreando aquela culinária caseira com os olhos arregalados. Não tem jeito, eles *adoram* o Brasil. Mas nessa casa em particular tinha muitas pessoas, e comecei a duvidar que todos estivessem ali para me conhecer. Dava para sentir o temor nos olhos de alguns, que obviamente ficaram no país além do prazo do visto. Mas quem sou eu para julgar o autoexílio das pessoas? Ao contrário de quando eu fui embora, a economia estava se estabilizando, mas pelo visto não tinha melhorado para todo mundo.

O show foi ótimo, e no bis toquei algumas da Plebe, para a alegria dos brasileiros. Na volta a Nova York, meu braço esquerdo começou a ficar dormente, como a minha perna em Londres. Será que eu estava infartando? Fui direto ao médico, que, olha aí, era fã do The Clash e perguntou o que eu estava sentindo. Contei da dormência, e ele perguntou se eu estava estressado. Respondi que "não necessariamente", ele apertou um nervo acima da minha clavícula que fez eu me contorcer de dor, num espasmo que me lembrou da primeira vez que vi o Ameba da janela do meu quarto, e eu imitava os espasmos de uma ameba.

"Tem certeza que você não está passando por um período estressante?"

"Pensando bem, vou tocar no Brasil, num *reunion gig* com minha ex-banda."

"Brazil, que interessante. Você tocava em que banda lá?"

Tive um flashback com cenas de grandes plateias e fãs, o barulho da música e os gritos da multidão se fundindo com discussões, briga e fumaça, e meio hesitante, ainda com dor no pescoço, falei baixinho, quase pedindo desculpas: "Yeah...".

"*Reunion gig*? Me parece divertido. Vocês tinham disco?"

"Sim..."

"Então por que o estresse? O Brazil é um país tão bonito..."

"É que não tocamos juntos há dez anos e nos odiamos."

Então o médico parou na minha frente e perguntou: "Mas então por que um *reunion gig*? Qual vai ser o tamanho?"

"Vai ser para 20 mil pessoas, teremos pouco ensaio, e será televisionado."

O médico voltou para sua mesa enquanto eu colocava minha camisa, e preparou uma prescrição.

"Olha, você não está infartando. O estresse está pinçando o fluxo de sangue para o lado esquerdo do seu corpo. Quero que você tome esses dois remédios, duas vezes ao dia, por cinco dias. E relaxa, vai dar tudo certo."

Estranhei algo no final da receita e indaguei: "Pra que os cinco limões?".

O médico se inclinou pra frente, pôs a mão no meu ombro e disse: "É pra uma caipirinha bem forte. Parece que você vai precisar".

Naquele mesmo ano, estrearam dois filmes que pareciam ter sido feitos sob medida para o que a Plebe e eu estávamos passando. Rock'n'roll e estresse, pelo visto, são sinônimos.

Sugar Town é um filme independente e terrivelmente amador sobre as idas e vindas de artistas que fizeram sucesso da década de 1980 em Los Angeles – John Taylor, do Duran Duran, praticamente fazia o papel dele mesmo, narrando a saga de uma banda oitentista que tentava voltar ao sucesso.

Still Crazy (Ainda Muito Loucos), que considero o *melhor* filme sobre rock, o que mais captou todo o drama de uma banda, trata de um grupo de rock fictício da década de 1970, o Strange Fruit, que termina adivinhe por quê? Quando eles voltam, 20 anos mais tarde, os mesmos problemas vêm à tona de novo. O nível de produção é impecável, as músicas são ótimas, produzidas em parte pelo Mick Jones, do Foreigner, e o elenco é estelar, com Stephen Rea, Bill Nighy, Timothy Spall, Bill Connolly e a estonteante Juliet Aubrey.

Vendo histórias praticamente iguais às que eu vivi e estava vivendo, como na cena em que o dono da gravadora que detém os direitos do catálogo diz para a empresária do Strange Fruit: "Isso se *eu* quiser relançar o catálogo", minha namorada enterrava seu cotovelo nas minhas costelas, morrendo de rir. Na última ida ao Brasil, eu tinha *esbarrado* num alto executivo da Sony que trabalhara na EMI nos tempos da Plebe; quando mencionei que o Daybreak estava negociando com a Mercury (distribuída pela Sony no Brasil) e "quem sabe sairia pela...", ele me interrompeu e falou secamente: "Isso se *eu* quiser". Querem saber por que a indústria da música afundou no Brasil? Pergunta a um *pitchka ti materina* como esse.

"We have found common ground, and it is your money"
– Sex Pistols, na coletiva da volta da formação original para o Filthy Lucre tour, 1996

O ano de 1999 entrava no seu segundo semestre quando pisei pela primeira vez em Brasília em cinco anos. Ao *descer* ao Brasil para supervisionar o lançamento do box set, fiquei apenas no Rio. Cacete, eu tinha esquecido da secura do ar naquela época do ano e do quanto eu gostava da cidade. E quem estava lá para me recepcionar? O Gutje. OK, tinham se passado sete anos, então tudo bem. Somos adultos agora, não? O show seria em uma semana, num domingo, na Concha Acústica de Brasília, no encerramento do festival Porão do Rock, que ressarciria minha passagem e pagaria um cachê ao Ameba.

Naquela noite, nos juntamos ao André para ensaiar. Eu o tinha visto recentemente de férias em Nova York, e até tocamos juntos "Até Quando" no bis de um show. Bem diferente da minha realidade de banda nos Estados Unidos, quando chegamos ao estúdio foi um alvoroço, pois o *Correio Braziliense* cobria quase diariamente nossas andanças.

Os fãs se aglomeraram do lado de fora da minúscula sala de ensaio. Acostumado com salas amplas e equipamentos de primeira, fiquei meio *puto* com algumas falhas da produção, mas resolvi ficar quieto. Não queria que pensassem: "Ih, o cara é estrela, agora *certificado* de Nova York". Além da cobertura das TVs locais, nos jornais escreveram sobre a história e a importância da Plebe, e até o Capital escreveu um texto de boas-vindas.

No primeiro ensaio, tocaríamos como um trio porque o Ameba estava na estrada como roadie dos Engenheiros do Hawaii, que não o liberaram para todo o período conosco. O quê? *Pitchka ti materina!* Dava para entender a falta de empatia daquela banda em que músicos eram despedidos a toda hora e sempre havia um clima ruim de repartição pública em final de gestão.

Assim que afinamos os instrumentos, fomos de "Até Quando", que fluiu incrivelmente. Todos os trejeitos individuais começaram a se alinhar como antigamente. Na saída do ensaio eu não tinha como evitar os fãs em busca de fotos e autógrafos. Ainda meio zonzo pelas duas últimas semanas, sem saber exatamente no que estava me metendo, até deixei um fã segurar a minha guitarra Gibson Les Paul Custom Silverburst 1982 e percebi a magnitude de nossa volta quando ele começou a chorar. Será que eu estava pronto para isso?

Os ensaios seguiram, com amigos e amigas aparecendo e a imprensa cobrindo. Fomos capa do *Correio Braziliense*, mas sem o Ameba. O repertório, baseado na coletânea *Preferência Nacional*, estava se definindo. Mas eu continuava não sentindo muita firmeza na produção do evento, ainda mais quando tivemos que mudar de hotel repentinamente. Dei o devido desconto porque estavam apenas na segunda edição do festival e resolvi ficar na casa do André, onde dei para a filha dele uma revista colorida, cheia de fotos das Spice Girls, que trouxera de presente dos Estados Unidos.

A poucos dias do show, nada do Ameba aparecer, e comecei a ficar rouco e preocupado com a garganta, já que o clima de Brasília estava muito seco e tinha uma gripe rolando por lá, chamada *tiazinha* – falavam que te derrubava na base da chicotada. Meses depois vi uma foto da Tiazinha e entendi, apesar de ela ter metade do tamanho das nova-iorquinas.

Faltando um dia para o show, descobri que a revista *Bizz* ia fazer um especial sobre a Plebe. *Bizz*? Ainda existia? Então tá bom, mas e o Ameba? No *dia* do show ele chegou, e, sem nem termos tido tempo para conversar direito, fomos direto para a Concha Acústica tirar fotos e ensaiar no palco. Como houve um problema elétrico no local, fomos correndo para a sala onde estávamos ensaiando, que então ficou menor ainda.

Eu, André e Gutje ficamos nos olhando quando Ameba se agachou no chão e tirou uma guitarra Jackson de 12 cordas de seu *case* – sem duas delas, para simular uma viola elétrica de dez. Espera aí, deixa ver se entendi direito. Viola? Se nunca houve uma simbiose entre as duas guitarras, avalie com uma viola? Passei a sentir saudade do meu companheiro de produção e guitarra, o Kyle.

Pior foi quando ele começou a montar, *bem* devagar, a sua pedaleira. Comecei a duvidar da importância que ele estava dando para o show. Esquece que o relógio estava batendo e logo mais teríamos que nos apresentar. Esquece que não tocávamos juntos nessa formação há dez anos. Esquece que ele não se esforçou para chegar uns dias antes – existem roadies reservas, sabe? Duvido que ele montasse o equipamento com a mesma lentidão para os Engenheiros. Mas tive que ficar quieto. Coloquei a mão discretamente na testa e pensei: "Isso vai ser um desastre".

Mas não foi. O show foi incrível, para 20 mil pessoas que suportaram os atrasos sucessivos da produção, o que nos empurrou para tocar na madrugada de segunda. Subimos ao palco em grande estilo, ao som de "The Mountain", a belíssima trilha de Jerry Goldsmith que abre o quinto episódio cinematográfico de Star Trek, *The Undiscovered Country,* que eu trouxe dos

Estados Unidos. Usamos essa mesma abertura durante a turnê *R ao Contrário*, cinco anos depois.

Apesar do pouco ensaio, todos da banda tinham feito o dever de casa. Mantivemos os arranjos originais, e foi memorável para nós e para os fãs. Olhar aquela multidão nos ovacionando foi especial pra mim, mas não pelo motivo óbvio. Pra quem praticamente largou a música justamente por causa de duas pessoas naquele palco, a apresentação fechou um capítulo de vida. No bis, com um representante de cada banda que participou do festival, tocamos "Até Quando", numa grande celebração do rock de Brasília.

Na disputada entrevista coletiva depois do show, os repórteres insistiam sobra uma volta definitiva da Plebe. Sempre que podíamos, evitávamos de falar sobre o futuro, e foi até curioso ver como cada integrante desviava da pergunta. Ao responder sobre o que achava da cena de rock brasileira, eu disse não saber nada além do que tocava no rádio, por estar pouco tempo no Brasil, me referindo a Raimundos e Planet Hemp, que dominavam os playlists. Salientando o contraste com a temática dos anos 1980, completei, meio debochado: "Parece que só cantam sobre cu e maconha... não é bem o lance da Plebe". Então André se inclinou em direção ao microfone e perguntou: "Qual deles? Cu ou maconha?". *Pitchka ti materina!* Não sabíamos se a Plebe estava de volta, mas a sacanagem de sempre estava. Ah, se estava...

"Saí do palco com a sensação de que, agora sim, as minhas lembranças do passado podem descansar em paz, a frustração foi aniquilada."
— André X, em entrevista sobre o show da volta

Nos encontramos na casa do André, no dia seguinte. Essa ia ser boa. E agora? Seria a conversa para pôr tudo pra fora? Lavar a roupa suja? Lembrei da conversa do Capital lá em Nashville, mas não, não daquele jeito, pois o projeto implodiria sem nem ter começado direito. Gutje estava a fim, e eu também, mas por um tempo somente, pois eu não tinha a *mínima* vontade de voltar ao Brasil. Deixei isso bem claro, para alívio do André, que estava com um baita pé atrás. Aí todos olharam para o Ameba. Ainda dava para sentir a mágoa dele pela forma como foi tirado da banda. Ele confidenciou ao *Correio Brazi-*

liense que não tocava aquelas músicas na guitarra desde que fora *despedido* da Plebe, mas que também tinha curtido o show. O que sairia dali? Quem sabe uma turnê nacional ou até um disco ao vivo? Para mim seria ótimo, pois alavancaria a possibilidade de lançamento individual dos três primeiros discos, o que mais me interessava.

A repercussão do show foi surpreendente, só elogios, da *Gazeta Mercantil* à *Folha de S.Paulo*. A *Gazeta do Povo*, do Paraná, me chamou de *guitar hero*. Tutty Vasquez, do *Jornal do Brasil*, o primeiro a associar o nome da banda à *beise*, 13 anos antes, exclamou: "O grupo de rock Plebe Rude, extinto desde 1994, está de volta! É mais um duro golpe nos anos 90!". O *Correio Braziliense* então, nem se fala. *O Globo* deu capa, com uma matéria chamada "Rock e progresso" e uma foto da banda em frente do Palácio da Justiça – o André com as mãos na frente do peito da estátua *A Justiça* –, que encerrava assim: "A Plebe foi carregada como ícone da nova geração roqueira de Brasília e entregue aos braços dos plebeus".

Esse estardalhaço na mídia pôs o festival no circuito nacional, mas no meio das três semanas mais loucas na minha vida, não lembro se o Ameba foi pago nem se eu fui ressarcido pela passagem aérea que banquei. Terei que checar a contabilidade. Imagina os juros?

Os Paralamas iam tocar na capital... na capital... no fim de semana seguinte, com os Titãs, então fiquei pela cidade para me encontrar com Herbert, que não via há um ano. Assim que entrei na van com a banda, Barone me chamou de "Give me a break, gentlemen", enquanto Herbert repetia Philippe-Philippe-Philippe, como sempre fazia, imitando meu francês fake de outrora. Ele estava feliz com a volta da Plebe; disse que duas coisas haviam mudado o rock'n'roll no Brasil – celular e van – e que já, já eu sentiria isso. Ele me fez lembrar de quando, espremidos numa Kombi, chegávamos nos ginásios do interior do Brasil antes da hora porque a equipe não conseguia encontrar um orelhão sequer para nos avisar que nem o palco estava montado. Quantas vezes esperamos horas nas arquibancadas antes de passar o som? Nossa, era tudo tão precário.

Na van a caminho do show, Herbert me deu uma caixa embrulhada em papel pardo e disse que era um presente. Hmmmm... presente do Herbert? Fiquei mais desconfiado quando o Bi e Barone se inclinaram para a frente. Provavelmente seria um caixão de madeira em miniatura, com um homem dentro, e, ao abri-lo, um pênis gigante saltaria para fora, tipo *lembrancinha de Itu*. Ao tirar o papel, o verde-escuro da caixa pareceu familiar. Vi o logo MXR, olhei para o Herbert inquisitivamente.

"Mas é..?"

"Sim."

Era um pedal Flanger MXR, igual àquele do meu primeiro encontro com ele, no Brasília Rádio Center, 17 anos antes.

"Mas... por q..."

Eu não consegui terminar a frase.

"Sim, foi eu quem queimou seu pedal..."

PITCHKA TI MATERINA! Essa história até virou cena de cinema no documentário *Rock Brasília*, de 2013. Foi o pedido de desculpas, ou a admissão de culpa, mais demorado da história do rock brasileiro.

Agora repita: "Tem coisas que só acontecem comigo".

Eu toquei algumas músicas com os Paralamas no show, feliz por estar no Brasil e ter encerrado aquela etapa da minha vida. No bis, subi no PA e fiquei dançando ao som da música "Ska". A banda se olhava como se eu estivesse ficando louco. Depois, no camarim, Herbert abriu uma garrafa de espumante (pô, Herbert, nacional?) e me serviu dizendo: "Philippe, tem um trem de dinheiro chegando até vocês".

Assim como nos elogios que teceu ao me apresentar ao Carlos Alomar, ele novamente estava sendo gentil. Por definição, dinheiro não é uma coisa que chega até a plebe, muito menos para a Plebe. Herbert me convidou para tocar com eles em Belo Horizonte, no Festival Pop Rock Brasil, disse que estaria no Rio logo em seguida e queria ter uma reunião comigo.

Alguns dias depois, em Belo Horizonte, fui chamado para tocar voz e violão para uma multidão de 55 mil pessoas antes do show dos Paralamas – o diretor da rádio organizadora do festival soube da minha presença e me convidou. Na volta da Plebe havia 20 mil pessoas esperando no frio da madrugada de segunda-feira, para nos ver num show que nem eu, se não fosse *o cara da Plebe,* perderia. Mas em BH era diferente, eu estaria sozinho para uma plateia mais que duas vezes maior. Para quem se apresentava para 50 pessoas no circuito underground de Nova York, eu não sabia como reagir, ainda mais sem a muleta da banda.

Antes de subir no palco, o pessoal do Pato Fu, que eu não conhecia, mas eram fãs da Plebe, me emprestou um violão. Enquanto o diretor da rádio anunciava uma surpresa muito especial e salientava a importância da Plebe para a multidão, fiquei do lado do palco explicando para o Bruno (o Biquini também tocou no festival) como se fazia uma moqueca de frango quando não se encontrava peixe fresco, do jeito capixaba, sem dendê (o resto é peixada): "Primeiro, deixa o peito de frango de molho no limão enquanto você corta pimentões verdes e vermelhos, cebola e tomate em pedaços bem grossos. É que, devido ao tempo no forno, eles não desmancham no próprio suc...". Fui interrompido pelo poderoso PA e ouvi: "Agora, com vocês, Philippe Seabra!".

Subi e toquei "Até Quando", "Proteção" e "Minha Renda" em versões acústicas. A plateia respondeu entusiasmada, mas creio que muitos ali não sabiam quem eu era, embora conhecessem as músicas. Sob aplausos, falei que voltaria em breve com a Plebe, me despedi e me dirigi ao Bruno de novo, que, visivelmente emocionado em me ver de volta, me abraçou fortemente. Olhei para ele com ar de indiferença e falei: "Agora escorre o limão e adiciona limão recém-espremido. Isso é fundamental pra tirar aquele gosto de frango cozido. E acrescenta azeite...". O *cara da Plebe* estava de volta.

De lá fui para São Paulo conversar com o empresário do Capital, e coincidentemente estava rolando o Video Music Brasil, da MTV. Como era de se esperar, a recepção foi bem mais fria do que em Brasília. Pelo menos Ivete Sangalo me cumprimentou e disse que adorava a música "Camila". Gentilmente a corrigi, dizendo que eu era da Plebe Rude. Foi aí que ela lembrou de "Até Quando" e até cantarolou um trecho. Tem coisas que só acontecem comigo. Meu Deus, como o meio musical tinha mudado! Um tal de Claudinho e Bucha, alguma coisa quem nem lembro, estava concorrendo a um prêmio com um clipe filmado em Los Angeles, ultrabem produzido para os padrões nacionais. Os VJs agora eram celebridades. Patrocinadores patrocinavam por todo lado. A juventude *realmente* tinha virado uma banda num anúncio de refrigerantes. Seu bando de *pitchka ti materina!*

Uma geração que se criou em frente à televisão, já com os programas de educação infantil em declínio, devolvia isso pela própria TV. As bandas novas já vinham prontas para o formato. E com letras *terríveis*. Woody Allen, em *Manhattan*, já na década de 1970, resumiu isso como ninguém: "Criados pela televisão, seus padrões têm sido sistematicamente rebaixados ano a ano". E na *Fantástica Fábrica de Chocolate*, quando indagados sobre o que acontecia quando crianças eram expostas à televisão demais, os diminutos Oompa-Loompas respondiam: "Uma dor no pescoço e um QI de 3".

Apesar de tanta mudança, nem tudo tinha mudado. A formação original do Capital estava no palco tocando "Primeiros Erros", do Kiko Zambianchi, que provavelmente metade da plateia não sabia de onde vinha até então. Mas era hit certificado, sabe como é...

Foi aí que duas coisas engraçadas aconteceram. João Gordo, que eu não via desde um show que fizemos juntos na época do *Mais Raiva do que Medo,* em Vitória, seis anos antes, pegou no meu braço e falou gentilmente: "Volta não, volta não". Primeiro não entendi direito e pensei que ele estava me ofendendo. Mas aí me toquei: ele esperava que não arruinássemos nosso legado virando banda de baile. Era nosso fã, não queria se envergonhar da Plebe. Logo em seguida, o ex-empresário da Legião chegou em mim e falou, "por favor", apontando para o palco, "não virem isso aí", temendo que desceríamos o perigoso caminho do saudosismo – apesar do Capital estar voltando com um disco de inéditas.

Apresentado pelo empresário do Capital, o presidente da Abril veio falar comigo, feliz com o sucesso do nosso show em Brasília. Conversamos um pouco, mas me deu um leve mal-estar, e não foi por causa da cerveja quente. Pelo visto, a volta da Plebe estava sendo vendida para a Abril como *definitiva*. Mas não culpo o empresário do Capital. Afinal, conseguiríamos um contrato excelente e a promessa de que nossos discos entrariam no catálogo que a Abril estava montando aos poucos. Quem sabe dessem mais valor à obra do que a EMI? O problema é que era mentira. André estava reticente, e Ameba daquele jeito de sempre, imaginava-o assinando um contrato que pensava ser para um disco apenas: "Peraí, que história é essa de volta definitiva?".

Alguns dias depois, Ira! e Capital fizeram um show juntos no Ibirapuera, e me chamaram para participar. Foi bom ver o pessoal da velha guarda fora da confusão da festa da MTV, e os paulistas reagiram entusiasticamente à minha canja. Em seguida, fui chamado para aparecer de surpresa no *Programa Livre* em que Ultraje e Lobão iriam tocar com participação do Dinho. Cheguei na sede do SBT e encontrei o Lobão *puto* no camarim. Ele abriu um sorriso ao me ver e até tocamos "Decadance avec Elegance" na passagem de som, comigo na bateria, mas ele estava irredutível, não queria tocar *nenhum* hit no programa, só músicas do disco novo. Foi uma confusão daquelas.

Quando o Ultraje passou o som, achei estranho ver pessoalmente o Roger na mesma banda, mas com outros músicos. Já sabia que ele poderia colocar quem quisesse e continuaria a ser o Ultraje, mas na prática soava esquisito.

O *Programa Livre* estava se despedindo do SBT, pois o Serginho Groisman tinha assinado com a Globo. A vaga de novo apresentador estava aberta, e a ex-VJ Babi Xavier era a mais cotada. Aí me bateu uma coisa ruim. Entendam meu lado. Eu lá no camarim e vi os três artistas daquele jeito, um *puto* com a insistência eterna nos velhos hits, outro com a banda irreconhecível, e outro interessado na vaga do Serginho... sei lá. Não estou julgando a motivação pessoal de cada um, mas me lembrou, por algum motivo, uma menina vestida de abelha que eu tinha visto anos antes no corredor do mesmo SBT, que a mãe empurrava para a frente sempre que alguém da produção passava. Era pra isso que eu estava voltando? Era nesse meio que eu queria estar? Consegui a muito custo recuperar meu amor pela música, mas será que o meu futuro seria uma mescla dessas três atitudes, hits antigos, banda desfigurada e manutenção da imagem na mídia? Como o rock sempre falou mais alto, e, quando os amplificadores foram ligados, foi ótimo.

O programa abriu com o Ultraje e continuou com Lobão, que tocou com minha Gibson Les Paul Silverburst alguns de seus hits – o que certamente deixou muito plebeu atento Brasil afora, pois foi a primeira vez em seis anos que aquela guitarra tão característica era vista na TV. Tanta confusão, como sempre, por nada. No final, Serginho anunciou a minha presença e pediu para que "a Plebe voltasse mesmo". Tocamos "Música Urbana", do Aborto, depois convidamos Lobão para tocar bateria em "Até Quando", acompanhados por Roger e sua banda *contratada*. No final, todos tocamos "Nós Vamos Invadir Sua Praia". Foi minha primeira aparição em TV nacional em seis anos, e pensei: "As forças do bem (ou seriam do mal?) estão querendo que eu volte para o Brasil mesmo. E agora?". Dei um abraço no Serginho, agradeci o convite e emendei: "Não mude na Globo, please".

Naquele final de semana, o Capital me chamou para tocar com eles num festival de encontro de motos em Caraguatatuba, litoral norte Paulista. Fê estava feliz por me ver de volta ao Brasil, afinal, já tínhamos passado tantas coisas juntos. Não havia muito público – e confesso que estranhei a quantidade de versões e *covers* no repertório, de Aborto a Zambianchi, passando por Finis Africae, Iggy e Plebe –, mas a garra, carisma e profissionalismo com que o Capital fez o show – digna de um Rock in Rio – me fez realmente questionar se a Plebe conseguiria manter o pique numa turnê, ainda que temporária. Teríamos a vantagem de um prazo de validade, mas a bagagem que carregávamos vinha com muito desgaste.

Apesar do ótimo show do Capital, me chamou a atenção a agressividade do Loro, inclusive comigo. Entendo que estivesse muito à vontade com a tribo dele, seus colegas de motoclubes, mas o jeito com que falava "seu filho da puta" me pegou de uma maneira que até rasgou a costura do meu casaco de couro. Eu não sabia até que ponto era brincadeira. O Capital mal havia voltado e já começava aquele clima todo de novo. Seria a sina do rock de Brasília?

"Ícone!"
– Diretor de marketing da EMI

Fui ao Rio encontrar com o Herbert e depois com o ex-empresário da Legião. Apesar de ter sido o empresário do Capital que intermediou a volta da banda e que queria nos levar para a Abril, eu e André não estávamos à vontade com a proximidade que o baterista parecia ter com ele. Ainda traumatizados pelas confusões do passado, a última coisa que queríamos é que ele pudesse interferir mais do que o normal no andamento do projeto.

Encontrei Herbert na sede da EMI, no mesmo estúdio onde tínhamos gravado os três primeiros discos. Muitas memórias voltaram, a maioria ruins, infelizmente, ainda mais com os sinais da decadência do local. Realmente a indústria no Brasil estava em pleno declínio. O estúdio estava vazio, sem nenhum equipamento, o tapete gasto. Um templo da música popular brasileira tinha virado um salão de festas chamado Espaço Odeon. Sinal dos tempos, uma pena. No fundo da sala de gravação, um palco pequeno com o equipamento dos Paralamas, que iriam tocar numa festa fechada para a Rádio JB FM.

Cheguei um pouco antes do show, e, para minha surpresa, muitos funcionários da gravadora vieram me dar um abraço. Aí me bateu uma coisa ruim, e entrei no modo Philippe Malvinas. Extinto nunca, dormente apenas. Cada vez que um funcionário dizia que adorava a Plebe, que "aquela época era tão legal", que "a banda deveria voltar à casa", eu inclinava a cabeça para trás, soltava uma gargalhada bem alto, tipo "tá bom, conta outra", batendo nas suas costas. A equipe dos Paralamas se olhava nervosa, achando que eu poderia causar uma confusão e fazer uma cena – e olha que tive vontade –, mas, apesar de todas as minhas estripulias, não sou uma pessoa grossa, apenas ria alto pelo *ridículo* de um disco como o *Concreto Já Rachou* não existir em CD. Seus *pitchka ti materina!* Agora, me diga, o que *você* teria feito?

Depois do show, Herbert me puxou para o lado e apresentou o presidente da EMI. Antes que eu pudesse soltar meu riso, Herbert me pegou completamente de surpresa e disse ao executivo que queria produzir o disco ao vivo da volta da banda, ainda naquele ano. E que ele tinha que assinar com a Plebe imediatamente. Simples assim. Mas, no dia seguinte, Herbert me ligou zangado com a história do riso alto, que nem tinha ouvido, pois estava no camarim.

"Cara, tá maluco? Você não pode fazer isso."

"O que é que eles vão fazer, Hebe? Não lançar meu catálogo em CD?"

Apesar de *puto* por ter sido chamado de Hebe, num *raro* momento ele ficou quieto. Antes de ir embora do Rio, chamei o André para tomarmos uma decisão executiva por telefone. A seguir liguei para o empresário do Capital e avisei que não fecharíamos com ele. Ele falou que no fundo estava aliviado, pois éramos difíceis demais. Não o culpo. Acabou sendo uma boa ideia, pois a relação dele com o Capital, banda que ajudou muito, acabaria em litígio, e dos feios, anos depois. Fosse com quem fosse que fechássemos contrato, teríamos que trabalhar duro para não acabar mal. Lembra quantas vezes tivemos que mudar de empresário? E o motivo?

Voltei aos Estados Unidos para continuar minha vida, não sem antes aparecer na capa da *Rockpress* com os vocalistas das três bandas de Brasília e o Herbert, numa matéria enorme chamada "Brasília 2000, a história da geração que mudou a cara do rock brasileiro", do jornalista Marcus Marçal.

A Plebe também apareceu na capa da revista de domingo do *JB*, numa matéria com Biquini e Zero, entre outros, chamada – o que mais? – "Geração 80", e eu fui capa da revista de música *Backstage* numa matéria chamada "O estilo plebeu". Não era bem a capa da *Guitar Player*, o sonho de todo guitarrista, mas quem era eu para reclamar? Além da minha foto de corpo inteiro na capa, com a Les Paul Silverburst, a matéria focava em equipamento e técnica. Realmente estavam de sacanagem comigo. Capa de revista? Um contraste e tanto com a minha realidade no underground nova-iorquino.

Em Nova York, voltei com o Daybreak no circuito de sempre. Pouco antes do meu aniversário de 33 anos, *desci* de novo ao Brasil. Fechamos com a EMI com um pé atrás, mas ao menos eles relançariam o nosso catálogo, além da tiragem limitada da série *Portfólio* e do box set, e tínhamos o Herbert para zelar pela gente mais uma vez. Não tivemos muita escolha, porque eu sabia que a direção artística da Warner não simpatizava nem um pouco comigo, e a Abril melou quando mudamos de empresário. De novo a Plebe gerava a confusão de sempre.

Ficou combinado que gravaríamos no Espaço Odeon. Insisti numa inédita para o disco, mas André não queria, mesmo depois eu mostrar uma penca de músicas do Daybreak e dar carta branca para mudar o que quisesse ou para usar como ponto de partida para alguma outra música inédita. Ele, como eu, não via muito futuro na formação original, pois no fundo as pessoas não mudam – curiosamente, alguns anos depois, muitas músicas daquele repertório encontrariam casa no repertório da Plebe. *Pitchka ti materina!*

No dia em que assinamos com a EMI, na sala de reuniões regada a salgadinhos e espumante, tive uma *baita* surpresa. Como a mídia estava em cima desse retorno, além do auê dos fãs, o lançamento de um disco ao vivo com músicas fora de catálogo tinha chances de ser um sucesso, ainda mais se conseguíssemos captar toda a fúria da banda, como quem capta relâmpago numa garrafa. Se era estatisticamente improvável, matematicamente era possível.

André sempre falava que o nosso quinto disco seria ao vivo com o nome *E o Quinto É ao Vivo*. E não é que o quinto seria ao vivo mesmo? Que maneira maravilhosa de encerrar a carreira e, *aí sim*, disponibilizar o catálogo original em CD. Propusemos para a gravadora disponibilizar os discos de catálogo, um a um, alguns meses *depois* de lançar o *ao vivo,* e então eu poderia retornar aos Estados Unidos satisfeito.

Porém, na festa de assinatura do contrato, a *mesma* diretora de marketing que há dois anos tinha mentido na minha cara sobre o box set, orgulhosamente me apresentou os três discos individuais em formato de CD. Eu e o novo empresário da Plebe ficamos nos olhando com estranhamento, pois a última coisa que queríamos era ver o lançamento do disco ao vivo diluído pelos relançamentos e vice-versa. Sempre sonhei com o lançamento do catalogo em CD, você acompanhou toda a novela, MAS NÃO NAQUELE MOMENTO, PORRA! Tem coisas que REALMENTE só acontecem comigo. Mais uma vez a EMI demonstrava sua incompetência administrativa. Coloquei a mão na testa, pensando, "isso vai ser um desastre". Quem eram aquelas pessoas e por que ainda estavam ali? Não era à toa que a indústria viraria de cabeça pra baixo nos próximos anos.

Os ensaios foram marcados no estúdio Floresta, no Rio, onde nos enfurnaríamos por duas semanas. No primeiro dia, quando Ameba abriu o *case* tirou uma viola elétrica, feita pelo luthier Cheruti, de Cachoeirinha (RS), não foi a aparência um tanto quanto estranha para uma banda pós-punk do instrumento que me incomodou, foi o som, que era ótimo... para música caipira. Para rock o som era magro, sem sustentação, difícil, muito difícil no meio da nossa massa sonora. Virei para André e falei baixinho, brincando, mas nem tanto: "Hoje é o pior dia da minha vida". Sim, alguns argumentavam que a viola dava uma cor diferente ao som da Plebe. Como eu não estava acostumado a ter diálogo com o segundo guitarrista, no fundo, nada mudou – a única diferença é que a segunda guit... uh, quero dizer, viola, não embolaria tanto. Ao menos isso.

Músicas velhas como "Pirataria" e "Vote em Branco" chegaram a ser ensaiadas, mas não ficaram boas e saíram do repertório. "Até Quando" receberia um arranjo de bateria novo, mas na correria esquecemos de um arranjo lindo de "A Ida" que tínhamos na época como power-duo, que abre comigo sozinho no violão e que usamos até hoje. Usamos o arranjo da gravação original, que gravei com o mesmo violão Gibson que o Herbert estava usando na excursão *Acústico MTV*, curiosamente manchado de vermelho na parte de trás, pois a tinta do figurino do show dos Paralamas se diluía a cada apresentação, e o suor dele deixava rastros no tampo de madeira. Como eu tinha previsto, não fui eu quem o Herbert chamou para a excursão. Tem coisas que só acontecem comigo.

Para a música "Medo", regravação do Cólera, Herbert queria usar um *loop* em cima de "Immigrant Song", do Led Zeppelin, mas não ficou bom, então nosso empresário sugeriu que o grupo pernambucano Sheik Tosado, que ele também empresariava, tocasse essa parte. Ele insistiu *tanto* para que o grupo participasse que eu estava começando a desconfiar. Quando passamos "Medo" no ensaio, fui logo reclamando que estava fora do tempo. Irritado, Herbert falou bem alto: "Como esse cara é chato!". Mas a verdade é que estava ruim mesmo, tanto que na mixagem não tivemos escolha e escondemos a percussão o máximo possível.

Todos estavam com um pé atrás no estúdio, mais propelidos pelo legado do que pelo prazer de tocar juntos. André achava que deveríamos ter conversado e colocado tudo para fora ali, como eu tinha visto o Capital fazer em Nashville, mas não teria adiantado. O que falaríamos um para o outro? Você é blasé, você é estrela, você é mau caráter, você é maconheiro? Imagina? Mais fácil pegar a fita magnética de 24 canais e colocar em cima de um transformador de força e apagar de vez qualquer chance de volta.

Para piorar, Herbert chegou para ver como estávamos justamente no *pior* momento possível, durante o ensaio de "A Ida", e você lembra como essa música é especial pra mim. Era só seguir o arranjo original, *só isso*, como em todas as músicas. Naquela volta temporária, fiz a promessa de não cobrar tanto como fazia antes. Mas Ameba começou a tocar um arranjo cheio de efeito, com bastante cadência, que não só soava amador e destoava completamente do arranjo inicial, como também puxava a música para um outro lado e me jogava fora do ritmo. Pedi gentilmente para ele respeitar o arranjo original, e, seco, ele respondeu: "Você quer que eu cante que nem garoto também?".

Senti um arrepio na espinha... Voltei ao Brasil pra isso? Quase desisti ali mesmo. Sério. Acho que André também. Ele me olhou *puto*, mais com a situação do que comigo, e tocou todas as cordas abertas do baixo ao mesmo tempo, que ressoaram pela sala de ensaio dando trilha sonora para o clima. Para piorar, o amplificador estava dando defeito, e eu sentia muita falta do meu equipamento mesa boogie de Nova York. Foi aí, justamente *naquele momento*, que o Herbert aparece na porta. Que vergonha... Quase me enfiei debaixo da bateria. Ele confidenciou depois que quase largou o projeto naquela hora. Sorte nossa que a gravação foi adiada em uma semana por compromissos do Herbert, o que aliviou bastante a tensão. Termos mais uma semana para ensaiar foi bom, mas antes fui para o litoral paulista esfriar a cabeça. Ou isso ou teria ficado doido.

Voltei ao Rio com um dia de atraso, o que irritou especialmente o Gutje, e começamos a perceber que a EMI estava atrapalhada, mostrando leves sinais de pavor com a iminente reviravolta que estava por acontecer no meio musical. Havia uma desconexão rolando por todos os andares. O departamento financeiro estava perdido com a emergente internet, os vendedores tentavam justificar o preço alto dos CDs sem argumentos, e o diretor artístico mostrava um disco de um padre cantor e falava: "Dá pra sentir o que ele canta, não?". Porra, pra cima da gente? Fala logo que é dinheiro. Já o novo diretor de marketing, que tinha vindo de uma empresa aérea, ficava me chamado de *ícone* sempre que passava. Hmmmm... Lá estava eu na EMI, com meu catálogo até recentemente preso, sendo chamado de *ícone*. Isso mesmo... Um ícone com um disco icônico iconicamente indisponível por anos. Tem coisas icônicas que só acontecem comigo. A primeira vez que ouvi *ícone* dele pareceu uma reverência, até fiquei lisonjeado; na segunda vez já parecia um elogio desengonçado; na terceira vez, uma confiança que eu não havia lhe dado. A partir daí, passou a parecer chacota. Ícone é a mãe, seu *pitchka ti materina*.

A imprensa noticiou, e agora era oficial. Nos dias 15 e 16 de novembro de 1999, a Plebe Rude gravaria seu primeiro disco ao vivo. Fãs se esgoelaram para garantir um ingresso, dava para sentir a antecipação no ar. Apesar dos protestos dos fãs de Brasília, logisticamente seria mais viável gravar no Rio. Consegui convencer o André a muito custo, e incluímos uma música inédita, chamada "Roda Brasil".

A letra é inicialmente de uma ideia do Gutje que jamais tinha sido aproveitada, e o refrão remete a "Garden of Earthly Delights", música que abre a obra-prima do XTC, *Oranges and Lemons*, único deles lançado no Brasil.

Os pitacos do Herbert, mais uma vez não creditados, até fizeram a música funcionar, mas longe de ser uma predileta, e por isso é pouquíssimo tocada ao vivo. Eu estava com todo o repertório do Daybreak à disposição, mas tive que ficar quieto, por mais frustrante que fosse. Certamente carreiras solo nos acostumam mal.

Como eu previa, "Roda Brasil" nem pra single serviu, e a banda acabou escolhendo "Luzes", do Escola de Escândalo. Eu não queria *voltar* com uma música de terceiros, como fez o Capital no seu acústico, com "Primeiros Erros", mas fui voto vencido. Pelo menos "Luzes" não era um hit consagrado, o que a tornava menos constrangedora para os fãs mais ardorosos da Plebe.

Só pra você entender como era na época, e isso é simplesmente *inacreditável*, nem nos passou pela cabeça filmar o reencontro. Sério. Ninguém levantou a possibilidade, a não ser *no dia* da gravação, quando o próprio presidente da EMI falou: "Bem que poderíamos ter filmado esse show", mas a era do DVD ainda estava por vir, e já era tarde demais. Eu, que vinha da terra do revival e via o respeito com que artistas de outrora eram tratados lá, imaginei que seria a mesma coisa com a Plebe. Jesus, como estava errado.

Na bateria de entrevistas para o show, recriamos uma foto para *O Globo* feita 12 anos antes, com Herbert deitado no chão, as mãos em prece de misericórdia, sendo fuzilado por nós quatro, munidos de nossos instrumentos. Herbert encerrou seu depoimento para o jornal dizendo que eu era "a melhor mão direita do rock brasileiro".

No fim do primeiro show, antes do bis, Herbert subiu ao palco dizendo que repetiríamos algumas músicas, pois gravação ao vivo era assim mesmo. Um fã, empoderado pelo chope gratuito que estava sendo servido, gritou do meio da multidão: "Sai daí, careca!". Não foi o *que* Herbert respondeu que me espantou, mas a *rapidez* e a prontidão com que retrucou: "O careca aqui embaixo quer conhecer sua mãe". Creio não ter sido a primeira vez que o chamaram de careca.

A segunda noite foi mais tranquila, e o peso do primeiro CD ao vivo saiu de nossas costas. "Medo" foi um destaque, numa homenagem ao querido Redson e seu Cólera, mesmo com a percussão desencontrada dos convidados do nosso empresário. "Bravo Mundo Novo", "Plebiscito", "Brasília", "Códigos" foram um presente e tanto para os fãs. Pronto, estava registrado nosso *ao vivo*, não sem antes Herbert subir no meio de "Minha Renda" e cantar a emblemática frase "vou mudar o meu nome para Herbert Vianna". Pela segunda vez no mesmo local, eu morria de rir ao vê-lo sucumbindo às sacanagens da Plebe. Amigo é pra essas coisas. De novo.

Depois foi aquele alvoroço e a festa no hotel, regada a espumante que trouxemos do Sul, diretamente da sede da Casa Valduga, quando passamos por lá para tocar no Bar Opinião, em Porto Alegre, num *esquenta* para a gravação. Ah Brasil, bem que poderia me acostumar com isso novamente.

Intitulada "Até quando Continuar", uma matéria na revista *Bizz*, que então se chamava *Showbizz*, saiu com fotos nossas tiradas no mesmo Parque das Ruínas, em Santa Teresa, onde clicamos as fotos para o *Concreto* 14 anos antes. O subtítulo da matéria dizia tudo: "Plebe Rude volta com a formação original, para turnê e disco ao vivo, sem saber que bicho isso vai dar". Na montagem com fotos daquele ano e da contracapa do "*Concreto*", com poses idênticas, todos pareciam bem, não tão diferentes das imagens originais. Pelo menos isso. Uma coisa é ser um rockstar decadente, outra é *parecer* um.

Mas a primeira frase do texto, "Jander Dornelles está farto do rock'n'roll", definia o tom da volta, e não era só ela. Em outra matéria, André declarou: "Compreenda bem, não é uma volta, é mais um corte no tecido temporal da nostalgia que logo se fechará. Aproveitem, órfãos dos anos 1980!" E em outra eu mesmo disse: "O compromisso é só com a nossa história. Hoje, minha prioridade é o Daybreak Gentlemen". Acho que estava clara a nossa opinião sobre uma volta definitiva da banda.

Passei na EMI alguns dias depois e ouvi as versões dos dois dias, que me foram entregues em CD pelo eterno e simpaticíssimo Nunes, funcionário das antigas. Caberia a mim decidir de qual dia cada música seria aproveitada para a mixagem antes de voltar para Nova York. Oh my God... Que contraste. Voltei à minha vida anônima e à minha pequena banda Daybreak, mas estava feliz, e é isso que importa. Meu advogado falou que, se ele tivesse vendido o que eu vendi no Brasil, eu estaria daquele lado do Atlântico. Difícil argumentar contra isso, mas lembrei em tom de bronca: "Eu pago para você me ajudar *aqui*, damn it!". Sorte dele eu não saber como é *pitchka ti materina* em hebraico.

Prestes a encerrar essa etapa da minha vida, aproveitei o finalzinho de ano, e do milênio, e fui descansar no Sul, no estado de Kentucky, onde visitei a mãe e o padrasto da minha namorada – ele era um ex-agente do FBI. Se você leu qualquer coisa do Mark Twain, ou mais contemporaneamente do Tom Wolfe, ninguém descreve o Sul melhor que eles. E não tente discutir sobre porte de armas com um sulista, muito menos um ex-agente do FBI. Ele falava que só se sentia seguro em recintos onde *todos* estivessem armados, inclusive bares. Eu olhava pra ele daquele jeito Seabra e perguntava: "O que poderia dar errado?".

Ele também era um *luthier* de mão cheia e vendia livros raros por um website relativamente novo chamado Ebay. Eu tinha levado meu violão Yamaha, e ele me ajudou a furar a base para instalar um captador Fishman. Esse violão seria o único com o qual eu comporia pelos próximos 20 anos. Eu também aproveitei sua coleção de livros e peguei alguns sobre a exploração espacial americana, uma paixão minha, do Mercury ao Apollo.

Apesar de estar com a namorada, tive que dormir sozinho na sala, porque é isso que um gentleman faz no Sul, ainda mais um Daybreak Gentlemen – sobretudo com um *sogro-padrasto* armado. Mas não foi fácil pregar o olho. Algumas décadas antes, depois de uma enchente avassaladora na região, os mortos tinham sido empilhados justamente ali dentro. Ah, esses punks frouxos de Brasília, você deve estar pensando. Tá bom... Quero ver *você* dormir tranquilo numa sala daquelas.

No meio da vastidão de Kentucky e da música country expelida pelo rádio na cozinha, o meu passado voltava, mais uma vez, pelo punk. O disco ao vivo e póstumo *From Here to Eternity,* do The Clash, estava sendo lançado; como a Plebe tinha acabado de gravar seu ao vivo (e meio *póstumo*), e, guardadas as devidas as proporções, muitos críticos nos consideravam o The Clash brasileiro, o *Correio Braziliense* me pediu uma crítica.

Com uma bela vista do campo da fazenda e a companhia de uma simpática cadela chamada Katie, comecei a matéria com o título: "A única banda que importa". Depois da descrição em detalhes do repertório do disco, comentei sobre o encarte. Quem fala do encarte numa crítica? Lembrem que eu venho de uma era em que música era uma experiência multissensorial, desde o cheiro do disco recém-aberto, do toque e do peso do vinil de 180 gramas, até ouvir o repertório na ordem pensada pelos criadores e absorver o máximo da arte, das letras e da contestação via encarte.

Além das fotos inéditas, o que me chamou a atenção foram os comentários de fãs sobre os shows. Um deles largou a academia de polícia no último ano por causa do Clash, e por isso sua mãe odiou a banda por anos; outro se reinventou "melhor" como pessoa depois que viu a banda ao vivo; outro foi afetado positivamente para o resto da vida ouvindo as letras; e outro finalmente tinha encontrado uma banda que o entendia e fazia pensar. Trazendo isso para o meu pequeno mundo, até hoje muitos fãs me falam coisas parecidas sobre a importância da Plebe nas suas vidas, e nada poderia me deixar mais orgulhoso. Não à toa The Clash foi a principal influência dessa *Tchurma* de Brasília. E olha no que deu.

Terminei a crítica assim: "*From Here to Eternity é um registro que faz jus ao que se espera da banda de rock mais importante do mundo – retrato às vezes desfocado e mal enquadrado, mas que capta um momento que nunca mais se repetirá na história da música moderna. Uma era de inocência e força bruta. Inesperada. Definidora".*

Dei o enter no computador e mandei meu recado, diretamente de Kentucky, para o Brasil. Nessa hora, cantarolei "Thank God I'm a Country Boy", de John Denver. Ah, e a cadela Katie mandou lembranças... Woof!

Voltei para Nova York nos últimos dias de 1999, e o clima estava estranho. Era final de ano, de década, de século e de milênio. Com os constantes alertas de telejornais e empresas de software antivírus sobre o Y2K, que apontava o perigo de a rede mundial de computadores entrar em colapso, parecia que o mundo iria acabar. Eu tinha me mudado para perto da Times Square e queria distância de Manhattan na virada. Assim, com a turma do Daybreak e nossas respectivas, fui esquiar no Nordeste do país, no belíssimo estado progressista de Vermont. Estava frio, mas não nevou, e, de novo, não consegui esquiar – algo que eu nunca havia feito porque *sempre* alguma coisa dava errado. Antes de irmos embora tiramos umas fotos no meio do campo, tipo as famosas do Led Zeppelin. Por que não?

De volta a New York, peguei um frio desgraçado, com sensação térmica de 25 graus centígrados negativos, mas o Armagedom do Y2K não veio. Manhattan ainda estava de pé, não houve ataque terrorista, nenhum avião caiu do céu – mas um sujeito recebeu uma conta de 7 milhões de dólares por causa da taxa de devolução de um DVD que o computador calculou com um século de atraso, e isso foi engraçado. Mas quem riu mesmo foram as empresas de software antivírus.

Nessa época, o livro *O Diário da Turma,* relato em primeira pessoa na linha de *Please Kill Me*, estava sendo escrito pelo jornalista Paulo Marchetti, um pivetinho nos anos 1980 (digo isso com o maior carinho), integrante da banda Filhos de Mengele, que andava com a *Tchurma* e era irmão mais novo de uma das *punkecas*. Fiquei horrorizado ao ouvir que alguém estava escrevendo a história da galera *sem me consultar* e mandei um recado bravo pra ele, dizendo que a única pessoa que lembrava de alguma coisa era eu porque não fumava a *alface do diabo*.

Paulo pediu desculpas e disse que estava tendo dificuldade de entrar em contato comigo mas que... OK, tudo bem. Então, durante três semanas, eu sentei 40 minutos por noite em frente ao meu pequeno Mac Classic (com memória de 512 K e modem de 2400!), para escrever meu depoimento. No meio do texto mandei umas piadas bastante autodepreciativas só de brincadeira, uma inclusive de corno, sem saber que *cada* palavra seria aproveitada. Até hoje brinco com ele que *meu* nome deveria estar na capa como coautor. *Pitchka ti materina!*

Nos primeiros dias do ano de 2000 *desci* ao Brasil para a mixagem do álbum *Enquanto a Trégua Não Vem* e alguns shows de pré-lançamento, um deles na Sala Villa-Lobos, de Brasília – quando minha fiel Gibson Les Paul Silverburst, aquela que ficou trancada no armário por um ano, foi novamente usada e depois apareceu na capa do CD. Isso sim é icônico! Como a turnê extraoficialmente tinha datas no Canecão e em festivais como o Abril Pro Rock, levei meu amplificador Mesa Boogie Dual Rectifier Tremoverb, uma guitarra Gibson Les Paul Pro Deluxe preta, do mesmo ano da minha Silverburst, 1982, e meu violão Yamaha.

Nosso empresário me garantiu que era só chegar na alfândega, que ele "cuidaria de tudo", pois eu estava indo a trabalho e por um tempo determinado. Que maravilha! Pela primeira vez na minha vida eu não teria que me preocupar com impostos ou apreensão de equipamento. Era bom ser um rock star novamente. Mas quando cheguei no Rio, ninguém estava me esperando, e todo o meu equipamento foi apreendido, como se eu estivesse tentando entrar sem declará-lo, com 100% do valor de tudo como multa, sem mencionar o *vexame* de quando fui informado da minha infração. Como é que meu empresário deixou isso acontecer comigo? Haha, você ainda não viu nada.

Por sorte consegui convencer a alfândega de liberar ao menos a guitarra Gibson Les Paul Pro Deluxe e o violão. Espumando de raiva, fui direto para Brasília e seu clima absurdamente quente do verão do cerrado. Ao tirar do estojo o violão Yamaha que tinha sido despachado, ele estava ainda gelado do inverno subzero nova-iorquino e do porão do avião. Pior, teve seu tampo rachado. Dava pra tocar, mas uma fresta atravessava agressivamente um terço do seu corpo. Seria um prenúncio?

Na passagem de som na Sala Villa-Lobos, nosso empresário recebeu um telefonema do Rio e passou o celular, ou melhor, o *tijolar* pra mim, com cara de preocupação. Herbert ligou do estúdio Nas Nuvens, onde estava mixando o disco – não entendi o que estava acontecendo, pois eu estava no Brasil para acompanhar as mixagens. Sem graça que só, ele explicou que, por motivo de agenda, não teria como me esperar, pois a Plebe ainda teria shows nas cidades-satélites de Paranoá e Núcleo Bandeirante antes de *descer* para o Rio. Ele tentou me tranquilizar dizendo que a mix estava em boas mãos, e nem precisava, pois ninguém duvidava do carinho que tinha pela banda. Mesmo assim, fiquei preocupado. E com razão.

Não é todo dia que tem um show de rock na Sala Villa-Lobos, ainda mais com a formação original da Plebe e os ingressos esgotados, então deixei a mixagem de lado. O *Correio Braziliense* tinha nos dado máquinas de polaroide para registrarmos tudo – eles fariam uma fotonovela de duas páginas que se chamaria "Pola-rudes", e acionamos o diretor José Eduardo Belmonte para filmar em 35 mm trechos do show, que renderiam dois videoclipes.

Muitos familiares da Plebe estavam no camarim, e me bateu um baixo astral terrível ao lembrar dos finais de ano letivo da Escola Americana, quando todos iam embora e me deixavam sozinho porque ninguém da minha família imediata estava no Brasil. Mal sabia eu que minha futura esposa, e o grande amor da minha vida, mãe do meu filho, estava na plateia, mas isso é outra história, de três anos depois (e o filho, de 11 anos depois).

Passada a tristeza, foquei na apresentação e, pouco antes de subir ao palco, reparei que o Ameba ainda estava com a roupa da passagem de som – mas quem era eu para ditar qualquer figurino, ainda mais para ele? Desde a nossa primeira apresentação na TV Globo, quando ele usou um shortinho, vi que não adiantaria nada. Só que estaríamos filmando em 35 mm. Sabe, película? Isso é caro! Discretamente, pedi ao empresário para lembrá-lo de trocar de roupa. Tudo bem, ele estava com um bermudão comprido, com a viola elétrica era um visual diferente, próprio. Mas a camiseta eu não poderia deixar passar, e não por implicância – é que estava escrito *Equipe Fernanda Abreu*.

Nada contra a Fernanda Abreu, que até cantou nas gravações originais de "Sexo e Karatê" e "Consumo", mas uma camiseta de equipe técnica num vídeo da Plebe filmado em película de cinema? Ele simplesmente olhou para mim e disse: "Mas a Fernanda Abreu é legal". "Não estou disputando isso, mas... eu... eu...". Então olhei para a banda com aquele olhar de "pelo amor de Deus, me ajudem aqui, porra! Eu tenho que me explicar ainda por cima?". Por incrível que pareça, Ameba acabou virando a camisa do avesso, não sem antes de um desgaste desnecessário.

Acabados os shows de Brasília, eu e Gutje voltamos ao Rio para a audição da mixagem com o Herbert. Logo de cara não gostei. Não valorizava as guitarras, e havia erros de execução imperdoáveis, mas nada que uma edição leve ou um *tapinha* rápido num volume aqui e acolá não disfarçasse. Herbert achava legal manter o lado cru, mas, por ser o último registro da Plebe naquela formação, achamos que poderia ser mais esmerado, seria injusto com uma banda que sempre foi impecável. Então ele me deu carta branca para fazer os pequenos ajustes necessários, porque voltaria para a estrada imediatamente, e riu quando eu justifiquei a minha insistência: "Vocês tocam juntos há anos e se amam, nós não tocamos juntos há dez anos e nos odiamos! Mas avisa a gravadora, viu? Isso *não* é frescura". "Deixa comigo", assegurou ele.

Antes de ir embora, Herbert sugeriu que eu desse uma volta com ele em seu ultraleve, quando a poeira assentasse. Sobre a mixagem, garanti que em momento *algum* mudaríamos a cara do registro e do conceito dele. A gravadora disse que teríamos que pagar as horas extras de estúdio do próprio bolso, assim como a inclusão de quatro faixas extras, que por algum motivo nos custou mais caro também. Como era um disco para os fãs, não nos importamos.

Ameba apareceu no estúdio e, com o ouvido mais apurado depois de dez anos na estrada, não gostou do som da bateria e de como a viola foi passada para a fita, reclamou que não conseguia se ouvir. Durante os ensaios, tinha ficado claro que a viola elétrica era um instrumento de timbragem difícil, ainda mais tendo que competir com o peso da banda e com a minha mão direita, agora a melhor do rock brasileiro, de acordo com Herbert. Fiz o possível para valorizar o instrumento na mixagem, sério, mas, pela natureza da viola, mesmo com muita compressão e volume seria difícil aparecer muito. Talvez fosse o equilíbrio do universo se manifestando. Eu também não me ouvia direito, com a diferença de que foi assim durante *toda* a carreira da Plebe na época dele na banda. Nas palavras do Bob Dylan: "*How does it feel?*".

"Plebe volta e prova que é a melhor de Brasília"
– Folha de S. Paulo, abril de 2000

Para um ouvido leigo, as mudanças que fizemos na mixagem do Herbert eram praticamente imperceptíveis, mas foram fundamentais para que o disco saísse como queríamos. Alguns dias mais tarde, quando o diretor artístico da EMI ouviu a versão nova, ele se virou pra mim e perguntou qual era a definitiva. Eu estranhei, pois Herbert falou que avisaria.

"Como assim?"

"Herbert tinha dito que a versão dele já estava valendo."

Fiquei com cara de palhaço e passei para a EMI a impressão de que a Plebe não sabia o que queria, e que a remixagem *sim*, era frescura... Uma frescura que nos custou caro. *Pitchka ti materina!*

Levei pessoalmente a nossa versão da mix para a masterização. Hoje em dia, depois de mais de trinta discos produzidos no currículo, eu percebo como a produção da EMI era desleixada, mesmo com o experiente e talentoso Léo Garrido na mesa de gravação. Não tivemos um técnico de bateria dedicado, e, apesar de a mesa ser uma Soundcraft Europa (ligada em alguns gravadores digitais Tascam DA-88), não havia nenhum pré-amplificador dedicado para os vocais ou a guitarra, como Avalon, API e Chandler, que hoje uso no meu estúdio. Para a master usamos uma Focusrite Mixmaster, que custava um décimo do equipamento que eu estava acostumado a usar em Nova York. Fora que o show não foi filmado. Nem sei se há um registro em vídeo pirata.

Dentro da limitação do seu cronograma, Herbert fez um bom trabalho no terceiro disco em que trabalhamos juntos. Assim como a resenha que fiz do Clash, o disco ao vivo da Plebe era um retrato "às vezes desfocado e mal enquadrado", mas que captava um momento que nunca mais se repetiu na história da música moderna – ao menos na história da Plebe. Uma era de *inocência e força bruta*. E era mesmo.

De brincadeira, vários nomes foram considerados para o disco, como *A Volta dos Mortos-vivos* ou *Pergunte ao Seu Tio*, sugestão do Gutje; o nome antigo proposto pelo André, *E o Quinto É ao Vivo*, foi seriamente cotado. Minha sugestão foi *Plebe Rude, Toneladamente Cruel*, a partir de uma expressão do personagem Armando Volta (nome espetacular), interpretado pelo ator David Pinheiro no programa *A Escolinha do Professor Raimundo*, do Chico Anísio – ele sempre repetia as expressões "somebody love" e "cruel", e um dia usou a inspiradora "toneladamente cruel".

Meses depois, quando fomos lançar o disco em Cabo Frio, adivinha quem estava com uma peça na cidade? O próprio David Pinheiro, e inclusive fizemos a TV Globo local junto com ele, ao vivo. Morrendo de rir, contei pra ele que, nos agradecimentos do disco, depois de sarcasticamente agradecer à banda "por ter me deixado participar desse projeto", escrevi "toneladamente cruel".

Quando a banda Eagles acabou, num imbróglio daqueles, Don Henley declarou que eles só voltariam *"when hell freezes over"*. Quatorze anos depois eles se reuniram pra gravar um disco ao vivo e entrar em turnê, que chamaram *Hell Freezes Over*. Por isso pensamos num nome de disco que remetesse a algum tipo de redenção e ao estado da Plebe naquele momento. Por consenso escolhemos *Enquanto a Trégua Não Vem*. Um consenso raro.

Fizemos as fotos de divulgação com José Maria Palmieri, fotógrafo de Brasília e membro tardio da *Tchurma*, na sede da EMI. Para a capa escolhemos a foto de um show com um close do bumbo, da minha calça rasgada e de parte da minha guitarra emblemática. A contracapa tem uma foto do show da volta, do ano anterior, com um close no baixo do André, também emblemático, que ele usa desde a *Nunca Fomos Tão Brasileiros Tour*. O logotipo e a arte foram feitos pelo excelente designer Leonardo Eyer – o que foi um pouco mais complicado, pois Gutje estava querendo fazer a capa, mas depois que vimos sua sugestão, do nome da Plebe com um microfone da década de 1950 do lado, eu e André gentilmente vetamos. Acabamos deixando o Gutje ser o codesigner para o clima não ficar ruim. Também não forneci a senha do site da Plebe pra ele, pois a cria era minha e todo o trabalho de arquivo também, em cima da estrutura que o Bruno criara para mim três anos antes. Muitos detalhes deste livro vêm de lá, foi bom não ter ninguém mexendo além de mim.

No *press release* oficial, o jornalista Carlos Marcelo conclui: "Depois de ouvir *Enquanto a Trégua Não Vem*, resta pelo menos uma certeza: a Plebe está novamente reunida, não para converter infiéis nem para dar conselhos ou sermão. André, Gutje, Jander e Philippe voltaram para acertar as contas com o próprio passado e, assim, poder enxergar com clareza o bravo mundo novo que os espera – e a todos nós – no século 21".

Inspirado no encarte do disco ao vivo do Clash, sugeri que várias personalidades do rock nacional dessem seu depoimento no release.

"Quando a Plebe apareceu nos anos 1980, o grupo estabeleceu uma nova linguagem para o Rock Brasileiro." – Kid Vinil

"Lamentei muito a interrupção da carreira da Plebe, porque era uma das minhas bandas preferidas. Genuinamente rebelde, deixou uma lacuna nunca preenchida." – Nasi

"A cena atual está precisando de uma banda de verdade como a Plebe Rude. É uma das únicas bandas que consegue ser ruidosa, melodiosa e ter conteúdo – coisa superdifícil hoje em dia." – Clemente

"Acompanho com interesse, admiração e carinho toda a trajetória da Plebe. O disco é um *must* para todos os plebeus que viveram e sofreram com a sua ausência nesses últimos anos." – Bruno Gouveia

"Com musicalidade própria, fibra e letras coerentes com a realidade do país, a Plebe Rude é um símbolo do rock brasileiro. No boom dos anos 1980, era a banda mais potente no palco." Redson

"É muito bom para o rock brasileiro e a garotada de hoje conhecer uma banda como a Plebe Rude. Nos shows do Capital, 'Até Quando Esperar' é uma das músicas que mais animam a galera." – Fê Lemos

Gentilezas suas, meus amigos... Mas não foram somente os conterrâneos e os contemporâneos que saudaram a volta da Plebe. O *Estado de S. Paulo* escreveu: "O grupo punk mais importante de Brasília volta com a formação original". Na *IstoÉ*, Humberto Finatti cravou: "Dos grupos de rock que integram a 'geração Planalto Central', nos anos 1980, e conseguiram destaque no mercado fonográfico, a Plebe Rude foi, sem dúvida, a 'outra' grande banda de Brasília". Com o título "Plebe volta para mostrar que é a melhor de Brasília", Claudia Assef escreveu na *Folha de S.Paulo*: "Você acha que a Legião Urbana foi 'a' banda de Brasília? Que as letras do Renato Russo salvaram a geração anos 1980 da completa estupidez? Então fique ligado: chega esta semana às lojas um disco que pode – e deveria – fazê-lo mudar de ideia". A jornalista Ana Gaio, da revista *Manchete*, na matéria "A Plebe sempre Rude", escreveu: "Uma das bandas mais importantes e coerentes do rock brasileiro volta à atividade depois de seis anos com um disco ao vivo que mostra a mesma energia dos longínquos anos 1980".

Na contracapa do *Globo*, me surpreendi com o artigo "O país da Plebe", em que Arthur Dapieve traça um paralelo entre os 500 anos oficiais de descoberta do Brasil, sua trajetória no jornalismo e a trajetória da Plebe: "O papo rendeu minha primeira reportagem num grande jornal, publicada sob o título 'O rock dos revoltados'. De certa forma, nós começamos juntos. Por isso, tenho um carinho especial pela Plebe Rude. Por isso, se eu ainda tivesse cabelos no topo da cabeça, eles se arrepiariam quando escuto as primeiras fagulhas elétricas de 'Brasília', faixa de abertura de 'Enquanto a Trégua Não Vem', fulminante disco ao vivo que a banda acaba de lançar (de novo) pela EMI, 18 músicas em 66 minutos de pau puro, 66 minutos que mantêm o sentido de urgência do punk, "it's better to burn out than to fade away". Ele encerrou o texto assim: "Cazuza era um otimista que achava que o tempo não parava. No Brasil, dependendo do ponto de onde se observa, ele parece é que não passa. Este continua sendo o país da Plebe Rude".

Curiosamente, somente *um* jornal falou mal da volta da Plebe, o *Diário de Pernambuco*, e foi até bom, pois a unanimidade estava começando a me incomodar. Elogio demais até o Seabra desconfia. Com uma crítica intitulada "Disco soa ultrapassado" o *Diário de Pernambuco* acabava com a Plebe: "É triste. Mas o CD ao vivo da Plebe Rude, *Enquanto a Trégua Não Vem*, soa ultrapassado. Não são os três, quatro acordes, a letras de crítica social, a guitarra, o baixo e a bateria (numa era na qual reinam samplers). Nem a calça rasgada da capa do disco. Não porque há um cheirinho de cifras motivadoras. Mas há sobre ele uma atmosfera de oportunismo inoportuno".

Foi um toque de maldade da jornalista, como se a Plebe estivesse armando para entrar de novo no esquema profeticamente previsto em "Minha Renda". Será que ela confundiu as bandas de Brasília? A crítica continua: "Destaque para a ótima 'Luzes', da banda Escola de Escândalo, que logo vai render clipe na MTV. Olha aí". Esse "olha aí" disse tudo. Se ao menos soubessem...

Lançamos o disco oficialmente em Recife, no festival Abril Pro Rock de 2000, num line-up bem variado, que ia de Replicantes a Paralamas, de Otto a Los Hermanos (ambos fãs da Plebe). O Sheik Tosado também tocou, com participação do Ameba na viola, que se encaixou como uma luva. E, sim, dava para ele se ouvir.

Algumas horas antes do show, quando o nosso convidado Redson chegou de São Paulo, mostrei a versão que fizemos de "Medo" no headphone de um CD player portátil. Ele ouviu atento e de olhos fechados, no final, olhou para cima e perguntou: "Não está um pouco lento?". Depois ele confidenciaria que não gostou da versão. "Ah é, seu *pichtka ti materina?"* A partir daí, a frase "mas dos direitos autorais conexos eu tenho certeza que gostou, né?", virou uma *private joke* nossa.

O que não foi piada foram os problemas com a EMI: o CD do disco ao vivo não chegou nas lojas de Recife a tempo de ser vendido na época do Abril Pro Rock. E pouco antes do show, o diretor de marketing da EMI entrou no camarim completamente bêbado, sem conseguir falar nada além de "ícone", já me deixando de cabeça quente.

Em seguida entrou o Herbert. Foi a primeira vez que nos encontramos depois que ouvi "mas ele disse que a versão dele já estava valendo". Chegou meio sem graça no camarim, sabendo que tinha vacilado, e feio, com uma garrafa de espumante na mão e uma pequena *entourage*. Olhei para a garrafa e disse, brincando, como tinha dito em Brasília: "Pô cara, nacional?". Depois de algumas amenidades, puxei-o para o canto e falei baixinho: "Pô cara, como é que você faz isso comigo? Me fez de palhaço. Você tinha me autor...". Em vez de reconhecer o erro, ele me interrompeu agressivamente: "Cara, se vocês cagam na cama, então não se deitem, porra!".

"O quê? Foi *você* que começou a mixar sem a nossa presença. Eu tinha voltado dos Estados Unidos mais cedo só pra isso! E não se esqueça", pondo o dedo no peito dele, como ele fez quando mandou eu *me foder* anos antes, no Shopping da Gávea, "*você* tinha me autorizado". Depois de um pequeno silêncio, Herbert, que certamente não estava acostumado a ser confrontado, olhou para baixo e perguntou: "Isso não está funcionando, né?". Olhei para ele mais triste do que *puto*: "Não, não está não".

Então, faltando poucos *minutos* para o show de lançamento do disco que *ele* produziu, com a volta da formação original de uma banda de que *ele* fez parte, Herbert e sua *entourage* no só saíram do camarim, como foram embora do show. *Herbert has left the building!*

Sorte que eu tive alguns minutos para esfriar a cabeça antes de subir ao palco, e o show foi muito bom e bem recebido pela crítica. Era a terceira vez que eu aparecia na capa do *Globo* em três anos, na matéria "Punks no Mangue", com uma foto imensa de meia página minha e do Redson... Redson na capa do *Globo*, olha aí. Isso sim é punk para as massas, e para o mangue! Espera aí, três vezes na capa do *Globo* em três anos? Check! Check! Check!

As consequências do meu desentendimento com o Herbert, porém, seriam terríveis, e completamente desproporcionais. Na mesma matéria, saiu um depoimento dele, certamente concedido a caminho da van naquela noite.

> "É triste saber que a relação entre os integrantes da Plebe ainda não está resolvida", disse, claramente incomodado. "Sempre acontece de as pessoas pensarem diferente, é normal, mas alguns não conseguiram pendurar os egos do lado de fora. Tudo bem, a Plebe é maior que isso."

Ego... Boa essa. Eu engoli não termos nenhum *single* decente, aquele som magro da viola, voltar a tocar com duas pessoas que praticamente mataram a paixão que eu tinha pela música e quase me fizeram largar a guitarra. Olha o que eu tinha que engolir. E de novo inalar. Ego, né? *Pitchka ti materina!*

Herbert nunca falava mal de *ninguém*, nem do Lobão, que vivia o detonando, mas declarou guerra contra mim. Ele se recusou a fazer shows com a Plebe, e surgiram boatos de que por causa disso foi cancelado o show de encerramento do Video Music Brasil daquele ano, em que membros da Legião, Capital, Raimundos, Plebe e Paralamas tocariam uma versão que seria antológica de "Até Quando". Bi tomou as dores dele e deixou de falar comigo. Bi? Até tu, Brutus?

E, pior, Jamari França, *eterno fã da Plebe, escreveu na biografia dos Paralamas, Vamo Batê Lata*, de 2003, que a Plebe "nunca conseguiu fazer mais nada além do *Concreto Já Rachou*". Mais nada? Que coisa feia... *Pitchka ti materina!*

Pelo menos, antes de ter sido contagiado pelo *exagero* do Herbert, Jamari elogiou *Enquanto a Trégua não Vem* no *Jornal do Brasil*: "É música de tempos bem diferentes, rock com atitude, algo que a música brasileira precisa e os jovens de hoje em dia mais ainda. Nas 18 faixas o recado irado da Plebe é um só: indignem-se!".

Quinze anos depois, Jamari escreveria o release de *Nação Daltônica*. O que o tempo não cura... Ah, e o Bi, poucos meses depois, voltou a falar comigo. Mesmo assim merece um *pitchka ti materina!* Pensou que iria se safar dessa?

Uma coisa que praticamente toda resenha, crítica ou matéria da volta da Plebe tinha em comum era encerrar com algo como "resta saber se André, Gutje, Jander e Philippe voltaram para acertar as contas com o próprio passado". Boa pergunta. Mas o que resume toda essa história, as três semanas mais loucas na minha vida – tocar em três continentes com minhas três bandas e achar que eu estava infartando –, aconteceu na gravação do ao vivo, quando um fã gritou no meio da introdução de "Proteção": "Puta que pariu!!!". Como ficar alheio a isso?

Fizemos um show na casa noturna Woodstock, em São Paulo, e a caminho da apresentação, ouvindo o programa de flashback *Sarcófago*, da rádio Transamérica, que comicamente começava com o rangido de um caixão que se abria lentamente, rimos muito com a programação pra lá de velha guarda. Isso até a introdução de "Até Quando" tocar. Depois de um breve silêncio, terminamos numa gargalhada geral. Mas era preocupante. Será que estávamos fadados a ser uma banda de nostalgia? Com cheiro de naftalina? Entendem por que eu insistia numa inédita de peso para o disco ao vivo? *Pitchka ti materina!*

Mais de 15 anos depois de fazer o último show em São Paulo, entramos pela porta da frente em uma Woodstock perigosamente lotada, e alguém fez a besteira de anunciar nossa chegada. Os seguranças tentavam em vão conter os fãs, mas, com um canhão de luz nos acompanhando, ficava difícil. Não parecia os Beatles em Shea Stadium, parecia Jesus chegando em Nazaré. A casa estava tão cheia que tinha gente desmaiando – inclusive um fotógrafo caiu no chão, na minha frente. Eu mesmo tive que colocar a cabeça dentro de uma geladeira por uns 15 minutos para me recompor após o show. Logo em seguida subimos para Brasília, onde tocamos para 10 mil pessoas no Brasília Fest Rock, com os Titãs. Começamos a admitir na imprensa que a volta, inicialmente de poucos meses, duraria um ano.

Ao fazer a bateria de divulgação em São Paulo, ficou claro como era difícil a Plebe se encaixar nos moldes da indústria de entretenimento. E eu já previa isso. Assim que cheguei ao Brasil, vi os Titãs fazendo playback num programa matinal da Globo. Até aí, tudo bem. As coisas não mudaram. O problema foi quando o plano abriu e mostrou o set de gravação com um papagaio cantando junto. Papagaio? Eu não conseguiria tocar num programa com um papagaio! *Pitchka ti materina!* É isso que alguém tem que fazer para ter uma carreira no Brasil? A gente tá fodido.

Na MTV, que tinha um vasto catálogo de entrevistas e clipes nossos do passado, quando nos perguntaram sobre as redes sociais da banda, o Ameba interrompeu meio seco e disse: "Isso é com o Philippe, nem internet em casa eu tenho". Ele já tinha avisado numa entrevista recente: "Se voltarmos, não precisarei ir atrás da MTV nem de qualquer programa de TV para mostrar a minha cara. Não vivo mais disso". E era verdade. Apesar do breve constrangimento, eu não ficava mais zangado com coisas assim. Eu mesmo não gostava muito de fazer divulgação, muito menos em rede social. Como era uma das nossas primeiras aparições na TV depois de 10 anos, tudo bem.

Fiquei constrangido novamente no programa *Caderno Teen*, apresentado pelo jovem Leo Almeida, que, depois de um acústico que fiz com o Ameba, disse: "Agora que eu vi um negócio, pode virar o violão? Ele tem um Pikachu no violão", para a risada geral da plateia. Eu abaixei a cabeça, pus a testa contra o microfone e falei: "Acabou pessoal, acabou tudo...". Mas Leo não perdeu a piada... Logo comigo, que nunca sacane... Ah, OK. Ele continuou e não apenas enfiou a faca, como a girou: "Sempre que você conhecer um músico que fala que é punk, que é um revoltado... Sempre vire o violão dele e dê uma olhadinha no que tem atrás!". *Pikachu ti materina!* Mas o punk *não* tinha morrido naquela hora. Na verdade, o Pikachu significava uma celebração da vida. Deixe-me explicar.

Naquele *tempo* que dei dos ensaios, na véspera da gravação, fui para o litoral paulista com uma amiga e seu filho de quatro anos. Eu tinha levado meu violão Yamaha e foi ele quem colou o adesivo do Pikachu sem que eu soubesse. Aquele final de semana teria um impacto que eu carregaria por anos. Eu sempre soube que seria pai um dia, mas por algum motivo não visualizava isso acontecendo nos Estados Unidos, apesar de ter uma namorada e uma banda lá. Cada vez mais o Brasil estava tentando me enraizar novamente.

Eu estava feliz em Nova York, mas e aquela receptividade *toda* à Plebe? Eu estaria mentindo se dissesse que não estava me afetando. Agora isso? O instinto paternal começando a se manifestar na superfície? Eu não tenho sobrinho e não estava muito acostumado ao convívio com crianças. Mas na praia, quando ajudei o garoto a pegar uma onda, numa prancha de morey boogie, a alegria *absoluta* que senti eu nunca tinha sentido até então. Quem consegue lutar contra o anseio de perpetuação da espécie embutido no DNA?

Continuamos a maratona de divulgação e fizemos o *Musikaos*, programa da TV Cultura, com apresentação do Gastão Moreira e o Clemente na produção! Foi aquela festa ao chegarmos, e no ensaio ele até tocou bateria conosco, não porque estivéssemos querendo reviver o clima dos primórdios, mas porque o baterista tinha se atrasado novamente. Um prenúncio *duplo,* justamente no palco onde lançamos *O Concreto Já Rachou* em São Paulo, 14 anos antes... Será que os deuses do rock estavam querendo nos dizer algo?

Durante o programa, com Gutje na bateria, desfilamos "Medo", "Proteção", "Luzes", "Brasília" e "Bravo Mundo Novo", com uma citação na guitarra do "Bolero" de Ravel. Quando o Gastão perguntou ao Ameba sobre o hiato da banda, olhei para o André, pensando que seria interessante ouvir o lado dele da história. Mas ele limitou-se a dizer que saiu da banda, e depois saiu o Gutje, e que eu e André continuamos por alguns anos, mas que fazia seis que a Plebe não tocava. Realmente isso me pôs a pensar. Ele não estava se referindo à Plebe do *power duo,* mas à *entidade*. Será que essa banda teria futuro, afinal?

No meio do programa, Gastão me perguntou se eu tinha voltado especificamente pra essa reunião dos velhos amigos. "Tô por conta. Passei metade da minha vida com esse pessoal. Estamos resgatando uma coisa que foi muito legal pra gente, e pelo visto para o pessoal que está aqui também." Mas não pude me conter: "Essa nostalgia toda que está rolando da década de 1980, acho que é uma saudade que as pessoas têm de uma época em que o rock não era comércio, ninguém fazia comercial da Fanta".

Fanta? Para quem não lembra, eu estava me referindo ao Jota Quest, banda que eu nem conhecia e depois descobri que seus membros eram Plebeus convictos – apesar de não parecer pelo som que faziam. Desde a nossa primeira coletiva, a pergunta que não queria calar era justamente sobre o que faríamos se recebêssemos uma proposta indecorosa como a que o Jota Quest tinha recebido da Coca-Cola, empresa dona da Fanta, de um milhão de reais para aparecer numa campanha nacional – com o vocalista de cabelo com rajadas laranja.

Era difícil imaginar uma empresa desse porte que almejasse atrelar sua marca a nós, mas, se rolasse uma pressão interna, acho que não teria escolha.

Mas eu faria, de uma maneira tão constrangida – eu sou péssimo mentiroso – que, ao ver a primeira edição do comercial para aprovação, o presidente da empresa urraria pelo telefone: "Quem foi o imbecil que contratou esses palhaços?". É difícil se vender quando não se tem o que vender.

Também falei de nostalgia para o Gastão. "A Plebe representa essa galera, sempre fez o que acreditava, sempre falou a respeito, e acho que até sofreu um pouquinho por causa disso. A experiência que eu tenho com esses três caras eu não troco por nada. Tenho muito orgulho de ser da Plebe." A emoção da receptividade da volta era legítima, mas o clima cordial era só era fachada. Os atrasos do baterista estavam começando (de novo) a irritar, e menti quando disse que a Plebe sofreu "um pouquinho". Sofreu muito. Orgulho de ser da Plebe eu tinha, mas a experiência de tocar com dois dos membros originais eu trocaria, sim. Pensando bem, até que consigo mentir quando necessário. Encerramos o programa tocando "Até Quando" com o Clemente, agora sim, cantando conosco, num momento clássico e premonitório. Oxalá eu soubesse que esse verbo era irregular.

Fomos fazer o programa da Soninha Francine, o *RG*, da TV Cultura, e de novo o baterista se atrasou. Então o Bacalhau, baterista do brasiliense Rhumbora e futuro Ultraje a Rigor, fã da Plebe, passou o som – com um sorriso daqueles. Eu e Ameba nos olhamos, espantados pelo volume em que ele tocava, o oposto do que estávamos acostumados. Gutje chegou, e foi tudo cordial no programa, mas, ao entrarmos na van, eu *soltei os cachorros* em cima dele, na frente da divulgadora da EMI. Confirmou-se o medo de todos. A Plebe *realmente* estava de volta.

Mas a vida continuava e tínhamos um disco para divulgar. "Luzes" ganhou seu clipe, com cenas dos shows na Sala Villa-Lobos, Núcleo Bandeirante e Paranoá. Sérios, pois era um período de reflexão para todos, também fomos filmados em vários pontos de Brasília que nos marcaram, como a lanchonete Food's, o Parque Vivencial II, no Lago Norte, onde fazíamos o Rock na Ciclovia, e o Gilbertinho, onde os punks quase foram aniquilados pelos playboys.

"Luzes" começou a tocar bastante no rádio, e fomos escalados pra tocar no programa *Bem Brasil*, transmitido ao vivo pela TV Cultura. Seria a primeira aparição ao ar livre da banda em São Paulo, com o Sesc Interlagos lotado – e a presença de Roberto beijoqueiro. Para quem lembra do beijoqueiro original, José Alves, que ficou famoso ao beijar Frank Sinatra em pleno palco do Maracanã, em 1980, esse não ficava muito atrás. Ele sempre pegava discos em sebos e pedia autógrafos, e às vezes vendia discos raros para o próprio artista que o lançou! Mas não tinha distinção, podia ser Plebe, Leoni, Pepeu Gomes ou Sarajane. Uma vez ele pulou em cima de mim num show do Sesc Pompeia e me beijou tão repentinamente que acabou sendo na boca. Nunca esquecerei daquele bigode úmido. Nunca esquecerei mesmo. "Cacíldis", nas palavras do saudoso Mussum. Tem coisas que só acontecem comigo.

Na noite anterior ao *Bem Brasil*, num show nos arredores de São Paulo, eu caí no palco por causa do desnível do piso. Consegui evitar que a minha Les Paul Silverburst batesse no chão à custa do meu pé, que praticamente torci. Consegui terminar o show, mas fiquei preocupado por causa da primeira aparição em rede nacional ao ar livre em anos. Imagine só eu mancando, parecendo uma sombra do que era no passado? Com uma dose dupla de Cataflan, em pomada no pé e por via oral, dormi como um anjo. Me senti o próprio Michael Jackson ao acordar de um coma induzido. Perigosos esses remédios, não? Deus me livre.

No programa, apresentado pelo simpático Wandi Doratiotto, do grupo Premeditando o Breque, dava para perceber que havia pessoas na plateia que não conseguiam acreditar no que estavam vendo. E correspondemos, apesar da precariedade do som. Na hora de apresentar a banda, me embananei e falei: "Na guitarra, Jander Ribeiro", para logo corrigir: "É viola, né? Força do hábito", para a risada do Ameba, que mantinha os braços para cima, tipo "qual é"? Quem assistia ao programa pela TV mandava perguntas em *realtime*, repassadas pelo apresentador. Uma delas, que eu deveria estar esperando, me pegou de surpresa: "Após essa recepção, a Plebe volta de vez?". Meio que desconversando, respondi: "Quando a Plebe terminou, foi um caso de amor muito mal resolvido... Todos tinham seus projetos, essa volta vai até o final do ano". Aí eu viro para a câmera e pergunto meio impaciente: "Tá respondido?".

O show de lançamento do Rio seria no Canecão, mas fechamos os detalhes ainda em São Paulo, numa tratoria no Bexiga. Antes do show passaríamos, pela primeira vez em 18 anos, o filme *Ascensão e Queda de Quatro Rudes Plebeus*, e deixei bem claro não queria *ninguém* abrindo. Nosso empresário fechou a cara e começou a ficar agressivo, pois queria porque queria que a banda Sheik Tosado abrisse. Ficou *aquele clima*, como no camarim da Sala Villa-Lobos: "Pô, eu ainda tenho que explicar por quê?".

Eu não estava sendo *estrela*, como fui acusado, nem negando apoio à nova cena. Longe disso. Simplesmente achava que o impacto do filme seria diluído, mas fui voto vencido. Não deu outra. Depois do show de 40 minutos do Sheik Tosado para um Canecão perigosamente abarrotado, com mais de três mil pessoas, o que era para ser um momento histórico ficou longo e chato, pois os

15 minutos do filme pareceram intermináveis. Alguns fãs inclusive começaram a vaiar, clamando pela entrada da Plebe. *Pitchka ti materina!* Eu avisei...

Fiquei sozinho no camarim, na hora do filme, ouvindo o público gritar: "Ah-ah, uh-uh, a Plebe tá de volta!". Com os gritos ecoando, comecei a pensar o que eu estava fazendo. Ainda tinha meu apartamento em Nova York, uma banda, uma namorada, um escritório, uma vida e, mais importante, a independência. Eu estava tendo quase o mesmo no Brasil, numa magnitude infinitamente maior, mas *sem* independência. Um dia eu teria que escolher. *There can be only one,* nas palavras de Highlander. Grana, fama e você – e um punhado de aporrinhações – ou ralação e anonimato, mas tranquilidade? Foi um momento difícil na minha vida, ainda mais com os gritos da multidão cada vez mais altos.

O show foi espetacular. Mesmo com as desavenças, o quarteto original, quando queria, era foda. Como competir com aquilo? No outro dia *O Globo* publicou, na matéria chamada "Não era hora de largar o batente e voltar de vez?": "Cerca de três mil pessoas encheram o Canecão na quarta-feira à noite para urrar refrões como 'Até quando esperar/ a plebe ajoelhar/ esperando a ajuda de Deus' e 'Johnny vai à guerra outra vez/ diversão que ele conhece bem'. O quarteto brasiliense Plebe Rude lançou seu disco ao vivo *Enquanto a Trégua Não Vem* e mostrou estar em grande forma no palco. Parecia 1986, mas não era".

O *Jornal do Brasil* se esforçou para encontrar um defeito, e sobrou para mim. "Não dava para engolir bem o sotaque de Philippe Seabra. Parecia o Ritchie, aquele de 'Menina veneno', cantando punk rock. Ele já jurou que isso não é 'onda' e, sim, consequência do trabalho nos Estados Unidos com a banda Daybreak Gentlemen, mas... Bom, Seabra é uma das vozes da Plebe, uma das mais marcantes para aquela geração que estava ali e, então, o que fez diferença foi a escolha do repertório, os pulos e trejeitos no palco".

Ah, bom... Sou metade norte-americano, aprendi português aos dez anos, estava fora do país por seis e *tiro onda* com sotaque? Seu *pitchka ti materina!* E parecido com Ritchie? Eu? Tem coisas que só acontecem comigo. Mas e do filme, ninguém iria falar nada? Eu tinha avisado que uma banda de abertura diluiria o impacto. Mesmo assim, o jornalista Bernardo Araújo, no *Globo*, escreveu que *Ascensão e Queda de Quatro Rudes Plebeus* "faria o cineasta trash Ed Wood parecer Bernardo Bertolucci". (Como eu já escrevi antes, ele não poderia estar mais correto.)

No camarim, muitos artistas do pop rock entraram para nos dar um abraço, quase todos se dizendo influenciados pela Plebe. Agradeci a preferência, de coração, mas por trás do meu sorriso não tinha como não pensar, quando alguns do pop *mais sem-vergonha* nos cumprimentava: "E mesmo? Não parece". Pensei, mas não falei. Afinal, eu sou um gentleman, melhor... um Daybreak Gentlemen. E pensar não ofende.

Pronto. Disco lançado, Canecão lotado, "Luzes" tocando bem. O catálogo todo lançado. O que uma gravadora faria agora? O que mais? A EMI puxou a tomada e parou de investir no disco, a ponto de nem conseguirmos lançá-lo direito em São Paulo. Absurdo, não? Nem tanto. Temos nossa parcela de culpa.

Imagino ser difícil investir em uma banda que em *toda* entrevista falava que a volta era temporária, ainda mais depois da briga presenciada pela divulgadora em São Paulo, certamente relatada para a matriz. Pouco antes, na revista *IstoÉ*, André havia falado: "Tínhamos necessidade de reunir a banda novamente para darmos um final definitivo e satisfatório à nossa história, mas depois da excursão não haverá disco de estúdio com inéditas". E eu tinha declarado para a *Folha*: "A Plebe lança esse disco, e é só" – foi o título da matéria –, salientando que voltaria em breve para os Estados Unidos. Será que teria sido melhor mentir que a volta era definitiva, como foi sugerido? Mentir que todos estavam se dando bem? O que você teria feito? Acho que não poderia conviver com uma mentira tão grande. Para marcar de vez a incompetência, o catálogo foi simplesmente jogado no mercado, sem promoção, sem nada.

Os shows continuavam Brasil afora, mas fatalmente a nossa relação com o empresário começou a se deteriorar, ainda mais com o meu equipamento preso na alfândega havia dez meses. O descaso em relação ao material apreendido já dizia tudo. Quando fui cobrar mais ação do empresário, ouvi aos gritos que ele não aceitava dúvidas sobre a competência do escritório e que, se a luzes dos holofotes não estavam fortes o suficiente, não era culpa dele. Luzes dos holofotes? Really? Foi a gota d'água. Bem que a Cássia Eller tinha me avisado – ela tinha saído do mesmo escritório, dizendo que o empresário passava mais tempo num sítio do que no telefone.

Hora de ir embora e voltar para minha vida anônima. Eu estava cansado da vida praticamente dupla que levava, das longas viagens sobre o Atlântico e de estar nessa barca furada com duas pessoas que praticamente me fizeram desistir da música. Pelo menos tive um apoio e tanto – e um lugar para ficar – durante essa peleja, os amigos da Plebe, Efigênia e seu filho Pedro, que praticamente se tornou um afilhado por adoção. Dez anos depois, ele me confidenciou a influência positiva que tive na sua vida, e quem não ficaria feliz com isso? Olha aí o instinto paterno se manifestando novamente.

Quando a Plebe Rude foi anunciada para tocar no Rock in Rio 2001, aproveitei para soltar no *Globo* e na *Folha* que seria nosso derradeiro show, para terminar em grande estilo. Se tinha que ser assim, que fosse até o fim. Mas, para o meu espanto, fomos colocados na Tenda Brasil, uma tenda adjacente ao palco principal, infinitamente menor, e com apenas 25 minutos para a apresentação. Nem a confusão com a debandada de várias bandas nacionais, em protesto contra a falta de condições de passagem de som no palco principal, abriu vaga. Tenda? 25 minutos?

Pelo visto, a volta da Plebe na formação original não era digna o suficiente. Olha o que saiu no *Globo*, no *último* dia do ano de 2000 (como se os deuses do rock estivessem querendo me dizer que era hora de ir embora): "O show que a Plebe Rude fará na Tenda Brasil, no dia 21, poderá ser o último do quarteto. O disco ao vivo *Enquanto a Trégua Não Vem* está entregue às traças no marketing da EMI, e o grupo acabou deixando o empresário. Mesmo com um quadro negativo, a Plebe lança daqui a duas semanas o clipe de 'Até Quando Esperar' ao vivo, com imagens do filme *Ascensão e Queda de Quatro Rudes Plebeus*. Depois, ninguém sabe".

Mesmo que o show do Rock in Rio fosse o último da Plebe, mudamos de empresário para que cuidasse da logística e escolhemos o mesmo do Charlie Brown e do Biquini Cavadão, com escritório em São Paulo. Pelo menos isso. O Rio mais uma vez estava se mostrando uma grande perda de tempo. No dia da apresentação, Gutje demorou pra aparecer, causando mais estresse do que o normal. O show era cronometrado, só poderíamos tocar sete músicas, e teria transmissão exclusiva pela Direct TV, canal pioneiro de TV paga no Brasil. Apesar de o diretor de palco ser nosso ex-road manager, Pedro, irmão do Bi Ribeiro, ele nada podia fazer quando soube que o baterista não havia chegado.

Gutje apareceu quando faltavam 15 minutos para subirmos ao palco, mas nem reclamei, pois seria o último show e a *última* vez que teria de lidar com isso. Tocamos para uma plateia de 40 mil pessoas (era uma tenda gigantesca, vazada para os lados e para trás), abrindo com o meio instrumental de "Um Outro Lugar", para deslanchar mesmo com "Brasília". Apresentei a banda – acertei "Jander Ribeiro na *viola* elétrica" – e falei: "Não aceitem imitações baratas!".

Depois de "Luzes" eu pedi que me entregassem o cartaz que um rapaz segurava no meio da multidão, que dizia: "Philippe Seabra, me dê sua palheta. Plebe Rude sempre". O que mais me tirava do sério era fã que passava o show *inteiro* pedindo palheta. Nessa excursão até peguei pela gola um dos mais agressivamente afoitos, no meio do show mesmo, e falei, praticamente encostando meu nariz no dele: "Eu não vou te dar a palheta, porra!". Não é à toa que o Scandurra toca com os dedos.

Mas o "Plebe Rude sempre", naquele momento, realmente me tocou e mostrei o cartaz para a plateia, dizendo: "É por causa de coisas assim que vale a pena passar esse perrengue todo que é fazer rock nesse país". E põe perrengue nisso. Em "Até Quando", última música do show, urrei como nunca havia urrado, numa homenagem ao Tatu, do Coquetel Molotov, as frases "que nós damos sem perceber" e "poderia ter sido você". A música chegou ao fim, assim como a trajetória louca da Plebe. De novo. Agora, para sempre.

"Boa noite Brasil, Plebe Rude!" Me afastei do microfone pela última vez como plebeu, mas André chegou no meu ouvido e falou que estavam deixando tocar mais uma. Então, aos gritos da multidão, "Olé, olé, olé, olá, Ple-be, Ple-be", emendei: "Tem muita gente aqui de fora do eixo Rio-São Paulo. Esse show vai para vocês". Na emoção, errei os primeiros acordes de "Sexo e Karatê". No meio da música, olhei para a plateia e vi os membros de uma banda de Brasília que eu estava produzindo, 10zero4, de rock/rap, e gritei: "Tô mandando o meu som!", o grito de guerra deles.

No final do show, me joguei na plateia. Nunca havia feito isso antes. Estava me despedindo dos plebeus e da vida de rock star. Acabou. A Plebe era uma Maserati, mas tinha dois pneus furados. Após o show, como o fim de tarde era uma criança, resolvi dar uma volta pela Cidade do Rock, já sabendo que seria rodeado, como em *todo* festival, por fãs perguntando: "Por que vocês não estão no palco princi..?". Eu interrompia. Passei a vida *inteira* ouvindo isso em festivais grandes. Mas dessa vez foi diferente.

De repente, comecei a ouvir Plebe pelo poderoso PA central do Rock in Rio e, *sim,* eu estava no palco principal! Mas como isso era possível se eu estava na plateia? Motim? Aqueles *pitchka ti materinas!* Ou será que havia inalado a fumaça do camarim? Não, era a banda O Surto, liderada pelo maior fã cearense da Plebe, o saudoso Reges Bolo, que com pouco tempo de estrada e um repertório menor ainda, tocou "Até Quando Esperar" na íntegra. Tem coisas que só acontecem comigo.

Somente dois anos depois, eu soube que foi nosso empresário que sugeriu que tocássemos na Tenda Brasil, priorizando o Sheik Tosado para o palco principal. Ah, então era por *isso* a insistência de colocá-los no disco ao vivo e para abrir o show do Canecão. PITCHKA TI MATERINA! André manteve isso em segredo por temer o que eu faria se soubesse. Mas o que mais me incomodou é que eles tocaram no palco principal do Rock in Rio *sem* o Ameba de convidado. No Abril Pro Rock, em Recife, pôde, mas naquele espaço infinitamente maior, não. Realmente o nosso ex-empresário tinha prioridades... Por incrível que pareça, aquele dia pioraria.

Durante a minha caminhada pela Cidade do Rock, enquanto me perguntavam algo que eu não sabia responder – por que o Surto podia tocar Plebe no palco principal, mas a Plebe não? –, algo mais grave estava acontecendo. Gutje tinha marcado uma entrevista ao vivo no horário do *Fantástico*, na Globo, sem avisar o resto da banda, em que Márcio Garcia apresentou o vídeo de "Até Quando", filmado em 35 mm na Sala Villa-Lobos, com cenas do *Ascensão e Queda de Quatro Rudes Plebeus*.

O empresário paulista mostrou serviço, e aquele acabou não sendo o último show – ele inclusive conseguiu resolver rapidamente, por meio de um despachante, a liberação do meu equipamento retido há um ano. Tive que pagar uma multa, mas não os 100% previstos na lei. Enquanto eu comemorava, naquele *exato* momento, fui abruptamente interrompido pela ligação de um jornalista, querendo um depoimento sobre o Herbert. Não entendi, estávamos brigados, por que alguém iria querer ... "Como assim?", perguntei. "Você não soube?", respondeu o jornalista.

Desliguei na cara dele, corri até a televisão e então acompanhei, como o resto da nação, as notícias do terrível acidente de avião em que Lucy morreu. Tive até medo de ligar a TV nas manhãs seguintes. Não sou uma pessoa religiosa, longe disso, mas a recuperação de Herbert foi a coisa mais próxima de um milagre que vi na minha vida.

Com essa nuvem pesada em cima do rock brasileiro, a vida continuava, mas o namoro com o novo empresário não durou muito, pois, depois do furo de última hora do Gutje num show no interior de Minas, ele desistiu de representar a banda, dizendo que não poderia trabalhar assim. Eu já estava perdendo a conta de quantos empresários tinham largado a gente. Agora sim, era hora de ir embora do Brasil, mas eu hesitava por alguma coisa além da minha cumplicidade com o André. Eu não sabia o que era.

Ivan Costa, empresário pivô da expulsão do baterista em 1992, na véspera da gravação do *Mais Raiva do que Medo*, foi chamado para nos representar, mesmo com a minha partida iminente. Com escritório no Rio, ele sempre foi um entusiasta da banda, talvez o *único* do meio que acreditava em nós.

"A Plebe é um diamante bruto", repetia. O que mais pesava para mim e o André era o fato de ser o único que sabia lidar com o baterista. Mas foi só uma questão de tempo o baterista começar a reclamar do Ivan, e aí vimos que não teria jeito. Eu estava perdendo meu tempo, mas ao menos consegui ter meu catálogo disponível, lançamos um disco ao vivo digno e até aparecemos no Rock in Rio, mesmo que num palco menor. *This is the end, my friends...*

Até que aconteceu uma coisa para a qual eu não estava preparado. Finalmente descobri o que estava me segurando: havia me apaixonado pelo Brasil de novo.

"I crawl a hundred miles/ And I see a thousand smiles/ But they tell me what I already knew/ We have no room for you"
– "No Room", Athletico Spizz'80

OK, você venceu. Mudei-me de volta para o Brasil. Eu já estava *descendo* tanto, cada vez por períodos mais longos, que minha namorada norte-americana, a banda e meu manager entenderam. Eu teria que focar num país. Mas o que me devolveria a cidadania brasileira? Nos próximos anos eu perderia um Grammy para o Caetano Veloso; apareceria num cartaz de cinema com o nome antes do Caetano Veloso; ganharia o Oscar nacional; ganharia títulos de comendador e de cidadão honorário; viraria personagem de cinema; apareceria em três filmes em cartaz praticamente ao mesmo tempo; seria nomeado prefeito de uma cidade de mais de 150 mil habitantes; dividiria o palco com Milton Nascimento; Milton Nascimento gravaria quatro músicas minhas; seria beijado pela Bruna Lombardi; apareceria na capa da *Veja*; veria a Nana Caymmi falar da Plebe Rude para o pai, Dorival; teria uma guitarra na coleção do Herbert apelidada com meu nome; faria sete shows com o Gun's & Roses; conseguiria juntar o Lobão e o Herbert no mesmo camarim; um plebeu estaria na capa da *Rolling Stone*; recusaria ser protagonista de um longa para o cinema; produziria mais de trinta discos; seria ameaçado por um governador; seria o idealizador do maior Memorial de música moderna da América Latina; e, mais importante, me tornaria pai. Se isso não me fizesse brasileiro, não sei o que faria...

Quando ocorreu o atentado de 11 de setembro de 2001, eu já estava oficialmente morando no Brasil há alguns meses. Naquele dia, viajei de São

Paulo para o Rio, onde estava passando um tempo com a família do meu afilhado, até encontrar um apartamento. Não tinha como não entrar num avião meio grilado. Em novembro, fui aos Estados Unidos para o aniversário de 40 anos do meu irmão Alex. Ao chegar no aeroporto de Miami e ver tantos soldados e metralhadoras expostas, vi que os terroristas realmente tinham ganhado. Parecia o aeroporto de uma república de bananas, e tive que praticamente tirar a calça para passar pelo detector de metais.

Antes de ir para Washington, eu ficaria uma semana em Nova York, hospedado a poucos quilômetros do local do atentado, numa área recentemente liberada pelos bombeiros, mas ainda com um forte cheiro de queimado no ar. Não tanto quanto nos ônibus de excursão da Plebe, claro, mas, para dar uma ideia da intensidade, fiquei com dor de cabeça por duas semanas.

Meus amigos nova-iorquinos estavam na defensiva, mas a maioria concordava que, depois de tanta intervenção pelo mundo, era só uma questão de tempo alguém revidar. Explica, mas não justifica. Mas vi um lado da cidade que só desperta em face de uma tragédia, uma solidariedade muito bonita, em que até os nova-iorquinos mais frios davam as mãos.

Aproveitei para comprar um sistema Pro Tools de gravação, mas não o modelo top de linha. Teria que estudar bastante para me tornar engenheiro, visando algo que larguei quase 15 anos antes por causa da politicagem do meio musical: produção. Esse sistema, mais alguns microfones e pré-amplificadores, seriam um bom começo.

Voltei ao Brasil com a Plebe no limbo, então comecei a produzir bandas e engatar o Daybreak Gentlemen no Brasil, com o baterista Alja, do Rip Monsters, ex-banda do Gastão, e o baixista Fred Ribeiro, o brasiliense das bandas Restless e Pus. A banda seria de São Paulo, mesmo eu ainda morando no Rio, como se eu quisesse corrigir o maior erro da minha vida – ter me mudado para o Rio na década de 1980.

Com o Daybreak Gentlemen, que eu chamava pela alcunha de DBG no Brasil, fiz shows esporádicos no Rio e em São Paulo e participei do programa *Musikaos*. Mas o trabalho era todo em inglês, e eu não sabia exatamente o que fazer, pela dificuldade *imensa* de voltar a escrever em português. Confesso que demorou alguns anos até voltar a fluir.

Em paralelo, comecei a investir mais em equipamento e trabalhar com produção de bandas, tais como 10zero4 e Phonopop, ambas de Brasília, e produzindo o disco de estreia da banda de ska Bois de Gerião. A Plebe ainda fazia shows esporadicamente, na formação original – eu e André até falávamos de um disco inédito, quem diria?

Na virada de 2001 para 2002, tocamos na Esplanada dos Ministérios, em Brasília, e foi ótimo. Até vimos o Ameba começar a se soltar, dando um discurso incrivelmente incisivo antes de "Até Quando", que nos fez pensar, será que ele está voltando ao rock? Mas o clima punk de outrora pairou no ar apenas por alguns segundos, sendo interrompido pelo baterista, que, com seu timing e marketing impecáveis, agradeceu os contratantes e patrocinadores, anulando completamente o impacto das palavras do Ameba.

Passada a ressaca do ano novo, de 2 a 4 de janeiro fomos ensaiar na minha casa, completamente vazia, pois nenhum outro Seabra estava no Brasil. A casa tinha sido alugada, mas o inquilino saiu, e ela estava no mercado novamente. Como não tinha churrasqueira e/ou piscina, uma heresia em Brasília, carecia de apelo. E quem um dia irá dizer que não existe razão?

Meu amigo chileno Andres, aquele que quase apanhou com o Renato Russo no Gilbertinho, uma vez me escreveu, quando eu ainda morava em Nova York, contando que tinha ido a uma festa dos inquilinos da casa na época, um bando de jornalistas malucos. No som, algumas músicas de Brasília que saíram justamente daquela casa e rodaram o Brasil até pousar de novo no som da festa. Sentado na grama, lembrou das festas de outrora, em que aquelas canções, agora sucessos nacionais, eram meras desconhecidas.

Mas pensando bem, como aquela casa emblemática estava vazia, por que não montar um estúdio temporário? Usei metade do andar de cima, fiz um buraco pequeno na parede entre dois quartos, por onde passei os cabos, coloquei cortinas na parede e grossos colchões enfiados nas janelas arqueadas, bem no estilo Brasília década de 1970. Aluguei um sistema de voz e tivemos várias ideias, entre elas uma versão de "No Room", da banda obscura pós-punk Athletico Spizz 80. Mas nada de muito animador saiu, especialmente pela falta de entusiasmo do Ameba.

A primeira ideia foi fazer um disco com regravações das músicas de bandas de Brasília daquela época que não chegaram ao grande público. Cheguei a fazer uma consultoria com o Paulo Marchetti, especialista no rock obscuro da cidade, e chegamos a músicas como "Celebração" do Arte no Escuro, "Fala Brasil", da Elite Sofisticada, "Helicópteros no Céu", do Aborto (uma favorita do André), e "O Grande Vazio", do Escola de Escândalo.

A ideia era gravar e lançar no meio de 2002; apesar de eu nunca me sentir confortável cantando algo escrito por outra pessoa, seria uma forma de dar mais fôlego para a Plebe até gravarmos material inédito, se um dia isso fosse possível com aquela formação. Eu precisava de mais tempo para voltar a escrever em português. O jornal *Hoje em Dia* cobriu os ensaios, e até fomos capa, mas era um desânimo só, visivelmente impresso na primeira página, com a chamada "A Plebe Rude volta ao Planalto". Realmente não tinha como disfarçar: "Num dos quartos da residência, que fica fechado durante quase todo o ano, eles montaram os equipamentos e fizeram ensaios na esperança de recuperar o romantismo do início da carreira".

Só que o romantismo não estava voltando. Bem que eu poderia ouvir aqueles *toc-toc-toc* vindos do outro lado da casa, que, fossem o que fossem, faziam eu me sentir bem por saber que meu pai estava em casa. Metal sobre porcelana? Não sei. Mas meu pai não estava em casa. Aliás, ninguém estava em casa, a não ser a formação original da Plebe. E era desanimador.

Eu e o André tínhamos alguns esboços de músicas e, mesmo sabendo das dificuldades, nem sei como conseguíamos nos manter animados com a possibilidade de um disco inédito da formação original da banda. O André estava morando em Brasília, e quando eu aparecia na cidade, vindo do Rio, nós nos encontrávamos várias vezes por semana para trabalhar nas canções novas, como nos velhos tempos – inclusive no mesmo quarto de 20 anos antes. Algumas músicas do Daybreak foram aproveitadas depois que o André finalmente topou incluí-las, algo que eu queria para o disco ao vivo, além de músicas que começaram a surgir, como "Mil Gatos No Telhado", "R ao Contrário" e uma que chamávamos de "Ideia Neil Young", que depois viraria um cult clássico da Plebe, "Remota Possibilidade", com a letra mais escura que já fizemos. Mas foi através desse lado mais sombrio que consegui voltar a dominar o português – era o sociopolítico me auxiliando –, tanto que descartamos a ideia do disco de covers. *No, thank you.*

Voltando ao Rio, cheguei a marcar duas datas para passar guitarra com bateria num ensaio *full belt* (termo usado quando o cantor canta como se fosse numa performance, com volume e projeção de show), mas o baterista furou as *duas* vezes, e me deixou espumando de raiva. *Duas* vezes.

Tudo combinado, eu e André respiramos fundo e marcamos uma data para entrar no estúdio, uma semana depois da gravação de uma banda carioca que eu estava produzindo, a Jaya, do tecladista Victor Chicri, que participou do *Plebe Rude III*. Produzi de graça e aproveitei para inaugurar oficialmente o estúdio dentro da casa de Brasília em troca do uso de equipamento trazido do Rio. A acústica do espaço era surpreendente mesmo sem tratamento, e para mim era especial, pois naquele quarto de 26 m² eu havia escutado a fita que o André enviou da Inglaterra quando eu tinha 12 anos.

Semanas se passaram até um repertório aparecer, e aos poucos um disco se formar, embora a participação do Ameba fosse uma incógnita. Gutje chegou a me convencer, *muito* contra a minha vontade, de subirmos a Mendes para tentar atrair Ameba para o projeto. Depois da viagem serra acima, ele confirmou o que eu já sabia: nem ouvia mais rock e não tinha mais interesse. Disse que a *banda* estava lhe atrasando a vida. Fiquei quieto.

Eu queria ir embora, mas, depois de muita insistência do Gutje, combinamos que o Ameba registraria sua voz e a viola elétrica em algumas músicas, no final das gravações. Ele não precisaria dar entrevistas nem participar de todos os ensaios. Só precisava se comprometer a fazer shows. Olha só no que eu havia me metido. Voltei ao Brasil para isso? Cá pra nós, era uma situação meio patética, jamais funcionaria. Talvez se as coisas estivessem bem com a banda, com uma agenda cheia, ele se esforçasse mais. Mas, para ficar bem, a Plebe também dependia do esforço dele. Lembrei da música do Renato na sua fase Trovador Solitário: "A-Duh"!

Eu tinha um verdadeiro arsenal para gravação montado numa casa vazia, que nem geladeira tinha. Me comprometi a pagar do próprio bolso o excesso de peso de todo o equipamento que veio do Rio, pois a banda não estava fazendo shows suficientes para juntar dinheiro para uma caixinha. Repertório pronto, estúdio tinindo, vamos nessa. Na véspera da gravação, lembro de ter saído com uns amigos e, entre alguns chopes camaradas, dizer, estupefato: "Cara, a Plebe vai começar a gravar um disco inédito amanhã". Haha... Até parece...

Faltando oito horas para o começo da gravação do primeiro disco de inéditas da Plebe em quase dez anos, liguei para o baterista, no Rio, para saber se tinha comprado as peles de bateria e a que horas ele chegaria em Brasília. O tempo seria escasso devido ao cronograma do André, e a gravação das bases, num clima *ao vivão*, teria que ser no fim de semana. Era fundamental começar sexta à noite, além disso, todo aquele arsenal no estúdio estava emprestado por uma semana apenas.

Do nada, Gutje falou que iria só na semana seguinte, alegando que não sabia da gravação. Pera aí... Como? Incrédulo com o que ouvia, soltei os cachorros, e dessa vez ecoou tudo pela casa vazia. Não dava mais! Acabou! Chega! Desliguei o telefone na cara dele e liguei para o André, que no final da tarde viria direto para o estúdio para começar as gravações. Só pela minha voz ao telefone, ele já soube. "O que é que ele aprontou dessa vez?"

Na semana seguinte o baterista tentou se explicar ao André, pondo a culpa no empresário, que teria *esquecido* de avisá-lo, mesmo com a gravação marcada há várias semanas. Com a maior calma, André disse que não havia mais clima para continuar com a Plebe. Mas, já que o equipamento estava todo montado, pronto para a gravação, eu e ele aproveitamos para registrar as ideias. Confesso nem lembrar se avisamos o Ameba sobre o cancelamento. Ele estava tão desinteressado que não deve ter feito a mínima diferença.

Infelizmente a formação original da Plebe teve que se encontrar mais uma vez, pois tínhamos que cumprir agenda num encontro de motos em Volta Redonda, interior do Rio, duas semanas depois. O clima estava até tranquilo, mas durante o show eu não conseguia olhar o baterista nos olhos, de tanta raiva. Não nos falamos no ônibus fretado nem no camarim. A única vez que tive que olhar para ele foi em "Seu Jogo", que começava com a banda toda junta, para observar a contagem das baquetas. Talvez a guitarra sempre chamasse a introdução das canções da Plebe por esse motivo.

Na volta ao Rio, no ônibus de dois andares fretado para a banda, estávamos todos no andar de cima, num clima ótimo e batendo papo, com o cenário lindo do interior fluminense na janela panorâmica como pano de fundo. Todos menos um. Foi a última vez que a formação original tocou junto. Eu e André queríamos continuar fazendo algum som, animados com as demos de Brasília. Mas seria um caminho difícil, que já havíamos trilhado com o *Mais Raiva do que Medo*.

André pensou em mudar o nome para Rude, apesar de sermos os fundadores da Plebe. Talvez a pequena mudança melhorasse o carma da banda, um carma pesado. Mas, quando Ivan sugeriu esse nome numa reunião com uma multinacional, a diretora de marketing simplesmente levantou-se da mesa.

Nesse vaivém da Plebe e do Daybreak, minha vida de produtor continuava, e eu já acumulava alguns discos produzidos. Pensei em montar um estúdio modular e até fiz um esboço de como seria o equipamento. Levaria o grosso dos racks cada vez que voltasse de Brasília, mas isso se tornou impraticável, ainda mais depois que meu vizinho no Rio teve um bebê. Se tem uma coisa que eu respeito é vizinho. Quando tentei gravar uma guitarra lá, era tanto cobertor em cima do amplificador que, de tão baixo, o som parecia uma lata de maionese deixada no sol por três horas.

Passei a levar as bandas 10zer04 e Phonopop para o Rio e a investir em suas carreiras, inclusive marcando shows. O 10zer04 era da cidade-satélite de Samambaia, que na época mais se assemelhava a uma favela horizontal, criada pelo governador Roriz para garantir uma base eleitoreira, aquelas coisas de Brasília. Como eu estava produzindo bastante, a notícia se espalhou, e as bandas começaram a me entregar demos a torto e a direito, como a pubescente Móveis Coloniais de Acaju. Quando eu ia ver ensaios de algumas das bandas, se não gostasse ou visse que não poderia ajudá-los, por mais verba que tivessem, gentilmente declinava. No caso dos CDs demos, às vezes só pelas capas ou letras eu já via que não seria o produtor ideal.

A 10zero4 foi a única banda que me entregou músicas em fita cassete, que só consegui ouvir graças ao toca-fitas do carro que eu alugava quando ia a Brasília. Mesmo *bastante* derivada do Rage Against the Machine, era brilhante.

A vida dos meninos (e da menina que dividia as vozes com o cantor) não era fácil. Eles cresceram sem asfalto e nem de skate podiam andar. O guitarrista e a vocalista eram irmãos, ambos tiveram filhos cedo, ele com 18, ela com 15, e eram constantemente abordados pelo BOP. Uma vez o baterista foi levado para o mato, onde a polícia fez roleta-russa na sua cabeça. As letras incisivas refletiam isso. Armei um show para eles no Garage, no Rio, e se hospedaram na minha casa. Foi a primeira vez que viram o mar. Tudo bem que, ao chegar da praia, trouxeram metade da areia de Ipanema, mas é um pouco difícil explicar a satisfação que eu tinha, mesmo ganhando nada, de ajudá-los a realizar um sonho por meio da música.

Aproveitando uma ida a Brasília, voltei a montar o Clash City Rockers com membros de bandas que produzia, como Prot(o) e Bois de Gerião, mas sem o André, que não podia se dedicar ao projeto. O que ocuparia meu tempo mesmo seria a criação de um selo em parceria com o jornalista e entusiasta de rock Fernando Rosa, chamado Senhor F.

No Rio eu via os diretores artísticos das principais gravadoras dando preferência para seus artistas em seus estúdios particulares – se não era um tremendo conflito de interesse, era no mínimo uma cara de pau e tanto –, então resolvi fazer o mesmo. Eu seria um malandro carioca também. Foi quando as contas mal fechavam percebi como fazia diferença a grana de uma multinacional. Um pequeno detalhe. Me sentia o próprio Roy Scheider em *Tubarão* ao avistar o tamanho do craniata, "*You're gonna need a bigger boat*". O selo conseguia ao menos se pagar, e como produtor trabalhei literalmente do Oiapoque ao Chuí, e colocamos muitos discos na praça. No caso do Oiapoque, a banda acreana Los Porongas, e do Chuí, a Superguidis, de Guaíba, município da região metropolitana de Porto Alegre.

O Fernando organizava o festival El Mapa de Todos, com artistas latinos, e fazia as Noites Senhor F no Gates, casa noturna emblemática de Brasília. Foi numa delas que o Clemente passou com os Inocentes por Brasília, e tocamos juntos "Pânico em SP" e "Até Quando". Foi ótimo. Será que os deuses do rock'n'roll estavam tentando me dizer alguma coisa? Pode ser, mas depois do show o Clemente mal me deu bola, dando preferência à morena baixinha que falava no seu ouvido. Porra, Clemente, sou eu, cara! *Pitchka ti materina!*

O destino nos juntaria de novo no ano seguinte, afinal, nossas duas bandas eram das mais *malditas* do rock dos anos 1980, com divergências internas e brigas com gravadoras. Mas isso é outra história... E que história.

A Plebe continuava presente na minha vida por mais que eu tentasse fazer outras coisas. A TV Globo me convidou para participar de um programa novo, *Jovens Tardes*, aos sábados, com redação do nosso amigo Tom Leão. O projeto seria um pouco difícil de colar, pois toda aquela história de rock não tinha como durar na Globo. Era bom demais. Quer dizer, os vídeos e as matérias que eles passavam, de Beatles a The Clash. Rock para as massas. Aí, *entre* as matérias sobre ícones do estilo, o rock era retratado pelos apresentadores, filhos de sertanejos e de cantoras de MPB, e boy bands que faziam versões de Roberto Carlos a Alanis Morissette a Nirvana. Pois é... As coisas são o que são...

Fui convidado para tocar "Até Quando" com o Capital e infelizmente presenciei de novo a falta de comunicação no pouquíssimo tempo que estivemos juntos. Eu levei um sampler da Boss que usávamos ao vivo, com o cello de "Até Quando". Era só ligar na mesa do teclado e apertar um botão que a gravação original do Jaques Morelenbaum tocava em toda sua glória. Apenas isso. Mas foi uma negociação delicada e demorada até eu conseguir que topassem, o que me lembrou muito o clima ruim de Nashville. Depois de tocar com eles, ao ver a banda tocando "Que País É Este", algo passou a me incomodar. O que seria? Eu demoraria uma década até descobrir.

Depois de gravar *Jovens Tardes*, me senti numa encruzilhada entre Rio e Brasília, onde tinha juntado um vasto arsenal de equipamento de gravação, e resolvi ficar um tempinho por lá, preparando minha mudança para São Paulo. Eu finalmente tinha conseguido alugar a casa, e, como era para a filha da vizinha, que queria ficar próxima da mãe, a falta da churrasqueira e da piscina não seria empecilho. Ao chegar para cuidar da papelada e cortar minha ligação física com Brasília de vez, o caseiro começou a criar problemas, pois não queria sair. Até chegarmos a um acordo, a futura inquilina perdeu o interesse e encontrou outro lugar. Com um elefante branco na mão, literalmente, devido ao tamanho e à cor da casa, tive que passar mais tempo do que queria em Brasília. Acabei tirando o imóvel do mercado, pois seria impossível alugá-lo sem uma grande reforma, e me mantive ocupado com a DBG em São Paulo e a produção de vários artistas.

Planejei abrir um complexo de três estúdios de ensaio e um de gravação, mais um depósito de equipamento, com o baterista da DBG, em São Paulo. Era pertinho da Teodoro Sampaio, onde havia uma concentração de lojas de equipamentos musicais. Em homenagem à rua Francisco Leitão, onde ficaria o possível complexo, o estúdio se chamaria Chico Porco.

Eu via com bons olhos a mudança, pois muitas bandas de vários locais do país queriam trabalhar comigo, como Charme Chulo (PR), Leela (RJ), La Pupunha, Ataque Fantasma e Suzana Flag (PA), e em São Paulo seria bem mais viável. O Fê adorou ouvir que eu estava de mudança e até cederia um quarto do seu apartamento no Bexiga até que eu me estabelecesse. Dos Autoramas ao Kiko Zambianchi, artistas me diziam não entender como um cara com uma banda como a Plebe no currículo não estava mais presente no meio musical. "Eu sei, eu sei", respondia, lembrando que tinha passado seis anos fora do Brasil. Mas era complicado mesmo, ainda mais com o meu romantismo de tentar manter a formação original, apesar de tudo. Tinha chegado o momento de corrigir isso.

Eu já estava procurando um apartamento em Pinheiros, mas, faltando uma semana para a mudança, preocupados com o surgimento de home studios e o fechamento de inúmeros estúdios grandes nos Estados Unidos, resolvemos repensar o projeto do Chico Porco. Foi aí que eu conheci minha futura esposa em Brasília. Foi a melhor coisa que poderia ter acontecido. Olha aí, para os fãs da Plebe também, *life is what happens to you while you're busy making other plans* – como disse John Lennon na música "Beautiful Boy", feita para Sean Lennon quando nasceu.

"Let sleeping dogs lie"
– Provérbio inglês do século 13

Um ano depois do último show da formação original da Plebe, em Volta Redonda, em setembro de 2003, faríamos um show em Brasília, com muita expectativa. Ligamos para o Ameba e chamamos Txotxa, ex-baterista do Maskavo Roots. O *Jornal de Brasília* disse tudo sobre o estado da banda naquele momento: "Segundo o guitarrista e vocalista da banda, Philippe Seabra, esse novo retorno não é, ao que parece, a confirmação de que a Plebe está de volta de vez. 'Aproveitamos a oportunidade que surgiu e também o fato de estarmos todos em Brasília'. Mas não comenta um suposto rompimento do grupo com o baterista original da Plebe, Gutje Woortmann, que ficou no Rio de Janeiro".

Estava difícil de esconder a confusão com o baterista, tanto que no *Correio Braziliense* saiu: "Ocorrerá a primeira reunião da Plebe Rude em um ano. No palco, o baterista Gutje Woortmann dá vez a Txotxa (ex-Maskavo). O guitarrista Philippe Seabra, porém, não explica a substituição de Gutje. 'Um caso excepcional. Ele não vai tocar nesse show', limita-se a dizer. 'Estou todo coberto de poeira porque meu estúdio está em reforma', desconversa".

Estabelecido em Brasília, eu estava transformando metade do andar de cima da casa num *baita* estúdio de gravação, com amplos vidros duplos, portas acústicas fechadas a vácuo e paredes reforçadas de concreto. André também estava morando na capital, o que seria muito benéfico para a Plebe. Depois de um ano praticamente parado, coube a mim fazer alguns ensaios de guitarra e bateria para preparar o Txotxa. A acústica do estúdio estava fantástica, e eu começava a acumular várias baterias da série Masters Custom e caixas da Pearl, Tama e Ludwig.

O show de Brasília – mesmo de uma banda parada por um ano – foi ótimo, mas causaria uma situação que, de alguma forma, definiria o rumo da banda. Tínhamos sido sondados no mês anterior para o Brasília Music Festival, um evento gigantesco no autódromo da cidade, com The Pretenders, Alanis Morissette e Simply Red, que seria transmitido pela TV Globo. Já estávamos com o contrato fechado para o show daquela noite, e, como seria muito próximo ao festival, a produção do evento não estava confortável em ter a Plebe duas vezes na cidade com a diferença de dez dias. Nosso empresário argumentou que o BMF era um festival nacional, transmitido ao vivo pela TV, e o outro show era bem menor. O produtor do evento era fã da Plebe, então creio que rolaria se realmente insistíssemos, mas *eu* pedi para o nosso empresário deixar pra lá. Eu não queria mostrar ao vivo e a cores para o Brasil uma banda que não estava entrosada, com aquele desânimo de um dos lados do palco, ainda mais num palco tão grande. Se fosse o último show da Plebe, não era essa imagem que eu queria que as pessoas tivessem. Citando Neil Young, *"better burn out than fade away"*.

Tem coisas que só acontecem comigo. Tive que sabotar minha própria banda num festival para 55 mil pessoas, transmitido pela TV. Os artistas nacionais do festival foram entregar uma guitarra ao então presidente, e saiu até no *Jornal Nacional*. Eu estaria junto, e, independentemente de sua inclinação política, isso teria sido bacana. Eu aproveitaria para pedir ao presidente para ajudar essa gente que só faz sofrer. Era difícil pra mim. Eu estava de volta ao Brasil, tinha uma banda do cacete, com uma história e tanto e um repertório de primeira e *próprio*, mas não conseguia fazer *nada* com isso.

Na semana seguinte, fui convidado para tocar com Capital Inicial, Jota Quest e Ultraje a Rigor no festival. De acordo com o Roger, eu tinha virado arroz de festa. Aliás, no show tive que usar a mesma guitarra com que ele tinha aparecido pelado na capa da *Showbizz*. Só de sacanagem, sem avisar a banda, puxei um "Should I Stay or Should I Go", e a banda teve que ir atrás, com um sorriso enorme do baixista Mingau. Punk para as massas!

Noutra noite, eu e André tocamos "Até Quando" com o Capital, para o delírio da multidão, e nos juntamos ao Jota Quest, que conheci ali mesmo no palco, para tocar "Que País É Este" – nos créditos finais da transmissão da TV Globo, apareci tocando uma música do Renato e *de novo* comecei a ficar bastante incomodado. Demoraria alguns anos para eu descobrir exatamente por quê.

No backstage, fui apresentado à galera do Live e The Pretenders pela produção, que me cobriu de elogios, e tive que responder para os gringos por que a Plebe não tocou no festival. *"It's a long story"*, resumi. Mas dessa vez era diferente. O culpado era eu. Ninguém sabia o que estava acontecendo com a banda, e achei melhor deixar assim.

Conversei bastante com o Martin Chambers, baterista dos Pretenders, mas não sobre música. Foi sobre escultura moderna, por ele ser artista plástico e fotógrafo – quando criança, eu era apaixonado pelo artista inglês Henry Moore, que tem um jardim dedicado à sua obra no museu Hirshhorn, em Washington. Aí ele me interrompeu e perguntou se eu queria conhecer a Chrissie Hynde, mas acabei declinando o convite. Fiquei com vergonha, vai entender?

A vida continuava, então comecei a preparar o disco da DBG, na verdade meu disco solo, já que pelo visto do mato da Plebe não sairia nenhum coelho, e eu estava resignado com a ideia de nunca mais voltar aos palcos grandes a não ser como eterno convidado. Tudo bem, o estúdio estava tinindo, cheio de equipamento de primeira, e finalmente minha destreza de escrever em português tinha voltado. Foi aí que surgiu a oportunidade de a Plebe fazer um show em Brasília no encerramento da exposição sobre a vida do Renato Russo, chamada *Renato Russo Manfredini Júnior*, no CCBB. O ano era 2004, e o baterista seria o mesmo que tocaria no disco solo que eu estava preparando, Iuri Freiberger, de Porto Alegre, membro da banda gaúcha Tom Bloch.

Para se ter uma noção de como eu estava ativo como produtor, todas as bandas que tocariam no show do CCBB estavam sendo ou tinham sido produzidas por mim. Até com o Liga Tripa, da época do Rock na Ciclovia, que escreveu "Travessia do Eixão", interpretada pelo Renato Russo no derradeiro disco da Legião, eu estava indiretamente envolvido. Eu tinha usado uma lei de incentivo para relançar o disco de estreia deles, junto com Tellah, Mel da Terra e a demo da EMI do Escola de Escândalo, mas desisti por falta de cooperação justamente do Liga Tripa e do Escola, e devolvi o dinheiro ao Estado – o Tellah eu não consegui relançar pela burocracia dos direitos autorais, e no fim só saiu o disco do Mel da Terra.

Com muito material inédito, a mostra foi um sucesso de público. Entre os itens pendurados nas paredes, havia folhas de caderno rabiscadas pelo Renato, muitas com meu nome. Mas aquela insistência dele em relatar sobre as primeiras bandas chamava a atenção. E aí foi me batendo uma tristeza. A *Tribuna do Brasil*, que cobriu o evento, captou exatamente o que eu estava sentindo: "Seabra não esconde o baque que leva toda vez que lembra do amigo. 'Não tem como não mexer com você. Principalmente com as coisas que o Renato falava para a gente. Ele tinha um apreço enorme pelas pessoas da turma, e isso meio que simbolizava a juventude perdida dele. Muito intenso. Quando fui à abertura da exposição e me deparei com aquelas coisas todas do Renato, foi muito estranho. Eu não tinha visto as anotações dele sobre a Plebe e sobre mim, e confesso que fiquei deprimido. É estranho. Vendo a trajetória dele era quase como se eu estivesse vendo a da Plebe paralelamente. Já tinha ouvido falar sobre o quadro da Plebe que ele tinha no quarto, mas, quando fiquei frente a ele, aí me bateu que eu nunca mais veria o cara', afirma".

O quadro, com a capa do single de "Este Ano", que André deu para o Renato e ele emoldurou na parede do quarto onde faleceu, estava na exposição, para todos verem, inclusive o *cara da Plebe,* pela primeira vez. Estranho, muito estranho, quase macabro até. Era como se o Renato tivesse saído do quarto para uma ida à padaria. Sobre o show e o destino da banda, desconversei, como de costume naquele momento de limbo. "Os shows da Plebe sempre são intensos, mas como tem um tempo que não tocamos juntos, imagino que o show vai ser especialmente intenso."

Mais vago impossível. Realmente fazia muito tempo que não tocávamos juntos. Ameba chegou um dia antes da apresentação e foi à noite para o estúdio sem muita vontade de tocar alguma coisa nova. Eu e André queríamos tocar "Katarina", que compusemos quando ainda havia uma ponta de esperança de um disco de inéditas com a formação original, e "Mil Gatos no Telhado", que eu tinha na manga do disco solo.

Mesmo sem a perspectiva de a banda voltar, eu queria presentear os fãs com duas inéditas. Se fosse o último show, pelo menos seria digno, e num senhor palco ao ar livre. Preparei um CD para o Ameba ouvir, e ele disse que não ouviria. "Pode ficar tranquilo", eu disse, apresentando um CD player portátil com pilhas zeradas e um par de headphones. "Gravei as duas no CD para você ouvir em loop. Como você não canta nelas e são relativamente repetitivas, creio que...". Ele me interrompeu e disse: "Você não entendeu, eu *não* vou ouvir". Foi só no meio do ensaio que me toquei da agressividade nada passiva.

Na hora de passar as músicas novas no estúdio, mais uma vez aquela má vontade tomou conta do recinto. Com os nervos à flor da pele, eu me contive e disse gentilmente: "Cara, vai ser legal aparecer com uma coisa nova". Então levantei levemente a voz: "Passei a semana *inteira* treinando o baterista para que a banda estivesse pronta para a sua chegada, e, lembra, você chegou hoje, e estamos ganhando a mesma coisa... não estou pedindo mui...".

Foi aí que André interveio. Finalmente, pensei. Eu estava cansado de ser o eterno vilão. Eram só duas músicas, porra. Me ajuda, cara...Vai que é tua, André! "Olha Ameba, não precisa tocar as duas músicas, não".

"O quê?" Praticamente joguei a minha guitarra no chão e fui embora. O ensaio acabou. Provavelmente o André viu que minha insistência resultaria em nada; mas, pra mim, foi a gota d'água. No dia seguinte, na passagem de som, num clima bem ruim, Ameba tomou a iniciativa de chegar para mim e dizer que estava disposto a pegar os acordes básicos das canções novas. Mal consegui olhar pra ele e falei: "Deixa pra lá, toca o que quiser. Peço para o técnico de som abaixar na frente". De novo, tanto estresse por nada. A tensão entre nós, para os mais avisados, era palpável, mas a plateia não percebeu. Por incrível que pareça, o show foi impecável, mesmo depois de tanto tempo sem tocar juntos. Seria a última vez que o trio de frente tocaria junto.

No dia seguinte, André e Ivan se reuniram com o Ameba para oficializar o seu desligamento da banda. Eu nem fui para evitar confronto. Que diferença faria mesmo? Agora sim, a Plebe tinha acabado de vez, mesmo tendo tocado para dez mil fãs na noite anterior, com duas músicas inéditas aprovadas pelo público. Tem coisas que *só* acontecem comigo.

Aí sim, mergulhei no álbum do Daybreak Gentlemen. Sem um nome próprio conhecido, uma carreira solo seria praticamente impossível. Eu não teria apoio de uma gravadora grande, como o Frejat e o Nando Reis tiveram, nem faria um som embalado com letras *acessíveis*.

Mesmo assim, fui convidado para me apresentar por ninguém menos do que o Ian McCulloch, do Echo & the Bunnymen, na turnê solo que estava fazendo pelo Brasil. Também servi de tradutor simultâneo dele para uma entrevista na Rádio Transamérica antes da passagem de som. Ele ficou encantado com o meu inglês quase arcaico e minha fluência no pós-punk, e a entrevista rendeu bastante – as caipirinhas ajudaram. Tradução simultânea ainda estava no meu sangue e, melhor, sem o ziriguidum do além!

Ian chegou na passagem de som e imediatamente ficou *puto* com o tamanho do local, um salão improvisado de médio para pequeno porte no Iate Clube. Eu não tinha como não achar engraçado, disse: "Bem-vindo ao Brasil", e expliquei que parte do trabalho de ser artista no país é se adaptar rapidamente às realidades de cada cidade. Ora um teatro espetacular, ora um buraco.

Falamos bastante sobre bandas novas, traçando paralelos entre artistas como Franz Ferdinand e Monochrome Set, e sobre como o pós-punk se alimenta dele mesmo – e isso era bom. Perdi a vergonha que me paralisou na hora de conhecer a Chryssie Hynde e pedi para tocar "Rescue", mas Ian disse não. Seria somente "Lips Like Sugar". Eu pensei que cantaria somente nos refrões da música, mas ele pediu pra dividirmos os vocais... e eu não estava preparado para cantar os versos. Tem coisas que só acontecem comigo.

No show, entre os hits do Bunnymen, ele tocou uma ou outra música dos seus discos solos e incluiu uma que só eu, André, e o Bernardo, irmão dele, reconhecemos: "Books", do Julian Cope. Falamos sobre ela no camarim, e ele ficou irritado, contando que o Julian, bem no *estilo Julian Cope,* tinha roubado essa ideia dele e que os versos "books are people, without the looks", eram completamente Ian McCulloch. *"That's completely me."* Que coisa feia, concordei, se apropriar das músicas dos outros...

Aliás, ele estava bastante *ligado* no camarim e conversou muito comigo e minha namorada, sempre olhando onde estava sua mochila. Deixei ele tranquilo ao lembrar que não estava no Rio, mas fiquei com vergonha de falar que o cabelo que usei por anos foi inspirado numa foto dele, na capa de uma *NME.*

Ao se despedir da cidade, Ian comentou na imprensa que gostou da minha participação no show e que me achou "*very British*". Vindo do *homem-coelho* de Liverpool em pessoa, foi um elogio e tanto.

Retornei ao meu estúdio para continuar o disco solo e comecei a perceber que estava soando *muito* Plebe Rude. Então pedi ao André para ouvi-lo. Ele gostou, e fiz uma proposta indecorosa: se ele quisesse montar a banda de novo, eu poderia modificar as músicas e regravar todos os baixos. Deus sabe como seria a logística disso, mas ele achou melhor não. *"Let sleeping dogs lie"*, disse, citando um provérbio inglês do século 13. Talvez a melhor maneira de traduzir isso seja "melhor deixar quieto". Foi até bom, pois eu estava livre. E agora era oficial.

Eu resolvi montar um estúdio só meu para não ter que depender de ninguém, e o meu estava cada vez melhor. Engenheiro de som autodidata, adquiri autonomia e controle sobre todos os aspectos. Com o instrumental *na caçapa*, era hora de gravar os vocais. O primeiro foi para "Mil Gatos no Telhado". Foi com minha ex-namorada carioca que conheci o termo *o gato subiu no telhado*, prenúncio uma má notícia. Se um gato no telhado já não é coisa boa, imaginem mil.

> "É, mil gatos no telhado para o desavisado deveria bastar/ Quem é que duvidaria da bandeira lá de cima/ Mas pra você não há nada de errado, acorrentado sem saber."

Eu estava feliz, escrevendo de novo em português a ponto de me sentir confortável cantando. O estúdio tinha uma acústica incrível para bateria, e as guitarras estavam fluindo bem devido a uma caixa 4 x 12 Mesa Boogie recém-adquirida. O solo dedilhado, intercalado com a microfonia em "Mil Gatos", está entre os favoritos que já gravei. Ah, foi o gato Roque, de um técnico de som da Plebe, que fez o miado final.

O Daybreak Gentlemen tinha uma canção chamada "Kneel América", uma das primeiras que compus nos Estados Unidos, com os habituais acordes abertos. Junto com o de "Johnny", é meu riff predileto, daquele jeito Seabra, meio difícil de tocar. Ao adaptá-la para o português, chamei de "Discórdia". Considero essa a melhor letra que escrevi até então:

> "Preconceito, prejulgado/ O pretexto está errado/ Prepotência aponta o dedo/ O prejuízo que é causado/ Passa pelo seu pior lado/ Pra provar quem está errado/ Quem julga será julgado/ Incompreensão do outro lado/ Os extremos de mãos dadas/ No reflexo disfarçado/ Escolha as armas e seu lado/ Raiva mostra a direção, eu me rendo à falta de opção."

As letras da Plebe são atemporais porque abordam questões humanas com aquela lucidez do rock de Brasília. "Discórdia" bem que poderia ter sido escrita hoje, na era das redes sociais, que só vieram para polarizar e dar voz a qualquer babaca que se autointitula formador de opinião, eliminando qualquer possibilidade de uma discussão saudável. Ah, e o "OK" na música é uma homenagem ao The Ruts, tirado diretamente da faixa *"Something that I Said"*. Fiz questão de cantar igual.

Mesmo em carreira solo, era difícil tirar a Plebe completamente da minha vida. No Dia Mundial do Rock, como se o rock necessitasse de um dia designado, meu telefone não parava de tocar. Eu tinha que focar, lembrando aos jornalistas que me procuravam que a Plebe realmente tinha acabado.

Em São Paulo, estava sendo montada uma ópera rock chamada *R-Evolução Urbana*, em homenagem à obra do Renato, pela Companhia de Teatro Rock. A convite da produção, fui encontrar o elenco durante os ensaios. Sentei-me com eles numa roda e expliquei o porquê das músicas que estavam no espetáculo. Era uma produção grande, que dificilmente se sustentaria, ainda mais num lugar do tamanho do Teatro Gazeta, mas era bem-intencionada e ajudei como podia. Só não teve como eu não achar graça na coreografia que dançavam em "Censura", interpretada por uma banda ao vivo. Não que não fosse bem feito, mas nunca, nem em um milhão de anos, eu imaginaria uma versão Broadway para a Plebe, ainda mais com uma música que causou tanta confusão.

O musical mostrava o cenário do rock de Brasília, e o ator Luiz Paccini interpretava o alter ego fictício do Renato, Eric Russel. A história se passava num lugar chamado Província Central, que sofreu um golpe de Estado e passou a ser governado de forma repressora pela figura mítica do Grande Comandante, papel de André Abujamra, a segunda metade dos Mulheres Negras, banda fã da Plebe Rude. A única resistência à repressão era a dos Cavaleiros da Colina, numa alusão à Turma da Coli... OK, acho que você já pegou a ideia.

O texto era cheio de referências literárias, de Aldous Huxley a George Orwell, pontuado pela luta de classes, mas as batalhas eram com espadas, dando um toque mais medieval do que atemporal ao espetáculo. Nenhuma música do Capital entrou no repertório, mas teve Legião, Aborto e Plebe, com "Censura" e "Até Quando Esperar".

Voltei a Brasília para continuar o disco solo e finalmente gravar a primeira música que escrevi em inglês, "Daybreak Gentlemen", que virou "E Quanto a Você", com o refrão mantido em inglês. *Why not?*

> "De mal a pior, não vai ter outra chance/ Ou toma a frente ou a frente tomará você/ Como se amanhecesse sempre em tom de ameaça e a necessidade vira urgência/ I'm right, OK. E quanto a você?"

A música "Suficiente por um Dia" teve a mesma fonte de inspiração de "Um Outro Lugar", de 1988, o filme *Biko*, que tem uma cena em que a esposa do ativista assassinado fala: "Eu já tive o suficiente por um dia". Isso ficou comigo durante anos. A canção teria baterias pesadas e atravessadas, mas, quando Beastie Boys pareceu com "Sabotage" e uma batida de introdução praticamente idêntica, optei mudar. Fui pelo singelo.

> "Devagar te empurram pro limite, só eu sei por que ainda insiste/ Embaça toda visão pra cinza, o que que a indecisão lhe ensina?/ Eu já tive o suficiente por um dia, ou dois/ Você, já?/ Mesmo se eu soubesse antes eu faria tudo igual."

Era como se eu traduzisse tudo o que passei com a Plebe. Provando que punk também é cultura, assim como "Bravo Mundo Novo" tem influência de *Por quem os Sinos Dobram,* de Ernest Hemingway, "Suficiente por um Dia" também foi inspirada num livro dele, *O Jardim do Éden*. Já "Katarina" deriva do nome de uma música que uma banda tinha me dado no Rio, numa fita demo, "Catarina". Mas a semelhança termina aí, só no nome mesmo. A canção partiu de um riff repetido, quase AC/DC, e a bateria lembra "When You Walk through Me", do Ultravox – do espetacular disco *Systems of Romance*.

A letra de "Katarina" se escreveu sozinha; quando morei no Rio, durante o período de limbo da Plebe, eu e André sentamos com um pessoal de Brasília para um papo deprimente. Um falava da peça da Ana Paula Arósio com Marcos Palmeira, outro do *Big Brother*, o colega ao lado da capa da *Playboy*. Eu e André chegamos a completá-la num avião, a caminho de um show da Plebe. As Katarinas mundo afora que me perdoem, mas foi o nome escolhido aleatoriamente para retratar a passividade do brasileiro.

> "A garantia dada ao nascer é a certeza de que vai morrer/ A vida inteira só pra virar mais um número de estatística/ Katarina não vê./ Involuntariamente passa a ser/ Seduzidos pela luz, oprimidos pela cruz/ Sem noção do ridículo/ adivinhe quem é o próximo?/ A engolir a capa do mês, o eliminado da vez/

> Só preenchem a lacuna da sua estupidez/ A melodia no ar, demagogia no ar/ Iluminando as paredes da sala de estar/ Katarina não vê. Engraçado, até parece você."

O disco estava *bem* diferente dos solos dos meus colegas de década, mas normalmente quem lança álbum é quem está querendo se distanciar do trabalho ou formato de banda por não conseguir se expressar como queria. Eis o meu dilema: eu me expressava como queria na Plebe.

"We're putting the band back together.
We're on a mission from God."
– Blues Brothers

No final de 2003, Richard Linklater, diretor da trilogia *Before Sunrise*, *Before Sunset* e *Before Midnight*, e de *Boyhood*, lançou o filme *Escola de Rock*, com Jack Black, a hilária história de um professor penetra numa escola privada que furtivamente põe rock no currículo das crianças. O filme fez um estrondoso sucesso mundial, e em 2004 chegou ao Brasil – na trilha tinha até "The Wait", do Killing Joke, a música que inspirou o coro "não vem" de "Johnny Vai à Guerra", interpretada por ninguém menos que o Metallica. Fãs de rock lotaram os cinemas brasileiros, afinal, não é todo dia que dá pra ouvir "Immigrant Song" num poderoso som Dolby, a não ser no filme *Rock é Rock Mesmo*. Ou no *Shrek 3*. Entre eles estava o André, que tinha levado sua filha.

Eu continuava a gravar o disco, mas dei um break (literalmente um Daybreak) para um churrasco na casa do Fê, que estava passando uns dias em Brasília, e aproveitaria para encontrar com o André, que não via havia algumas semanas. Batemos papo numa mesa comprida, bem em frente ao quarto dos fundos onde surgiu o Aborto Elétrico, a Plebe ensaiou pela primeira vez e as bandas se apresentaram para o Hermano Vianna na reportagem da revista *Pipoca Moderna*. Morremos de rir falando sobre o filme e as histórias de rock e de bandas que todos tínhamos como referência. Foi naquele momento que o André sugeriu voltar com a Plebe.

Todos na mesa se viraram para ele. "O quê?". *Escola de Rock* lhe fez lembrar o quão legal é tocar em banda. A volta dos que não voltaram direito foi bastante traumática para nós dois, mas fazer o quê? *Let sleeping dogs lie.* Não? Ele deve estar brincando, pensei, mas à medida que ele falava mais sério a respeito, mais irritado eu ficava. No fim da tarde, visivelmente chateado, eu disse pra ele antes de ir embora: “Me liga daqui a um mês”.

Trinta dias depois nos encontramos no meu estúdio. Sentados na varanda, fiquei olhando pra ele de braços cruzados. Depois de um silêncio propositalmente longo, falei baixinho: “Minha vida não é uma palhaçada, André. Se você soubesse o *esforço* que foi tirar a Plebe do meu sistema... e você me vem com essa do nada?”. Lembrei do Al Pacino no *Poderoso Chefão III*, *“Just when I thought I was out, they pull me back in”*. Não é à toa que aquela cena termina no seu infarto.

“Eu sei, mas...”. Nem ouvi sua explicação. Lembra do filme *Jerry Maguire,* quando o Tom Cruise volta para convencer a belíssima Renée Zellweger de eles voltarem, e ela o interrompe e diz simplesmente: *“You had me at hello”*. Foi simples assim: *“You had me at hello”*. Voltamos imediatamente a ensaiar as músicas novas que estávamos preparando para o disco de inéditas em 2002, com a formação original quando fomos, uh, interrompidos, e algumas do meu disco solo, mas sem muita perspectiva do que fazer com aquilo tudo. O importante não era a renda, era o repertório. O resto vinha depois.

Com Iuri Freiberger na bateria, resolvemos testar o repertório num show ao vivo, e anunciamos uma banda *de fora,* com um gringo e um alemão na formação, chamada Edur Ebelp. Não daríamos nenhuma entrevista, coisa inédita no mundo do rock independente, em que as bandas muitas vezes parecem mais preocupadas com a divulgação do que com as composições. Bando de marqueteiro *pitchka ti materina!*

O site Terra chegou a noticiar “Philippe Seabra monta nova banda, a Edur Ebelp”, e conseguimos manter o segredo – sério, caíram direitinho! – até a manhã do show, quando o *Jornal de Brasília* desvendou o enigma com a manchete “Banda Plebe Rude se apresenta com nome ao contrário”. Edur Ebelp... Que besteira. Tem coisas que só acontecem comigo.

O show foi na casa noturna Gates; intercalando com músicas da Plebe, tocamos nove inéditas, abrindo com “Katarina” e “Traçado que Parece o Meu”, talvez o mais próximo que cheguei de escrever uma canção de am... quer dizer, mais, uh, introspectiva. Será que era aquele jeito batráquio que o Herbert queria há anos?

> “Falham os sentidos e o instinto trai, bom senso vai embora
> mas o medo nunca vai/ Que o traçado se repita no desacerto e

> andar afastando qualquer lição/ Sem pôr nada no lugar/ E se depois daqui não houvesse nada, não houvesse nada?/ Passa a ser um vício no instante em que você/ Achar que poderia largar a hora que quiser."

Também tocamos uma versão de "Staring at the Rude Boys", do The Ruts, banda seminal inglesa, que batizamos de "Dançando no Vazio". Foi um pouco difícil emular a pegada do Paul Fox, o guitarrista do Ruts, mas acabou dando certo – com uma ajudinha de um cara de São Paulo, mas já falo sobre isso. Cheguei a apresentar essa música com a DBG no *Musikaos*, e talvez ela seja a que mais sintetizou o limbo da Plebe desde que voltei ao Brasil.

> "Levanta a cabeça, algo estranho no ar/ Num mar de cabeças, uma começa a pensar/ Todos em volta, a mesma sensação/ De não pertencerem ao lugar onde estão."

Mas aquela não foi a única versão do enigmático Edur Ebelp. De curtição, incluímos uma inusitada versão do The Jam para "Heatwave", de Martha & the Vandellas. A Plebe estava de volta com um repertório inédito, já praticamente todo gravado. Preciso admitir que a piada do nome ao contrário foi engraçada, Edur Ebelp... Boa essa. Mas passada a graça, e agora?

Os boatos de uma reunião estavam circulando, e os fãs ficaram na expectativa do que poderia ser a maior volta da história do rock. Em novembro de 2002, Joe Strummer e os Mescaleros fizeram um show beneficente em Londres e convidaram Mick Jones para subir ao palco em "Bankrobber". Foi de improviso, a ponto de Strummer ter que falar no microfone para o resto da banda: "No tom de lá... Vocês sabem o quê!", e emendaram "White Riot" e "London's Burning".

Antes de descer do palco, Strummer apontou para o lado e falou no microfone: *"Mick Jones, ladies and gentlemen"*. Para quem é fã e acompanhou de perto toda a trajetória, e drama, do Clash, foi tocante ver Strummer em paz com o seu legado e feliz ao lado do companheiro de tantas histórias. E, melhor, eles estavam sorrindo.

Depois dessa participação mais do que inusitada, os boatos pareciam que tinham mais fundamento. Em março de 2003, a formação original da banda poderia voltar para tocar na noite de nomeação do The Clash para o Rock'n'Roll Hall of Fame. O empecilho era o baixista Paul Simonon, que achava que voltar num evento corporativo, a dois mil dólares o ingresso, não era o momento certo. "Não é bem o espírito do The Clash, né"?, dizia ele. Esses baixistas, vou te contar.

A três dias do Natal de 2002, Joe Strummer morreu, com apenas 50 anos, de causas naturais. Como a vida que levava, a morte dele *não* foi um clichê do rock'n'roll. Ele teve uma parada cardíaca depois de levar o cachorro para passear num pacato domingo. Mais uma vez, como com o disco *London Calling*, ele teria um impacto *profundo* na minha vida.

Em maio de 2004, no Kazebre Rock Bar, em São Paulo, foi organizado um tributo ao The Clash, com Clemente, Redson, Nasi, Ari (do 365, com sua inseparável Ibanez Les Paul), Mingau (do Ultraje), Supla (nosso líder) e eu. Só os punks *véio* – quer dizer, eles mais do que eu –, o que rendeu muita discussão no camarim. Onde nasceu o punk no Brasil? Brasília estava forte no páreo, mas pelo visto foi em São Paulo, com o troféu indo para a banda Restos de Nada, de ninguém menos que o Clemente. O Aborto Elétrico surgiu poucos meses depois. Dá-lhe, Clem!

E tem mais. Em 1983, Clemente fez figuração, junto com outros punks paulistanos célebres, na novela *Eu Prometo*, da Rede Globo, última da autora Janete Clair. Será que ele foi o primeiro punk no imaginário brasileiro? Se bem que quem chamou mais atenção foi um punk conhecido como Morto, com seus cabelos longos, todos espetados pra cima.

Na hora do show do Kazebre, vendo o desfile de um clássico depois do outro do The Clash, tocados com destreza por quem realmente viveu aquilo, eu fiquei de braços cruzados na lateral do palco, com um sorriso enorme. Engraçado ver como o Redson jogava *para a galera*, puxando o coro e as palmas da plateia. Mesmo com toda sua preocupação com a mensagem, ele sempre focava em proporcionar um bom espetáculo. Impactante mesmo foi ver o Clemente, não do ponto de vista de um espectador comum, mas como companheiro de palco.

Na minha hora de subir ao palco, tocamos "I Fought the Law" e "Clampdown" juntos, olhei para o lado e vi o Clemente que eu sempre conhecia, mas de um ângulo diferente, com uma pegada fantástica de guitarra, sempre carismático, uma presença de palco *sem igual* no rock brasileiro. Passaram por minha cabeça os shows que fizemos juntos nos primórdios do rock dos anos

1980, lembrei da nossa história desde que ele buscou a gente na rodoviária, exatos 21 anos atrás, dos shows juntos no Circo Voador, da estrada já com discos lançados, da gente inaugurando a Pedreira em Curitiba, das brigas que cada banda tinha internamente e das desavenças com nossas gravadoras. Apesar de um background bem diferente, tínhamos muito em comum. Até o "Pânico em SP" é um míni LP... E aí me bateu.

Eu tive uma visão, uma epifania. Me senti o próprio Doc Emett Brown em *De Volta para o Futuro,* quando bateu a cabeça contra a pia do banheiro e visualizou o capacitor de fluxo que permitiria a viagem no tempo e a realização de uma das *franchises* mais lucrativas na história do cinema. Foi a primeira vez que vi o Clemente desde o show no Gates, em Brasília, numa das Noites Senhor F.

Voltei a Brasília com a pulga atrás da orelha. Coincidentemente – e quem um dia dirá que não existe razão –, o Circo Voador estava querendo fazer um show da Plebe como parte das celebrações da volta da icônica casa de shows, depois de dois anos fechada pelo prefeito César Maia. Logo que ganhou a eleição, o prefeito e sua comitiva fizeram a besteira de comemorar a vitória no Circo, que naquela noite teve show dos Ratos de Porão e Garotos Podres. Não deu outra. João Gordo mandou o prefeito para aquele lugar, e os punks expulsaram os caras depois de dez minutos apenas. Mais punk impossível.

Não recusei o convite logo de cara, mas não sabia o que fazer. E se convidássemos o Clemente? Melhor falar com André, pensei, mas eu já estava decidido. Sentado na calçada no Plano Piloto, onde tinha ido resolver alguns afazeres, com um *tijolar* na mão, liguei para o André e sugeri que tentássemos fazer o show com o Clemente, só para ver no que dava.

Ele era um cara único no rock nacional, e sempre achei que merecia mais destaque por seu talento e pioneirismo. André curtiu a ideia, mas ficou preocupado. "Cara, é em duas semanas." "Deixa comigo", assegurei. Com a experiência de já ter produzido vários discos no meu estúdio, direção musical era comigo mesmo, desde que houvesse *boa vontade* de todos os envolvidos. Liguei para o Clemente na mesma hora e, brinco com ele até hoje, a chamada "mudou sua vida".

"Clemente. Pintou um show para a Plebe no Circo Voador. Quer fazer com a gente?"

"Uma participação?"

"Não. No lugar do Jander".

Depois de um breve silêncio no telefone, perguntou: "Tem cachê?".

Mas como seria a logística disso tudo, com ele ocupado em São Paulo, sem tempo para ir até Brasília? Seguindo a cartilha da volta da Plebe cinco anos antes, respiramos fundo e mergulhamos. Passei as cifras para ele via e-mail, todas desenhadas à mão – pois a Plebe só tem acorde aberto e torto –, e tiraríamos as dúvidas no quarto de hotel e na passagem de som. Já tínhamos avisado a produção do Circo – que aliás adorou a ideia da *participação* do Clemente – de que precisaríamos de cada minuto possível no palco para ensaiar. Nesse meio-tempo, eu, André e o baterista Txotxa ensaiamos direto no meu estúdio. A acústica fora projetada para gravação, e a sala se tornou uma das melhores de bateria em que eu já gravei, então empilhei equipamento pelo espaço todo pra ajudar a quebrar os pontos de reflexão da pressão de uma banda inteira.

Foi nossa primeira viagem com o Txotxa, e foi meio engraçado – se não trágico, pensando bem –, vê-lo apavorado por andar na Linha Vermelha, abaixando a cabeça na van por causa do histórico de balas perdidas. Encontramos o Clemente no hotel e nos demos um longo abraço. Seria a volta finalmente *viável* da Plebe? Não sabíamos, e eu jamais quis pôr esse peso em cima da cabeça do Clemente. Seria um show apenas. Subi ao seu quarto e, ao tirar as dúvidas que ele tinha de arranjo, com as guitarras desplugadas, me dei conta de uma coisa *absurda*. Fiquei quieto, meio pasmo, meio emocionado. Clemente perguntou o que tinha acontecido. Era a primeira vez que eu conseguia trabalhar *algum* arranjo de duas guitarras da Plebe na minha vida. Quem sabe dessa vez eu conseguiria atingir minha meta quixotesca, a de ter as guitarras trabalhando juntas, como eu tinha visto no Voluntários da Pátria, numa vida anterior?

A passagem de som/ensaio fluiu bem, mas o Circo estava vazio naquele fim de tarde. Sabe-se lá como seria com plateia. Naquele palco de tanta história da música popular brasileira, e da nossa também, não tinha como eu não refletir sobre tudo que já tínhamos vivido. Eu ainda via o Herbert de braços cruzados no meio da pista, desconfiado ao ouvir "Minha Renda" pela primeira vez, *exatos* 20 anos antes.

A banda americana The Queers, que tinha a mesma idade da Plebe, escolhida por ter um som *punk na veia*, abriu o show. Em qualquer outra circunstância eu encontraria com eles para trocar uma ideia e sugerir uma música do The Clash para tocarmos juntos, mas naquele dia, não. Tínhamos que focar. Afinal, não tínhamos a *mínima* ideia do que rolaria.

Já passava de 11 da noite, e o Circo estava cheio. Seria o primeiro show no Rio desde que a formação original perigosamente superlotara o Ballroom no Humaitá, dois anos antes. Se nem nós sabíamos do status da banda, imagina o público.

O show do Queers tinha tanto cover que parecia que eu estava em Caraguatatuba novamente, com "You're Gonna Kill that Girl" e "Rockaway Beach", dos Ramones, "Don't Back Down", dos Beach Boys, "The Kids Are Alright", do The Who. Desci meio inquieto para ver um trechinho dos gringos, mas não lembro de estar nervoso por causa do pouco ensaio. Estava mais curioso do que qualquer outra coisa.

Acabado o show deles, respiramos fundo e, ao pisar no palco, tocamos o mesmo riff de "Brasília", de 20 anos antes, na nossa estreia no Rio. André olhou para a esquerda, eu olhei para a direita, e ambos para o centro do palco. "Brasília" só tem uma guitarra, e Clemente é guitarrista *full time* nos Inocentes, não tinha o hábito de cantar sem um instrumento pendurado. Ele estaria à vontade? Eu particularmente fico péssimo num palco sem uma guitarra para ter onde me esconder. A região de voz dele seria próxima à do Ameba? Como seria a reação dos plebeus? Meu Deus, no que a gente se meteu? *Pitchka ti materina!*

Com muita garra, Clemente se inclinou para a frente e bradou os primeiros versos, "Brasília tem luz, Brasília tem carros", tomando todo o centro do palco como quem demarcasse território de novo, 21 anos depois da sua primeira vez ali, com os Inocentes. Eu e André nos olhamos aliviados, não porque duvidássemos do Clemente, mas porque essa entidade, esse cavalo selvagem, esse enigma indecifrável, essa *baita dor de cabeça pitchka ti materina* chamada Plebe Rude, talvez tivesse futuro.

Melvin Ribeiro, da revista *Dynamite*, fez a crítica do show, e faço minhas as palavras dele: "Se dá para aceitar todos os argumentos a favor das formações originais sempre, também é necessário fazer justiça com as novas formações de uma banda. A Plebe Rude 2004 toca com muito mais tesão do que a original andava apresentando em seus últimos dias. Txotxa já demonstrou muito mais habilidade do que Gutje, por mais que na Plebe ele saiba se conter. E Clemente usa e abusa do seu carisma, assumindo como frontman sem nenhuma vergonha, ocupando muito bem a posição de Jander Ameba, que andava bem desanimado. Enquanto Seabra segue como líder natural, cabe a Clemente incendiar de vez o público. A Plebe segue mais viva do que nunca. E, para fechar da maneira certa, 'Até Quando Esperar'. A noite mais punk rock da Lapa desde a volta do Circo".

Mas foi meu irmão Ricky, que estava no Brasil, quem conseguiu resumir tudo pra mim: "Você e o André estavam sorrindo".

4º ATO

4º ATO

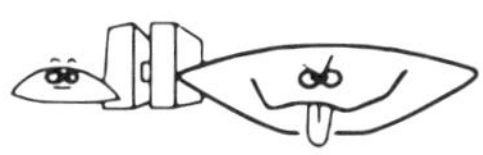

"Astral total ou surreal"
– Herbert Vianna

A Plebe estava de volta. A imprensa noticiou a entrada do Clemente com entusiasmo, e seguimos em frente tocando Brasil afora, enquanto preparávamos o repertório do disco inédito que estava por vir. A aceitação do Clemente foi tanta que comecei a chamá-lo de "Arakem, o showman", personagem de uma série de vinhetas promocionais da TV Globo da década de 1980. Eu não tinha noção da penetração dele no meio. Ao convidá-lo, foi a *última* coisa que me passou pela cabeça. Teria sido a primeira vez que *jogamos pra galera*? Será que a espiral descendente das estratégias de marketing pop estava nos tragando para o fundo? Será que o último bastião de integridade punk da minha geração de Brasília estava se corrompendo? Não. É da Plebe que estamos falando aqui. E do Clemente também!

No terceiro show dele conosco, no Sesc Itaquera, em São Paulo, lembro de ter ficado maravilhado com a guitarra base dele em "Censura". As guitarras estavam se entendendo, e sem nenhum ensaio formal fora dos palcos. O primeiro show com ele no Circo foi tão corrido que nem chegamos a tirar fotos juntos, nem no segundo, num festival gótico em São Paulo – a Plebe no meio da fauna gótica, vá entender... Fosse qualquer outra banda, tiraria fotos, postaria online, pegaria depoimentos, faria *live*... Seu bando de marqueteiro *pichtka ti materina!* Vai compor, porra!

Só no Sesc Itaquera conseguimos tirar uma foto, no backstage, sem nenhum estardalhaço. Pra não perder um pouco da polêmica que segue a Plebe por toda parte, um fã do Clemente ficou reclamando do lado de fora do camarim. Reclamando? Quem poderia reclamar dessa junção? Para a sorte dele, uma cerca de arame separava-o do Clemente, que tem uma paciência incrível ao lidar com alguns *punks not dead*, mais radicais – imagino que eles veem a Plebe como uma banda pop (com ênfase no pop sem-vergonha), sem saber a diferença para uma banda de pop rock. Ah, se ao menos soubessem...

"Tá tocando com a Plebe, é? Aposto que tem cachê, né?", atazanava o fã. Clemente olhou o rapaz e perguntou: "O que é que você faz?". Meio na defensiva, ele respondeu. "Sou motoboy". "Então me passa o seu telefone." O cara estranhou, deu um leve passo para trás e perguntou: "Por quê?". "Pra eu te chamar para trabalhar de graça pra mim!"

Tem que admitir, o Clemente é engraçado e encaixava como uma luva na banda. Tanto que, na primeira coletiva para a imprensa, em Brasília, alguns shows depois, ele teceu elogios para a Plebe e disse ter sido muito inspirado nas bandas da cidade: Plebe, Legião e Capit... Subitamente interrompeu e, rindo, se corrigiu. "Capital, não".

Várias músicas do que seria meu disco solo foram aproveitadas no que se transformou em novo disco da Plebe, registrado no Estúdio Daybreak – André regravou os baixos, Txotxa gravou as baterias que faltavam. Como era véspera das eleições municipais de 2004, resolvemos incluir "Voto em Branco", dos Metralhaz, a música estopim (junto com "Música Urbana 2") da confusão em Patos de Minas.

Fê foi chamado para gravar aquela faixa, e insisti que usasse a sua primeira bateria, aquela Premier amarelo-dourado que foi também a bateria do primeiro ensaio da Plebe, 23 anos antes. É dele o "1-2-3-4" do começo e de toda a levada punk da música. Mas a parte intrínseca de jazz no meio teve que ser gravada pelo Txotxa. É nesse momento que o André começa um discurso que abre com uma pessoa cantando: "Seja alguém, vote em ninguém", e depois mais uma, e mais pessoas vão se juntando para cantar o refrão, até ser uma multidão. Quando o coro entoa "seja alguém, vote em ninguém", André discursa, no momento mais MC5 que a Plebe já teve: "Eles querem mandar uma mensagem, e a mensagem é: vocês não representam a gente, então vamos ser alguém e votar em ninguém". Lembra, a música é do começo da década de 1980, quando nem voto direto tínhamos.

O curioso dessa nova fase da Plebe é que, além do meu timbre do vocal, que nos dá uma característica única, goste ou não, nosso backing vocal passou a ter um timbre diferente, com a soma da voz do Clemente – os refrões de "Voto em Branco" mostram bem isso.

Em "Remota Possibilidade", que encerra o disco, eu e André exorcizamos tudo o que o havíamos passado com a banda nos últimos anos. Ela começa com uma ideia que eu carrego desde que vi o show do Neil Young no Rock in Rio em que também tocamos. Fiquei muito impressionado com o peso e a camaradagem da banda dele, mesmo num palco gigantesco.

Eles tocavam juntos e próximos, olho no olho, como se estivessem ainda nos pubs de Buffalo, na década de 1970. Já nos ensaios de 2002 da formação original, num clima *nem* um pouco camarada, chamávamos "Remota Possibilidade" de *ideia Neil Young*. Com as vozes sobrepostas tão características da Plebe, e com o que eu considero um dos melhores trabalhos de guitarras *feedback* que já gravei, a faixa exala um tom dramático. Olhando para trás, precisávamos pôr aquilo pra fora. Afinal, por que, além do que já sabemos, alguém monta um banda?

> "Toda fragilidade, o temor não é só seu/ Tudo na vida passa e se não passa, passa a ser/ O reflexo da cidade no olhar de quem sofreu/ Marcado para sempre, e o número – passa ser o seu."

Algumas semanas depois, quando foi a vez do Clemente gravar as partes dele, especialmente os vocais, meu computador G4 Macintosh pifou. Então acionei o HD de backup. Que também pifou. O design do estúdio inteiro era meu, inclusive da parte elétrica, com um pesado estabilizador que nunca deu problema, então não sei o que ocorreu. Deve ter uma piada aqui em algum lugar, mas realmente o design do estúdio estava impecável. Será que os deuses do rock preferiam a formação original?

Nem ouvir o disco podíamos, então resolvemos apenas ensaiar, coisa rara juntos, fora das passagens de som. Clemente voltou para São Paulo, enquanto eu e André tentamos descobrir o que tinha acontecido. Sorte que havia um terceiro backup em CD data, e recuperamos 2/3 do disco. Mas as músicas "O que se Faz", "R ao Contrário" e "Remota Possibilidade" foram perdidas e tiveram que ser regravadas. No mês seguinte, Clemente voltou para gravar, e, no meio de 2005, nascia *R Ao Contrário*. A Plebe estava de volta, agora em disco.

Na mesma época, os Paralamas passaram por Brasília. Seria a primeira vez que eu veria o Herbert depois de sua recuperação. Eu estava na estrada durante o primeiro show deles depois do acidente, em 2003, e fiquei feliz ao saber que ele queria me ver. Mas eu não sabia exatamente o que esperar. Será que ainda estava bravo comigo? Aliás, seria que lembrava da briga? Em virtude de tudo o que aconteceu, nossa briga parecia tão sem significado. Quando cheguei no backstage, alguns integrantes da *entourage* me olharam de cara feia; eles não tinham esquecido.

Ao entrar no camarim, o rosto do Herbert se acendeu: “Philippe, Philippe, Philippe! Fala, pedalada, motosserra Seabra!”. (Motosserra é por causa do timbre da minha guitarra, na visão dele.) Não tem como eu não ficar emocionado ao lembrar desse encontro, quando o vi de volta, repetindo rapidamente meu nome, como fazia sempre, perguntando sobre a Plebe e a minha eterna Les Paul Silverburst. Na empolgação, sentado ao seu lado, comecei a lembrá-lo de uma anedota engraçadíssima de uma ida à Inglaterra, que ele tinha me contado anos antes com seu fortíssimo sotaque inglês – que eu sentia que ele forçava um pouco.

Herbert estava no interior do Reino Unido com algumas pessoas num carro que parecia um apertado Mini, pelo que tinha descrito. Ao subir uma ladeira bastante íngreme, o veículo, lotado além de sua capacidade, tremia todo. Por cima do barulho do carburador que se esgoelava, seu sogro pedia, num sotaque de autêntico lorde inglês, para o motorista trocar a marcha: “Vossa excelência poderia, por obséquio, liberar o terceiro engate de sua agonia?”.

Eu ria contando a história, e foi aí que o Herbert, sorrindo e gentil que só, falou: “Astral total ou surreal”, a expressão que ele usava quando *dava um branco*. Clemente estava comigo, mas não foi reconhecido. Bi e Barone estavam do lado e falaram: “Olha, é o Clemente, lembra quando tocamos com os Inocentes? ‘Pânico em SP’?” “Astral total ou surreal.” Era a saída do Herbert para essas situações, sobretudo quando era muito assediado, sempre um cavalheiro com os fãs, mesmo depois de tudo que tinha passado. Tudo bem. O importante é que ele estava ali, presente na vida dos filhos e dos amigos, e alegrando multidões Brasil afora. Dá-lhe, Hebe! Esse aí é brasileiro e não desiste nunca.

O escocês Stuart Adamson, compositor de mão cheia, líder dos Skids e do Big Country, cometeu suicídio em 2001, aos 43 anos. Eu ouvia suas bandas e fiquei profundamente chocado, mas quem realmente conhece os demônios de cada um? Autor dos clássicos “Into the Valley” e “In a Big Country”, ele imprimiu em seu estilo de guitarra um timbre que se assemelhava à gaita de fole. Numa homenagem a ele, sugeri o instrumento na introdução de “O que se Faz”.

A colocação do cello inusitado de “Até Quando” serviria de guia, mas ninguém estava descobrindo a pólvora. O AC/DC já tinha usado gaitas de fole em “It’s a Long Way to the Top (If You Wanna Rock’n’Roll)”, no álbum *T.N.T.*

Mas nem foi dali que apareceu minha paixão pelo timbre. Ainda criança, nos Estados Unidos, meu primeiro compacto de rock foi o de "Mull of Kintyre", de Paul McCartney and Wings, que eu guardava com o maior carinho. No vídeo da música, filmado na Escócia, os Wings andam em direção a uma praia, e no horizonte aproxima-se pela areia uma procissão de gaita de fole, com toda pompa e regalia. Simplesmente lindo. Mas onde encontrar músicos desse instrumento ímpar? Seria impraticável trazer alguém de São Paulo, então encontrei dois músicos da corporação dos bombeiros de Brasília. De *tudo* que já coloquei microfone na frente na minha vida, foi o instrumento mais alto. E olha que eu tocava com o Ameba.

Como a gaita era afinada em si bemol, tive que fazer um malabarismo digital para o encaixe na música, mas acabou sendo um momento majestoso nos shows. Pelo amor de Deus, só não conte a ninguém que parte da inspiração da levada dos versos foi da música "Do Seu Lado", do Nando Reis, interpretada pelo Jota Quest. Eu sei, eu sei... Se você forçar um pouco, dá até para cantar o refrão em cima do nosso – esse barulho que você ouviu agora é de um plebeu cometendo harakiri.

> "Nada justifica os meios, nem o fim/ Todo preconceito vai te perseguir até o inferno/ Se nascemos só uma vez, isso é melhor que pode fazer?/ E as promessas que você faz/ Você vai alcançar jamais/ Pra que a pressa? Pra onde vai? Aqui se paga todo o mal que se faz."

Foi com essa introdução que passamos a abrir toda a turnê *R ao Contrário,* nome mais que adequado para o *terceiro ato* da banda, agora com Clemente. O nome da música homônima que dá nome ao disco, é lido da mesma maneira que é dito em voz alta, mas passa a ter uma outra conotação. Verbo regular, intransitivo e transitivo. Subjuntivo presente do verbo errar, imperativo afirmativo.

> "R ao contrário e bem alto diz quem é/ Pense ao contrário, desligue o rádio e destrua a TV/ Veja, tem tantos outros com a mesma raiva que você."

A música "Mero Plebeu" tem como base a bateria gravada nos Estados Unidos pelo Aaron Brooks, do Daybreak, e originalmente era sobre chegar ao cume cedo demais. Sting dizia que o sucesso do Police começou quando ele já estava com mais idade, então soube lidar e administrar bem. No filme *Still Crazy* (*Ainda Muito Loucos*), o ator Bill Nighy sofre uma recaída nas drogas e confidencia que seu erro foi ter *peaked too early,* ou seja, ele fez sucesso cedo demais. Mesmo na minha vida nova nos Estados Unidos, o passado me assombrava de vez em quando, como a figura do pai das crianças na derradeira cena de *Fanny e Alexander*, do mestre Ingmar Bergman. Afinal, gravei *O Concreto Já Rachou* com 18 anos.

> "Blind spot kept your back against the wall/ One is born to flicker once and fall/ All too much, all too soon, almost close enough to touch/ Tease me and goodbye."

Adaptada para o português, "Mero Plebeu" originalmente se chamava "Água, Querosene e Dinheiro", inspirada no livro *Black Spring*, de Henry Miller, e era sobre a sujeira inerente a certas pessoas que víamos bem de perto morando em Brasília, que nem água, nem querosene, nem dinheiro conseguia limpar embaixo de suas unhas. André implicava com a melodia e a letra, e eu havia dito que ele poderia mudar o que quisesse quando propus a volta da Plebe. Acabou que virou uma música sobre decepção – com uma relação, com a volta da formação original da Plebe, com o novo governo do Brasil, que se mostrava quase tão corrupto quanto o anterior? Sabe-se lá. Além das vozes sobrepostas, a ambiguidade também dava as caras. Essa é uma das músicas mais pesadas gravadas pela Plebe, com um batuque ímpar no nosso repertório, e tem o Clemente como *lead vocal.*

> "Nunca exija um ato de fé de quem não acredita mais em você/ As lágrimas não vão me converter/ A cachaça para o santo já evaporou, assim como a fé/ Sabe, quem prometeu não é mais que mero plebeu."

Meu momento predileto em *todo* o repertório da Plebe é quando eu e o Clemente cantamos em uníssono em "Discórdia", no meio da canção, acompanhados por nosso *baixo e bateria* de sempre. Não conta pra ninguém, mas esse trecho foi inspirado em parte em "Mrs. Jones", do Psychedelic Furs, e em "Monkey Wrench", do Foo Fighters, quando David Grohl canta sem pausa, enfatizando cada sílaba, até terminar num grito colossal. Nem Nirvana nem Foo Fighers estão na minha lista de bandas inspiradoras, mas nós temos a mesma influência pós-punk. Isso sim.

A Plebe realmente fazia tudo ao contrário. Quando uma música perigava ficar mais acessível, mudávamos; quando tinha uma parte C legal, não a tocávamos novamente, como o meio de "Bravo Mundo Novo". Apesar do *parto* que foi lançar esse disco, os críticos e os fãs entenderam a proposta. Afinal, *R ao Contrário* quer dizer *acerte* – da nossa maneira peculiar e, literalmente, ao contrário da norma.

Numa matéria chamada "Plebe Rude de cartuchos recarregados", o *Correio da Bahia* escreveu que a banda mostrava "vigor renovado nas letras afiadas" e que "agora, sim, chegou a prova definitiva de que a Plebe Rude realmente voltou à ativa". A *Whiplash* escreveu: "Com inspiração no pós-punk, o grande ponto alto desse álbum são as letras, que instigam o ouvinte de forma inteligente e estão bem atualizadas com a situação geral do Brasil".

O *Jornal do Brasil* nos colocou na capa, numa matéria chamada "A cor é de protesto", com a letra de "Voto em Branco". Também fomos capa do *Correio Braziliense*, que nos deu quatro estrelas (asteriscos, na verdade) na matéria "A marca da coerência". O jornal tinha acompanhado todo o drama da volta, e o texto abria com "A saga folhetinesca chega ao fim. E sim, tem um final feliz". E teve mesmo. Tem coisas que só acontecem comigo. A resenha do disco terminava assim: "Esse é um disco de produção esmerada, com guitarras, violões, baixo e bateria captados com precisão, pontes bem construídas entre diversas partes de uma mesma composição (ouça "O que se Faz"), e pelo menos duas músicas, "Discórdia" e "Remota Possibilidade", com musculatura suficiente para rivalizarem com os clássicos da banda. Tudo isso, em setembro de 2006, não é pouco. Muito pelo contrário". Pelo visto acertamos com o nome também.

O *Paraná Online* via a volta da banda com certa desconfiança, mas se surpreendeu: "Em nenhum momento eu vi 'os caras do palco' dando uma entrevista. O que eu vi foi um Philippe Seabra tranquilo, politizado, acessível e sem nenhum plano 'faraônico' de marketing para retomar a carreira e vender milhares de discos. É um profissional de música mesmo! E não é falsa modéstia. Depois de mais de uma década no ramo, tenho um faro afinado para detectar músico que 'faz tipo'; ele é humilde mesmo, está na dele e numa boa". Humildemente concordo.

A entrada do Clemente foi elogiada por *todos*. Também pudera, como não? A *Folha de S.Paulo* escreveu: "Há poucos grupos como o Plebe Rude, que mantém uma produção relevante para os dias atuais e digna de seu passado. Agora na condição de supergrupo, a Plebe Rude mantém discurso politizado, mas bem ao caráter dos dias atuais". E põe atual nisso. Poucos meses antes do lançamento do disco, o PCC fez ataques por São Paulo e conseguiu literalmente parar a cidade. Até o destemido Clemente teve que desmarcar um ensaio com as Mercenárias. Para alguém conseguir parar o Clemente, tem que ser do mal mesmo.

As comparações e paralelos entre as letras dos Inocentes e da Plebe imediatamente vieram à tona. Meu telefone, assim como o do Clemente, não parou de tocar, com os jornais praticamente perguntando a mesma coisa: "Será que vocês são videntes?". A letra de "Pânico em SP" não parava de ser citada, e, premonição ou não, as letras atemporais de ambas as bandas mantinham a relevância. Ou éramos videntes, ou o país não tinha mudado em nada. Como não somos videntes...

Arthur Dapieve, no press release para a revista *Outra Coisa*, editada pelo Lobão, que saiu com o CD encartado, escreveu: "A única emoção externada no novo CD é raiva. Raiva das altas esferas, raiva de Brasília, raiva de nós mesmos, brasileiros moloides. É como se, numa nova ascendente, em pleno século 21, os quatro rudes plebeus nos dissessem com sinceridade e tesão: A luta continua. Emo é o cacete. Punk, porra".

Mas foi o *Estado de S. Paulo* que resumiu como ninguém a *saga* da banda para chegar até esse disco: "Apenas pela história da banda, já vale a pena". De novo, humildemente concordo.

A MTV aportou em Brasília para filmar um documentário que seria incluído no futuro DVD do Capital Inicial interpretando Aborto Elétrico. Eu e André fomos chamados para dar depoimentos na casa do Fê, que há décadas testemunhava a saga do rock da capital, em volta de uma fogueira, igual a dezenas de fogueiras ali acesas para a *Tchurma* se aquecer e assar batatas além de beber e... bem, eu não ia todas as vezes. No meio da entrevista, meu celular tocou e fiz a besteira de atender. Saí para a rua pela mesma garagem onde dei meu primeiro beijo, e escutei:

"Philippe?"

"Sim?"

"Tudo bem? É o _______ (candidato a governador). Me passaram seu telefone."

"Pois não?", já imaginando que vinha bala.

"Ouvi que vocês andaram falando a meu respeito."

Quem mandou ser banda punk? Na semana anterior, num show com o Capital, em Brasília, André fez um discurso no meio de "Voto em Branco". Era período eleitoral em Brasília, e ele recomendou à plateia "não votar em nenhum desses pilantras", citando o nome dos candidatos a governador, o que me pegou completamente de surpresa.

A primeira coisa que me veio à cabeça foi: "Olha, posso responder por tudo nessa banda, mas quem deu o discurso no qual você foi mencionado foi o André, autor da música. Mas nós somos *uma banda*, e ele fala por nós".

De estar na frente da fogueira a *estar* na fogueira foram 30 segundos. Tem coisas que só acontecem comigo.

"Me falaram que foi você. Olha, pede para ele me ligar. Por que falou aquilo?" O candidato então levantou um pouco a voz: "Foi o _____ (candidato a governador concorrente) que pagou vocês, não foi?".

Antes fosse, pensei. Ficaria rico. Imagina? Ser *pago* para falar mal dessa corja toda?

"Claro que não. Mas, se ele falou aquilo, deve ter sido porque ficou decepcionado com o escândalo que você..."

"Mas eu fui absolvido!", retrucou o candidato. "Por que falou aquilo? Alguém da minha família estava lá e ouviu!"

"Pode ficar tranquilo", eu disse, crente que apaziguaria a situação. "Fazemos isso sempre no meio dessa música, Brasil afora, inserindo nomes como Maluf..."

Ele levantou ainda mais a voz: "Mas esses são corruptos!".

Fiquei quieto. Vi que estava me enterrando mais fundo naquele buraco.

"Olha", o candidato seguiu, "talvez eu tenha que entrar com um processo contra vocês."

Aí eu poderia ter descido por dois caminhos, mas tive que pensar rápido, mais rápido do que quando cantei "Bichos *quase* Escrotos" na Rádio Transamérica. Eu poderia falar: "Tudo bem, pode processar, que provaremos na justiça que tudo que falamos no palco é verídico. Mas divulga, pois amanhã começaremos a divulgar também. E será a minha missão de vida que ninguém abaixo dos 35 anos vote em você".

Em vez disso, falei suavemente: "Faça o que quiser. O show foi filmado".

O candidato fez uma pausa: "Pede então que ele me ligue, por favor". É claro que ninguém ligou.

Essa história voltaria a dar as caras alguns anos depois. Em 2009, nas festividades do aniversário de 49 anos de Brasília, *nenhum* artista local se apresentaria. O governo queria uma festa popular, com Jorge e Mateus,

Jota Quest e Xuxa. Houve inúmeros protestos da classe artística, que em passeatas segurava cartazes como "Queremos o artista brasiliense no palco" e "Os artistas do DF merecem respeito". E mereciam mesmo, não pelo histórico das bandas que colocaram a cidade no mapa cultural do Brasil, mas pela pluralidade da cena musical de Brasília, que passava pelo choro, samba e jazz.

A produção encontrou uma maneira de me incluir sem destoar tanto do cunho *popular* da celebração – junto com o Jota Quest –, e fui para Belo Horizonte para ensaiar no estúdio recém-montado deles. Eles são uns caras muito simpáticos, apesar do pop sem concessões, que "põe a galera para dançar", como o baixista PJ, que cresceu em Brasília, sempre falava.

Passei a tarde lá e lembrei do que é ser artista popular no Brasil. Rogério Flausino, o vocalista, estava numa sala ao lado, gravando vinhetas para rádios do interior, enquanto nos preparávamos pra ensaiar. "Salve galera, ouvintes da rádio (inserir qualquer nome) de (inserir qualquer cidade do interior), agora vocês vão escutar a nossa nova música (inserir qualquer música tangível)". Nada de novo aqui, os divulgadores pediam que fizéssemos a mesma coisa, mas parei de fazer. Sério, a quem estávamos enganando? Até parece que alguma rádio popular de algum deputado *pitchka ti materina* ruralista do interior iria tocar Plebe, que dirá uma música inédita nossa.

Depois do ensaio, batemos papo bebendo cerveja na casa lateral do estúdio, e eles me confidenciaram que se decepcionariam com a Plebe se nos vissem fazendo comercial para a Fanta, como eles fizeram. Sim, entendo. Seria uma decepção mesmo, o que, na verdade, queria dizer: o resto do rock brasileiro poderia fazer o que quisesse, mas se fôssemos *nós*, seríamos crucificados. Podem rimar "Ana" com "sacana", "acordar chorando e pegar o telefone", "fazer um feijoada", podem ser bandas de baile travestidas de autoral, fazer comercial de carro e até de picolé. Agora feche os olhos, e imagine se a Plebe se fizesse algo parecido. Não que exista a remota possibilidade de isso acontecer, mas eu tenho certeza que, assim como o Jota Quest, *você* não gostaria se acontecesse. Tem coisas que só acontecem comigo, uai.

No dia do show, saímos do hotel para a Esplanada dos Ministérios, e foi engraçado, pois havia batedores da polícia em volta da van. A Plebe também transita em festivais grandes, e entendo que, em eventos desse porte, a chegada dos artistas em meio ao trânsito pesado é sempre confusa, mas, que em alguns casos tem um quê de *mise-en-scène* contratualmente exigido, isso tem. Ao ouvir as sirenes dos batedores, eu não tinha como não achar que estavam atrás de mim, como era habitual nos primórdios da Plebe – dessa vez, não pela temática das músicas, mas pelo *eterno* status de penetra, no caso, em um evento que ainda teria Xuxa e Jorge e Mateus.

No backstage, antes do show, o *jornalista* Cristian Pior perguntou para a produção o nome do vocalista da Plebe e foi me entrevistar. Eu não fazia a mínima ideia de quem ele era, muito menos qual o tipo do programa que fazia, mas tinha que admitir que o pseudônimo era ótimo. Com tantos políticos, globais e ex-Big Brothers – isso sim é que é *celebridade* –, estranhei que alguém quisesse ouvir alguma coisa de mim e rapidamente percebi que era sacanagem. Eu estava num beco sem saída e falei pra ele que, fosse lá o que fosse que eu respondesse, seria deturpado para uma pegadinha. Sem perder o compasso, Cristian Pior olhou para baixo e falou: "A pegadinha que vou dar é outra".

Pensei, "porra, me deixa tocar para que eu possa ir embora" – tarde demais. Tive que *pagar peitinho*, a marca registrada dele, que furtivamente dava um beliscão num mamilo desatento. Engoli em seco, pois estava representando toda a classe artística de Brasília. O que não faço pelos artistas da capital... Mas por incrível que pareça, a noite pioraria.

O governador – *aquele* mesmo que me ligou –, agora eleito, entrou no camarim para uma foto com os artistas. Calma, não fui *dormir com os peixes*, pois ele não me reconheceu no meio da confusão. Às vezes tem uma vantagem em ser *o cara da Plebe*, pois nem sempre lembram do meu rosto. A banda, sempre política com os políticos locais, começou a tecer elogios para a estrutura do evento e o rock da década de 1980. Pus a mão na testa e pensei, isso vai ser terrível. Lá vem. Aí falaram: "E temos a honra de tocar com um ídolo nosso da Plebe Rude, o Philippe Sea...". O governador subitamente olhou para o lado e me fuzilou com os olhos. Tem coisas que só acont... ah, deixa pra lá. Agora fodeu.

Antes que eu pudesse ser encapuzado e levado para a rota da desova, saímos direto para o palco. O governador disse um genérico "arrebentem lá", visivelmente grilado porque *o cara da Plebe* estaria à frente de mais de meio milhão de pessoas, com um microfone na mão. Em cima do palco, com ele e o vice me observando atentamente, na frente daquele mar de gente, hmmm... pensei. O que eu faço?

Por ser de Brasília e ter uma percepção mais do que aguçada para essas coisas, eu sabia que a maioria dos boatos sobre os políticos eram verdadeiros. Corrupção, propina, caixa 2... se o jargão é comum, é por um motivo. Não deu outra. Exatos dez meses depois, pela primeira vez na história do Distrito Federal, um governador foi preso. Sim, *aquele* mesmo. E é uma pena. Acompanhem o meu raciocínio, e digo isso do coração. Antes, porém, uma dica aos políticos e futuros candidatos: sou pé-frio. Não fale que você é fã da Plebe. Não vai acabar bem. Um senador foi preso, e *dois* governadores também. Um ministro foi demitido. Assessores, secretários e administradores tiveram busca e apreensão pela Polícia Federal. Não foi por falta de aviso.

Mas nem tudo está perdido porque tem uma exceção à regra. Mandado de busca e apreensão nem sempre é sinônimo de culpa. Sem que o meu azar o afetasse em nada, Cristovam Buarque já elogiou a Plebe; mas esse eu sei que é um bom homem. O problema é a *dúvida* que acaba pairando no ar, e é isso que põe a gente em situações desagradáveis. Eu tenho uma colega que cresceu – e fala com carinho, chamando-o de tio –, com o responsável pela construção do prédio Palace 2, que desabou na Barra da Tijuca. Tenho outro colega que trabalhou anos com um político, que os filhos chamam de padrinho, e teve que fazer muita vista grossa. O que quero dizer é que conhecemos a *pesso*a, isso é que faz esses escândalos mais tristes. Pessoas inteligentes, capazes, carismáticas e, quem sabe, até presidenciáveis.

Então me pergunto: se são realmente fãs, que parte de "Até Quando Esperar" vocês não entenderam, porra?". O que leva alguém a esse caminho? Que o poder é intoxicante, especialmente em Brasília, já sabemos, ainda mais amplificado pela *babação de ovo* da *entourage* em volta dos políticos. Mas não é de hoje. A letra de "Brasília", do emblemático ano de 1984 já dizia: "Servidores públicos ali polindo chapas oficiais". É que nessa cultura tão tóxica em que vivemos, em que os valores estão todos de cabeça pra baixo, otário é o marido fiel à esposa, trouxa é o político que não se aproveita das facilidades, sucesso muitas vezes é a recompensa da falta de integridade. E o país segue à deriva.

Então, no maior palco já montado na Esplanada dos Ministérios, diante do Congresso, com mais de meio milhão de pessoas na minha frente, olhei para o microfone, olhei para a lateral do palco onde estavam o governador e seu vice, olhei para meus companheiros temporários de palco, olhei para o sorveteiro e para as câmeras, para o pessoal da TV que filmava tudo e respirei fundo. Para o alívio dos políticos, resolvi falar da história do rock de Brasília, dos artistas que não foram convidados, da contundência da mensagem e da atualidade assustadora, e triste, convenhamos, da letra de "Até Quando" – nessa hora dei uma encarada no governador. Apesar das músicas da Plebe falarem por si, senti que um pouco de contexto seria necessário. Não preguei, *cantei*. Artista se expressa por sua arte. Encerrei dizendo que, no ano seguinte, o rock, o estilo que consagrou Brasília, cortaria o bolo dos 50 anos da capital. Melhor assim, não?

Não é todo dia que você escuta meio milhão de pessoas entoando "posso vigiar seu carro", e só por isso valeu a pena. No fim de "Até Quando", antes que eu pudesse descer do palco, o Jota Quest emendou "Do Seu Lado", e pensei: "E agora? Se alguém filmar isso aqui, acabou a minha carreira". Aí lembrei que estavam filmando tudo: *o cara da Plebe* cantando "lá... lá-lá-lá-lá... A banda insistiu para que eu ficasse, e, como o que não te mata, te fortalece, no mínimo seria experiência sociológica. Realmente, tocar uma música assim *tão* pop, para mais de meio milhão de pessoas, foi exatamente isso. Puro entretenimento no final. E bem ou mal, de lá saiu parte da inspiração para "O que se Faz".

Não tenho problema com pop, só com pop ruim, que existe desde que o primeiro romano pegou uma lira para tocar e rimou "mouro" com "saia de couro". Meu problema é quando vira a *norma*, sem nenhum contraponto sério para estancar a atrofia cultural. No meio daquele pop todo – e olha que a Xuxa e o Jorge e Mateus nem tinham tocado ainda –, com a inclusão de "Até Quando", espero ter colocado algumas pessoas para pensar no meio daquela multidão, pois *todos* cantaram juntos... Punk, *literalmente*, para as massas. Quem sabe o que profetizamos em "Dançando no Vazio" viria à tona?

> "Levanta a cabeça, algo estranho no ar/ No mar de cabeças, uma começa a pensar/ Todos em volta, a mesma sensação/ De não pertencerem ao lugar onde estão."

Eu certamente não pertencia àquele lugar, e quem sabe algumas pessoas da plateia também olharam em volta e pensaram a mesma coisa? Matematicamente possível, estatisticamente não.

"Os ídolos da geração pareceram até discretos na celebração de amizade – curiosamente, não houve jam sessions entre as bandas."

– Correio Braziliense, sobre o show do Girafestival

Em 2006, a lanchonete Giraffas estava fazendo 25 anos e, pelo porte nacional da rede, hoje a maior empresa genuinamente brasileira de refeições rápidas, nem parece ter saído de Brasília. Nascida em 1981, assim como a Plebe, a Giraffas queria comemorar a data em grande estilo e resolveu juntar a santíssima trindade do rock de Brasília, mais os Paralamas, padrinhos da Plebe Rude e da Legião Urbana.

Foi a primeira vez que as quatro bandas, ou representantes delas, no caso do Dado, estiveram num mesmo palco. Para mim também foi especial por tirar o gosto amargo desde que o Herbert embargou o suposto encontro de todos no VMB. Antes do show, as mãos e as assinaturas dos membros das bandas que eram da *Tchurma* foram eternizadas em formas de concreto, com estrelas do lado indicando o nome de cada um – elas estão no corredor central do Shopping Pier 21, em Brasília, pelo menos até algum quiosque de sucos naturais ser colocado em cima, e os operários se perguntarem: "Quem mesmo eram esses caras?".

Pouco antes de a Plebe subir no palco, juntamos todos para uma foto coletiva e combinamos de, durante o show dos Paralamas, tocar uma música com todas as bandas. Confesso ter ficado um pouco embasbacado com a falta de musicalidade de alguns ali, que disseram, "essa eu não sei" ou "essa não foi ensaiada". Nossa, eram músicas simples, e todas clássicas do rock nacional, que qualquer um toca... Seus *Pitchka te materina!*

Então sugeri "Que País É Este". Não teria erro, era do Renato, era hino, e só tinha três acordes. A homenagem seria linda. Imagina? Todos nós juntos. Que momento para o rock de Brasília! Logo o Capital começou a reclamar, argumentando que eles iriam tocá-la. Vendo esse momento histórico *indo para o beleléu*, reiterei que era do Renato e mencionei o quanto era emblemática e facílima de tocar.

Nem precisa dizer que não rolou o encontro. Até o *Correio Braziliense*, em matéria de capa, com o título mais do que apropriado para o evento, "A noite em que o concreto rachou", percebeu algo estranho: "Curiosamente, não houve jam sessions entre as bandas". Foi uma pena, mas por que aquilo me incomodou tanto? Eu só me tocaria anos mais tarde, sozinho, no palco do Teatro Municipal, no Rio. Mas isso é outra história.

O público passou de 100 mil pessoas, e, mesmo sem a *jam*, foi bonito ver a celebração dessas trajetórias todas. Para nós foi no mínimo curioso, afinal, o terceiro show da Plebe foi no Giraffas da 105 Sul, na mesma quadra que morei ao me mudar para Brasília. Foi o evento em que tivemos que sair correndo com a chegada da polícia, e o Pretorius nos ajudando a colocar o equipamento no carro. Depois do show de 25 anos, Herbert era o mais feliz no backstage e não parava de tecer elogios à Plebe. Mal sabia eu que ele já estava pensando em celebrar esse encontro com um presente e tanto alguns meses depois.

Segunda chegou feito um viaduto, e a vida continuava. Comecei a produzir o álbum de estreia da banda acreana Los Porongas, que seria lançado pelo Senhor F. Meu estúdio estava crescendo, e eu ficava feliz de proporcionar às bandas um ambiente agradável de gravação, tudo o que não tive nos primeiros três discos da Plebe. Eu estava muito à vontade como produtor, foi uma pena a recusa da EMI de gravar o Escola de Escândalo 20 anos antes, atravancando o meu caminho, e o deles também. Pensando bem, não teria dado certo, eu não conseguiria lidar com toda a politicagem de gravadora, foi melhor eu me decepcionar bem cedo. Não consigo ser gentil com quem eu não gosto. Não que eu seja grosso, afinal, sou um gentlemen, um Daybreak Gentlemen, então prefiro não me relacionar. E o fato de eu não cheirar cocaína também me afastou muito da patota em torno dos diretores artísticos.

Agora era diferente, e eu estava fazendo algo que as gravadoras tinham deixado de lado, *artist development*. A cada disco que produzia, além de ajudar a desenvolver o artista, eu zelava pelos arranjos, as letras e a métrica, a performance e os timbres, além de trabalhar o estado *psicólogo* das bandas. Isso seria necessário com Los Porongas, pois dois membros tiveram uma discussão terrível, que acabou em lágrimas. Tive que conversar com cada um individualmente, depois juntá-los, e usar essa energia em prol do disco. Deu certo. A estreia fonográfica da banda é fabulosa.

Com experiência em desavenças, volta e meia tive que me meter em assuntos pessoais que ameaçavam implodir as produções. Eu não curtia muito esse papel, mas não tinha muita escolha. Numa outra banda que gravava, a namorada do guitarrista passou a namorar o vocalista, receita absoluta de desastre. Tive que gentilmente puxá-la para o canto e pedir que fosse sensível: "Não vá ao ensaio pra ficar encarando seu ex. Preste atenção, por favor. Não deixe isso atrapalhar a banda que trabalhou tanto para chegar onde chegou".

Depois de ter sobrevivido à formação original da Plebe e vivido em Nova York por seis anos, pensei que já tinha visto de tudo. Que nada. Um artista me pediu pra mentir, caso a namorada ou a polícia ligassem, pois tinha simulado um sequestro relâmpago, com direito a B.O. na delegacia, para justificar o sumiço da noite anterior.

Também vi um artista engravidar uma moça pelo Tinder, um genro querido com uma filha escondida do casamento e músico viciado em prostituta de rua. Vi outro se apaixonar por uma garota de programa e fazer a besteira de contar para a banda. Já tive que proibir namorada alcoolista em estúdio. Era *tanta distração* que ficava difícil eles focarem em música. Na minha juventude, garotas eram um dos motivos pra se montar uma banda, mas *todos* nós tínhamos uma urgência maior, um propósito, uma causa.

Algumas vezes tive que intervir mais drasticamente. Ou isso, ou as bandas implodiriam. Já tive que despedir um baterista que fazia os bateristas da *Tchurma* parecerem Neil Peart, dar bronca com dedo na cara de banda que não estava valorizando o nível de produção que estava tendo, ver banda cair no conto do vigário de promessa de empresa paulista de ter música em rádio – e vender o carro para pagar. Se conselho fosse bom... Infelizmente, uma vez tive que falar para os pais de um pretendente a gravar sob minha tutela (não na frente dele, é claro), que eles teriam que penhorar a casa para custear o trabalho que iria dar. Nem toda estrela foi feita para brilhar, e eu me sentiria um *charlatão* se tivesse topado produzi-lo. Você acha que peguei pesado? Então não peça a minha opinião.

Algo que eu *nunca* fiz foi regravar um trecho num disco com um músico mais qualificado do que o próprio membro da banda. Eu trabalhava quase como num workshop particular com os músicos mais *precários*, para que conseguissem gravar as suas partes. É dar para o músico a sensação de participação na banda, assim como o Herbert fez conosco. Sou o eterno romântico em relação ao conceito de banda, tanto que passei o que passei para manter a formação original da Plebe, e tento estimular ao máximo a simbiose entre os músicos.

Um dos meus momentos mais engraçados como produtor aconteceu durante o primeiro disco que produzi, ainda sem estúdio próprio. Como gravaríamos num estúdio comercial, gentilmente pedi aos músicos que não fumassem maconha dentro do recinto. No momento em que precisei relembrar que eu não queria drogas no ambiente, fui encarado por um dos integrantes, que, visivelmente chapado, apontou o dedo pra minha cara: "Você está se metendo na minha vida pessoal, está passando dos limites!". O clima pesou, mas fiquei quieto. Eu tinha levado o Paulinho Anhaia, veterano técnico e produtor paulista, que tinha trabalhado com Charlie Brown Jr., para ser o engenheiro de som. Ele, que já tinha visto de *tudo*, me disse: "Você lidou com isso muito bem". Foi aí que o músico voltou para o estúdio: "E tem mais, eu tinha fumado no corredor!".

Alguns artistas brasilienses caíram no conto de *celebrity producers* do Rio e de São Paulo, esperançosos com os *contatos* que eles tinham, e às vezes eu tinha que corrigir as merdas que faziam. No meu estúdio, tive que lidar com um *celebrity producer* que tinha trabalhado num disco do Led Zeppelin. Um produtor do Led Zeppelin no meu estúdio? Que honra. Mas logo de cara ele foi grosso comigo. Eu estava repassando aos músicos o cronograma, e ele me interrompeu bruscamente, demarcando seu território, dizendo que *ele* era o produtor. Não parecia, pois, além de não se preocupar com o cronograma, ficava mais tempo pegando sol no gramado do que no estúdio. Aos poucos, também percebi que ele não entendia nada de equipamento. Pelo menos era bastante musical, cantava muito bem, e ficou impressionado por eu conhecer a trilha de *Death Wish II,* do Charles Bronson, composta pelo Jimmy Page. Ele era cheio de histórias, mas mesmo as que contava na primeira pessoa de Led Zeppelin e do produtor de quem eu era fã, Gus Dudgeon – que produziu David Bowie, Elton John e XTC –, não compensavam o sujeito desagradável que era. A banda que tinha investido uma fortuna para trazê-lo da Inglaterra praticamente acabou logo em seguida. Uma pena.

Nem tudo foi drama. Depois de 20 anos de estúdio e mais de 40 discos e trilhas sonoras gravadas e produzidas, além de inúmeras filmagens e locações, muito rock'n'roll passou pelo Daybreak, e coisa boa, nacionalmente competitivo. Mas me *quebrava* o coração saber que era praticamente impossível para algumas daquelas bandas viver de música. Fazer o quê? Eu optava produzir bandas que não apenas queriam gravar, mas que *precisavam* gravar.

Até o filho do Renato Russo pediu que eu produzisse sua banda, mas era muito primária, mais parecia um grupo de sarau. Para trabalhar comigo, a banda teria que ter muito tempo para que eu os ajudasse a *desenvolver* o seu som – tempo que não tinham, pois estavam sendo pressionados por festivais que queriam exclusividade de sua estreia. Eu não trabalho assim, muito menos envolvendo o nome do Renato. Agora diz para mim, *que produtor* no Brasil diria não para isso? Conheço um, apenas um. Liguei pra família e disse: "Eu não posso fazer isso. A banda não está pronta, e lançar assim seria um desrespeito à memória do Renato". Ética no meio musical? Quem diria?

"Eu deveria ter lembrado que 'uma foto
vale mil palavras'"
– Richard Nixon, sobre a performance dele no
primeiro debate presidencial televisionado da
história, em 1960

O lançamento nacional do *R Ao Contrário* seria no Circo Voador, em outubro, mas antes fomos tocar no Festival de Inverno da Bahia, em Vitória da Conquista, com Vanessa da Mata, Nando Reis, Los Hermanos, Engenheiros do

Hawaii e O Rappa. Imagino os funcionários da firma encarregada de montar o outdoor gigante com a foto dos cantores de cada banda, olhando para minha figura *larger than life* e se perguntando: "Quem é esse cara mesmo?".

Estávamos tão ocupados divulgando o disco novo que foi só na passagem de som que lembrei do recado do escritório, dias antes, dizendo que o Herbert tinha mandado um presente para mim. Seja lá o que fosse, pedi para a equipe levar para o interior da Bahia, e na passagem de som o roadie apareceu segurando um *case* duro, que por um segundo estranhei, pois nunca despacho meus instrumentos – nem ando com eles de trás pra frente, uma superstição que peguei do próprio Herbert. Foi aí que vi escrito Gibson na lateral. *Pitchka ti materina!*

Era uma Gibson SG Silverburst 1982, às vezes conhecida como Blackburst, do mesmo ano e cor da minha Les Paul Custom. Todo guitarrista com quem eu esbarrava falava: "Tem uma Silverburst parecida com a sua à venda na Galeria dos Músicos (na rua Teodoro Sampaio, em São Paulo)". O Bi viu, e avisou o Herbert. A guitarra vinha acompanhada de uma folha A4 dobrada várias vezes. Sentei-me no praticável de bateria para ler. Eu não tinha com não ficar emocionado com um presente de tal grandeza e o carinho que Herbert mantinha por mim, ainda mais depois de tudo que ele havia passado.

> Para Philippe Seabra
>
> De Herbert Vianna
>
> Meu querido Fifi Pedalada, ops, perdão, Philippe Seabra (mas se fecha também!)
>
> Eu adorei a circunstância de nós tocarmos juntos! Queria celebrar de forma marcante e me ocorre a alegria que me trouxe a ideia.
>
> O modelo SG é supermarcante em minha sensibilidade lembranças quando comecei a me interessar por guitarra aí em Brasília o cara que foi minha referência (se chama Eduardo Watson) tinha conseguido uma Gibson SG, e, para o meu conhecimento nulo, aquele modelo ficou como referência tão elevada! Entre as SG's que tenho, esta aqui, pelo "blackburst", sempre foi minha "SG-pedalada"! Como adorei tocarmos juntos, queria te dar este presente, tua Les Paul é o primeiro caso de "blackburst" que conheço! Acho que a SG pra tua atitude e mobilidade no palco será um ótimo instrumento!
>
> De todo o coração, com um superabraço de irmão!
>
> Herbert

Sem palavras. Poucos anos depois, Herbert confidenciou para revista *Guitar Player*: "Estou em reconstrução e recondicionamento mental. Fico tocando violão por horas e horas nos quartos de hotéis. Além de Lulu Santos, toco músicas de Renato Russo e muita coisa da Plebe Rude."

Ah, a "SG Pedalada" fez parte do seu arsenal. Ter uma guitarra na coleção do Herbert apelidada com seu nome? Check!

Ao anoitecer, antes de subirmos no palco, resolvi uma pendência. Ameba era da equipe técnica do Nando Reis já há alguns anos e foi dar um alô no camarim. Discretamente, juntei toda a equipe para fazer um registro da visita e gentilmente – *sim*, foi sincero –, convidei-o para tocar conosco. "Sobe lá para tocar um 'Johnny' com a gente". "Não, valeu".

OK. Apesar de *tudo* que tinha acontecido, ambos tínhamos o *Concreto* no currículo, não tem como fugir disso. Teria sido bom a plateia ver a linha de frente original de novo, nem que fosse pela última vez.

O lançamento do disco, no Circo Voador, teve abertura do projeto solo do Dado, um telão passando em loop o filme *Ascensão e Queda* e as participações do Marcelo D2 e do Herbert – prestei homenagem a ele com a guitarra que me deu de presente. Achei que ele não lembraria da parte "vou mudar meu nome para Herbert Vianna", de "Minha Renda, naquele palco e circunstância. E não lembrou, mesmo com o Circo inteiro cantando a letra.

Valeu a junção ímpar, com o D2, no meio da música, emendando "Em Busca da Batida Perfeita", em que usa um trecho não creditado da letra de "Minha Renda". Peraí! Não creditado? *Pitchka ti materina!* "Iate em Botafogo, apartamento em Ipanema/ Uma vida de bacana se eu entrasse pro esquema/ Mas eu busco na raiz e lá tá o que eu sempre quis/ Não é um saco de dinheiro que me deixa feliz." Os plebeus insatisfeitos com o fato chegaram a iniciar uma vaia, mas foram prontamente interrompidos pelo André, que chegou no microfone e exigiu respeito.

O show encerrou com "Códigos", mas antes Herbert participou de um apoteótico "Até Quando". No bis, Lobão subiu para tocar bateria, meio atrapalhado, em "Should I Stay or Should I Go".

Adicionada à lista de coisas que só acontecem comigo, consegui juntar Lobão e Herbert no mesmo camarim. Apesar de me confidenciar que, de vez em quando, tinha dores de cabeça terríveis, Herbert estava feliz. E era isso que importava. Nunca esquecerei que os Paralamas, antes mesmo de começarem a tocar "Química", tocavam "Veraneio Vascaína" nos primórdios do Circo Voador, numa levada meio Gang of Four. Herbert ficava feliz ao ver as bandas que apadrinhou fazendo bonito. Ah, juntar Lobão e Herbert no mesmo camarim? Check.

E o futuro da Plebe a partir dali? Jamari França resumiu a noite no *Globo*: "Se depender exclusivamente do show, rola. A banda tem muitos sucessos, as novas músicas seguram a onda e foram bem recebidas pela plateia, que vai ao delírio e canta as antigas".

Depois de rodar várias capitais, chegamos a Curitiba. Na primeira entrevista ao vivo com o Clemente em rede estadual, a apresentadora perguntou, com aquele interesse *telepromptado*: "Qual é a novidade que a banda traz para Curitiba?". Clemente levantou o dedo sutilmente, afinou a voz e falou: "Eu". Tem que admitir, o cara é engraçado.

Em dezembro fomos convidados para participar de uma homenagem ao Renato Russo, que renderia um DVD para o Multishow, na Fundição Progresso no Rio. Escolhemos tocar "Soldados", mas uma disputa judicial entre a banda e o espólio do Renato impediu, então fomos de "Química". Uma pena, logo conosco, que tocou com a Legião Urbana na estreia de "Soldados", em Taguatinga, 20 anos antes.

A montagem do palco demorava além do normal entre um artista e outro; quando anunciaram que a Plebe seria a próxima banda, a Fundição abarrotada começou a urrar "olê, olê, olá, olá, Plebe, Plebe" tão alto que todos no camarim coletivo pararam para escutar. Pena que também estava lá o diretor artístico responsável pelo "não" que a banda tinha recebido poucos meses antes. A EMI, vai entender, ficou interessada em lançar o novo disco, mas desistiu na última hora. Foi até bom; um, porque provavelmente o disco ficaria preso como *O Concreto*; dois; porque aquela mesma direção foi responsável pela queda das ações mundiais da companhia em cerca de 8,8% na Bolsa de Londres, devido a uma fraude que inflou os números oriundos do Brasil.

Depois do show, tiramos uma foto com todos os artistas que participaram, e os integrantes do Charlie Brown Jr., que eu não conhecia, disseram ser *muito* fãs da banda. Na hora da foto, Chorão me abraçou dizendo: "Vou tirar foto ao lado da Plebe", e lembrei do Herbert, que via em bandas como o Charlie Brown Jr. uma brecha no rádio que poderia beneficiar a Plebe.

Depois de conhecê-los, não entendi o que o Herbert quis dizer. Era inegável a sintonia que eles tinham com a sua própria geração, mas as temáticas das letras eram *completamente* opostas a qualquer coisa que a Plebe fez – eu não sabia se era uma articulação desarticulada ou uma desarticulação articulada. E eu achava uma *afronta* o uso do nome de Charlie Brown, o querido e reflexivo personagem de Charles M. Schulz que sedimentou a minha infância. Realmente era outra forma de expressão...

Um ano antes, me apresentaram a uma moça que estava procurado um produtor, e perguntei como era sua banda. "Nosso som é tipo, tá ligado, é um lance assim, tá ligado, meio, tá ligado...". Depois de quase dois minutos tentando entender os aparentes 12 significados de "tá ligado", senti saudade do *ziriguidum do além* do Loro, e interrompi: "Não, eu não estou ligado. Articula, por favor!"

Voltando pra foto coletiva nos bastidores do Multishow, o clima ficou um pouco tenso porque, no ano anterior, houve uma briga entre o Chorão e os Los Hermanos que acabou na delegacia, por conta de uma crítica a um comercial da Coca-Cola feito pelo Charlie Brown Jr. A agressividade da personalidade do Chorão fazia parte do pacote, e certamente parte do sucesso estava ali. Quando ele me abraçou, eu senti algo estranho, aquele astral de substância no organismo, sabe? Isso me passou uma coisa muito ruim.

Como você me conhece e sabe que não perco a piada, *quase* falei em frente de todos: "Sabe a causa da briga com Los Hermanos? Todo mundo aqui acha a mesma coisa sobre o comercial da Coca-Cola!". Aí eu me viraria para uma parte da nata do rock brasileiro, e alguns penetras presentes, e diria: "Vamos fazer fila pra apanhar galera!". Mas *não* falei.

Foi a *única* vez, provavelmente na minha vida, que deixei uma piada passar. Eu não tinha noção de como ele reagiria, ainda mais naquele estado, então resolvi ficar, no vernáculo de sua geração, *na minha*. Tá ligado?

Aliás, nessa geração do rock brasileiro, graças à MTV e às incipientes redes sociais, tudo passou a ser *tão* público e exposto que era impossível fazer uma comparação com a nossa era, quando o *mistério e a discrição* faziam parte da magia do rock'n'roll. E viva os anos 1980, em que as *merdas* que aprontávamos não ficavam registradas para a posteridade.

A *magia* agora era outra, justamente a superexposição, a busca de likes e seguidores, virar viral, o vídeo e o branding (arrrg... odeio essa palavra). Que estrutura teriam esses meninos se a MTV trocasse o *empurra* goela abaixo de um estilo por outro, se o *reality show* fosse cancelado e o telefone parasse de tocar? Seguindo as leis do universo, era só uma questão de tempo para a música terminar. Quem vai, quem fica? Quem sobrará? De um jeito ou de outro, não acabaria bem.

Clemente uma vez me falou algo cuja imgem nunca mais consegui tirar da cabeça. Imagine a premiação anual da antiga MTV Brasil realizada num mesmo teatro, com uma câmera montada no palco, virada para a plateia, com uma foto tirada a cada ano. Juntando as fotos em sequência e animando as imagens se montaria um *Tetris* humano, com a bola da vez na primeira fila comemorando o prêmio como se fosse um Oscar, sendo empurrada lentamente para trás do teatro a cada ano, substituída pela nova *aposta* da emissora. Colocando isso em câmera rápida, você veria a história do pop recente brasileiro, um entra-e-sai de artistas, uns finalmente obtendo reconhecimento, outros aparecendo do nada, chegando brevemente na frente, e sendo prontamente empurrados para trás, na maioria das vezes sem deixar um legado duradouro.

Em muitos casos, a forma prevaleceu sobre a substância, algo que eu sempre temi quando os videoclipes passaram a ser a principal fonte de divulgação. Foi uma vantagem estar à margem disso tudo nessa nova era da TV brasileira, especialmente das palhaçadas dos *reality* ou coisas como o Rock Gol, cujo convite eu sempre recusava. No fundo, sempre soubemos que a postura e o som da Plebe nunca seriam de fácil categorização e encaixe. Ainda mais nesses formatos insossos.

Mesmo assim, fizemos dois clipes para o *R ao Contrário*, que foram mais exibidos em programas Brasil afora do que na MTV. “O que se Faz”, primeiro clipe oficial com o Clemente, foi filmado em película, com a banda no topo da torre de televisão de Brasília, um lugar que durante certo período foi o preferido dos suicidas da cidade.

Numa interpretação bastante livre do diretor José Eduardo Belmonte, o clipe abria com uma frase do poeta mais que candango Nicholas Behr: “Faz tempo que não pula ninguém da torre de TV”, e segue com frases que foram deixadas ali, algumas por suicidas, e cenas da banda tocando.

Para o clipe de “Voto em Branco”, pela primeira vez topei encarnar um papel, no caso de um militar linha-dura. André fez o papel de padre, Clemente, o de rei (cá pra nós, quem melhor pra isso?), Txotxa, o de político. Tenho que confessar: não é que foi divertido? Meu personagem começa a descer *o cacete* numa urna, literalmente, num prenúncio da guerra contra as urnas eletrônicas travada por candidatos com medo de perder, mesmo que tenham sido eleitos anteriormente pelo mesmo sistema. A MTV não passou, claro, mas usou trechos para a vinheta de abertura de um programa de debates, vai entender...

Para a música “R ao Contrário”, um fã fez um terceiro e tosco clipe, com o personagem de quadrinhos e super-herói genuinamente brasiliense Dinâmico R. É uma animação *low-fi*, em que super-herói luta contra o mascote da Plebe, o Congressinho. Nem nos importamos, já que ninguém o exibiria mesmo.

Convidei o Boninho para dirigir um videoclipe de “Katarina”, já que ele iniciou a carreira com vários vídeos da Plebe. Eu estava louco para fazer um clipe dentro da casa dos *brothers* com essa música, mas ele respondeu dizendo que a Endemol, dona do *franchise* mundial, certamente implicaria, não só porque a música era crítica, sobre alienação, e por ter a frase "o eliminado da vez" para humilhar a coitada da Katarina, mas também porque todo o aparato era montado com exclusividade para o *Big Brother*.

No final do e-mail, ele escreveu, "pintem lá na casa", se referindo à casa dos *brothers*, um convite simpático, pois muitos artistas se apresentavam lá, e volta e meia tocava Plebe nas festas temáticas (os direitos autorais agradecem). Inclusive foi numa dessas festas que um dos *brothers* simplesmente pirou dizendo que adorava a música, mas não conseguia lembrar o nome da banda. É a história da minha vida. Agora via satélite, no *Big Brother*. Tem coisas que só acontecem comigo.

Para aparecer nos programas de mais abrangência teríamos que estar na mídia com mais frequência. Se uma coisa depende da outra, o que fazer? O Faustão nos convidou para o *Domingão* e mostrou a capa do disco *R ao Contrário,* comentando: "Philippe e Clemente, ô loco meu, sócios do *Perdidos na Noite!*". Isso sim é punk para as massas! E éramos mesmo, lembrando que optamos por receber o disco de ouro do *Concreto Já Rachou* no antigo programa do Faustão em vez de no Chacrinha. Ele encerrou com: "Em breve aqui no *Domingão*". É claro que ninguém nos chamou. Consigo até ver a cena nos bastidores, os produtores se olhando: "Quem é mesmo essa banda que ele convidou no ar?". "Plebe Rude, eles são de Brasí..." "Plebe o quê? Esquece, chama a Ivete."

A divulgação e turnê de *R ao Contrário* continuava, com o Clemente cada vez mais entrosado na banda. No circuito de divulgação na TV, para cada Jô Soares tivemos que fazer umas bobagens como *Funéria*, da MTV, e, pior, eu sozinho contracenando com um desenho animado. Tem um termo da física que uso sempre para explicar por que coisas antagônicas acabam se anulando, é o *cancelamento de fase*. Quando há duas senoides exatamente opostas na dimensão em que as ondas se propagam, a média de ambas equivale a zero. Sou tão cínico quanto ela. E a anulei na fonte.

Nossa ida ao Jô foi mais prazerosa; ao contrário da primeira vez, em 1993, que fomos com a banda reduzida a um duo, dessa vez eu tinha prometido que faríamos bonito. Abrimos com "O que se Faz" e fomos logo entrevistados. Animado, André relembrou o episódio de Patos de Minas, dizendo que parecia uma ação da SWAT. A plateia se divertiu muito com o nível de detalhes, mas o Jô devolveu o tom sério em meio às gargalhadas: "O que não é o terror da ditadura? Só não tomaram outra medida porque um poderia ser filho de general, né?".

André continuou: "Isso era muito comum em Brasília nos anos 1980. Eles paravam todo mundo e perguntavam: 'Quem é filho de político? Pode ir pra casa. Quem é filho de diplomata?'. As carteiras de identidade naquela época eram diferentes para quem era filho de militar, quem era filho de diplomata... Então sobravam Philippe, filho de tradutor e intérprete, eu e meu irmão, filhos de professores, e o Fê, também filho de professor. Vocês vão sofrer...".

Tocamos "Proteção", nada mais adequado depois daquela conversa, com dois violões, numa versão acústica, e foi necessário um pouco de contexto para explicar de onde veio a letra. Eu reconheci que "Proteção" soava um tanto quanto didática hoje em dia, mas que, na época, nossa realidade nos levava a isso. Jô concordou prontamente, dizendo que, quando ia a Brasília com seu show, via que a plateia era "superpolitizada".

Subitamente ele falou, com aquele jeito de sempre mas seguindo a pauta da conversa: "Mas você reclamou que filho de militar ia pra casa, que filho de diplomata ia para casa" – já sabendo o que vinha, falei olhando para baixo: "Lá vem" –, "bastava você andar com uma *certa* fotografia no seu bolso que os *outros* é que seriam presos". Para risada geral, apareceu a foto do meu pai com o Kennedy e o Kubitscheck no telão, com a risada mais do que alta do baixista Bira. Jô falou que o JFK e o JK na Casa Branca estavam ouvindo o meu pai. Você sabe que não perco a piada, então fiz as vozes da conversa. Juscelino: "Eu vou desenvolver o Brasil 50 anos em 5". Meu pai traduzindo para Kennedy: "Ele disse que viu a Jackie na cama com Nixon". Risada geral. Continuei: "Poderia começar a Terceira Guerra Mundial, para você ver a responsabilidade do tradutor". É verdade. Tradução não é pra qualquer um, e você já sabe do orgulho que tenho do meu pai. Apesar de ele ter sido diplomata, não era *esse* título que me orgulhava, em boa parte por causa da arrogância de alguns filhos de diplomata que eu conhecia.

Muito satisfeito por ter cumprido a minha promessa de fazer um belo programa, pensei, "*que contraste com a formação original*". Felicidade numa banda? Quem diria? Eu poderia me acostumar com isso. Na época da nossa primeira aparição no Jô, o Brasil e a realidade da banda eram outros. As bandas da geração 1990 já chegavam mais *safas* com a mídia, com a linguagem dos videoclipes e, em muitos casos, com mais forma do que substância. Sempre no eterno desencaixe da Plebe, eu me sentia o Nixon no primeiro debate presidencial televisionado da história norte-americana contra um jovem senador democrata, bonito e carismático, John F. Kennedy.

O ano era 2006, e a Plebe estava de volta, fazendo a mídia se encaixar em torno da banda, da sua própria maneira. De novo. E, melhor, eu não me sentia mais um Nixon. Pensando bem, tampouco um Kennedy... Estava me sentindo um Onassis!

“We have to continually be jumping off cliffs and developing our wings on the way down.”
– “If This Isn’t Nice, What Is?: Advice for the Young”, Kurt Vonnegut

Já há alguns anos, André tinha um blog chamado *X da Questão*, e em 2006 o anúncio da volta da formação *original* da Plebe caiu como uma bomba. “Fizemos as pazes com o Gutje? Ameba mudou de ideia?” André escreveu: “Nada disso, trata-se de clipe animado da música ‘Anúncio de Refrigerante’, do DVD do Capital tocando Aborto Elétrico”. Concordamos em ceder as nossas imagens para o clipe, que recriaria o clima, com todos os personagens dos shows que ocorriam no Foods.

Durante a bateria de divulgação do *R Ao Contrário*, finalmente fui convidado para uma entrevista na revista *Guitar Player*, e não é todo dia que o punk é mencionado nela. Não foi na capa, longe disso, mas pelo menos eu estava na revista que roubava da escola, na década de 1970, sonhando num dia aparecer nela com a minha querida Gibson Les Paul Silverburst. Também em 2006 acabei na chamada na capa da *ShowBizz* e, na seção Entrevistão, disse: “Eu jurei que não queria mais saber da Plebe Rude”, pela primeira vez falando abertamente sobre o *volta não volta* dramático da banda. Era a *Bizz* de novo, mas a matéria abria com “considerada a ‘melhor banda de Brasília’ pelos próprios conterrâneos famosos, a Plebe Rude volta...”. OK. Eu aceito, mesmo sendo da *Bizz*.

A divulgação continuava, e logo em seguida gravei um programa com o Frejat, no Rio, que se chamava *Claro que É Rock*. Fiz um *senhor* duelo de guitarras com ele, Frejat mais para blues, eu mais para Johnny Thunders, tocando “Coração Paulista”, música do Guilherme Arantes. Incialmente eu tinha escolhido “Pinball Wizard”, do The Who, mas Frejat e sua banda tocaram essa sozinhos na abertura do programa.

Depois da apresentação, eu expliquei que “Coração Paulista” foi uma das primeiras vezes que ouvi rock em português, quando era pré-adolescente, e tinha me marcado muito. Frejat elogiou a escolha da música, e sem pensar emendei: "Sim, tem palavras como 'paranoica' e 'oh baby' na letra... Imaginei que fosse gostar", mas esse trecho foi cortado. Não foi ao ar. Censuraram o Seabra? Que é isso, companheiro? Calma.

Tenho certeza de que o Frejat levou na boa meu senso de humor peculiar. Já a produção do programa, pelo visto, não. Tudo bem. Em nenhum momento eu quis ser desrespeitoso, mas não estava completamente errado; muitas letras do Barão tinham "oh baby" no meio, e volta e meia aparecia alguma coisa como "paranoica" (ou será que confundi com a palavra "pirado", de "Declare Guerra"?) Bem, paranoica e pirado estão no mesmo quadrante.

O Frejat está para Os Inocentes quase como o Herbert está para a Plebe, pois produziu um dos seus discos, que o Clemente lembra com *muito* carinho – eles são bem amigos. Por isso, quando falo dos paralelos entre Os Inocentes e a Plebe, é sério. Até nisso. O disco que o Frejat produziu é o terceiro deles (o que estão pelados e algemados na capa), *sem* nome porque a banda não conseguiu chegar a um consenso. Terceiro disco? Sem nome? Hmmm... Isso me soava familiar. O Frejat tinha conseguido imprimir no disco dos Inocentes a mesma elegância que o Herbert nos nossos, sendo o único artista do mainstream brasileiro, depois do Tony Campello, que o Clemente realmente elogia. Por si só, isso diz muito.

Num show com Pepeu Gomes e Tutti Frutti em São Paulo, pouco tempo depois, aconteceu uma coisa inusitada. Ao chegar para a passagem de som, parei na escada de acesso do palco e dei uma breve hesitada. Clemente perguntou se estava tudo bem. Estava sim, só que eu tinha visto o Carlini no palco, batendo papo com alguns músicos; meio sem graça, eu queria cumprimentar o autor do primeiro solo que tirei na minha vida, com meu Di Giorgio com cordas de nylon, de "Ovelha Negra". Eu estava honrado de conhecê-lo.

Cheguei perto, mas subitamente ele apontou para mim e começou a comentar com os colegas a meu respeito. Caramba, o que é que eu tinha feito dessa vez? Não me lembrava de alguma facção paulista do Philippe Malvinas ainda na ativa. Ele me cumprimentou e, antes que eu pudesse dizer alguma coisa, emendou: "Que prazer conhece-lo". Ué, aquilo me pegou de surpresa. "Sabe sua apresentação no *Claro que é Rock*? Você tocou 'Coração Paulista'. Fui eu que gravei a guitarra original!". Tem coisas que só acontecem comigo. Nos anos seguintes eu toquei algumas vezes com o Carlini, e você pode imaginar o prazer e a honra disso. Depois de tocar "Até Quando" com praticante *todo mundo* do rock nacional, ele foi o *único* que acertou o riff. Até na *História do Rock Brasileiro em 100 Riffs de Guitarra* está errado. *Pitchka ti materina!*

O ano de 2007 seria movimentado para a Plebe. A Globo lançou uma série de docudramas chamada *Por Toda Minha Vida*, e fui convidado para participar do episódio sobre o Renato Russo, interpretado pelo Bruce Gomlevsky. Quando o especial foi ao ar, meu telefone não parava de tocar, com os colegas perguntando se era um especial sobre o Renato ou sobre mim, de tanto que apareci. Tenho que reconhecer, apareci muito, talvez pelo ângulo imparcial com que falei do amigo, talvez por minha memória intacta da época, mas mais provavelmente porque eu não o chamei de messias.

Naquele mesmo ano, a revista *Rolling Stone* colocou *O Concreto Já Rachou* na lista dos 100 maiores discos da música popular brasileira. Da *Tchurma*, só Plebe e Legião estão entre luminares como João Gilberto, Novos Baianos e Milton Nascimento. Lembrando que não era os melhores do rock, mas da *MPB*. Isso encheu os plebeus de orgulho.

Quando falo que foi um ano movimentado, não estou brincando. Pedi minha namorada já há quatro anos em casamento. E ela disse sim! O Kyle *desceu* ao Brasil para a cerimônia; na minha despedida de solteiro, fechamos o bar O'Riley (cujo sócio era o Bi Ribeiro) e levamos aquele rock'n'roll com meu irmão Alex, que também veio dos Estados Unidos, na bateria e André no baixo. Bruno Gouveia estava na cidade, mas para um show, e infelizmente teria que seguir com a sua trupe no dia seguinte. Kyle disse depois que foi um dos seus momentos mais memoráveis num palco, e realmente foi divertido, com AC/DC, Cheap Trick, Clash e Plebe rolando até altas horas da madrugada. No dia seguinte, eu e a Fernanda nos casamos no gramado da casa onde cresci, palco de parte da história do rock de Brasília e agora plataforma de lançamento da minha nova vida, de marido e, em alguns anos, de pai.

Mas a vida continuava, comigo produzindo vários CDs num estúdio cada vez mais equipado e, nos finais de semana, divulgando *R ao Contrário* Brasil afora. O selo Senhor F estava a mil também. Lançamos a coletânea *Terceira Onda*, com 19 bandas locais, e os discos de Beto Só, de Brasília, e Stereoscope, de Belém, estavam em produção.

Depois de dois anos na estrada, em 2009 chegou a hora de a Plebe registrar ao vivo aquele momento bacana da banda, com Clemente mais do que consolidado como um plebeu. A demora não foi à toa. Só em 2009 o nosso repertório na EMI foi liberado; cá pra nós, traumatizados com toda a confusão em torno do catálogo, preferimos esperar o término da vigência do contrato assinado dez anos antes, para a gravação do "Enquanto a Trégua Não Vem".

Inicialmente queríamos filmar o DVD num ginásio abandonado e pichado, apelidado de Castelo de Greyskull, um antro de usuários de drogas, quase no coração da região administrativa de Ceilândia. Fomos fazer a vistoria no local, com cheiro insuportável de urina impregnado, e encontramos centenas de seringas e colheres queimadas. Uma cena tão triste como nojenta.

Filmar lá seria, em parte, um *statement* antidrogas, numa forma altruísta de a cultura mudar aquele lugar de um antro sem lei do crack para um templo do rock – apesar de as autoridades não verem muita diferença entre ambos. Quem sabe depois do show e da divulgação nacional do espaço o governo local se interessaria em perpetuar a cultura por lá? Mas os interesses políticos começaram a melar tudo, e o nosso altruísmo começou a esbarrar no *toma lá, dá cá* da politicagem. Tivemos que mudar de local para a Ermida Dom Bosco, com uma vista privilegiada do outro lado do Lago Paranoá (e do outro lado do espectro social), bem atrás do Congresso Nacional. Nada Plebe, mas inegavelmente linda.

Mas tive que lidar com o governo, já que o show seria ao ar livre e em espaço público, com parte dos recursos provenientes da Secretaria de Turismo. Apesar de ser muito bem recebido por todos, com muitos fãs da Plebe felizes por estarem colaborando com o DVD, infelizmente tive que ouvir de um assessor que não se importava se fosse Plebe Rude ou Dona Ivone Lara, só queria ganho político. Tudo bem, estamos cercados de todos os lados por tipos assim em Brasília, mas ouvir tão explicitamente só faz imaginar o que acontece nas salas de reuniões fechadas. *Pitchka ti materina.*

A contrapartida para a Plebe seria divulgar a cidade por todo o Brasil, o que seria fácil. Desde que *descemos* para São Paulo pela primeira vez, em 1983, o nome da Plebe era sinônimo de Brasília – com som próprio e orgulho, e ênfase no som próprio. Fizemos um esquenta no O'Riley Pub, sábado à noite, para passar o repertório todo, e uma matinê no domingo, relembrando a inesquecível apresentação da Plebe na Zoom em 1986, para menores de idade. *Todo* mundo em Brasília estava naquele show.

Fiz um design simples de palco para o DVD. Conceitualmente não precisaríamos de telão, backdrop ou cenário, algo cada vez mais comum no rock brasileiro, o que mais parecia, com algumas exceções, um artifício para distrair o público das letras e composições insossas. O pé-direito era o mais alto possível, para que as nove câmeras, inclusive a da grua de 11 metros, enquadrassem o fundo, a fonte inspiradora de tudo, Brasília, com uma vista deslumbrante – no meio estava o Congresso. Isso era conceitual. Tocar com as costas viradas para o Congresso, por si só, já dizia tudo. O ângulo fechado no meu rosto, com um toque rápido no foco que mudava o plano, literalmente para o plano piloto, gerava um efeito dramático. Quem assinou a direção foi Rodrigo Gianetto, de São Paulo.

O tempo em Brasília nessa época é tão previsível que eventos ao ar livre são programados sem a mínima preocupação com a chuva. Mas choveu duas semanas antes do show, as mesmas *chuvas do pequi* que, 25 anos antes, quase tinham me matado num acidente de automóvel. Como produtor eu fiquei desesperado, porque a chuva limpou o céu e atrapalhou meus planos de que a poeira desse o tom vermelho de *Jesus voltará* ao sol da tarde. Entre nuvens, o pôr do sol permanece bonito, mas num tom diferente. Isso *sim* que eu chamo de mudança devido a uma força maior. A capa do DVD dá o tom da cor geral do show, mais amarelado e azul do que vermelho, pelo menos até escurecer.

O repertório seria um apanhado da carreira, mas resolvemos incluir uma música que tínhamos deixado de tocar já há algum tempo, "Censura". Você me conhece, como a censura havia acabado no país, eu não estava mais à vontade cantando essa música. Agora, eu pergunto: que banda você conhece que deixa de cantar um hit próprio, ainda mais no mercado brasileiro, onde só hit importa? Quem daria um tiro no pé assim? A Plebe não jogava para a galera, o que talvez fosse um erro no beabá do showbiz, mas era o que fazia a Plebe ser a Plebe, para o bem e para o mal.

O que determinou a volta de "Censura" ao repertório foi um episódio com José Sarney. Sim, o próprio. Naquele mesmo ano, o *Estado de S. Paulo* foi impedido pela justiça de publicar notícias sobre a Operação Boi Barrica, que investigava o filho do ex-presidente e seu envolvimento em nomeações de parentes e afilhados políticos na oligarquia do Maranhão. Os advogados alegaram que o jornal "feria a honra da família" ao publicar trechos de conversas telefônicas, mesmo gravadas com autorização judicial. Vinte e seis anos antes, o que instigou a criação da música foi o eterno esbarro no órgão que forçava um bando de punks insolentes mandarem músicas para serem aprovadas (ou não), e o que a materializou foi a censura ao filme *Rio Babilônia*. Em pleno 2009, a canção voltava com vigor ao repertório, com uma conotação mais triste pela assustadora atualidade. O mais irônico é que durante o governo Sarney, a palavra censor, em todos os shows, foi substituída por Sarney nas apresentações ao vivo.

> "Contra a nossa arte está a censura/ Abaixo a postura, viva a ditadura / Jardel com travesti, *Sarney* com bisturi/ Corta toda música que você não vai ouvir."

Engraçado, antes eu ficava constrangido com a letra de "Censura", porque começava a ficar datada. Com o tempo, fico igualmente constrangido pela atemporalidade *assustadora* da música. Pensando bem, acho que nós éramos videntes mesmo.

O DVD tem 21 músicas, incluindo a inédita "Tudo que Poderia Ser", outra que surgiu de um riff no meu estilo, no tom ingrato de fá, complicado de tocar, com as cordas abertas, mas harmonicamente rico.

> "No horizonte a promessa/ Tudo que poderia ser/ Aquilo que ninguém enxerga a não ser você/ Cansado de tanta descrença/ Tentando apenas manter/ A pouca fé que ainda resta no sonho que só você vê."

Quem inspirou a letra foi um colega da antiga *Tchurma* que vivia julgando a todos, especialmente aqueles que se aventuravam pelo mundo e colocavam a cara a tapa. Mas de uma coisa eu tinha certeza, ele não tinha a coragem que todos nós tivemos.

> "O céu se acende com a promessa, será o suficiente pra você?/ Se o salto de fé virar queda, então cai porque como mais você saberia?/ De repente tudo passa a ser familiar/ Sinto que eu já estive aqui, já sei o que vão falar/ Olhe bem na cara de quem diz lhe duvidar/ Se julga bem melhor que você, mas já deve saber que não tem tanta coragem."

O palco de visual clean tinha uma passarela no meio e duas nas laterais, escolhemos a dedo os fãs a quem demos acesso aos dois fossos formados pelas passarelas. Fora um backline de um palco assimétrico, com duas caixas Mesa Boogie do meu lado, duas caixas Marshall do lado do Clemente e duas caixas Ampeg de baixo, uma de cada lado da bateria Pearl – uma Masters Custom série limitada de mogno, do meu estúdio, a mesma que aparece no clipe de "O Que Se Faz", não teria mais nada.

Monitores de chão sempre foram visualmente um problema em shows; numa era em que os *in ears* estavam ganhando tração, como resolver isso, se ainda não usávamos esse método de monitoração no qual o som é transmitido para um sistema sem fio, com headphones pré-moldados para o canal do ouvido? Embaixo das laterais onde eu e Clemente cantamos, os retornos ficaram escondidos por uma grossa grade, dando continuidade ao piso. Assim, todos os cabos e caixas ficaram escondidos.

Optamos por não ter artistas convidados (confesso ser um pouco contra isso, aliás, qual foi a última vez que você me viu como convidado num DVD de outro artista?). A banda e seu repertório deveriam ser o bastante. O show decorreu bem, com excelente participação da plateia, mas tivemos que parar algumas vezes porque o sol não estava se pondo tão rápido quanto pensávamos. Esfriou um pouco o clima, mas para mim, como produtor, foi oportuno pra conferir se estava tudo nos conformes. Meu design de palco funcionou muito bem, mas acabei me arrependendo de ter assumido tantas funções. No dia do show, pensei que teria um ataque de nervos – um *toc-toc-toc* vindo do outro lado da casa cairia bem naquele momento. Metal contra mármore? Não sei... Mas deu tudo certo.

No final, filmamos o videoclipe de "The Wake", a versão em inglês de "A Ida", carro-chefe da trilha sonora do filme *Federal*, com Selton Mello – eu estava produzindo a trilha. O show foi encerrado com uma queima de fogos no último acorde de "Até Quando", tipo o vídeo de "Fix You", do Coldplay – fizemos um teste na noite anterior para aprovação dos bombeiros, e ficou lindo. Imagina se desse algo errado na hora, com as nove câmeras filmando? O DVD viraria *Spinal Tap*. Para certas coisas na vida não existe uma segunda chance, especialmente quando se tem pólvora na equação. Mas a explosão ocorreu na hora certa. O DVD termina com um forte abraço meu e do André, visivelmente emocionados (pense bem, quantos percalços passamos até chegar ali?), enquanto a plateia urra "olê, olê, olê, olê, Pleeeeebe, Pleeeeebe". Depois Clemente e Txotxa se juntam a nós.

Uma semana depois, quem deu as caras em Brasília foram os remanescentes da Legião, apoiados por uns uruguaios que ninguém sabia de onde vieram, no Porão do Rock – onde a Plebe e os Paralamas também se apresentaram. Vários músicos se revezaram nos vocais das canções da Legião, de Toni Platão ao Móveis Coloniais de Acaju. Eu fui incumbido da parte mais pesada; apesar de estar acostumado com a pressão da cozinha da Plebe, estava valendo. Para Jamari França, que cobriu o festival para *O Globo*, também valeu: "Philippe Seabra, da Plebe Rude, com sua inseparável Les Paul, levou a galera ao delírio máximo com 'Geração Coca-Cola', hino maior da geração dos 80 contra a ditadura militar".

Sobre o nosso show, Jamari escreveu: "A Plebe Rude fez o melhor show deles que vi em muitos anos, Philippe e Clemente afiadíssimos, uma forma explicada pelo fato de terem gravado um DVD na semana anterior". Mas o que foi *muito* estranho é que o mesmo show de Dado e Bonfá em Brasília foi remontado poucas semanas depois, no *Altas Horas*, do Sergio Groisman, com os mesmos convidados, exceto... adivinhe? Estranho. Comprovadamente, minha participação em Brasília não foi o delírio máximo.

Por que a Plebe foi excluída? Bem que os legionários poderiam ter se posicionado. *Pitchka ti materina!* Lembrei-me de quando o Capital Inicial aproveitou o aniversário de Brasília para gravar seu aclamado DVD na Esplanada dos Ministérios e, ao enaltecer o rock de Brasília, fez ecoar no poderoso sistema de som o nome de todos, do Aborto Elétrico aos Paralamas, de Raimundos à Legião Urbana. Todos, exceto a Plebe. E viva o rock de Brasília!

Tudo bem, depois de passarmos a vida inteira sendo os eternos sacanas, o que mais poderíamos esperar? Todo mundo tem direito a uma opinião, e a Plebe, que já foi detida pela polícia e literalmente censurada, seria a *última* banda a se incomodar com a liberdade de expressão... Mas o que não se pode mudar é a história. Na verdade, eu achava engraçado. A banda parecia ter esquecido que "Até Quando" era um dos pontos altos dos seus shows da *volta* da formação original – inclusive na primeira apresentação ao vivo em rede nacional naquela época, no *Bem Brasil*, o encerramento foi com uma música da Plebe. Que papelão, hein Mr. M? Mas teria troco. Daquele jeito engraçado que *só a Plebe* consegue fazer. Troco esse que acabaria na capa do *Estado de S. Paulo*.

No aniversário de 50 anos de Brasília, em 2010, o governador autorizou o gasto de três milhões de reais compran... quero dizer, financiando a Beija-Flor com o enredo *Brilhante ao Sol do Novo Mundo, Brasília: do Sonho À Realidade, a Capital da Esperança*. Como sempre, sobrou pra mim, e fui escalado para passar ao carnavalesco da escola de samba as informações sobre o rock e a movimentação da *música moderna* na capital. Deixei claro que, se rolasse uma alegoria com os roqueiros na avenida, não contassem com a participação da Plebe. Era só o que faltava. Nem chegamos a assistir o desfile, pois estávamos em Salvador, encabeçando o festival Rock em Piatã. Não tocávamos no carnaval baiano desde 1988, quando estivemos num trio elétrico no Farol da Barra e fizemos o equipamento pifar de tão pesado que era o som. Ah, Bahia, eu adoro tocar lá desde o nosso primeiro show, no histórico Teatro Vila Velha, onde havia tantos plebeus que eles derrubaram a porta.

De volta ao aniversário de 50 anos de Brasília, a Secretaria de Cultura também promoveu um show na Esplanada dos Ministérios com um apanhado do caldeirão cultural da cidade – e pelo visto ouviu a reivindicação dos artistas e o meu discurso diante de meio milhão de pessoas no aniversário anterior, ao dar um espaço honroso para a cena local, com nomes como Renato Matos e Mel da Terra. A Plebe também foi escalada.

A mestre de cerimônias foi Daniela Mercury, que, depois da apresentação da Plebe, me convidou para participar de um bis coletivo. Não sou muito bom nessas coisas e pedi para o Clemente ir comigo, mas ele foi embora e me deixou apenas com o seu olhar 77, aquele assim, meio de lado, já saindo, dizendo apenas, "por isso sou punk". Corintiano *pitchka ti*... Ah, deixa pra lá. Agora já foi.

Depois de uma versão de "É", de Gonzaguinha – com palavras fortes como "A gente não tem cara de panaca/ A gente não tem jeito de babaca", bem apropriadas para quem estava em frente ao Congresso Nacional –, cantamos "Tempo Perdido" junto com os também brasilienses Zélia Duncan, Hamilton de Holanda e Digão, dos Raimundos. Antes dos versos "Veja o sol dessa manhã tão cinza", eu gesticulei levemente com a mão para Daniela, indicando que faria essa parte sozinho, e arranquei um sorriso dela (além do espanto geral) quando fiz minha voz de tenor ressoar pelos retornos espalhados no palco. O bis foi puxado por Milton Nascimento, que subiu ao palco, cumprimentou a todos e cantou "Peixe Vivo," a música predileta do Juscelino, que todos cantamos com ele. Opa... Dividir o palco com Milton Nascimento? Check!

Em 2022, fui convidado para assistir ao show de Brasília da turnê de despedida dos palcos do Milton, no Ginásio Nilson Nelson, onde 37 anos antes tocamos com a Legião Urbana, quando o local ainda tinha o nome tenebroso de Ginásio Presidente Médici. Fiquei ao lado do técnico de som, meu amigo Aurélio Kauffmann, produtor e guitarrista da banda Jaya, que eu tinha produzido 20 anos antes. No final do show, ele me disse que teria que ir até o palco, onde Milton apresentaria a equipe inteira. Perguntei se eu poderia ajudar em alguma coisa na mesa, ele disse que sim, apontando para os *faders* de volume: "Essa é a voz do Milton, e esses dois são os canais da música pré-gravada de encerramento. Quando ele parar de falar, abaixa o microfone dele e aumenta o som da música de fundo". E foi assim que fiquei no comando da voz de Deus por alguns minutos. Definitivamente, não é para qualquer um. Mal sabia eu que teria a honra de tê-lo gravando vozes em algumas músicas minhas no ano seguinte, mas isso é outra história.

Agora deixe-me retornar a atenção para a Plebe, pois no fim de 2010 eu fui para Nova York mixar nosso DVD ao vivo com Kyle e pegar um frio desgraçado. Foi ótimo ver a turma do Daybreak de novo, inclusive pude presenciar meu ex-baterista pedir a namorada em casamento (os punks também amam!), em plena National Underground, a casa noturna em que Aaron tocou na mesma noite com um tímido Moby, na banda Little Death.

Como a gravação do áudio do show na Ermida Dom Bosco não ficou muito boa, tivemos que fazer alguns malabarismos para termos o som que eu imaginava, mas Kyle é um produtor e engenheiro excepcional, e fez tudo soar muito bem. A mixagem foi 5:1, mas sem pirotecnias. O *surround sound* limitou-se à ambiência e às palmas da plateia, ajudando na imersão do ouvinte.

O estúdio onde mixamos ficava num complexo na rua 44, num espaço dividido com o masterizador Howie Weinberg – você pode nunca ter ouvido falar dele, mas deve conhecer quase tudo que masterizou, como Black Crowes ("Southern Harmony"), The Cure ("Desintegration"), Nirvana ("Nevermind"), Metallica ("Master of Puppets"), Smashing Pumpkins ("Siamese Dream"), The Clash ("Combat Rock"). A lista é interminável. Howie estava ao lado masterizando o disco do Gorillaz e de vez em quando entrava no nosso estúdio e falava: "É, isso aí é a minha praia". Não tínhamos orçamento para ele, então trabalhamos com Matt Agoglia, seu assistente, outro masterizador de mão cheia. A partir daí, quase todo disco que eu produzi e gravei passou pela mão do Kyle e do Matt, o que facilitou muito o meu trabalho como produtor. Lembre-se, produzir é agregar talento.

Mix engatada, fui dar uma volta pelos bairros em que morei. Andando pelas ruas quase escuras com os carros passando – e estranhando como tinha me desacostumado do frio –, eu estava em paz com a minha decisão de ter voltado ao Brasil, onde me casei com o amor da minha vida.

O DVD saiu e foi muito bem recebido, puxado pelo release assinado por Jamari França: "Sem fazer concessões, a Plebe Rude vendeu 500 mil cópias de seus seis discos, tocou no rádio e se apresentou na televisão. Agora é a vez de lançar seu primeiro DVD com um resumo da carreira bem-sucedida mais a inédita 'Tudo que Poderia Ser'".

O incansável Marcos Bragatto escreveu no *Rock em Geral* que as belas imagens "apontam para uma Plebe crescida, madura e, mais do que isso, necessária ao rock nacional, numa época em que há carência de forma e conteúdo". O título da matéria? "Sem os dramas do passado." Eu não poderia estar mais de acordo. Creio que a crítica da *Gazeta do Povo* resumiu tudo: "O DVD é um alento para que não se contenta em viver absorvendo as migalhas musicais que a grande mídia impõe".

Durante a turnê de divulgação, tivemos a grata surpresa de saber que o CD do DVD foi indicado a um Grammy Latino. Me senti o eterno penetra de novo, já ensaiando minha resposta às pessoas que indagassem se ganhamos ou não o prêmio: "Foi uma honra ser indicado". Para piorar, alguns meses depois perdemos para o Caetano Veloso na categoria rock. Isso mesmo. Rock! Tem coisas que só acontecem comigo. Ah, perder um Grammy para o Caetano Veloso? Check!

Mas a vida continuava, e veio a hora de focar na trilha do filme *Federal*, de Erik de Castro. Fui chamado para fazer a direção musical, com trilha composta pelo competentíssimo Eugênio Matos. Durante a produção, participei de um debate no departamento de cinema da UNB e fiquei estarrecido com as perguntas dos alunos de cinema; *todas* sobre captação de recursos. Tive que interromper, daquele jeito bem Seabra, lembrar aos presentes que estávamos falando de arte e dizer que gostaria de ouvir alguma pergunta sobre processo, criação ou, quem sabe, roteiro. Pelo visto, *nada* havia mudado desde a década de 1970, quando o que importava para o cineasta, em muitos casos, não era seu talento, mas o acesso à verba, e essa nova geração queria saber o caminho. Aproveitei para lembrar aos futuros diretores e produtores o que sempre falava quando trabalhava num filme: planejem. É na hora da pós-produção que o dinheiro sempre acaba.

Com um orçamento de R$ 4,5 milhões, *Federal* foi rodado em 2006, na mesma época do filme *A Concepção,* de José Eduardo Belmonte, em que a Plebe está na trilha com "Seu Jogo". Como o cinema brasileiro é um navio grande, pesado e difícil de manobrar, demorou anos para ser lançado; quando finalmente chegou aos cinemas, o público já tinha visto "Tropa de Elite", que também tinha um policial com a esposa grávida à caça de um traficante, numa terrível coincidência com *Federal.*

"The Wake", versão do Daybreak para "A Ida", está na trilha e no trailer, que mais parece um videoclipe e ficou muito bom. No lançamento do filme no Rio, com a presença do ator Michael Madsen (o Mr. Blonde de *Cães de Aluguel,* de Tarantino) e de Eduardo Dusek, que fez o papel do traficante Beque, estávamos numa companhia curiosa. *Nosso Lar*, filme espírita baseado no livro homônimo psicografado por Chico Xavier, sobre um médico que morre e *acorda* numa colônia espiritual e passa a viver no além – mas não do ziriguidum –, concorreu no mesmo festival. Uma das atrizes de *Nosso Lar* sentou-se do meu lado na exibição de *Federal* e, depois do filme violentíssimo, com várias execuções e um tiro na cabeça do personagem vivido pelo Carlos Alberto Ricelli, ela estava chocada. Tentei amenizar as coisas e disse para ela ficar tranquila, pois nossos filmes eram bem parecidos. "Como assim?", indagou a atriz. "É que também morreu todo mundo."

De volta a Brasília, eu e André recebemos uma notificação para comparecer na CLDF, a Câmara Legislativa do Distrito Federal. Pronto, pensei. Agora sim vamos ser presos. Como diria o Renato Aragão: "É fria!". Demorou décadas, mas finalmente entenderam a letra de "Proteção". Não foi nada disso, muito pelo contrário. Fomos agraciados com o título de Cidadão Honorário de Brasília. Foi uma das coisas mais inusitadas que nos aconteceu. Não sabíamos se o título nos daria o direito de furar fila de cinema ou a chave do cofre do Banco Central, mas ficamos honrados pelo reconhecimento e realmente tocados com o discurso incisivo do deputado Prof. Israel Batista, que não falou apenas da postura política da banda, mas também da postura contra a comercialização da cultura no Brasil, citando a letra de "Minha Renda": "Estamos aqui hoje para homenagear a Plebe Rude pelos seus 30 anos e por seu disco de estreia, *O Concreto Já Rachou*, que completa 25 anos. Para isso, recebemos aqui, esta noite, os músicos Philippe Seabra e André X, membros fundadores da banda Plebe Rude. A obra deflagrada por grupos como a Plebe surgiu da necessidade de protestar contra um regime militar que podava a criatividade e a liberdade de seus jovens e contra o sistema de exclusão social em vigor no país".

Depois de recebermos oficialmente o título, toquei algumas músicas da Plebe na versão voz e violão. A sessão era pública, e havia fãs no mezanino, segurando cartazes e faixas. Depois de *tudo* que a banda havia passado para chegar naquele momento, eu não tinha como não ficar emocionado. No ano seguinte, a Academia Brasileira de Honrarias ao Mérito, entidade mantenedora da Ordem JK, nos convidou a receber a Joia de JK, a Cruz do Mérito Empreendedor Juscelino Kubitschek, considerada "a mais alta condecoração da sociedade brasileira no grau cavalheiresco de comendador".

Sei lá, as palavras "cruz", "condecoração", "cavalheiro" e, mais importante, "comendador", juntas na mesma frase, me lembravam o episódio *Homer the Great*, dos Simpsons, em que seletos moradores de Springfield, os *stonecutters*, parte de uma maçonaria secreta, descobrem que Homer é o seu messias, naquele clima de Rotary Club, em que *ninguém* sabe ao certo o que faz.

O evento de outorga foi realizado no Auditório Petrônio Portella, do Senado Federal. Portella foi presidente do Senado no governo Médici. Pera aí, Médici? Isso só pode ser sacanagem. Será que estão tentando nos ludibriar a sair do underground para nos prender? Só podia ser isso. Explique-me direito: uma homenagem do governo que criticamos tanto? Esmola demais até a Plebe desconfia... Como o auditório era o mesmo onde me formei na escola, e não um porão do DOPS, ficamos mais tranquilos. Sei lá, nesses anos todos deveríamos ter feito alguma coisa certa.

Comendadores Mueller e Seabra. Boa essa. Espera aí, cidadão honorário e comendador? Check. Check.

Em abril de 2012, a Plebe foi chamada para tocar na primeira edição do Lollapalooza no Brasil e foi a única banda brasileira convidada para o Lollapalooza Chile. Foi nossa primeira vez tocando no exterior, e aproveitamos para adaptar os títulos de algumas músicas para a língua local, "Protección", "Hasta Cuando" e minha predileta, "La Partida". Também foi a primeira vez de alguns membros da equipe fora do Brasil; não perdendo a piada, eu dizia: "Viu? Não falei que a terra era redonda?".

Foi um batismo e tanto para Marcelo Capucci, então efetivado como o novo baterista da Plebe. Eu o conhecera anos antes, ao produzir a banda Colina, mais pop do que o nome implica e extremamente competente, mas que infelizmente terminou no *dia* em que a masterização do primeiro disco chegou dos Estados Unidos. Nem todas as minhas intervenções psicológicas funcionam. Professor, diretor de escola, autor e ambientalista, ele era sub-baterista do Txotxa, e foi só uma questão de tempo pra assumir de vez as baquetas da Plebe, uma tarefa para poucos. Além de excelente baterista, sua personalidade combinava com a nossa, e Capucci encaixou na banda como uma luva, apesar de ser um flamenguista roxo. *Pitchka ti materina.*

No Chile, tocamos num palco lateral e falamos num portunhol sem-vergonha sobre as semelhanças entre as realidades chilena e brasileira, especialmente quando a Plebe se formou. A plateia respondeu positivamente e, mais importante, entendeu nosso senso de humor. Não tínhamos como negar de onde viemos, muito menos a realidade política do nosso país, que para nós sempre foi o ponto de partida para uma mensagem positiva e não um fardo pesado da militância.

Não teve preço ver a plateia cantando em coro "*es para su protección*!", na mesma praça do Parque O'Higgins que foi palco de tantas manifestações contra Pinochet. Naquele dia, a opressão ali era outra, o sol escaldante. Passei o show inteiro temendo que meu sistema Mesa Boogie, com suas 15 válvulas, explodisse. Já o Capucci, coitado, passou o show inteiro com o sol refletindo nos seus olhos pelos pratos, que pareciam que iriam derreter.

O problema com festivais desse porte é que, depois de algumas horas, os artistas saem de seus camarins para dar lugar a outros. Na edição brasileira, tivemos armários para guardar nossas coisas na antessala que dividimos com Foster the People e Thievery Corporation – banda de Washington com quem descobri que temos amigos em comum da cena local, além da mesma fonte de inspiração, o pós-punk. No Chile, depois de tocar bem cedo, tive que ficar o resto do festival segurando minha preciosa Gibson Les Paul Silverburst, apesar de a estrutura do backstage ser suntuosa, com open bar, mesas de pingue-pongue e até churrasco de ostra.

Sob o calor terrível de Santiago, concedi a entrevista provavelmente mais doida que já dei, em inglês, português, portunhol e francês, por conta do clima multicultural em que estava e, é claro, *la manguaça* – só cerveja para suportar aquele clima. Foi meu momento *ziriguidum do além,* mas, como canta Chico Buarque, "Deus nos permite na vida uma loucura".

A missão foi cumprida, e o primeiro show fora do Brasil foi um sucesso. Preocupado com minha guitarra, porém, tomei a decisão de aposentar a boa e velha Gibson Silverburst da estrada. Sim, ela... Fazia exatos 30 anos desde sua estreia fora de Brasília, no fatídico show em Patos de Minas. Depois de gravar uma dezena de discos, ser usada em centenas de shows e percorrer milhares de quilômetros, de rastejar do underground paulista ao nova-iorquino, de ser tocada por uma constelação de artistas, de Herbert Vianna a Celso Blues Boy, estava na hora. Citando a última frase de *Babe, um Porquinho Atrapalhado,* sobre o porco sonhador que ouvia *não* de todos, mas que provou ao mundo ser capaz, virei para a Silverburst ao pendurá-la no meu estúdio e disse: *"That'll do pig, that'll do".*

O ano era 1986, no auge da turnê *O Concreto Já Rachou*, voltamos a Brasília para tocar na lendária boate Zoom, abrindo uma exceção para a inclusão de uma matinê, primeiro show de rock para muitos dos dois mil jovens que lotaram o local e, como disse Humphrey Bogart na última cena de *Casablanca*, "o começo de uma bela amizade". O documentarista Vladimir de Carvalho, veterano de documentários como *Conterrâneos Velhos de Guerra* e *O Evangelho Segundo Teotônio*, estava lá.

Quando as bandas de Brasília estouraram nacionalmente, percebendo que o movimento não brotara de um vácuo, ele resolveu documentá-las – pena não ter sido antes, pois eu adoraria ter mais imagens dos primórdios da

Tchurma. Na Zoom, Vladimir e sua equipe filmaram a Plebe nos bastidores e no palco, e algo me incomodou durante o show. Sempre atento a tudo, percebi que a câmera estava focando um pouco além do normal na minha calça rasgada. Fiquei com raiva ao ver que, assim como os jornalistas de Brasília e as pessoas da Fundação Cultural, estavam tentando nos retratar como um bando de hipócritas, para desmerecer a legitimidade do movimento. Quem pensam que são esses meninos de classe média metidos a punk?

Vladimir acabou se encantando com a postura e a lucidez da rapaziada, levando em conta que um documentarista raramente tem controle absoluto sobre o destino de sua obra, que acaba tomando vida própria, a não ser que role alguma maldade na ilha de edição. As imagens daquele show ficariam guardadas por mais de duas décadas. Em 2009, Vladimir me ligou, dizendo que conseguira o financiamento para um documentário e queria nos filmar. Minha participação foi a que mais demandaria produção, não porque sou uma prima-dona, mas porque ele queria me levar, no ano seguinte, para captar a minha reação de volta ao local do crime... Isso mesmo, Patos de Minas.

Não gosto de dirigir em estradas brasileiras, sim, estou mal-acostumado com as freeways amplas e, mais importante, duplicadas dos Estados Unidos, então não fiquei muito feliz ao saber que iríamos de van de Brasília a Patos de Minas, e menos ainda pelas vias de mão dupla da época. Dentro da cabine foi montado um complicado sistema de câmeras e luzes, e dei ali a maior parte do meu depoimento – pelo visto, consegui disfarçar meu medo na entrevista. Uma segunda van transportou o restante da produção.

Seis horas de viagem e depoimento depois, chegamos a Patos no meio da madrugada e fomos para um hotel que, comparado às acomodações da minha ida anterior, parecia um palacete. Pela manhã, com a minha memória intacta, levei a produção para os locais exatos onde tudo ocorreu. Fomos ao Parque de Exposições Sebastião Alves do Nascimento, o Paiolão, onde, no ano anterior, Dinho, do Capital Inicial, havia caído do palco – realmente, o Paiolão não gostava do rock de Brasília. Eita lugar maldito, uai... O local estava exatamente como eu lembrava, com o acréscimo de camarotes em torno da arena e de anúncios dos patrocinadores dos eventos ali realizados, pintados à mão. E tudo continuava Patos, droga Patos, automecânica Patos, padaria Patos...

Bem na hora que as câmeras mostraram o estábulo que foi nosso primeiro camarim, um boi estava tentando montar em uma vaca e, uh, fazendo o que a polícia fez na época com a gente. Foi uma imagem mais que apropriada para lembrar o que tinha ocorrido naquele histórico final de semana. Depois fomos até a prefeitura, onde a prefeita e sua comitiva nos receberam – confesso que achei graça do contraste com a outra vez que estive lá e fui expulso da cidade pela PM. Tem coisas que só acontecem comigo. Obviamente não parei de fazer piadas a respeito, perguntei à prefeita onde ficava a saída mais próxima, caso o DOPS aparecesse, e se a comida da prisão local *ainda* era boa, daquele jeito Seabra que você conhece.

A visita não foi apenas cortesia. Sugeri recriar o show original, já que a Plebe estava em atividade, e Dado e Bonfá esporadicamente se apresentavam ao vivo. Quem sabe todos no palco poderiam tocar as músicas que deflagraram a confusão? A comitiva gostou da ideia, e os olhos da prefeita brilharam mesmo quando mencionei: "Olha, isso é uma pauta e tanto para o *Fantástico*". Pena que tudo que envolve o espólio do Renato é complicado, o que quer dizer, no linguajar da Legião, "Stop!". Tentamos localizar um dos PMs originais para entrevista, mas não conseguimos, pois tinham se aposentado ou falecido. Vladimir chegou a entrevistar um coronel das antigas, mas ele não se lembrava do incidente e limitou-se a concordar com a ação da polícia na época, repetindo como um mantra: "Liberdade é uma coisa perigosa".

O documentário *Rock Brasília – Era de Ouro*, estreou em 2011 na quarta edição do Paulínia Festival de Cinema. A convite do evento, *desci* para o interior de São Paulo. Eu ainda não tinha visto o cartaz promocional, quando cheguei para a exibição, percebi que estava pendurado por toda parte, com uma foto grande do Renato, uma minha no meio e uma menor do Dinho.

Ao ler a lista de participações, não vi o nome do André entre os membros da *Tchurma* e fiquei *muito* zangado. Tudo bem que os vocalistas naturalmente aparecem mais, mas senti que fotos dos compositores também deveriam estar no cartaz. André foi um dos alicerces dessa história toda e tinha que estar em destaque. Depois descobri que foi um lapso da produção no meio da correria.

Eu não sabia que o Caetano Veloso também tinha participado do documentário e achei engraçado o meu nome acima do nome dele. Pera aí, ter o nome num cartaz de cinema acima do nome do Caetano? Check!

Desci a escadaria do Teatro Municipal de Paulínia para ver o filme; ainda no escurinho do cinema fui abordado por uma mulher baixinha que tinha acabado de assisti-lo – cheguei para a segunda exibição. Com um sorriso quase tão grande quanto o gorro que usava, ela disse que tinha adorado a minha participação e que eu era muito carismático. E achou certeira a parte do papagaio. Papagaio? Que papagaio? Deu um beijo na minha face e saiu do cinema.

Só depois me toquei que a mulher estava ali divulgando o filme *Onde Está a Felicidade?*, do qual era roteirista, produtora e estrela junto com o marido, que coincidentemente tinha trabalhado no filme *Federal*, Carlos Alberto Riccelli. Espera um instante... Era a Bruna Lombardi! Quantas pessoas você conhecem que foram beijadas pela Bruna Lombardi *sem* saber que era (imitando o inimitável Agildo Ribeiro) a *Bruuuna*? Check!

Ah, sobre o papagaio: trata-se daquela vez que vi os Titãs fazendo playback num programa de televisão da Globo ao lado de um papagaio falante cujo nome nunca consegui descobrir. Cito isso como meu momento *holy fuck* da volta ao país, quando percebi que os moldes de divulgação não tinham mudado depois de tantos anos e que, consequentemente, a Plebe estaria ferrada. No ano seguinte, encontrei o Toni Bellotto e perguntei se tinha ficado chateado com o depoimento. Ele disse que não e que concordava comigo, o esquema de divulgação no Brasil era uma merda mesmo. Ufa. A Plebe ainda tinha menos membros que os Titãs, e poderíamos todos apanhar. Pensando bem, tínhamos o Clemente. Acho que não apanharíamos, não. Ele vale por dez. É o Chuck Norris tupiniquim!

Rock Brasília – Era de Ouro, ganhou o prêmio de melhor documentário em Paulínia, e no dia seguinte, Briquet (pai dos irmãos Lemos), D. Carminha, Carmem Teresa, Vladimir e eu participamos de uma coletiva. Falei que tinha me esquecido de quantos dramas as bandas enfrentaram e tracei um paralelo entre a música e o cinema, uma empreitada igualmente dramática no Brasil. "A diferença do drama no rock é que o orçamento é *bem menor*, então é mais fácil resolver." Pensando bem, no caso das bandas da *Tchurma*, nem tanto. O documentário retratou esse drama todo.

Quando Briquet, com seu inseparável chapéu Panamá depositado sobre a mesa, pegou o microfone, a primeira coisa que disse foi: "Eu prometo que eu não vou chorar". É que na última entrevista do filme, ele se emociona ao falar dos filhos – eu estava sentado ao seu lado quando vimos a cena pela primeira vez. Para risos gerais, ele contou que Fê tinha destruído a capacidade auditiva dele, da esposa Lúcia e dos vizinhos da Colina, martelando incessantemente naquela "bateria horrorosa, que já era uma bateria usada e quebrada". E confidenciou que a bateria Premier comprada em Londres, que substituiu a antiga e se tornou fundamental para o rock de Brasília, entrou no Brasil por intermédio de um amigo no Itamaraty. Hmmmm... Isso me soava familiar. Mesmo não tendo perspectiva alguma de aquilo tudo virar o que virou, ninguém pode dizer que os nossos pais não nos apoiaram. Definitivamente, Brasília ser a sede do Itamaraty e das embaixadas também ajudou.

A estreia no Rio, em outubro de 2011, foi no cinema Kinoplex, com a imprensa se aglomerando para entrevistar a mim, o Dado e o Bonfá. Já a produção do *Fantástico* me pediu gentilmente para sair, pois queria entrevistar somente os remanescentes da Legião, embora minha foto estivesse no centro do cartaz, ao lado do Renato. Tem coisas que só acontecem comigo. *Plim-plim ti materina!*

Em São Paulo, na coletiva depois da exibição exclusiva para a imprensa, eu e Dado éramos os únicos da *Tchurma*. Uma das perguntas foi sobre a ausência do Negrete no filme. Como ele entrou no finalzinho do segundo tempo dessa *era de ouro* (na véspera da gravação do primeiro disco da Legião), ele não contribuiu muito. Quando perguntaram por que ele tinha saído da Legião, até eu, que vi de perto que aquela história não acabaria bem, me espantei com a resposta do Dado, que disse: "Ele é louco".

Lembrei de toda a maconha com a qual tive que lidar e me bateu uma raiva repentina. Eu não precisei lidar com a loucura dele, longe disso, mas coisas assim puxaram toda a caravana pra trás – segundo estatísticas, mais de 27 milhões de pessoas no Brasil são afetadas pelo vício em algum tipo de substância. Atenção para a palavra *afetadas*, vulgo vício de um membro da *família*. Uma banda é uma família, e eu me considero dentro dessa estatística, mesmo depois de tantos anos.

Biografias de rock'n'roll são divertidas por natureza; entre a lenda e a verdade, publicar a lenda sedimenta ainda mais o espírito bad boy do estilo. Relatos de abuso de substância, épicos ou não, até são divertidos quando romantizados. Os biógrafos, porém, esquecem de incluir um pequeno detalhe: as pessoas em volta afetadas pelo vício dos outros, familiares devastados, amigos preocupados, companheiros de trabalho consternados.

Por causa do impacto que isso teve indiretamente na minha vida, não acho graça nessas histórias que permeiam o hall da fama do rock, desde Elvis e suas bolinhas, Keith Richards misturando as cinzas do pai com cocaína, o baixista do Mötley Crue acordando com uma seringa de heroína no braço até o mega-produtor Nile Rodgers tendo oito paradas cardíacas depois de uma overdose. Esses aí, com exceção do Elvis, deram sorte. Nas palavras do Lemmy, do Motorhead, o segredo era "não morrer". Se ao menos fosse tão simples.

Não sou moralista nem estou aqui pregando. Tenho o direto de não gostar e tenho experiência para falar disso com autoridade. Lembram do hino dos maconheiros que a Band usava como trilha do Homem-Berinjela – "Because I Got High", do Afroman? Maconheiro fumando e cantarolando essa música é quase tão idiota quanto candidatos republicanos usarem "Born in the USA" como tema de campanha. Se na música do Bruce Springsteen o refrão aparentemente ufanista não traduz o que os versos dizem, da brutalidade da Guerra do Vietnã à amarga realidade dos veteranos, a canção "Because I Got High" é um relato devastador de um cara que arruinou sua vida por causa de maconha.

Começa com o narrador não se importando com nada, a não ser enrolar outro baseado; depois ele vai arrumar o quarto, mas não encontra a vassoura; o quarto permanece desarrumado, e ele sabe por quê: *"Because I got high, because I got high, because I got high (la-la-ta, ta-ta-ra-ra)"*. Ele tem que repetir um semestre na faculdade pelo mesmo motivo, é despedido do trabalho e tem que virar traficante. Por quê? *"Because I got high, because I got high"*. Ele esquece de pôr uma camisinha pelo mesmo motivo e, quando vai ao tribunal pagar pensão alimentícia, vê o salário inteiro tomado pela justiça, sabe por quê? *"Because I got high, because I got high"*. Fugindo da polícia, se acidenta e fica paraplégico, e ele sabe por quê: *"Because I got high, because I got high"*. Pois é... Engraçado pra cacete.

Claro que isso é um extremo, e não estou querendo soar como aqueles evangélicos que espalharam outdoors em Imperatriz quando fomos tocar no Maranhão, em 1989, dizendo que o rock levava às drogas, a destruição e ao *ziriguidum do além*. Mas eu vi em primeira mão o que o *excesso* fazia, vi Negrete aos poucos começar a demonstrar um certo desequilíbrio. Se é pobre, é loucura. Quando se tem dinheiro, é excentricidade. E ninguém discute excentricidade.

Eu havia encontrado Negrete na minha volta ao Brasil, no final de 2001, passando som numa tentativa de retorno do Finis Africae. Ele tinha sido chamado para tocar baixo, e fiquei feliz ao vê-lo na ativa, sei muito bem o que é ficar longe do que se ama fazer. Ele sentou-se do meu lado e perguntei: "E aí, cara, como você está?" Fui imediatamente jogado para o passado, no Rio, em 1986, no apartamento compartilhado dos primórdios da vida carioca da banda. No meio de uma nuvem de fumaça, perguntei a mesma coisa, e ele me disse que estava lendo um dicionário. "Dicionário?" "Sim, afinal eu toco com o Renato, tenho que acompanhar, né?". Me dava pena.

Agora, não pensem que a *alface do diabo* prostrava Negrete e a esquadrilha da fumaça da Plebe. Eles eram ativos, muito ativos. Andavam de bicicleta, surfavam, não ficavam quietos. E levavam restaurantes de buffet à falência – ainda acho que foram eles que faliram o Filé e Folhas no Jardim Botânico. Contudo, eu percebia um elemento de depressão ali. E grave. Se você ao menos soubesse quantas vezes ouvi "minha vida está uma merda" entre uma tragada e outra de alguns integrantes daquela turma.

Quando se fuma naquela quantidade o tempo *inteiro* desde os 13 anos, um grau elevado da toxina precisa estar no corpo para se estar *apenas* normal. Para ter efeito, uma quantidade bem maior era necessária, vide o *excesso* do qual fui testemunha involuntária por anos e anos.

Maconha é a droga da paz, não? Tá bom. Tire a maconha de uma banda de reggae durante um mês inteiro para você ver a *paz* que reinará. Rasta man!

Tudo em excesso faz mal. Amor demais faz mal, oxigênio demais faz mal, até Kevin Costner demais deve fazer mal. Se as pessoas procuram um tipo de equilíbrio com drogas, então *equilibrem,* porra. Recreacional tudo bem (contanto que não seja oriunda de tráfico, mas isso é outra discussão), mas o tempo *inteiro?* O dia *inteiro*? A semana *inteira*? Que *mierda* de existência. Quem sabe esse *equilíbrio* tivesse dado mais vida útil à formação origi... ah, esquece. Já foi.

Enfim, em 2001 o Finis Africae, com os originais Eduardo de Moraes no vocal e Ronaldo Pereira na bateria, estava apostando que a entrada de Negrete fosse boa para a visibilidade da banda. Afinal, era o cara da Legião, isso ninguém tirava dele.

"E aí, cara, como você está?", perguntei, sentado ao seu lado. "Eu estou bem", respondeu rapidamente, olhando pra frente e balançando a cabeça afirmativamente. "Que bom. Faz tempo que a gente não se...". Ele me interrompeu, repetindo "eu estou bem" cinco vezes, ainda olhando pra frente e ainda balançado a cabeça. Não falou mais nada.

O Finis começou a fazer shows com o baixista, mas Negrete não estava bem, processando os remanescentes da Legião, desgastado pelas drogas e tomando anabolizantes. Além de não falar coisa com coisa em certos momentos, ele estava tocando mal, e sua participação no Finis não durou nem dez shows. Num deles, abrindo para o Capital, no Ginásio de Esportes, em Brasília, o público respondeu entusiasticamente à sua presença, mas, quando o grupo tocou "Que País É Este", justamente porque o cara da Legião estava no palco, levou bronca da produção, pois a música estava no setlist do headliner.

No debate após a exibição do documentário *Rock Brasília* em São Paulo, perguntaram mais de uma vez sobre o Negrete. Ninguém sabia ao certo onde ele estava, e volta e meia pingava um relato de alguém que o tinha visto catando lata na rua, no centro do Rio, coincidentemente na Lapa, e bem ao lado do Circo Voador, onde tudo começou. Catando lata?

A verdade veio à tona em 2012, numa reportagem do programa *Domingo Espetacular*, da Rede Record. E foi devastadora, confirmando que Negrete estava morando na rua. Sentado no chão, em frente a um banco, à noite, ele foi abordado pela produção, que tinha recebido a informação de seu paradeiro por um fã. Ele parecia confuso. O mais triste é que na cabeça dele aquela talvez fosse apenas mais uma entrevista de banda que estivesse dando, enquanto andava com uma sacola de lixo contendo os seus pertences e uma trilha sonora de fundo melancólica, *pitchka ti materina*. Televisão, né? Sabe como é...

Fui entrevistado para aquele programa e me senti na obrigação de defender a Legião da acusação de descaso, dizendo: "Os amigos já tentaram de *todas* as maneiras possíveis chegar nele e não adiantou... Coisas de showbiz, um pouco triste não ter aproveitado esse bilhete de loteria". Muitos da *Tchurma* tentaram ajudar, a banda também, mas, se a pessoa recusa incessantemente, fazer o quê? Eu já tinha visto um caso muito parecido com alguém das adjacências da *Tchurma*, inclusive a música "O Grande Vazio", do Escola de Escândalo, é justamente sobre isso. Mesmo tendo família preocupada e com condições, tem gente que não consegue, e muitas vezes nem quer, largar o vício. A reportagem chegou a levar Negrete para a Clínica Jorge Jaber, no Rio, para tratamento, e ele foi recepcionado por dependentes químicos tocando Legião. Como a própria reportagem narrou, a alegria durou pouco, e ele resolveu não ficar.

No ano seguinte, Negrete foi convidado para fazer uma aparição no especial *Renato Russo Sinfônico*, no Estádio Mané Garrincha, em Brasília, um projeto antigo que o Renato desejava fazer com o maestro Silvio Barbato e que, quase 20 anos depois, teria a regência de Claudio Cohen, o mesmo maestro que regeria em alguns anos a sinfônica para um show ao vivo da Plebe. Sim, a música pode ter um poder curativo, mas ali era um paliativo. No final do show ele foi chamado ao palco, puxou os versos de "Monte Castelo" e cantou "Será" com outros convidados. O espólio bancou o tratamento dele, que daquela vez ficou numa clínica. Por mais altruístico que fosse, não tinha como não parecer um leve tom de provocação, mas fizeram o que podiam, e se nem da própria família o Negrete aceitava ajuda... Ele reagiu bem àquele tratamento, mas, dois anos depois, foi encontrado morto no Guarujá, sozinho, num quarto de hotel, vitimado por uma parada cardíaca.

Fico com a imagem dele de uma festa em Brasília, antes dessa loucura toda de fama, dançando punk iugoslavo com os braços fortes cruzados na horizontal, agachado, com as pernas se alternando à frente, como um cossaco comemorando a morte do czar. E tem uma história dele que adoro contar. Na época da esquadrilha da fumaça lá em casa, pela névoa podia-se ver uma luz. Era a TV, com um comercial do novo sabor do Toddynho – morango. Um gênio parecidíssimo com o Negrete aparece e pergunta o desejo a um sujeito, que, em vez da paz mundial, do fim da miséria ou que o disco solo da Yoko Ono tivesse um lado apenas, pede um Toddynho sabor morango. Com os braços grossos como os do Negrete cruzados na horizontal, o gênio atende o desejo; ao provar o Toddynho, o sujeito se espanta com o sabor. Em close, o gênio se inclina à frente, esbugalha os olhos e fala: "Tem sabor de morango *MESMO!*".

Sempre que eu encontrava o Negrete, pedia para ele imitar o anúncio; sem perder o compasso, ele cruzava os braços e dizia: "Tem sabor de morango" – e, esbugalhando os olhos – "*MESMO!*". Ah, como eu ria. Descanse em paz, cara. Na verdade, ele não participou do documentário *Rock Brasília – Era de Ouro*, em parte porque não foi encontrado pela produção. Infelizmente sabemos o porquê.

Em Brasília, o documentário abriu a noite de gala do 44º Festival de Cinema, na Sala Villa Lobos. O primeiro da *Tchurma* a chegar na grande tela dos festivais de cinema fui eu, que 21 anos antes concorri ao Candango (o nome da estatueta) pela trilha do curta-metragem *O Vendedor* – foi uma honra ser indicado. Dessa vez, *todos* estavam na grande tela. Quem diria?

No palco, o produtor Marcos Ligocki deu um discurso sobre a atemporalidade da Legião, o êxito do DVD do Capital Inicial, e a recente indicação ao Grammy Latino do DVD da Plebe, feitos notáveis de uma trajetória iniciada há 30 anos. Na exibição, o então governador (não *aquele* que foi preso) sentou-se na minha frente, se disse um fã da Plebe e afirmou que se inspirava muito nas letras da banda. Fiquei honrado e constrangido ao mesmo tempo, se isso é possível. Havíamos nos encontrado pouco tempo antes, num evento no Museu da República, e, ao sentar-se à mesa na frente do auditório com alguns jornalistas e produtores culturais locais, o governador deu um discurso enorme enaltecendo a Plebe e sua importância para a cidade e para a música moderna nacional, deixando-me – o que é raro – constrangido. Afinal, não é todo dia que a situação elogia a Plebe.

Não foi só por isso o meu constrangimento. É que rolavam uns boatos sobre desvios na reforma do Estádio Mané Garrincha. O superfaturamento teria elevado o valor da obra de 800 milhões para até dois bilhões, os números divergiam, ninguém sabia ao certo. Em 2017 esse governador seria preso, junto com outro ex-governador, aquele mesmo que, anos antes, então candidato, havia me ligado cobrando explicações sobre sua inclusão no discurso durante "Voto em Branco". Tem coisas que só acontecem comigo. Aviso novamente aos políticos: sou pé-frio. Não se metam comigo, senão vocês vão presos.

O documentário encerrou a trilogia de filmes de Vladimir Carvalho (que eu carinhosamente chamava de Mano Vladimir) dedicados a Brasília. A Plebe estava bem representada, se bem que poderiam ter colocado cenas do nosso DVD que já estava pronto. Agora podíamos focar no novo disco da Plebe, já que a turnê *Rachando Concreto Ao Vivo* chegou ao fim. Então o telefone toca. Pera aí... Outro filme?

"Não há filmes bons e ruins, somente diretores bons e ruins."
— François Truffaut

Corta! Corta! Levantando os braços como o diretor francês François Truffaut em *A Noite Americana,* parei a produção cinematográfica de 6,4 milhões de reais. Todo o elenco me olhou. A equipe me olhou. O diretor também se espantou, mas assentiu levemente com a cabeça e permitiu que eu continuasse. Eu falava com autoridade, pois a cena que estava sendo filmada era a recriação de um momento no espaço-tempo de Brasília pelo qual fui diretamente responsável.

Era o show de 1983 em cima de um caminhão, na lendária lanchonete Food's, revivido para a cinebiografia do Renato Russo, *Somos Tão Jovens*. Tudo bem que o local era diferente, já que a locação original tinha virado uma academia de ginástica de playboy. Em vez da lanchonete original, a cena foi rodada na lateral do Cine Brasília, que ainda mantinha a fachada original de tijolinhos vermelhos do Food's e também foi palco de inúmeras idas e vindas da *Tchurma* em busca do novo.

Algo estava errado. Os atores coadjuvantes dançavam e cantavam como se estivessem atrás de um trio elétrico, abraçados e pulando horizontalmente em fila, indo para um lado e para o outro, numa mistura da dança do siri com *pitchka ti materina*. "Tá tudo errado", falei, dando bronca em todos. "Lembrem-se, o ano é 1980, vocês *não* conhecem a música, estão estranhando esse som agressivo e *nunca* tinham visto punks na vida." O diretor havia me dado carta branca para dar uns toques. Quem mandou? Esse show também não foi com o Aborto, que já tinha acabado, mas tudo bem. A magia da sétima arte está aí pra isso.

A ideia desse filme era antiga, mas nenhuma produtora gostara do roteiro anterior. Uma das críticas recorrentes era o exagero de citações de artistas e livros do mundo do Renato. O título original, *Religião Urbana*, também não ajudava. Eu havia conhecido o diretor Antonio Carlos da Fontoura algumas semanas antes num sushi bar, por coincidência em frente ao estacionamento onde os playboys quase aniquilaram os punks 28 anos antes. Agora aquela história toda estava virando filme. Sugeri pontas com os membros da *Tchurma*, e, no caso da Plebe, nada mais apropriado que eu e André vivêssemos os policiais que prenderam a Plebe e a Legião em Patos de Minas. Como André não pôde ir, coube a mim fazer o papel do prefeito da cidade, o que deu ordem de prisão àquele bando de punks insolentes. Boa essa, o papel da minha vida! Bando de vagabundos! Espera aí, ser nomeado prefeito de uma cidade com mais de 150 mil habitantes? Check!

A produção de *Somos Tão Jovens* não queria complicações com o espólio do Renato, então, entre um harumaki e um niguiri, fui gentilmente lembrado de não exigir muita coisa para não ser cortado da história. Cacete, *de novo* alguém querendo excluir a Plebe de sua própria história? Dá para imaginar a minha raiva. Pense rápido, Seabra... Como garantir que tudo fosse contado da maneira mais real possível e zelar pela participação da Plebe? Junto com um gole de saquê, que nem gosto muito, engoli quieto. Ao menos não tive que inalar e virei consultor – semanas depois, quando Zeca Camargo foi cobrir a filmagem para o *Fantástico,* fui apresentado como *o cara da Plebe* e "uma espécie de consultor do filme".

Quase me arrependi. Todo dia iam ao estúdio tirar uma dúvida de figurino, cenografia ou produção, exceto a produção da trilha sonora. Recebi o roteiro e fiz correções com uma caneta vermelha, todo contente, com a ideia de tornar esse filme o nosso *24 Hour Party People*. O próprio Renato sempre falava "ainda vão filmar a história dessa turma". Convenhamos, para esses ajustes, ninguém mais adequado do que eu.

Não, não foi assim... Aqui o Pretorius fez isso, não aquilo... Não, o Renato foi na casa do André chorar as mágoas... A música tocada nesse show foi essa, não aquela... Não, essa música foi do Renato... Mas no meio da leitura, parei. Coloquei a caneta em cima do roteiro e fui dormir. Era só gentileza por parte da produção. O roteiro estava fechado, e começariam a filmar nos próximos dias. Mas não foi pura perda de tempo – escrever "Tempo Perdido" aqui seria um pouco clichê. Pude contribuir minimamente para garantir fidelidade aos fatos e ao papel da Plebe nessa história toda.

Na primeira reunião no meu estúdio, o diretor disse que o Dado tinha recomendado quem deveria fazer a trilha, e fiquei muito feliz com o prospecto. Com a minha bagagem de cinema, e por termos feito juntos nossa primeira trilha sonora, para *O Desaparecimento de Honorato Subrac*, mais de 20 anos antes, imaginei que meu nome estaria no topo de uma lista bastante curta. Além disso, foram o Renato, o André X e eu que escrevemos o grosso das músicas dos primórdios de Brasília até 1983. Quem mais poderia retratar aquela época e garantir sua tosqueira extremamente charmosa? Isso mesmo! O *cara da Plebe!*

Eu estava cheio de ideias. Além de músicas do pós-punk inglês que nos embalaram escolhidas a dedo, a trilha sonora evoluiria com o Renato, começando propositalmente amadora e se refinando junto com a evolução dele como compositor. Imagine o filme abrindo com o dedilhado de "Tempo Perdido" numa gravação caseira e com a letra original e terrivelmente amadora de "Gente Obsoleta". O desabrochar do Renato seria acompanhado pela trilha sonora. Genial, não? Não... Não foi eu que o Dado recomendou. *Pitchka ti materina!*

Tudo bem, desde que tratassem com carinho a história da Plebe naquela saga. Foi aí que eu soube que os atores estavam ensaiando num estúdio na Asa Norte. Pera aí. Ensaiando ou encenando? Fiquei preocupado, e com razão, pois os atores tocariam de verdade. Cacete. Os acordes em pestana da Legião, ainda mais daquela época, e os do Aborto qualquer um toca – é a parte da magia do punk –, mas tocar Plebe? O Brasil inteiro veria esse filme, e para nós seria um desastre. Tem coisas que só acontecem comigo. *Pitchka ti materina!*

Descendo a rua do Fê a pé, pensava no quanto Brasília tinha mudado. Não necessariamente no Lago Norte, que ainda mantinha o charme de outrora. Aquele nível de qualidade de vida, em parte, foi obra da minha mãe, que conseguiu manter o comércio fora da proximidade das áreas residenciais. A arquitetura das casas da década de 1970 ainda predominava, mas, de vez em quando, por trás dos arbustos ou dos cafonas muros de vidro, despontava uma ou outra casa moderna, com telhados exageradamente altos, num estilo que eu chamo de *nouveau riche lacustre*.

Trinta anos depois, eu estava na mesma rua do primeiro ensaio da banda, mas em vez de alguém do meu lado fumando maconha, prendendo o fôlego e ficando vermelho, me vi entre caminhões, gruas, vans e trucks de catering. Foi um momento curioso na minha vida. Minha esposa estava grávida do nosso primeiro filho, a Plebe estava preparando o nono disco, a profecia do Renato de que um dia fariam um filme sobre a *Tchurma* tinha se materializado, e eu estava virando personagem de cinema. O ator que fez meu papel se chama Victor Carballar, um jovem paraguaio-brasiliense, típico daquelas junções ímpares bastante comuns na capital federal – eu tinha pedido o Gianecchini, mas estava valendo. Espera aí, virar personagem de cinema? Check!

A produção estava por filmar uma cena importante, que mobilizaria toda a equipe e quase todo o elenco. A casa do Fê tinha se transformado num grande set de filmagem para a recriação do show particular montado para o Hermano Vianna, de onde sairia a matéria na *Mixtura Moderna* que mostrou o rock de Brasília pela primeira vez para o Brasil, em 1983.

Seria a única aparição ao vivo do Capital no filme, tocando "Música Urbana", do Aborto. Alá é testemunha, para garantir o teor punk, sugeri uma de próprio punho da banda, mas a produção achou melhor ir mesmo com uma canção do Renato que já tinha sido ensaiada. Um palco foi montado no gramado e, comparado com o que fizemos para o Hermano, parecia o *Live Aid*, pois os shows originais da *Tchurma* foram em frente à churrasqueira, ao lado da sala de ensaios de onde saiu tudo aquilo, sem palco, sem estrutura... Sem nada, na verdade.

Pedi para manterem o meu personagem tão *careta* quanto eu era, e a produção encontrou uma garrafa de guaraná Brahma da época para ficar na *minha* mão, enquanto assistia ao show. O que você falaria para o seu eu de 14 anos de idade, se tivesse a chance? Eu estava encontrando o meu *eu* do passado, e, se você acha que meu primeiro impulso seria dizer "aceita o convite do Renato", está errado. Eu teria somente três conselhos para dar ao meu jovem eu: não invista em ações da VASP, não aposte *contra* os Harlem Globetrotters e pegue leve no chocolate, ele vai te alcançar um dia. É claro que eu não parava de fazer piada a respeito, ainda mais porque o ator que me interpretava era um autêntico *mini-me*. Tudo bem que o Victor é *bem* mais baixo do que eu, mas creio que isso ajudou na carcaterização da jovialidade da *Tchurma*.

Meu figurino, meticulosamente recriado, foi aquele imortalizado no encarte de *O Concreto Já Rachou* (aproveitada para a capa desse livro): coturno do exército, pano quadriculado *escocês* vermelho subindo a perna, calça jeans rasgada, camisa social do Gang of Four pintada à mão e, claro, a gola rolê, ou melhor, *dickie*, como é conhecida no Velho Mundo. A camisa com a frase *Enforquem o Fábio Jr.* foi recriada para o personagem do André, vivido pelo ator Kael Studart.

Antes da filmagem, sentei-me com os atores na varanda da casa do Fê e passei a minha experiência. Nós éramos punks, mas não filhos de ministro como os punks paulistas nos chamavam, e sim filhos de acadêmicos, com um ou outro filho de diplomata – e um ou outro *figurante*. O que servia de liga – além da música, é claro – é que *todos* tinham uma baita curiosidade intelectual. E isso fazia *toda* a diferença do mundo.

Deixei bem claro que não era um filme com estereótipos como o do Cazuza. Ninguém na *Tchurma* colocava a língua pra fora fazendo sinal do diabo e dizendo "sex, drugs and rock'n'roll". Bem, quase ninguém. Não falávamos gírias, a não ser *cara*, e 3/4 de cada banda tinha morado fora e falava uma segunda língua. Isso foi bem representado numa cena com a atriz Laila Zaid, que interpretava Ana Cláudia, uma mistura fictícia de várias amigas – ou amigos, quem sabe – do Renato: quando ela pronuncia algo em francês, o Renato interpretado por Thiago Mendonça, num momento caricaturalmente afetado demais, diz: "Pra quem morou dois anos em Paris com papai de adido militar, até que tua pronúncia tá bem fraquinha". "Ah, é que se falar muito certinho fica parecendo *snob*", responde ela. Boa essa. Como o português não é minha língua nativa, até hoje me policio ao mencionar algo em inglês. Se falar muito certinho, fica parecendo *snob*, sabe.

Semanas antes, quando soube que o ator Sérgio Dalcin, que fez o papel do André Petrorius – chamado de Petrus –, filmaria em Brasília, exigi falar com ele. Fui com minha esposa para a Asa Norte, onde recriaram o Bar Cafofo, local em que o Aborto e a Blitx 64 praticamente começaram, tocando no porão, e vi o Victor (ou melhor, eu) usando um quepe da PM e batendo um papo com o Nicolau, filho do Dado, que interpreta seu pai. Apontei para o Victor de longe e disse para a minha esposa, com o Philippinho no forno: "Olha eu ali com a vida inteira pela frente". Uma sensação realmente estranha.

Quando fui apresentado ao Sérgio, com os cabelos tingidos de loiro, dei um forte abraço e falei que o Petrorius teria ficado feliz. Ele ficou bastante emocionado. Tudo bem que o ator tinha metade do tamanho dele, que era *enorme*, mas foi difícil eu não me emocionar. Fazia 23 anos da morte do Petrorius, que não apenas teve impacto na minha vida e no rock de Brasília, como era o melhor amigo do André X. No filme, essa inevitável influência na Plebe foi retratada no final da primeira apresentação do Aborto, quando Petrus sangra a mão por tocar sem palheta. Um personagem meio curinga de um futuro integrante da Plebe, vivido pelo ator André Carvalho (creio que seria uma mistura de Gutje e Ameba), se vira para o André no meio da plateia e diz: "Amanhã vou comprar minha guitarra, e você se vira e compra seu baixo". "Mas eu não sei tocar!", ele responde. "Nem eles!" Assim, em película, com uma *baita* licença poética, nascia a Plebe. OK, essa eu deixo passar.

Por outro lado, havia uma cena com o Petrorius com a qual eu tinha implicado desde que li o roteiro. Ao voltar para o Brasil depois de servir no exército sul-africano, Petrus é questionado pelo Renato se ainda estava tocando e se sentiu falta dos amigos. "Não", ele respondia, mostrando um caixinha com uma seringa dentro. "Encontrei um novo amigo." Aquilo era pessoal pra mim, e pedi que fosse tirado do roteiro. Tudo bem, algumas pessoas da *Tchurma* usam o passado drogado como medalha de honra, mas eu não queria que o nosso amigo fosse lembrado dessa maneira. A cena foi filmada, mas não entrou no corte final, creio que mais por recomendação da distribuidora do que pela minha reclamação. Ainda bem. Petrorius era um doce de pessoa, um meninão, que infelizmente, e num breve período da sua vida, aprendeu o que era certo com as pessoas erradas. Descanse em paz, *my friend.*

"Porra cara, a Plebe Rude está detonando, é a segunda vez que eles estão tocando porque você desapareceu!"
– Bruno Torres, no papel de Fê Lemos

A cena do show em Patos de Minas foi filmada em Paulínia, interior de São Paulo, cidade que estava se tornando um polo de cinema graças às leis de incentivo e ao apoio do governo a produções nacionais. No papel de prefeito da cidade, com uns óculos kafkianos e um terno cinza-azulado burocrático, eu era reverenciado pelos atores e coadjuvantes que compunham a multidão na Festa do Milho, inclusive uns forasteiros recém-chegados de ônibus, numa mesa de bar. Sim, eles mesmos, os membros da Legião e da Plebe. Quero dizer, todos reverenciavam o prefeito, menos um. Com o Victor Carballar me chamando de pai – "Ih, olha meu pai" –, eu tentava segurar o riso e fazer de minha estreia como ator uma tremenda *canjica. Pitchka ti materina!* Não me faça sair do meu personagem! Tem coisas que *só acontecem comigo.* Logo eu, que nunca sacaneava ninguém, estava sendo sacaneado por *mim mesmo*! Isso pode fundir com a cabeça de qualquer um...

E, pela *primeira vez* na história do cinema mundial, um coadjuvante pediu para *não* ter fala. Se mal consigo cantar algo que outra pessoa escreveu, avalia ter que interpretar um texto como o do Thiago quando briga com o pai do Renato e ambos capotam sob um sofá – algo que o Renato *jamais* faria:

"Pô pai, que merda de país é este?" (Você tem que ver o Clemente imitando essa cena.) Não tem Lawrence de Olivier que consiga fazer isso soar bem.

O palco e as caixas de som foram montados no meio de um parque de exposição em Paulínia, numa recriação assustadoramente fiel do lugar que os fãs da Plebe e da Legião tinham no imaginário somente pelas fotos originais tiradas por mim. Desci até o palco, passei a mão sobre a madeira do tablado e sussurrei baixinho: "Então nos encontramos de novo".

Acompanhei todas as cenas do dia, inclusive aquelas em que membros das bandas andam pelo parque de exposição comigo, quer dizer, com o Victor, tossindo e balançando a mão na frente da boca para dissipar a fumaça da *alface do diabo* que o Renato fumava, num prenúncio da minha vida na formação original da Plebe. Na cena em que todos experimentam uns cogumelos (feitos de marzipan), eu preferiria que meu personagem não participasse, mas o Victor participa da *degustação* – mostrada somente de relance, então tudo bem. Se você está exausto com as minhas divagações nesse livro, me imagine sob o efeito de alucinógenos. Deus me livre. De qualquer jeito, estavam filmando a história do Renato, não a de "Philippe F., drogado e prostituído".

Na cena da *Plebe* no palco, *André* chama os PMs de *pato*, e *eu* imito um pato no microfone (como no show original). Tentei convencer a produção de filmar a Plebe tocando os instantes finais de "Voto Em Branco", que, junto com "Música Urbana II", causou a confusão com a polícia – a música prevista no roteiro era "Brasília", que nem havia sido escrita. A produção musical vetou, o que não fez muita diferença, pois, entre as dezenas de cenas cortadas do filme, estava a da Plebe ao vivo em Patos.

A cena que revive a estreante Legião no palco logo de cara perde *todo* o charme tosco da época. Assim como no show original, o guitarrista Paraná sola além do que a música pede, e foi bom ver esse cuidado da direção. Porém, quando o ator que interpreta o Paulista está em pé atrás de um teclado vintage da Roland, não tem *nada* a ver com os fatos originais, pois ele carregava o teclado no colo. Mesmo com o valor sentimental de ter aquele raro teclado eternizado em película, se a produção se deu o trabalho de recriar o palco da época, não entendo por que deixou passar esse detalhe. Preciso soletrar? Um cara com cabelos compridos e óculos de John Lennon, tocando "Que País É Este" num tecladinho no colo é engraçado pra cacete! É classico, é ouro! *C'est d'or!* Como foi, na verdade! O que Truffaut teria feito?

Encarnando o meu personagem de prefeito da cidade, nessa mesma cena fiquei horrorizado com o que vi, e a gota d'água veio quando aquele *perneta franzino, sapo barbudo, leite azedo, gato molhado, quatro-olhos* de Brasília que estava no palco não só profanou o Hino Nacional, incluído naquele ruído desagradável, como errou a letra da canção que permeia os anseios da população, do pendão da esperan... Calma Seabra, não precisa mergulhar *tanto* no personagem, é só uma ponta, cara.

Quando o Renato Russo recriado canta "em teu seio, ó liberdade, conseguimos conquistar com braço forte", consulto minha comitiva militar e o coronel da cidade – o sujeito que mandava lá mesmo, interpretado pelo diretor Fontoura, com um enorme chapéu de cowboy –, sentado atrás de assistindo atento à subversão daqueles punks insolentes. Era hora de acabar com aquela balbúrdia. Sussurrando para meu comandante, dou a ordem de prisão. "Se ergues da justiça a clava forte, verás que um filho teu não foge à luta", falei no ouvido do meu capitão. "Como, senhor?" "Deem uma geral neles. E não sejam gentis." Para quem viu o filme, mas não se lembra dessa fala, é porque *não* existe essa cena. *Antes fosse* alguém ter me apresentado umas linhas assim, aí *sim* eu iria querer ter uma fala no filme.

Também não houve contato da produção musical comigo, e acho que entendo os motivos. Na cena filmada em Brasília, com uma certa liberdade poética, na qual Renato vê o Bonfá tocando pela primeira vez, na bateria dos Metralhaz, durante o Rock na Ciclovia, eu e a Carmen, irmã do Renato, estranhamos a música ensaiada no palco enquanto as câmeras e a equipe se posicionavam. A letra tinha versos como "guitarra visceral" e "pecado capital" no refrão, *nada* a ver com o estilo de ambas as bandas. Pela madrugada... Eu jamais teria aprovado isso para representar os Metralhaz.

Imagino que o diretor pensou numa mistura da Blitx 64 com os Metralhaz, e foi louvável ele colocar no filme o que germinou a Plebe. Mas meu papel ali era manter a fidelidade aos fatos, e argumentei que a banda poderia tocar "Voto em Branco" ou "Romeu e Julieta", da Blitx 64. Em 15 segundos eu mostraria como fazer os acordes, pra lá de simples. Sério, o punk dos primórdios de Brasília era assim, precário. Quinze segundos. O que significava, no linguajar de *Somos Tão Jovens*, não. *Pitchka ti materina*. A única coisa que fiz foi pedir que *não* anunciassem a banda como os Metralhaz. Eu sei que isso soa preciosismo, contudo, o que o Aborto é para a Legião, os Metralhaz são para a Plebe, e preferi não ser eternizado com uma música daquelas. Guitarra visceral é o cacete! Pelo menos o baixo Fender Precision original do André estava no palco.

Nessa mesma recriação do *Rock na Ciclovia*, enquanto Renato canta "Faroeste Caboclo", a câmera foca nos membros da Plebe jogando moedas aos pés dele, que aos poucos se irrita. Essa era a nossa especialidade. Antes de descer do palco, numa interpretação ótima, Thiago fala: "Jogar porcaria no palco pode ser muito punk, mas é coisa de menino mimado, coisa de burguesinho Coca-Cola". Caramba! É o Renato *do além* dando bronca na Plebe! Pelo menos foi sem o *ziriguidum*... Como na época o Capital não existia, tínhamos que ter *alguém* para sacanear.

Num set de gravação, as coisas *demoooooram*. Nesse mesmo dia, conversando com a família do Renato, mencionei que a filmagem estava atrasada, o que não era bom, pois o sol estava mudando de posição e brinquei: "Deve ter faltado dinheiro". Alguém falou baixinho algo como "é sempre sobre dinheiro". Sim, ainda mais com *todo* o litígio em torno da obra do Renato. Registro aqui que a Plebe nunca dependeu da família nem de espólio para a aprovação de absolutamente nada, nem nos aproximávamos quando seria de nosso interesse. Desceu um calafrio pela minha espinha, algo que não sentia há muito tempo. Foi a mesma sensação do palco do Brasília Music Festival quando fui convidado a tocar "Que País É Este" e, alguns anos depois, no camarim do Girafestival, quando fomos impedidos de tocar a mesma música numa *jam*. Por que aquilo estava me incomodando tanto? Eu não sabia explicar, mas dois anos depois, sozinho no palco do Municipal do Rio, entendi. Cruzaremos essa ponte ao chegar lá.

Morri de rir, ao ler o roteiro, de uma cena que tive certeza de que irritaria os punks de São Paulo. Filmada no Beirute, na Asa Sul, o bar mais antigo da cidade, mostra o ator Leonardo Villas Braga, que interpreta Hermano Vianna, entrevistando as bandas para a revista *Pipoca Moderna*. Quando vê a árvore genealógica que Renato fez para entender os primórdios, com os Metralhaz e o Aborto, ele diz: "Só mesmo aqui podia ter nascido o punk brasileiro. No coração da besta, no seio da revolução". Agora era oficial, pelo menos em película. Ganhamos do Clemente. Entre a lenda e a verdade, filmem a lenda. Perdeu, mano!

Quando vi o filme pela primeira vez, na pré-estreia, no Rio, depois da minha aparição como *prefeito de Patos*, eu estava doido para ver a cena da prisão. Porém, depois da apresentação da Legião e da desaprovação do prefeito, subitamente o filme corta para o Renato no telefone com o Herbert – retratado de uma maneira *terrivelmente* caricatural e com o erro grotesco de estar bebendo chope, sendo que ele era notoriamente careta na época –, que lhe dá um conselho. Agradecido pelos Paralamas terem gravado "Química", Renato conta de sua banda nova, diz que o guitarrista é sempre trocado e ouve: "Arruma logo o teu e para com esse troca-troca".

OK. Nada da prisão ainda. Imaginei que o artifício cinematográfico do flashback viria a seguir, com Renato explicando em detalhes a prisão e salientando uma coisa que sempre me deixou *puto*: enquanto os Paralamas estavam tirando chinfra com a lambreta, com a prima que já estava lá, lidando com o papo careta da polícia no Rio e lançando discos que tocavam no rádio, nós de Brasília mandávamos música para a censura, éramos presos e apanhávamos de polícia, capitão, traficante, playboy e general. Mas música no rádio ou disco que era bom, nada.

E *nada* de flashback também. O filme continuou como se *nada* tivesse ocorrido. A única menção a Patos foi do Renato no fone com o Herbert, dizendo que a Legião fez um "show joia em Minas". Show joia? Não está faltando alguma coisa? A prisão na estreia de uma banda, no filme sobre o seu líder, não é relevante para a narrativa? Depois que reli o roteiro original, achei *até bom*. Acreditem se quiser: nele, o Renato se desculpa com a polícia, dizendo algo como "nós só estamos demonstrando a nossa raiva". Jesus amado...

Eu sei que edição de um filme é um processo doloroso e que algumas cenas não saem como imaginadas – mais de 40 foram cortadas de *Somos Tão Jovens*, inclusive a cena da prisão com direito a camburão e tudo. É assim com mixagem de discos também, mas nesse caso, isso pode ser evitado, ou minimizado, com pré-produção e arranjo, antecipando e delimitando o espaço físico para os instrumentos. No caso de cinema, a resposta é simples, sobretudo porque o valor investido é muito mais alto: roteiro e *planejamento*.

Desde o surgimento das plataformas de filmes e seriados *on demand*, filmar a mais é quase norma, pois adicionar extras pode estender a vida de uma obra e torná-la uma série, e adicionar entrevistas e filmagens originais da época pode torná-la um docudrama. Chama-se conteúdo. O problema é que toda cena filmada tem equipe, equipamento, extras, gruas, catering, transporte etc.... Se faltar dinheiro nessa hora, pode ter certeza de que será tirado da pós-produção.

A compra de músicas para a trilha sonora também é um processo caro, demorado e juridicamente *exaustivo*, mas existem firmas especializadas nisso nos Estados Unidos e na Europa, às quais já recorri em algumas ocasiões. Tenho certeza de que a gravação ao vivo de todas as cenas de ensaios e shows, que não foram poucas, pesaram bastante no orçamento, e infelizmente *faltou* para a pós-produção. Essa verba tem que sair de algum lugar. Lamento a chance desperdiçada de termos tido a *verdadeira* trilha sonora da *Tchurma* no filme, com Joy Division, The Clash, The Specials, The Cure, Echo & the Bunnymen, Killing Joke, Comsat Angels, Sex Pistols, Ramones ... Isso *tinha que ser prioridade*, pois fez muita falta mostrar o que catalisou aquela história toda – o universo punk do Renato. O punk foi a liga, o fio condutor que instigou a curiosidade intelectual daqueles meninos em fúria; sem aquelas músicas, o filme ficou com um tom meio *Malhação. Pitchka ti materina!*

Meu irmão Alex, que coincidentemente estava no Brasil, foi comigo para a pré-estreia no Rio. O que não é a vida... Se ele tivesse ficado no Brasil, certamente teria continuado a tocar com o Renato, e essa história toda seria *bem* diferente (eu acho que está na hora de os irmãos Lemos-Lyptos mandarem *royalties* retroativos para ele em agradecimento). Piadas à parte, foi estranho vermos o Pretorius romantizado na tela, mais ainda para o Alex, que dividiu casa e apartamento com ele nos Estados Unidos.

No começo da cena em que a Plebe finalmente aparece tocando, olha aí, uma música de sua própria autoria, Fê, vivido pelo ator Bruno Torres, está *puto* da vida com o atraso do Renato para o show que dividiriam conosco – a recriação da apresentação na Sala Funarte, em 1981. Estranho mesmo foi ver um baterista chegar no horário. O motivo do atraso foi o assassinato do John Lennon. Devastado, Renato tinha enchido a cara; quando finalmente chega ao local do show, é confrontado agressivamente pelo Fê, ao som de Plebe, que toca "Brasília" no palco. Adaptada, essa cena revive o fim do Aborto, o show da *baquetada ouvida ao redor do mundo*, que na verdade ocorreu na cidade-satélite de Cruzeiro, ainda na infância da Plebe.

"Onde é que você estava, Renato? Porra, a Plebe Rude está arrebentando, é a segunda vez que eles estão tocando porque você desapareceu!" Na plateia, alheios à confusão no backstage, os pais do Renato, vividos por Marcos Breda e Sandra Corveloni, assistem ao fim do show da Plebe e fazem uma cara de desgosto pelo som alto do fim apoteótico de "Brasília". Nossa, como eu ri disso na pré-estreia. Tudo bem que não é o Victor que está cantando, mesmo *me* interpretando no palco, segurando minha Les Paul Silverburst. Não importa, era *o cara da Plebe*, de quem ninguém lembrava mesmo. Plebe é difícil de tocar, mas a banda do filme até que tocou direitinho, apesar de um tanto quanto dura. Ciente disso, antes das filmagens eu levei um violão para a UNB e mostrei em detalhes para o Kael e o Victor como tocar a música, já que ninguém da produção musical me procurou. Pelo visto o reforço ajudou.

Agora eu poderia descansar. A Plebe e o Aborto estavam devidamente representados na película, mesmo com tantas licenças poéticas. Infelizmente não foi só o movimento punk de Brasília que se perdeu na tradução, a vastidão e a amplitude da cidade ficaram em segundo plano – literalmente – com o excesso de planos fechados, que não valorizaram a beleza e a unicidade do lugar. O "meu Deus, mas que cidade linda, no ano novo eu começo a trabalhar", teria que ficar... bem, para o próximo ano. E curiosamente ficou mesmo, dessa vez comigo encarregado da trilha. Mas isso é outra história.

De qualquer forma, o carinho entre os irmãos Manfredini e o deslumbre do Renato com o punk, que ele chama no filme de "o futuro", estão muito bem representados – pelo menos "Suspect Device", do Stiff Little Fingers, está na trilha. Ah, a caracterização dos irmãos Lemos-Lyptos no filme ficou *igual* – você realmente acha que eu iria perder a piada, ainda mais em Technicolor?

Outros acertos foram a simpática inclusão do Fejão, embora ele só tenha andado com a galera depois; o pano de fundo do palco do derradeiro show do Aborto com a Plebe, no Teatro de Arena da UNB (na verdade foi no Centro Olímpico), que incluiu, além do nome e da mascote da Plebe – o congressinho –, os nomes das bandas XXX e Elite Sofisticada. Já o exagero das interpretações dos membros da *Tchurma* que invadem o palco em "Geração Coca-Cola", com um improvável *André* com os braços para cima e as mãos em *diabinho*, sentado nos ombros do *Dinho*, foi meio bobo. Mas agora já foi. Era a celebração da *Tchurma*, e até os Vigaristas de Istambul aparecem num pôster de bar. E a última frase do filme? É de um membro da *Plebe* na véspera da Legião *descer* ao Rio para a estreia no Circo Voador. "Vamos invadir uma festa!"

Agora, se foi uma boa ideia os meninos terem tocado de verdade, eu não sei. Inegavelmente foi um detalhe simpático da produção, mas na real foi bobagem. Não rolou muita verve punk para a Legião, e faltou mão para tocar Plebe. Como todos os retratados ali estavam no Brasil, com exceção do Iko, morando em Paris, teria sido mais impactante que cada um gravasse sua parte, e poderiam ter sido *coaches* dos respectivos atores, para mostrar como simulá-los. Ainda sobraria verba para a inclusão das músicas da *verdadeira* trilha sonora da *Tchurma*.

Desrespeitosa mesmo foi a falta de uma menção *sequer* ao Paulo Marchetti e seu livro *O Diário da Turma* nos créditos finais. Muitas histórias do roteiro foram tiradas de lá – um dia o pessoal do figurino me apresentou com orgulho a reprodução da camisa do Gang of Four que eu tinha pintado 30 anos antes, e nas portas do caminhão que transportava todo o figurino havia várias fotos tiradas do livro.

Minha esposa estava grávida, e essa história toda estava sendo filmada com o *mini-me*, não tinha como aquilo não mexer comigo. Também teve a festa de encerramento, numa casa no Lago Norte, onde estávamos *todos*, representados pelos atores na pista de dança improvisada no meio da sala, dançando ao som de Joy Division a The Cure, exatamente como 30 anos antes. Muito estranho. Nas palavras do Renato, "não sei armar o que eu senti".

Somos Tão Jovens não foi o nosso *24 Hour Party People*. Será que *eu* terei que roteirizar a história definitiva? Se você conseguiu chegar até aqui neste livro, já viu que de detalhe eu lembro e prosa eu tenho. Olha aí, quase rimou. Finalmente eu poderia voltar a focar no novo disco da Plebe, já com nome: *Nação Daltônica*. Mas aí tocou o telefone.

Pera aí... Outro filme?

"Ever fallen in love with someone you shouldn't
have fallen in love with?"
"Ever fallen in love", Buzzcocks

Renato confidenciava aos amigos que, se um dia "Faroeste Caboclo" fosse levado ao cinema, queria que o Marcos Palmeira fosse o João de Santo Cristo. Depois de vários nomes cogitados, inclusive Rodrigo Santoro, quem foi chamado pra interpretar o personagem da música foi Fabrício Boliveira, com Ísis Valverde no papel de Maria Lúcia. E eu fui chamado para fazer a produção musical e compor a trilha sonora original.

Eu já conhecia o diretor René Sampaio, um brasiliense veterano de filmes de publicidade, do premiadíssimo curta *Sinistro*, de 2000, e que acompanhou de perto o estouro do rock da cidade. Ele me ligou perguntando se eu conseguiria fazer a trilha do filme, e respondi de cara: "Trilha é comigo mesmo". Mas essa história era antiga. A produtora Bianca De Felippes detinha os direitos de filmagem da canção desde 2005; com René na direção, as filmagens começaram só em 2011. Curiosamente, um ano antes, quando eu soube que René faria o filme, não ofereci meus serviços e sim a sugestão de colocar membros da *Tchurma* como coadjuvantes. Seria um detalhe bacana. Fui o único da *Tchurma* que apareceu em *Somos tão Jovens* e queria companhia.

Ao aceitar o trabalho, impus uma condição. Não imitaria nenhuma trilha sonora conhecida nem faria um estilo batido, tendência comum no cinema brasileiro. Se já não consigo cantar algo escrito por terceiros, imagina *compor* no estilo de outro. Tem gente que faz isso melhor do que eu. E não tem tantos pudores.

Dito isso, mesmo correndo o risco de perder o trabalho, *desci* a São Paulo para assistir ao filme inteiro num corte adiantado, mas não final. Logo constatei que era uma adaptação bastante livre da letra do Renato, na verdade uma declaração de amor a Brasília, sua arquitetura, sua imensidão, seu céu, e ao legado do rock da capital. Tudo era familiar, como na cena em que Maria Lúcia flagra João de Santo Cristo traficando drogas numa festa da UNB, num local apelidado de *Ceubinho*, filmada no *exato* local onde a Plebe fez seu segundo show – na trilha temporária, que diretores e editores usam para ter uma noção de como a cena funciona, tocava Creedence Clearwater Revival com uma banda no fundo, desfocada o suficiente para o diretor usar como quisesse posteriormente. Virei para o René e perguntei: "É para ser a Plebe, né?".

Não tinha sido a primeira vez que uma suposta Plebe apareceria num filme. Em 2005, numa cena de *As Filhas de Maria*, de Renato Barbieri, que narra a saga de Maria desde o seu nascimento, no mesmo dia da inauguração de Brasília, a protagonista está num show de rock da Plebe. Quando soube dessa cena, fiquei curioso para saber como fomos retratados. Descobri que o músico que fazia o *meu* papel usa uma camisa do Led Zeppelin – disseram que o teor punk estava assegurado porque ela estava rasgada. Led Zeppelin? Tá maluco? Punk não escuta Led Zeppelin! Paul Simonon, do Clash, falava que só de olhar as capas do *Led* queria vomitar. O mais engraçado, e juro que digo isso sem nenhuma maldade, é que quem me interpretou era meio calvo, mas eu tinha apenas 14 anos! Tem coisas que só acontecem comigo – mas nada muito sério, pois, como muitas músicas, inclusive a da Plebe, não entraram no corte final, ninguém soube que era pra ser eu.

René era um dos nossos e entendeu como ninguém a estética que a trilha tinha que seguir. Resolvemos não usar a canção original, exceto em dois momentos, na cena de abertura, no sertão castigado, filmada em Pau Ferro, Pernambuco, e nos créditos finais. Como produtor musical, gosto de manter a fidelidade à época e ao local com timbres e instrumentos correspondentes. Viola, rabeca e sanfona nas cenas na roça, guitarras e teclados anos 1980 nas cenas urbanas.

Gato escaldado, imediatamente comecei a escolher as músicas que embalariam "Faroeste Caboclo" para dar tempo de localizarmos as respectivas editoras. Dessa vez, o punk para as massas seria em Dolby Stereo! Que sensação maravilhosa, ainda mais depois do *descaso* por essas músicas no *Somos Tão Jovens* – por precaução, montei logo uma lista de músicas extras, caso não conseguíssemos alguma liberação, que incluía de Ramones a Commodores.

Eu adoraria ter colocado "78 Revolutions per Minute", que me despertara para o punk 33 anos antes, mas resolvi ir de Buzzcocks, com "Ever Fallen in Love", justamente na cena tensa em que João encontra Maria no seu quarto empunhando uma arma, enquanto um Pete Shelly esganiçado canta: "Você já se apaixonou por alguém que não deveria ter se apaixonado?". A música caía como uma luva, já que a relação estava fadada à tragédia desde que "Faroeste" foi composta, em 1978. Também incluí outra banda punk inglesa, The Ruts, com "In a Rut".

Para as cenas do rock de Brasília, sugeri reunir o Aborto Elétrico original, com os irmãos Fê e Flávio e o guitarrista Iko Ouro Preto, que morava em Paris. Para cantar, chamamos Alex Sanderson, um paulista tão apaixonado pelo rock de Brasília que se mudou para a capital federal aos 16 anos, depois de ler *O Diário da Turma*, e tem uma voz *assustadoramente* parecida com a do Renato. Ele e eu somos os únicos que aparecem nos três filmes, pois Alex fez o Paraná em *Somos Tão Jovens* e interpretou Renato em *Faroeste* (na recriação do show do Aborto) e na única cena dramatizada do documentário *Rock Brasília – Era De Ouro*.

Imaginem "Tédio (Com um T Bem Grande pra Você)" para a cena de introdução de Maria Lúcia no show do Aborto, gravada pelos membros da formação original? Isso sim é que é produção musical. Porém, como sempre a logística não fechou com a minha visão, e a Plebe teve que gravar a base, com Alex nos vocais.

Para a trilha de uma longa cena de passagem de tempo, em que João inicia o romance com Maria Lúcia, chega até "a plantação vai começar", e culmina na colheita da erva "e sua distribuição", que deu muito trabalho, fiz uma versão em violão e viola de "Faroeste". Na segunda vez que apareceria no filme, ela evolui para rock, sublinhando as cenas com um fictício Aborto Elétrico, e desengrena num reggae, no momento em que um cliente do João, depois de uma baforada, fala que "tem bagulho bom aí".

Era só um rascunho de demo, mas René não gostou. Foi até bom, pois depois descobri que *Somos Tão Jovens* usaria uma versão instrumental de "Faroeste", *anordestinada* – os dois filmes estavam sendo produzidos quase que simultaneamente.

Tentamos várias canções para a cena, e eu tinha em mente "Serpentine Fire", do Earth Wind & Fire, faixa do espetacular disco *All in All*, que parecia ter sido feita sob medida. Fora o groove inconfundível com o tempo forte sempre na cabeça do compasso – lembro de quando a coloquei na vitrola, numa festa na casa da família do Bi, em Ipanema, e o Herbert chegou falando: "Cara, isso é demais".

Além disso, essa música é especial para mim. Quando despertei para o punk, eu usava *All in All* literalmente como um frisbee pelo jardim, enquanto cantava "Goodbye Sister Disco", do The Who. Aí está a magia do vinil. Um dia limpei o disco com água e sabão e, quem diria, parei para ouvir, e aquele passou a ser um dos meus discos prediletos, do meu top 20 de todos os tempos. Na mesma época, porém, o filme francês *Intouchables* foi lançado. Sucesso mundial, para o meu desespero ele abria justamente com Earth, Wind & Fire, o que certamente inflacionaria os valores de suas faixas para uso de terceiros. Acabamos indo de Kool and the Gang, e, olha aí, meus antigos colegas de escritório em Nova York, KC and the Sunshine Band. Para a cena da montagem, René acabou usando "These Boots Are Made For Walkin'", sucesso da Nancy Sinatra do ano em que nasci, 1966.

Como o estúdio Daybreak estava a mil em Brasília, mas o disco novo da Plebe estava pausado, a produção entrou em contato comigo para gravar uns trechos de dublagem. Na magia do cinema, contanto que você não veja a enunciação da boca do personagem, você pode colocá-lo falando o que quiser. As sessões acabaram sendo somente eu e os atores, então tive meio que *dirigir* as narrativas. Logo de cara comecei a ficar incomodado. Na cena em que alguns policiais prendem o João numa passagem subterrânea, a toda hora falavam *negão*. Era tanto palavrão, tanta ofensa... Lembre-se de que sou um lorde inglês e pensava: "Articulem, senhores!", enquanto deletava os *negão* e *filho da puta* em excesso do roteiro. Já reparou como em *todo* filme nacional, quando um ator fala uma das inflexões de *pitchka ti materina* em português, cada sílaba é pronunciada lentamente? Fi-lho da pu-ta. Então tive uma ideia e sugeri o que a banda Escola de Escândalo ouviu ao ser abordada pela Rota, nos primórdios das idas à São Paulo: "Mão na cabeça, filho da puta, se não quiser levar um pipoco!". E entrou no filme. Teve uma cena em que o ator que interpreta o irmão de Jeremias, depois de baleado pelo João, precisou refazer os grunhidos, muitos grunhidos, e eu quase morri de vergonha. Deus sabe o que alguém pensaria se ouvisse aquilo do lado de fora do estúdio. Tem coisas que só acontecem comigo.

Meu orgulho mesmo é ter mudado um trechinho no roteiro, na cena em que Jeremias chama João de *mafufo*. Eu nunca tinha ouvido esse termo, então sugeri que usasse "Kunta Kintê". Em 1976, o escritor norte-americano Alex Haley lançou o romance *Raízes*, que depois virou uma série de televisão, narrando a saga do escravizado Kunta Kintê, capturado em Gâmbia por caçadores de escravos europeus e levado para América do Norte. Jargão da década de 1970, até *Os Trapalhões* chamavam Mussum de Kunta Kintê (e ele prontamente respondia: *Kunta Kintê é a mãe!*). Eu queria muito alguma referência a *Raízes*, cuja trilha sonora do seriado foi escrita por Quincy Jones. O livro, o seriado e a música original são obras-primas.

Para a cena do Rockonha, consultei ninguém menos que Chico Boia, o DJ original da festa, uma lenda. Isso sim é que é produção musical. Como o ano era 1980, o que rolou na festa foi um híbrido de duas gerações que estavam se chocando, pois o punk ainda não havia chegado com força ao Brasil. Ficaria uma sobra setentista, com Emerson, Lake & Palmer, mesclada com Ramones pra anunciar a nova década que abria os braços. Só não sabíamos que esses braços abertos se cruzariam, mandando uma tremenda banana para todos...

Com o relógio batendo e os temores do passado me rondando, como a editora dos Ramones não respondia nosso pedido – isso que deixamos *bem* claro que tínhamos dinheiro na mão para pagar –, fui de "Dancing with Myself", do Billy Idol, originalmente de sua banda, Generation X, mas malandramente remixada pra ser incluída no seu álbum solo de estreia, tornando-se um sucesso comercial nas rádios e danceterias. A original é de 1980.

Escolhidas as músicas, comecei a trabalhar na trilha sonora original e lembrei do Herbert cantando pra mim, baixinho: "Meu Deus, mas que cidade linda, no ano novo começo a trabalhar", seu momento predileto de "Faroeste Caboclo". Ele ressaltava achar linda a imagem "das luzes de Natal". Concordamos na época que maior declaração de amor a Brasília não havia e que realmente, "nesse país, lugar melhor não há". Engraçado que, quando o Renato mostrou essa canção para seletos membros da *Tchurma* pela primeira vez, a maioria achou-a longa e chata, mais ou menos como foi retratado na cena do Rock na Ciclovia de *Somos Tão Jovens* – mas sem a bronca encenada do Renato, que levava nossas sacanagens na esportiva.

Quando o René me ligou, eu estava ocupado com o início da gravação de *Nação Daltônica* e, ao fechar com ele, avisei a banda que teria que tirar seis meses para focar na trilha. Como já tínhamos gravado a base de baixo e bateria valendo, e ao vivo, e André estava de partida para fazer um mestrado nos Estados Unidos, o timing foi perfeito, apesar da frustração dos fãs. Mas foi por uma causa nobre. Mesmo trancado em estúdio para trabalhar na trilha, eu não estaria longe do universo da Plebe e tive que gravar "Até Quando" especialmente para a cena no *Ceubinho*, na UNB, com Capucci na bateria e eu no baixo.

René é um diretor muito exigente, e foi a primeira vez desde *Manobra Radical* que tive que compor para outra pessoa. Todo diretor trabalha com uma referência para a maioria das cenas que filma, mas, com exceção de uma citação de *Brokeback Mountain*, do espetacular compositor argentino Gustavo Santaolalla, e da banda Explosions in the Sky, ele me deixou livre. Só restava saber se eu corresponderia às expectativas. Como meu nome foi anunciando na imprensa, se não desse certo, seria algo muito público.

Meu maior desafio foi uma cena romântica para a qual fiz 16 versões até satisfazer o diretor. Dezesseis? Essa música foi difícil, e por um momento pensei que não conseguiria fazer, mas deu certo no final. A cena ficou linda, e o clima tenso que usei no final lembra que aquela história não acabaria bem, dando um tom singelo, mas ameaçador.

Comparada à cena da Rockonha de *Somos Tão Jovens*, a recriação em *Faroeste* foi como *De Volta para o Futuro II*, com uma história paralela ao que tínhamos visto antes, talvez mais para *Rashomon*, do Kurosawa, com suas várias versões para o mesmo acontecimento. Nessa hora, Pablo, vivido pelo ator uruguaio César Troncoso, é morto, sacrificando-se para dar chance a Santo Cristo de fugir de um tiroteio. Eu caprichei nessa cena, dando um clima de *Identidade Bourne*, com tambores e orquestrações crescendo até o tiroteio, uma batida pulsante que lembra Chemical Brothers com um quê do DJ de trance Paul Oakenfold, vai entender. René gostou, mas falou: "Não é meu filme". Tudo bem, esse tema eu deixei guardado e acabou entrando no disco *Evolução – Volume 1*, da Plebe, na forma de "Bring out Your Dead". Orquestral pesada essa, hein?

Meu momento predileto da trilha, além da chegada singela do João a Brasília, em que caprichei na parte das "luzes de Natal", é quando Maria Lúcia se entrega a Jeremias numa boate; mesmo assim, René mudou algumas coisas de posição. Eu brincava com ele que queria inventar um áudio PDF, que ele não pudesse mexer, mas tinha que confiar no discernimento do diretor. Afinal, a visão e o filme eram dele.

O processo de trabalho foi sofisticado e eficiente. René estava no Rio, o editor, Márcio Hashimoto, um verdadeiro mestre, em São Paulo, e eu, em Brasília. Eu mandava as trilhas com os *time codes* respectivos, e o editor as montava nos frames correspondentes. Nós nos reuníamos em videoconferência via Skype e, das três cidades, assistíamos e comentávamos as cenas. A cada aprovação do René eu dava um salto de alegria, mas silenciosamente e fora da câmera, é claro. Punk não pode ser visto fazendo essas coisas...

Um dia, porém, ao começar minha longa jornada, deu um pau *federal*, ou melhor, *faroeste* no meu sofisticado sistema Logic, que rodava num imenso Mac Pro Penryn 8 core, com conversores Apogee AD16 X. Levei o computador para o conserto e lembrei do que aconteceu com *Tropa de Elite*. Alguém vazou o filme três meses antes da estreia, e o DVD pirata apareceu por todas as bancas de camelôs do país, um caso literal de polícia. Apesar do lugar ser da maior confiança para conserto de Mac em Brasília, o filme era de minha responsabilidade, e eu estava sob contrato, com uma produção de 6 milhões de reais no meu HD. Não arredei o pé de lá até consertarem.

Fomos mixar no JLS, em São Paulo, e o próprio Zé Luís (José Luiz Sasso), um veterano do cinema brasileiro desde 1968, me recepcionou. Ele não se lembrava de mim – é a história da minha vida –, mas lembrou-se de *Manobra Radical,* mixado lá. René moveu muitas trilhas do lugar e as editou durante a mixagem, feita numa sala enorme, com poltronas que simulam uma sala de cinema. Sentado na frente dele, eu sentia seus olhos na minha nuca a cada cena. De vez em quando olhava para trás, com um ar ora de reclamação, ora de estranhamento por causa das mudanças. Ele falava baixinho: "Fique calmo, vai funcionar".

E não é que funcionou? Não apenas me empurrou para direções que eu provavelmente não iria, e hoje sou grato por ter explorado lugares improváveis, como o filme também foi premiado em quase todos os quesitos no Grande Prêmio do Cinema Brasileiro de 2014, no Teatro Municipal do Rio – inclusive melhor ator, melhor edição de som, melhor filme e, rufada de caixa, melhor trilha sonora original.

Antes da premiação, no saguão do Municipal, que tinha acabado de completar um século, eu brincava que já estava ensaiando minha *eterna* declaração após ter perdido: "Foi uma honra ter sido indicado". O páreo era duro. Tinha a trilha de *Serra Pelada*, do Antônio Pinto, a erudita de *Flores Raras*, feita por um colega meu de Nova York, o ex-tecladista do Tokyo, Marcelo Zarvos, o regionalismo moderno do DJ Dolores, e a de *Somos Tão Jovens*, composta pelo Carlos Trilha. Quando anunciaram meu nome como vencedor, fiquei de pé, com os olhos arregalados, ouvindo o teatro inteiro me aplaudir, mesmo sem saber ao certo quem eu era.

Se todo filme que se preza tem uma trilha à altura, pelo visto *Faroeste* tinha também. Subindo ao palco do Municipal com a nata do cinema brasileiro batendo palmas e me sentindo o penetra dos penetras *de novo*, me deu uma raiva repentina. Desde o Brasília Music Festival, do *Jovens Tardes* da Globo, depois no show do Girafestival e da confusão no camarim sobre uma música que todos poderiam tocar, e especialmente do comentário que "tudo era sobre dinheiro" no set de *Somos Tão Jovens,* eu sentia algo que me incomodava, mas não conseguia explicar. Foi *naquele momento* que descobri o que era. Será que o público, no fundo, achava que a *Tchurma* de Brasília nada mais era do que um bando de músicos medíocres que mamaram no Renato?

Não. Um rotundo não. Mas percepção por percepção, lá estava eu, sozinho no palco do Municipal, por causa do Renato, ainda que indiretamente. Antes que eu começasse a me justificar no discurso mais do que improvisado de agradecimento, me bateu uma tranquilidade, como se um peso fosse tirado dos meus ombros. O importante não era o que as pessoas pudessem achar; era o que eu sabia. E aquela sensação ruim que volta e meia aparecia foi embora *para sempre.*

Eu não tinha sonhado ganhar, muito menos pensado em preparar um discurso. Cá pra nós, deve ser meio deprê chegar em casa de mãos vazias e encontrar palavras que jamais seriam ditas no bolso do paletó. Então, lá no podium, fiz um discurso que jamais achei que faria na vida, agradecendo o saudoso Alberto Salvá e Elisa Tolomeli, que apostaram em mim no *Vendedor* e em *Manobra Radical*, ao René, a toda a equipe de pós-produção, especialmente ao brilhante editor Marcio Hashimoto, e ao talentoso Lucas Marcier, que fez a música adicional do filme. Falei do meu amigo dos primórdios do rock de Brasília e contei que fui um dos primeiros a escutar a canção homônima da qual surgiu o filme. Tenho certeza de que o Renato teria ficado feliz se soubesse que fui eu quem capitaneou a trilha do filme. Isso é o que importa.

No final do meu improviso, emulei o que todo compositor de trilha vencedora do Oscar faz no final dos seus discursos televisionados – o Grande Prêmio do Cinema Brasileiro era transmitido ao vivo pelo Canal Brasil, bem tarde da noite: “Philippinho, está na hora de dormir”. Ah, e ganhei o meu Oscar. Check!

Em seguida apareci na capa da revista *Música, Áudio e Tecnologia*, que vinha com a chamada “Faroeste Caboclo”. A matéria escrita pelo diretor Rodrigo Sabatinelli conta em detalhes como foi criada a trilha. Não era a capa da *Guitar Player*, mas é a publicação mais respeitada de áudio no Brasil, e pude falar de processo, técnica e microfonação, com fotos do meu estúdio e da equipe em São Paulo, no JLS. Eu já tinha aparecido na mesma revista em 2007, numa matéria longa intitulada “Daybreak, Philippe Seabra abre as portas do seu estúdio”. A matéria sobre a trilha contava que tive que gravar as partes das violas de cuecas, de tão baixo que propositalmente interpretei e de tão alto que foi o ganho nos pré-amplificadores, que regulei para captar aquele som quase sussurrado. Qualquer movimentação de roupa contra o fundo do instrumento parecia um rugido de leão – mas o feito *mesmo* foi eu ter tirado Luan Santana da capa daquele mês, como estava previsto. Mas não me agradeça. Não fiz mais que a minha obrigação.

Um dia depois de receber o prêmio, fui visitar o Bruno Gouveia e segurar sua filha recém-nascida no colo. De lá voei direto pra Brasília. Com a missão da trilha cumprida, depois de seis meses eu podia retomar o novo disco da Plebe. Estava ansioso para produzir algo para um cara mais exigente que o próprio René... Eu.

Mas aí toca o telefone. Pera aí, outro filme?

"Ficou bem claro que eu não era o maconheiro, né?"
Philippe Seabra, no trailer do filme
A Plebe é Rude

Ao receber o telefonema de um cineasta paulista pensei, "assim não vou terminar esse disco nunca". Só que eu não estava sendo convidado para compor uma trilha sonora. Eu estava sendo convidado para *protagonizar* um longa-metragem que contaria a história de uns quarentões em crise existencial, cogitando voltar com um grupo de rock amador que haviam tido, mas que as obrigações adultas haviam dispersado.

Li o roteiro e tive que gentilmente recusar o convite. Não foi pela cena do meu personagem pegando carona de caminhão de volta à cidade natal (quem faz isso hoje em dia?), chorando com uma música brega que tocava na rádio. Foi pela cena de um sonho em cima de um tapete voador. Não é que não estivesse bem escrito, mas eu não era a pessoa para aquilo. Espera aí, recusar ser o protagonista de um longa-metragem? Check!

Que outro roqueiro você conhece que *recusaria* uma proposta dessas? Junto com o não, sugeri um outro filme, repleto de política, drama, briga, drogas e polícia. Um verdadeiro thriller! "Política, drama, briga, drogas e polícia?", o diretor perguntou inquisitivamente. "Sim. Um documentário sobre a Plebe!" Até dei uma sugestão de título: *Plebe Rude, 35 Anos – E Você Achou que Tinha Problemas.*

E não é que ele topou? Então a equipe liderada pelos diretores Diego da Costa e Hiro Ishikawa foi a Brasília nos entrevistar, documentar a gravação de *Nação Daltônica* e digitalizar o nosso vasto acervo. Assim que começaram as filmagens, veio o drama. Ameba não quis ser entrevistado, respondendo por e-mail: "Na verdade, não sou saudosista nem nostálgico. Para mim só foi uma fase da adolescência, como uma namoradinha qualquer da juventude. Não sei se quero realmente participar de qualquer coisa que leve o nome da Plebe". OK. Nenhum problema com isso, mas *bem* que poderia ter nos avisado na volta da banda. Teria nos poupado de muito estresse.

Gutje, em compensação, falou até demais. Como *não* somos de censurar ninguém, deixamos ele relatar sua versão dos fatos, com uma grosseria aqui e ali, nada além do esperado. Afinal, é rock and roll, né? Em documentário de banda de rock não tem como fugir das desavenças pessoais, ainda mais numa história tão conturbada como a da Plebe.

Muito bem dirigida e editada, a obra também contou com entrevistas do Herbert, do Jorge Davidson (ex-diretor artístico da EMI) e do Arthur Dapieve. Neville de Almeida, diretor do *Rio Babilônia*, nos cedeu as imagens até então inéditas de Jardel Filho com uma travesti. Numa matéria do *Globo* chamada "Pedradas", o Arthur Dapieve estabeleceu o tom do documentário: "No meu quarto, ouvindo a Plebe Rude rugir, eu tinha vontade de dar botinadas nas paredes. Desde o primeiro momento em que a ouvi, lá por 1984 ou 1985, reconheci outros fãs do Clash. Eu venerava o Clash. Para mim, foi a melhor banda de rock'n'roll – sem adjetivos – que já existiu. No começo de 1986, ouvi até gastar o disco de estreia da Plebe, um míni LP chamado *O Concreto Já Rachou*, e tive a impressão de que o rock brasileiro da minha geração não poderia se tornar melhor que aquilo. Igual, sim: Legião, Paralamas, Titãs. Melhor, não. Por que escrever isso agora? Acabo de descobrir que o filme *A Plebe é Rude,* dirigido por Diego da Costa e Hiro Ishikawa, entrou para aluguel no NOW. Nada de papinho protocolar. Franqueza. Sarcasmo. Boas imagens de arquivo, graças à velha paixão de Gutje pelo cinema. Excelentes músicas, como 'Até Quando Esperar' e 'Censura'. O documentário também acaba falando da baita dificuldade que é manter uma banda de rock, espécie de casamento a quatro. E sem sexo na parada. Entram na equação temperamentos, expectativas, graus de profissionalismo, pressões internas e externas por sucesso. Apesar de tudo, a Plebe Rude ainda está aí".

Para quem quiser saber como acabou a história que catalisou tudo isso, sem mim e sem o Clemente (que também foi sondando) nos papéis principais, o roteiro original foi aproveitado para o longa *Cavaleiros do Apocalipse* – Os Cavaleiros são a suposta banda fictícia que quer voltar e gravar um clipe para a internet. Ah, o tapete voador caiu. Virou uma cena de meditação zen com o fundo ficando meio lisérgico.

Num curto período, havia *tantos* filmes em cartaz quase que simultaneamente com a minha ou com a nossa participação que sempre que alguém me dizia "cara, vi teu filme", eu – juro que sem querer ser blasé – perguntava: "Qual deles?".

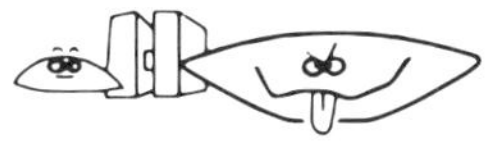

"Duas coisas são infinitas, o universo e a estupidez humana, e eu nem tenho tanta certeza sobre o universo."
— Albert Einstein

Dois mil e treze foi um ano marcante na história do Brasil. Um governo atônito assistia à população indo as ruas por todo o país, protestando contra o aumento das passagens de ônibus e a conta da Copa do Mundo, pedindo o fim da corrupção ou a saída da presidenta Dilma. Pareceu que o gigante havia acordado. Logo o gigante adormeceria novamente, mas um legado ficou, pelo menos para a classe artística. Ativismo. Ou o que os artistas *queriam* que parecesse ativismo.

O ativismo definitivamente tinha virado entretenimento. O posicionamento contra a corrupção e os políticos não passava de um mero jargão arranca-aplausos em shows. Artistas de axé, sertanejos e roqueiros pop, de uma hora para a outra, davam discursos politizados *entre* as asneiras que cantavam. Nada de manifestos lúcidos em composições, muito menos um posicionamento *dentro* das respectivas obras. Para isso, eles teriam que comprometer sua arte. Imagina uma coisa dessas?

Tudo bem, antes tarde do que nunca, mas independentemente da inclinação ideológica, muitos artistas, coniventes com a situação do Brasil há trinta anos e que *muito* contribuíram para a grande complacência nacional com letras pobres e ocas, de repente descobriram um novo filão. Chamar político de corrupto para a alegria da plateia, chamar o governo de ladrão para os gritos da multidão. Por que não pensaram nisso antes, quando o país estava pegando fogo, desde... sempre?

Esse mínimo de contestação, legítimo ou não, era logo anulado com ou um "mãos para cima, galera", "lá, lá, lá", seguido de mais um sucesso popular de letra insossa. Um grande vazio passou a preencher todo o canal. Diluía a mensagem e nivelava tudo por baixo, virando, no final das contas, apenas entretenimento. O que faria uma multidão depois de décadas absorvendo toda essa porcaria? Com pouca leitura e sem muito discernimento, elegeria qualquer babaca que batesse a mão no peito dizendo que só ele ou ela poderia resolver tudo. Mas as coisas não vêm de um vácuo.

Sempre achei que o papel do artista era dar voz para quem não tinha, expor, questionar e, o mais importante, inspirar. Você se espantaria com quantas vezes ouvi de muitos colegas de outras bandas "tenho que cuidar do leite das crianças", "fazer uma fezinha para o rádio", "abaixar as guitarras", "fazer mais dançante" ou "se reinventar". Se ao menos o povo soubesse como as linguiças, as leis e uma parcela do rock brasileiro são feitos...

Tragicamente, o nível de letra e música tem caído vertiginosamente nos últimos anos. Eu continuo o eterno romântico e lembro com saudade de quando as rádios, antes de virarem redes transmitidas via satélite, empurrando a programação goela abaixo, tinham autonomia. Tocavam Renato, tocavam Arnaldo Antunes, tocavam até Plebe! Ainda acredito na força que a música consciente pode ter.

Não estou dizendo que só um tipo de artista tem o monopólio da contestação, mas é pedir demais um pouco de coerência da própria geração? Ah, mas piora. Com o advento da internet, alguns artistas de rock encontraram um sopro nas carreiras virando blogueiros ou se autointitulando *formadores de opinião,* já que a música não os projetava tanto. Como cantamos em "Minha Renda", "a música não importa, o importante é a renda". Manter-se na mídia de qualquer maneira é a meta suprema – e os patrocínios que vêm junto com o título de *influencer* talvez sejam a *renda* de hoje. Pelo visto, a música que faziam realmente não importa mais.

O pior exemplo disso foi o que vi no show de um artista que falava mal de todo mundo do meio artístico nas redes sociais e tomou a frente da campanha Fora Dilma. Era tanto ódio pela esquerda que ele quase acabou virando garoto-propaganda da oposição ao governo. No show, os fãs barbudos com camisetas pretas escritas Fora Dilma, que esperavam ansiosamente seu grande e eloquente líder se manifestar, ouviram, assim que ele subiu ao palco e chegou no microfone, os brados de: "Chove lá fora e aqui tá tanto frio".

É disso que estou falando. De esquerda, de direita, ou de esquerda-direita arrependido, são vários artistas que se pronunciam *não* por seu catálogo, *não* por sua arte, mas pela internet, por blog, por tweet, por briga e picuinha, até por livro. Mas música? Artistas que se acusam disso ou daquilo em alto e bom som pela internet sabem muito bem o que estão fazendo; mesmo que partam de uma indignação legítima, ela não vai muito além de um ativismo insosso. É só olhar suas letras.

Até aí, tudo bem. É só entretenimento em um país livre onde cada um se expres... quero dizer, se *promove* como quer. O problema é o que esses artistas têm em comum, fora o fato de não comporem músicas *próprias* a respeito, para não *comprometer* a sua arte. Eles se expressam tocando ou gravando Plebe. É como se fosse *ideologia de aluguel*. Aí fica fácil. E depois do discurso ensaiado, emendam um sucesso próprio, com raras exceções, de letra insossa, e entoam "vamos tirar o pé do chão", "quem gostou bate palma".

Não agradeço a preferência. E se alguns questionam por que a própria mídia não os leva tão a sério "politicamente" quanto queriam, tem um motivo. É que depois de anos ou até décadas contribuindo com absolutamente nada, ou muito pouco, para a discussão política e social no país por meio de sua arte, com uma *rara* exceção aqui e acolá, não é *agora* que existe uma ferramenta com que podem expor todo seu rancor e ódio, escondidos atrás da tela do computador ou do celular, é que vão... Mas é mais simples do que isso, é o conjunto da obra. A Mercedes Sosa não é lembrada pelos seus discursos ou entrevistas, tampouco os Beatles nem The Clash, mesmo com as declarações bombásticas de John Lennon e a eloquência incisiva de Joe Strummer, respectivamente. É pelo impacto da *música*.

Alheio a todo esse ruído autopromocional, o novo disco da Plebe, *Nação Daltônica, finalmente* estava no fim das gravações, com uma música que fala justamente disso. A letra de "Anos de Luta" inicialmente era tão agressiva que até meus companheiros da Plebe estranharam. Não houve censura, é que realmente era pesada, até para mim. Inconscientemente inspirado no poema "Circumscripture", do matemático e poeta dinamarquês Piet Hein (que eu tinha usado no meu jornal subversivo da escola, o *ET Eyewitness News*), eu carregara essa imagem na minha cabeça por três décadas e finalmente teria onde colocá-la.

> "O Pastor X sai da cama e veste um disfarce/ Aquela auréola em torno de sua cabeça na verdade é seu horizonte."

A música inicialmente chamava-se "Por Decreto ou Refrão" e falava da patética aceitação cega pelos brasileiros dos decretos governamentais e da programação da TV, ambos empurrados goela abaixo. Mas era um pouco didática demais para meu gosto.

> "O seu horizonte se esbarra na TV/ A programação perfeita pra quem nem sabe mais ler/ Vamos bater palmas e cantar com o refrão, pois como você saberia se é lixo ou não."

"Caramba", foi a reação da banda, e reconheço que peguei pesado mesmo. Então arquivei a letra por um tempo e aproveitei alguns trechos para o que viraria "Anos de Luta" – a música original, que eu e André tínhamos há anos, entrou no disco do musical *Evolução, Volume 2*, com uma nova letra e o título de "68".

Como escrevi, desde 2013 eu estava incomodado com a reação tardia de parte da classe artística, tão inerte quanto o resto da nação e, pior, igualmente daltônica, pois tinha perdido a noção de nuances. Numa era em que a polarização estava fincando suas raízes na percepção política da população, cada vez mais o que era cinza estava se metastizando para preto ou branco. Se o daltônico não percebe algumas cores, agora as opiniões extremas no fundo passavam a se fundir. Extremo é extremo, imbecilidade é imbecilidade, como já cantávamos em "Discórdia", dez anos antes: "Os extremos de mãos dadas no reflexo disfarçado".

Também pergunto: mesmo que a população ainda percebesse as nuances, será que, depois de ter tanta coisa bombardeada a vida inteira por todos os lados, como o Renato falava do lixo comercial e industrial em "Geração Coca-Cola", ela veria a diferença se algo bom, legítimo, aparecesse?

A gota d'água foi quando ouvi "Saquear Brasília". Uma música ajudaria a estabelecer o tom para o disco *Nação Daltônica* e seria a base para um processo judicial. Pera aí... Processo judicial?

Plebe Rude processa Capital Inicial
— *Diário da Manhã de Pernambuco*
01/04/2013

Às vésperas de lançar o seu nono disco, o grupo de rock Plebe Rude entrou com uma ação junto à 2ª Vara de Causas Cíveis em Brasília, solicitando a proibição de radiodifusão e a imediata remoção do mercado de qualquer obra contendo a música "Saquear Brasília", acusando o grupo Capital Inicial de plágio. No processo, citam que trechos da letra foram retirados de três canções da Plebe Rude, "Brasília", "Proteção" e "Mil Gatos no Telhado", todas da EMI-Publishing Brasil.

Depois de Marcelo D2, por utilizar trechos não autorizados da letra de "Minha Renda" em 2004, na música "Em Busca da Batida Perfeita", e de Gabriel o Pensador, pelo uso indevido do título "Até Quando" em 2006, agora é a vez da banda pop de Brasília ser processada pela Plebe Rude.

Proibida de se pronunciar a respeito, por meio de seu advogado a Plebe Rude apenas lamenta o ocorrido e estranha essa atitude de uma banda amiga, "que jamais se utilizaria de sucessos dos outros para o bem próprio".

Em tempo: o caso vai a júri popular dia 5 de maio, apenas dois dias depois da estreia do filme *Somos Tão Jovens,* que justamente celebra a amizade de Renato Russo e das bandas de Brasília. Curiosamente, a música "Brasília", citada no processo, é a única música nacional na trilha sonora não escrita por Renato Russo, cuja banda predileta era a Plebe Rude.

Mais curioso é o fato que, dia 30 de maio, estreia o filme *Faroeste Caboclo,* cuja trilha sonora e produção musical é por conta do vocalista da Plebe. É a Plebe Rude que interpreta a música "Tédio", do Aborto Elétrico, no áudio do filme, versão essa que certamente Renato Russo aprovaria.

Chata essa história, mas infelizmente terá que ser contada. Com o flagrante plágio, a Plebe Rude teve que se pronunciar, por mais desagradável que fosse. A notícia se espalhou como fogo na internet, e *naquela* tarde já chegou à capa do *Estado de S. Paulo* online. Isso mesmo. Na capa, com direito a foto e a legenda "processados por plágio". Críticos de rock *formadores de opinião*, na maioria fãs da Plebe (mas que lamentam a longevidade da banda, e realmente reconheço que ter mais do que 15 minutos de existência é uma heresia), compartilharam, postaram, retweetaram e sei lá mais o que, *salivando*. Sa-li-van-do. Até os instrumentistas do Capital, que não participavam há anos do processo de composição, me confidenciaram depois que ouviram as músicas mencionadas da Plebe para ver se tinha sido plágio ou não. Pensando bem, mesmo se não tivéssemos dado entrada com o processo, quem rima "ser poderoso em Brasília" com "maravilha", como no caso de "Saquear Brasília", merece ser processado. *Off with their heads!*

Mas o *timing* não poderia ser pior. Era véspera do lançamento do *Somos Tão Jovens*, e o clima ficaria pesado entre as bandas. Teríamos que nos encontrar nas pré-estreias em várias capitais. Já sabíamos da troca de socos recente. Será que teria porrada entre nós agora? Aí sim, a imprensa só não salivaria, como se deliciaria com a carnificina.

Só tem um detalhe: casos de plágio não vão a júri popular. "Saquear Brasília" não contém trechos da letra de "Brasília", "Proteção", muito menos de "Mil Gatos no Telhado". E basta uma busca rápida na internet para ver que nem Marcelo D2 nem Gabriel o Pensador foram processados. Ah, repararam na data da notícia?

Pitchka ti materina! Feliz 1º de abril! Inventamos a fake news! Um a zero para a Plebe!

A gente perde o amigo, mas não perde a piada. Nunca, exceto aquela vez com o Chorão. Mas nem tudo era mentira. O *Diário da Manhã* de Pernambuco realmente existe, D2 e Gabriel o Pensador realmente escreveram as respectivas músicas mencionadas – embora D2 *devesse* ter colocado na ficha técnica uma menção de onde veio o trecho da letra de "Em Busca da Batida Perfeita". Escolhemos o jornal só de sacanagem porque, na volta da Plebe, em 2000, o *Diário da Manhã* foi o *único* do país que escreveu que a reunião dos membros originais era motivada por ganância. Ah, se ao menos soubessem...

Era apenas a Plebe sendo a Plebe e mandando um lembrete disso. Só que dessa vez aproveitamos para expor uma imprensa sempre sedenta de sangue, alheia à fonte ou à veracidade de uma fofoca quente, espalhando exatamente do jeito que prevemos que fariam. Só não esperávamos que fosse *tão* rápido. O plano era deixar a notícia fermentar e causar confusão mesmo, daquele jeito bem Plebe. Desmentiríamos em alguns dias, com um comunicado leve e engraçado. Porém, *naquela* tarde, quando a notícia chegou à capa do *Estadão* online, vimos que seria melhor desmentir logo. Clemente e eu resolvemos puxar a tomada, pois André estava fora do país. Então, publicamos no site da Plebe: "Que processo que nada!!!!!!!!!! Feliz 1º de abril!!!!! Viva o Rock de Brasília! Novo teaser de *Somos Tão Jovens* no ar!!!".

O filme estava chegando aos cinemas, então o *timing* foi perfeito. Alguns jornais desmentiram a notícia no dia seguinte, mas o recado estava dado. Para todos os jornalistas, blogueiros e *formadores de opinião* que caíram nessa: SHAME ON YOU! Mas até *vocês* têm que admitir que foi engraçado. É *esse* o senso de humor da Plebe que fez o Herbert e o Renato se apaixonarem pela banda. E Renato nunca gostou da apropriação de sua obra do Aborto, ainda mais do jeito que o Aborto acabou. Então, na verdade, a Plebe só estava agindo em nome do Renato, já que ele não estava mais conosco. O que não fazemos para os amigos, né?

Um tempo depois da *pegadinha da Plebe*, peguei um voo para São Paulo com o Briquet, pai dos irmãos Lemos. Era sempre um prazer conversar com ele, desde os primórdios das bandas, e como todos da *Tchurma*, eu também sempre tive o maior respeito e admiração por ele. Briquet me acompanhou até a fila do táxi, com seu habitual chapéu Panamá, falando sobre política norte-americana e uma paixão que tínhamos em comum, a série *Downtown Abbey*. Pouco antes de ir embora, perguntei se tinha gostado da brincadeirinha que fizemos, como as que fazíamos no passado. "Detestei!"

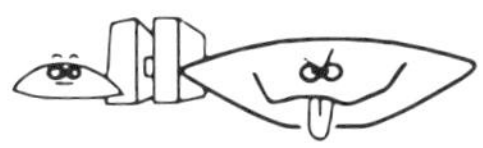

"Life is what happens to you while you're busy
making other plans."
— "Beautiful Boy", John Lennon

Nada, absolutamente nada prepara para a paternidade, ainda mais no meu caso, que não tenho sobrinhos e mal tinha pego um bebê no colo até então. Philippe (mas não júnior, porque eu sou André Philippe) nasceu numa segunda-feira chuvosa em Brasília, em novembro de 2011. Voltando para casa depois de um longo dia para pegar uma muda de roupa, tive que parar o carro no acostamento do Eixão devido à chuva torrencial. Seria um prenúncio da mudança que ocorreria na minha vida?

Para quem já passou por isso, não preciso nem dizer como o momento é marcante na nossa vida. Para quem está prestes a passar por isso: durma, durma muito, pois eu não durmo desde então. Para quem não pretende passar por isso: não precisa rogar por nós. Apenas durma por nós. Ao me preparar para acompanhar o parto no hospital, me senti o próprio George Clooney em *ER*. Depois de colocar as vestimentas esterilizadas e lavar as mãos, já dentro da maternidade, fiquei com as mãos pra cima à minha frente, como se esperasse a enfermeira colocar as luvas cirúrgicas. Nem na maternidade eu perco a piada.

No shows com a banda, nos meses anteriores, antes de "Proteção" eu sempre incluía "It's a Boy", que abre o musical *Tommy*, com as enfermeiras anunciando para Mrs. Walker que seu filho nasceu, enquanto o pai desaparece em meio à névoa na 1ª Guerra Mundial. Mas quando peguei meu filho no colo pela primeira vez, a primeira música que me veio à cabeça foi "Beautiful Boy", que John Lennon escreveu para o filho Sean. Para quem é punk, uma heresia. Para quem é fã de Paul McCartney, um equívoco. Para quem é pai, inevitável. "*Before you cross the street take my hand/ Life is what happens to you while you're busy making other plans/ Beautiful, beautiful, beautiful, beautiful boy.*"

Passados os dois primeiros meses *apavorantes*, e minha esposa 100% recuperada, até comecei a tirar de letra esse negócio de ser pai. Também não tinha escolha. É incrível como isso está no nosso DNA. Fora o amor inerente, o que nos faz pai, em parte, é uma noção profundamente enraizada da preservação da espécie. No arco evolutivo, é a perpetuação da espécie *Homo sapiens* que somos incumbidos de manter. Eu logo teria que cuidar da cidadania do meu filho, que, como o pai, tem duas nacionalidades. Fomos na embaixada norte-americana registrá-lo não só como americano, mas como um jovem democrata. Vá que entre um presidente com tendências ditatoriais, que não goste de imigrante... Sabe-se lá que o futuro reserva.

Pouco depois do seu primeiro aniversário, a Plebe foi tocar na Esplanada dos Ministérios. Na capa do *Correio Braziliense*, estou numa foto gigante ao lado da Paula Fernandes. Resolvi levar o Philippinho para que visse o que o pai fazia. No meio de "Johnny Vai à Guerra", meu roadie trouxe o garoto para mim. Segurei-o perto do meu peito e o apresentei para a plateia, que deu um suspiro coletivo. Ele estava a *coisa mais fofa*, com grossos headphones protetores e segurando um par de baquetas. "Esse é o Philippinho, é a sua primeira e *última* vez num palco." A plateia ria, entendendo que eu não queria filho artista. Era só o que faltava. Imagina seu filho virar-se para você com 17 anos e falar: "Quero ser ator". É de matar qualquer pai de desgosto.

Ele olhou para a frente e chegou perto do microfone. A plateia na Esplanada dos Ministérios não dava um pio. Encostou a boca no microfone, parecendo que ia falar alguma coisa, mas se afastou lentamente, sem dizer uma palavra. Será que aprendeu com o pai que artista que é artista se manifesta mesmo por sua arte e não apenas *entre* as canções? Foi engraçado, e a plateia riu muito com o silêncio dele. Dá-lhe, Philippinho! Mas calma, ele tinha apenas um ano de idade.

Sempre que algum fã me encontra quando estou com ele, pergunta se já está tocando guitarra ou se já é roqueiro. Digo que não e emendo com cara séria: "Ainda bem, queria que fizesse algo *útil* da vida dele". Sempre me olham estranhando, tipo "mas você...". Aí eu abro um leve sorriso: "Estou brincando...". Mas nem tanto. Não será decisão minha, mas digo por experiência própria, depois de *tudo* que passei, não recomendaria essa linha de trabalho, especialmente para pessoas que têm apreço por ética e moral. É um meio *pitchka ti materina* mesmo. Mas, se ele sentir a urgência do seu pai em se expressar dessa maneira, quem serei eu para proibir?

Apesar de eu ter no estúdio três baterias Pearl Masters Custom top de linha, uma sempre montada e microfonada, Philippinho raramente entra lá. Quando entra, bate em alguns pratos e sai. Interessante isso. Que criança não gosta de marretar uma bateria? Eu jamais o forçaria. Tem que vir de dentro. Ele é extremamente afinado, quando canta o tema do *Pokémon* ou a melodia de *Star Wars*, às vezes entro num dueto com ele e subo meio tom, só para ver se me acompanha. E ele se mantém afinado. Ah não, era só o que faltava... Pensando bem, se ele montar uma banda com seus coleguinhas, já tenho um nome: Pivete Sangalo. Não falei que sou bom em nome de banda?

Quando Philippe estava com um ano e meio, a *Veja* ligou pra fazer um especial do Dia dos Pais para a *Veja Brasília*. Fiquei com um pé atrás. Na medida do possível, sou uma pessoa reservada e evito me expor, e mais ainda meu filho. Fiquei desconfortável, sobretudo quando soube que estaríamos na capa. Mas, como sempre coloco o Philippe nas situações sociais mais diversas de propósito, imaginei que uma sessão de fotos profissionais cairia nessa categoria.

Foi uma produção e tanto. Nos fotografaram atrás da bateria, em frente a uma parede repleta de guitarras e caixas de bateria, no que foi descrito como "estúdio brinquedoteca". Precisei equilibrá-lo no meu colo, coloquei o fone de proteção e conferi se não estava deformando seu rostinho, ajeitei a camiseta dele para que fosse legível – já explico o porquê –, coloquei as baquetas em sua mão e toquei bateria com ele, da mesma maneira que John Bonham fez com o baterista da Daybreak quando ele tinha quatro anos. Ah, e precisava olhar para a câmera. Quero ver *você* fazer *tudo* isso com um menino de menos de dois anos.

Achei que as primeiras fotos já tinham valido, mas o fotógrafo insistiu em fazer mais, e o Philippinho começou a ficar irritado – não só ele. Deve ser genético, afinal, o pai nunca gostou de fazer divulgação. Aí não deu mais. Voltaram no dia seguinte, mas meu filho, já desconfiado (de bobo não tem nada), cooperou muito pouco. Marcaram um terceiro dia, que cancelei. Eu não seria como aquela mãe que empurrava a filha vestida de abelha para o meio do corredor do SBT, para que fosse vista pela produção. Perderia a capa, mas manteria a sanidade do meu filho. O que é mais importante? Dias depois, a matriz da *Veja* aprovou uma das fotos da *primeira* sessão. Pode imaginar a minha raiva. *Pitchka ti materina!*

Apesar dessa movimentação toda, consegui manter a operação em segredo da minha esposa. No dia em que foi publicado, dei um jeito de sair de mansinho para comprar a revista, inventando uma história sobre um Tesla avistado perto de casa – eu era fã do Elon Musk anos antes dele virar um republicano negacionista. Ao voltar – prestes a deixar várias cópias pela casa para que ela encontrasse uma casualmente –, as primas dela estavam ligando, e pelos gritos no outro lado do telefone percebi do que se tratava. "Capa?", me perguntou Fernanda. "Que capa?" Ela adorou a surpresa, e talvez tenha sido besteira eu ficar preocupado com a exposição. Pensando bem, contanto que não seja no jornal *Notícias Populares*, de São Paulo, que mãe não gostaria de ver o filho numa capa? Foi uma festa com os amiguinhos do Philippe quando um colega encontrou a revista na biblioteca da sua escola.

E juro que *não* mandei fazer a camiseta com que ele aparece na foto. É da Zara – e se eu tivesse encomendado, o inglês não estaria errado: *"I will be a famous rocker as dad"*. O advérbio *as* está errado, na verdade o certo é *like*. *Like* é uma preposição que tem que ser seguida de um substantivo, *as* é um advérbio que deve ser seguido de uma vírgula, como se listasse alguma coisa comparativa, apesar de ambas significarem "como", "tanto quanto". Tradução, sabe? Nuance? Lembra? Inglês por inglês, o recado estava dado. Quantas crianças você conhece que podem usar uma camiseta dessas com propriedade? Ah, e estar na capa da *Veja*? Check!

A experiência do Philippinho naquilo ainda não estava acabada, e talvez inconscientemente eu tenha topado participar justamente por causa disso. Toda banca da cidade tinha o cartaz conosco, assim como alguns outdoors gigantes. Então, exatamente uma semana depois que a revista saiu, levei-o estrategicamente para uma banca de jornal de manhã cedo, na hora da troca dos cartazes da próxima semana, para ele ver o nosso no lixo. Mesmo com quase dois anos, apenas queria que visse em primeira mão a volatilidade da fama. Quando for mais velho, explicarei melhor a ele.

Quando Philippinho fez dois anos, eu e minha esposa fomos a Paris, na volta passamos por Lisboa. Foi a primeira vez que ela se separou dele por mais de oito horas. Ser mãe não é fácil, e a Fernanda, como toda mãe, precisava descansar. Encontrei com o Iko, que, além de fotógrafo, tinha se tornado escritor e roteirista, e saímos para jantar no Quartier Latin, perto do seu antigo apartamento, com seu filho e a esposa. Fizemos um brinde com a sua linda família, e lhe agradeci por ter me possibilitado ficar um mês na sua casa, em Paris, 20 anos antes. Aquilo foi muito importante pra mim, numa fase crucial da minha vida. Sem mencionar que foi ele quem me inspirou a retomar as aulas de violão no Brasil. *Merci, mon ami!*

Portugal foi muito especial. Fechei um ciclo da família Seabra ao conhecer o Instituto Nacional de Saúde Dr. Ricardo Jorge. Eu não sabia exatamente o que falar quando cheguei ao balcão, então perguntei, meio sem graça, se podia falar com alguém da administração. "Qual o assunto que queres?" "Uh, é que eu sou do Brasil e, uh, sou bisneto de Ricardo Jorge, e queria falar..." "Como assim?", retrucou o segurança, me olhando incrédulo de cima a baixo.

Não era pra menos. Desde pequeno eu ouvia histórias a respeito de meu bisavô, e tínhamos medalhas com sua efígie em alto-relevo expostas junto com as fotos da família, mas aquilo era diferente. Eu não tinha ideia da importância e abrangência do seu trabalho pioneiro. Com um legado *desse* porte na própria família, quem não questiona suas próprias decisões de vida? O curioso é que, em Lisboa, parecia que *todo* mundo tinha uma história sobre o Ricardo Jorge.

Ainda no hotel, fui até o concierge para ver como chegar ao Instituto. O recepcionista me perguntou se eu era cientista ou médico, ao ouvir que eu era bisneto de Ricardo Jorge, me olhou de cima a baixo. A caminho do instituto, mencionei meu parentesco ao taxista, que arregalou os olhos e olhou pra trás, contando casos do meu bisavô e dizendo que eu devia ter uma baita herança a receber. Numa livraria no Bairro Alto, ao comprar a sua biografia, o vendedor perguntou se eu era médico e estava familiarizado com o trabalho dele. Respondi que não, achei melhor deixar quieto e, num sotaque português bastante convincente, disse: "Estou a conhecer agora".

O segurança do Instituto ligou para a administração, falando baixinho, com a mão cobrindo o interfone, disse que tinha alguém na recepção que se dizia bisneto de Ricardo Jorge. Pausou para ouvir a voz abafada do outro lado da linha e, ainda com a mão no fone, disse: "Mas o que é que lhe digo?". Há coisas que só acontecem comigo, ora pois.

Finalmente alguém da administração veio ao meu encontro e me levou numa tour pelo recinto. O engraçado é que no vasto saguão havia um mural com uma linha do tempo da saga de Ricardo Jorge, repleto de fotos que cresci vendo na nossa biblioteca. Antes de retornar ao hotel, pedi que tirassem uma foto minha ao lado da imponente estátua dele, em estilo art déco, em frente ao Instituto. Não é todo mundo que encontra o bisavô, que nasceu no século 19, ainda de pé.

Isso me deixou com um senso de responsabilidade ainda maior para com meu herdeiro, o *seu* herdeiro, o seu tataraneto, e o legado da família toda.

Ao retornar a Brasília, morrendo de saudade, abracei o Philippinho e sussurrei no ouvido dele, num sotaque português agora carregado: "Faça o que quiseres da sua vida, meu filho, contanto que estejas a ajudar os outros".

"Are we not entertained?"
– Russell Crowe, em Gladiator, de Ridley Scott

Nação Daltônica foi o primeiro disco que gravei depois de ter me tornado pai. Não que eu fosse conseguir fazer uma música especificamente a respeito, não sou esse tipo de artista, mas tudo que faria a partir dali seria pelo prisma da paternidade, com as prioridades mudando de uma hora para outra. Que tipo de pai eu seria? Qual seria o meu legado? Quando se tem 37 anos de uma banda do porte da Plebe, creio que não seja prepotência falar em legado.

O curioso é que, quando fundei o estúdio, doze anos antes, dava para ver o Congresso Nacional da varanda – era o único estúdio de gravação do mundo com uma vista dessas. Com o passar dos anos, a rica vegetação do Lago Norte cresceu e, além de trazer de volta a fauna nativa, cobriu a vista do Congresso, como se fosse a mãe natureza me dizendo: "O problema não é só lá".

As letras da banda já estavam parando de apontar para cima a fim de encontrar os culpados e começando a apontar para nós mesmos, no sentido figurado, é claro, para as pessoas que permitiram, passivas que só, como a Katarina do *R ao Contrário*, que o país chegasse a esse ponto. Uma nação daltônica, sem a capacidade de ver nuances.

"Anos de Luta" é uma clara alusão ao título da canção "Dias de Luta", do Ira!, mas não passa disso. A espinha dorsal da musica eu já tinha desde a época do Daybreak, uma canção acústica com uma levada 3/4 chamada "Madman Shut Up".

> "Das decisões que tomam por você/ E das opções que te deixam eleger/ Seu horizonte se esbarra na TV/ Porque é só entretenimento no final/ Demagogia vem da capital/ E o vazio enche todo o canal/ Goela abaixo pois sabem, não faz mal/

> Porque é só entretenimento no final/ Ninguém aqui nasceu ontem/ E nem vai morrer amanhã/ Mas se você não vê a diferença/ É daltônico como o resto da nação/ Onde vocês estiveram nesses anos de luta?/ Pode sair, porque é só entretenimento no final!/ Os anos de luta, será que foram em vão?/ Entretenimento no final/ O desperdício de toda a geração/ Entretenimento no final/ Renato Russo em Parque de Exposição/ Entretenimento no final/ Mãos pra cima!"

Nos shows, quando gritamos "mãos pra cima!", a plateia sempre responde com entusiasmo, mas não sei se estão achando que estão num show de qualquer outro artista ou se entenderam o sarcasmo. Sobre a frase "Renato Russo em Parque de Exposição", fico imaginando o que Renato diria, se estivesse vivo, sobre a total banalização de algumas de suas músicas, tocadas em festivais com artistas de vários estilos, como axé e sertanejo, nesse grande ruído que chamamos de entretenimento.

O clipe de "Anos de Luta" foi filmado ao ar livre, no meio do Eixão Norte, em Brasília, com uma multidão em volta, inspirado em "Hole Hearted", do Extreme, e dirigido pelo Igor Cabral, que captou muito bem o clima da banda. Fiquei emocionado ao rever o clipe para a pesquisa do livro. Ganha um prêmio para quem conseguir identificar minha mãe no meio dos plebeus. Ah, também foi a penúltima vez que usei a minha querida Gibson Silverburst em público. That'll do pig, that'll do.

"Retaliação", outra pérola do Nação Daltônica, é a versão em português de "Brazil", do Daybreak Gentlemen. Usei os mesmos samples em estéreo da bateria original, que toquei e gravei quase 20 anos antes, no estúdio Alien Flyers (aquele da máfia russa, que era o antigo Skyline), com o Capucci (no primeiro disco que gravou conosco) tocando em cima. Talvez seja a música mais ímpar do repertório inteiro da Plebe, com violão e os habituais acordes abertos na mesma virulência de "A Ida", mas com os tambores muito mais pesados.

> "Silêncio, se não acordarão/ De novo e de vez/ A ameaça agora não são mais vocês/ Nunca quis esse papel/ Que seja então, retaliação/ Me olha, o que vê?/ Determinação que só quem tem raiva pode ter."

Algo raro para a Plebe, uma versão entrou no disco, da faixa "Will You Stay Tonight", do Comsat Angels. Da mesma maneira que alguns livros e discos nos escolhem, essa canção nos escolheu. Não foi porque era sucesso ou porque o repertório estava precisando de uma *ajudinha*. Longe disso, até porque a música é desconhecida, de uma banda mais desconhecida ainda. Optamos tocá-la só com guitarras, sem os teclados oitentistas da versão original.

Como produtor, me recuso a gravar uma música que ainda não tenha sido liberada pela editora, pois, se não for, é a perda de um tempo que normalmente não tenho. Nesse caso abri uma exceção. Com a Plebe na estrada, um filho pequeno e um disco e um documentário sendo produzidos simultaneamente, eu não podia correr o risco de atrasos nem podia esperar. Quando fomos atrás da liberação, nos perguntamos com quem entraríamos em contato, pois o Comsat Angels havia acabado em 1995. Não tinha nada nas redes sociais do vocalista e compositor principal, Stephen Fellows; mesmo com auxílio de uma firma consultora de licenciamento alemã, não estávamos conseguindo encontrar a editora original. Uma confusão só.

Procurei mais a fundo e descobri que Fellows recentemente havia produzido um coletivo de músicos de Sheffield chamado Little Glitches, que define seu som como *folktrônico*. Consegui o contato da banda e enviei um e-mail contando que queríamos gravar uma música da ex-banda do produtor deles, mas não estávamos conseguindo falar com o cara. Incluí a informação de que as bandas fãs do Comsat Angels "fizeram parte de um movimento na minha cidade natal que acabou vendendo milhões de discos" – imaginei que Fellows ficaria feliz ao saber disso e foi minha última cartada. No dia seguinte, recebi um e-mail dele: "Eu não sei de que música você pretende fazer uma versão, mas não precisa necessariamente da nossa permissão, contanto que você não a mude".

A versão seria em português, e as fábricas de CD não iniciam a produção sem todas as devidas autorizações. E com razão. O relógio estava batendo, e respondi dizendo que era uma honra falar com ele, que o Comsat Angels tinha inspirado muito a Plebe e, adicionando um pouco de bairrismo sentimental, que o baixista André X tinha morado em Sheffield. A resposta foi um e-mail devastador, que acabou com a minha semana. Ele me tranquilizou porque a música era dele, mas disse que eu jamais conseguiria autorização por escrito de dois dos membros da banda, pois nem para projetos do Comsat Angels ele conseguia a atenção deles. Eu sei que perrengue de banda não é exclusividade da Plebe, mas ouvir isso diretamente de um dos seus heróis... E piora. Antes de me passar o nome das respectivas editoras, escreveu: "Eu só peço para não ter que escutá-la".

Ouch. Tudo bem, tem versões de Plebe, até uma orquestrada, de outros artistas, que nem parei para ouvir por falta de tempo, desinteresse ou medo de uma heresia. Lembre que proibi o Biquini de gravar a minha querida

"A Ida" – e isso que são meus amigos. Então a música "Will You Stay Tonight", devidamente autorizada, passou a se chamar "Mais um Ano Você".

> "Minutos viram horas e os dias viram meses/ Mais um ano você acabou de perder/ E quando menos se vê, nem sobrou tempo pra provar todos errados/ E no fim do dia o que você diria do que aprendeu?/ Quem em sã consciência se contentaria com tão pouco?"

Ao gravá-la, Clemente não estava conseguindo fazer o riff das notas em quinta repetidas, durante o pré-refrão "minutos viram horas". Estranhei a dificuldade dele em tocar um riff tão simples de duas notas apenas, mas ele me lembrou que a Plebe marcou sua carreira de várias maneiras. No fatídico show no encerramento do Napalm, ao "trair o movimento" e salvar um metaleiro que o punks estavam praticamente *matando* no meio da pista, seu dedo mindinho da mão esquerda ficou permanentemente entortado por causa de uma botinada. Não era à toa que ele fazia parte da Plebe.

Os plebeus mais antigos talvez conseguissem identificar a base original de "Dança do Semáforo" em "Que Te Fez Você", gravada de cabo a rabo com apenas uma guitarra, algo raro pra mim, uma psicodélica Astrotone da década de 60. Simples e direto. Eu e André estávamos cansados de ouvir músicas que falavam do "destino levar as pessoas" ou "pessoas que eram levadas pela vida". Larguem de ser *pitchka ti materina*, seu bando de *pitchka ti materina*, e tomem as rédeas das suas vidas, ora... Como diria o Loro Jones, a vida me levar "de c* é r*l*"!

> "Haverá algum conselho que posso lhe dar/ Acabar em algum lugar que não queria/ Não é acaso/ O que te atrasa é acreditar/ Na noção que sua vida está fora das mãos/ Só é acomodação/ E quem tentar dizer ao contrário/ Está mentindo/ Nem decidindo por você."

A música que seria "A Ida" desse disco, "Sua História", teve um começo curioso. No limbo da Plebe, lá por 2002, fui ver uma peça encenada numa oficina de carro, na Asa Norte em Brasília, chamada *Cala Boca Já Morreu* – seu diretor e ator, Wilsinho Moraes, estava comigo na van a caminho de Patos de Minas, quando fomos filmar meu segmento para o documentário *Rock Brasília – Era De Ouro*. Foi ele que fez o contato inicial com o produtor da cidade mineira, que resultou naquela confusão toda.

Tem uma hora na peça que em ele diz: "Vai contar a sua história!". Essa frase ficou comigo por anos, e dela apareceu a letra, e olha que eu não sou de escrever letra antes da música. Tem outra frase, de um filme que adoro, *Campo dos Sonhos,* que ficou comigo por mais tempo ainda e inspirou outro trecho da letra. No filme com Kevin Costner, o lendário Burt Lancaster fala de um sonho quase realizado, mas que acabou apenas "assistindo passar como um estranho na multidão". Também é indiscutível a influência de uma citação de Joe Strummer, "*the future is unwritten*".

Mais uma vez com os acordes abertos, a levada dessa música pedia cordas majestosas, o que custaria um bom dinheiro. Então meu colega Marcelo Zarvos, ex-tecladista da banda Tokyo, que morava em Nova York, me sugeriu de gravar em Praga, o que fazia para várias das produções de cinema que compunha. O estúdio Smecky é uma referência mundial em música orquestrada, e a gravação orquestral à distância funciona assim: você envia a música base em estéreo e as partituras em PDF, e eles marcam uma data, na qual gravam várias músicas, aproveitando o maestro, os músicos e todo o aparato montado. É isso que torna uma produção desse nível viável. Às 10 da manhã, o jingle de um supermercado israelense, às 14 horas, uma vinheta de apresentação de uma produtora de cinema canadense, às 16h, uma banda punk do Brasil. Banda punk do Brasil? Os músicos devem ter se olhado e pensado: *pitchka ti materina!* Na República Tcheca, eles sabem o que significa.

Acompanhei a gravação ao vivo pela internet através das caixas poderosas do meu estúdio. Com o belíssimo arranjo do maestro e multi-instrumentista Alexey Kurkdjian, que tinha trabalhado com o Sepultura, "Sua História" abre com o som mais contido, similar ao de um quarteto de cordas, que aos poucos se desenvolve numa orquestração gigante com 40 músicos, mas ainda só de cordas.

Tudo estava transcorrendo bem até um arpejo no refrão ter uma nota errada. Desesperado, entrei em contato com Alexey em São Paulo, e ele disse que o erro estava na partitura – eu tenho certeza que os músicos estranharam, mas, como era uma banda punk... No compasso 18, da página 7 das partituras, a nota fá é natural, não sustenido! Via Skype, me comuniquei com o produtor do Smecky, que passou a informação ao maestro. Corrigido, como mágica, *um minuto depois* a orquestra tocou a passagem corretamente.

Tudo acertado, e com o selo de aprovação do arranjador, saí correndo para o carnaval do meu filho na escola, que estava rolando exatamente naquela hora. Ele estava vestido de Woody, do Toy Story, e nada me faria perder isso, nem uma gravação de orquestra do outro lado do Atlântico. Afinal, temos que ter prioridades.

Quando apresentei a conta para a banda, Clemente quase desmaiou. Foram quase 3,5 mil *euros* por *2 minutos e meio* de orquestração. Mas valeu cada centavo. Usamos as cordas como abertura da turnê inteira do disco, e até hoje, quando tocamos "Sua História", usamos a trilha sincronizada. É um verdadeiro luxo ter uma música própria com esse nível de trilha de cinema hollywoodiana.

A letra de "Sua História" talvez soe ambígua, mas na verdade é um recado para os amigos que perderam o rumo, esqueceram os princípios ou cujas personalidades mudavam a cada namorada.

> "Quando é que perdeu/ Noção do que importa?/ Tudo que prometeu/ Significa nada não?/ Sempre em vão/ Os amigos que esqueceu/ Será que lembram de você?/ A chance que perdeu/ Se dissolve sem saber a quem pertenceu/ Lembra quando não tinha nada a perder?/ A mesma decepção eu também tive/ Se esqueceu?/ Mas não venceu/ Nunca se esqueça/ Nada está escrito ainda/ Sua história começa agora."

Direto do repertório da Daybreak Gentlemen, "Rude Resiliência" é uma das mais pesadas do disco. A flauta, para os desavisados, é um sample do Killing Joke. Para os plebeus mais detalhistas, a melodia da frase derradeira vem do fim de "Suficiente por um Dia", do *R ao Contrário*. Será que serei acusado de plágio por mim mesmo?

> "Ainda há um faísca/ E reconheço pelo olhar/ Não somos só sobreviventes/ Pra acabar com os farsantes/ Que ocupam seu lugar/ Unidos pela inocência/ Mesmo sem saber o que quer/ Já sabe o que não."

Uma das minhas prediletas do disco, "Quem pode Culpá-lo" abre com um riff magistral, bem no clima de "O que se Faz", mas, em vez da gaita de fole, tem uma sanfona embaixo. Nada de forrocore aqui, por favor, nem me lembre disso. Essa deu trabalho. É a que dá o prenúncio da fundação de *Nação Daltônica,* e, para mim, a letra resume tudo.

> "A sua geração se acomodou/ Ou o nível de exigência abaixou?/ E vai de mal a pior/ O cordeiro segue o pastor/ Quem pode culpá-lo?/ Eu quero ver quanto o nível terá que descer/ Até você se perguntar por quê/ A voz que acha não ter/ A multidão não dá a você/ Mas quem pode culpá-lo?"

"Tudo que Poderia Ser" foi a versão de estúdio da música inédita do DVD *Rachando Concreto ao Vivo*. Ela também veio do repertório da Daybreak e, curiosamente, anos antes do 11 de setembro, já mencionava aviões colidindo "ali fora da janela".

> "Airplanes collide outside your window, people pass by your dismay/ Sun shines through cracks, will it change things?/ Just shift the name and dates around."

A música "(Go Ahead) Without Me", da sessão de estúdio do Daybreak no antigo Skyline, na qual toquei bateria, me perseguia desde que voltei ao Brasil. Se eu tivesse conseguido fazer a letra dela em português, quem sabe poderia ter convencido o André de ser a inédita do *Enquanto a Trégua Não Vem*. Eu tinha perdido a capacidade depois de anos morando fora, e, mesmo depois de ter readquirido a fluência, a adaptação não saía. Desisti. Então usamos a versão original, comigo em todos os instrumentos e o Kyle na guitarra solo, numa performance incrível de microfonia, feita com uma Les Paul Standard ligada num amplificador Vox original da década de 1960. Pra você ver a atemporalidade do som do Daybreak, ninguém percebeu a diferença da versão gravada 17 anos antes para as gravações recentes. A música fala sobre espiritualidade e otimismo. Eu estava feliz nos Estados Unidos, anônimo e produtivo. "De nenhuma maneira vou ajoelhar", diz a letra, mas no fundo a gente acaba cedendo uma hora ou outra.

> "Leave me alone just let me live one day at a time/ The time to rediscover will come anyway/ I will not kneel in any way, but way down deep we always do."

"Três Passos", originalmente chamada de "Nightfall on My House", também era do Daybreak, e encerra o disco num clima bem "Johnny Vai à Guerra", com uma das melhores partes instrumentais que já gravamos, quase com um solo de baixo. Para quem quiser entender a urgência que a Plebe sempre teve no som, esse é um belo exemplo. Nervosa essa, viu? E mais uma vez a Plebe acertou, num prenúncio da "cidadania terminal" que ocorreu quando a bandeira brasileira foi sequestrada por "patriotas" que eram a favor de tudo, menos da democracia, anos depois...

> "Dois passos para frente, três passos para trás/ Pior é que nem sente que mal sai do lugar/ Falta com a verdade, jurando pela mãe/ Pego em flagrante, culpa a ocasião/ Em pé pro hino nacional, cidadania terminal."

A mixagem de *Nação Daltônica* foi feita em Nova York, e consegui acompanhar em *real time*, sem a necessidade de viajar para lá. Falando por Skype com o Kyle e ouvindo o som pelo meus alto-falantes (um par de Yamaha NS-10 passivos empurrados por um amplificador de potência Bryston 2B-LP Pro, uma dica que peguei do masterizador do *R ao Contrário* – e de praticamente tudo do pop brasileiro – Ricardo Garcia), não fosse um delay de dois segundos, era como se estivesse do outro lado do Atlântico. Incrível, simplesmente incrível trabalhar assim.

A capa foi um presente para os fãs, com um velho conhecido dando as caras, quero dizer, dando as *costas*. Era o *sujeito de costas* da capa de *Nunca Fomos Tão Brasileiros*, como carinhosamente o chamávamos. Dessa vez ele está em frente a uma tela de TV com aquele chuvisco de *dessintonia* que nada mais é do que um grande teste de daltonismo. Para poder usar a imagem, precisávamos da permissão do Palet, artista que tinha pintado a versão original 28 anos antes. Como estava demorando pra fazermos contato com ele, fizemos uma versão com um sujeito também de costas, mas com cabelo bem rente e um casaco de couro. Ficou horrível, parece capa de uma banda carioca da década de 1990. *Pitchka ti materina!*

Enfim conseguimos a autorização, voltamos à ideia original, e essa passou ser uma das minhas capas prediletas da banda, traduzindo perfeitamente o clima do disco, com o brasileiro paralisado e pasmo pela quantidade interminável de ruído com que é bombardeado dias. O ser humano não foi feito para processar tanta informação ao mesmo tempo, imagina assimilar, correndo o sério risco de se tornar apático, disperso, distraído, impaciente e, consequentemente, facilmente manipulável. Soa familiar?

Nação Daltônica foi destaque da seção de discos da revista *Rolling Stone*, com a melhor caricatura já feita da banda, por Guilherme Gaspar. O jornalista Mauro Ferreira resumiu o tom da obra: "O recado parece ser que as coisas não mudaram tanto assim no Brasil, exceto a alienação do povo, que, apagada a chama dos protestos de junho de 2013, já voltou silencioso das manifestações para casa". *Ai, caramba!*, como diria o Bart Simpson. Acho que não poderíamos ter dito isso melhor!

O primeiro disco de estúdio com material inédito em nove anos foi muito bem recebido, e nessa turnê finalmente conseguimos tocar em algumas praças inéditas, como Cuiabá e Manaus, onde os fãs se acotovelavam para ver o que achavam que nunca veriam, um show da Plebe – só não tocamos no Acre e em Mato Grosso do Sul.

Em Manaus, num raro momento de lazer, aproveitamos para ir ao encontro das águas, e eu fiz algo que tinha me prometido. Pulei no rio, obviamente com um colete salva-vidas. Eu respeito corpos de água maiores do que eu. Ao pular, fiquei suspenso e, parafraseando o Renato, "no espaço", na vertical da água, a um metro abaixo da superfície, com os braços abertos numa verdadeira *Jesus Christ pose*. Com o balançar dos braços abertos na vertical, penetrava a parede densa e escura do lado do Rio Negro, que envolvia meu corpo numa onda quente, pois a densidade dos detritos de árvore e sedimentos retinha o calor, vide a cor mais escura. Com o balanço dos braços para trás, ainda na vertical, voltava para a água mais clara do Rio Solimões, bem mais fria. Indescritível a sensação.

Clemente resolveu me seguir, mas acabou não sendo uma boa ideia, pois ele subitamente começou a ficar pálido, e ajudei-o a voltar para o barco. Poucas semanas antes ele quase se afogara na praia de Santos, a memória era muito recente. O barco não tinha escada nem parte mais baixa, então foi meio difícil e doloroso voltar, batendo nossas extremidades contra o ferro da lateral.

Antes de voltar a Manaus para o show, paramos numa vila flutuante, onde vi uma das cenas mais apavorantes da minha vida – mais do que quando vi a viola elétrica sendo tirada do estojo no ensaio da volta da Plebe –, pirarucus enormes, criados em cativeiro, se amontoando ao serem alimentados. Com o bater das barbatanas e caudas e o ranger das mandíbulas, eu não tinha como tirar da cabeça o que aconteceria se caísse lá dentro. Parecia a Plebe tentando navegar o pop brasileiro, tentando manter a coerência, mas sendo engolida viva e sua carcaça jogada fora.

Você deve estar pensando: "Pô Philippe, que trauma, cara. Vai fazer terapia". Fique tranquilo, estou fazendo. E você a está lendo.

"Se você entrar nas jaulas dum zoológico, você consegue ver os animais de perto, passar a mão nos corpos cativos e se juntar com a energia por trás do misticismo. Você também consegue cheirar a merda em primeira mão."
– Ellen Sanders, jornalista da Revista Life, contratada para cobrir uma tour do Led Zeppelin

Meu celular tocou quando eu, minha esposa e meu filho estávamos a caminho de um hotel-fazenda em Goiás, onde, além do merecido descanso, eu trabalharia num arranjo para a música "Abre-te Sésamo", do Raul Seixas, a convite da carioquéééérrrima Kika Seixas. Eu estava dirigindo e, pelo canto do olho, vi que a ligação era do Rio. Deve ser a Kika de novo, pensei. A viúva do Raul Seixas estava coordenando o DVD *Baú do Raul.*

Raul não fez parte do meu vocabulário musical. Quando cheguei ao Brasil, mesmo com apenas nove anos, já achava o movimento hippie, ou os resquícios dele, meio datado, meio ultrapassado em comparação com o que vira poucos anos antes nos Estados Unidos, com hippies por todo lado. Mas eu respeitava o pioneirismo e posicionamento de Raul, e seria uma honra poder tocar com Rick Ferreira e o eterno Hanoi Hanoi, Arnaldo Brandão, que gravaram com ele. Esses caras já estavam na estrada quando eu usava fraldas.

A ligação, porém, não era da Kika, mas do Jorge Davidson, diretor artístico da EMI, responsável pela contração da Plebe numa vida anterior e, anos depois, por proibir a Plebe na sede da gravadora. O que ele queria comigo? Com o olho na estrada e um sotaque carioca no *ear piece bluetooth* do meu ouvido, escutei que estavam planejando uma série de shows para o Banco do Brasil nas principais capitais; para a edição de Brasília a sugestão era juntar a Plebe com os remanescentes da Legião, num festival que também teria Panic at the Disco e Linkin Park. Panic at the Disco com Plebe? Eles não são aqueles que tocam "Bohemian Rhapsody", do Queen, a única música decente do repertório? Tem certeza que você chamou a banda certa? Curiosa mesmo foi a insistência para a Plebe focar nos dois primeiros discos, como se os sete subsequentes não existissem. Tudo bem, seria um show apenas.

O Banco do Brasil viu esse projeto como um momento ímpar, pois era raro juntar Dado e Bonfá no mesmo palco, apesar dos convites recorrentes de empresários sedentos pela volta da Legião com um cantor cover do Renato vestido a caráter. Ambos chegaram a aparecer como convidados esporádicos do Jota Quest e abriram o Rock in Rio com a Orquestra Sinfônica do Rio. Mas aquele show seria diferente, sem cantor *cover*, sem versão melosa de "Eduardo e Mônica" e sem alguém de braços abertos chamando Renato de messias. Seria com a Plebe.

Teríamos poucas semanas para preparar a apresentação, e num período de férias – logo em seguida eu e minha esposa iríamos para o Chile, sem o *filhote*, para eu esquiar pela primeira vez no Vale Nevado, um resort espetacular a cerca de 70 km de Santiago. Conectados online, Bonfá na Itália, André em Brasília, Dado no Rio e eu na Cordilheira dos Andes, fechamos os detalhes de repertório e as datas de ensaio. Ficou decidido que tocaríamos "Brasília", "Minha Renda", "A Ida", "Pressão Social", "Proteção" e "Até Quando" da Plebe Rude, "Conexão Amazônica", "Será", "Tempo Perdido", "Teorema", "Que País É Este" e "Geração Coca-Cola", emendada com "Faroeste Caboclo", da Legião Urbana.

A Plebe nunca tinha tocado ao vivo uma música sequer do Renato, com exceção de quando eu estava fazendo a trilha de *Faroeste Caboclo*. A pedido da produção do filme, para ajudar na divulgação, em parte da turnê *Rachando Concreto Ao Vivo* emendávamos "Proteção", "Pátria Amada", dos Inocentes, um trechinho de "Geração Coca-Cola" e o final de "Faroeste". Eu não me sentia muito confortável fazendo aquilo. Um, pela minha eterna dificuldade de cantar algo escrito por outra pessoa; dois, porque me sentia como se tocasse numa banda de baile.

Dois dias antes do show, nos encontramos com o Dado no Estúdio Daybreak – Bonfá chegou no dia seguinte, quando fomos ensaiar no palco gigante do estacionamento do Estádio Mané Garrincha. Tentamos juntar as duas baterias em algumas músicas, com o nosso querido Capucci, mas não deu certo, então descartamos essa possibilidade e focamos nos arranjos. O que significa, no linguajar da Legião, não.

Não podíamos mexer nos arranjos originais, não podíamos ter duas baterias tocando juntas e, pior, não poderíamos ensaiar até que a voz na bateria estivesse perfeita, o que diminuiu muito o (já pouco) tempo que teríamos para isso. Lembrei da volta da Plebe, com os pedais lentamente sendo montados no ensaio e *no dia* do show depois de termos ficado dez anos sem tocar juntos. Cheguei em casa com um sentimento ruim, incomodado mesmo. Será que esse convite do Jorge Davidson era mesmo uma boa ideia? No dia seguinte, contando com a memória, um pouco de sorte e um empate do Figueirense com o Criciúma, fizemos o show. Por incrível que pareça, deu tudo certo, apesar de um deslize aqui e acolá.

Encerramos com um apoteótico "Até Quando", nos enfileiramos na frente do palco, com a adição do Clemente e toda a história que ele também carregava, abaixamos a cabeça curvando o corpo e agradecemos os aplausos da plateia em que alguns não acreditavam na junção que tinham acabado de assistir – Capucci também estava conosco, todo sorrisos, pois tinha aprendido a tocar bateria ouvindo Plebe e Legião.

Depois do sucesso do show, apesar de estarmos começando a turnê *Nação Daltônica*, surgiu a ideia de continuar esse projeto, e fazia sentido, porque funcionou de verdade. Mas nos vários momentos em que entrei na realidade e dinâmica de outras bandas, não lembro de ter sido uma experiência muito boa. O que eu sentia mesmo com as outras duas bandas da *Tchurma* na época era mais uma resignação, pelos destinos estarem entrelaçados. Assim como Ellen Sanders sentiu que o cheiro não estava muito bom. Mas isso faz alguns anos, e pelo visto o bom senso prevaleceu. Conheço bem esse sentimento.

Depois de algumas semanas do show do CCBB, eu e André *descemos* ao Rio para conversar com eles a respeito do projeto cara a cara, por mais custoso que fosse esse bate-volta de Brasília – depois a gente tira da produção. Citando a saudosa Bete Carvalho, "se o Brás é tesoureiro, a gente acerta no final".

Decidimos seguir adiante com o projeto, que se chamaria Brasília Rádio Center – por causa do nome do prédio onde ficava a sala em que ensaiávamos com a Legião e numa homenagem ao alerta geral dado pelo The Clash na música "This Is Radio Clash".

Dado e Bonfá estavam proibidos de usar o nome Legião Urbana por causa da eterna briga com o espólio do Renato, então não teria como algum empresário sugerir o nome de Legião Rude ou Plebe Urbana, muito menos Rudis Urbana Plebes, como o Renato tinha escrito num caderno décadas antes, junto com Abortio Electriferum e Plebes Rudis, entre rascunhos de letras e detalhes da sua fictícia 42nd Street Band.

Mas quem tocaria o quê? Eu e André deixamos claro que *não* queríamos músicos convidados/contratados. André tocaria o baixo e ajudaria em alguns backings esporádicos; Dado tocaria guitarra e violão e faria algumas das vozes; Bonfá, que estava cantando muito bem, cantaria as demais músicas da Legião; e eu seria o curinga, revezando entre teclado, guitarra, violão e um eventual bandolim, se fosse necessário, além dos vocais da Plebe. Eu estava achando ótima a ideia de *finalmente* tocar teclado ao vivo.

Até cheguei a procurar um antigo teclado Juno 106 da Roland, como o que Renato usava.

Nos primeiros dias de 2015, aproveitando as férias, fomos ao Rio para ensaiar. Quando chegamos ao estúdio do Dado, no Jardim Botânico, nada tinha sido montado. Como não teríamos muito tempo, pois André à noite retornaria para Brasília, perdemos horas valiosas montando tudo. Mas foi bastante divertido, lembrando muito a época do Brasília Rádio Center, quando éramos apenas nós, o equipamento precário sem roadie nem *entourage*, apenas aquela urgência que impulsionou tudo o que hoje é história.

Bonfá puxou "Birds of a Feather", do Killing Joke, e eu "Heroes", do David Bowie, e começamos uma jam. No meio do som, nos olhávamos lembrando de quando tudo começou, das músicas e da postura que catalisaram um movimento que ajudou a transformar a música popular brasileira. Plebe era a banda predileta do Renato e a inspiração local para a formação da Legião; André era sócio do Dado na loja e gravadora Rock It!, e tinha tocado com o Bonfá nos Metralhaz, que ensaiavam na minha casa; eu e Dado começamos juntos fazendo trilha sonora no mesmo filme; e as duas bandas passaram por coisas inimagináveis juntas desde Patos de Minas.

Esse projeto, mesmo com prazo de validade, fazia sentido, mas tudo foi abruptamente interrompido, pois eles obtiveram na justiça o direito de usar o nome Legião Urbana.

"Lino (ao receber uma prova corrigida):
Me preocupei muito com essa prova.
Charlie Brown: Que nota você tirou?
Lino: 10. Desperdicei uma boa preocupação."
— Charlie Brown e turma do Amendoim

No meio da excursão *Nação Daltônica*, que já rolava há quase um ano, recebemos um telefonema da produtora responsável pela etapa brasileira da turnê *Not in This Lifetime*, do Guns and Roses, que marcaria a volta de Slash e Duff com o até então desafeto Axl Rose. Nome engraçado esse. Me lembrava da *tour* de reunião da banda Eagles, *Hell Freezes Over*. Certamente alguém da banda, ao ser perguntado se o Guns se reuniria de novo – como perguntaram a Don Henley, do Eagles, que respondeu "quando o inferno congelar" –, deve ter respondido "não nessa vida".

A Plebe como banda de abertura? Devíamos ter feito algo direito dois anos antes, quando fizemos dois shows com eles, em Brasília, no Ginásio Nilson Nelson, e em São Paulo, no Anhembi – apenas com Axl da formação original. Agora estavam nos chamando para cinco shows, dois em São Paulo, um no Rio, um em Curitiba (na mesma Pedreira que Plebe Rude e Os Inocentes inauguraram 27 anos antes), um em Brasília. A Plebe seria a primeira banda de rock nacional a tocar no reformado Estádio Mané Garrincha, mas foi tanta falcatrua na construção desse *legado da Copa* que não sei se é um título que eu queria que a banda tivesse.

O primeiro show foi no Allianz Parque, em São Paulo. André chegaria mais tarde, por isso passamos o som sem ele, mas nada de novo nisso, pois era recorrente Clemente e parte da equipe chegarem mais tarde para nos encontrar Brasil afora, vindos de São Paulo. Obviamente não poderíamos usar toda a luz e som, mas, vamos lá, a equipe da Plebe é sagaz. Recebemos ordens expressas de não usar a passarela em frente ao palco e não subir nos monitores (alguns escondiam os teleprompters, uma verdadeira maravilha para quando se tem letras quilométricas).

Uma coisa que eu aprendi na estrada foi me preocupar *só na hora de ter que se preocupar*, para não desperdiçar uma *boa preocupação*, como Lino com sua prova. Quando faltavam 40 minutos para subirmos ao palco, André ainda estava no avião, prestes a aterrissar. Sem pegar as malas na esteira, ele desceu correndo para o desembarque. Dissemos para ele não pegar Uber, pois só os taxistas podem usar o corredor de ônibus, ele subiu num táxi e foi mandando *updates* a cada cinco minutos. Os paulistas do camarim ficaram calculando o tempo de chegada, juntando palpites de trânsito, trajeto – e acho que, àquela altura do campeonato, até a direção do vento.

Faltavam dez minutos para subirmos no placo, e a produção da Plebe estava impressionada com a minha calma, mas fazer o quê? Se ele não chegasse a tempo, eu tocaria baixo nas primeiras músicas, com o Clemente na guitarra, enquanto torceríamos, na frente de 50 mil pessoas, para que o André aparecesse no meio do show. Que situação. Tem coisas que só acontecem comigo.

Faltavam cinco minutos para o show começar quando o nosso empresário gritou: "André está na esquina!", mas isso não me confortava. A esquina de um estádio daquele tamanho, com aquele trânsito confuso de São Paulo, poderia estar a 15 minutos de distância, um terço do tempo permitido para tocarmos. Atrasamos alguns minutos e, quando André entrou no camarim, fomos direto para o palco. E não desperdicei uma boa preocupação.

No dia seguinte, ao chegarmos no Allianz para o segundo show, meu roadie me puxou para um canto. "Tivemos um problema." Minha guitarra principal tinha sido roubada do camarim. Desde o Lollapalooza Chile alguns anos antes e o meu grilo paralisante de que alguém pudesse roubar minha Gibson Silverburst (que eu já tinha aposentado), passara a usar nos shows duas guitarras Greco, marca japonesa considerada uma *lawsuit guitar* (guitarra sub judice), processada nas décadas de 1970 e 1980 por ser uma notória réplica da Gibson (até o G da Greco é igual ao logotipo da Gibson). Como eu colocava ferragens e captadores originais da Gibson nelas, chegavam muito, muito perto da original e, atenção, geravam receita para a Gibson, além de evitarem meu estresse de viajar com uma guitarra preciosa.

De qualquer forma, eu adorava a minha Greco que sumiu, modelo vintage de 1978, com três captadores, igual à do Peter Frampton. Mas estrada é isso mesmo, fazer o quê? Até me considerei um cara de sorte, pois em 35 anos só uma vez roubaram meus pedais, no Village, em São Paulo, quando abrimos para o Ira! Pela estrada que já percorri, é uma boa estatística.

Estranhei o roubo, porque o camarim ficava nas entranhas da sede do Palmeiras, cheia de câmeras de segurança. Obviamente foi alguém que sabia burlá-las, um *inside job*. Por um momento pensamos que o Slash, pra compensar, me daria uma Gibson assinada, que carrega ele aos montes com seu arsenal de equipamentos. É claro que não aconteceu.

Antes das nossas apresentações, a equipe do Guns já estava no backstage preparando a deles, e conversei bastante com o *guitar tech* do Slash, Adam Day, que trabalha com ele desde *Appetite for Destruction*. Adam inclusive me ajudou a desvendar um problema que tive com meu remote Voodoo Labs Ground Control Pro, coincidentemente igual ao que Slash usa. Já íntimo da equipe, avisei ao roadie do Duff que meu baterista de Nova York tinha tocado com ele, mas, mesmo depois de cinco shows, não tivemos absolutamente nenhum contato com a banda – guardadas as proporções, em quase todas as cidades em que tocamos também não temos muito contato com as bandas de abertura, mais pelo horário do que por estrelismo ou desinteresse. Mas sempre tiramos um tempo depois do show para conversar e tirar fotos.

Aliás, os Rolling Stones tiraram fotos com a banda Cachorro Grande, que abriu pra eles em Porto Alegre, mesmo com aqueles ternos suados, que nunca foram lavados. Espero que, ao contrário de quando visitaram minha casa, anos antes, os gaúchos tenham usado freio motor para segurar a flatulência. Afinal, eram os Stones.

Antes do show no Estádio Engenhão, mais um daqueles *legados* questionáveis, dessa vez dos Jogos Pan-Americanos, *O Globo* noticiou que "Ícone do rock de Brasília abre os shows da turnê do Guns'n'Roses, que chega ao Rio", com uma citação do Clemente: "O Guns nos escolheu, acho que eles queriam essa junção ímpar". Ah, fazer sete shows com o Guns? Check.

Um ano e meio depois, aconteceu algo muito raro no mundo da música. Antes vou dar um pouco de contexto. Em 1980, o mundo do rock perdeu uma de suas guitarras mais emblemáticas. Numa turnê pela América do Sul, o avião de carga que transportava o equipamento de Peter Frampton caiu pouco depois da decolagem em Caracas, matando os quatro tripulantes. Uma tragédia. Do equipamento, o que não foi consumido pelas chamas, foi dado como levado por ladrões, inclusive a Les Paul Custom 1954, de três captadores humbucker, que adorna a capa de *Frampton Comes Alive*. Eu ficava ouvindo o disco e olhando aquela guitarra. Ahhh... os bons tempos do vinil.

Trinta e dois anos depois, um fã do Frampton da ilha caribenha de Curaçao ficou intrigado com o instrumento tocado por um músico de bar, uma Les Paul preta com três captadores, surrada e levemente *chamuscada*. Ele comprou a guitarra e a devolveu a um atônito e grato Frampton, que, com ela no colo, falava emocionado: "This is my guitar...". Por coincidência, minha Greco roubada era justamente um clone da guitarra do Frampton. Encerrada a excursão com o Guns, a cada três meses eu checava o Mercado Livre para ver se alguém tentava *passá-la* pra frente. Quem sabe eu daria sorte?

Em 2018, num show ao ar livre em Araraquara, pouco antes de subirmos no palco, alguém da produção local entregou um estojo de guitarra no camarim, dizendo: "Mandaram entregar isso para o Philippe Seabra". Achei estranho não só por usarem meu nome completo, como pelo estojo de tecido grosso, pois eu *jamais* despacho guitarras em aviões. O estojo estava relativamente em bom estado, ao contrário dos meus, bastante surrados. Pensei que meu roadie tivesse mandado o instrumento ao backstage para que eu pudesse aquecer os dedos, coisa que jamais faço – aliás, nunca confie numa banda que faz isso. Vai lá e toca, porra!

Perguntei para a pessoa da produção quem tinha encaminhado o estojo. "Não sei, só mandaram entregar." Abri, e ali estava a Greco, intacta, com as cordas ainda boas, indicando que ninguém havia tocado nela – de brinde, a correia original e um caro sistema sem fio *ainda* no bolso lateral. Levantei-

-me quase gritando: "Vão, vão! Corram pra ver se conseguem encontrar o cara que deixou a guitarra!", e a equipe inteira saindo correndo atrás, mas tarde demais. Cheguei a usá-la numa música, mas ela carecia de manutenção, como todo instrumento parado por tanto tempo. Qual foi a última vez em que você ouviu falar de um instrumento roubado ser devolvido? Tem coisas que só acontecem comigo.

Eu e a equipe deduzimos que um malandro que conhecia as dependências do Allianz Parque roubou a guitarra e tentou vendê-la para um amigo músico, que a reconheceu e disse: "Tá doido, cara, essa é a guitarra do Seabra. O cara é sangue bom!" – atenção, eu não uso gírias assim, é só ilustrativo para a suposta conversa – ou, o que é mais provável, pensaram estar roubando a guitarra do Slash e, ao perceber que era minha, falaram: "Essa merda é do Philippe, não vale porra nenhuma! Devolve *praquele* palhaço".

Em 2016, o rock de Brasília virou Patrimônio Cultural Imaterial do Distrito Federal pelo Projeto de Lei nº 567/2015, apresentado pelo deputado Ricardo Valle e sancionado pelo governador Rodrigo Rollemberg. Agradecemos a preferência, mas não sabíamos exatamente como receber a notícia. Como digo no Dia Mundial do Rock, quando tenho que dar uma enxurrada de entrevistas, o pretexto do estilo foi fugir da norma e das convenções, então, ter um dia comemorativo não faz muito sentido.

Esse decreto me fez sentir um pouco de volta a Patos de Minas, onde, após ser enxotado da cidade pela polícia, fui recebido pela prefeita anos depois. O rock que agora era patrimônio cultural na verdade começou quase como terrorismo, com a gente pichando a cidade, fugindo da polícia, burlando a censura, cercados pela repressão, sendo um incômodo que tomou proporções nacionais ao criticar os padrões e o governo.

Todavia, veio em boa hora, pois em Brasília prevalecia o sucateamento dos espaços artísticos, literalmente silenciando locais antes destinados a eventos culturais, enquanto bandas cover tocavam em casas noturnas, tirando o espaço do rock autoral. E o público? Cada vez mais apático, simplesmente não via diferença nos estilos musicais, contanto que fizesse sucesso e desse para cantar junto. Será que uma lei sancionada e registrada no *Diário Oficial do DF* mudaria as coisas?

Tendo o vasto céu de Brasília por testemunha, tentei fazer a minha parte. Desde 2015 eu promovia o Rock na Ciclovia, no exato local onde originalmente era realizado. Quem sabe apareceria um novo Renato Russo ou até uma Plebe, algo igualmente ímpar? Era matematicamente possível, mas estatisticamente improvável. Não digo isso de maneira arrogante; é que sem espaços para o fomento de artistas novos, não vai aparecer mesmo.

Realizado sempre durante o período de estiagem em Brasília, de abril a setembro, em três anos consegui colocar mais de cem bandas para tocar, todas autorais e, mais importante, sem *um centavo* de dinheiro público. A logística era simples: os food trucks pagavam uma taxa para participar, isso pagava o equipamento, um roadie e um técnico de som. Não precisava de muita estrutura. Com um som básico, que comprei com o dinheiro dos trucks, duas caixas Oneal 2 x 15 ativas, adicionadas a um sub alugado de cada lado do palco, mais bons amplificadores no palco, o PA reforçava o que já vinha com qualidade. Também coloquei uma das minhas baterias de ponta, a Tama Starclassic, para ter um som de peso. E só.

Eu ia para o estacionamento sozinho às 6h30, varria a poeira típica de Brasília nessa época do ano e colocava cones para impedir que alguém estacionasse. Isso sim que eu chamo de *do it yourself*. O palco era o próprio asfalto. O resto a cena faria. Ou assim eu esperava.

Nessa função passei a ter mais respeito por contratantes e toda a classe de empreendedores de cultura. Jesus, que pesadelo. É uma papelada, uma burocracia que o faz rodar a cidade para pegar autorizações com a administração local, a defesa civil, a Vara da Infância e Juventude, a vigilância sanitária, o corpo de bombeiros, a Secretaria de Segurança Pública (SIOSP), a documentação de um engenheiro elétrico, o Ibram. Eu fazia isso enquanto tocava nos finais de semana com a Plebe e cuidava do estúdio durante a semana – com um filho pequeno. Quem tem tempo pra isso? Esse altruísmo estava me matando. Se eu ao menos estivesse sendo pago...

Eu fazia tudo sem um centavo de dinheiro público, mas nunca tive problema com apoio, inclusive cheguei a recusá-lo – uma rádio local queria disponibilizar uma parede de escalação enorme, mas, como não vinha com a devida documentação, tive que dizer não. Se alguém caísse lá de cima e tivesse que passar o resto da vida morto, eu seria o responsável.

Certa vez eu quis esganar um fiscal. Quem atua em eventos vai saber muito bem do que estou falando. A estrutura era mínima, tão simples, mas *tão* simples, que era tudo montado três horas antes da chegada do público. Como o evento era nos domingos, justamente o dia em que o órgão fiscalizador está de folga, na sexta-feira eles exigiam a autorização do engenheiro elétrico, e eu fui para o estacionamento histórico com a devida papelada em mãos – logo eu, que tinha todo o tempo do mundo... Então, por trás dos óculos Ray-Ban espelhados que me traziam más lembranças da primeira briga da Plebe nos estúdios da EMI, o fiscal me disse que a autorização estava errada. "Como assim?" Eu tinha certeza de que estava correta.

"Aqui diz que o palco e o sistema elétrico *estão* montados corretamente, e não que *estarão* montados corretamente. Como não tem nada montado agora, precisaremos da correção na autorização." Era um caso de conjugação, tinha que estar no futuro do presente simples. Quando digo que nunca consegui me encaixar em nenhum molde, nenhuma norma, não estou brincando. Nem em um *evento* meu eu conseguia. Um evento ao ar livre, num espaço público, montado apenas três horas antes? Como assim? Pelo que fazíamos nas lanchonetes e quebradas de Brasília, três horas era muito. Normalmente fazíamos isso em 15 minutos. "É punk, porra!" Agora, tenta conseguir uma autorização numa sexta-feira de tarde para ver o que é bom pra tosse. O fiscal quase sorria ao ameaçar embargar o evento caso eu não conseguisse o documento. Saudade dos primórdios do punk em Brasília. Era só ligar uma tomada e 1-2-3-4.

A ideia era que o espírito fosse o mesmo do original, e eu queria passar para *todas* aquelas bandas a experiência de tocar, literalmente, na rua. Eu proibia *covers* e tive que interromper uma banda quando puxou uma. Do lado do PA diminuto, que mesmo assim conseguia embalar até mil pessoas, dei uma bronca ali mesmo. "Vocês vivem reclamando que não têm lugar para tocar. Quando têm, desperdiçam uma chance de mostrar trabalho próprio. Que música vocês acham que a plateia vai lembrar? *Cover* nunca ajudou na carreira de nin..." – aí tive que me corrigir – "de *quase* ninguém."

Eu tinha ressuscitado um projeto histórico e um capítulo importante na saga do rock de Brasília, transformando um parque de pouco movimento num caldeirão de cultura e lazer que aparecia na televisão e nos jornais, movimentava até 800 pessoas nas tardes de domingo, incentivava a cena musical e ainda por cima estimulava o comércio. Mas tivemos que sair de lá. Devido a uma arruaça de playboy – não é à toa que eu odeio playboy –, algumas semanas antes, justamente na Ermida Dom Bosco, onde gravamos o nosso DVD, no Lago Sul, o órgão que fiscaliza alguns parques da cidade proibiu a venda de álcool em todas as áreas sob sua gestão. Os trucks então migraram para outros eventos, e perdemos a grana que nos sustentava.

Me juntei ao produtor cultural e músico Rony Meolly, e depois de uma breve passagem pelo Eixo Norte, que é fechado aos domingos, o evento foi para o Parque da Cidade, aquele mesmo onde o Eduardo, de "camelo", encontrou a Mônica, de moto. Ainda sem um centavo de dinheiro público. A única vez que abri uma exceção, e indiretamente, foi num evento casado com outro, onde montaram um PA enorme e desproporcional, um palco alto e largo que tirou completamente o clima pé no chão dos shows. E, é claro, o preço da estrutura licitada era superfaturado e bancaria oito dos meus eventos. Está no DNA, onde conseguem tirar uma lasca, tiram. Pra nunca mais.

O Rock da Ciclovia só podia ser realizado durante o período de estiagem, e me pus a pensar como fazê-lo acontecer o ano inteiro, mesmo com chuva. Se eu conseguisse quebrar esse código, faria uma diferença enorme para a cultura na cidade. Então, no final de 2016, junto com a Secretaria de Turismo, consegui ressuscitar a Rampa Acústica, um lugar que parece que só eu lembrava. Será que todo mundo em Brasília fumava maconha?

A Rampa Acústica era especial pra mim. Foi lá que recebi o certificado de dispensa militar depois de jurar bandeira. Foi lá que se encerrou a série dos shows antes itinerantes do projeto *Cabeças*, em que Cássia Eller começou a tocar para plateias maiores e onde o Chico Science deu seu último show antes do trágico acidente que lhe tirou a vida em 1997. Antes ao ar livre, o local tinha sido coberto pelo governo, que criou um pavilhão gigantesco. Algumas das arquibancadas de concreto haviam cedido ao peso do tempo, os camarins precisavam de um belo jato d'água, mas, fora isso, parecia impecável. A parte elétrica, na amperagem correta, estava em ótima condição. Isso era importante, economizava o gasto de um gerador.

OK, tinha algumas goteiras e, num canto da arquibancada, uma pequena cachoeira, mas nada que impedisse a realização de shows. Assim que meu mestre de obras conseguiu subir no telhado, que era muito alto, marcamos os pontos dos vazamentos num dia de chuva e arranjamos uma maneira de tampá-los. Mas *nós tivemos que fazer*, pois o governo não tinha verba. Quer dizer, verba sim, prioridade não.

Com a papelada em ordem, só faltava a vistoria dos bombeiros, que colocaram literalmente rampa abaixo meu plano de cercar a arquibancada de trucks ao exigir que eles ficassem longe do palco porque não havia uma saída de emergência. Depois da tragédia da boate Kiss, quem era eu para discutir? Assim, o primeiro evento teve restrições, mas, já para o segundo, cortaríamos a cerca de metal para ter a saída requerida.

Fora isso, consegui o que eu queria, pois o local tinha todo o clima de show *ao ar livre*, mas era protegido da chuva. Até trucks de churrasco poderiam estacionar lá, porque o enorme pé-direito proporcionava um lugar arejado. A Rampa Acústica era uma pérola no meio da cidade, e, mesmo que chovesse muito, o evento prosseguiria normalmente. Jogada de mestre, cá pra nós. O que dizia, na linguagem dos trucks, não!

Os trucks que participaram da estreia esperavam um sucesso estrondoso. Eu avisei: "Olha, é um espaço não muito conhecido, que aos poucos será restabelecido no mapa cultural da cidade". O público foi bom, mas, por conta do tamanho do local e porque os trucks ficaram longe do palco, o movimento de consumo não foi dos melhores, o que seria corrigido no próximo evento, com a instalação da saída de emerg... Antes que eu pudesse terminar a frase, os trucks começaram a ir embora. Que mentalidade imediatista. O espaço estava em desuso há décadas!

Contudo, não foi de todo ruim. No dia anterior, a peça *Renato Russo – O Musical* esteve na cidade; como a produtora Bianca De Felippes era a mesma do filme *Faroeste Caboclo*, e Bruce Gomlevsky, o ator que interpretava Renato, tinha me convidado pessoalmente, eu não tinha como me esquivar dessa vez – a peça já tinha passado várias vezes por Brasília, mas eu nunca tinha ido. Para quem era amigo do Renato, foi difícil ver seu declínio romantizado, e a ótima interpretação do Gomlevsky tornou tudo ainda mais triste. E eu não estava a par de algumas citações da Plebe no texto, de "rachar o concreto" a "Até Quando", e da aparição do logo do Congressinho no telão atrás do palco.

Tem também momentos engraçados, especialmente a invasão às festas. O filme *Somos Tão Jovens* também retratava uma delas: os punks, capitaneados pelo Renato, invadem uma festa careta na embaixada da França, assumem o som, colocam "Inflamable Material", do Stiff Little Fingers, pra tocar e tomam conta da pista. Isso me parecia familiar. *Punk pour les masses!* Na peça, a invasão se passa no meio de um turbilhão punk, na tela atrás do ator, e termina com uma suruba na cama do ministro. Na condição do cara com a memória mais intacta da época, não me lembro dessa suruba, muito menos numa casa de ministro. Pelo visto, o estigma que os punks paulistas estabeleceram no inconsciente coletivo sobre o punk de Brasília chegou ao teatro.

No meio da peça, Bruce faz uma homenagem aos heróis de outrora que embalaram a existência do legionário e declama: "Viva a Janis Joplin, viva o Jimmy Hendrix, viva o Jim Morrison!". Então, para adicionar à lista *interminável* das coisas que só acontecem comigo, sabendo que eu estava presente, ele emendou: "Viva a Plebe Rude!". Enquanto a plateia aplaudia entusiasmada, me virei para a minha esposa e disse: "Mas esses estão todos mortos", antes de me encolher na poltrona, espumando de raiva e sussurrando a única frase que sei em sérvio: *"Pitchka ti materina"*.

Tudo bem. Depois da peça brincamos sobre isso, e o convidei para tocar no Rock na Ciclovia do dia seguinte – o mesmo evento em que Renato aprimorou sua fase Trovador Solitário e a Legião fez seus primeiros shows. Bruce compareceu e cantou músicas como "Será", "Geração" e "Tempo Perdido", esta última comigo na bateria. Foi bastante emotivo para ele. Tudo bem que não foi no local exato, mas o evento era o mesmo, e o ator sentiu na pele o que começou em um palco precário, sem estrutura, ao lado de uma ciclovia inacabada.

Foi a última edição do Rock na Ciclovia por anos. Eu tinha mais o que fazer, e são os novos artistas que precisam criar suas oportunidades, como nós criamos as nossas. Depois de dedicar anos à música dos outros, na produção de discos, de trilhas ou do próprio evento, estava na hora de eu voltar a atenção para a minha música. Foi a melhor coisa que eu poderia ter feito. Em 2023 eu ressuscitei o Rock da Ciclovia com apoio do SESC e realizei um velho sonho, também nas cidades-satélites do Distrito Federal, colocando o histórico evento definitivamente no calendário cultural. Já a Rampa Acústica está inutilizada até hoje. Ah, e quando chove, os eventos com food trucks esvaziam mais rápido do que o tempo de falar *pitchka ti materina*.

"Abortio Electriferum, Plebes Rudis e Rudis Urbana Plebes"
– Caderno do Renato Russo exposto no MIS, em São Paulo

Em 2017, morreu Kid Vinil. E, naquelas coisas que só acontecem comigo, fui chamado para preencher a vaga dele no projeto Anos 80 – Jam Sessions, liderado pelo Mingau. Cerca de uma vez por ano eu encontrava essa turma em algum lugar remoto do Norte, Nordeste ou em Minas Gerais, e era sempre um prazer. Eu me divertia com as mágicas e a leitura da mente do Ritchie, estudante sério de magia, a proeza fotográfica do Kiko Zanzinsbanski, e as histórias do Kid. Alias, é assim que se escreve Zanzinsbanski? Ou é Zambianchi?

Quando o Jam Sessions foi tocar em Conselheiro Lafayette, em abril de 2017, Kid passou mal, foi levado para um hospital local e entrou em coma. Foi transferido para um hospital em São Paulo e, pouco mais de um mês depois, faleceu de parada cardíaca. Há anos ele cantava "Até Quando" no meu lugar, pois declinei de participar do show da gravação do DVD do projeto em 2000 por compromissos com a banda. Nas raras vezes que nos encontrávamos, ríamos relembrando da volta da Plebe em 1999, quando lhe falei que, aos 26 anos, fui chamado de dinossauro. Ele gargalhava alto e, 11 anos mais velho do que eu, dizia: "Imagina eu, então. Quem sabe big bang?".

Era como se fosse mesmo, e digo isso com a maior reverência. A primeira vez que vi uma ponta de esperança para uma nova era de música no Brasil foi com ele cantando "Tic Tic Nervoso" no *Chacrinha*. Não pelo visual new wave nem pela levada meio rockabilly do Magazine. Já tinha a Blitz, claro, mas aquilo era diferente. Ele era um fã do Clash na telinha, quem diria? Um fã do Clash infiltrado na nova cena, e na TV. Isso mudou tudo, um big bang punk mesmo. Fica a lembrança de um domingo ensolarado em São Paulo, numa feira de vinil ao ar livre. Pelo canto do olho, vi Kid Vinil em sua eterna caça dominical de discos. Era o único roqueiro nacional que dava para ver da estação espacial internacional, por causa dos cabelos sempre pintados. Enquanto ele estava de costas, perguntei ao vendedor se tinha o disco do Magazine. Subitamente Kid se virou para mim e disse, sorrindo: "Esse acabou!". Descanse em paz, meu.

Alguns meses depois de sua morte, foi inaugurada a maior exposição já montada sobre Renato Russo, no MIS, em São Paulo. Mesmo discordando em muitas questões da briga do espólio com a Legião, pensando nos fãs, eu e Fê nos oferecemos para ajudar. Sugerimos montar as salas de ensaio originais do Aborto e a do Brasília Rádio Center, que dariam aos visitantes a oportunidade de ver, com alguns dos instrumentos e amplificadores originais, de onde começou e saiu, literalmente *amplificado*, aquele movimento todo.

O Fê ainda tinha alguns cartazes originais da sala de ensaio do Aborto e a bateria Premier amarela, mas ninguém sabia do paradeiro da caixa original de baixo que tinha o grande AE pichado (mas que foi pintado todo de preto nos primórdios da Legião). Creio que daria para encontrar usadas iguais no Mercado Livre e pichar. E qualquer 500 reais comprava um amplificador Giannini Bag 01, um amontoado de madeira e arame com alguns transistores que usávamos para guitarra no primeiro ensaio da Plebe. Para a sala de ensaio do Brasília Rádio Center, a infame 2.090, eu ainda tinha acesso ao meu antigo amplificador Fender Super Six Reverb, caso o Ameba topasse emprestá-lo – ah, se arrependimento matasse. Ninguém sabia também onde estava a bateria original Gope que usávamos. Alguns meses antes, tinha visto uma igual em São Paulo, na mesma Galeria dos Músicos onde tinha visto a guitarra SG Silverburst que o Herbert me deu e na mesma cor branca, com um tom que saía na diagonal do bumbo precariamente. A bateria poderia ser emprestada ou até comprada. Pensávamos que essas duas salas poderiam ser um dos pontos altos da exposição. Não rolou. Uma pena. Porém, a ideia de uma exposição sobre o rock de Brasília ficou na minha cabeça e, em alguns anos, tomaria proporções impensáveis.

Apesar de *descer* várias vezes para São Paulo durante a exposição, simplesmente não tive tempo de vê-la. Mesmo assim, toda hora alguém me mandava fotos de memorabilia da Plebe e coisas que nem eu conhecia, como os cartazes pintados à mão pelo Renato para o show do Colégio Alvorada em 1984. Com grossos traços de pincel largo, era um verdadeiro *acrilic on papelão*, no qual ele fez paleta e cavalete, vinha pintado Capital, Legião, Plebe, com um texto minúsculo embaixo. Renato, pelo visto, não conhecia aquela fascinante máquina da Xerox que mudava o tamanho do texto e que eu usava para os folhetos da Plebe. A máquina ampliava também, viu, Manfredo?

"Os três principais conjuntos de nova música elétrica de Brasília estarão se apresentando no Teatro Alvorada 916 N dias 4 e 5 de maio sempre às 21:00." A obsessão dele pela *Tchurma* estava lá para todos verem. Numa carta para o Hermano Vianna, publicada no *Diário da Turma*, de Paulo Marchetti, ele escreveu: "Não me incomodo de pensar que comecei, mais ou menos, tudo isso com o Fê, que era hippie na época (coitado) e André Pretorius. Nós somos algo à parte, o Bonfá é o Bonfá, o Dado dispensa apresentações, é sorte de verdade ser amigo de um cara desses... Há ainda dois personagens importantíssimos que não foram citados: o Loro, guitarrista pioneiro, e o Philippe Seabra, efeitos do Plebe, esses dois não se encaixam em nenhum grupo".

Uma nova frente começou a se abrir em minha vida com convites para ser palestrante. Nada de autoajuda nem de *coaching* aqui. Por causa de minha história, um tanto quanto ímpar, comecei a dar palestras com um violão em riste e um Power Point, mostrando fotos de meu bisavô em Portugal e do meu pai em Washington, fotos minhas em Brasília e, é claro, muita memorabilia de cartazes a capas de disco. Sempre contextualizando os momentos na política e na música, eu salientava a importância da educação e da vivência que tivemos em Brasília e, mais importante, da curiosidade intelectual impressa em nós pelos pais acadêmicos. Tem um quê de empreendedorismo também.

Afinal, pode-se dizer que o rock de Brasília foi um movimento construído a partir do nada, com a urgência como força motriz. É uma história de adversidade e superação na cidade mais improvável e nas piores das condições, num entreposto burocrático no meio do cerrado, num mercado inexistente no meio de uma ditadura. Se isso não foi empreendedorismo, não sei o que seria. E qual a ferramenta que permitiu tudo isso? Educação.

Nas palestras em faculdades ou auditórios para estudantes, ao falar das inúmeras idas quando eu era criança aos museus públicos que Washington oferecia fartamente, arranquei aplausos dos professores quando salientava que essas visitas eram uma experiência *de família*, não de escola. O ideal é que a apreciação por literatura, história e arte venha do berço e seja *reforçada* pela escola. As letras conscientes e lúcidas do rock de Brasília – que colocaram a cidade no mapa cultural brasileiro – não se escreveram sozinhas nem vieram de um vácuo. Eu, André, Fê e Renato tivemos esse privilégio. No caso genialmente ímpar do Renato, lembro da música da Sheryl Crow "Everyday Is a Winding Road": "Ele estava chapado de intelectualismo/ Eu nunca estive lá, mas o folheto parecia bom".

Eu certamente não desci o caminho dos filósofos suicidas (apesar de ter lido Santo Agostinho, Auguste Comte e Ouspensky), muito menos passei pelas portas da percepção do Aldous Huxley que Renato transpôs, mas que essas palestras abriam outras portas, abriam. Até consegui me *apresentar* num lugar em que jamais pensei ser possível, a República Federativa de Catalão, em Goiás, cidade da minha esposa. Apareci mais de cinco minutos na Globo local, coisa *impensável* na terra do sertanejo, e coloquei um bom público no enorme auditório da UFCAT. Público há, interesse tem, e sede para conhecer a história da Plebe não falta, mas show que é bom, em cidades como Catalão, nada. Tem coisas que só acontecem comigo. E foi lá que me perguntaram, seriamente, por que eu não fazia sertanejo "pra ganhar dinheiro, sabe?". Hmmmm... deixe-me pensar um pouco aqui. Terei que apelar para a astrofísica.

Em 1980, o astrofísico Carl Sagan, no livro e série *Cosmos*, explicou como seria a quarta dimensão, usando a segunda e a terceira como exemplos. Ainda traumatizado pelo sumiço do capítulo sobre *Evolução* na Escola Americana, quando o criacionismo ameaçava entrar no currículo, vou tentar simplificar aqui: num mundo 2D, onde se podia somente ver pra frente, para trás ou para os lados, se alguém viesse do mundo 3D, apareceria do nada, mas a perspectiva de quem subitamente visse essa aparição seria ainda do prisma 2D. Se um ser 3D, ou seja lá o que fosse, elevasse o ser 2D para a sua realidade, aí sim, literalmente, uma nova dimensão se abriria, mas será que a visão do mundo 2D permitiria uma assimilação do mundo 3D? Acho que você percebeu aonde quero chegar.

Em 2016, fomos chamados para fazer o *Faustão*. Tudo bem que demorou 30 anos para nos vermos de novo, mas antes tarde do que nunca. Imagino que há muito tempo ele quisesse levar artistas que não estavam na mídia para o seu programa, então bolou o Ding Dong, uma maneira *brilhante* de encaixar artistas fora do molde *dentro* do molde. Com o som de um sino que simula uma campainha de porta fazendo, uh... "ding-dong", algumas celebridades competiam umas com as outras para descobrir quem estava atrás das portas com números. Num dos casos, era eu.

Como ninguém ali, entre eles o surfista recém-campeão Gabriel Medina, conseguiu identificar a introdução de "Até Quando", o sino ficou vários minutos se repetindo, até finalmente ser identificada por alguém da plateia. Convenhamos, o som do sino era meio ruim, e, pela sua natureza harmônica, às vezes a melodia ficava confusa mesmo. Agora, quem estamos querendo enganar? Assim como a banda, não conheciam a música. No fim essa demora foi *ótima*, gerando curiosidade nos telespectadores e dando tempo para *todo* plebeu no Brasil avisar um amigo incrédulo: "Você não acredita o que vai aparecer no *Faustão*".

Então, no mundo 2D, onde o brasileiro só vê pra frente, para trás e, quem sabe, ocasionalmente para os lados, quando a porta Ding Dong se abriu, já fui me posicionando no microfone no meio da fumaça, enquanto o resto da banda entrava pela lateral. O Capucci, coitado, se equilibrava num praticável empurrado pela equipe da Globo. Ficamos mais de 15 minutos no ar entre a entrevista e a execução de "Até Quando" e "Proteção".

Não fazendo nada mais que a nossa obrigação, ajudamos a elevar os telespectadores para o mundo 3D. Não apenas a Plebe, é claro. Todo domingo um outro talento dos mais diversos estilos aparecia em horário nobre. Renato Teixeira por mais de meia hora? Flávio Venturini e Milton Nascimento em toda TV do Brasil? Domingo à tarde? Na Globo? O que estava acontecendo? Para a grande população, era como se eles aparecessem do nada. Isso sim é elevar o espírito da nação.

Restava a pergunta: depois de anos tendo que engolir pela TV, computador ou celular tudo que era porcaria, será que a população 2D seria capaz de discernir algo realmente legítimo, ou seja, bom? Ou veria através do prisma 2D, com tudo tão nivelado por baixo que não faria diferença? A sua geração se acomodou ou o nível de exigência baixou?

Eu assistia quieto a tudo isso, com artistas virando praticamente bandas de baile ou uma sombra do que haviam sido para se manter na mídia, com o nível de composição decaindo *muito*. Artistas antes respeitáveis agora quase indistinguíveis dentro da massa pop que estacionou sobre a cabeça do brasileiro. Que *mierda,* hein? Não era só eu que pensava assim. Milton Nascimento falou para a *Folha de S.Paulo*: "A música brasileira tá uma merda".

Mil – e "seus tons geniais" – não poderia estar mais certo, mas é claro que ele estava se referindo às porcarias que aparecem na grande mídia. Tem muita coisa boa por aí que jamais chegará ao grande público, mesmo com a internet. Uma tragédia. Quem via as bandas de rock da década de 1980 no Ding Dong percebia que as músicas mais emblemáticas, na grande maioria, tinham uma temática mais contundente. Eu via isso com bons olhos, quem sabe inspiraria as pessoas como havia inspirado há trinta anos.

Aí me bateu a constatação. Todas aquelas bandas tinham o *contraponto* do pop fácil ou, em alguns casos, sem-vergonha mesmo, nos respectivos repertórios. Para um olhar desatento, à primeira vista parecia que haviam dedicado toda a sua carreira a músicas mais sérias, quando, na maioria dos casos, o grosso do repertório era recheado de letras bobas ou no mínimo não muito inspiradas; pop *pitchka ti materina* mesmo.

Chego à conclusão de que o *contraponto* da Plebe na música popular brasileira é justamente *não* ter contraponto no próprio catálogo. Por não ter esse denominador comum mais baixo, que garantisse uma certa sequência de sucessos tangíveis a cada disco, pagamos um preço alto. Engraçado, até The Clash tem esse contraponto no repertório, com músicas como "Train in Vain" (faixa escondida de *London Calling*) e "1-2 Crush on You" – pensando bem, cantadas pelo Mick Jones; tudo depende de quão à vontade ele ficava para cantar letras assim. Joe Strummer não ficava, e eu, obviamente também não.

Eu nunca tive que me preocupar por ter me vendido porque, parafraseando Tony Wilson, cofundador da Factory Records, "tenho me protegido de um dia ter que me vender por não ter nada para vender". O que me movia naquela época é a mesma coisa que me move hoje. Urgência. Com *U* maiúsculo, isso mesmo, um U bem grande pra você.

Respondendo à pergunta de por que não toco sertanejo, é por *isso* que toco o que toco. Muita gente ainda acredita no bem que pode ser feito honrando suas escolhas de vida e luta para o bem maior com as armas que tem. Professores que se recusam a se entregar ao sistema falido, médicos na rede pública que tentam salvar vidas apesar da falta de recursos. Bombeiros e policiais que arriscam a vida todos os dias. Cuidadores de idosos e de crianças especiais. Essas pessoas não são movidas pela glória ou pela fama. Fazem o que acham que é certo, independentemente do prognóstico financeiro muitas vezes fadado... Agora, feche os olhos e imagine um mundo sem essas pessoas.

"Esses caras não vão durar um minuto em São Paulo."
– Clemente, ao avistar a Plebe pela primeira vez, em 1983

Das palestras que comecei a dar sairia o livro que você está lendo. Para focar nisso, eu teria que me sacrificar um pouco. Depois de terminar o disco da banda Adjani, um rock/MPB moderno, digno de uma indicação ao Grammy Latino, eu trancaria o estúdio para me dedicar ao livro. Entre palestras esporádicas, a excursão do *Nação Daltônica* e o papel de pai e marido *full time*, comecei a escrever, projetando umas 500 páginas. Foco, Seabra, em um ano você termina. Depois da escrever por alguns meses e me aprofundar nos primórdios da banda, fui tirar algumas dúvidas com o André, e começamos a pensar o inevitável. "Por que nunca gravamos o material do começo da Plebe?" Então, com o auxílio do Paulo Marchetti e do jornalista Olímpio Cruz Neto, autor de *Playlist – Crônicas Sentimentais de Canções Inesquecíveis*, conseguimos localizar as demos originais. Apesar da minha memória intacta, eu realmente não lembrava direito de músicas como "Ditador" e "Moda".

O Capital tinha resgatado a obra do Aborto alguns anos antes, mas, se o Renato não voltou a essas músicas nem no leito de morte, deve ter tido um motivo. A pergunta é: será que essas fases antigas, cruas e amadoras, deveriam vir à tona? Creio que sim, caso conseguíssemos captar a energia da formação original da Plebe daquela época. Uma certeza eu tive: usaria a minha camisa original do Gang of Four, que aparece no encarte de *O Concreto Já Rachou*. Estava sem as mangas, mesmo assim me remetia a uma época muito legal da Plebe, e eu a usaria para a excursão inteira – e ainda cabia.

Até então estávamos ensaiando um acústico lado B e nos preparando para o DVD só com as exóticas da Plebe, desconstruídas para violão, bateria e baixo. Tínhamos até entrado em contato com Guilherme Arantes, cuja melodia do refrão da música "Um Dia, um Adeus", inspirou a melodia de "A Ida", e a Nação Zumbi, também fãs, para participarem em "A Ida" e "Mero Plebeu", respectivamente. O local escolhido? A Rampa Acústica. Bem, alguma coisa com o Rock da Ciclovia eu tinha que lucrar, e foi a redescoberta daquele anfiteatro maravilhoso, que pelo visto só eu lembrava.

A ideia de gravar as músicas dos primórdios, esquecidas pelo peso do repertório dos dois primeiros discos, pareceu mais urgente, e arquivamos o acústico. Telefonei para o Clemente, que imediatamente colocou seu programa *Showlivre* à disposição – não falei que tinha valido a pena ele entrar na banda? Arakem, o Showlivre man! Num estalar de dedos fechamos a gravação do DVD *Primórdios* em São Paulo, no final de 2017, numa homenagem à época e aos locais esquecidos que o Clemente não apenas tinha nos apresentado, mas também tocado conosco nas bandas Neuróticos e Os Inocentes.

Pausei o livro, mas por uma causa nobre. Tinha prometido para mim mesmo que, logo após o lançamento do DVD, retomaria para acabá-lo. Seria só essa vez. Focamos nas músicas compostas entre 1981 e 1983, apresentadas em inúmeros shows em Brasília, São Paulo e Patos de Minas. Fora as clássicas, como "Pressão Social", "Consumo" e "48 Horas", nove canções jamais registradas em disco foram gravadas. Pudemos afirmar que, junto com o DVD do Aborto Elétrico, os primórdios do rock de Brasília dos anos 1980 estavam preservados para a posteridade, caso alguém no futuro se interessasse por aquele punhado de músicas simples, mas muito, muito incisivas.

"Censura" encerra o DVD com um propósito. Foi a última do repertório a ser escrita, no segundo semestre de 1983, e não só apontava o caminho da Plebe pela seriedade e contundência da letra, como o instrumental também trazia uma mudança, calcado em meu estilo recém-desenvolvido de tocar com acordes abertos. No DVD, explico como cheguei a isso, dizendo que "os sinais da maturidade estavam começando a se manifestar na superfície", para risada geral. Essa citação é do filme *Batman* original, aquele com Adam West, do ano do meu nascimento.

A gravação do DVD foi no Espaço Som, um simpático estúdio na Teodoro Sampaio, para cem pessoas. Mas ao contrário da novela do DVD *Rachando Concreto,* esse seria tão simples que deixei meu amplificador em Brasília e usei um do local, também para simular o som que eu tirava da minha guitarra apenas com um pedal e o amplificador da casa noturna, meio no improviso. Era pra ser cru mesmo.

Conforme tinha prometido para a banda depois do DVD *Rachando Concreto,* não produzi, deixando que os diretores Walter Abreu e Rafael Freitas tomassem as rédeas. Mas é claro que fiquei como um gavião na pós-produção. A mixagem foi no próprio estúdio, mas o single "Disco em Moscow" foi mixado em Nova York, pelo Kyle, e ganhou um clipe com cenas fantásticas da era da discoteca. De onde? De Moscou.

Recriando o clima de casas como Madame Satã, Via Berlin, Paradise, Village, Rose Bom Bom e Napalm, destilamos toda a fúria dos primórdios da banda, quando nem "Proteção" tinha sido escrita. Foi um projeto muito divertido e que não deu o mínimo trabalho. Contamos histórias entre as músicas, como no *Storytellers*, a série de shows intimistas da MTV norte-americana em que os artistas compartilham detalhes sobre cada música antes de apresentá-las. Muitas das histórias deste livro foram contadas no palco, por mim e um animado André, enquanto Clemente lembra de histórias do Napalm e do circuito das casas noturnas da época. O momento engraçadíssimo em que mostramos como surgiu "Sexo e Karatê" foi um verdadeiro mergulho no método do começo da banda. Antes, a música era escura e lenta, meio The Cure, e se chamava "Gritos no Escuro". Eu e André contamos assim:

> Philippe: Pra vocês entenderem mais ou menos o processo de composição, o André apareceu com uma linha de baixo.
>
> André: Foi quando começamos a ouvir Joy Division e Cure, e a gente queria uma música... (engrossando a voz) sombria. "Gritos no escuro, mas não existe ninguém aqui. Gritos no escuro!" Depois de tocar uns compassos e ver que não estava funcionando, nem nos ensaios, paramos de tocar.
>
> Philippe: Como a maioria dos shows que fazíamos na época eram ao ar livre, e durante o dia, não pegava muito bem cantar "Gritos no Escuro".
>
> André: E já tinha o Arte No Escuro...
>
> Philippe: Na verdade André, o Arte no Escuro veio seis anos depois. (Risada geral.) Resolvemos dobrar o tempo, mantendo a letra e a melodia, e sugeri um riff cromático para o baixo, mas continuou ruim, e paramos de novo. Então experimentei um riff cromático com a guitarra, com o baixo retornando ao riff original, o que fez surgir a clássica abertura de "Sexo e Karatê".

Como esse projeto era um resgate, havia coisas das quais nem eu lembrava. E, quando eu não lembro de uma coisa, é como se não tivesse acontecido... Fiquei espantado por "Ditador" ter a mesma abertura de "Nunca Fomos Tão Brasileiros II", aquela apresentada apaticamente no *Chacrinha*. Na versão original, "Pirataria" abria com um solo comprido, e resolvi recriá-la com a mesma técnica – ou falta de – da época. (Eu tocava guitarra há apenas dois anos quando foi ela composta.) Ao apresentá-la, o André falou: "A gente inventou o Napster antes da internet. O interessante é que o Philippe tinha aprendido a solar, então tem toda uma parte de solo...". Eu interrompi: "Na época que *você me deixava* solar", e André emendou na lata: "Agora vocês vão saber por que eu não deixo mais". *Pitchka ti materina!*

Antes de "Bandas BSB", que começa com a frase "já estou cansado de bandas que perguntam 'Que País É Este'", André contou que fizemos a música para provocar as bandas a melhorarem, e eu emendei: "Qualquer banda que tivesse o Fê tocando a gente tinha que sacanear por natureza, era inerente". Antes de "Pressão Social", André convidou Clemente para o palco (as primeiras músicas do DVD tocamos como power trio), lembrou como o som era precário e que ninguém entendia nada. "Sempre que tem alguém dizendo: 'Ah, as letras do Aborto mudaram minha vida'. Não. Está mentindo", comentamos, para outra risada geral.

Tomamos o cuidado de não ensaiar nenhuma fala, para ser o mais espontâneo possível, e foi bem descontraído, um verdadeiro deleite para os poucos fãs que conseguiram convites. Tem alguns erros, sim, mas os mantivemos, assim como as letras originais. Até o divertido hit instantâneo "Tá com Nada" teve sua letra terrivelmente datada mantida, falando de Delfim Netto, Paulo Maluf e Ronald Reagan. Para evitar o telefonema de algum parente reclamando por dizermos "essa já morreu" depois de citarmos Janete Clair, mudamos para Figueiredo. Esse já morreu, e creio que não teria problema nesse caso, pois foi ele quem disse, ao se retirar da política: "Me esqueçam". Caso Sidney Magal ou Fábio Jr. se ofendam com a música, podem ficar tranquilos, que terminamos com um mais do que apropriado: "E a Plebe Rude? Tá com nada!".

Antes de "Ditador", conto a história de Clemente ser convidado para entrar na banda depois do show tributo ao Joe Strummer e ele responder com duas palavras: "Tem cachê?". Noutro momento, Clemente chega num um fã careca que está na frente do palco e, como se fosse uma bola de cristal, passa a mão alguns centímetros acima da cabeça dele e fala: "Eu estou vendo meu futuro. Rapaz, meu futuro é promissor!". Aí ergue a mão acima da própria cabeça e fala: "Agora, se você fosse olhar, iria falar: 'Seu futuro é negro, escuro'". Entre as risadas gerais, dá pra me ouvir falando baixinho, salientando como o país mudou desde que aparecemos com aquele punhado de músicas: "Se eu contasse essa piada, iria preso".

Para a capa do DVD, usamos um dos famosos panfletos que eu tinha feito, atualizado. Em cima dos desenhos originais, também feitos por mim, colocamos desenhos do Clemente e Capucci. *Primórdios* é um atestado da inocência daquela época, do repertório e da minha amizade com o André. Na hora em que apresento a banda, perto do final do show, faço um simples agradecimento – e confesso estar meio emocionado ao transcrever isso agora –, dizendo no microfone: "O projeto *Primórdios* foi um dos mais divertidos que eu e o André, que a gente já participou. A gente tem uma vida inteira juntos, meu irmão, praticamente, companheiro nessa viagem meio doida que é fazer música no Brasil, ainda mais música coerente e com postura. Eu só queria agradecer o André", e, estendendo a mão, digo: *"Thanks a lot, man, por ter entrado na minha vida"*.

Mesmo sem música nova na rádio, a Plebe sempre se manteve presente na telinha de um jeito ou de outro. Minha editora, a Sony/ATV, avisou que a banda estava na trilha da série *Os Dias Eram Assim*, da TV Globo; como a produção estava sendo elogiada, resolvi assistir a uma cena. Para meu espanto, um dos atores pegou um violão e tocou um trecho de "A Lua Girou", do meu disco predileto do Milton Nascimento, *Geraes*, e logo vi que estávamos em boa companhia. Mas quem tem tempo para assistir a séries? Aliás, desconfie sempre de quem vê séries demais. Seu bando de *pitchka ti materina!* Vão ler um livro!

Uma semana depois, parei para ver um trecho da série após de ter colocado meu filho para dormir. Ainda bem. "Até Quando" começou a tocar em poucos minutos, mas como uma deslocada trilha sonora de uma *pegação* bastante caliente num banheiro. "Com tanta riqueza por aí, onde é que está" – mudei de canal antes de ver onde estaria "sua fração".

É engraçado ver partes da obra da Plebe, depois de tanto tempo, ganharem vida e forma nos lugares mais inusitados, em inúmeros longas-metragens e documentários, em versões de outros artistas. Em concursos e *reality shows* como *Dançando com os Famosos*, *Fama*, *Popstar*, *Superstar* e por aí vai, os concorrentes *sempre* são eliminados em seguida, mas quem mandou? Já falei que sou pé-frio!

Uma das raras vezes que uma aparição da Plebe na TV mexeu comigo foi no *Criança Esperança*, que obviamente assisti depois que alguém me avisou, e dá-lhe YouTube. Depois de uma releitura, e põe releitura nisso, meio charme/rap de “Até Quando”, interpretada pela cantora Lellezinha e pelo jovem ator Jonathan Azevedo, ele fez um discurso lindo sobre suas origens e contou como o apoio de uma organização social o ajudou muito. Por “Até Quando” ter sido inspirada naquele menino de rua em Brasília que me pedia pra vigiar o meu carro, engraxar o meu sapato ou se tinha algum trocado, fiquei emocionado. É a força da música consciente.

Em 2010, *Tempos Modernos* usou “Até Quando” na trilha, e a partir dali não pude mais usar mais a medalha de honra pela Plebe nunca ter aparecido em novelas. Pelo menos a música estava intacta e servia de trilha para imagens do burburinho de São Paulo em câmera rápida, *à la Koyaanisqatsi*. Contanto que não mudassem uma vírgula da letra, nunca tive problema com isso.

Volta e meia alguém me ligava querendo alguma participação ou consultoria, como na novela *Rock Story* ou no *Superstar*, ambos da Globo. No caso do *reality*, pediram sugestões de bandas de Brasília, e as duas que sugeri chegaram à final em Brasília, Scalene e Distintos Filhos. Os Distintos Filhos, de quem produzi dois discos, são da cidade-satélite de Taguatinga; perderam por um triz, e me partiu o coração ouvi-los dizendo: “Nós somos pretos e pobres. Claro que não nos escolheriam”.

Uma vez o *Show da Xuxa* me chamou para prestar um depoimento numa homenagem ao Capital, mas depois da tentativa de nos excluir da própria história, optei por aparecer no *Raul Gil*, numa espécie de “essa é a sua vida”, com o Biquini Travad... quer dizer, Cavadão, na Homenagem ao Artista. Entre os depoimentos de família, amigos e artistas, aparece o Seabra fazendo alguns elogios, o que é de se esperar num *fluff piece* como esse. Termino dizendo: “Bruno é um dos meus melhores amigos, sou amigo da rapaziada, eu encho o saco deles, eu sacaneio muito, mas esse é o meu papel dentro do rock nacional”.

No fim do depoimento, a câmera foca no guitarrista Carlos Coelho, que, com a mão no queixo, fala: “Achei engraçado o Philippe não ter falado mal da gente. Quando a gente se encontra, ele fala: ‘Pô, aquela música de vocês é horrorosa, né, cara?’. A gente morre de rir”. O Biquini sabe que eu só sacaneio quem gosto, toco “Zé Ninguém” com eles até hoje, quando nós nos esbarramos na estrada. E eles têm senso de humor. Eu não deixo de ser punk nem no *Raul Gil*.

Aliás, em 2013 a jovem Bruna Oliver estava concorrendo a melhor cantora no quadro Mulheres que Brilham, do mesmo Raul Gil, e fui convidado para participar tocando guitarra. Quem sou eu para recusar um convite do SBT em um programa sobre empoderamento feminino, ainda por cima quando ela cantaria "Até Quando"?

Com um teclado sem-vergonha fazendo o cello da abertura da música, Bruna entrou no palco carregada por dançarinos com a máscara do *V de Vingança* – em cima do rosto de Guy Fawkes, um católico conspirador que foi preso e executado por querer explodir o Parlamento britânico no começo do século 18. Terá sido o primeiro punk da história?

Por mais bobo que pareça, em 2013 aquilo fazia sentido, pois a máscara representava o ativismo jovem contra o Estado nas manifestações que se espalhavam pelo Brasil. OK, eu sei que Plebe sempre foi de difícil encaixe, mas até que funcionou, pelo menos até o meio da música, quando os dançarinos voltaram com tambores de maracatu, enquanto eu solava. Tentei disfarçar ao máximo como estava sem graça, mas tinha o consolo de que realmente estava saindo som da minha guitarra, e alguma contestação estava sendo emanada para o Brasil todo.

O pior foi que, no final da apresentação, Raul Gil entrou no palco e se dirigiu ao convidado especial, eu, no caso, falando: "Meu amigo Fernando". Foi uma das poucas vezes na minha vida que não soube o que fazer. Corrijo ou continuo? *Should I stay or should I go?* Antes que pudesse dizer alguma coisa, ele reclamou da produção, que comunicou o erro pelo ponto eletrônico. "Então me passem o nome correto, ora!" Ele pediu desculpas, *gentleman* que sempre foi, e parou o set para refazer o take, agora com "meu amigo Philippe". Tudo bem que eu estava acostumado a não lembrarem meu nome, mas via Embratel? Tem coisas que só acontecem comigo.

Naquele dia, o Guilherme Arantes estava entre os jurados e teceu elogios à Bruna, falando: "Você cantou uma das obras-primas da história do rock brasileiro moderno. Essa letra é fundamental. É uma das melhores músicas de todos os tempos do rock pós Rock in Rio. O Philippe está de parabéns, sou fã dele, da banda dele, é uma banda seminal". Vindo do Guilherme, é claro que fiquei lisonjeado. Ele continuou: "O Brasil precisa de rock, precisa de fúria, precisa dar um basta no bunda-molismo". Eu não poderia ter dito melhor.

Antes de me despedir, perguntei ao filho do Raul Gil, o Raulzinho, produtor do programa, se o arquivo da década de 1980 do programa ainda existia. Ele disse que não, pois um incêndio décadas atrás consumira tudo. Que pena. O apanhado histórico da música brasileira que se perdeu para sempre, e o VT do programa da Plebe com o Dominó, ainda da divulgação de *O Concreto Já Rachou*, era uma peça de memorabilia que eu queria ter. A primeira vez que vi os Paralamas na TV foi no Raul Gil, que tem seu lugar no panteão do rock brasileiro como um dos principais apoiadores.

Por conta de nossa participação no programa, eu e Guilherme Arantes estávamos no mesmo hotel, em São Paulo, e tomamos café da manhã juntos. Eu confidenciei que a inspiração da melodia de "A Ida" era o refrão de "Um Dia, um Adeus" e aproveitei para convidá-lo para tocar piano de cauda num possível acústico, justamente em "A Ida". Naquele mesmo ano ele tinha uma entrevista elogiando a Plebe Rude, "uma das grandes bandas brasileiras. Philippe Seabra é muito foda, escreve bem". Gentileza sua, Guilherme.

"Não sei com que armas a III Guerra Mundial será lutada. Mas a IV Guerra Mundial será lutada com paus e pedras."
– Albert Einstein

Com *Primórdios* finalmente lançado, com boa receptividade, e a banda tocando Brasil afora sempre que podia nos finais de semana, voltei a fechar o estúdio para retomar meu livro. Meses depois, enquanto vasculhava meu acervo, esbarrei na letra original de "Evolução", música que André e eu havíamos escrito há quase 30 anos. Ela era ímpar no repertório da Plebe, não por narrar a história da evolução humana desde o *Homo sapiens* até a quarta guerra mundial em três minutos. É que também tinha teclado, e a letra beirava a *irreverência*, e você sabe que detesto essa palavra.

Quando foi composta, em 1989, em cima do grosso dos versos do André, a Plebe tinha recém-saído da EMI. Foi incluída na demo que fizemos para a Polygram, mas, como a banda havia perdido o *mojo* pelo desgaste interno, não deu em nada. Nos estúdios da Polygram, na Barra da Tijuca, adorei tocar um velho Hammond B3, ainda mais que aquela máquina era selvagem, cheia de válvulas, temperamental que só.

Como a letra era *irreverente* demais para a Plebe, sem perspectiva em nosso repertório, tive uma ideia: fui mostrar a música para o Evandro Mesquita, que morava na cobertura do meu prédio e para quem eu locava a minha vaga de garagem. Ele ouviu e foi muito gentil, mas não gostou. Não era a cara da banda. Pensei: "Caramba, nem pra Blitz, a banda mais irreverente do Brasil, serve!". Digo isso com o maior respeito pelo Evandro. Mesmo depois de tocar com Siouxsie and the Banshees, participar de um show com Ian McCulloch, conhecer Andy Partridge e Colin Moulding, ambos do XTC, numa noite de autógrafos, e ouvir o *próprio* John (Rotten) Lydon dizer "nunca fomos tão brasileiros", em São Paulo, parafraseando o título do nosso disco, que entregamos em mãos durante um show, a *maior* honra pra mim foi ter sido convidado para tocar uma música junto com a Blitz. Eu já tinha feito um show solo com o Evandro em Fortaleza – tocamos Clash juntos –, mas tocar com a banda da qual comprei vários compactos para dar aos amigos, mostrando que havia futuro no rock cantado em português? Eu sei, eu sei, deve ter alguns plebeus fazendo harakiri agora. Mas foram eles que começaram tudo... E, se o Evandro falar, tá falado. "Evolução" era uma anomalia, e arquivamos a música por 30 anos.

Pera aí... 30 anos? Merecia um *pitchka ti materina*, né? Como Evandro é um gentleman, não vai levar, não. Pensando bem, terei que checar minha contabilidade para ver se faltou quitar alguma mensalidade do aluguel da vaga de garagem. Imaginem 30 anos de juros!? Brincadeirinha, Evandro.

Desde 2017, eu e André estávamos querendo fazer algum tipo de espetáculo e/ou disco infantil, cujo projeto se chamaria *Plebinho Rude*, e chegamos a cogitar um disco com o nome *Revolta no Formigueiro*. Eu sentia falta de música decente nos espetáculos infantis, alguns de porte nacional, em que levava meu filho. Além da temática, algumas músicas não eram muito boas, mais pareciam *sobras* de repertório. Com o reaparecimento da letra de "Evolução", vimos uma baita possibilidade. Com a minha memória intacta, lembrei da harmonia, pois a demo original se perdeu, e gravamos para ver no que dava.

Inspirado por ter revisto *O Violinista no Telhado*, um musical que eu adorava desde criança, munido com o gravadorzinho do meu iPhone e com o mesmo violão Yamaha em que compus tudo que fiz nos últimos 20 anos, comecei a trabalhar. Engraçado, tem muita gente que acha que sou rato de estúdio e que devo ficar *pirando*, experimentando e gravando o tempo inteiro, mas na verdade não. Eu uso o estúdio *apenas* para gravar discos e para os ensaios da Plebe. Continuo compondo como sempre compus, com um caderno, uma caneta e um violão. Então, na sala de casa, e de olho no Philippinho, que brincava ali perto, sentei-me no sofá e mentalizei a batida de "Ragdoll", do disco *Permanent Vacation*, do Aerosmith, cantarolei em cima e comecei o musical da Plebe! Ficou horrível. Parecia a Ana Carolina numa noite ruim.

Aí me toquei: se fôssemos fazer um musical, teria que ser pra valer, com canções densas, construídas e interligadas, que se sustentassem mesmo fora de contexto. Assim, entre o segundo e o terceiro ato deste livro, a Plebe começou a se dedicar a um projeto que tomaria proporções impensáveis e viraria uma ópera rock – ou seria uma ópera punk? *Evolução, Volumes 1 & 2*, é um álbum duplo com 28 músicas, todas inéditas, menos "Nova Era Tecno", de 1984. Mais uma vez tive que parar o livro, dessa vez por um ano, pois foram quatro meses de concepção, pré-produção e ensaios, e oito meses de gravação. *Pitchka ti materina!*

O disco narra a saga da humanidade, seu desenvolvimento por meio da violência do homem, desde o despertar da consciência no *Homo sapiens* até a quarta guerra mundial – lembrando que Einstein falava não saber como seria lutada a terceira guerra mundial, mas que a quarta seria com pedras e paus. O fóssil mais antigo do *Homo erectus* é de quase dois milhões de anos atrás, e o *Homo sapiens* surgiu há 200 mil ou 150 mil anos. Passados o Cro-Magnon e o Neandertal, a supremacia do *Homo sapiens* parecia inevitável. O Instituto Max Planck de Biologia Celular e Genética Molecular de Dresden, na Alemanha, recentemente divulgou estudo afirmando ter identificado uma mutação genética que acelerou a criação de neurônios no *Homo sapiens*. Contudo, a vantagem cognitiva também aceleraria o processo de uma eventual autodestruição.

De onde vinha essa visão tão fatalista da humanidade? Na obra-prima de Stanley Kubrick, *2001 – Uma Odisseia no Espaço*, o arco da humanidade é reduzido a poucos *frames* (reproduzidos na primeira cena do filme *Barbie*), tirando qualquer significado do que aconteceu *entre* o advento da primeira arma até a conquista do espaço. No filme, quando o primata pega um osso do fêmur, ele acerta o inimigo, torna-se dominante, e o que vem depois não importa. Se pensarmos bem, no tempo cósmico, medido por bilhões de anos, não importa mesmo.

Celebrando a supremacia e um suposto despertar, o primata, numa das cenas mais clássicas da história do cinema, joga o osso para cima; num corte seco, um satélite aparece orbitando a Terra, com efeitos especiais deslumbrantes para o ano de 1968, quando o filme foi lançado. O que pouca gente percebeu é que *não* é um satélite de comunicação, mas uma comprida arma espacial apontada para a Terra.

O roteiro do filme de Kubrick foi inspirado em um conto chamado "Sentinel of Eternity", de Arthur C. Clarke, meu autor de ficção científica e futurista predileto. Nele, em vez do agora icônico monólito preto do filme, o que foi encontrado enterrado na Lua é uma pirâmide de cristal. Por que na Lua? E, pior, enterrada?

Alguém ou algo colocou a pirâmide lá, ao lado de um planeta nos seus primórdios, com a quantidade correta de carbono, nitrogênio, oxigênio e H_2O, a determinada distância da estrela mais próxima – os ingredientes para a vida, mesmo que demorasse bilhões de anos. Certamente inúmeras dessas pirâmides foram espalhadas universo afora. Se porventura a vida brotasse, se houvesse o despertar da consciência, se aquela civilização domasse a tecnologia nuclear e conseguisse *não* se autodestruir, chegaria, no arco evolutivo impulsionado pela curiosidade intelectual, à viagem interplanetária. Então, ao descobrir a *sentinela* na lua mais próxima, desencavá-la e expô-la ao sol, um chamado seria enviado ao universo pelo *guardião*. Nas palavras do próprio Clarke, o aviso emitido seria: "Escapamos do nosso berço, prontos para explorar". O conto termina aqui.

Se você acha que a humanidade ter chegado ao espaço foi um feito e tanto, feito mesmo foi eu convencer o André a lançar algo maior do que um EP, o que ele também queria com *Nação Daltônica*. Eterno colecionador e *connoisseur* de música, sempre antenado no que está rolando, ele tentou me convencer da preferência do grande público por faixas solitárias e EPs em vez de discos completos. Sim, eu entendo, mas eu sou *old school*, e põe *old school* nisso, ainda prefiro um bom apanhado de músicas lançadas juntas como obra, ainda mais para o 10º e o 11º discos da banda, pois seriam dois volumes. Ele abraçou a causa, e começamos a trabalhar.

A primeira música que mostrei para a banda foi a que abre o musical, "A Nova Espécie", que cantei morrendo de vergonha. Sério.

> "As costas eretas/ A mente desperta/ A preparação/ A nova espécie/ Passou pelo teste/ Da evolução/ Sai da caverna/ O que lhe espera?/ Tanto para ver/ Antes lá dentro/ Agora apresento/ O amanhecer/ Espantado com o mundo inteiro ao seu dispor/ Auxiliado pelo dedo opositor."

Era tão diferente de *tudo* que eu tinha escrito na vida, e bonitinho até, se me perdoam o uso da palavra, que eu já estava esperando a rejeição. Para o meu espanto, a banda adorou, e foi aberta a porteira para o projeto mais ambicioso da história da Plebe e, no mínimo, do rock de Brasília. A partir daí, no período de alguns meses, mais 25 músicas surgiram.

Em 2011, quando fiz o programa *Zumbido*, do colega e contemporâneo Paulinho Moska, ao falar de composição e influência, citei várias vezes Pete Townshend, *único* guitarrista no mundo sem um solo de assinatura – em compensação, criador de alguns dos riffs de guitarra mais emblemáticos da história. Ele é o pai do gênero ópera rock, e eu cresci com o privilégio de ter o disco *Tommy* na minha cabeceira. Como eu e André moramos parte da década de 1970 nos Estados Unidos, consumimos muito os musicais da TV e do cinema, como *Hair*, *Godspell*, *Jesus Christ Superstar*, *A Fantástica Fábrica de Chocolate*, *A Noviça Rebelde*, *O Mágico de Oz* e meu predileto, *O Violinista no Telhado*, além dos musicais da Disney, como *Mary Poppins*, *The Jungle Book*, com o adorável menino Mowgli, e *Chitty Chitty Bang Bang*. Não à toa, minha primeira apresentação em público, com 12 anos, foi tocando a canção de um musical, "Day by Day", do *Godspell*.

Por conta da estrutura de um musical, a princípio pensamos que ficaríamos presos e limitados, mas foi justamente o contrário. Meu Deus, como era libertador; assim como o Clash em "London Calling", o limite era a imaginação, mas com o bom gosto de *guard rail*. Não que confinássemos a Plebe à força num quadrante, é que as músicas surgiam já com uma cara, e o repertório falava por si. Mesmo tendo liberdade absoluta, fincamos nossas raízes no rock setentista, embora obviamente tenham surgido levadas pós-punk inglesas e, do lado brasileiro, pitadas de Milton Nascimento e da *Ópera do Malandro*, de Chico Buarque. Foi uma experiência fantástica compor pensando em coreografia, movimentação de palco, imagens projetadas ao fundo e cenografia. Minha experiência com trilha sonora ajudou muito a estabelecer a linha narrativa e adicionar dramaticidade.

Como era material demais, tive que fazer algo que não gosto como produtor: gravar demos. Com Clemente morando em São Paulo, era a única maneira de ele manter-se a par do que estávamos fazendo e participar com aquela pegada que só ele tem. Mas não foi só por isso. Como não sabíamos ao certo como funcionava o meio teatral, gravamos as demos com cara de disco, começando com um baita som de bateria. Quando fosse necessário, ajudaria a vender o peixe para produtores do meio. Assim, Capucci passou muitas tardes no estúdio gravando batidas em cima de um click track, sem ter a mínima ideia de como eram a maioria das canções. Eu falava: "Grava numa levada assim, agora faz uma virada, me dá outra opção de virada...".

Parecia uma heresia para um disco de banda (embora o Capital tenha gravado assim, e o The Police tenha feito isso em *Ghost in the Machine* e *Synchronicity*), mas para *demo* funcionou. Liguei para o Fabio Yoshihara, ator e cantor brasiliense da Broadway Brasil que morava em São Paulo, e tirei dúvidas sobre o meio teatral, que ele entendia depois de se apresentar com *Rent* e, por 600 vezes, na montagem brasileira do *Fantasma da Ópera*. Ele me explicou como tudo funcionava e no final da conversa pediu que eu esperasse um pouco, pois entraria em contato com um colega que poderia nos ajudar.

Meia hora depois eu já estava falando com o ator, cantor e diretor Jarbas Homem de Mello, referência nacional da Broadway Brasil. Roqueiro e fã da Plebe, ele começou a imaginar como poderia ser o espetáculo. Creio que essa é a vantagem de se ter uma reputação de coerência e postura. Mesmo sem ouvir, Jarbas sabia que era coisa séria. Se 30 minutos antes eu não sabia como proceder, agora tinha fechado com um dos maiores diretores do gênero no Brasil. Tem coisas que só acontecem comigo. Tive até que cortar um pouco da empolgação dele. "Calma, você nem ouviu ainda. De repente é ruim, e você nem sabe!" Você sabe que não perco a piada.

Ao ouvir as demos, Jarbas se empolgou ainda mais, mas sentiu que estava faltando alguma coisa. Talvez levemente intimidado pela história punk da Plebe, ainda mais tendo na banda o punk dos punks Clemente, ele demorou para se sentir à vontade de dar palpites. Eu repetia um mantra: "Dirija-nos, por favor", ele foi se soltando, e o espetáculo floresceu para 28 canções.

Ele pediu mais luz e leveza, sugeriu que enaltecêssemos o Renascimento e incluíssemos grandes nomes da humanidade, de Buda a Jesus. No arco da história, coisas boas *também* aconteceram. Ele tinha razão; até então o espetáculo estava bastante sombrio. Foi quando apareceram músicas como "Um Belo Dia em Florença", sobre o Renascimento, "Vitória", sobre as conquistas da humanidade, e "A Mesma Mensagem", sobre o lado belo dos ritos religiosos, do louvor e da tradição, contrastando com o lado feio da perseguição religiosa, da intolerância e das atrocidades justificadas em nome de Deus. Nessa última, o arco da história é narrado como se fosse "Police on My Back", do The Clash, e até a levada da música é uma homenagem à banda. Devo, não nego. A mensagem é simples: todas as religiões se sobrepõem, mas foi, e continua sendo, aqueles 10% de diferença e o nome com que cada religião chama seu deus o que causa a maioria dos problemas no mundo.

> "Buda, Jesus, Maomé/ Tentaram te dizer/ Que os deuses hindus e do candomblé/ Vieram te trazer/ A mesma mensagem que é/ Não importa a fé/ As crenças se sobrepõem/ A convivência cabe a você."

Clemente apareceu com "Luz no Fim das Trevas Parte I", e a banda complementou a "Parte II", um momento bastante orquestral, com um pé nos Beatles. Beatles? Esse barulho de corpo caído que você ouviu foi o de mais um plebeu cometendo harakiri.

"Um Belo Dia em Florença", de longe, é a música mais ímpar que a Plebe já gravou, com um clima pirata dândi, tipo Adam and the Ants numa cantoria de bar. Eu a compus em dois minutos. Sério. Que contraste com "A Ida", que demorou oito meses... Quando a demo ficou pronta, mostrei para o meu filho. No violão era uma coisa, mas com a banda toda... "Que música horrível, papai", disse ele, e então vi que *realmente* tinha conseguido o que queria, algo completamente *oposto* à Plebe.

O tom alegre, com assobios na abertura, foi inspirado em uma cena de cinema a que assisti durante minha pesquisa de musicais atuais. *The Greatest Showman*, com o eterno Wolverine Hugh Jackman no papel principal, é um tanto quanto apelativo, mas fiquei *muito* impressionado com a coreografia na música "From Now on". Escute "Um Belo Dia em Florença" vendo esse vídeo, que se passa num bar, e imaginem Leonardo Da Vinci, Michelangelo e Rafael bebendo com canecos grandes, brindando a chegada da Renascença.

Uma curiosidade: a letra original, quando falava de Da Vinci, era assim: "Se o Leonardo Da Vinci, porque não posso dar uma/ Espiadinha no futuro da ciência e da pintura". Fui vetado pelo André e completamente desestimulado pelo Capucci, que é professor. "Cara, isso vai ser escutado em salas de aula". Jarbas também não gostou. Tá bom, já entendi.

Em compensação, consegui manter "eu não quero passar o resto da vida morto" em "A Janela pro Céu". Isso é Renato Aragão puro. E *finalmente* consegui pôr um latido no meio de uma música, justamente em "Um Belo Dia em Florença", algo que tinha tentado em "Disco em Moscow", na parte que diz "eles dançam como um cão". Ah, *aquela* frase ficou: "Leonardo da Vinci, pintor e cientista, elevou o homem a renascentista".

Começamos gravando pra valer a música tema. Aluguei um Nord Lead Electro, teclado espetacular com sons impressionantes de piano e órgão, do Rafael Farret, que, além de nosso consultor histórico, pois é professor de história, liderou a banda Bois de Gerião, de quem fiz minha primeira produção em disco.

Eu estava em contato com o Casagrande, o próprio Walter Casagrande, que queria usar a música "Proteção" no filme sobre sua vida, cuja produção acabou sendo adiada por causa do roteiro demasiadamente *light*; quando surgiu a necessidade de um observador onipresente na narrativa, o nome dele passou a ser a única opção. Clemente é corintiano, e André é fã desde a Copa de 1986. Liguei para fazer o convite, contei que André e Clemente eram fãs, mas tive que abrir o jogo: "Nada pessoal, mas o *meu* Casagrande é o Rivelino". *Casão* é do rock e fã da Plebe; topou na hora e narrou o meio e o fim da música tema como se fosse literalmente um deus: "E foi nesse dia de juízo final que o homem prestou contas; porque cuidou tão mal da Terra que a evolução passou pra trás, agora será a vez dos animais".

Um elemento corriqueiro em musicais é o *overture*, um mesclado dos temas principais, como na abertura de *A Noviça Rebelde* e *Tommy*, um artifício de teatro muito eficiente. Juntando os temas principais no início, eles não soam *completamente* inéditos ao ouvido no decorrer do espetáculo. Ah, o sentimento do bem-estar com o familiar... Esse artifício se chama *leitmotif*, e Wagner o usava muito em suas óperas.

Nosso *approach* é um pouco diferente. A música tema antecipa o arco de narrativa, e os momentos históricos pelos quais o espetáculo passa, como um *leitmotif* da temática toda. Em vez de entregar vários temas, *Evolução* foca *numa* melodia singular, que aparece cinco vezes no espetáculo, dando liga. A primeira vez é na vinheta de abertura grandiosa "O Início", que continua com um singelo trompete, que aparece em mais quatro harmonias completamente diferentes, inclusive numa escala menor, num verdadeiro malabarismo harmônico. Pude pôr meu lado trilheiro nessas partes. Compondo, me inspirei no saudoso James Horner, um verdadeiro mestre e amante de Schubert como eu.

Depois de ser mixado em Nashville pelo Kyle, que tinha se mudado para a capital do country, *Volume 1* foi lançado em dezembro de 2019, sendo muito bem recebido. O mais importante para nós é que as pessoas entenderam a proposta. Não chegamos a ficar preocupados com a aceitação, pois nenhum disco da Plebe, com exceção do terceiro, nos preocupou nesse sentido. Estávamos mais curiosos para ver a reação das pessoas diante de um trabalho tão ímpar no rock nacional.

O Globo, *Correio Braziliense* e *Folha de S.Paulo* foram só elogios. A chamada de capa do *Correio* anunciou "A Megaprodução da Plebe Rude", e a

Folha disse que o "disco da Plebe Rude é como um encontro entre History Channel e MTV". Não poderia ter duas coisas mais díspares, de um lado um canal dedicado a celebrar a história da humanidade, do outro, um canal dedicado a destruir todas as conquistas da humanidade com seus *reality shows* – e, cá pra nós, também com parte da programação musical.

A matéria da *Folha* vinha com o subtítulo "Banda de rock inicia projeto *Evolução*, que tem a nada modesta intenção de contar a história da humanidade". Põe nada modesta nisso. Com músicas autoexplicativas como "A Queda de Roma" e "Nova Fronteira", e as não tão óbvias "A História Déjà Vu" (sobre a evolução das armas e métodos de matança) e "Bring out Your Dead" (o grito usado durante a Peste Negra para que as pessoas deixassem os mortos fora de casa para que fossem levados de carroça), o musical adquiria vida praticamente sozinho.

O que mais me atiçou foi aparecer com 28 músicas numa era em que artistas focam em EPs ou singles e apresentar letras contundentes e densas em meio à atrofia cultural vigente. Essa empreitada era uma *obrigação* nossa com os fãs do rock de Brasília dos anos 1980, já que a Legião não gravará mais um disco de inéditas e o Capital não compõe mais em banda. Quando fizemos a audição do disco a todo volume, no estúdio Daybreak, eu, André, Clemente e Capucci ficamos cantando, dançando e encenando as letras quilométricas. Qual foi a última vez que você viu uma camaradagem dessas em uma banda da *Tchurma?* A matéria da *Folha* encerra com "na estrada desde 1981, a Plebe Rude está ambiciosa e fazendo um rock que vale a pena ser ouvido".

Na música "O Fogo que Ilumina o Caminho", o segundo arco narrativo, com uma levada de violão em clara homenagem à *Tommy*, abordamos os primórdios do homem e sua inevitável evolução. Eu canto num raro falsete, que André diz parecer o do Ney Matogrosso.

> "Invento a roda e com o eixo faço/ A engrenagem faz todo o trabalho/ E o progresso fará todo o resto/ Chega de caça/ Começo arar a terra/ E do plantio nasce a nova era/ A ferramenta, necessidade inventa."

Para nós, o momento mais lindo e contundente do *Volume I* é "Nova Fronteira", que fala da expansão dos impérios, cuja força nada podia parar, numa levada bem punk rápida. Talvez a mais punk clássico do disco.

> "Por terra, pela guerra/ Pelo punho, pela força/ Pela pátria e colônia/ Pela linha divisória/ Pelo marco na história/ Pela honra, pela glória/ Pelo amor de Deus/ E o império vai expandir!"

No meio da canção, inusitadamente aparece um piano singelo, com uma menina de 11 anos cantando. Ouviu isso de novo? Mais um corpo caído de um plebeu por harakiri. Será que a Plebe endoidou de vez? Não. Jarbas mandou alguns nomes para nós, e escolhemos a atriz e cantora mirim Ana Carolina Floriano. O energético clipe de "Nova Fronteira", dirigido pelo Alex Batista, um veterano de vídeos de sertanejo, que tem a banda em close tocando, subitamente para, muda de tom e me mostra tocando piano de cauda, com Ana Carolina cantando:

> "Imagina se a África, ninguém fosse lá escravizar/ Como seria?/ E se os astecas, incas e os maias tivessem mais dias?/ Imagina todos os índios ainda nos latifúndios/ Que antes eram suas terras?/ E as civilizações não tivessem as aspirações derrubadas pela guerra?"

Repare nos últimos segundos do clipe de "Nova Fronteira". A direção é fantástica. Mas a pergunta fica, como seria o mundo se o homem não cometesse essas atrocidades? Pela inocência de uma menina de 11 anos, refletimos sobre a saga humana na Terra e se realmente a merecemos de herança.

Realizado em São José dos Campos, em dezembro de 2019, o show de estreia do *Volume I* foi um alvoroço, especialmente no meio de "Descobrimento da América", uma das músicas com mais de dez minutos, em que os erros do passado encontram a imbecilidade do presente. Haveria entre 40 e 60 milhões de habitantes nas Américas naquela época e, antes que alguém reclame que ela não foi descoberta, mas conquistada, é bom lembrar que a canção é do *ponto de vista* dos peregrinos, colonos e conquistadores. Lugar de fala é o cacete!

> "Só fugir é o que resta aqui/ Para onde ir? Onde a intolerância não vá seguir/ Peregrinos não têm a opção/ A redenção está no outro lado do Atlântico."

O paralelo com a atualidade é inevitável, e, sim, nos referimos à América Latina:

> "Violência cede a vez/ Pra conivência de vocês/ Se fecha os olhos ao invés de pensar/ É que no fundo concorda/ Ditadores sobem e caem/ Demagogos entram e saem/ O populismo sempre trai/ O idiota que o abraça/ América, América/ Sempre nas mãos impróprias/ América, América/ Você não me dá escolha/ Não haverá mais submissão ao rei!"

Como produtor, eu sei *deixar a criança nascer*. Imagina um pintor nunca satisfeito. Ao finalmente terminar um quadro, esse estaria completamente preto de tantas correções. Tem produtores que abandonam discos, não os terminam. Não é o meu caso. *Mas*, se pudesse refazer algo nos dois volumes, eu colocaria uma multidão gritando no final de uma frase de "Descobrimento da América", como em "Spirit of Radio", o hino do Rush que enaltece a era de independência das rádios contra a comercialização da arte. Os gritos da multidão viriam depois de "o populismo sempre trai o idiota que o abraça", mas nos shows de lançamento Brasil afora percebi que não era preciso. Este momento é sempre recebido por muitos aplausos. O que tem de gente que caiu no conto do populismo, de ambos os lados do espectro político... É a história da América Latina. E não foi por falta de aviso da Plebe.

> "Ei, ei! Vocês se lembram da minha voz? Continua a mesma. Mas os meus cabelos... Quanta diferença."
> – Comercial do xampu Colorama, década de 1970

Em 2019 o extremismo de direita tinha voltado em diversos cantos do mundo, inclusive no Brasil, e parece que acertamos em cheio com *Evolução* na sua análise do passado, na reflexão sobre o presente e na incapacidade humana de aprender com os próprios erros. Não só acertamos, como a Plebe Rude caiu no vernáculo popular, quem diria? Só que não exatamente do jeito que havíamos vislumbrado há 39 anos.

O termo original do Stanislaw Ponte Preta agora estava sendo usado como sinônimo pejorativo de uma grande massa de manobra, com um lado do espectro da patética polarização acusando o outro de *plebe rude*, o que nada mais é do que a anulação de qualquer debate saudável. Debate, sabe? Aquilo que impulsionou uns jovens de Brasília a usar a música como ferramenta. Ao contrário dos primórdios do rock de Brasília, quando começamos a esbarrar contra o poder público, dessa vez o problema não vinha de cima. Até recentemente as pessoas tinham opiniões diferentes, agora têm *fatos* diferentes.

Em 2019 foi anunciada uma turnê dos Dead Kennedys no Brasil, banda que eu praticamente tinha parado de ouvir em 1987 por causa do trauma das guitarras agudas e do nevoeiro de maconha quando Negrete frequentava a casa que eu dividia no Rio – ao som de quem? Dead Kennedys. O cartaz que divulgava a turnê gerou uma polêmica *completamente* fora de proporção, algo que apenas as redes sociais poderiam proporcionar por sua capacidade, inédita até alguns anos antes, de um pequeno pelotão de linchamento conseguir gerar um falso moralismo contagiante. Uma indignação momentânea gerou ameaças e levou ao *cancelamento* da banda. *Cancelamento?*

O que incomodou tanto no cartaz do show do Dead Kennedys? A favela pegando fogo ao fundo? A família branca classe média de cabelos claros com cara de palhaço? As armas que eles empunham? A camisa do 7 x 1 com a cruz no meio do emblema? A citação adaptada da frase emblemática de Lieutenant Colonel Kilgore, vivido por Robert Duvall em *Apocalipse Now*, *"I love the smell of poor dead in the morning"?* Ou todos acima?

Todo artista, por mais punk que seja, quer ampliar sua mensagem e levá-la onde der. O cartaz que gerou tanta polêmica não é nem um pouco diferente do *resto* da obra do Dead Kennedy's, que já polemizava pelo *próprio nome*, que, por mais grosseiro que fosse, cumpria sua missão. Confesso preferir a postura deles nas letras do que o mau gosto de algumas de suas capas, mas era sua forma de expressão. Sempre foi. A voz é a mesma, mas os cabelos, quanta diferença.

Nessa cultura de cancelamento na internet, todos nós já vimos coisas serem tiradas de contexto e manipuladas para atender a uma ou outra posição política ou moral. Na verdade, é mais uma indignação idiota do que um verdadeiro posicionamento comprometido e legítimo, lembrando alguns dos meus colegas dos anos 1980 quando tentaram se reinventar. A polêmica em torno do cartaz me incomodou mais do que o normal, não porque era com uma banda punk, mas pela indignação ter partido de um punhado de pessoas burras demais para entender a ironia e a nuance.

Nicho, antes refúgio de quem não concordava com o status quo, agora é tirado de contexto, amplificado e divulgado por uma tecnologia que permite a anônimos despejarem todo seu rancor e ódio num mar de ruído em que todo babaca tem uma opinião. Essa mentalidade de cancelamento, ameaça e discórdia está por criar, se já não criou, a geração de postura mais extrema que já se viu – dos dois lados do espectro. E aí está o perigo. Das duas uma, ou querem forçar a moralidade ou, pior, legislá-la. Seja um cartaz de show, seja uma projeção num telão ao vivo sobre a ascensão do fascismo no mundo, como no caso do Roger Waters e seu *The Wall*, agora a polêmica é instantânea, vinda de muitas pessoas que nunca, ou muito pouco, se manifestaram publicamente sobre *qualquer coisa* na vida.

No filme *Missing*, de Costa-Gavras, de 1982, quando o personagem do ator Jack Lemmon cobra explicações de funcionários da embaixada americana sobre o paradeiro do seu filho, desaparecido durante o golpe militar no Chile, é sumariamente lembrando pelos oficiais: "Se você não estivesse pessoalmente envolvido nesse incidente infeliz, estaria sentado em casa, complacente e mais ou menos alheio a tudo isso". Essa indignação de internet muitas vezes *não* é pessoal. É um ultraje recreativo.

Se você colocar um sapo numa panela de água fria e aquecê-la, em alguns minutos terá sopa de sapo. Se jogar o sapo na água quente, o sapo sairá pela tangente, e rápido. Na véspera das eleições presidenciais de 2018, Roger Waters chegou com seu épico *The Wall* com a água em ponto de ebulição no Brasil. A voz era a mesma, da banda que gravou provavelmente um dos discos de maior cunho sociopolítico de sua geração – para uma banda tida como *medalhão*, foi um feito e tanto. Mas os seus cabelos, agora brancos, quanta diferença!

Na plateia, fãs, curiosos e o que a nação daltônica parece ter se transformado – um punhado de pessoas que vão para um show de Coldplay, Victor e Leo, Asa de Águia e, por que não, Roger Waters ("sabe, *morzinho*, daquela música que eu gosto?") com o *mesmo* entusiasmo. Dá para cantar junto? Então tá valendo. Uma mentalidade que o André X definiu tão bem recentemente, numa entrevista, de "open bar, closed minds". No meio da cantoria coletiva do único sucesso que conheciam, nem perceberam a água esquentar lentamente. E vaiaram... Que parte de rock'n'roll vocês não entenderam?

Não foi à toa que, na turnê seguinte, *This Is Not a Drill*, antes do show, nos telões gigantes, apareceu o aviso: "Se você está aqui porque gosta do Pink Floyd mas não suporta o posicionamento político do Roger Waters, pode 'se foder' para o bar". Não tem como não imaginar que foi a reação no Brasil que causou isso. A polarização começava a se agravar, e ficava fácil saber de que lado cada um estava, especialmente os idiotas que falaram que Roger Waters foi "pago pela esquerda" para falar aquilo.

O público brasileiro mainstream se desacostumou de ouvir canções de questionamento e posicionamento, e muitos dos nossos artistas, inclusive os de rock, têm deixado *bastante* a desejar em relação a isso, cuidando das próprias carreiras, sem se preocupar com o que se passa na nação. Temática não falta. O que não vejo é coragem de abordar assuntos que realmente importam e de comprometer sua *arte*, se é que em muitas instâncias pode ser chamado de arte. A forma mais imediata de elucidação e questionamento é o rock desde a década de 1950. Sem isso, construímos uma nação de lemingues sem discernimento, e muito menos curiosidade intelectual, uma nação de pessoas que vaia posicionamento, questiona diversidade, estranha nuance e não entende sarcasmo.

Pouquíssimas pessoas conhecem Dead Kennedy's – *nem eu* acompanho seus últimos trabalhos –, menos ainda iriam para os shows programados no Brasil, em casas de pequeno ou médio porte. Mas a banda foi parar na *boca do povo*, não por causa da censura como a conhecíamos. Digo isso com a autoridade de quem teve música censurada. Agora é a censura moral de um pequeno punhado de pessoas que rapidamente se tornam uma massa incógnita, sem posicionamento real definido, mas com a arma do cancelamento nas mãos. Uma massa que fecha os olhos em vez de pensar.

O punk continua a dizer a que veio 45 anos depois do seu nascimento. Em 2020, os organizadores de um pequeno festival punk em Belém, o Facada Fest, foram intimados pela polícia a depor sobre os cartazes do evento que circularam nas redes. Um deles vinha com um palhaço Bozo empalado num lápis, outro, com o presidente vomitando fezes no Rio Amazonas. Foram acusados de apologia ao crime e de ferir a honra do presidente da República. Até o ministro da Justiça interveio, pois era preciso "agir com rapidez para frear as ações dos opositores ao governo". Ouvindo isso, me senti nos primórdios da Plebe novamente.

A partir daí, os cartazes viralizaram, assim como a censura ao filme *Je Vous Salue, Marie* popularizou Godard no Brasil na década de 1980 e a censura de "Censura", da Plebe, impulsionou a música ao sucesso, com direito a aparecer no Chacrinha. As vozes são as mesmas, mas a forma de propagação, quanta diferença.

Tem coisas que só o punk consegue fazer, e isso demonstra a força que só a música consciente tem. Governos ainda são sacudidos, líderes ainda são ofendidos, e a censura ainda é exercida por causa do inconformismo que vem de um lugar tão remoto e inusitado quanto Brasília, por integrantes desse nicho petulante e incômodo – "um bando de vagabundos". Nós todos não poderíamos estar mais orgulhosos.

"You'll be the first to go unless you think/
Nazi punks, fuck off."
— Dead Kennedy's

Depois do lançamento de *Evolução – Volume I*, no começo de 2020 recebemos a maravilhosa notícia de que a Plebe Rude tocaria no Rebellion, o maior festival punk anual do mundo, na pacata cidade litorânea de Blackpool, duas horas ao norte de Londres. Você pode imaginar a minha alegria ao ver que no festival também tocariam Stiff Little Fingers, a banda que me despertou para o punk, além de Angelic Upstarts, Tom Robinson Band, Sham 69, Undertones, The UK Subs, The Ruts DC.

Esquece a simbiose mundial do punk ou aquelas coisas que só acontecem comigo. Pela primeira vez na vida EU NÃO ESTAVA ME SENTINDO UM PENETRA! Um grande arco na minha vida seria completado, assim como o término deste livro. Eu não poderia fechar de maneira melhor.

É isso aí, pessoal. Espero que tenham gostado deste livro tanto quanto eu gostei da experiência de escre... Aí toca o telefone.

"Como assim? Wuhan??"

"From the beach the child holding the hand of her
father/ Those burial-clouds that lower victorious
soon to devour all."
— "On the beach at night", Walt Whitman

A pandemia chegou sem pedir licença, como algo que quase instantaneamente se derramou por uma cidade inteira e saltou todas as barreiras. As regras adotadas foram a evacuação e a desinfeção das casas onde havia se verificado casos de peste, o isolamento dos doentes e a obrigação de higiene pessoal, com um rigoroso cordão sanitário imposto pelo governo. Teorias da conspiração indicavam que a peste seria uma *invenção* de Ricardo Jorge, que à noite colocaria ratos nas sarjetas. Pera aí... Ricardo Jorge? Ratos nas sarjetas?

Meu bisavô Ricardo Jorge tornou-se o bode expiatório dos problemas da população da cidade do Porto, inclusive com charges no jornal retratando-o a colocar ratos no sistema de esgoto. Todavia, desde o momento que ficou ciente da gravidade da epidemia de febre infecciosa em 1898, ele encarou a pandemia de frente, salvando milhares de vidas.

Em agosto de 1899 foi estabelecido um cordão sanitário em volta da cidade do Porto, o que não foi bem recebido pela população, menos ainda pelos comerciantes. Ricardo Jorge foi obrigado a ir embora por causa das ameaças de morte e de uma tentativa de apedrejamento. Exilou-se em Lisboa e de lá liderou a reforma sanitária em Portugal. A gripe espanhola atingiu o mundo em 1918, matando 50 milhões de pessoas. Em Portugal, a pandemia matou entre 50 mil e 70 mil pessoas; graças ao meu bisavô, esse número não foi maior. Se ao menos os governos nos Estados Unidos e do nosso querido e confuso Brasil, um século depois, tivessem a mesma perspicácia, em vez de enterrar a cabeça na areia...

Decretada oficialmente a pandemia em março de 2020, a classe artística foi a primeira a parar, o que fez muitos cínicos pensarem: "Artista? Nunca precisei chamar um artista para uma emergência". Ah é? Tá bom... Imagina ter que passar os dois anos da pandemia sem literatura, música, filmes e séries?

Estávamos felizes que só com a receptividade do disco lançado havia apenas três meses, e o lockdown foi um balde de água fria. As passagens aéreas para o show de lançamento no Circo Voador, em abril, já estavam até emitidas quando subitamente parou tudo. Puxei o freio do *Volume II*, que começaria a ser mixado em Nashville. Eu tinha terminado este livro em fevereiro de 2020. Parece piada, *fevereiro* de 2020. Também puxei o freio de mão nas negociações para o seu lançamento nacional.

Avisei ao nosso escritório: "Esqueçam a Europa. O Rebellion Festival vai cair. E escrevam minhas palavras: as Olimpíadas serão canceladas". Ninguém, muito menos o Comitê Olímpico, achava que aconteceria, mas dito e feito. O arco perfeito da narrativa deste livro, com a Plebe tocando junto com Stiff Little Fingers, teria que esperar. Até quando?

O problema de ter sido um ávido leitor de ficção científica quando adolescente é que a minha imaginação, bastante fértil, me fez pensar nos prospectos mais sombrios. Em *The Stand (A Dança da Morte)*, livro que André me deu de presente na década de 1980, considerado um dos melhores do Stephen King, uma contagiosa variante letal da influenza consegue fugir de um laboratório do exército americano, matando 99,4% da humanidade em apenas *um* mês. E foi apenas o começo... A partir dali, a luta dos sobreviventes entre o bem e o mal carrega a história fascinante, bem daquele jeito Stephen King – o dos livros, por favor. Não o julgue pelos filmes terceirizados, que sempre batem na trave. Nem de *O Iluminado*, do Kubrick, ele gostou.

Será que esse vírus teria aquele potencial? Será que poderia se desenvolver em variantes cada vez mais letais? Será que, depois de tanto agrotóxico, tanta poluição, tanto desmatamento, tanta agressão à natureza, tanto deslocamento da fauna, finalmente um vírus sem precedentes conseguiria saltar de uma espécie animal para os humanos e aniquilaria esse *breve incômodo* que tem sido a nossa passagem pela Terra? O musical *Evolução* não poderia ter tido *timing* melhor. A questão passou a ser se sobraria alguém na Terra para apreciá-lo... Os céticos tinham certeza de que o planeta ficaria bem. Era *fake news*, assim como o aquecimento global e a Terra ser redonda. Mas em uma coisa eu tinha que concordar com esses imbecis: o planeta ficaria bem e, melhor, teria a eternidade para um *reboot*. Nossa espécie é que estaria ferrada.

"This is the way the world ends, not with a bang but a whimper", proferiu T. S. Eliot no fim do seu poema "The Hollow Men", de 1925. Assim, com um "whimper", as palavras da bíblia deixariam de ser ficção: "The meek shall inherit the earth", finalmente seria a vez dos animais. Vamos torcer para que eles saibam cuidar melhor do lar deles que a gente. O único *update* que fizemos em *Evolução – Volume II*, que já estava pronto para mixagem, foi esse, na música, "A Hora de Parar":

> "Um desmatamento ali/ E põe fogo aqui/ Vira fumaça/ Leva longe daqui/ E toda fauna ali/ Não tem pra onde ir/ E salta da espécie/ A pandemia está aqui."

Como todo pai, no começo da pandemia, a primeira coisa que pensei foi: "Será que crianças são mais vulneráveis?". Foi apavorante. Relatos de hospitais lotando, UTIs transbordando, conhecidos adoecendo, traziam o vírus para cada vez mais perto. Lembrei-me do trecho de *The Stand* em que o vírus recebe o apelido de Captain Trips. Uma mulher não conseguia falar com ninguém no maior hospital da cidade. "Como ninguém atende o telefone num hospital?", ela questionava enquanto tossia, já infectada.

Em abril de 2020, minha tia Marisol, a única irmã do meu pai, subitamente faleceu em Washington, aos 93 anos. O laudo médico citava "problema de garganta". Com a Covid se espalhando rapidamente nos *asilos de aposenta-*

dos dos Estados Unidos, tive certeza de que, na verdade, foi um problema respiratório. Aí perdi dois amigos no Brasil, inclusive retratados nesse livro, com quem eu estava em contato para tirar dúvidas durante a pandemia. Um parou subitamente de responder, e semanas depois chegaria a notícia devastadora. Toninho Maya, o grande instigador da *Tchurma*, quando morava na Colina era vizinho de parede do Fê e tocava guitarra o dia inteiro, faleceu de Covid. Foi a sua paixão pela guitarra que instigou futuros membros do Aborto, Plebe e Capital a montarem banda. O marco zero da Colina foi ele, que eu homenageei na placa da Colina da Rota Brasília Capital do Rock.

O outro que faleceu foi o Sandrox, o Alessandro "Xoquito", guitarrista e compositor da minha primeira produção depois do Escola de Escândalo, o 10zer04. Ele havia evoluído para um rap/MPB moderno, ganhou o prêmio de melhor artista do Brasília Independente, realizado pela TV Globo, e se tornou um grande expoente da nova cena de Brasília, muito querido por todos. Esse sim tinha um engajamento legítimo, e como. Foi devastador. Sandrox tinha acabado de fazer 40 anos. Descansem em paz, meus amigos.

Cada vez mais a humanidade se isolava, se frustrava, bebia e engordava, enquanto eu seriamente pensava se teria que reengatar uma horta abandonada no fundo do quintal, caso os serviços essenciais entrassem em colapso. Será que teria que cavar um poço artesiano clandestino? Tudo que li em *The Stand*, *On the Beach* e *Alas, Babylon* (outro livro clássico da década de 1950 sobre a terceira guerra mundial) parecia estar se tornando realidade. Será que aqueles malucos *sobrevivencialistas* dos Estados Unidos – que construíam bunkers e armazenavam mantimentos no meio da floresta – tinham razão?

Enquanto isso, alguns governantes diziam não passar de uma *gripezinha* ou que logo se dissiparia e, pior, *sabendo* antes de todo mundo que essa praga letal e sem tratamento estava sendo transmitida pelo ar. Nos Estados Unidos, o presidente sugeriu a injeção de desinfetante; no Brasil, ao ser cobrado pelos números assustadores de mortes diárias nos primeiros meses da pandemia, o presidente respondeu: "Não sou coveiro". Realmente, era de uma classe...

Na primeira vez que fui ao supermercado depois de decretada a pandemia, me senti um perfeito idiota com uma máscara que nunca havia usado na vida, a não ser no nascimento do meu filho, e me espantei ao ver um cara com um tanque de oxigênio nas costas e uma roupa protetora improvisada de sacos de lixo. Parecia um coadjuvante do filme *10 Cloverfield Lane*. Eu não sabia mais o que pensar.

Aos poucos, a ciência entendeu o que estava acontecendo, e as promessas de vacina, mesmo que ainda distantes, começaram a surgir. Meu filho tinha oito anos; ao descobrir que a Covid não afetava crianças, consegui respirar um pouco mais tranquilo. Quer dizer, mais ou menos. De uma hora para outra, assim como milhões de pais mundo afora, tive que virar professor para ajudá-lo nas aulas remotas da escola. Foi uma das coisas mais difíceis que tive que fazer na minha vida.

Difícil mesmo deve ter sido para os professores, que da noite para o dia tiveram que se adaptar à linguagem online – com a ideia aterrorizante de que tudo que faziam estava sendo gravado e arquivado *para sempre*. Eu sei da dificuldade; se nem eu gosto de aparecer em vídeo, avalie quem tem pouca ou nenhuma experiência nisso. Não podemos subestimar o impacto dessa pandemia nas crianças e adolescentes. Imagine se algo assim tivesse acontecido quando *você* era um pré-adolescente?

Mas a vida continuava. Uma vez engatado na escola online, aproveitei para lançar a trilha sonora premiada de *Faroeste Caboclo* nas plataformas, com todas as respectivas cenas no YouTube, sem a distração do diálogo, efeitos especiais ou de ambiente. Cada faixa vem com um título derivado da letra de "Faroeste Caboclo".

Com isso resolvido, pude me dedicar a um projeto em que estava trabalhando desde o fim das gravações de *Evolução – Vol. I e II*. Era *outro* musical, dessa vez solo, confirmando que eu realmente tomei gosto pelo formato. Assim como *Evolução* fora construído a partir da canção tema de 1989, seriamente abordada na estrutura da linguagem de musical, esse novo projeto teria que ter alguns temas principais se repetindo várias vezes, individualmente ou com as harmonias fundidas. Porém, ao contrário de *Evolução*, que é cantado de cabo a rabo, esse teria dramaturgia, *muita* dramaturgia. Como sou multi-instrumentista e dono de estúdio, por que não gravar tudo sozinho?

Antes fiz vários testes – fazia tempo que eu não gravava bateria sozinho –, entre eles uma versão de "Senses Working Overtime", do XTC. Depois de tocar os instrumentos e fazer metade dos vocais, enviei para o Bruno Gouveia completar as vozes. Ele acabou lançando essa em 2022, num EP chamado "Minhas Férias na Grécia, #SQN", o projeto dele da pandemia.

Todo mundo teve um projeto de pandemia, e até pensei em gravar uma versão de "Proteção", convidando todo mundo do rock nacional para cantar a frase "é para a sua proteção". Imaginem a força disso. Mas o momento político do Brasil era *tão* esdrúxulo e polarizado que era capaz de a música ser mal interpretada, como se fosse a *favor* da ditadura. Cada uma... E, cá pra nós, eu tinha mais o que fazer com meu tempo.

O musical *Um Menino Chamado Laico* é sobre uma escola liberal que, de uma hora para outra, dá uma guinada perigosa para a direita, com a chegada de um novo diretor chamado Garrastazu – uma paródia do presidente dos anos de arrocho da ditadura, Emílio Garrastazu Médici. Se a história da guinada repentina para a direita soa familiar, é porque é. Gravei todos os instrumentos, mas não faria o *lead vocal.* Como a pandemia dificultava o recrutamento de cantores e cantoras pré-adolescentes, os protagonistas do musical, só em 2023, com o relaxamento das restrições impostas pela Covid, eu pude voltar a pensar nisso.

É inegável a força que algumas músicas adquirem quando interpretadas por crianças ou pré-adolescentes. A perspectiva muda tudo. O trecho a seguir é cantado pela protagonista Joana ao enfrentar a nova direção da escola. A música se chama "Tempos Estranhos".

> "Vamos construir as pontes/ Por cima dos muros que ergueu/ Quem sabe vendo a caravana passando te lembre dos princípios que esqueceu?/ Sabe o clichê o poder corrompe?/ Depende de quem está no poder/ É só uma nova plataforma que amplifica a pessoa que já é/ Se não aprendermos com os erros será que a esperança bastará?"

Em outro momento do espetáculo, o diretor, já bem à vontade na escola *sob nova direção*, canta em "Outrora":

> "Quem vai enfrentar essa elite que quer doutrinar?/ Sou eu o único capaz de evitar uma República Banana/ Meninas de rosa e os meninos se vestem de azul/ E quem na manada levantar a cabeça eu mesmo expulso/ A liberdade em mãos errantes, perigo à vista/ Nós precisamos voltar como era antes, moralista, integralista/ Essa geração de mimimi mirim/ Não, eu não fiquei gago, vocês são assim/ Querem tudo para ontem sem saber focar, vendo a vida inteira pelo celular".

Então a Joana responde:

> "Eu sei que há pessoas que são assim/ Mas não olhe para o Laico e nem para mim/ Você e toda sua generalização e, pior, usando a fé de justificação".

E o diretor Garrastazu retruca:

> "Essa bobagem laico, não é não/ Brasil sempre será um país cristão/ As minorias todas se curvarão; ou se adequam ou simplesmente/ desaparecerão".

Se isso soa familiar, mais uma vez, é porque é. O diretor canta uma outra música pesadamente orquestrada, agora com o coro dos *professores da nova era* que ele contrata para substituir todos os antigos professores. Gestões são mais fáceis quando se tem um bando de idiotas que concordam o tempo inteiro, os *"yes men"*, colocados ali por sua lealdade, não pela competência. Também soa familiar? Na música "Ele é o Interventor", o diretor canta:

> "Vamos revisionar a história/ O passado passará a ser ficção/ A arte será agora heroica, inspirando todo cidadão".

Quando ele se aproxima de um globo terrestre, canta assim:

> "Redondo? Que ideia insana! É claro que a Terra é plana! Salve o novo diretor!/ Criacionismo na escola? Adão e Eva voltem, mas sem a maçã, por favor!/ Nazismo? Movimento de esquerda./ E o aquecimento global é ficção./ E o homem na lua? Eu duvido, mas o Trump, sim, ganhou a reeleição".

Acho que você já entendeu o espírito do musical. Na derradeira música do espetáculo, aquela que todo o elenco canta junto, com os braços para cima e ampla movimentação de palco, chamada "A Opção", os cinco temas principais do musical se fundem, bem no estilo do gênero. Olha o *leitmotif* em toda a sua glória, só que ao contrário, no final do espetáculo. Joana faz o *lead vocal* num pós-punk pulsante.

> "A cada dia a opção/ De ser parte do problema ou não/ Esse é o mundo que se quer?/ Com a vida em frente a você, ainda há tempo de escolher se esse é o caminho/ A cada dia a decisão/ De tomar uma postura ou não/ Esse é o mundo que se quer? A vida que se pensou ter?/ Só depende de você, e esse é o melhor que pode fazer?"

Esse momento é bastante dramático devido à narrativa, mas só fará sentido quando eu lançar o disco *Um Menino Chamado Laico*, tendo o roteiro completo, toda a dramaturgia encenação e o detalhamento da coreografia.

Mas a vida continuava. Uma vez terminadas as gravações do instrumental das 17 faixas inéditas de *Um Menino Chamado Laico*, o Afonso Nigro – sim, aquele mesmo – me ligou dizendo: "É hora, né?". Há alguns anos pensávamos em fazer uma versão de "P da Vida", do Dominó. Pera aí? O quê? O quê? O quê? Esse barulho que você ouviu foram três tombos sucessivos de três plebeus cometendo harakiri.

Mas como? Plebinó? Domi Rude? Cadê o Renato numa hora dessas para bolar um nome em latim? Em 2015, Afonso entrou em contato comigo, pois a pergunta que teimava em não calar era: afinal, eu e ele éramos a mesma pessoa? De tanto ouvi-la, até eu comecei a ficar na dúvida, então armamos um encontro no meu estúdio. Por que não? Já que ele estava ali, peguei um violão, programei uma batida eletrônica padrão e coloquei ele pra cantar "P da Vida" inteira, várias vezes. Afonso cantou muito bem, e pensei: "Imagina guitarras fortes atrás disso?". Tiramos uma foto juntos e postamos, finalmente comprovando que não, *não* éramos a mesma pessoa. Pronto. Não me perguntem mais.

O que faríamos com essa parceria? A cada ano que passava eu tentava arranjar uma maneira de usar aquilo, que nem arranjo de banda tinha ainda, e a cada ano que passava, arquivava. Até cheguei a cogitar de incluir pelo menos um trecho na narrativa de *Evolução*, pois falava de "lances, jogadas ensaiadas nas Nações Unidas azucrinando nossas vidas", "estão pondo fogo no planeta" e "gerações desperdiçadas", mas arquivei de novo.

Então, no meio do momento mais esdrúxulo da humanidade na era moderna, topei finalmente engatar a parceria mais inusitada da história da Plebe, e talvez da história do rock nacional. Chamei o Capucci para gravar a bateria em cima da voz, fiz o violão e o arranjo no clima de "1901", da banda Phoenix. O resto da banda gravou as respectivas partes remotamente, como centenas de milhares de músicos mundo afora no meio da pandemia, e juntamos tudo. Com a autorização do Edgar Poças, autor da letra em português, já que a música era adaptada do original "Tutta la Vita", do cantor italiano Lucio Dalla, acrescentei uma parte na letra chamada "o gigante adormece":

> "Será que ninguém mais percebe?/ Não lembra nem mais que elege/ E o lixo da TV que ingere/ Te atrofia, te emburrece/ Mas não se faz de inocente/ Do plebeu ao presidente/ O seu silêncio

> é conivente/ Porque quem cala é quem consente/ Ninguém escuta as suas preces/ E fica puto, mas esquece/ A indignação desaparece/ E tem o governo que merece/ E o gigante adormece".

Mas por que a Plebe gravaria essa canção? Fora a piada pessoal de que éramos a mesmo pessoa, eu me amarrava *muito* na música. Além disso, era como se a regravação fosse um manifesto dirigido à nossa geração. Se a banda mais *armação* da história da música popular brasileira conseguiu inserir um pouco de questionamento e contestação em seu repertório, por que a nossa geração não conseguia mais? Tudo bem que vinha com a frase "a esperança é uma música, canta essa música", mas, o que eu não ficava confortável cantando, deixei para o Afonso. Apesar de não ser mixador, desta vez eu resolvi mixar, assim como fiz com a trilha de *Faroeste Caboclo*. Mesmo assim, se você *ainda* estiver torcendo o nariz para a nossa versão, o arranjo de guitarra que fiz inspirou uma das músicas mais poderosas de *Evolução*, a que encerra o *Vol. I*, "A Mesma Mensagem".

Gravamos um vídeo remotamente, nós em Brasília, o Clemente em São Paulo, e aproveitei umas imagens que tínhamos captado quando o Afonso gravou a parte dele, alguns anos antes. Entoamos "tô puto da vida" juntos, e no finzinho do vídeo eu simulo um harakiri, apontando para a câmera: "Olha os plebeus se matando". As cenas finais, em preto e branco, editadas por um pupilo meu, Adriano Pasquá, dão uma ideia de como é a descontração nas gravações do Estúdio Daybreak.

Algumas pessoas estranharam essa junção "ímpar", noticiada até pela *Veja* com a chamada "Dueto Improvável" e o texto "de um lado, o vocalista de uma raivosa banda dos anos 1980, do outro, o ex-líder de uma boy band açucarada". Põe raivosa nisso, mas a versão ficou ótima. Só que não estávamos conseguindo a autorização do espólio do Lucio Dalla, falecido em 2012, para a inserção da letra *extra* que fiz. Vários parentes ainda disputavam os direitos autorais na Itália, e infelizmente tivemos que desmembrar a música para outra versão, justamente "O Gigante Adormece". *Figlio di puttana!*

"But the thrill we've never known is the thrill that'll
getcha when you get your picture on the cover of the
Rollin' Stone"
– Dr. Hook & The Medicine Show

Com a classe artística se virando em *lives* – as apresentações mais frias que fiz na vida –, também tivemos nossa parcela de colaborações via internet, uma beneficente, para a equipe de estrada da Plebe, e até um inusitado show num *drive in*, com buzinas em vez de aplausos, uma das experiências de palco mais bizarras que já tive. Já que estava lá, não perdi a piada e até simulei o "eh-oh" do Freddie Mercury, e as buzinas responderam de acordo "Eh-oh!" Fon-fon! "Eh-eh-eh-eh-oh!" Fon-fon-fon-fon-fon! "Alright!"

Já que lascou mesmo na pandemia, aproveitamos para lançar três cervejas em parceria com The Pub Beer, uma gold ale chamada Primórdios, uma APA chamada Proteção e uma IPA com hibisco chamada Evolução. Coisa fina, com os rótulos correspondentes ao tema.

No meio desse turbilhão todo, no dia 7 de julho de 2021, a Plebe completou 40 anos. Quem diria? E, melhor, sem drama! Mas foi *bastante* frustrante não conseguir festejar na estrada com uma turnê para os plebeus, pois o meio artístico ainda estava praticamente parado. Apenas alguns meses depois conseguimos comemorar o aniversário, quando as autorizações para aglomerações voltaram.

Começamos em São Paulo, com uma grande festa e duas noites no Sesc Pompeia, nosso equivalente paulista do Circo Voador. Na véspera das comemorações, a variante ômicron assolou o país, e o que seria um espetáculo para mais de duas mil pessoas teve que ser transferido para o teatro, com apenas 150 pessoas por noite, ingressos disputados *a tapa* e sem autorização para encontro com os fãs. Essa doeu.

Por obra do destino, essa transferência fez a banda celebrar esse marco da sua história no mesmo palco do lançamento de *O Concreto Já Rachou* em São Paulo, exatos 35 anos antes. Aproveitamos para lançar *Evolução – Vol I* na capital paulista, com dois anos de atraso.

Em 2022, depois de quase dois anos de pandemia, a classe artística, a primeira a parar, começou a ver as luzes da ribalta de novo. A Plebe esteve na linha de frente do rock brasileiro, no evento teste do Rio CCBB (ainda em 2021), assim como no primeiro grande show de rock em Brasília, junto com os Titãs, no evento Rock Brasil 40 anos, em 2022. Tive que lembrar à produção que 40 é em relação ao rock dos anos *1980*, pois o pessoal da década de 1970 ficou muito puto com isso. Deu tudo certo, não houve contaminação geral, e todos os protocolos foram seguidos, a não ser pelos fãs, especialmente os compreensivelmente afoitos e desesperados depois de dois anos sem shows.

A produção do evento estava preocupada com manifestos políticos *entre* as músicas, já que o projeto gigantesco era patrocinado pelo Banco do Brasil. Eu ria e os tranquilizava, a Plebe não é esse tipo de artista, a gente se expressa é nas músicas mesmo, mas *isso* não podemos mudar. O evento rendeu uma edição especial da revista *Rolling Stone*, e quem está na capa? Clemente, dando um salto daqueles de costas. Que jogada de marketing brilhante tê-lo colocado na banda 18 anos antes! Finalmente não eram apenas o Renato e o Capital na capa da revista, mas a santíssima trindade do rock de Brasília. Espera aí... Um plebeu na capa da *Rolling Stone*? Check! Na mesma revista, a Plebe aparece na lista dos 80 discos essenciais do rock brasileiro. Contudo, a lista que encheu mesmo os plebeus de orgulho foi a de 15 anos antes, quando *O Concreto Já Rachou* ficou entre os cem maiores discos da música popular brasileira da *Rolling Stone*. Isso sim.

O palco me fazia falta, fazia falta para todos nós. Não pelos aplausos, mas pela troca; como cantamos em "Mentiras por Enquanto" desde 1987, "é o que faz valer a pena". "Até Quando Esperar", quase 40 anos depois de ter sido escrita e recentemente se tornar música tema do filme *EAS – Esquadrão Antissequestro*, do diretor Marcus Dartagnan, passou a ter para mim um novo significado. Desde o fim da pandemia, em quase todo show eu tiro um momento da canção para lembrar as pessoas de que a sociedade só não entrou em *colapso* por causa dos trabalhadores da ponta do espectro social, os que recebem menos. Frentistas, caminhoneiros, enfermeiros, lixeiros, entregadores de moto e motoristas de aplicativo, professores, funcionários de farmácia, cuidadores de idosos e crianças especiais. Pense nisso da próxima vez que ouvir a música.

Mas a vida continuava, e, seguindo os devidos protocolos de distanciamento, continuei produzindo bandas e ensaiando com a Plebe, eu na técnica, Capucci na sala de gravação e André na varanda. Que momento estranho das nossas vidas, não? Por vários dias, a biografia do Hungria, rapper da cidade-satélite de Ceilândia, foi filmada no estúdio que, modéstia à parte, estava muito bonito. Bela escolha de locação. Engraçado foi quando ouvi, de longe, um rap tipo "que se foda sua pele branca, que se foda sua família branca" e subi correndo para ver que merda era aquela sendo cantada no *meu* estúdio, o estúdio do *cara da Plebe,* pronto para expulsar todos de lá. Fui tranquilizado pela produção de que era uma cena feita com outro artista cantando, justamente para mostrar um caminho de rap que o Hungria *não* queria descer. Ah, bom.

Ainda durante a pandemia, comecei o programa semanal *Capital do Rock* na rádio Justiça FM (104,7), transmitido para todo o Distrito Federal, além da web. Isso sim é punk para as massas, um verdadeiro oásis no dial, entre um sertanejo de um lado e um evangélico do outro.

Poucos meses depois, em outro marco a minha vida, Philippinho fez 10 anos, a mesma idade que eu tinha quando cheguei ao Brasil. É incrível como me vejo nele: óculos, aparelho, sensibilidade às oscilações de humor dos amigos (lembro *muito* de como Herbert e Pretorius mudavam conforme quem estava presente) e timidez. Cara, eu todo de novo. Também, com esse nome? Tudo bem, assim como eu, ele sobreviverá a tudo isso. A longo prazo, essas coisas irão fortalecê-lo. A única maneira de aprender a lição é por conta própria.

"Be yourself and you will go far", escreveu a professora da 7ª série de língua e literatura inglesa no meu *yearbook*, o mesmo em que os iugoslavos escreverem que esse tal de Plebe Rude, ou os Zulus, não daria em nada, e que eu voltaria ao Caos Construtivo. Se tem uma coisa que fiz, foi *ser eu mesmo.* Não encontrei meu caminho, eu o fiz. E espero o mesmo do meu filho.

"This belongs in a museum!"
– Indiana Jones

No começo de 2021, no auge da pandemia, recebi um telefonema de um amigo das antigas, Leo Brant, uma das grandes mentes do turismo de Brasília e eterno defensor da cidade, perguntando sobre um projeto que eu tinha há anos. Originalmente chamado de "Ciclo do Rock", visava valorizar o rock de Brasília como Patrimônio Cultural, Histórico, Cívico e – por que não? – Turístico.

A ideia era relativamente simples. Sempre que eu viajava para o exterior, esbarrava numa placa no meio da rua dizendo "Aqui nasceu Oscar Wilde" ou "Aqui George Orwell escreveu 'Revolução dos Bichos'". Por que não fazer o mesmo com o Rock de Brasília?

Eu tinha escolhido 40 pontos pela cidade e RAs (Regiões Administrativas, o que chamávamos de cidades-satélites) para terem marcos, placas, totens... mostrando o que aconteceu naqueles respectivos locais. Muito bacana a ideia, que eu apresentava todo ano. Mas nem a Secretaria de Cultura nem a de Turismo mordiam a isca, e conseguiram o que dois dos meus ex-companheiros de banda *quase* conseguiram: me fazer desistir. Convenhamos, eu tenho mais o que fazer com meu tempo.

Quando o Leo entrou em contato, eu já tinha esquecido do projeto, mas a faculdade UPIS, referência no Centro-Oeste com o curso pioneiro de Turismo – e local do show da Plebe Rude e Renato Russo na fase trovador solitário – se ofereceu para marcar uma reunião comigo e a Secretaria de Turismo e financiar as primeiras 15 placas. Ah... público/privado! Por que eu não tinha pensado nisso? A partir daí, a Secretaria de Turismo abraçou a causa e o projeto virou realidade, a Rota Brasília Capital do Rock.

Com minha curadoria e textos, placas em português, inglês e espanhol – e QR Codes linkando ao resto da rota via Google Earth com fotos antigas – foram erguidas em locais tão emblemáticos como Food's, Brasília Rádio Center, Cafofo, Adega, Gilbertinho, Teatro Galpãozinho, a quadra residencial do Renato, Cave no Guará (local do primeiro show da Legião no DF), Rock na Ciclovia... Até uma placa demarcando o local *exato* na esquina onde o André me convidou para "montar uma banda" foi erguida.

Com poucas exceções, todos os pontos estão em detalhe neste livro porque passamos por todos, fazendo-os virarem os agora locais "históricos". Inclusive alguns que pelo visto só eu lembrava, como o Bar Adrenalina e a Rampa Acústica do Parque da Cidade. O link do Google Earth ainda vem com os textos estendidos, quase como um adendo deste livro e extensão do turismo cívico de Brasília.

Mas pensando bem, toda rota *leva a algum lugar*, então eu tive uma ideia meio maluca que partiu de um desenho que fiz simulando como seria uma exposição sobre os primórdios do rock na capital federal da década de 60, para um futuro museu do Rock de Brasília.

Por onde começar? Acervo. Entrei em contato com *todos* do meio em Brasília, inclusive da década de 60, das bandas Os Primitivos, Os Reges e Os Infernais (não confundir com os Infernais do Nando Reis). Incrível como a ideia foi bem-vinda, e todos se dispuseram a ajudar. Mas aí começavam as perguntas.

"Ah, que legal. Vai ser onde?" "Não sei." "Quando"? "Uh... não sei..." "Vai ter exposição também?" "Eu não tenho a mínima ideia..."

Mesmo sem ter *nada* de concreto para oferecer, consegui montar uma lista enorme do futuro acervo com carta de anuência dos respectivos donos: instrumentos originais, letras, cartazes, matérias de jornal, ingressos, figurinos, filipetas e acesso aos inúmeros documentários que durante as últimas décadas vêm registrando tudo sobre o Rock de Brasília. Nessa hora, pelo visto minha reputação ajudou; vindo do *cara da Plebe*, no mínimo seria coisa séria.

Aí me associei à produtora Tata Cavalcanti, experiente em eventos nacionais e internacionais e veterana do Circo Voador e montamos uma empresa com o nome apropriado de Capital do Rock Produções.

Não teria como juntar todo esse material ainda sem local definitivo e, depois de catalogado, pedi que todas as pessoas guardassem tudo no local mais seguro do mundo – nas suas próprias casas. Mas eu precisaria de uma doação inicial para a compra de um item para deflagrar o acervo, e através do pessoal do Olhar Brasília, um misterioso punk de nome Ulixo Punk e a banda Casa Civil de São Paulo doaram dinheiro para comprar do Mercado Livre uma caixa de baixo Giannini Duovox 100B original, mesmo ano e modelo da caixa de baixo do Renato Russo que a *Tchurma* usava na época do Aborto Elétrico, com dois alto-falantes de 15", que eu pichei *igual*, com um grande "AE". A original deve existir por aí, mas com o surgimento da Legião, Renato tinha pintado por cima de preto. Realmente ele queria deixar o Aborto para trás. Quem sabe essa caixa não aparece? Como diria Indiana Jones, "Isso merece estar num museu!"

Até a bateria original do Fê no Aborto Elétrico eu consegui, mas dependeria de um local fixo e com nível de segurança de *museu internacional*. Agora com o acervo num arquivo de excel, comecei a ver locais inativos do GDF, e o que não falta é espaço nessa cidade.

Entre os equipamentos (é assim que o GDF chama os espaços sob sua gestão) em que fizemos vistorias técnicas, o que mais me atiçou foi a Rodoferroviária antiga, que estava tão abandonada que deu para entrar sem nenhum segurança impedir. Ali seria fantástico, no fim do eixo monumental (no "rabo" do pássaro que é o design de Brasília oposto ao Congresso Nacional), ainda mais porque foi exatamente de lá que começou a invasão do Rock de Brasília para o resto do país, em 1982, quando alguns punks entraram num ônibus para Patos de Minas. Existe até uma sessão de fotos da Legião nos primórdios feitas lá por um colega meu da Escola Americana, Daniel Schultze. Clássico.

Mas não queríamos ficar apenas dependendo do governo. Seria um projeto público/privado, então até o porão gigantesco do Brasília Rádio Center nós olhamos. O governo ofereceu locais, pelo menos temporariamente, como o Teatro Galpãozinho (no Espaço Cultural Renato Russo), mas já não caberia mais, com o acervo crescendo a cada dia. Encontrei o teclado original do show de Patos de Minas, que nem o próprio dono Paulo "Paulista" lembrava direito onde estava (só achou depois de muita insistência). Encontrei o gravador original Philips em que o Renato gravou a demo voz e violão para a EMI e a árvore genealógica original que fez das bandas, quando nem Capital ou Legião tinham nome ainda. Já que a maconha (dos outros) atrapalhou muito minha vida, ao menos usaria a minha "caretice" para o bem maior. Tem coisas que só eu lembro. E não estou brincando.

Através da Secretaria de Turismo, fomos até o Estádio Mané Garrincha, agora Arena BSB, que logo de cara nos ofereceu um espaço de 4.600 m² em área nobre de Brasília, dizendo que "não tinham pretensão de ganhar dinheiro", seria para movimentar o estádio, parado devido à pandemia. Foi aí que o projeto evoluiu para um possível Museu da História do Rock Brasileiro, por sugestão da Secretaria de Turismo, cobrindo os quase 70 anos do gênero no Brasil. Não tinha como eu não achar graça, pois apenas quatro meses antes, tudo era apenas um desenho numa folha A4.

Com a possibilidade de um lugar tão grande, já dava para visualizar o Museu. Começaria contando a história da chegada do rock ao Brasil através do filme *Sementes da Violência* (*Blackboard Jungle*), de 1955, e da estrela da era do rádio Nora Ney, que regravou a canção-tema, "Rock Around the Clock" (em inglês mesmo), mais como um artifício de gravadora – cuja malandragem nasceu junto com o advento do toca-discos. Jovens do país inteiro estavam ligados, inclusive o saudoso Erasmo Carlos, que falava que foi justamente o filme "que me apresentou ao rock'n'roll pela primeira vez".

O rock tomou conta mesmo, e foi em 1957 que Cauby Peixoto gravou "Rock em Copacabana", o primeiro gravado em português e, olha aí, escrito por Miguel Gustavo, o mesmo autor de "Café Soçaite", com o verso "Enquanto a plebe rude na cidade dorme". Será que os deuses do Rock'n'Roll estavam tentando me dizer algo?

Através dos filmes *Minha Sogra é da Polícia* e *Alegria de Viver*, lançados no ano seguinte, com o pioneiro Betinho e seu Conjunto também cantando em português, o rock se espalhava no inconsciente coletivo. Ele aparecia tocando uma belíssima Fender Stratocaster sunburst (às vezes uma Fender Jaguar) que deveriam estar no acervo. Se alguém souber o paradeiro desses instrumentos, favor entrar em contato. Betinho, um pioneiro do rock tupiniquim, merece estar no museu.

Aí seria apenas o começo, passando por toda a década e salientando o impacto do rock na música brasileira, mudanças de comportamento, moda, ativismo político e por aí vai...

Dos primórdios à Jovem Guarda, da psicodelia ao progressivo, do pop ao punk, do pós-punk à explosão dos anos 1980, da hegemonia ao alternativo, do metal ao thrash, do manguebeat ao rap rock... Mas, para expor tudo isso, o nível de *expo design* do museu teria que ser arrojado, de primeiro mundo mesmo, então entrei em contato com a SuperUber, responsável pela integração entre cenografia, design e tecnologia do Museu do Amanhã no Rio e do Museu da Língua Portuguesa em São Paulo, além do encerramento das Olimpíadas de 2016. Eles imediatamente abraçaram o projeto.

Conseguimos apoio do Arquivo Público (cujo relações-públicas se chama Felipe Seabra – seriam os deuses do rock de novo tentando me dizer algo?), e sugeri que eles documentassem os roqueiros pioneiros de Brasília para a posteridade. Quando digo pioneiros, são os primeiros mesmo, da década de 60, como Éldir Coelho, da banda Os Infernais, que se apresentou na cerimônia de Miss Brasília 1966, ano do meu nascimento. Clássico.

O museu teria uma reconstrução (ou os originais) de todos os veículos emblemáticos do rock brasileiro, como os "hotrods" e lambretas do filme *Minha Sogra é da Polícia*, o calhambeque, os Dodge Chargers e o Helicóptero Hughes 300 dos filmes do Roberto Carlos, ou o buggy dos Mutantes e a reconstrução da *Veraneio Vascaína* que tirava o sono do então Renato Manfredini.

Assim, entrei em contato com o comando de PMDF para tirarem uma dúvida sobre a cor exata e o ano do modelo mais conhecido do final da década de 70. E nem aí eu perco a piada. Eu não lembrava como era a pintura original das viaturas, e falei para o comandante: "Mas por dentro eu lembro bem". Num evento onde nos conhecemos, como era fã da Plebe, perguntei se ele se incomodava com letras como a de "Proteção". O comandante disse não, pois foram escritas numa "outra era". E era verdade.

Em maio de 2021, em cerimônia no Palácio do Buriti, o Governador assinou um decreto que criou "mecanismos de incentivo econômico e tributário para viabilizar a Rota Brasília Capital do Rock".

Com o acervo de Brasília na caçapa, e crescendo, agora eu precisaria assegurar algumas "âncoras" de porte nacional para começar a catalogar o acervo do Rock Brasileiro. Contatei o Carlini, Os Paralamas, Dado e Bonfá e a Kika Seixas – viúva do eterno Raul –, que também abraçaram o projeto. Com esses nomes, quem não iria querer participar? Só o Carlini teve uma ressalva. Disse que a guitarra dele, uma Gibson Les Paul dourada em que gravou o solo de "Ovelha Negra", só poderá ser exposta se ele tiver do lado. "Não tem problema", respondi brincando, "como você também é peça de museu, vai se sentir em casa!" Digo isso com uma reverência a um verdadeiro ícone da música moderna. Esse sim é "ícone".

Com o sucesso da Rota Brasília Capital do Rock, a quantidade de mídia grátis que gerou – até na CNN – e mais a instalação das placas restantes pela cidade, Rock in Rio e The Town passaram a apoiar o projeto e até tentamos junto aos seus patrocinadores uma prévia nos eventos, mas ninguém mordeu a isca.

A logística desse projeto se dificultava à medida em que o acervo catalogado ia crescendo. Para piorar, o trâmite na Arena BSB estava complicado, o que achamos estranho, pois ofereceram o espaço "sem nenhuma pretensão de ganhar dinheiro". Quando estávamos perto de sacramentar a parceria, apareceu a conta: 2 milhões. Como diria o Renato Aragão; "Cuma?" Bem ou mal, como o local estava privatizado, até fez sentido – apesar da promessa inicial – pois eram mais de 4.600 m² em área nobre do DF. Dois milhões divididos em 15 anos de ocupação, podendo renovar por mais 15, não seria o fim do mundo.

Mas aí toca o telefone. Pera aí, 2 milhões *por ano*? Bem que podiam ter nos avisado antes... Com esse dinheiro nós construiríamos um local do zero! *Pitchka te materina*! *No, thank you.* No ano seguinte, até me procuraram para retomar as conversas, mas gentilmente declinei.

Então fomos à Secretaria de Economia, que fez um levantamento das áreas do DF que poderiam sediar o museu. Nos deram três opções: duas no centro da cidade, sendo uma entre o Clube do Choro e o Planetário e outra ao lado do memorial JK; e a terceira ficava ao lado da Concha Acústica (local do show da volta da Plebe em 1999), mas eu queria que fosse mais central.

É claro que priorizamos o primeiro, que era maior, e curiosamente do outro lado da rua do Estádio Mané Garrincha. Mas seria um pouco mais complicado, pois quem tinha prioridade desse espaço vazio era a Secretaria de Ciência e Tecnologia, que visava construir outro museu. Também pudera, ficava ao lado do planetário. A Secretaria de Economia insistiu que ficássemos com o terreno ao lado do Memorial JK, mas por incrível que pareça, recusamos. O ponto é nobre, mas queríamos que fosse mais central, no corredor cultural que abriga o Clube do Choro, A Sala Cássia Eller (antiga Sala Funarte, que abrigou o show da Plebe, Blitx e Aborto 40 anos antes) e o Teatro Plínio Marcos.

Com essa movimentação toda, a Secretaria Nacional de Cultura ficou sabendo dizendo que "essa pasta é nossa". Essa "Secretaria Nacional" é o equivalente ao Ministério da Cultura de outrora, mas que foi reduzido a secretaria durante o governo Bolsonaro porque, sabe como é, de acordo com o governo, artista é tudo pederasta, comunista e mamadores da Lei Rouanet.

Essa pasta até então era do Turismo por escolha *minha*, pois a secretaria local de cultura da época era politizada demais para a esquerda, e a nacional para a direita – ou mesmo extrema direita, já que o Secretário Nacional de Cultura apareceu num vídeo falando um texto quase idêntico ao do ministro da Propaganda da Alemanha Nazista, Joseph Goebbels.

Mesmo alegando que foi uma "coincidência retórica", o secretário foi exonerado do cargo, mas não pelo conteúdo em si, e sim pela péssima repercussão. Coincidência mesmo deve ter sido a trilha sonora escolhida para o vídeo, "Lohengrin", de Richard Wagner, maestro e compositor alemão que escreveu ensaios nacionalistas e antissemitas, adotado pelos nazistas como a trilha sonora do movimento. Parecia um meme do vídeo original, mas não era...

E eu no meio dessa palhaçada toda.

Deixei bem claro que a pasta era do Turismo, mas mesmo assim o Secretário Nacional de Cultura marcou uma reunião comigo – da qual eu não queria participar – só para ser desmarcada três horas antes. Um dos motivos por que eu não queria a reunião é que eu senti que seus assessores estavam me sondando, através de um colega meu, para saber se eu era petista. Quando a reunião foi desmarcada, eu descobri por que. Eles viram um post meu – de uma rede social que mal uso – do começo de 2022, com a capa do disco *Walking Dead Folia*, do Mundo Livre S/A, feita pelo artista Wendell Araújo, o mesmo que fez a arte do cartaz do show do Dead Kennedys que causou aquela confusão toda em 2019. A imagem mostra uma pessoa dentro de um caixão, com uma maquiagem de palhaço e uma camiseta da seleção brasileira, com os dizeres "Sorria, Você Teve Alta!", em referência à frase ouvida na CPI da Covid-19: "Óbito também é alta". Entre os foliões em volta do caixão, há pessoas fazendo o gesto da "arminha" com os dedos, com um boneco enorme típico do carnaval de Olinda com a cara do Hitler e uma faixa presidencial.

Isso sim é punk para as massas! E o desenho original, nas palavras do Indiana Jones, "merece estar num museu!". Ainda mais depois dessa história...

Nunca fui de ficar com os braços cruzados, e vir de uma banda com o respeito que a Plebe tem ajudou muito a abrir as portas certas. Sim, tive que apertar mais mãos do que gostaria, tirar mais fotos do que preferiria (você me conhece), sempre me recusando a fazer o diabinho "rock & roll" com a mão e suportar inúmeros e loooongos discursos políticos, mas sempre acreditei no bem maior que a música, e especialmente a música consciente, pode fazer. Se for esse o caminho para realizar o projeto, que seja. É educando, inspirando e iluminando com a força do bom e velho rock and roll que mostraremos às novas gerações que jamais precisamos nivelar *nada* nas nossas vidas por baixo.

Em 2023, conseguimos o apoio da Câmara Legislativa do Distrito Federal através do entusiasmo do vice-presidente Deputado Ricardo Vale, o mesmo que anos antes entrou com o projeto de lei que decretava o Rock de Brasília como Patrimônio Cultural. E foi além: propôs uma lei que decretaria um dia oficial para o Rock de Brasília e pediu minha sugestão para data. Eu disse que tinha três: 20 de janeiro, 27 de março e 4 de novembro. A primeira foi o dia do primeiro show do Aborto Elétrico, a segunda é o dia do aniversário do Renato. O deputado perguntou: "E 4 de novembro?". "É o meu aniversário." Depois de um breve silêncio, ele disse: "Acho melhor irmos com 27 de março".

O mais engraçado é que, em reunião com outro deputado, ele ligou na nossa frente para o governador, que ficou ciente do projeto e mencionou que um museu do rock brasileiro poderia facilitar a aceitação do polêmico museu da bíblia. É o museu da música do demônio abrindo alas para o museu da bíblia. Tem coisas que *realmente* só acontecem comigo.

Ainda em 2023, resolvemos passar a gestão para a Secretária de Cultura do DF, sob nova direção, é claro, e foi o próprio Secretário Cláudio Abrantes, um roqueiro e tanto, que sugeriu ser *memorial* ao invés de museu. Sacramentamos isso depois de uma viagem no começo de 2024, quando eu e minha esposa levamos o Philippinho pela segunda vez à Disney (sim, punk leva o filho para a Disney). Ao levá-lo no Hard Rock Café, comecei a me sentir incomodado vendo toda aquela memorabilia de figurinos a guitarras envoltos por molduras "antigas" e concordei com o Secretário que Memorial seria mais apropriado. Museus realmente vivem no passado. O Memorial Rock Brasil celebraria o passado e o presente, sempre apontando para o futuro.

No meio de 2024, fui agraciado com a Medalha do Mérito Distrital de Cultura e, depois de uma reunião com a Secretaria de Governo e a Secretaria de Ciência e Tecnologia, ficou decidido que dividiríamos o terreno em que inicialmente estávamos de olho, já que eles precisariam de apenas metade. Como é permitido construir um segundo andar no local, conseguimos os 7.000 m² que eu tinha projetado para o memorial, fora uma ampla garagem e depósito no subsolo. A pedra fundamental será em 2025, quando o rock no Brasil faz 70 anos.

Num momento em que a cultura está atrofiando no Brasil, esse memorial é urgente, e Brasília sem sombra de dúvida é o local mais adequado. E será o maior memorial de música moderna na América Latina, bem no coração da Capital. O Memorial Rock Brasil será quase uma extensão do turismo cívico da capital federal, com foco no engajamento da juventude, nas mudanças comportamentais ao das sete últimas décadas, na influência política, na luta contra a ditadura e a censura e na consolidação do rock no inconsciente coletivo brasileiro. Visitantes de todas as idades e futuras gerações poderão fazer um mergulho sensorial na vastidão do rock nacional.

De *todos* os artistas que já mencionei e que estão vasculhando seus acervos pessoais, o único que me questionou mesmo foi o Carlos Coelho, do Biquini. Ele me olhava torto, perguntando: "Você quer que eu doe minha guitarra mais preciosa (uma Gibson ES 335 "blonde" que ele usa no vídeo de "Tédio")? Você está maluco? O que é que eu vou ganhar em troca?"

Pus a mão no seu ombro e disse: "Ah querido... Imortalidade".

Confesso que foi uma experiência estranha ter o disco *Evolução – Volume I*, disponível *par tout* antes do físico. Quando eu falei que era *old school*, não estava brincando. Sou da era do vinil, do encarte, da experiência multissensorial que é abrir um disco novo, sentir o peso da bolacha e o cheiro, conferir as letras, a arte, a ficha técnica... mas não nego que é incrível poder apertar um botão e disponibilizar uma obra para o mundo todo instantaneamente. Continuo achando a experiência de *Evolução* incompleta sem o encarte, a belíssima arte e letras quilométricas da obra. É uma pena, pois a minha experiência com *Tommy* não teria sido a mesma sem a arte, as fotos do filme e as letras das músicas.

Com três anos de atraso por um motivo maior, e põe maior nisso, *Evolução – Volume II* chegou ao mundo em 2023, retomando a história do *Homo sapiens* a partir do final do século 19, num clima mais sóbrio do que o *Volume I*. A saga *Evolução Vol. 1* e *Vol. 2* finalmente estava pronta para ser ouvida de cabo a rabo, e na ordem, até o último acorde. Imaginem *Betty Blue* sem a última cena, ou *Clube da Luta* sem o último frame? Mark Twain falava que a história não se repetia, rimava.

O disco abre com o dedilhado instrumental "Eletricidade pela Cidade", em que visualmente imaginei um senhor com uma longa vara acendendo a luz nos postes de uma rua vitoriana, com lâmpadas a óleo, lentamente, e elas sendo substituídas, assim que ele passava, por lâmpadas incandescentes. A seguir vem "A Engrenagem", em que canto num raro falsete, voz e violão apenas:

> "O salto da espécie/ Revolução industrial/ Vira ferramenta/ Na linha de produção/ Chaminés gigantes/ O céu muda o tom/ Produtividade como nunca se viu/ Da engrenagem/ Humano passa a ser servil/ Perde a identidade/ E vira só mais um."

Aqui o tom *do Volume II* está estabelecido, mas tem seus momentos de quebra, como "Marchando pelo Aparato", do André, o punk mais doido do disco, que abre com o Capucci e uma quebradeira de bateria mais doida ainda, e tem os versos:

> "A noite dos cristais/ A ascensão dos generais/ Mais um no gulag nunca é demais/ Separamos os esquisitos dos normais/ 1, 2, 3, 4/ Vou entrar no aparato."

O alemão impostado no fim da canção não é a voz de Hitler; seria ultrajante inserir isso numa música. É a voz de Charles Chaplin no filme *O Grande Ditador*. No final de sua enunciação caricata surgem as palavras "schnitzel" e "sauerkraut". Clássico! E que *statement* antifascista da época, hein? O ano era 1940, e os Estados Unidos ainda não haviam entrado na Segunda Guerra Mundial. É a força que filmes conscientes podem ter.

Um dos meus momentos prediletos do *Volume II* é "No Pasarán", também composta com imagens na minha mente – um pouco inspirada no final do vídeo "New Moon on Monday", do Duran Duran, que por sua vez foi inspirado na Revolução Francesa. Nesse caso são pessoas correndo pelo palco com grandes bandeiras em longos mastros, vestindo trajes da Primeira Guerra Mundial até os de revolucionários da América Latina da década de 1970. Num clima de "Caldeira", do Milton Nascimento, e levada de charango, todas gritam em uníssono: "No pasarán!".

Essa é a música mais orquestrada da história do rock de Brasília, a única da demo que ficou tão magistral que a aproveitamos para o disco – com a adição apenas de um grosso naipe de metais de verdade, que toca o tema fio condutor do musical. No final da música, na volta do dedilhado sutil da introdução, que se chama Batik, visualizei carabineiros apontando suas armas para a multidão, que sai correndo, exceto uma jovem moça. Descalça, trajando um vestido de linho branco e uma coroa simples de flores, ela põe uma flor dentro de cada cano das espingardas, ainda apontadas. Sem saber o que fazer, um dos soldados vira o rosto para a plateia. E as luzes se apagam.

Uma favorita minha e do André é a poderosa "68". André considerou importante incluir o ano de 1968, e tinha razão, pois foi marcado por acontecimentos como a Primavera de Praga, os protestos estudantis nas ruas de Paris, os ativistas antiguerra em frente à Casa Branca, em Washington, no auge da Guerra do Vietnã, e os assassinatos de Bobby Kennedy e Martin Luther King. O nosso querido e confuso Brasil não ficava atrás, com a guerrilha no Araguaia e o decreto do AI-5. Eu via 1968 terminando com uma ponta de esperança nunca vista antes, literalmente, pela humanidade: o nascer da Terra visto da órbita lunar pela missão Apollo 8, registrado em 24 de dezembro de 1968 na foto chamada *Earthrise*.

Tínhamos essa música há anos – foi a que germinou a letra de "Anos de Luta" –, mas nunca conseguíramos fazê-la funcionar. Parece que ela havia relutado em se revelar até agora. No meio da canção, no habitual momento baixo/bateria, ela explica a que veio:

> "Dezembro de 68 partiu em missão/ O Apollo 8 com a humanidade na tripulação/ Circundou a Lua e vimos pela primeira vez/ A aurora de um planeta e toda sua insensatez/ O nascer da Terra pra lembrar do que já esquecemos/ A Lua que iluminava a selva do Vietnã/ A mesma luz que o Mandela via da prisão/ Que refletia na sepultura do Martin Luther King/ A luz que a força bruta não consegue extinguir."

Eu sempre fico emocionado nessa hora quando a canto. Terminamos a música com uma mistura do discurso "I Had a Dream", do Martin Luther King, gritos de *"hell no, we won't go"*, de manifestantes contra a Guerra do Vietnã (e a convocação obrigatória), a leitura de uma passagem do livro de Gênesis pelos astronautas do Apollo 8 e o sombrio anúncio do decreto do AI-5. Esses áudios nada mais são do que parte do ruído de fundo das nossas vidas.

O clima do *Volume II* fica mais leve em "A Quieta Desolação", com a volta de Ana Carolina Floriano, nossa querida cantora mirim, que, depois do lançamento do *Volume I*, apareceu no *The Voice Kids* e participou do clipe de

"Nova Fronteira". Com ela, o disco ganhou uma força única, assim como a história da Segunda Guerra Mundial no filme *Esperança e Glória*, de 1987, contada pelo prisma de crianças. A música continua onde "Nova Fronteira" parou, abordando o intuito expansionista do *Homo sapiens*, mas agora com a vontade de chegar à Lua. Esse também era o tema de "Nosso Nome na Lua", com um clima bem Bowie, até a parte do meio quando vira Deep Purple puro.

Quando o homem pisou na Lua pela primeira vez, a fala de Neil Armstrong entrou para a história, mas o título da música é da *segunda* fala, de Buzz Aldrin. Ele descreveu a paisagem lunar como uma *magnífica desolação*. Escalamos Dani Buarque, da banda paulista The Monic, para cantar "Vitória", que ganhou mais dramaticidade sob uma perspectiva feminina. Tentando fugir do jargão de que a história é contada pelos vencedores, preferimos que fosse contada por quem a mudou para melhor.

> "Resistência pacífica/ Vitória!/ As sufragistas podem votar/ Vitória!/ Da academia a sensatez/ E da literatura toda a lucidez/ Silêncio geral no tribunal/ Humanidade tem o veredito final/ A Terra girou/ A história avançou/ Quem domina a narrativa/ É quem o mundo mudou."

No vídeo dessa música, com participação da Dani, colocamos a foto do meu bisavô na parte que menciona "da academia a lucidez". Chegando à terceira guerra mundial, a narrativa da louca saga da humanidade se encerra com "Não É Fácil Explicar para uma Criança", um triste retrato do século 20, que passa pelas duas grandes guerras, e das duas por vir. Eu tinha essa harmonia desde o *Plebe Rude III* (lembra, aquele sem nome), e agora finalmente ela via a luz do dia. É uma das mais tensas do *Volume II*, que mostra a perspectiva da Plebe sobre a desigualdade social, raiz de tantos problemas no mundo:

> "Não é, nunca será/ Fácil explicar para uma criança/ Tente imaginar dois pesos desiguais numa balança/ Pro ser humano é o ponto final/ Terceira guerra mundial/ E a quarta será com pedras e paus."

É assustador como, em 2024, as temáticas da Plebe permanecem atuais. Mais uma, vez creio que acertamos em cheio com o encerramento da narrativa linear do musical com "O Fim", uma vinheta com um trompete solitário

– assim como a vinheta que abre o espetáculo, "O Início" –, porém num tom menor, acompanhado por um singelo violão. É, *de longe*, a música mais triste que já escrevi.

Todo musical precisa de um final arrebatador, e a canção épica que encerra o espetáculo se chama ""O Pêndulo da História", que, como "O Descobrimento da América", ultrapassa de dez minutos de duração. O musical na íntegra chega a quase duas horas ininterruptas (perto dos 144 minutos do disco *triplo* do Clash, *Sandinista*; porém, se tirarmos os dubs experimentais deles, creio que ganhamos, e com folga). Não se trata de música a metro. Para "a nada modesta intenção de contar a história da humanidade", como definiu a *Folha de S.Paulo*, não poderia ter sido de outra maneira.

Finalizamos essa empreitada com a imagem de um pêndulo gigante, que vai e vem no balançar natural de sua cadência, às vezes tendendo à hesitação, suspenso em uma das extremidades. Contudo, seguindo as leis da física e do universo, o pêndulo volta ao padrão e se alterna entre a glória e a dor, a redenção e os erros. O perigo está nos extremos, que andam de mãos dadas no reflexo disfarçado, como George Orwell alerta em sua obra.

Aí está o paralelo com a situação atual do Brasil. Desde a formação da Plebe, vimos o pêndulo ir de um lado para o outro. Todavia, na história recente do país, o pêndulo ficou num dos lados por muitos anos, criando as condições, e o impulso, para que fosse para o outro lado muito mais extremo. Talvez fosse uma necessidade quase que fisiológica para o brasileiro tirar isso do seu sistema, impregnado no seu DNA desde o governo Vargas. Felizmente para as pessoas de bem, o nível de ignorância, truculência e intolerância simplesmente sem precedentes, aliado à liberdade dada às pessoas para mostrarem seu *pior* lado, encurtou essa *hesitação*, pois isso *não se sustenta*. Fatalmente o pêndulo voltará em nossa direção, e cabe a nós que volte a uma posição mais moderada ou que ao menos não oscile de forma tão extrema.

"O Pêndulo da História" fecha *Evolução*, grandioso como as músicas de *Hair* ("Let the Sunshine in") e *Tommy* ("Listening to You"), com o tema principal reaparecendo num grosso naipe. Mais para o final da música, todo o elenco canta de braços abertos. Duvida? Dê uma olhada no belíssimo vídeo dirigido por Adriano Pasquá, com cenas raras da história da banda.

O que a história dirá da nossa breve existência?

> "O pêndulo da história se alterna/ Entre os erros e redenção/ E vendo-o traz à memória uma era/ Estávamos em ascensão/ Primeiro veio a luz/ Depois a percepção/ Que o mundo é que

> fazemos dele então/ Se o tempo é senhor da razão/ Por favor nos antecipe/ O que a história dirá/ Da nossa breve existência?/ O pêndulo não se sustenta nos extremos/ Mas tende à hesitação/ E vendo-o lembro das leis do universo/ Que como nós seguem um padrão/ Aprenda da história/ Da glória/ De toda dor/ O legado que vai deixar/ Diz qual será quando se for?/ Terá que assumir/ As chances que desperdiçou/ Um brinde aos que herdarão/ O que você não valorizou/ Sobreviver não é a razão da existência/ Evoluir é aprender a conviver com as diferenças."

Se a espécie humana ao menos parasse para apreciar a sorte que foi seu aparecimento na Terra, talvez não houvesse tanta discórdia. Há 66 milhões de anos, quando o asteroide que aniquilou os dinossauros chocou-se com a Península de Yukatán, no Golfo do México, a 40 mil quilômetros por hora, atingiu solo firme. A explosão, com a força estimada de dez bilhões de Hiroshimas, empurrou uma poeira letal para a atmosfera; com o bloqueio dos raios solares, 75% das espécies conhecidas e 50% das plantas foram extintas. Somente dois *milhões* de anos depois do impacto, as primeiras florestas tropicais (como conhecemos hoje em dia) e mamíferos de médio porte começaram a surgir.

E se o asteroide tivesse entrado na atmosfera alguns minutos antes ou depois? No documentário *The Day the Dinosaurs Died*, de 2017, os cientistas levantam a possibilidade de que, por alguns minutos apenas, o destino da Terra pudesse ter sido outro. Minutos apenas... A água cobre 70% da superfície do planeta na sua forma líquida ou sólida, então, matematicamente foi um azar cair no solo. Se caísse no Oceano Atlântico, seria catastrófico, com tsunamis de proporções impensáveis circundando a terra, mas o vapor criado se dissiparia e não bloquearia o sol por tanto tempo. O impacto não teria dizimado tantas espécies, os dinossauros longe das costas teriam sobrevivido e provavelmente ainda estariam no topo da cadeia alimentar.

É estudando o passado que conseguimos enxergar o futuro. O recado de *Evolução* é simples. Se nossa existência na Terra foi um acaso, a nossa passagem pelo universo é um grão de areia. O momento esdrúxulo da ascensão da extrema direita no Brasil, em que a democracia conseguiu sobreviver, é uma molécula nesse grão e no arco do tempo e será visto e julgado pela história apenas como um lapso, uma aberração na linha evolutiva. O arco do universo moral é longo, mas se inclina em direção à justiça, como proferiu Martin Luther King, Jr. Ainda assim, a eterna vigilância continua sempre necessária.

Depois de 200 mil anos do *Homo sapiens* na face da Terra, sobrevivemos a impérios desenfreados e genocídios, pragas letais, à Idade Média e à Guerra Fria. Chegamos até aqui só para nos destruirmos por intolerância? Não é à toa que a última frase cantada do espetáculo é: "Evoluir é aprender a conviver com as diferenças".

Em março de 2023, as primeiras resenhas de *Evolução Vol. II* começaram a sair. Jornais com *Correio Braziliense* e *Estado de Minas* elogiaram a obra. A capa do *Correio* veio com a subtítulo "A Plebe Rude canta momentos desastrosos e luminosos da humanidade", enquanto o *Estado de Minas* questionou: "Despertar da consciência ou a quarta guerra mundial?". No *G1*, a matéria intitulada "Plebe Rude mixa punk e rock clássico ao concluir *Evolução*", resumiu bem a proposta: "Se o *Volume I* focou na evolução do homem desde que a espécie humana se tornou bípede e aprendeu a arte da sobrevivência, o segundo volume avança bem na linha do tempo, focando acontecimentos relevantes do século 20". Já a *Folha de S.Paulo* disse que "*Evolução Vol. II* fecha um ciclo na trilha sonora do musical sobre a evolução humana".

O incansável Marco Bragatto, do *Rock em Geral*, ressaltou a maturidade de "quem já há algum tempo circula mais no rol do classic rock que nas trincheiras do punk revolucionário dos tempos do concreto rachado, sem proteção de Brasília, quando Johnny ia à guerra e na Globo passava sexo e karatê". No *Combat Rock*, com o título "A Evolução e Seus dilemas na Visão Crítica da Plebe Rude", Marcelo Moreira escreveu: "A sofisticação que a Plebe Rude deu ao tema é um dos grandes momentos do rock nacional. A segunda parte, tão boa quanto a primeira, embora menos contundente, acaba de ser lançada e finaliza um trabalho monumental de composição, arranjo e pesquisa". Vai além, dizendo que eu sou uma "mente inquieta e sedenta por justiça social, que sempre norteou os trabalhos da banda de Brasília".

Ficamos muito felizes com a aceitação, mas confesso que em nenhum momento fiquei preocupado com alguma crítica; a Plebe é uma banda séria, e as pessoas entenderam a proposta. Isso não quer dizer que não tenhamos ficado surpresos com algumas observações. Na mesma matéria, Marcelo Moreira escreveu: "A visão pessimista, à primeira vista, se transforma em alerta, em tom de protesto, como se a jovem ativista sueca Greta Thunberg encarnasse em Seabra", e "a derradeira música do espetáculo, 'O Pêndulo da História', é uma das melhores canções já feitas no rock nacional".

Interessante foi um editorial na própria *Combat Rock*, com o título "Decisões de Skank e Plebe Rude Expõem o Dilema de Bandas Grandes do Rock Nacional", publicada poucos dias depois da resenha de *Evolução Vol. II*. "No ano em que diversas bandas importantes da música brasileira comemoram 40 anos de carreira ou do lançamento de um álbum, ressurge uma discussão que permeou vários debates ao longo deste século: está o rock nacional diante de um dilema crucial para que tenha algum futuro? Ou será que está fadado a se tornar um produto marginal e de nicho, como ocorre com o blues no Brasil e nos Estados Unidos? Qual é a imagem que fica? A do Skank, que teve a honestidade de admitir que não conseguiria produzir algo relevante a partir de agora – e teve a coragem de encerrar as atividades? Ou a da Plebe Rude, que lançou dois álbuns maravilhosos e que projeta um futuro interessante?"

Depois dos recentes indícios de que o rock está voltando para as grandes plateias, mesmo com as grandes bandas não se aventurando ou não conseguindo compor material novo de qualidade, o editorial finaliza: "Será que os ótimos volumes de *Evolução*, da Plebe Rude, conseguirão contaminar os contemporâneos e estimular a produção de música nova composta por músicos competentes, ainda que desconfiados a respeito das possibilidades de mercado?". Melhor eu não comentar nada aqui. Faço da voz do Bart Simpson a minha: "Ai, caramba!".

O bom filho à casa torna, e com três anos de atraso, pudemos lançar o musical no Circo Voador. Foi nosso trigésimo primeiro show lá. E pudemos fazer planos! Junto com o lançamento de *Evolução Vol. II*, retomamos os preparativos do DVD *Lado B Acústico*, um *best of* da banda em castelhano, a regravação do disco *Mais Raiva do que Medo* (os fonogramas estão presos num litígio com a gravadora), a montagem do espetáculo musical de *Evolução* e um disco inédito para 2025/2026 – e já tenho sugestão de nome: *O Plebiscito*. O que você acha?

No meio de 2023, terminei a trilha sonora da produção luso-brasileira de *Sobreviventes*, do diretor José Barahona, sobre o destino dos sobreviventes de um navio negreiro que naufraga, e de como os papéis se invertem longe da civilização. O diretor português gostou tanto de trilha de *Faroeste Caboclo* que não só me convidou para a equipe, como colocou as músicas do *Faroeste* no copião que me mandou. Tem coisas que realmente só acontecem comigo; assisti ao filme pela primeira vez com a *minha trilha* para poder sentir o clima do filme, o que muito facilitou a composição do material inédito. Coincidentemente, Roberto Bomtempo, protagonista do meu primeiro filme no cinema, *O Vendedor*, e que dublou o protagonista de *Manobra Radical*, está no elenco.

Compus pensando no Milton Nascimento, bem no clima do disco *Geraes*, e não é que poucos meses depois consegui que o próprio Milton cantasse em quatro temas da trilha? E o melhor, o arquivo com o áudio das vozes veio com o título de Bituca. Uma verdadeira honra. Check, check, check, check!

"Rosebud."
— Orson Welles, *Cidadão Kane*

Em 2019, o diretor inglês Danny Boyle lançou o filme *Yesterday*, cuja história é hilária. Como seria um mundo sem os Beatles? Um cantor medíocre, com mais entusiasmo do que talento, sofre um acidente de bicicleta e é lançado ao ar. Naquele segundo em que ele está em pleno voo, ocorre um apagão elétrico no mundo, sem que ninguém saiba o porquê. Depois de acordar no hospital ele percebe, aos poucos, que ninguém conhece os Beatles. *Spoiler alert:* por algum motivo, cigarros, Coca-Cola, Harry Potter e a banda Oasis não existem mais. Eu não tenho como fugir de um paralelo. Como seria a música popular brasileira se Renato Russo não existisse? E o rock de Brasília?

A MPB certamente seria mais pobre, e os cantores de bar teriam um repertório bem menor. Para a Plebe, não teria feito muita diferença. Eu teria conhecido o André e o punk do mesmo jeito, e os Metralhaz teriam aparecido normalmente, assim como o Caos Construtivo, abrindo o caminho para a Plebe. Já os Paralamas teriam se apresentado ao Brasil sem "Química"; apesar de ser a letra mais densa do repertório inicial, não chegaria a comprometer, já que Herbert estava começando a se desenvolver como um grande letrista, muito em virtude da vivência dele em Brasília, na década de 1970.

Em *Yesterday*, o protagonista faz sucesso com as músicas dos Beatles (de quem só ele lembra) e começa a se sentir mal ganhando dinheiro em cima de canções que não compôs. Nossa, como eu ri no cinema. Sem o Renato, a cena de Brasília teria sido diferente, talvez o quadro de funcionalismo público também. Mas tivemos, *sim*, o Renato em nossas vidas, e, se a Plebe era a sua banda predileta, não era apenas por causa da nossa pegada e postura. Era por causa do lado sacana, pois a Plebe é a Plebe, nunca perde a piada, o que ele sentia em primeira mão – ah, como sentia. Cá pra nós, falta muito disso hoje em dia; um pouco de malícia nas bandas, aquela coisa literalmente *punk*.

Sabe o escorpião que atravessa o rio em cima de uma tartaruga? Era a nossa natureza. Era isso que sabíamos (e sabemos) fazer. E fazíamos bem. Entretanto, como falei anteriormente, faltava o contraponto que tornasse a banda mais acessível. Mas pensando bem, se houvesse, não teria sido a Plebe. Dos artistas do rock nacional com disco de ouro, fomos nós quem menos nos afastamos da proposta inicial. Só que tudo tem um preço. Renato sabia navegar nisso muito bem, com suas letras de outrora ácidas, mas também com um contraponto *e tanto* ao falar e cantar músicas mais introspectivas como ninguém no rock nacional. Algumas eram malandramente concebidas, mas brilhantemente escritas e difíceis de interpretar, de acordo com o próprio Renato, como "Pais e Filhos", que é sobre suicídio. Não foi à toa que ele virou o ídolo, ou melhor, o fenômeno que se tornou. Só que tudo tem um preço.

Dentro de toda a agressividade que eu testemunhei e do desprezo que às vezes ele demonstrava pela *entourage* ao seu redor, eu via um cara triste e solitário. Sem sombra de dúvida, Renato foi o cara mais infeliz que já conheci. Sim, o povo queria ouvir e consumir coisas como "é preciso amar as pessoas", mas para mim não soava muito sincero. Na verdade, em alguns momentos, "é preciso *odiar* as pessoas porque *não* haverá amanhã" pareceria mais adequado. Quando Renato ligou o *foda-se* nos últimos anos de vida, parecia que não haveria amanhã mesmo.

Depois do sucesso, ele nunca teve paz de espírito, mesmo que algumas de suas canções passem o contrário. Com o diagnóstico do HIV, que na época era praticamente uma sentença de morte, só Deus sabe o que lhe passava pela cabeça – ainda mais depois da morte de Freddie Mercury, um ano depois da morte do Cazuza. Uma vez o Pete Townshend disse: "Nada mais na natureza se comporta tão consistente e rigidamente como um ser humano em busca do inferno". Me afastei do Renato nessa época, e pelo visto ele conseguiu o que queria.

No épico filme de estreia de Orson Welles, *Cidadão Kane*, de 1941, sobre o magnata Charles Foster Kane, vivido pelo próprio Welles, ele sussurra antes de morrer: "Rosebud". A partir daí, entre flashbacks da vida do Kane e uma narrativa que levaria o filme a ser considerado um dos melhores de todos os tempos, um repórter tenta descobrir o significado da derradeira palavra. Somente na última cena descobrimos que era um trenó, o símbolo de sua juventude e da inocência perdida.

Às vezes gosto de pensar que o *Rosebud* do Renato foi a *Tchurma* e que a capa do single de "Este Ano", o presente do André que Renato colocou na parede do seu quarto, ajudava a remetê-lo a um momento singelo no meio de tanto sofrimento, se isso fosse possível. Espero que, de uma pequena maneira, aquela capa tenha lhe trazido de volta a época da *Tchurma*, quando ele foi mais feliz, antes do turbilhão que acabaria virando as nossas vidas do avesso.

O que mais me entristece é que Renato nunca conseguiu usufruir da felicidade que proporcionou a milhões de pessoas. Espero que tenha encontrado paz visualizando aquele momento mágico que todos nós passamos juntos, o melhor momento de tudo. O início.

Saudades, *my friend.*

"Cuidado, malfeitores, onde quer que vocês estejam!"
– O Vingador Mascarado, A Era do Rádio

No filme autobiográfico *Radio Days (A Era do Rádio)*, do Woody Allen, de 1987, o final é tão sutil que muitas pessoas nem percebem o fecho do arco narrativo. A vida do pequeno Woody (vivido pelo ator Seth Green), no final da década de 1930, orbitava em torno do programa *Vingador Mascarado*, um herói da era do rádio que caçava bandidos e malfeitores. Ele não perdia um episódio (que sempre se encerrava com a frase "Cuidado malfeitores, onde quer que vocês estejam!") e sonhava um dia juntar dinheiro suficiente para poder comprar o anel do Vingador, que vinha com um compartimento *secreto*. O filme mostra os dois lados do impacto do rádio naquela era chamada de dourada, a família dele, que escutava os programas, e a vida supostamente glamourosa de quem estava do outro lado do dial.

A cena derradeira se passa num telhado gélido em Manhattan, nas comemorações de ano-novo de 1944. Um ator sai de uma festa cheia de celebridades, transmitida pelo rádio, e pergunta aos poucos colegas que se aventuram com ele no frio: "Será que futuras gerações ao menos ouvirão ao nosso respeito? Provavelmente não. Depois de algum tempo, tudo passa". Então se vira para a cidade, levanta o punho e fala a frase que o tornou famoso: "Cuidado malfeitores, onde quer que vocês estejam!".

Desde que comecei a escrever este livro, vários dos meus heróis e pessoas que eu admirava morreram: Pete Shelley, líder do Buzzcocks; o guitarrista americano Roy Clark; Sib Hashian, baterista do Boston; Dave Greenfield e Jet Black, respectivamente tecladista e baterista dos Stranglers; Neil Peart (cuja postura em relação à vida e à fama eu gostava mais do que propriamente de sua banda, o Rush); Terry Hall, vocalista do The Specials; Helen Ready, cantora da década de 1970 e ativista política; Wilko Johnson, guitarrista do Dr. Feelgood; Andy Gill, lendário guitarrista do Gang of Four; Eddie Van Halen; Alan White (baterista do Yes); Marcelo Yuka (fã da Plebe, que me deu uma ponta de esperança de haver música inteligente no rádio novamente no Brasil); Eduardo Amarante, fantástico guitarrista do Zero; Vivienne Westwood, a sacerdotisa do punk; Paulo Rafael, guitarrista e produtor do Alceu Valença; Rita Lee; Geordie Walker, espetacular guitarrista do Killing Joke... Gente demais para listar aqui.

Fico imaginando se, em alguns momentos de crise existencial, eles também tiveram dúvidas sobre suas escolhas de vida, de viver para um ideal num mundo que não recompensa idealismo. Será que as futuras gerações ao menos ouvirão a respeito deles? Pode ter certeza que sim.

Quando eu passava por momentos difíceis com a Plebe, que, como você pôde comprovar neste livro, não foram poucos, um filme sempre me vinha à mente. Em 1989, o diretor polonês Krzysztof Kieślowski lançou *A Short Film about Love*, que no Brasil foi chamado de *Amor*. É a história é de um voyeur que acompanha uma vizinha pelo telescópio. Como era carteiro, ele tinha acesso ao prédio e à correspondência dela, e cada vez mais se intrometia incognitamente em sua vida. Ela acaba desmascarando-o, vai até o seu apartamento e descobre o telescópio. Ao olhar pela lente, vê os momentos tristes que passou. O carteiro aparece poeticamente atrás da moça no apartamento dela. Ela percebe que *nunca* esteve sozinha.

Mas nada de sentimentalismo barato aqui, caros plebeus. Só estou dizendo que sempre foi bom saber que havia pessoas Brasil afora – mesmo com alguns ausentes por um tempo – que ainda acreditavam na gente. Não estávamos sós nessa caminhada.

Ninguém conseguiu captar metaforicamente o que é a trajetória de uma vida como a trupe argentina de teatro acrobático (e de arena) Fuerza Bruta. Para quem já *participou* ao vivo de uma de suas apresentações, coisa que fiz em Buenos Aires, é uma experiência sensorial sem precedentes.

O momento do espetáculo ao qual me refiro se passa numa esteira gigante, montada no meio da plateia, com todos de pé em volta. Um homem de terno começa a andar na esteira e, à medida que ganha velocidade, passa a correr.

Na frente e atrás da esteira, uma equipe e alguns atores estão de prontidão. Aos poucos, pessoas começam a passar pela esteira, às vezes acompanham o homem por algum tempo, mas logo perdem a velocidade e caem para trás. Obstáculos como portas e cadeiras passam rapidamente, ora atrasando, ora empoderando o homem, quando ele os supera. O homem leva tiros, mas arranca a camisa e tem uma limpa por baixo. Quando a esteira fica mais veloz e ele mal se equilibra, é desesperador. Para mim, o momento marcante é quando a esteira perde a velocidade e uma mulher fica de frente para o homem, encarando-o um bom tempo – ela anda de costas para acompanhá-lo, ao se virar, a esteira a leva embora, e ela some na escuridão. É difícil *não* se ver ali, sua vida inteira, a caminhada, a luta, os obstáculos e as pessoas que entram e saem de nossa vida. E, o mais importante, as pessoas que nos impactaram e nos transformaram para sempre.

Em 2018, tocamos no CCBB Brasília com os Paralamas, e levei o Philippinho ao backstage para conhecer o Herbert. Com sete anos, e sem-vergonha que só, ele pegou todos de surpresa quando exclamou ao vê-lo: "Você está numa cadeira de rodas!". Herbert prontamente respondeu, feliz que só ao conhecer meu filho: "Estou sim! Gostou?". Ah, esses meninos sem papas na língua. De onde será que ele herdou isso?

No show da Plebe, que Herbert assistiu cheio de orgulho e com um sorriso enorme, quando fiz um solo agachado e fiquei a seu lado, em "Johnny Vai à Guerra", ele disse no meu ouvido que adorava as guitarras da banda e que estávamos bem entrosados. Com Clemente e Capucci, estávamos mesmos. Esse show teve a participação do Philippinho com um amiguinho, cada um com uma guitarra de papelão no meio de "Proteção", e até um pedido de casamento, de uma plebeia para seu noivo plebeu, em cima do palco, durante "Este Ano". Falaram que foi espontâneo, mas creio que eles já tinham planejado. *Pitchka ti materina!*

Com meu filho brincando no camarim com o filho recém-nascido do Capucci, voltei ao palco para ver o show de 35 anos dos Paralamas, que tem no telão as fotos da trajetória deles, tiradas pelo Maurício Valladares, a primeira pessoa que tocou Plebe e Legião na rádio Fluminense, em 1983. Foi muito tocante ver a amizade deles firme e forte esse tempo todo e ouvir o legado deles sendo perpetuado pelos milhares de vozes uníssonas da plateia. Não tem como você não se emocionar, ainda mais com tudo que o Herbert e o outros três passaram.

Isso me faz lamentar todas as confusões internas da Plebe, ainda mais porque não era entre os dois fundadores, que sempre se deram bem. Será que, se tivéssemos a mesma camaradagem dos Paralamas como quarteto, a formação original ainda estaria junto? Como é que a banda seria hoje? Fui ver o Aerosmith uns anos antes, e é inegável como agrega ao impacto do show e da história o fato de ainda manterem formação original, ainda mais depois da história conturbada deles.

Se eu tivesse tido isso, será que iria querer escrever a respeito? Será que é a essa cumplicidade, a esse amor e respeito que o Herbert se refere quando canta "a caravana do amor", em "Vital e Sua Moto"? É um pouco triste que, apenas depois de 24 anos de banda, eu tenha conseguido isso na Plebe, com André, Clemente e Capucci. Antes tarde do que nunca, mas foi só *naquele* momento, vendo e ouvindo a história inteira dos Paralamas passar na minha frente, que "a caravana do amor" fez sentido para mim.

Tudo bem que eu teria escolhido outra maneira de escrever isso, pois você me conhece. Agora, "minha prima já está lá e é por isso então que eu também vou"? Ah, isso eu não perdoo, não.

"Oposição, eterna posição/ Que não nasceu apenas/
Da descrença da instituição/ DNA, está no DNA/
Lutar até o fim para o bem maior/ A razão da
existência."
— "Descobrimento da América", Evolução Vol. I

Quando completei 50 anos, o Projeto Lupa, de histórias sobre "contadores de histórias", com textos de Naiara Leão e Thaís Antonio, realizado entre 2017 e 2019, fez uma entrevista enorme comigo e entrevistou vários amigos, colegas e personagens da minha vida. Previ um momento de vingança depois de décadas de sacanagens. Mas não. Muito pelo contrário.

Arthur Dapieve: "Todo mundo que conhece Philippe musicalmente já aceitou essa persona. Ele é o cara que vai falar alguma coisa meio azeda, lembrando de certa forma quais eram os princípios lá atrás, quando ele começou. É como se ele fosse meio que um grilo falante que diz as coisas e coloca as pessoas para pensar, embora elas fiquem meio incomodadas".

Dado Villa-Lobos: "Conheci ele há mais de 30 anos, nos primórdios da Plebe Rude. O Aborto Elétrico tinha acabado, e a Plebe era a grande banda da época. Philippe era esse maluco que tinha uma Gibson, que tocava tipo o

Pete Townshend, do The Who. Ele sempre foi um cara com uma personalidade muito afiada, controversa, um provocador. E com uma autoestima invejável".

Clemente: "O Philippe tem um humor particular que muita gente não entende. Aí as pessoas acham que ele é metido. Mas não é isso. É que ele fala sem rir".

Fernanda Rodrigues de Seabra (esposa): "Admiro muito o jeito dele de não se preocupar com a opinião dos outros. Ele é aquilo ali: do jeito que ele é com você na sua frente, ele é nas suas costas, muito verdadeiro".

André X: "O Philippe pra mim é sócio, cúmplice, irmão, prisioneiro da mesma história. Eu era muito amigo do irmão mais velho dele e, quando comecei a prestar atenção no Philippe, vi que ele era um excelente guitarrista. Tem um ouvido abençoado. A nossa relação está no melhor cenário possível. As ideias se completam nas conversas. O Philippe é o vulcão criador da Plebe, e eu tento dar uma visão mais pragmática da coisa. Me vejo velhinho fazendo música com o Philippe".

A matéria parecia um "Esta é a sua vida", mas, calma pessoal, eu tinha completado somente 50 anos. Foi tocante e engraçado ler tudo aquilo porque, nos últimos anos, alguns arcos narrativos da minha vida têm se fechado. Se há algum significado cósmico nisso eu não sei, mas é sempre bom estar no presente com o prisma do passado. E nesse prisma ainda há a imagem de pessoas que fizeram parte mesmo sem saber dessa história e que partiram para ter vidas incríveis, com feitos extraordinários.

Quando formei o Caos Construtivo, em 1980, aos 13 anos, com os iugoslavos, era para impressionar uma argentina... e só. Eu não tinha o mínimo interesse em continuar com uma banda. Na estreia, no show de talentos da Escola Americana, vi a menina na arquibancada do ginásio da escola nos braços de um *jock*. Alguns anos atrás contei essa história para ele, o Mike Young, num encontro dos ex-alunos da escola, em Washington, D.C., que eu organizei. Ele era um atleta boa-pinta; eu, um franzino de óculos, não tinha a mínima chance. Rimos muito a respeito. Depois de formado, ele ouviu falar da Plebe nos Estados Unidos e ficou muito impressionado com a magnitude daquilo tudo, ainda mais porque se lembrava de mim andando pelo colégio com um violão em punho.

Eu era amigão do irmão mais novo dele, Steve, que andava comigo de bicicleta. Eu frequentava a casa e gostava muito dos pais dele. A grama sempre é mais verde do outro lado... Quanto mais conversávamos sobre as nossas vidas, mais impressionado ficava eu. Se você acha que eu tive uma vida um tanto quanto ímpar, é porque não conhece a vida dele.

Filho de missionários presbiterianos norte-americanos, nascido no Brasil no mesmo ano que eu, impressionado pelo livro *Battle Cry*, do Leon Uris, depois que se formou na Escola Americana, Mike cursou faculdade nos Estados Unidos pensando em ser piloto de aeronave militar. Ao contrário de mim, que larguei a faculdade depois de um mês, ele não tinha escolha, porque para ser piloto dos Fuzileiros Navais tinha que ter um diploma. Ele queria fazer parte de uma organização que garantisse segurança e estabilidade nos lugares mais brutais do mundo, no intuito de ajudar os mais necessitados. Pode parecer um paradoxo, mas a ponta de lança do aparato militar americano é uma das primeiras a chegar nos lugares mais inóspitos do mundo com ajuda humanitária.

Claro que muitos ingressam nos Fuzileiros Navais naquele espírito de Rambo, mas não era o caso do Mike. Longe disso. A educação que nós dois tivemos numa escola globalizada, antes mesmo de ter existir esse termo, nos colocou em contato direto com culturas do mundo inteiro e nos deu o mesmo propósito, mas por caminhos diferentes: ajudar as pessoas. Ele se tornou piloto dos gigantescos helicópteros CH 53, que conseguem carregar até 55 almas a bordo. Não é à toa que a aeronave é apelidada de *super stallion* (supergaranhão). Imaginem a responsabilidade no teatro da guerra, ainda mais numa aeronave de 16 toneladas que *não* plana. Entre tropas, carga, ajuda humanitária e alguns eventuais caixões com soldados americanos, ele colocava a vida em risco todo dia, no Iraque e no Afeganistão.

Aposentado dos Fuzileiros Navais como coronel, além da consultoria que presta sobre o CH53, ele trabalha com sistemas de treinamento de aviação, simuladores de voo e manutenção desses aparelhos. Mais importante, continua ajudando as pessoas como bombeiro e *first responder*, os primeiros a responder a uma emergência, na sua comunidade. Ah, também faz oposição ao ex-presidente e orangotango-mor Donald Trump.

Na Escola Americana, havia algumas famílias icônicas, cheias de filhos, que se tornaram uma grande comunidade – os Guimarães, os Esquivels, os Haxtons, os Patinos, os Youngs e os Seabras, entre outros – e até hoje muitos mantêm contato. Todos ficamos marcados pelo fato de o pai do Mike ser o primeiro a falecer, quando ainda estávamos na escola. Muitas daquelas crianças, em meio à dor, pausaram para refletir como fomos criados, não apenas pelos nossos pais, mas por termos crescido nessa comunidade internacional que nos marcaria para sempre, na qual as *diferenças* eram o denominador comum. Éramos uma família, e, de acordo com Mike, que já viu de tudo em lugares que parecem esquecidos por Deus nesse mundo *fucked up*, são poucas as pessoas que podem se relacionar com a nossa camaradagem, que extrapolou fronteiras e tempo. E ainda extrapola.

Não nego que sou fascinado pela Segunda Guerra Mundial, assim como o João Barone, que inclusive já escreveu vários livros a respeito, como *Soldado Silva*, um tributo ao pai, combatente na Força Expedicionária Brasileira. Ouvir relatos dos veteranos sempre me assombra, imagino o que eu faria num cenário parecido. Não é à toa que aquela geração é referida como *the greatest generation*.

Durante minha conversa com Mike para tirar dúvidas para este livro, ele me confessou algo que me deixou pasmo. Eu mal sabia que estar numa banda chamava *sim* a atenção das garotas! A argentina até sabia meu nome! Durante a estreia do Caos Construtivo, enquanto eu destilava meus primeiros acordes punk ao vivo, ela comentou ao Mike que adorava "o jeito que o Philippe bate o pé", completando: "É tão cool". Realmente eu faço isso bastante, pelo visto sem perceber: com todo o peso do corpo equilibrado no pé direito, bato o pé esquerdo, levemente levantado do chão. Espera aí, Philippe e *cool* na mesma frase?

Assim como a imagem dela ao lado do Mike ficou encravada na minha memória desde os meus 13 anos, o próprio Mike ficou preocupado com o que ela falou e na hora pensou: "Pronto, agora vou ter que sair e comprar um violão, aprender a tocar, montar uma banda, subir num palco e bater meu pé assim como o Philippe para impressionar as garotas". Pelo visto, o empoderamento do *do it yourself* do punk funcionava. Eu era *cool* e não sabia!

Não tem jeito mesmo, a grama é sempre mais verde do outro lado da cerca. Depois dessa conversa com o Mike, fiquei sorrindo a semana inteira, e ele me confidenciou que ficou sorrindo também. Agora, bem que ele poderia ter me dito isso 42 anos atrás...

É estranho como aquele momento passou a ser o meu instante. Lembra da situação que foi estopim para a dissolução do Constructive Chaos, quando os iugoslavos foram para o mesmo cinema que eu tinha levado uma garota, no meu primeiro *date*? Alguns anos atrás eu encontrei com a Nicole, também num encontro dos ex-alunos, dessa vez no Brasil, e perguntei se ela lembrava de quando saímos juntos para ver *Gente como a Gente*, do Robert Redford, em 1980. Ela lembrava, e com muito carinho, disse que eu era *very sweet*, mas *terrivelmente* tímido. Eu tinha 13 anos e era mesmo – depois do filme, eu a acompanhei de ônibus até seu bloco, mas fui embora o mais rápido que pude.

Nicole tem descendência alemã, depois de Brasília voltou à terra mãe e trabalhou como *project manager* na Siemens, na Bundeswehr e no Bayerische Landesbank. Em 2000, entrou para a ONU e trabalhou nas unidades de manutenção da paz em Kosovo e na República do Congo; em 2006, na MINUSTAH, a Missão das Nações Unidas para a Estabilização do Haiti. Quando a vi no Brasil pela última vez, em 2010, ela estava atordoada porque um terremoto de 7,0 graus na escala Richter tinha devastado o Haiti, matando quase 300 mil pessoas, entre essas inúmeros dos seus colegas que trabalhavam no prédio da missão da ONU, que desabou na hora. Ela havia se ausentado do Haiti por pouco tempo, para uma consulta médica no Brasil. Infelizmente Nicole faleceu em 2014, deixando uma lacuna no coração de quem a conheceu, sem mencionar nas milhares de pessoas que ela ajudou pela ONU, muitas vezes pondo a própria vida em risco.

Não foi coincidência o Mike ter estado em Port-au-Prince apenas dois meses antes do terremoto, na mesma época que a Nicole, apesar de um não saber que o outro estava lá. Ele e mais 15 militares estavam analisando o impacto e a eficiência de grupos não governamentais em países que necessitavam de ajuda humanitária. Ele contou que bebeu cerveja com membros das tropas brasileiras que estavam lá, liderando a missão da ONU para garantir estabilidade no Haiti. Também pudera, Mike tinha nascido no Brasil, e todos estavam lá pela mesma causa e correndo o mesmo risco. O hotel em que ele ficou foi uma dos milhares de edificações que desmoronou completamente.

Até hoje sou inspirado por pessoas que anonimamente buscam o bem maior em vez da glória ou da fama. São os verdadeiros heróis e heroínas da humanidade.

Dr. Louise Banks: "Se você pudesse ver sua vida inteira do começo ao fim, você mudaria alguma coisa?"
Ian Donnelly: "Talvez eu falasse mais o que estava sentindo."
– Diálogo final do filme *A Chegada*, 2017

Desde que me tornei pai, outros arcos na minha vida têm se completado. Lembram do adesivo do Pikachu na traseira do meu violão Yamaha? Quando voltei ao Brasil, em 1999, por conta da reunião da Plebe, ele foi colocado ali pelo filho de uma amiga, despertando em mim a primeira noção de paternidade. Isso também estava no DNA. Ao trabalhar em uma das músicas de *Evolução*, seguindo meu velho rito desde que compus minha primeira música, a patética "João Grandão", com um instrumento e um caderno na mão, vi que a traseira do violão, aquele com o tampo rachado, estava repleta de adesivos colados pelo *meu* filho. Eram do Homem-Aranha, e curiosamente nenhum em cima do adesivo do Pikachu. Tem outro significado cósmico nisso? Quem saberá? Talvez a explicação seja mais simples: como ele gostava do Pokémon, creio que não queria sufocá-lo.

Há um episódio de começo dramático, que fecha, depois da paternidade, o maior arco narrativo da minha vida. Alguns anos atrás minha mãe caiu da escada. Nada grave, apesar dos seus 83 anos, mas ela teve que ficar imobilizada até os bombeiros chegarem. Quando eles me viram, depois de constatarem que a situação não era preocupante, fizeram aquela festa, pois eram fãs – profissionais, tiveram o bom senso de só pedir para tirar fotos quando chegaram ao hospital. Autógrafo certamente é coisa do passado.

Isso me remeteu para o episódio de 1993, determinante para eu ir embora do Brasil. Quando meu pai estava desenganado na UTI, à beira da morte, um enfermeiro veio pedir meu autógrafo. Naquele época eu passei a ver a Plebe como uma maldição na minha vida, algo que interrompeu o que o destino tinha reservado para mim.

Assim como a rainha Elizabeth, que na série *The Crown* lamentou "a vida nunca vivida", como se uma vida normal fosse uma chance que passa sem saber a quem pertenceu, eu também lamentava, mas foi *justamente* a Plebe Rude quem me deu inúmeras oportunidades de viajar pelo país centenas de vezes; de poder montar esse acervo de mais de 12 discos e 150 composições (e contando); de poder espalhar a força da música consciente pelo rádio e pela TV; de conhecer, Brasil afora, seguidores ardentes da banda na mesma ressonância que a gente; de ouvir as inúmeras histórias de como o primeiro disco, o primeiro show, de como a banda afetou ou mudou suas vidas, de como as letras os puseram para pensar; de como algumas músicas ajudaram a passar por momentos difíceis; de como alguns fãs trocaram os estudo de exatas por humanas; dos professores que usam as letras Plebe em salas de aula; dos militares e policiais que passaram a enxergar as próprias instituições de outra maneira; de conhecer entes e amigos de falecidos fãs representados por eles; das bandas que começaram por nossa causa; dos artistas anônimos e famosos que se inspiraram na banda; dos músicos que começaram a tocar inspirados por mim; dos guitarristas que usam Les Pauls por minha causa; do fã que ficou clinicamente morto por seis minutos e, ao ser ressuscitado, pediu para ver o DVD da Plebe; de ver um nome do meio "Seabra" dado por minha causa; um vereador candidato com o sufixo de plebeu; um rapaz registrado no CPF como "Plebe Rude"; mais de 20 tatuagens do Congressinho *na pele* de fãs; e de conhecer os mais de dez pais e mães Brasil afora que colocaram o nome Philippe no seus filhos em minha homenagem – escrito P-h-i-l-i-p-p-e, com a devida documentação para comprovar.

Isso *sim* é que é responsabilidade, e eu detestaria decepcionar essas pessoas. Espero ter conseguido passar, mesmo num mundo que não recompensa idealismo, que a vale a pena ser coerente e ter princípios, que jamais precisamos nivelar nada por baixo. Nunca. Tudo isso por meio de música consciente, a arma que eu tive ao meu dispor. Pete Townshend cantava: "Hipocrisia seria o meu fim", e seria mesmo, mas talvez seja mais simples que isso. Me vem à mente uma frase do Willy Wonka, vivido pelo genial Gene Wilder, sobre o privilégio, apesar de todo o perrengue, de ser um artista. "Nós somos os fazedores de música, os sonhadores de sonhos."

No livro *Na Natureza Selvagem* (que virou filme, com uma belíssima trilha feita pelo Eddie Vedder), escrito por Jon Krakauer sobre Chris McCandless, um rapaz que se revolta contra toda forma de estrutura social e, literalmente, queima a carteira, os documentos e a ligação com a família de posses, começa uma peregrinação de carona pela América. Ao chegar no Alaska, no meio do nada, sem o devido preparo e sem mantimentos, acaba morrendo de fome. Ao lado dos seus restos mortais, encontrados semanas depois, está um livro com uma passagem sublinhada: "Alegria só é real quando compartilhada". A chance de poder compartilhar toda essa vivência, alegria, raiva, frustração, conscientização e postura com pessoas no país inteiro, e algumas no exterior, na mesma frequência, foi a maior *benção* de todas. Se todos nós nascemos com uma benção (sabe, como dizia aquele música, uh... Como é que é mesmo o nome daquela banda, sabe, com *aquele cara*?), então essa deve ser a minha.

Eu só queria que alguém tivesse me dito isso há 25 anos, quando fui embora do Brasil para fugir do meu passado e trabalhar com trilha sonora. Mal sabia eu que acabaria por virar, no Brasil, parte da trilha sonora das pessoas por causa do meu passado.

Mas se eu pudesse voltar no tempo, mudaria uma coisa, e *uma* coisa apenas: eu falaria mais o que estava sentindo.

"Se o salto de fé virar queda, então cai, porque como mais saberia?"
— "Tudo que Poderia Ser", Plebe Rude

Hoje lançamos *Evolução Vol. II* no interior de São Paulo, num show dividido com Ira! e Paralamas. É muita estrada, são muitas histórias, né? Eu, André e Capucci saímos de Brasília, o Clemente e a equipe saem de São Paulo. Tudo funciona como um relógio. Nos encontramos na cidade do show e continuamos a perpetuar o que o Bon Jovi cantou em "Dead or Alive": *"I've seen a million faces and I rocked them all"*.

Para não me preocupar com isso na estrada, normalmente faço a barba antes de sair de casa. Vendo o sol entrar pela basculante do banheiro, brilhando na pia de porcelana branca, pego meu barbeador elétrico enquanto escuto as brincadeiras do meu filho na sala. Provavelmente é mais uma batalha dos Transformers contra, como ele diz, o *mal*. Pelo visto, o bem está ganhando. Assim espero.

Uso barbeador elétrico porque tenho a pele sensível, mais uma herança da linhagem Seabra, que certamente veio do meu bisavô Ricardo Jorge, com sua vasta barba do século 19; essa sensibilidade passou de bisavô para o avô, e de pai para filho.

"Ah, tá levemente entupido", penso, enquanto bato o barbeador contra a quina da pia.

Toc-toc-toc.

AGRADECIMENTOS

Pelo tamanho que ficou este livro e o seu nível de detalhes, fica difícil imaginar que até uns 7 anos atrás eu nunca havia pensado numa autobiografia. Quem era eu? Alguém se importaria? Apesar da insistência do jornalista Franz Valla anos antes, eu sempre respondia: "O que é que eu tenho pra dizer?" Já tinha uma página inteira contando minha história no livro *O Trovador Solitário*, do Arthur Dapieve, além de *O Diário da Turma*, do Paulo Marchetti. Mas não nego que a semente ficou plantanda, mesmo que latente por quase uma década.

As coisas não vêm de um vácuo... Em 2017, a convite da vice-governadoria do Distrito Federal, fui palestrante para alunos da rede pública de Brasília, e meio que no improviso, munido apenas com um violão e um powerpoint, virou uma palestra que comecei a apresentar em várias cidades esporadicamente. Sem que eu percebesse, a estrutura deste livro estava começando a se formar. Tinha um momento que sempre arrancava aplausos, ao falar da minha cidade de nascença, a capital mundial dos museus, Washington DC, quando mencionava que a experiência dessas visitas para mim eram de família, não de colégio. É que a apreciação de arte e literatura, num mundo ideal, deveria vir de casa.

Músicas como as do rock de Brasília não vêm de uma vácuo. Foi com essa curiosidade intelectual impressa na gente pelos nossos pais que alguns jovens inquietos literalmente no meio do nada conseguiram o que conseguiram.

Inúmeras pessoas se ofereceram para fazer a primeira revisão, e agradeço a todos, mas optei por fazer com a jornalista Andrea "Deca" Carvalho, não apenas pela profissional que era, mas por ser uma apaixonada pelo Stephen King, e para quem já o leu, ele consegue descrever pessoas e locais como ninguém. É por esse nível de detalhe que este livro transita. Já a segunda revisão foi feita pelo Nelson "Dinho" Kamers, que também assumiu o papel de "fact checker", pois num livro deste tamanho muitos erros poderiam aparecer. Me ajudou demais, assim como o Marcos Linhares, que me deu vários toques, e o Paulo Marchetti, autor de *O Diário da Turma*.

Foi aí que a Editora Belas Letras demonstrou interesse, e através da mão guiadora do Germano Weirich e do monumental trabalho de Marcélo Ferla, chegamos ao texto final aqui apresentado.

Um trio de fãs da Plebe formou a minha consultoria "anti-cancelamento", com a Fabi Catarse na frente, seguida da Elizabete Guitzel e da Bruna Mazzaro Lourenço. Apesar de eu nunca ter me importado com a opinião dos outros, achei válida essa perspectiva mais jovem. "Philippe, esse seu senso de humor *à la* Trapalhões pode te causar problemas." Chegou um ponto em que só de perguntar, elas falavam que seria melhor mudar o texto... Resolvido. Elas são as irmãzinhas que eu nunca tive.

Entrevistei ou falei com mais de 100 pessoas para tirar dúvidas e agradeço a todos (apesar de que um ou outro simplesmente não lembrava de *nada*). E eis a importância deste registro, se eu não lembrasse de algumas situações das quais ninguém se recordava, seria como se não tivesse acontecido.

Senti que dentro deste registro também foi necessário dar voz a alguns dos "unsung heroes", ou coadjuvantes da criação do rock de Brasília. Essas pessoas tinham que entrar no livro. Agradeço à consultoria de economia do Marcelo Battisti e ao João Coelho, que me ajudou a resgatar a incrível história do Ricardo Jorge.

Vai uma salve especial para meu *manager* Noel Martins, meus companheiros da Plebe (que entre as inúmeras histórias que eu compartilhava nos últimos anos, mal sabiam que eu estava testando material para o livro), para a família Seabra e um terno abraço na minha esposa Fernanda e nosso filho Philippe, que tiveram uma paciência enorme nesses últimos anos.

Comecei a escrever o livro em 2018, mas ele foi interrompido por novos capítulos que ele mesmo inspirou, como o DVD *Primórdios* e o álbum duplo *Evolução*. Sem contar, claro, a pandemia, durante a qual parei de escrever por dois anos. Ao retornar ao livro depois de tanto tempo, me surpreendi com o que tinha escrito e pude sentir seu impacto. Algo que não tive a oportunidade de sentir com *O Concreto Já Rachou*.

Sou muito grato a todos que fizeram parte da caminhada, entre os quais também gostaria de incluir:

Meus professores da Escola Americana, Arthur Dapieve, André Mueller, Alessandro "Maldita 3.0" Alr, Alex Correa, Alexandre Alja, Alex De Seabra, Andrés Rodrigues, Ana Marcia Portela, Angélica Brasil Ferro Costa, Aaron Brooks, Alex Van Walsum, Bernardo Mueller, Bi Ribeiro, Bruno Gouveia,

Bozzo Barretti, Briquet de Lemos, Bianca De Felippes, Bruce Gomlevsky, Bruno Peres, Carlos Alberto Xaulim, Carlos Sampaio, Carlos Coelho, Caru Leão, Claude Capdeville, Chico Lima Filho, Christian Miranda, Cintia Coelho, Carlos Marcelo, Clemente Tadeu Nascimento, Camila Rabello, Carla Gomide, Carlos Vasconcellos, Carlos Peçanha, Celina Saporito, Christian Miranda, CEDOC do Correio Braziliense, CEDOC do Jornal de Brasília, Circo Voador, Dirceu Lustosa, Della Henry, Diego da Costa, Duda Ordunha, Dado Villa-Lobos, Dente, Daniel Zukko, Denis Torres, Daniella Cambaúva, Edgar Scandurra, Efigênia Macedo, Edgar "Gão" Cesar Neto, Elisa Tolomelli, Erik de Castro, Fê Lemos, Francisco "Chico" Salazar, Fernanda Villa-Lobos, Fernanda Andrade, Flávio Lemos, Fernando Bola, Fernando Magalhães, Felipe Portilho, Flavia Cruvinel, Flávio Lemos, Guilherme Isnard, George Israel, George Ferreira, Gustavo Contijo, Helena Resende, Heloísa Helena, Helder Vianna, Herbert Vianna, Henry "Hank" Allen , Irlam Rocha Lima, Igor Cabral, Ivan Busic, Jovan Tatić, João Barone, José Emilio Rondeau, João Pavanelli "Neto", Jorge Brando, Jodele Larcher, Jacqui L'Ange, João Carlos Amador, Julia Costa Souto, Kyle Kelso, Kiko Zambianchi, Lorena Calabria, Louis Schroder, Luciano Lima, Leo Brant , Luiz "Lula" Acioli, Luís Carlini, Leonardo Lichote, Leander Motta, Laise Farias, Leo Fávaro, Maria da Piedade Moraes, Marcos Bragatto, Mateus Mondini, Max Valarezo, Marcos Pinheiro, Maria Paula, Mark Lambert, Mila Petrillo, Militão Ricardo, Melissa Moore Kittleson, Manuel Martinez, Marcelo Hayena, Mike Young, Marcos Ligocki, Marcelo Capucci, Mônica Biude, Marconi Andrade, Mario Battisti, Marcelo Rubens Paiva, Margit Guimarães, Mário Solimon, Marcos Peixoto, Mingau, Miguel Flores da Cunha, Marília Franco, Nicolas Behr, Nicolau El-moor, Natasha Samuels, Naiara Leão, Néio Lúcio, Natália Rodrigues, Paola Zambianchi, Pedro Ribeiro, Paulo "Paulista" Guimarães, Paulo Ferro Costa, Paulo Cesar Cascão, PJ, Paulo Coelho, Pedro Affonso, Pedro Macedo, Renato Barbieri, Ricardo Queiroz (Chico Boia), René Sampaio, Ronaldo Pereira, Ritchie, Rênio Quintas, Ricky Seabra, Ricardo Jatobá, Rafael Zacky, Rodrigo Sabatinelli, Ronaldo Pereira, Sergio Martins, Silvia Seabra, Sandrox, Sava Tatić, Supla, Sérgio Espírito Santo, Toninho Maya, Tadeu Prado, Tony Bellotto, Toni Platão, Thaís Antonio, Thedy Corrêa, Ulixo punk, Val "Cólera", Valdemar Cunha, Virginia "Ginny" Rio Branco, Vladmir Carvalho, Wilsinho Morais, Yannah Raslan, Zé Fortes, Zé McGill, Zé Roberto Mahr, Zé Maria Palmieri e Zeca Camargo.

Pitchka ti materina!!

Leia o QR Code e conheça outros títulos do nosso catálogo

@editorabelasletras
www.belasletras.com.br
loja@belasletras.com.br
54 99927.0276

Este livro foi composto em Georgia e impresso em papel Woodfree paper creamy 68 g pela gráfica Viena em outubro de 2024.

PLEBE RUDE
PLEBE
ne sma
GOLDFIN
ES,
OND 007
ACTION !